アンドレ・グンダー・フランク

リオリエント

アジア時代のグローバル・エコノミー

新版

山下範久＝訳・新版序

藤原書店

〈新版によせて〉
四半世紀後の『リオリエント』

山下範久

今年十月の末日に、藤原書店から『『リオリエント』の新版を刊行します」というご連絡をいただいた。原著の出版が一九九八年、拙訳にて訳書が刊行されたのがちょうど二〇〇〇年のことなので、約四半世紀にわたって九刷まで版を重ねて同書が読み継がれてきたことにまず深く感謝したい。

かつて従属理論の旗手であったアンドレ・グンダー・フランクは、一九九〇年前後に劇的な転回を遂げた。ヨーロッパ中心主義批判をラディカルに推し進めて、「五〇〇年の近代世界システムではなく、少なくとも五〇〇〇年の歴史をもつただひとつの世界システムこそが、真に『全体性』をもつ史的システムである」という立場を打ち出す論考を次々に発表した。『リオリエント』はその集大成にあたる作品である。一四〇〇年から一八〇〇年の世界が銀という地域間決済通貨の流通によってすでにグローバルに結ばれており、そうして結び付けられたグローバルな世界経済の重心は、その銀の最終的な流れ付き先である中国であった。『リオリエント』は、当時の欧米における非ヨーロッパ地域の歴史学研究の成果をふまえつつ、そう強力に主張した。

『リオリエント』は他方で、現実の世界における中国の著しい成長を世界史のなかにどう位置付けるのかという問いに対するひとつの答えを提示する作品でもあった。ヨーロッパ中心主義のバイアスと、それと不可分の五〇〇年のタイムスパンによる「資本主義」の歴史という枠組みを解除すれば、ユーラシア大陸の東半、特に中国に世界の豊かさの重心があったことはむしろ人類史の常態であり、近年の中国の発展はその常態への回帰にすぎないという示唆がそれである。

約四半世紀という時間の経過は当然、『リオリエント』が読まれるべき文脈を変える。『リオリエント』を書くにあたってフランクが大いに参照した歴史学の成果、特にヨーロッパ中心主義を批判してアジアの先進性やヨーロッパと比較しての豊かさを強調するタイプの諸研究の成果は、それがパラダイムになったからこそでもあるが、今日では、むしろより緻密な分析枠組みにたった厳密な実証による批判の対象になっている。また、交易を軸に「つながり」を強調するだけの議論から、むしろそうした「つながり」を背景に複数の世界の重心がどのように求心力を維持していたのか、重層的な「切り分け」のあり方を探る議論へ関心がシフトしてきてもいる。少なくとも、単純に「産業革命以前までアジアはヨーロッパより豊かだった」ということを指摘するだけの議論は過去のものになったと言ってよいだろう。

また現実の側の変化はある意味でそれ以上に速い。二〇〇〇年と言えば、中国の成長はすでにもちろん顕著であったとはいえ、国別GDPでは米日独英仏に続き六位に上ったばかりであった。「二〇四〇年に中国がGDPでアメリカを超えて一位になる」という予測で世界に衝撃を与えたゴールドマン・サックスの投資レポートが出たのは、二〇〇三年のことである。今日から後知恵でみれば、当時においてすでに今日の中国の発展は予測の範囲内であったとも見えようが、中国の発展は単に中国だけではなく、アメリカの世界への態度と国内の政治を変え、グローバルな地政学的秩序や国際関係の規範を揺るがし、アフリカをはじめグローバル・サウスの発展戦略の方向性にも影響を及ぼしている。二〇〇〇年の段階でここまでのことを想像できていた者はそう多くなかったのではないだろうか。

こうしたことを踏まえれば、この度の新版の刊行は『リオリエント』が新しい動機で再読される契機になろう。歴史学の次元では、本書は二十世紀後半のヨーロッパ中心史観批判がどのような論理と限界を持っていたかを再検討するための重要な参照点となるであろう。そして現実の次元では、「資本主義」と呼ばれてきたヨーロッパ中心主義的な世界が歴史的なものであり、したがって他のかたちをとりうる可能性があることへ向けて過去から未来への歴史の線を引きなおすために本書は読まれよう。

フランクは二〇〇五年に逝去したが、生前に本書の続編の構想を温め、多くのメモを遺していた。それらのメモはロバート・A・ディネマークの編纂によって『十九世紀をリオリエントする』(Andre Gunder Frank, *ReORIENTING the 19th Century: Global Economy in the Continuing Asian Age*, Edited by Robert A. Denemark, Afterword by Barry K. Gills, Pardigm Publishers, 2013) として刊行されている。それについては、過去に『環』58号(二〇一四年夏号)に寄稿した小文を以下に再録していただいた。この続編をいかに読むかもまた、今日あらためて考えるべきときだろう。

＊　＊　＊

生前に語っていた「続編」の構想

かつての従属理論の旗手にして『リオリエント』の著者、アンドレ・グンダー・フランクが他界して、はや九年が経つ。私は『リオリエント』の翻訳を脱稿し、刊行を目前に控えた二〇〇〇年の三月、当時彼が夫人のアリソン・キャンデラさんと暮らしていたマイアミへ、彼を訪ねていった。グンダーは、遠慮をゆるさない強引さで私を自邸に泊め、自身の生い立ち、若かったころのサミール・アミンやジョヴァンニ・アリギ、イマニュエル・ウォーラーステインらとの交流の話や、『リオリエント』執筆の裏話、その現代的な執筆動機(彼はアメリカをアジアの経済成長に寄生する金融帝国として批判する意図を込めて同書を書いていた)など、実に多くのことを話してくれた。

そのときに彼は「実は『リオリエント』の続編を書こうと思っている」と私に告げた。『リオリエント』

を書いていて、ますますそう思うようになったんだが、ヨーロッパに対するアジアの市場経済の優位は十九世紀に入ってからも相当長いあいだ続いていた」。「アジアの市場社会は『西洋の衝撃』でガラッと崩れるようなものじゃなくて、ヨーロッパ型の資本主義への包摂は時間のかかる不均質な過程だった」。

正直、そのときまで私は『リオリエント』の続編がもし出るとしたら、中世以前にさかのぼるものだとばかり思っていた。十九世紀に踏み込んでの続編の構想は、端的に驚きでもあり、また『リオリエント』のインパクトをようやく消化したつもりになっていた私にとって、「本当に書けるのか」と不遜にも疑いの気持ちさえ抱かせるものでもあった。

だが構想は本当であった。彼は、その五年後には彼の命を奪うことになる病と闘いながら、膨大な資料を渉猟し、（原稿へと統合されるはずであった）多くのノートを書き、そしてそのノートを――『リオリエント』執筆時と同様に――多くの仲間に送りつけて意見を乞い、その意見に応じて何バージョンもの異なるノートを書いた。彼の頭のなかには、おそらく、固まりつつあった全体の構図があったはずである。しかしそれは実現されなかった。

膨大な遺稿を整理したパートナーたち

遺された夫人、そして『リオリエント』に結実した初期の（五〇〇〇年規模の）「超世界システム論」を共作した研究上のパートナーであるバリー・ギルズは、フランクのPCに遺されていた（一五〇点以上の非公刊文献の引用や参照を含む）五〇〇〇点にも上るファイルを、ロバート・A・ディネマークに託し、再構成を依頼した。フランクの葬儀の直後のことだったそうだ。ディネマークは日本ではあまり知られていないが、アフリカを中心とした途上国をフィールドとする国際政治経済学者として世界システム論に接近し、特に一九九〇年代以降は、フランクとギルズが推し進めていた超世界システムの議論を、狭い意味での世界システム論の文脈を越えて国際関係論などのより一般的な文脈へ積極的に広めていく役割を果たしてきた人物である。ディネマークは、再構成を依頼したギルズ自身、世界システム論のインナーサークルにおいて当初からフランクの超世界システム論を強力に支持する論陣を張ったアルバート・バーゲセン、そしてフランクの議論を歴史学へ還流させ、グローバル・ヒストリーの潮流を作るうえで大きな役割を果たしたパトリック・マニングの協力を得て、この作業に着手した。この作業の過程では『リオリエント』を中心としたフランクの知的遺産を総括するシンポジウムも開かれ、それをもとにギルズとマニングが編者となり、ディネマークやバーゲセンらも寄稿して二〇一一年には『アンドレ・グンダー・フランクとグローバルな発展』(*Andre Gunder Frank and Global Development*)という論文集も編まれた。同書に収められたディネマークの寄稿は、まさに遺稿編集の中間報告をその内容としている。

そして今年、九年近くに及ぶ作業の末に、いわば『続リオリエント』とでもいうべき本書、『十九世紀をリオリエントする』(*ReORIENTING the 19th Century: Global Economy in the Continuing Asian Age*)が刊行された。

『リオリエント』以降の課題が明らかに

同書がカバーするのは十八世紀後半から一九一四年まで。大きく三つの局面に分けて論じられている。すなわち『リオリエント』で論じられたアジア優位の構図が続く一七五〇年代から一八一〇年代、移行が始まるも地域によっては『リオリエント』の構図が残る一八一〇年代から一八七〇年代、そして自由貿易帝国主義と植民地主義へと移行する一八七〇年代から第一次大戦前夜の時代である。彼は『リオリエント』的なアジア優位のグローバル経済の構図が十九世紀に入ってもかなり持続し――全体として屈折してくるのは一八五〇年代以降のことだという――地域ごとにかなり不均等に変容を遂げつつ、一八七〇年代以降になってようやく、ヨーロッパ優位の経済システムが現れたと論じている。

ディネマークによる遺稿への介入は最小限に抑えられており、議論には欠けている部分や、敷衍が足りない部分が少なからず見受けられる。逆に言えば、『リオリエント』以降の歴史記述がより深く課題とするところが浮き彫りにされたともいえる。実際、ヨーロッパ中心主義批判は今日ではすでに一周回りきった議論になっている一方、諸社会科学の歴史記述が本当にその軛を脱したかといえば、必ずしもそうとは言い切れない現実がある。また近年、グローバル化に伴う国際政治の変化を理解するうえで、現代の国際関係の歴史的起源として十九世紀を再考しようとする潮流も強くなってきた。本書にかたどられたポスト『リオリエント』の荒々しいヴィジョンは、『リオリエント』が持っていた本来の批判性に立ち返る契機となろう。

＊　＊　＊

振り返れば、私にとって本書の翻訳は二十代のときの仕事であった。今思うに本当に無謀であったが、この訳業を通じて得たものの大きさは言葉にしきれない。新版の刊行に際して、あらためて私にこの機会を与えてくださった藤原書店に感謝の意を表する。そして新しい版によってこの作品が、さらに長く、そして多くのひとびとに読み継がれることを祈りたい。

二〇二四年十一月

日本語版への序文

拙著が日本語に翻訳、出版されるのは、実に大きな名誉であり、特にこのようにして、日本の読者のために序文をものす機会を与えられたことは、分不相応とも言うべき喜びである。またそれは、私が西洋人であり、アジア史の研究やアジアの地域研究をしているわけでもなく、まして日本史や日本研究の専門家ではないだけに、なおいっそうの喜びである。しかしながら、私がこのような条件を背負っているということが、むしろ私自身にとっても、また日本およびその他の読者にとっても、幸いするということはありえないことではない。私がこんなことを言うのは、ハーバード大学で中国史を研究している私の息子が、私の誕生日に、アジアの一側面についてのある本を贈ってくれた際に、私あてに書かれた献詞を読んで、はっきりとそう思うようになったからである。その献詞には「木を見る（そして究める）者から、森を見る（そして究める）者へ。お誕生日おめでとう！　パウロ」とあった。けだし、ほとんどすべての歴史家は、どれか特定の歴史の木だけを見るのを、あるいは木を見ることだけを、好むものである。彼らは森を無視し、そんなものはないとまで主張する。グローバルな歴史という森については、特にそのような声は高い。彼らの木々が、まさにその森のなかに息づき、栄えてきたものであるのに、彼らは、いかなる森も見ず、とりわけグローバルな世界史という森など、まるで眼中にないのである。

私が、ひとつの全体としての一八〇〇年以前のグローバル経済《エコノミー》というものを、初めて検証してみるという挙に出ることができたのは、まさに私が一本の木だけを見る歴史家ではなく、さらにいえば、西洋や、日本や、他のアジアの地域のどこかひとつにだけ焦点を合わせるような「中心主義」の徒でもないという理由のしからしめたところであり、そうして私は、従来ほとんど誰もそれについて考えてみることさえ敢えてしなかったようなこと、すなわち、そのグローバル経済《エコノミー》の中にあって「中心」的な地位と役割を持つのはアジアであるということを見出したのである。しかも、この議論にはまた、今日的な妥当性がある。というのは、歴史的な観点からしてかなり最近に至るまで、アジアが世界経済において支配的な地位を有する能力があり、かつ実際支配的であったのだとすると、近いうちに、再びそのようなことがまたありうると考えることも、無理な話ではないということがいえるからである。私は、「無理な話ではない」と言っているのであって、「確実にそうなる」と言っているのではない。今日、近年の東アジア・東南アジアおよび日本の経済危機によって、それまでの日本およびアジアの勃興は幻想であったか、せいぜいのところほんの一瞬の出来事であったとして、もう無視してよいと考える根拠が与えられたと、西洋のほとんど全ての論者が考えるようになっており、悲しいかな、アジアの論者にもそれに同調する者が少なからず現れている。だが、私はこの現在の時点においても、やはりそれは「無理な話ではない」と言いたい。私は以下、この日本語版への序文という機会を借りて、そのような（私の考えでは誤った）議論をいくつか取り上げて検討を加え、より具体的に反論を提示しておこうと思う。まず、その反論を、私の「森を見る」史的パースペクティヴから引き出せる、比較的一般的な見解の範囲にとどめるならば、第一に、時間の経過にともなって、世界経済における支配性が、ある地域から別の地域へ、ある産業分野から別の産業分野へとシフトすることは、きわめて「通常《ノーマル》」のことであり、これ以上はおこらないと考える理由はないということ、そして第二に、比較的に短期の経済的危機は、障害というよりは、むしろはずみをつけるものであり、それに続く経済的上昇への強烈な刺激となることがしばしばであったということである。後者の例としては、西洋の産業革命に道をつけた、一七六二年および一七九〇年の経済危機が挙げられるし、日本の爆発的な産業化も、それに先だって危機の時代というものがあった。またさらにいえば、一九二〇年代から四〇年代の危機が、戦後の西側世界の経済上昇を導いたのである。

しかしながら、全ての西洋人は——また悲しむべきことに、非西洋人もその多くは——、このような経済的上昇は全て、西洋の内部で西洋に内在的な原因によってのみ起こったことであると、一世紀半以上にわたって、単純にも思い込んできたのである。そのような議論の称するところでは、少なくとも一五〇〇年以来、西洋こそが、世界経済の中心であり、資本主義的発展の源泉および原動力であるとされてきた。なかには、紀元一〇〇〇年からずっとそうであったとか、さらにそれ以前からそうであったなどと主張するものさえあり、ヨーロッパには、なにがしか「例外的」な性質および能力があって、それがゆえに、そのような発展が可能となったとか、さらには、キリスト生誕以前から生じていたらしきユダヤ＝キリスト教的諸「価値」からして、それは必然であるとまで述べたてているのである。戦後の日本経済の成功は、このような理論に深刻な矛盾をつきつけるものであったが、その矛盾がどのように処理されたかについての検討は、あとで述べることにして、とりあえず指摘しておくべきなのは、このような西洋例外主義は、勝利主義《トライアンファリズム》的であり、全く人種主義的な神話でしかないということである。このことは既に何度か証明されてきたことであり、本書でも、第一章および第四章において、それを概観し、さらに議論を加えている。

しかしながら、本書はまた、そのような西洋例外主義批判をさらに越える議論を目指すものである。本書第二章は、一四〇〇年から一八〇〇年までの世界経済の構造と動態を、地図上のイメージとして示し、分析するものである。そこをご覧頂けば、東アジア、そしてその中で言えば中国こそが、ひとつの全体としての世界経済にとって、中心的とはいわずとも、支配的な地位を占めていたということがお分かりいただけよう。世界経済において中国が、そのような位置と役割を持っているということの現われの一つとして、中国が、当時の世界における銀／貨幣の全生産高の約半分（その中には、日本産銀のほぼ全てが含まれている）をひきつけ、吸収していたということがいえる。これは、本書第三章の私の試算によるものである。また同章は、この銀が、いかに十六、十七、十八世紀における明朝・清朝の経済と人口を、急速に拡大する推進力となったかを示そうとするものである。これらの諸章の示す史的証拠に従えば、徳川期の日本が世界経済から隔離されていたなどというのは、神話でしかないということはもちろんであるし、近世の日本に「封建制」などというレッテルを貼ってすましているに至っては、ナンセンスとしか言いようがない。第四章では、アジア経済、とりわけ中国経済の方が、むしろ例外的ともいえる規模で、生産能力、技術、生産性、競争力、世界市場への輸出を、他の地域をしのぐ勢いでさらに伸ばしていたということを論証した。歴史学にはびこる多くの神話に反して、ヨーロッパは、アジアのいかなる地域においても、海上交易の一割を支配したことさえ一度もなかったのである。それは、インド洋においてもそうであったし、南シナ海にあっては、なおのことであった。日本海にいたっては、その存在感は皆無であった。したがって、依然として多くの論者が誤って主張するところに反して、日本および他のアジアの私的／民間組織及び公的／国家組織が、ヨーロッパのそれと比べて「劣っている」などというのは、やはり全く当たらないことであるのも明らかである。「アジア的生産様式」なるものは、不在の「例外性」を「証明」するためにヨーロッパ人によって――特にカール・マルクスによって――発明された神話にすぎない。

　ともかくも客観的に世界経済を検証してみれば、一千年前の宋代の中国が、その中で優越的な地位を持っていたことは、すぐにわかることであるが、ことはそれだけではないし、そのような知見は別に目新しいものでもない。本書が、その新しい知見として示そうとしているのは、世界経済におけるアジア、特に中国の優越性が、少なくとも一八〇〇年までは継続していたということである。東洋が衰退を始め、西洋が支配的地位へ昇り始めたのは、一八〇〇年にいたって初めてのことである――そして、それもまた一時的なことのように思われる。実際、世界経済は、その方向づけ《リオリエント》を戻す気配を見せており、アジアは一八〇〇年を過ぎるまで「伝統的に」その手中にあった世界経済における（「中心的」ではないとしても）その優越的な地位を再び占める可能性が出てきている。そもそも、一八〇〇年などというのは、歴史的な観点からすれば、ごく最近のことでしかない。つまり、世界自体が、リオリエント（再び「東洋」re-"Orient" にむかって「方向付ける」re-"orient"）し始めているのであるから、歴史学および社会理論、さらに言えば世界観をもリオリエントしてみようとしているわれわれにとって、今や機は熟したとさえ思われるのである。私が本書のタイトルに「リオリエント」という言葉を選んだのは、このような重要な目標に向けて、私自身ささやかな貢献を目指したかったからである。

世界経済におけるあれこれの地域《リージョン》が経験してきた過程や、そのそれぞれの地位についての認識は、世界経済のここ数十年間にわたる展開、そしてその後、特に一九九七年以降の東アジア・東南アジアにおける金融・経済危機を背景に形成そして再形成されてきたわけであるが、同時に、それは誤解のもとにもなってきた。まず、日本が、その経済力・技術力・競争力を示すと、多くの論者は日本を「西洋」の一部だと見なすようになり、アパルトヘイト時代の南アフリカでは、日本人には「名誉白人」の身分が与えられていた。アメリカの日本研究は、今世紀最大の社会学者であるマックス・ウェーバーのいう「プロテスタンティズムの倫理」の、日本における相当物を探し出してきて、日本の成功を説明しようとし、その一方で、中国やその他の東アジア諸国については、その古来からの儒教が足枷となって、成功への能力を欠くと見なした。かくのごとき「説明」は、韓国、シンガポール（人口の優に半数以上は中国系である）、台湾、香港といった「四頭の虎《フォー・タイガーズ》」ないしは「四 小 龍《フォー・リトル・ドラゴンズ》」が世界市場で存在感を増してくると、放棄されてしまった。続いて、タイ、マレーシア、インドネシアが現れ、さらにその後ろに、中国という大きな龍が、その姿をほの見せ、西洋の自信と支配とを脅かし始めると、今度は、儒教や「アジア的価値」は、「進歩」を妨げる越えがたい障害ではなくなってしまい、むしろ成功の原動力とされて、やはり同様にイデオロギー的な説明の具となったのである。本書の第一章にも記したが、儒教圏の東アジア諸国が、世界の表舞台に再登場してきたことに言及する著作が西洋に現れたといっても、それらは、まるまる一〇〇〇年は続いたと称する西洋の支配を経て、それら東アジア諸国が勃興してきたと述べたてており、実際にはアジアおよび中国が世界経済の優越的な地位から退いたのは、たかだか一五〇年ほど前、すなわち六世代ほど前のことでしかないなどということには、気も留めていないのである。さらに言えば、すでに二五〇〇年の歴史を持つ、この儒教的価値なるものが、これから来るべき一年、一〇年、いや一世紀間におこる経済的成功ないしは失敗という変化を説明しうるとは考えがたいことといわざるをえない。

近年、注目を集めている変化に、一九九七年に起こった東アジア・東南アジアの金融・経済危機がある。おかげで西洋のウォッチャーたちは、胸をなでおろしているようである。この危機の結果として、日々のニュースに追われる報道メディアや、短期的な関心しか持たない企業および政府の分析や政策に誘導されて、西洋の「学識ある」人々の見方までもが、再び変わってしまった。今や「東アジアの奇跡」は、ある者には夢を、別の者には悪夢を見させた幻想でしかなかったといわれるようになり、それまで「説明」ないしは成功への確実な戦略だと思われていたものは、それが流行したときに劣らぬスピードで、あっと言う間に、また捨て去られようとしている。「アジア的価値」に訴える声は、もはや聞こえず、「市場の魔術」からの保証もはやなく、国家資本主義からの保障も、やはり霧消した。私に言わせれば、かえって好都合といったところである。それらの「説明」や「正しい政策」などというものは、結局のところ、イデオロギー的なまがいものでしかなかったのであるから。

本書で提示した史的証拠に従えば、競争的で、絶えず変化する世界市場においては、なにか特定の制度的形態や政治経済政策が、成功を（失敗も！）説明するということはないことは明らかである。今日の状況も、事実に照らせば、同様であることがわかる。この点では、鄧小平の有名な警句は正しかったといえよう。すなわち問題は、ネコが制度的に、ましてイデオロギー的に、黒いか白いかではない。現実の世界における問題は、そのネコが、世界市場における競争のなかで、経済というネズミを捕まえうるか否かなのである。そしてそれは、制度というネコの白黒ではなく、むしろそれぞれの時と場所において、世界経済に占める立場のめぐりあわせによる方が大きいのである。競争的な世界市場における障害と好機とが、時とともに、また場所によって変化する以上、黒ネコであれ、白ネコであれ、ネコが経済的に成功するには、その変化に適応する必要があり、さもなければ、ネズミなど一匹も手には入らないのである。

それぞれの経済が占めている位置と、世界経済においてフレキシブルな対応を行なうことの重要性は、経済的危機——この語は、中国語では「危険」の「危」と「好機」の「機」の両方を含んでいると聞く——の時代にあっては、とりわけ重要である。現在の経済危機においては、これまでのところ人々の関心は、疑いなく深刻な、その否定的帰結の方にあまりにも傾きすぎている。他方、それがもたらす好機の方には、不十分な注意しか払われていない。もっとも、アメリカと中国においては、そうともいいきれないかも知れない。というのも両国は、日本、韓国、東南アジアにおける政治的・経済的諸問題、および、いわゆるそのシステムの「メルトダウン」から競争優位を得ようと躍起であるからである。

しかし、東アジアの経済的強度および将来性を全く切り捨ててしまうのは、早まった結論であり、本書が示すような史的事実を近視眼的に無視し、現在の状況を深刻に誤読した上にしか成り立たないものである。私は、このようにアジアの可能性を切り捨てる、最近の性急な議論は誤りであると考えている。その根拠を列挙しよう。

第一に、アジア、特に中国は、比較的最近まで世界経済において強力であった事実がある以上、それが遠くない将来に再びあり得ることではないと考える理由はないということ。

第二に、過去における中国および他のアジア諸経済の成功は、いわゆる西洋的な様式によるものではなく、近年のアジアの経済的成功も、やはりいわゆる西洋モデルとは異なる仕方で起こったということ。したがって、日本や他のアジア諸国が、西洋にせよなんにせよ、何かの「モデル」をコピーしなければならないというようないわれもない。現在の経済的危機を脱するのに、いわゆるグローバル・スタンダードと称する「モデル」に転換しなければならない理由などないわけである。むしろ事態は逆であって、日本及びその他のアジア諸国の経済が、なにか別のシステムに拠ってたつならば、それは弱点というより、むしろ強みなのである。

第三に、現在の危機が金融部門から生産部門へ波及したという事実は、生産部門が、本質的に斜陽産業であるということを意味するものではないということ。これも事態は逆であって、過剰生産および生産能力の過剰という現在の危機は、生産部門の潜在的な強さを示すものであり、循環的に回復すべきものである。

第四に、景気後退は未来においても、予防が可能なものではないということ。中国や、かつてのソ連の国家による「計画」経済においてさえ、景気の波が抑えられることは決してなかった。そしてさらに意義深いことに、今日の経済危機は、過去一世紀以上の間で初めて、西洋から非西洋へ波及するのではなく、西洋以外の地域から起こって西洋へ波及した世界規模の景気後退だということである。したがって、今日の景気後退は、東アジア経済の一時的な弱体化の証拠としてよりも、むしろ、世界経済の重心が東アジアに再びシフトして、西洋の勃興以前の状態に帰りつつあり、基底的な部分での経済的な強さが増していることの証拠として解釈されうる。

第五に、東アジア、特に中国と日本には、潜在的に政治的・経済的な強さがあり、アメリカが、その財務省、そしてIMFや世界銀行、WTO、ウォール街などのさまざまな道具立てを使って、現在行使しているような脅しに抵抗する上で、他の「第三世界」諸国はもとより、ロシアや東欧諸国と比べても、ずっと有利な立場にあるということ。

第六に、東アジア諸国が、現在の不況の間に、まさにこのようなグローバリゼーションの圧力に譲歩を強いられるということ、およびそのコストが原因となって、東アジアの諸国が、西洋が支配する資本市場のくびきからのがれ、将来にこのような事態が再発せぬように、新たな金融ブロックおよび銀行制度を含む、なんらかの手立てを講じる政治的な可能性――経済的には既に可能なのであるから――が高まることが考えられる。

第七に、実際、現在起こっている闘争の一つとして、最初は日本に、そして現在では中国にも見られる、アメリカが自分に都合の良いように設計した世界の金融・貿易制度を改造しようという動きがある。すなわち日本は、アジアの通貨基金を設立して、ワシントンの道具になっているＩＭＦのおかげで深刻化した東アジアの景気後退を、今後は未然に防ごうとしているし、中国はＷＴＯへの加盟を望んでいるが、その狙いは、欧米諸国が支配するこの組織を、自らの利益に適うように作り変えることにもある。

第八は、それに関連した政治経済上の闘争として、アメリカと中国とが、日本、韓国、及び東南アジアの諸経済の行き詰まりに乗じて、市場におけるそれら諸国のシェアを奪おうと競争していることである。アメリカ資本が投売り価格になっている東アジアの生産設備を買い漁る一方で、中国は、それら東アジア諸国が破産の末、競争市場から振り落とされるまで待つか、さもなければ、共同行動に出ようと機をうかがっている。アメリカと中国で、どちらの戦略がよりうまくいくのかは、時間の経過によってのみ明らかとなろうが、中国の方が（およびおそらく東南アジアのいくつかの国も）長期的に見て有利なかけに出ているように思われる。さらに、日本における景気後退がいかに深刻とはいっても、とりわけアジアにおいて、日本が経済的勢力として排除されるにはいたらないであろう。

第九に、以上と同様に重要なこととして、インドおよび多少程度は落ちるが、中国の両国は、現在の経済危機から、実質的に免れた状態を保っている。それは、ひとつには、人民元およびルピー通貨の不換性と、彼らが資本市場を調整して、資本流入を受け入れながら、資本流出を制御していることのおかげである。東アジアにおける中国の競争相手が平価切下げにふみきり、東アジアの景気後退によってダメージを受けている華僑および日本資本の中国への流入が減少すれば、中国も、競争力を維持するために、平価切下げにふみきらざるをえなくなる。しかしそのような事情や、その他の深刻な経済的問題にもかかわらず、中国および日本の経済は、それらの問題に抗し、打ち勝つだけの生産力および競争力の上での十分な強さを獲得しうるだけのものを持っているように思われる。

今日の東アジアにおいて経済的にもっともダイナミックな地域が、一八〇〇年以前と全く同じであるということも特筆に価する。すなわち一方に、中国東北部、シベリア／極東ロシア、韓国、日本の間での四角貿易が展開する環日本海地域、そして他方に香港・広州回廊を中心とする華南、厦門を中心とし台湾海峡と東南アジア全域を臨む福建、その中間に上海を中心とする揚子江流域の諸都市、そして日本の間の貿易が展開する南シナ海地域である。日本は、この南北両地域を再び牽引する役割をすでに果たしてきている。これらの諸地域は、依然として、あるいは再び、世界貿易およびグローバル経済《エコノミー》の一部として、その重要性を高めている。その意味でも、本書の記述は一八〇〇年でいったん閉じられているものの、世界経済およびそこにおける、中国、日本、東南アジアの諸経済の優越的な地位の検証が指し示すのは、それら諸地域における今日の経済的発展の最も基底的な部分の基礎と、予見可能な未来における世界経済全体の重要な発展の予兆なのである。

したがって、本書は西洋で書かれたものであり、第一の読者として西洋の読者に向けられたものであるとはいえ、著者である私の望むところとしては、日本の読者にも批判的に受容されることを願うものである。本書が日本の読者にも訴えるところがあると思われるひとつの理由は、それが、西洋には内在的な優越性があるという本質的に人種主義的なイデオロギー的主張を、歴史に基づいて覆そうとしているところにある。もうひとつ理由をあげるなら、本書は、過去の世界経済において、アジアが有していた「中心的」な地位と役割の立証に資するものであり、したがって可能性として未来の世界経済についても示唆を有するものである。しかしながら、原著に対する一部の批判のように、私はヨーロッパ中心主義のイデオロギーないしパースペクティヴを、アジア中心主義ないしは中華主義によって単純に置き換えようとしていると難ずるのは正しくない。実際、もし日本の読者が本書をそのような理由から受け入れるのだとしたら、著者は落胆を隠さないものである。というのは、本書の中心たる「科学的」テーゼとは、そのような浅薄な批判とは逆に、まずグローバル経済《エコノミー》というものがあったということ、そして、今もそれはもちろんあるということであり、そのグローバル経済《エコノミー》には、実際には中心など存在しないということだからである。それは、本書が検討した過去の時代についてもそうであるし、今後の予見可能な未来についても、やはりそうであると思われる。本書に盛られた史証に照らせば、いかなる意味においても、ヨーロッパや西洋が、一八〇〇年以前の世界経済における中心などではなかったということは確かである。そして、そのような「中心」という考え方が、ともかくも適用可能な範囲で言うならば、それは、客観的に言って周縁的であったヨーロッパではなく、中国こそが、それに最も近い位置にあった。しかし、その種の「中心」性でさえも、ひとつの全体としてのグローバル経済《エコノミー》というものを検証しない限りは、はっきりと主張することはおろか、含意として示唆することさえも、正当化しえないことである。本書の「イデオロギー的」なメッセージは、決して実際には「中心」志向のものではない。強いて言えば、人類中心的 humanocentric、さらにいえば生態系中心主義 ecocentric ということになろうか。

したがって、著者の願いは、他のあらゆる読者と同様に日本の読者にも、本書がグローバルな現実の経済的・社会科学的分析のための、よりホーリズム的で、グローバルな「森を見る」枠組を提供しているがゆえに、魅力ある、有用なものとして受容されることである。本書は、一八〇〇年以前の世界経済全体について、そのような分析を行なった。つまり、西洋の勝利主義的、イデオロギー的で「木々をしか見ない」ヨーロッパ礼賛および／あるいは「市場の魔術」と称する抽象物の崇拝にかかわるパースペクティヴを提起することに、少なくとも手をつけるところまでは行なったということであり、他方ではまた、同様にイデオロギー的に発明され、盲目的に受容・利用されてきたマルクス主義的カテゴリーである「アジア的生産様式」にかかわる概念を提供するものでもある。さらにいえば、「封建制」という概念もそうであり、「資本主義」的生産様式という概念についても同様である。前者は、世界のどこを探しても歴史上存在したためしがないし、ずっと主張されてきたように徳川期の日本にもあてはまるものでもないことは確かである。後者は、現実の世界経済の展開の、ヨーロッパにおける地域的な現れにすぎないものを、ヨーロッパ自身の力による「資本主義」的発展と取り違えるものであった。そしてさらに望むならば、本書のグローバルな枠組および政治経済的・人口学的分析が、自らが置かれている現実の世界経済における位置を検証し、さらにそれを役立てようと考える日本の読者の関心に応える有用なものであらんことを願う。もし本書が、この人間的／人類中心的な試みに、たとえ少数であっても、日本の読者をいざなうことに役立てば、本書の執筆とその日本語への翻訳に、それだけの価値があったということであり、著者である私の感謝するところである。そう。多様性の中の統一を目指して。

二〇〇〇年三月　マイアミにて

アンドレ・グンダー・フランク

私の愛そして人生であるナンシーに。
彼女のおかげで私のものとなった二人分の愛と人生を愛でて、
私は本書を彼女に贈りたい。

そして家族に。
その温かさと愛情は、みなそれぞれに幸福と健康をもたらしてくれる。
デイヴィッド、お姉さん《エルダー》のスー、お利口さん《ワイザー》のスー、
パウロ、ミゲル、ちっちゃい方《ヤンガー》のデイヴィッド。
そして、私たちみんなを支えてくれている、彼らの配偶者たち、
ジェイン、ウォルター、ヴェロ、フィオーナ。

そして、私の手術をしてくれたリックとボブ、
世話をしてくれたジョーアンとジョスリンに。
彼らのプロとしての技量と、人としての温かさがなければ
この本を書くことはできなかった。

真にあるがままの歴史とは――普遍史をおいて他にない。

レオポルト・フォン・ランケ

ヨーロッパの歴史など存在しない。存在するのは世界の歴史である。

マルク・ブロック

歴史は、ユーラシアを東と西に分ける想像上の線を互いにこえる動きによって特徴づけられる。

ヘロドトス

歴史は、あらゆる人にとってのあらゆるものである……おそらく歴史を書く上で最も重要な方法論的問題は、なぜ、さまざまのことなる歴史家が、同一ないしは同様の史証に基礎をおきながら、特定の歴史的事象に対してしばしば顕著に異なる解釈を下すのだろうか、ということを発見することである。

R・M・ハートウェル

真理の大きな敵が、嘘――故意につかれ、でっちあげられ、不誠実な――ではなく、神話――持続的で、説得的、非現実的な――であることは、非常にしばしばおこることである。

ジョン・F・ケネディ

オリエント　――　東洋。輝かしい、輝いている、貴重な。光を放つ、昇りつつある、生まれつつある。
立場をおく、ないしは正確に決める。態度を決定する。明確に理解された関係をうみだす。（ある方向に）向かう。環境に対してどのような関係に立つかを決定する。東へ向く。

リオリエント　――　～へ新しい方向づけ《オリエンテーション》を行なう。再調整する、態度を一変させる。

『コンサイス・オックスフォード辞典』より

リオリエント〈新版〉

目次

リオリエント

アジア時代のグローバル・エコノミー

〈新版〉

凡例

一　本書はAndre Gunder Frank, *ReORIENT: Global Economy in the Asian Age*, 1998, University of California Pressの全訳である。

一　邦訳にあたっては、原書のイタリック体は傍点を付した。

一　〔　〕で示されているのは訳者による補足である。但し、引用文中での〔　〕は、原著者による補足を示す。

一　原文で“　”で示されているものは、「　」で表記した。

まえがき

私は、著者というものは、振返ってその本がどのようにして出来上がってきたか、我々にその記録を見せるべきだと思う。それは、その本が重要だからというのではなく（重要ではないと分かってしまうかもしれないだろう）、歴史を書くということの過程について、我々はもっと知っていなければならないからである。……歴史を書く者は単なる観察者ではない。彼ら自身、〔歴史の〕行為の一部であり、その行為にあって自らを観察しなければならない。

ジョン・キング・フェアバンク(John King Fairbank 1969: vii)

本書において私は、既存のヨーロッパ中心的な歴史叙述および社会理論を、「グローバル学」的〔globological〕（この語はアルバート・バーゲセンの一九八二年の論文からとった）パースペクティヴを用いて転覆しようと思う。世界を包括するグローバルなパースペクティヴから、近世経済を見ようというのである。私は、（世界経済の部分である）ヨーロッパ世界経済システムだけではなく、世界経済システムそのものの全体の構造と動態とを分析しようとしている。というのも、我々は、部分の総和以上のものである全体を分析せねばならない、というのが私の主張であり、それは、ヨーロッパという部分も含めて、いかなる部分の発展を説明する時にもそうだからである。そしてグローバルなパースペクティヴからすると、近世の歴史の大部分において、ヨーロッパではなくアジアがその中心となる舞台を握っていたことが明らかである以上、全体の分析の必要性は「西洋の勃興」について、なお一層妥当することである。

故にしたがって、最も重要な問いは、ヨーロッパで何が起こったか、ではなく、それよりむしろ、世界で何が起こったか、そして特にその先進地域であったアジアの部分で何が起こったか、ということである。私は、このずっとグローバルなパースペクティヴから諸々の歴史的出来事をとりあげ、全体としての世界の中での「東洋の没落」とそれに付随する「西洋の勃興」の説明を提起する。以上の手続きによって、マルクス、ウェーバー、トインビー、ポランニー、ブローデル、ウォーラーステインほか、大部分の現代の社会理論家の反歴史／科学的な——全くイデオロギー的な——ヨーロッパ中心主義の足元をすくってやろうというわけである。

フェアバンクも気付いているように、歴史を書くことも歴史それ自体の一部である以上、私も彼の忠告に従って、読者に対して、本書がどのようにして出来上がってきたか、その記録を提示しておこう。私がたどってきた知的な道程の最も重要な駅停にのみ触れて、本質的でない個人的な事柄に読者の時間を空費させることがないようにしたい。しかしながら少なくとも、私に——しばしば意図せざる結果として——その進路を示してくれた何人かの人物については、彼らに言及するのを避けることはできないし、また私は、この前書きで、彼らに謝意を示したい。

人類学者の友人であるシドニー・ミンツと私は、一九五〇年代の半ばごろから終わることなく議論を続けてきた。彼は「文化が問題なのだ」と言い、私は決まって「構造が問題なのだ」と応酬してきた。私のこのテーゼは、シカゴ大学の社会科学棟の二階で私が聴講していた、卓越した文化人類学者であるロバート・レッドフィールドのセミナーで、私に刷り込まれたものである。そのセミナーこそ、私がホーリズムと社会科学におけるその追求の重要性にはじめて出会った場所である。それと並行して行なわれていた院生のコーヒータイム「セミナー」で、私はレッドフィールドに欠けているのは構造だと論じた。多分、私はその考えを、その前の学期に客員で来ていた機能構造主義の人類学者であるレイモンド・ファースとメイヤー・フォーテスの授業を聴講していた時に思いついたのだろう。いま「聴講した」と書いたが、それというのも、本当は私は、社会科学棟の四階、つまり私が博士号を取ろうとしていた経済学部がある階にいるはずであったからである。そのころから、この学部とそれをとりまく兄弟たるシカゴ大のビジネス・スクールとロー・スクールのメンバーならびにその卒業生（うち何人かは、経済学部大学院の当時の私の同窓生である）で、この世で与えられたノーベル経済学賞の約半分を獲得している。しかも、ここ六年の授賞者のうち五人が彼らのなかに入っているのだ。他方私はといえば、四階で私が最も得意としていた国‐際経済学（inter-*national* economics）の博士号の試験を三回連続でしくじっていた。経済学〔economics〕の前の形容詞のイタリックとハイフンの意義は、本書において明らかにされよう。と、こう書けば、なぜ私が二階にいたほうが居心地がよかったか、についての手掛かりともなるかもしれない。しかしながら、「個人的なことが政治的である」ことがらと理論的、知的説明とは、その多くをすでに私の自伝的な“Underdevelopment of Development”〔発展の低発展〕(Frank 1991c, 1996) で関係づけてある。したがってここでは、歴史を書き直すと称する本書の背後にある歴史に密接に関係があると思われることがらに限って述べることにしよう。

一九六二年に私は、エリック・ウルフ——彼もまた人類学者であるが——によって紹介された何人かの友人たちの名で——それと、世界資本主義がいかにしてメソ・アメリカの諸地域に現れて干渉したか（すなわち低開発を行なってきたか）についての彼の初期の著作で——武装して、ラテン・アメリカへわたった。一九六三年、リオデジャネイロで、私は *On Capitalist Underdevelopment*〔資本主義的低開発について〕(Frank 1975) を書いた。一九六五年には、メキシコで、ラテン・アメリカは封建制下にあるという定説を奉じていたルドルフォ・プイグロス氏と同国の新聞紙上で論争をした（Frank 1969に再録）。一九六三年の草稿は、定説の批判で始まっている（それは改訂されて一九六七年に"The Sociology of Department and the Underdevelopment Sociology"〔大学学部の社会学と社会学の低開発〕として出版され、Frank 1969に再録された）。それは、私がシカゴ大学の社会科学棟の二階と四階の両方で、そして大学図書館で学んだ全ての理論に対する容赦ない批判であった。特に本書と関係しては、私の批判は何にもまして、タイトルに偽りのあるタルコット・パーソンズの *The Structure of Social Action*〔社会的行為の構造〕（〔1937〕1949）と *The Social System*〔社会システム〕（1951）によって私たちの世代に伝えられていた、ウェーバー流の社会学に向けられていた。今でも私の友人であり、かつての助言者であったバート・ホースリッツ、および私の友人マニング・ナッシュ、その他あちこちの者によって、そのような社会学は「第三世界近代化論」に応用されていた。私の草稿を一読して、ナンシー・ハウエルは、彼らへの言及は理論的なものに留め、私がその時書き込んでいた多くの個人名は削るように忠告してくれた。今、彼女は再び本書について同じことを、とりわけ彼女自身の名前について求めている。しかし今回は、前回にまして、そうする気にはなれない。

これらの、そしてまた他の著作すべてにおいて私は、「封建制ではなく、資本主義が」ラテン・アメリカおよび他の「第三」世界における「低開発の発展」を産み出してきたのだ、と主張し続けてきた。この低開発における決定的な要因は、どの地域《リージョン》にせよ、それに「内的」なものではなく、ましてやその人々のせいなどではなく、その全てが不可欠の部分である「世界システム」そのものの機能と構造によって生み出されているのだ、と私は論じた。しかしながら、その時私は、「資本主義世界システム」はクリストーバル・コロン（以下、コロンブス）がアメリカを「発見」したときに生まれたと書き、その後もそう考え続けた。かくして私は、一九七〇年代の初め、チリで、そのシステムの発展を分析する本に、*World Accumulation 1492-1789*〔世界規模の蓄積　一四九二～一七八九年〕（Frank 1978a）というタイトルをつけたのである。一九七三年のチリの軍事クーデタによって、私の家族そして私が、私の故郷であるベルリンへ帰らなければならなくなった時、私の議論は、まだ一七八九年のところにまでしか届いていなかったのである。

クーデタ前のチリでの出来事によって、すでに私は、そこから二世紀余り先へジャンプして、現在の世界経済の蓄積の危機について考えざるをえなくなっていた。私は、チリのクーデタ自体が、危機の表われであると看做していたのである。というわけで、その後二〇年間ほどにわたって私がいくつかの著作と数えきれぬほどの論文でしたことは、現在の危機についての考察となったのである。それにもかかわらず、心の内では私は、もし「システム」が一四九二年に生まれたとしても、あるいはウォーラーステインが宣告したように一四五〇年から出現したものであるとしても、ゼウスの頭から出てきたアテナのように単に突然そうなったのではあるまいという密かに忍び込んでくる疑いを心に抱き続けていた。それ以前の何かが、それもおそらくシステムであろうが、コロンブスやヴァスコ・ダ・ガマの航海や「世界資本主義システム」の勃興へとつながっていったにちがいない。

まだチリにいた頃、私はイマニュエル・ウォーラーステインの『近代世界システム』の第一巻（1974）の第一版のカヴァーに載せる推薦文を書いた。私はその本が、「世界経済の初期の発展」を解釈するものであり、「その理解は、それに続く全ての発展の正しい理解に不可欠のものである。本書は公刊と同時に古典となるであろう」（実際そうなったが）と書いた。他に二つの推薦文が寄せられており、それはフェルナン・ブローデルとエリック・ウルフによるものであった。ブローデルは、歴史家はすでに「ヨーロッパが、ぐるりとひとつの世界経済を形成していたこと」は知っていて、「彼らに思いもよらなかったこと……〔であり、かつ〕ウォーラーステインの思考を特徴づけているものは、この実体〔世界システム〕がヨーロッパ史の主題について新しい枠組みを提供しているということであって、このことが……魅力的なのである。」と書いている。エリック・ウルフの推薦文は、世界システムの発展を理解する上で、その本は不可欠のものになるであろうと述べ、「これは、人々が、自らの論点をはっきりさせ、自らの出発点を見出すために、それに向き合い、論じ、引用し、そこから学ばなければならない一書である。」と書いている。私が、これらの推薦文をここで引用したのは、以下に関連づけるその後の諸発展に照らして、それらがいかに意味深いものであったかによる。

それらその後の諸発展は、いくつかの平行する流れとなるものもあったが、ここでそれらを関連付ける必要はない。それについては、私の *World System: Five Hundred Years or Five Thousand?*〔世界システム——五〇〇年か五〇〇〇年か〕(Frank and Gills 1993) の前書きですでに示しておいた。だがそれにもかかわらず、私は少なくとも以下の諸発展については、この前書きでまとめておきたい。それらは、本書の成立と目的を理解する上でも本質的であるからである。

エリック・ウルフは、*Europe and the People without History*〔ヨーロッパと歴史なき民〕(1982) を著し、歴史なき民が、どのようにして、自らの福利と文化の多くを犠牲にして近代世界システムに組み込まれていったかを示した。彼のテーゼは、かれらは歴史をもっているというものであったから、彼はタイトルの後ろにクエスチョン・マークを付した。しかし、出版社はそれを気に入らず、それをまた取ってしまった。およそ出版社というものは、クエスチョン・マークが嫌いである。同じことは、マイケル・バラット・ブラウンの *After Imperialism*〔帝国主義以後〕(1963) にも起こった。そのように両人が私に語ってくれたのである。エリック・ウルフの編集者であるスタンリー・ホルヴィッツは私に、その本の出版可否を決める審査に加わるよう薦めてくれたが、悲しいかな、家庭の事情で私はそれを断らなくてはならなかった。私は、その本を大いに有り難いものだと思った。それはその序章で、先に引いたウォーラーステインの著作と私の著作が、彼自身の著作の先駆であったと書かれてあったからだけではない。公式にエリックに賛辞を贈る一九九〇年のアメリカ人類学会の会合で、私は記録を訂正しようとした。ある学生が私の著作がウルフの著作におおきな影響を与えたと言ったあとのことである。その学生の言ったのとは逆に、エリック及びその著作こそが、私にラテン・アメリカへの、そしてその周りでの私の進むべき道を示して、私の著作に初期の最も重要な影響を与えたのである、と私は指摘した。それが全て世界資本主義システムに関わることであり、しかも植民地時代からすでにそうであったことを示していたのは、エリックだったのである。

二つの理由から、ウルフの本の審査を断らなければならなかったのは良いことであったと後で分かった。〔ひとつには〕ある日のアムステルダムでの夕食の席で、私は彼にごく個人的に話したのだが、彼の本の中の「巨大な後退」と当時の私には見えた文句、すなわち「資本主義」は、彼がかつて私にそう信ずるよう導いたのとは違って、一四九二年ではなく一八〇〇年に始まったのだという文句を見て、私は激怒した〔からである〕。第二の理由は、その夕食の席での話以来、私は結局のところ、本書で論証するように、彼の本に同意する理由をますます多く見出したことである。というのも、もし「資本主義」などというものがありとせば、もっともいまや私はないだろうと思っているのだが、それでもありとせば、ウルフが主張したようにそれは一八〇〇年以来のヨーロッパでの産業革命から始まったとする方がよいように思われるからである。しかし、いまや私は、ウルフと私がウォーラーステインの本の推薦文でふれた「世界システム」は、当時の我々三人のだれが想像したよりも前から始まったと考えている。しかしながら、そのことによって、世界経済なり世界システムを「資本主義」と呼ぶことに、もし意味があるとして、何を意味するのかという問いを開くことにもなったのである。

その後、ジャネット・アブ‐ルゴッド（1989）が *Before European Hegemony: The World System A. D. 1250-1350*〔ヨーロッパ・ヘゲモニー以前――一二五〇～一三五〇年の世界システム〕を書いた。その本自体が出版される何年か前に、論文版の長さになった彼女のテーゼについて議論をするために、ある学術誌が特別号を組んだ。その雑誌の編集者は私にコメントを寄稿するよう求め、私はそれに応じた（Frank 1987）。そのコメントの執筆で私は、「近代」

世界システムの、もっと早かったかもしれないそのルーツについての「密かに忍び込んでくる疑い」に立ち戻っていた。アブ‐ルゴッドは、それらのルーツを明らかにし、それを彼女の言うところの「十三世紀世界システム」として確認していた。しかし彼女は、その「十三世紀世界システム」は、それとは別物である近代のシステムの先駆にすぎないと言っており、その点では、彼女は〔近代世界システムが〕一四五〇年以降に（再）発明された、独立のものであるというウォーラーステインのテーゼを受け入れていたのである。私の批判の主要なポイントは、彼女の本の書評論文（Frank 1990b）で展開した。「近代資本主義世界システム」は再発明ではなく、少なくとも一二五〇年からすでに存在しているアブ‐ルゴッド版の世界システムと同じものの続きであるということである。しかしながら、この世界システムがウォーラーステインが起点としている一四五〇年より二世紀前にはすでに存在していたのなら、さらに前には存在していなかったと考える理由があろうか。

*World Accumulation 1492-1789*の前書きでは、私はまた別の忠告を引用し、それに従った。それは、私がフェアバンク（1969: ix）の第二ルールと呼んでいる、次のようなルールである。「始まりから始めようとしてはならない。歴史研究の進歩は、前向きにではなく、後ろ向きに進む。問題の導くところにしたがって遡行せよ。」「問題」とは「世界システム」の起源――それとその性質――であった。ついに、私の歴史研究には、史料の許す限り、問題に導かれて遡行する時がやってきたのだ。もし「システム」の始まりが一八〇〇年ではなく、一四九二年でも一四五〇年でもなく、一二五〇年でもないとすれば、おそらくそれは紀元一〇〇〇年頃だろう。もちろんウォーラーステインは、たとえ「長期的な波動が決定的に重要である」ことが明らかにされ、幅広く受け入れられている、と書くことはあっても、〔上にあげたようなより早い世界システムの起源の可能性については〕、かつてもいまも、何一つ認めたがらない。彼によれば、この波動は一四五〇年以降上向きとなったが、一二五〇〜一四五〇年には下向きであった。その前、一〇五〇〜一二五〇年には上向きであった（Wallerstein 1992、草稿として一九八九年に回

覧）。『レヴュー』誌の編者として、彼は慈悲深くも、私の最初の論文を掲載してくれた。その論文で私は、このウォーラーステイン自身によって引かれている長期サイクルを他の理由と並んで挙げて、我々はおそらく世界システムの起源をさらにもっと前へ遡って跡づけることができるし、またそうすべきだと論じたのである(Frank 1990a)。

その数年前、バリー・ギルズはすでに自分一人で同様のことを書いていた（出版されてはいなかったが）。彼が一九八九年の私の論文の草稿を読んだ時、我々は、まずもって明らかな〔二人の論点の〕つながりを見定め、続いてその考究に乗り出した。その結果が、"The Cumulation of Accumulation"〔「蓄積の累積」〕という、紀元前一七〇〇年から紀元一七〇〇年までの長期サイクルについて、および五〇〇〇年世界システムへの学際的入門としての我々の共同論文であり、二人の編著書である *The World System: Five Hundred Years or Five Thousand?* である（Gills and Frank 1990/91, 1992; Frank and Gills, 1992, 1993)。ギルズは、歴史家としての知恵と理論家としての洗練の両面にわたる彼の学識を、惜し気もなく私に分け与えてくれた。彼はまた、選びぬかれた蔵書の多くと自身の初期の手稿とを私に貸してくれた。そこでは彼の莫大な助けのおかげで、私は、それなしでは無理だったかもしれないくらいはるかに遠く、またずっと速く研究を進めるよう促され、またそうすることができた。しかしながら彼は、「国際関係」や「ヘゲモニー」といった私があまり好まない、ほとんどただ共同研究を続けるためにだけ追求したような研究方向へも、私を引っ張りこんだ。

同時に、クリストファー・チェイス‐ダンは、トマス・D・ホールと共同研究を始めていた。クリスはコンピュータのような男で、多くの業績の中でもなかんずく、私や他の論者の従属理論を「検証」し、〔それを〕支持〔するデータ〕を見つけ出してくれていた。同調的に、しかし概ねバラバラに、私たちは「資本主義世界システム」の分析に、ソ連とその他の社会主義国の分析を包摂させる研究の先駆ともなった。ホールによるアメリカ南西部の部族・遊牧社会の研究は、他地域の遊牧社会をその中に含めて拡大し、チェイス‐ダンと共に、世界システムの「境界」上、ないしは、一時的にその外部にある「国境国家」("marcher state")をも、〔その理論射程に〕収めた。二人は一緒になって、複数の大小の「世界システム」の比較分析を行ない、それを基礎にしてさらなる世界システム理論の構築に乗り出した。それらの〔複数の〕世界システムには、いくつか小さなものも含まれていたが、ギルズと私が研究していた大きな世界システム、およびデイヴィッド・ウィルキンソンの「中心文明」("central civilization")も含まれており、二つを組み合わせて、チェイス-ダンとホールは、それを「中心世界システム」("central world system")と名づけ、再洗礼を施した。

チェイス-ダンはまた、私に一九八九年の国際比較文明学会(International Society for the Comparative Study of Civilizations＝ＩＳＣＳＣ)に出るように勧めてくれた。そこで私は、ウィルキンソンとステファン・サンダーソンに出会ったのである。そこから、私は一九八九年の世界史学会(World History Association＝ＷＨＡ)の会合へ続いて出席した。そこでは、ずっと私の歴史研究を励ましてくれていたウィリアム・マクニールに会った。発刊されたばかりのWHA *Journal of World History* の編集者であるジェリー・ベントリーもまた、両方の学会に出席していて、そのあとに、私のアブ-ルゴッドについての書評論文と"Plea for World System History"〔世界システムの歴史のための弁明〕(Frank 1990b, 1991a)を掲載してくれた。ステファン・サンダーソンも、彼の本である *Social Transformations*〔社会変容〕(1995)で、並行発展系について研究していた。彼のこの本には、日本の発展をイギリスのそれと並行するものとしてみる研究が含まれており、本書で私もそれを用いた。サンダーソンは続いて、ＩＳＣＳＣの機関誌 *Comparative Civilizations Review* の特別号を編集し、彼の編著である *Civilizations and World Systems*〔文明と世界システム〕(1995)という比較研究につながった。その本は、上に名前をあげたほとんどの論者の寄稿が収められており、私の"Modern World System Revisited: Re-reading Braudel and Wallerstein"〔近代世界システム再考――ブローデルとウォーラーステインを読み直す〕(Frank 1995)も含まれている。同時に、ジョージ・モデルスキーとウィリアム・R・トムスン(1992, 1996)

は、長く続いている彼らの共同研究を、ヨーロッパ世界における、ポスト一四九四年の政治的ヘゲモニー及び戦争にあてた初期の焦点から、中国における紀元九三〇年に始まるイノベーションとコンドラチェフ波の研究および先史世界システムの進化へと拡大させていた。これら、いまでは友人ともなった同僚諸氏との共同研究、彼らからの助力や励ましについては、すでにもっと詳しく*The World System: Five Hundred Years or Five Thousand?*（Frank and Gills 1993）の前書きで謝辞を述べておいた。ここでそれを再確認するのは嬉しいことである。

右の私とギルズの本のテーゼは、ウォーラーステインの「近代」五〇〇年世界システムを規定する諸特徴と同じ特徴が、少なくとも五〇〇〇年遡って同じシステムの中に見出しうる、というものであった。デイヴィッド・ウィルキンソンとジョナサン・フリードマン、そしてカイサ・エホルムが、それぞれの同様のテーゼを持って、我々に加わってくれた（それらのテーゼは、昔にバラバラに導き出されたものであったが、今となっては、相互に影響を与えあっている）。私の友人である（比較的最近にも、二つの別の本の共著者となった）イマニュエル・ウォーラーステインとサミール・アミンも寄稿し、一五〇〇年以前から、のテーゼに意義を唱えた。ウォーラーステイン（1991, 1993）は、ハイフンの入った自分の世界システム〔world-system〕をハイフンのない私の世界システム〔world system〕に対して擁護する応答を示し、依然として「舵をしっかりとつか」む（"hold the tiller firm"; Wallerstein 1995）べきだとかたくなに主張している。彼とアミンは二人とも、私への記念論文集（Chew and Denmark, 1996）に寄せた論文でも、彼らの立場を保持し続けている。アブ - ルゴッドは、この問題について、ある立場を選ぶということを拒否しており、いま我々が扱っているのが、それまでと同じ世界システムなのか、近代の新しい世界システムなのかは分からないと論じている（Frank and Gills, 1993）。

近代世界史学の「父」であるウィリアム・マクニールは、親切にも序言を書いてくれた（また私の記念論文集にも「歴史家を代表して」寄稿してくれた）。今や彼は、彼の*The Rise of the West*〔西洋の勃興〕（1963）が世界システム的諸連関に十分な注意を払っていなかったこと、そして今や、全てのコミュニケーションのネットワークを通して、どんどんそのような諸連関の地図を描いていかなければならないことに同意している。私もそう思っている。マクニールのシカゴ大学での同僚であったマーシャル・ホジソンと私は、一九五四年に、同じアパートに一緒に住んでいた。マーシャルは、私に、自分の書いたものについて話してくれた。そのなかには、彼の死後、今になってやっと出版された *Rethinking World History*〔世界史再考〕(1993) に収録されたものもある。悲しいかな、当時は、私は彼が何について語っているのかを理解することが全くできなかったのである。もしその時、私に理解できていれば、歴史の森を盲目同然でさまよい続けていた四〇年近い月日を、私は失わずにすんだであろうに。今になってはじめて、私は、ホジソンによる世界史の再考 (rethinking world history) への手引きを豊かに引用し、それに熱心に従っているのである。

我々が今、それまでと同じ世界システムを扱っているのか、〔近代の〕新しい世界システムを扱っているのかというアブ-ルゴッドの問いに答え、かつまたマクニールとホジソンの助言に従う一つの方法は、互いに関係する〔以下の〕二つのことを試みることにありそうである。ひとつは、アブ-ルゴッドの十三世紀世界システムのルーツを、それ以前に遡ってたどることである。彼女は、そうすることに興味はないといっているが、私は興味があるし、実際やってみた (Frank and Gills, 1993)。もうひとつの仕事は、アブ-ルゴッドの〔十三世紀世界〕システムと私とギルズの五〇〇〇年世界システムが近世期にまで連続している可能性を探るというものである。これも彼女はしたくないという。ということでこれは、私が本書でやってみる仕事となった。しかしながら、これをすることはまた、一五〇〇年以来の世界システムの近世期（そして結局は、現代と未来）の歴史を再解釈する上で、一五〇〇年以前の歴史の読みがどのような含意を持っているのかについて、多くの問題を提起してしまう。

一九九三年、私はブローデルの三部作の第三巻 *The Perspective of the World*『世界の見方』。ただし邦題は『世界時間』（1992）を読んだ。また、ウォーラーステインのものもいくつか読みなおし、彼らの著作の内在的批判をしようとした（Frank 1995）。私は、いかに彼ら自身の〔使っている〕データ、特にブローデルによるそれらデータの観察が、ありていに言って、ヨーロッパ中心的な世界経済／世界システムに立脚した彼ら自身のテーゼと矛盾しているか、を示すことに自らを限定した。それより先に書いた同じ批判は、"The Economic System in Asia before European Hegemony"〔ヨーロッパ・ヘゲモニー以前のアジアにおける経済システム〕（Frank 1994）という題で、すでに発表してあった。このタイトルはウォーラーステインおよびアブ‐ルゴッドの著作のタイトルの要素と、当時最近出版されたK・N・チャウデュリの *Asia before Europe*〔ヨーロッパ以前のアジア〕（1990a）のタイトルとを組み合わせたものである。アブ‐ルゴッドもチャウデュリも、アジアが、ヘゲモニーではないとしても、ヨーロッパ以前の世界経済においてははるかに重要であったことを示した。ブローデルとウォーラーステインを読みなおしてわかったのは、彼ら自身のいうことにもかかわらず、また彼ら自身のテーゼに反して、近世期には複数の世界経済があったのではない、ということである。そうではなく、ただ一つの世界経済、世界システムがあったのであり、その中では、彼らの間違った主張とは違って、ヨーロッパはヘゲモニーではなかったし、そうありえもしなかったのである。したがって、またも彼らの主張に反して、この世界経済および世界システムがヨーロッパから始まったということも、ありえないのである。

　ここに、ウォーラーステインの『近代世界システム』初版本のカヴァーに載せられた三つの推薦文の意義が明らかとなった。ブローデルは、ウォーラーステインがヨーロッパ史の主題について新しい枠組みを提供しており、そのことで歴史家がすでに知っていたこと、すなわちヨーロッパがそのまわりにぐるりとひとつの世界を形成していたことをよりよく再解釈できる、と書いた。私は自分の推薦文に、この本はすぐに古典となるだろうと書き、それは我々が、それに続く全ての発展の正しい理解のために、この本を必要としているからである、と述べた。

そしてエリック・ウルフは付け加えて、ウォーラーステインの本は、人々が、自らの論点をはっきりさせ、みずからの出発点を見出すために、それに向き合い、論じ、引用し、そこから学ばなければならない一書である、と書いた。

たしかにそうである。というのも、私のブローデルおよびウォーラーステインに対する批判は実際、ウォーラーステインから学び、ウォーラーステインと議論して、ブローデルは、正しいところも間違っているところもあると主張することからなされたものだからである。ウォーラーステインは、ヨーロッパ史の主題についてよりよい枠組みを提供しているが、彼の本のタイトルにもかかわらず、世界史についてはそうではない。また、ヨーロッパが「そのまわりにぐるりと」ひとつの世界を形成していたことを、ブローデルおよびその他の歴史家がずっと「知っていた」などというのは間違っている。上に引用した私の批判は、ヨーロッパが拡大して、「ヨーロッパ世界経済／システム」に世界の残りの地域を「包摂」（"incorporate"）したのではないということを、〔史的〕証拠そのものにのっとって示した。〔実際は〕そうではなく、ヨーロッパは遅れてすでにそこにあった世界経済、世界システムに加わった、あるいは少なくともそれまでは弱かった〔その世界経済、世界システムとの〕結びつきを固めたのである。アブ－ルゴッドとチャウデュリの本のタイトルを組み合わせていうと、*Asia before European Hegemony*〔ヨーロッパ・ヘゲモニー以前のアジア〕に高い地位があることになる。あるいは、さらにブローデルとウォーラーステインのタイトルも足しあわせると、我々は新しい *Perspective of the Modern World System of Asia before European Hegemony*〔ヨーロッパ・ヘゲモニー以前のアジアの近代世界システムの見方〕が必要だということになろう。

この点で、私は以前に（Frank 1991c, 1996で）、ほぼ二〇年ほど前に当時十五歳くらいだった私の息子たちが私に言ったことを引き合いに出したことがある。彼らの発言は、当時私と当人たちが悟りえたよりもさらに、本書のテーゼにとって妥当なものであると分かった。パウロは、「植民地だったんなら、ラテン・アメリカは封建的ではありえなかったよね」と、ミゲルは、「イングランドは低開発途上（*underdeveloping*）国なんだね」と言ったのである。これらの観察が本書に対して持つ重要性は、何重かになっている。もしラテン・アメリカが植民地であったのならば、それは世界システムの重要な一部であったからそうだったのである。故に、それを「封建的」と呼んでも意味などありえないだけではなく、それに対して、どのようなカテゴリーを与えようとしても、世界経済ないしは世界システムの従属的部分として以外には――「資本主義」としてでも――その意味は疑問である。いやしくもそれを「定義」することが可能だとして、どのようなものにせよそのような定義から、いったい何が得られるというのか。本当に何もない。全く、このような「生産様式」に対する関心など、すでに他の場所（Frank 1991a, b, 1996; Frank and Gills 1993）で論じたように、それよりはるかに重要な定義を与える、全てがその部分であるような世界システムから、我々の注意をそらすばかりなのである。

そのような世界経済／世界システムにおいて、我々は「低開発の発展」をあちこちで、そして今も昔も、観察することができる。ラテン・アメリカとアフリカの多くは、依然として低開発の最中にある。しかしながら、マーガレット・サッチャーが首相に就任する以前の一九七八年に、私の息子のミゲルが気づいたように、いまや我々は、「大」英国（“Great” Britain）もまた低開発の最中であるのを見ることができる。ミゲルは（たぶんサッチャーも）世界システム論的後知恵が十分にはなかったので、次のことには気づかなかったが、事実われわれは、一八七三年の大恐慌の始まりからイギリスがずっと、低開発を経験しつづけていることを見ることができる。どういうふうに、そうだというのか。ウォーラーステインの世界システム論のパースペクティヴでも、総体としての世界経済および世界システムの中で、ある部門、ある地域、ある国、およびその「経済」が上昇するだけではなく、その相対的地位や、絶対的地位でさえ下降させることもある、ということはわかる。イギリスは、一世紀以上も前に衰退し始め、いと高きその位は、その時からドイツと北アメリカによって奪われ始めていたのである。両国は、二つの世界大戦――あるいは一九一四年から一九四五年までの長い一つの戦争――を戦って、どちらがイギリスの跡を継ぐかを争った。悲しいかな、その者たちよ、今日、陽のあたっているその場所も、東アジアの「昇りつつある太陽」("Rising Sun")によって、また奪い取られようとしているのだ。本書のテーゼの一つは、東アジアの諸部分は、すでに一八〇〇年ごろまでは世界経済/世界システムの中心にあった以上、それらの〔今日の〕発展は、驚くべきことではないということである。歴史的に見れば、「西洋の勃興」が後に来たのであり、また〔その期間も〕短かったのである。

というわけで本書の初期の目的は、第一に、ヨーロッパ人に口出し手出しすることがたくさんできる前に、それ以前から続いている世界経済がすでにあったということを示すことであった。当然ここから派生して二つの論点がある。ひとつは、一八〇〇年頃までは、アジア、特に中国とインド、しかし東南アジアおよび西アジアも含めて、ヨーロッパよりも活動的であり、最初の三つは、右の世界経済にとってより重要であったということを示すことである。もう一つの派生的論点は、ゆえに「歴史家はすでに、ヨーロッパが、そのまわりにぐるりとひとつの世界を形成していたということを知っていた。」などと主張するのは、全く事実に反していて反歴史的であるということである。〔事実は〕そうではなかった。ヨーロッパはアメリカのお金を使ってアジア列車に乗る切符を買ったのだ。しかしながら、この歴史的事実はまだ他に、歴史とその理解に基づく社会理論の両方に対して、さらに遠い射程の含意を持っている。

"Let's Be Frank about World History"〔世界史について率直《フランク》になろう〕というタイトルでアルバート・バーゲセン(1995)は、「世界経済/システムはヨーロッパに始まったのではない」という命題は、全てのヨーロッパ中心主義的な社会理論を転覆してしまうものでもある、と指摘した。ヨーロッパ中心主義的な社会理論は、ヨーロッパの時間的先行と構造的優先性に基礎を置き、世界の残りはそのまわりに構築されたのだと考える。もしヨーロッパがそのような位置になく、そのような機能を持っていないとすれば、そこから派生したヨーロッパ中心主義的な社会理論も、歴史家の「知っている」ことのうちに入っているといわれるような堅固な歴史的基礎には立ってはいないことになる。したがって、まさに西洋社会理論の足場が、我々の周りでガラガラと崩れ落ちんところまで脅かされているのである。それは、いまや自ら崩れて、あるいは少なくとも、その最初の設計者およびその理論的な足場を組み、不安定な歴史的基礎の上に〔理論を〕構築した全ての「名匠」たちの過ちによって、そうなっている。本書の第一章で示すように、これら我々の社会理論を設計した者の中には、マルクス、ウェーバー、ヴェルナー・ゾンバルト、カール・ポランニー、さらに他の者が含まれ、ブローデルおよびウォーラーステインもその中に入る（けだし、Frank 1978*a*, b も入る）。彼らはみな、彼らの理論の中心となる場所が（誤って）ヨーロッパにあるとした。ヨーロッパは現実の世界経済においては、一度もそのような場所を占めたことなどなかったのに、である。それは、どのように、そしてどこへ我々を置いていってしまったか。ちょうど、（ヨーロッパ／アメリカ／西洋という）「裸の王様」の寓話のように、とでも言おうか。王様は裸だ！

このようなヨーロッパ中心主義に対する多少とも良く知られた批判は、イデオロギーのレベルでは、すでにエドワード・サイード（1978）によって、『オリエンタリズム』という考え方についての議論の中でなされている。マーティン・バーナル（1987）も *Black Athena*〔『黒いアテネ』〕において西洋文化のアフリカ的起源について論じて、批判した。またサミール・アミン（1989）は、*Eurocentrism*〔『ヨーロッパ中心主義』〕で、ヨーロッパ中心主義を痛烈に非難した。またほかに本書第一章で引用した諸論者による批判もあるが、ここで私が上の三人に触れたのは、主として、それらも本書の決定的部分の先駆となる流れとなったからである。また別のそのような先駆者に、J・M・ブロート（1993*a*）がいる。彼は、その *The Colonizer's Model of the World*〔『植民者的世界のモデル』〕で、ヨーロッパ「例外主義」のあらゆる神話を、文字どおり破壊した。これら全ての論者は、忠義正しい衛兵として、ヨーロッパ中心主義の王様はいまや裸であると指摘したのである。では、レーニンばりにいって、なにをなすべきか。バーゲセンは、それをどのようにすべきかがいまだ明らかではないとしても、われわれは「グローバル学」（"globological"）的なことを何かなすべきであると主張している。

他の人たちの中には、新たに見つかってしまった裸があまりにも恥ずかしいといって何か〔それを隠す〕着物を用意しようとする者もあるかもしれないが、変わらぬ古いヨーロッパ中心主義の王様に、新しい着物を仕立てようなどというのは、私の目的ではない。率直に言って、王様などというようなものがそもそも気に入らないのだ。しかしながら私は、王様を単に我々の頭から追い払ってしまえると考えるほど素朴ではない。また、単に彼および彼のファッションをポスト・モダン風に「脱構築」しようとも思わない。私は、形成途上の新しい世界（無）秩序に対して、我々には、オルタナティヴな *Perspective of the World*（世界の見方）が喫緊に必要だと信じているのである。

The World System: Five Hundred Years or Five Thousand?（クエスチョン・マーク付き！）は、オルタナティヴな「世界の見方」とその構造と機能を把握するための分析用具を作り出そうとする、私の最初の試みであった。マルタ・フエンテスは、私がいつも彼女に、これの意味は何だ、あれの意味は何だ、ではこれの意味は、と尋ねまわすと言って、私を「機能主義者」よばわりしたものである。彼女は、「意味」という言葉で私が本当に意味しているものは、そのシステムの構造の中での「機能」のことだといったのである。彼女は、そのようなシステムはみな私の頭の中にだけにあると思っていた。が、私はそのシステムは、まさにそこ現実の世界に本当にあり、そろそろ我々は、このシステムとその構造、その動力について、少なくとも初歩的なイメージを考え出す時だと思っている。私の友人、ロバート・ディーンマークはそれに同意してくれている。彼は、親切にも、私の記念論文集の共編者をしてくれた。しかしながら、彼はまた、我々二人ともに対して、非常に多くを要求した。彼は、我々

は部分の総和以上である（システム）全体を研究せねばならないし、彼は私がそうするのを手伝わなければならないと執拗に主張するのである。すなわち我々は、もっとホーリスティックな理論および、ヨーロッパを中心にした単なる部分ではなく、世界全体の分析を必要としているのである。

　悲しいかな、我々は、「国際」交易やその他の諸関係と取り替えるべき、適切な用語系さえ持ってはいない。分析の結果の構築物や全体を覆う理論など、いうまでもない。〔「国際」交易などといわずに〕「グローバルなシステム」における「世界交易」（あるいはその逆）と言うのは、それで良いとすれば、正しい方向への小さな第一歩である。ポイントは、世界経済の「肉体《ボディ》」を交易と貨幣が駆けめぐる流れが、酸素を運ぶ血液が拍出されて循環系を駆けめぐる（あるいは他に、情報が神経系を伝達される）のと同じようになっている、その有り様を、如何に明らかにするか、にある。世界経済はまた、骨格およびその他の構造も備えている。そこには、生存に不可欠だが、その「機能」はまたからだ全体によって決定されているような器官がある。生きたり死んだり、他の細胞と入れ替わったりする諸細胞がある。日ごと、月ごとおよび他にも長短のサイクル（けだし〔人生そのものが〕ライフ・サイクル）がある。そしてそれは、諸物の進化の（ただし、予め運命付けられていない）体系の一部であるように思われるのである。最後に、しかし決して軽んぜられるべきものではないが、我々の世界経済および「システム」は、生態系および宇宙から独立して存在するものではない。〔世界経済および「システム」は〕両者と相互に影響しあうことがありえるし、また実際そうである。また、そのような相互作用についてのシステム的な関心は高まりつつある。私の記念論文集のもう一人の共編者であるシング・チュウは、私の「人間中心的」分析への試みではまだ不十分だと主張している。彼の言うには、我々に必要なものは、「生態系中心的」な理論とおよび実践である。悲しいかな、我々は、あるいは少なくとも私は、これらの諸問題系のどれについても、ましてやそれらを組み合わせて、それを適切に述べる概念的手段を欠いている。

この本は、ディーンマークと私の「世界（全体）の見方」を近世の世界経済史に拡大しようという、私にとって初めてのよりホーリスティックな試みである。そこでなすべきことは、世界経済／世界システム自体の構造／機能／動力が、そのさまざまな部分で起こったことを――そして現在起こっていることもを――決定してはいないまでも、どのようにそれに影響したか、を見ようとするところにある。全体は、部分の総和以上のものであるばかりではない。それはまた、諸部分とそれらの相互の関係を形作っているのであり、それが逆に全体を変容させるのである。

さて以上が、本書の始まりが、あるいは平行してあるいはすでに絡み合っていた諸々の流れから、いかに発展して出てきたか、の記録である。本書は今、エリック・ウルフが正しくも予言したように、私自身の論点をはっきりさせ、みずからの出発点を見出すために、それら本書のルーツとなったものを越えていこうとしている。それは、出発点を見出し、エリックの他、上に引いた全ての論者――私自身を含めて――のもとを離れていくという、実にラディカルな断絶を意味しているのである。それでもなお、私は彼ら、そして他の人々全てに感謝の意を表したい。

私は、しばしば共著者となったバリー・ギルズと彼のいるニューカッスル大学からの一九九四年三月の招聘を喜んで受けた。このようなオールタナティヴなパースペクティヴをそこで協同して構築するためであった。その最初の二〇ページの草稿は"The Modern World System under Asian Hegemony: The Silver Standard World Economy 1450-1750"〔アジア・ヘゲモニー下の近代世界システム――銀本位世界経済　1400-1750〕(Gills and Frank 1994) というタイトルであった。この作業は、だいたい私の側の病気のせいで、中断してしまった。一九九五年の終わりになってやっと、私は再びこの研究を追求し、今度は拡大することができるようになった。しかし、その時にはもう私はアムステルダム大学を定年退職してしまっていたので、ここトロントで自分ひとりですることになった。

ほんとに自分ひとりでというわけではなかった！　というのも、ナンシー・ハウエルと私は一九九五年にトロントで結婚したからである。彼女は、このプロジェクトを再開し、先へ進めて本書を書きあげるために、言葉にならないほどの感情的、精神的支えを私に与えてくれた。もしナンシーがいなかったら、本書を完成させるのはおろか、その執筆に取り掛かることさえなかったろうし、ありえなかっただろう。さらに彼女は、我が家に美しい書斎を用意し、（他に何の制度的な支えもない私に、その代わりとして）トロント大学の図書館施設を彼女の配偶者の資格で使えるようにして、私に本書執筆の物理的便宜をも提供してくれた。

トロント大学へのアクセスによって、私は電子メールが使えるようになり、本書の論点や資料について、世界中の同僚たちと連絡をとりあうことができた。この前書きの他の場所ですでに謝意を記した人たちに加えて、私の相談に乗ってくれた（なかには、依然として郵便でやり取りした人もいる）人々はあまりにも多く、ここでは名前を列挙することでしか礼をいうことができない。私を最も助けてくれた、その人たちを以下に挙げる。カリフォルニアのボブ・アダムス、シカゴのジム・ブロート、ブリティッシュ・コロンビアのグレッグ・ブルー、ジョージアのテリー・ボズウェル、トロントのティム・ブルック、アリゾナのリンダ・ダーリング、アリゾナのリチャード・イートン、カリフォルニアのデニス・フリン、イングランドのスティーヴ・フラー、ジュネーヴのパウロ・フランク、カリフォルニアのジャック・ゴールドストーン、東京の浜下武志、ニューヨーク州ビンガムトンの池田哲、アンカラのフリチハン・イスラモグル、ノース・カロライナのマーティン・ルイス、ミシガンのヴィクター・リーバーマン、オランダのアングス・マディソン、ボストンのパット・マニング、カリフォルニアのボブ・マークス、ジョージアのジョーヤ・ミスラ、ニュージーランドのブライアン・モラフニー、トロントのジョン・マンロー、カルカッタのリラ・ムヘルジー、アイダホのジャック・オーウェンズ、フランスのフランク・パーリン、カリフォルニアのケン・ポメランツ、オーストラリアのアンソニー・リード、ノース・カロライナのジョン・リチャーズ、ニューヨークのモリス・ロサビ、ニューヨーク州イサカのマーク・セルデン、カリフォルニアのデイヴィッド・スミス、オーストラリアのグレアム・スヌークス、ロンドンのドロシー・スタインとバートン・スタイン、ミシガンのスン・ライチェン、そしてカリフォルニアのリチャード・フォン・グラーン、ジョン・ウィルス、ビン・ウォン。

注意深く読んでいただければ、上の名前の大半が、彼らの著作を使ったり、彼らが使った著作や彼らに勧めてもらった著作を使ったりしたときに、その関連で以下の本文に再登場しているのに気づかれるであろう。特に彼らと論争したことについては（たとえば、中国、ヨーロッパ、インド、中央アジア、東南アジアおよび西アジアならびにアフリカの人口、交易、生産、収入、貨幣、サイクル、制度の見積もりや、その他の論点について）、公刊の手続きを進める前に、私は、該当の部分のテクストを彼らに送って、個人的に読んでもらい、承諾を得た。それから私は、彼らの専門的コメントに従って、私のテクストを修正した。それらのコメントに対して私はここで感謝の意を表したい。不幸にして、インドにいる同僚の中には、彼らとの論争が不可能であったり、中断する場合もあった。

最後になったが、私は、本書のタイトルのつけ方の提案について、デイヴィッド・ウィルキンソンに感謝している。サイモン・フレーザー大学地理学部の地図作図家であるポール・ドグレースに対しても、私が手で描いたデザインをコンピュータ上の地図に書き替えてくれたことに感謝している。また、スイスのチューリヒにある世界社会基金には、謝礼その他の費用を支払うための財政的な支援を賜った。感謝を述べたい。私の古くからの友人で、今回はロサンゼルスのカリフォルニア大学出版会の本書の編集者ともなったスタン・ホルヴィッツに対しても、バークレイでの本書制作中の旅路の間じゅう、私を元気付けてくれたことに感謝している。そして、つねに活発な出版活動を行なっている編集者のジュリアンヌ・ブランドに対しても。出版社における、私の格別のそして最大の感謝は、キャスリーン・マクドゥガルに送る。彼女のすばらしい、内容ある提案は、原稿整理編集者としての義務と呼べるものをはるかに越えるものであり、本書の内容と議論とを強化するのに役立った。また他方、彼女のプロとしての専門能力は、際限ない忍耐力とすばらしい活気とを兼ね備えており、本書の体裁をよりよくし、読者にとってより読みやすいものとしてくれた。ゆえに読者にもなりかわって、彼女に謝意を表する。

結びとして、世界規模の蓄積についての私の昔の本の前書きの文句を繰り返しても、言い訳が立つと思う。

> 歴史的過程全体ないしはシステム全体の変容において、異なる様々の出来事の同期性を検証し、関連づけようとする試みはまさに——たとえ、経験的情報や理論的適切性がなくて、史実によって空間および時間をカヴァーしきれず、穴だらけであっても——正しい方向への重要な一歩である（とりわけ、今日の一つになった世界における単一の歴史的過程のための歴史的パースペクティヴとその理解の必要に対応するため、その世代が「歴史を書き直」さなければならないような時には）。
>
> (Frank 1978a: 21)

このすでに長くなり過ぎてしまった前書きを閉じるにあたって、私は、ジョン・キング・フェアバンクから引用を続け、依然それに賛成したい。

> 結果は、不完全な近似に終わるだけかもしれない。幸運にも、誰もそれを最後の言葉だなどと思う必要はない。ひとたび著者が、自分がやろうとしていると思っていたものを振返ってみれば、多くの見方が現れてくる。まずもって現れるのは、無視されていたものである。少なくとも私の場合はそうだった。著者にとっては、書かれざる図書館全体の単なる控えの間に過ぎないものが、いまにも爆発しそうな問題の山であふれ

かえっており、それが、読者からすれば、彼らの研究をよそへ追いやってしまうほどの充実した内容を持っているように見えるのである。彼らに対して、その本が本当に穴だらけなのだと納得させようとしても、無駄である。

(Fairbank 1969: xii)

フェアバンクとは違って、少なくとも私は、私の本の読者がだまされて、ありもしない充実を本書に見てしまうかもしれぬなどという恐れを抱く必要はない。まちがいなく、読者は本書が穴だらけであると気づくであろう。しかしながら、私は彼らが、一人として自分の研究をやめてよそへ行ってしまうようなことがないことを願っている。そして、少なくとも、その研究のどこか一部を使って、それらの穴を埋めるのを手伝ってくれるよう招き入れたい——そして、彼らがみずから、また新しい穴をほってくれることを。

アンドレ・グンダー・フランク

一九九六年一月二十六日、八月八日、および十二月二十五日、トロントにて

現実の世界史とヨーロッパ中心的社会理論の対決に向けて

マルクスとウェーバーから学ぶべき真に重要な教訓とは、社会を理解する上での歴史の重要性である。彼らが一般的なもの、普遍的なものを把握することに関心を持っていたのは確かだが、特定の時代の具体的な状況や多様な地理的範囲の共通点や対比に意を用いていた。社会的事実を適切に説明するには、その事実がどのようにして起こったかの歴史的説明が必要であるという認識を彼らが持っていたのは明らかであるし、また比較‐歴史分析が安定と変動の研究に不可欠であることを認めていた。要するに、まさにこの二人の尋常ならざる思想家こそが、我々がよく見習うに値する歴史社会学の設計者として際立っているということである。というのも、この二人はともに、オープンで歴史に基礎づけられた理論と方法とを奉じているからである。

アーヴィン・ツァイトリン (Zeitlin 1994: 220)

どんなに誠実に追求してみても、普遍性への期待は、社会科学の歴史的発展のなかで、このようにあまりかなえられなかった。……十九世紀にヨーロッパおよび北アメリカで構築された社会科学がヨーロッパ中心的であったということは、驚くべきことではほとんどない。当時、ヨーロッパ世界は自ら文化的に勝利したと感じていた。……どの普遍主義も自己自身への解答に火をつけ、これらの解答はある意味では、そのとき勢力をもっている普遍主義の性質によって決定される。……われわれの理論的前提を――その隠された、正当化できない先験的な仮定にかんして――検閲にかけることは、今日の社会科学にとっての優先事項の一つである。

イマニュエル・ウォーラーステイン (Wallerstein 1996b: 49, 51, 60, 56)

ホーリズム的な方法論と本書の目的

私のテーゼは、「多様性の中に一体性がある」ということである。しかしながら、一体性それ自体から多様性が生まれ、絶えずその一体性によって変化している、そのさまを知らなければ、世界の多様性を理解することも、その価値を認めることもできない。我々は誰しも、多様性に対する寛容が求められ、また一体性の中でその価値が認められるような、この一つの世界に生きてゆかねばならない。もちろん、私が指しているのは、エスニシティ、ジェンダー、文化、審美眼、政治、肌の色あるいは「人種」の多様性についての寛容と価値の認識のことである。私は、ジェンダー、富、収入、権力の不平等を闘争もせず受け入れよと主張しているのではない。故に、「民族浄化」や「文明の衝突」などというものが主観的に非道徳的であり、客観的にも馬鹿げていることをはっきりと示すような世界のパースペクティヴが提示されれば、またぞろそんなものをもてはやす連中があらわれた今日、我々の益となりうるであろう。本書は、近世の世界経済史を、より「人類中心的」(humanocentric) なパースペクティヴで理解するための、少なくともなんらかの基礎を提供しようという企てである。

ヨーロッパ的であり、またしかし例外的に世界的でもある歴史家のフェルナン・ブローデルは、「ヨーロッパは歴史家を発明し、そして彼らを巧妙に利用」して、ヨーロッパの内とその外の世界における自らの利益を増進させてきた、と述べている (Braudel 1992: 134)。この言葉はいくつかの重要な仕方で我々の目を開いてくれる。まず、歴史を書くことがヨーロッパ人による発明であるというのは、ヘロドトスやトゥキュディデスによるものとしてさえも、本当に正しいとはいえないということである。歴史は、中国人やペルシア人、その他の人々によっても書かれてきている。さらにヘロドトス自身が執拗に主張していることだが、「ヨーロッパ」なるものがユーラシア大陸の一部でしかなく、その中に実体的で自律的な境界などない以上、それは独立の存在などではない。おそらくブローデルは、ヘロドトスよりずっと後の世代の歴史家のことを念頭においているのであろうが、それでもやはり彼らの発明は、イブン・バトゥータやイブン・ハルドゥーンそしてラシード・ウッディーンのような、名だたるアラブの歴史家、年代記作家、世界旅行家がすでにアフロ‐ユーラシア（Afro-Eurasia）的な世界史を書いていた、そのずっと後になってからのものであり、しかもそれらがアラブ中心的であったりイスラム中心的であったよりもずっとヨーロッパ中心的な歴史であったのである。

けだしヨーロッパは、地理学をも発明したようである。というのも、「ユーラシア」という言葉自体、ヨーロッパ中心的な命名だからである。だがそれも、その巨大な地塊の遠い周縁の半島での発明なのだ。一九六八年にその早すぎる死を迎える前に、マーシャル・ホジソン（Hodgson 1993）は、メルカトル図法によって描かれた地図を非難していた。メルカトル図法の中では、〔現実には〕小さなイギリスがインドほどの大きさになってしまうのである。J・M・ブロート（Blaut 1993b）は、「歴史の前進」を地図にあらわすことが、いかにヨーロッパ中心的になされてきたかを示している。またマーティン・ルイスとカレン・ワイゲン（Lewis & Wigen 1997）は、『大陸という神話』（*The Myth of Continents*）を指摘している。一例を挙げれば、あらゆる点で地理学的リアリティに反し、ヨーロッパ人は、彼らの半島を「大陸」に格上げさせることにこだわっている。そして他方、ずっと人口も多いインドは、ただの「亜大陸」（subcontinent）であり、中国にいたってはせいぜい「国」（country）なのである。本当に妥当な地理的・歴史的ユニットはアフロ‐ユーラシア（Afro-Eurasia）である。しかしながら、アーノルド・トインビーが提案し、世界史学会（World History Association）の前会長ロス・ダンが最近改めてその提案を思い起こさせてくれたように、アフラジア（"Afrasia"）と呼んだ方がより適切であるかもしれない。さらにいえば、〔アフリカ＋アジア＝アフラジアという〕この語のつなぎ方の順序でさえ、二つの大陸の地理的・人口的規模および歴史的な重要性の真の順序を反映してはいない。もちろんヨーロッパは、そもそも大陸などではない。

たしかに後年の歴史家は、圧倒的に自分たちの属するヨーロッパの〔中心的な〕へその部分を見つめてきた。彼らがそうする上で受けてきた、社会的、文化的、政治的、経済的な支援を考えれば、それは許されることかも知れないし、少なくとも説明はつくだろう。結局のところ、歴史家たちは、大きな支援をうけて、ヨーロッパおよびアメリカの諸「国民国家」をイデオロギー的に支持する「ナショナル」な歴史を書き、支配階級のイデオロギー的、政治的、経済的利益に与してきたのである。しかしながら、これらの歴史家たちはまた、自らの「ネイション」の制約を越えて「ヨーロッパ」ないしは「西洋」が世界の残りの部分の「へそ」であったし、今もそうである（そして実にまた心臓でも、魂でもある）、と主張した。彼ら歴史家が、〔ヨーロッパ以外の〕誰か他の者の功績を認めることが、たとえあったとしても、それは、ただ不承不承にそうするだけであって、まるで西行きしかないオリエント急行のように、古代エジプト・メソポタミアから古典ギリシア・ローマへ向い、中世（西）ヨーロッパを経て近代へ至る、一種の時間のトンネルを駆け抜けて、「歴史」と称するのである。ペルシア、トルコ、アラブ、インド、そして中国は、せいぜいのところ社交辞令を受けただけであって、それもしばしば、それほど礼儀正しいものではなかった。アフリカ、日本、東南アジア、中央アジアなどの他の人々に至っては、その歴史への貢献には何も触れられないどころか、そもそも歴史に参加してさえいない扱いである。例外はといえば、中央アジアから周期的に現われ出て来て「文明」的な定住民に戦争をしかける「野蛮」な遊牧騎馬集団くらいである。文字どおり数え切れない〔そのような偏った歴史記述の〕諸例の中から、ある序文を一例として引こう。「本書『西洋の基礎付け』（*The Foundation of the West*）は、古代近東におけるその始まりから十七世紀中葉の世界までにわたる〔原文ママ！〕、西洋の歴史的研究である。」（Fishwick, Wilkinson, and Cairns 1963: ix）

初期にせよ後期にせよ、近代の歴史はヨーロッパ人によって作られた。ブローデルらに従って言えば、彼らは、みずから「知っている」通りに、「ヨーロッパの周りに世界を建設した」のである。けだしそれはヨーロッパ的な歴史家の「知」である。彼らは、みずから歴史を「発明」し、次いでそれを見事に利用したのである。そこには、それは逆だったかもしれないというような疑い、つまり世界の方がヨーロッパを作ったのではないだろうかというような疑いがうすうす感づかれることさえない。しかしそれこそが、私が本書においてその証明を提起しようとしている、あるいは少なくとも、そうし始めようとしていることなのである。

本書自体が、多くの課題よりなっている。それらは遠い射程を持っていると同時に、依然非常に限定されている。それらの課題は、一般に認められている「古典的」および「近代的」な社会理論の多くが立脚しているヨーロッパ中心的な歴史記述に挑戦しようとしているという点で、遠い射程を持っているが、意図的に設定された、それら諸課題への限定は、さらに大きなものである。つまり私は――読者にもそう願うが――一四〇〇年から一八〇〇年の間の世界経済についてオルタナティヴな解釈を素描することで、とりあえずよしとしたい。それは、今はまだ極めて予備的ではあるが――しかし後に望むらくは、より深く広い――構造的、機能的、動態的で、かつ〔システムの〕転形を説明するような、単一の政治経済と社会システムについてのグローバルな分析と理論へむけての基礎を提供する。そのような単一のシステムに、我々はすべてともに生きている（いかなければならない）のである。

本書の限界が、私が意図的に設定した限定よりもさらに大きく、したがって私がこの限定された目標にさえ届かないということは、十分ありえることである。しかしながら、近世のグローバルな世界経済とその構造的特徴とを通覧し、それがどのように、そのなかの諸区域、諸地域に影響を与えたかを探ろうなどという試みからして、すでに例外的なのである。この世界およびその諸部分の歴史的発展の大部分は、それが必要とし、またそれが受けるに値するだけの扱いを受けずに、さっさと片づけられているといってもよいだろう。本書の試みは、この〔一四〇〇～一八〇〇年という〕時期の世界史を書くとか、あるいは世界経済史を書くと〔限定しても、そう〕いうような、現在の私の能力を超えるようなことではなく、近世の経済史にグローバルなパースペクティヴを提起することにある。史料は重要ではあるが、私は新史料をもって、従来受け入れられてきた史料に挑戦するよりはむしろ、より人類中心的でグローバルなパラダイムをもって、ヨーロッパ中心的なパラダイムに立ち向かうことを目指す。

本書が第一に意図していることは、なぜ我々が、グローバルなパースペクティヴとアプローチとを必要としているのかを示すことにある。我々は、世界経済の歴史それ自体に関してそれを必要としているだけでなく、それによって、グローバルな全体に下位単位として参加しており、その中では単に部分にすぎないような区域、地域、国が、あるいはどのような区分や過程でも、それらがその全体のどこに位置づけられるかを、つきとめることができるのである。具体的に言えば、我々は「西洋の勃興」、「資本主義の発展」、「ヨーロッパのヘゲモニー」、旧「グレート」・ブリテンやアメリカ合衆国および旧ソ連邦を含む「大国の興亡」、「ロサンゼルスの第三世界化」、「東アジアの奇跡」および、その他あらゆるその種の過程や出来事の意味をつかみ、理解し、説明し、解明する——要するに、認識する——ためのグローバルなパースペクティヴを必要としているのである。これらはいずれも、それに「内在する」諸力の構造や相互作用だけを通じて起こったことでも、それを第一の原因として起こったことでもない。それらはすべて、単一の世界経済のシステムの構造およびその発展の部分なのである。

ここから派生して観察されることは、ヨーロッパは自力で経済的上昇を遂げたのではなく、また、合理性、制度、企業家精神、技術、温暖な気候などといった——要するに、人種的な——いかなるヨーロッパ「例外主義」によるものでもないことは確かである。また、ヨーロッパは第一に大西洋経済それ自体に参加し、それを利用することを通じて経済的に上昇したのではないし、アメリカおよびカリブの植民地とアフリカの奴隷貿易の直接的搾取を通じてでさえなかったということは本書で後に見るところである。代わって本書は、ヨーロッパがアメリカ産の貨幣を使って、どのようにアジアの生産、市場、交易に割り込み、そこから利益を引き出したか——つまり、世界経済におけるアジア経済の優越的な地位から利益を得ていたか——を示す。ヨーロッパは、アジアの背中をよじ登り、次いでアジアの肩の上に立ちあがったのである——だが、それは一時的なものなのだ。本書はまた、いかにして「西洋」がそこにたどり着いたか——そして、そこから示唆されることとして、なぜ、またいかにヨーロッパが間もなくその地位を再び失いそうであるか——を、世界経済の観点から説明することをも試みる。

もうひとつ派生してくるテーゼとして、近世のヨーロッパは、世界経済の中において、他の地域より重要でもなければ、いかなる意味でも進んだ地域ではなかった、ということである。これは、大西洋の外側に広がる部分〔すなわちアメリカおよびカリブの植民地〕をすべて勘定にいれても同じことである。ヨーロッパは、いかなる意味でも、世界規模の経済ないしはシステムにとって「中心的」でもなければ、その「中核」でもなかったのである。〔かつての〕私自身（1967, 1978a, b）を含めて、ブローデル（1992）やウォーラーステイン（1974）その他がいうような意味でヨーロッパが「中核」であるような「世界経済および世界システム」それ自体は、単にマイナーな、そして長い間、本物の全体としての世界経済の全く周縁的な部分でしかなかったのである。ヨーロッパの手中にあった物のうちで、この〔本物の〕世界経済に参入するために本当に役に立った手段はといえば、アメリカの貨幣しかなかった、ということについては後に見る。一八〇〇年以前の世界経済において優越的な地位に立つ地域《リージョン》があったとすれば、それはアジアにあった。世界経済およびその中にあり得た諸「センター」のヒエラルキーにおける「中心的」な地位と役割を有する経済があったとすれば、それは中国であった。

しかしながら、近世の世界経済ないしは世界システムにおける「ヘゲモニー」を探求しようというのは、それ自体では誤った問題設定である。ヨーロッパは確かに、一八〇〇年以前の世界経済において中心的ではなかった。

ヨーロッパは、構造的にも、機能的にも、経済的重心の点からも、生産、技術、生産性のいずれの点からも、人口一人当りの消費をとっても、より「進んだ」「資本主義」的制度と言われているものの発展をとってみても、いかなる点でも、ヘゲモニーではなかった。十六世紀のポルトガルも、十七世紀のオランダも、十八世紀のイギリスも、世界経済の観点からすれば、いかなる点でも、「ヘゲモニー」ではなかった。政治的にみても同じことである。どれもこれも違うのだ！ 右の全ての点で、アジア経済ははるかに「先進的」であり、中国の明朝／清朝、インドのムガール帝国、ペルシアのサファヴィー朝やトルコのオスマン帝国でさえ、ヨーロッパのいずれ〔の王朝や帝国〕よりも、また、それらを全てあわせたよりも、その政治的ウェイトはずっと大きく、軍事的にさえもそうだったのである。

右のような観察は、現在および未来の発展の問題場にも妥当性をもっている。近年の東アジアの経済「発展」は、今日世界のあちこちで大きな関心を呼んでいるが、そのように観察された〔東アジア諸国の〕発展を、西洋的な物の見方の図式にどのように収めるのかについて、同じくらい大きな困惑を生んでもいる。〔だが〕日本を「西洋」の一部に再分類したり、アパルトヘイト期の南アフリカ共和国で日本人が「名誉白人」などと呼ばれていたことの馬鹿馬鹿しさを考えれば、問題の所在は容易に明らかとなろう。さらに焦点は日本を越えて、特に韓国、台湾、香港、シンガポールの「四頭の虎」(Four Tigers) あるいは「四頭の龍」(Four Dragons) へと移ってきている。しかしながら、東南アジアの他の小龍たちや、水平線上にほの見える中国という大龍への関心も、今や高まって来ている。新聞紙上にさえ、次のように言われている。

大々的にもささやかにも、また精妙にも不器用にも……中国は十八世紀以来見たこともないような存在感を、アジア全体にまたがって現しつつある。……いまや龍は揺り起こされ、問題は、地域の貿易のパターンから製造業〔の配置〕へ、〔せいぜい〕日本と韓国とをまたぐ地政学的地域におけるシフトを確認する……アジア各国政府の決定から東南アジア一帯〔に及ぶ政治的決定〕へと交替しつつある。

（『ワシントン・ポスト』紙のキース・B・リッチバーグ、『インターナショナル・ヘラルド・トリビューン』一九九六年三月十八日付）

さらに深く核心を突いてこの議論のポイントの妥当性に迫るために、二日間にわたって続けて掲載された同紙の記事を引用しても不適当ではなかろう。「アメリカはアジアのやり方への敬意の払い方を学ばなければならない」と題されたその記事に学ぶと、

西洋人は、アジア人に何をなすべきかを教えることに長く泥んできた。そのような時代は、今や終わりつつある。アジア各国は十分強力になり、自らの自律性を主張し、それを実際保持するまでにいたった。……アジア諸国を西欧流に造り替えようとするいかなる試みも、もはや成功することはないであろう。そのようなことをすれば、アジアと西洋との間の長い争いの連続に、さらにもう一つの危険を持ち込むことになるであろう。……西洋人は、アジア人が〔自分たちと〕対等であること、そして彼らが自分流のやり方をとる権利があること、……そして「アジア的」価値の有効性の主張を受け入れる必要がある。

（ブライス・ハーランド、『インターナショナル・ヘラルド・トリビューン』一九九六年五月三日付）

副題に「問題なのは、国際システムの本質である」と付して、同紙は続いて次のようなリポートを掲載した。

中国をめぐる紛争は、国際システム、およびその政治的、財政的、貿易上の主体の本質をめぐる紛争である。意図してにせよ、せずにせよ、中国は北京の狙いに都合のいい、オルタナティヴな国際システムを積極的に作り出そうとしており、そのことはＷＴＯ（世界貿易機構）への加入ルールを改変しようとする中国の苦しい努力に明らかである。

（ジム・ホーグランド、『インターナショナル・ヘラルド・トリビューン』一九九六年五月四〜五日付）

なぜ、そうなのか。ヒル・ゲイツ（Gates 1996: 6）は中国が、例外的に「西ヨーロッパに発生した資本主義の圧力による再編への抵抗に成功し、……過去数世紀にわたって、西洋の帝国主義による世界の造り替えを生き抜くことに成功した」世界で唯一の国であったからだと論じている。他にも、このアジアの覚醒についての「説明」は「儒教」から「国家による干渉のない市場の魔術」に至るまで、あらゆるやり方が探られ、提起されている。悲しいかな、今日の東アジアの経験は一般に受け入れられた西洋的な理論的、イデオロギー的図式には、どれにもうまく適合しないように思われる。逆に、東アジアで起こっていることは、物事がいかになされる「べきか」について、「我々」が「西洋流」でやったやり方を模倣せよという、あらゆるタイプの西洋的な規範を侵害しているように思われる。お気の毒さま、といったところだ。

本書では、東アジアの「勃興」が西洋的な図式に適合しないからといって、それが驚くべき出来事であるとは限らない、という含意を持っている。本書は、むしろ代わりに異なる図式を提案する。東アジア、そしておそらく他のアジアの地域で現在起こっていることおよび未来に起こりそうなことは、その図式の中に適合させ得るものであるし、実際適合している。それはグローバル経済《エコノミー》の発展の図式であるが、その中ではアジア、特に東アジアは、かつてすでに支配的であったのであり、また——歴史的に見ると——ごく最近、すなわちここ二世紀以内までは、ずっとそうあり続けていたのである。二世紀ほど前になってやっと、本書が以下探求する理由によって、アジアの諸経済は、世界経済における支配的地位を失っていく一方、その地位は西洋によって占められていくようになったのである――それは明らかに、一時的なものでしかない。

「西洋の勃興」についての西洋自身による解釈は、「場違いな具体性」のケースに当てはまる過誤を来している。その「発展」が、明らかにされてゆくべきなのは、「西洋の」ではなく、世界経済の発展であり、世界経済における発展なのである。世界システムの「リーダーシップ」――それは「ヘゲモニー」以上のものである――は、〔世界システムの〕ある区域や地域（ないしは諸地域）に一時的に「中心」を置くが、結果的にまた、一つないしは複数の他の区域や地域へとシフトするだけなのである。そのようなシフトは十九世紀に起こった。そして、世界経済の「中心」が「東洋」へ戻るシフトを見せるにつれて、二十一世紀の初めには再び、そのような〔リーダーシップの〕シフトが起こりつつあるように思われる。

このような考えは、よそでも育まれつつあるようだが、かなりあいまいな形で、でしかない。『閉じる円環――環太平洋の経済史』(Jones, Frost, and White 1993) は、千年も前の宋代中国の経済成長の記述から始まっているが、しかしながら、太平洋がまず「スペインの湖」となり、ついで「パックス・ブリタニカ」、「アメリカの世紀」の下に従えられる一方で、明代、清代の中国と日本は、本質的に孤立しており、大体において停滞的であったとされている。五〇〇年~七〇〇年あったとされる時の隔たりと西洋の侵入による相当な干渉の後に初めて、環太平洋〔地域〕とその東沿岸は、再び勃興しつつあるというのである。他方、過去一〇〇〇年にわたる世界の歴史についてのフェリペ・フェルナンデス-アルメスト (Felipe Fernadez-Armesto) による一九九五年の研究では、アジアにおける西洋の侵入は、最近二世紀に至るまでは表面的で周縁的なものに過ぎず、西洋の上昇は短期的で、しっかりした根のないものであるとされている。それにもかかわらず彼の説明では、現在そして未来の世界に起こりそうな中国および他のアジア諸地域の支配的地位への上昇は、一〇〇〇年近く前の宋王朝の経済的、文化的優越の復活であるとしか言われないのである。対照的に本書では、〔中国の〕支配的地位からの転落は二世紀も続かなかった、と私は主張する。さらに私は、これらのシフトがグローバルな「発展」の長期波動的な過程の構成的部分であった、その有り様を示そうと思う。この導入の章では——結論の章でも——このような歴史の観察が社会理論にもつ含意を考察する。

グローバリズム——ヨーロッパ中心主義ではなく

「西洋」"The West" は、もうかなり長い間、世界の残り the rest の多くを「オリエンタリズム」というタイトルの下で認識してきた（"West" と "Rest" との組み合わせはハンチントン〔Huntington 1993, 1994〕からとった）。西洋世界は、「オリエンタル」な研究、制度、その他なにもかもに食傷なくらいである。この西洋のイデオロギー的構えは、パレスチナ系アメリカ人のエドワード・サイードが、彼の一九七八年の著書『オリエンタリズム』で、見事に分析し、非難した。彼は、自らを例外であると主張して他から区別し、世界の残りを区画しようとするような西洋の努力において、オリエンタリズムがどのように作用したかを示している。このような〔例外主義の〕手続きは、サミール・アミンによっても、その一九八九年の著書『ヨーロッパ中心主義』において非難されている。マーティン・バーナルは、『黒いアテネ』(Bernal 1987) において、ヨーロッパ自らの純粋なルーツが、「民主的」でありながらかつ奴隷を所有し、また性差別主義的でもあったギリシアにあるという主張についての史的神話が、十九世紀のヨーロッパ植民地主義の必須部分として、いかにして創造されたかを示した。バーナルのテーゼは、明らかに著者自身の最初の意図には反しているが、アフリカ中心主義の発想を支持するために転用されている（Asante 1987）。事実、アテネのルーツは、エジプトやヌビアよりはむしろ、小アジアやペルシア、中央アジアおよび他のアジア地域にあった。妥協して調停するならば、ギリシアは第一義的にアフリカ - アジア的（Afro-Asian）であったし、今もそうであると言うことはできよう。しかしながら、ヨーロッパの「ルーツ」はもちろん、決してギリシアやローマに限られるわけではない（その前のエジプトやメソポタミアに限られるわけでもない）。ヨーロッパのルーツは、記憶を越える過去からアフロ - ユーラシア（Afro-Eurasia）全てに広がっているのである。さらにいえば、本書でこれから示すように、ヨーロッパは、十九世紀に「ヨーロッパ中心的な発想」が発明され、普及する前の近世の間も依然アジアに従属していたのである。

このヨーロッパ中心的な発想は、複数の流派からなっている。その内のいくつかは、カール・マルクスやヴェルナー・ゾンバルトのような政治経済学に権威を求めているし、エミール・デュルケームやゲオルグ・ジンメルそしてマックス・ウェーバーのような社会学者に権威を求めるものもある。最後に名前を挙げたウェーバーは、これらのヨーロッパ中心主義の諸特徴を、最も入念に組み立て、組み合わせ、潤色している。エリック・J・ジョーンズの著書の印象的なタイトルであるが、『ヨーロッパの奇跡』を説明する上で、上の全ての論者に貢献があると言われている。しかしながら、ジョーンズの本は、マルクスとウェーバーから始まって、オズワルド・シュペングラーやアーノルド・トインビーを経て、とりわけアメリカで第二次大戦後に溢れ出した想像上の西洋の例外性を弁論する立場にいたる、ほとんどすべての西洋社会科学および歴史学の氷山の、ほんの特殊な一角として目についているに過ぎない。

この種のヨーロッパ中心的な「理論」の使用および乱用は、イスラムの観点から批判的に要約されている。もっとも、同じことは、「オリエント」の他の諸部分についても同様に当てはまっている。

症候は、多くの基本的な議論によって構成されている。すなわち、①社会の発展は、その社会に内在する諸特性に起因する。②社会の歴史的発展は、進化的な過程か、漸次的な衰退かのいずれかをとる。これらの議論によって、オリエンタリストは、民主的な産業主義へ向う動態的過程へと展開する内的本質を有する西洋社会という二項対立的な理念型を打ち立てることができるのである。……

(Turner 1986: 81)

しかしながら、イスラム研究の世界史家であるマーシャル・ホジソンは、次のように書いている。

近代以前の西洋にあった、〔後の西洋近代の〕種となる特徴を引っ張り出してこようというあらゆる試みは、これまで私が見た限り全て、西洋以外の社会について西洋と同じくらいにわかってしまえば、細かく歴史的に分析して、その失敗を明らかにしえるものである。このことは、合理性と直接行動主義《アクティヴィズム》の特殊固有な組み合わせを西洋が引き継いでいるということを示そうとした、偉大な師であるマックス・ウェーバーについてもあてはまることである。

(Hodgson 1993: 86)

ホジソン（Hodgson 1993）とブロート（Blaut 1992, 1993a, 1997）は、これを嘲って「トンネル史観」と呼んでいる。「例外的」な、ヨーロッパ内部の因果関係だけを見て、近代ヨーロッパおよび世界の歴史へのヨーロッパの外からの貢献に対して盲目であるような、トンネル的な視界から、その呼び名は出てきている。しかしながら、ブロートが指摘しているように、一四九二年ないしは一五〇〇年において、ヨーロッパは依然、アジアやアフリカに対して、いかなる種類の優位も保持していなかったし、なんらはっきりと異なった「生産様式」も持ち合わせてはいなかった。一五〇〇年、そしてさらに後になっても、ヨーロッパないしはその「資本主義」の勝利が、三世紀以上も後にやってくると予期される理由などなかったであろう。ホジソンが後の大きな「変質」（"transmutation"）の基礎となったと見なしている、十六世紀および十七世紀における経済的、科学的、合理的「技術主義」の発展は、彼が主張する通り、世界規模で起こったのであり、ヨーロッパだけで排他的に起こったのでも、ヨーロッパで特に起こったわけでもない。

少なくともヨーロッパ人とアラブ人は、十九世紀にヨーロッパ中心的な歴史記述と社会理論が興ってきて抑圧されるまでは、ずっとグローバルなパースペクティヴを持っていた。たとえば、チュニジアの政治家で歴史家でもあるイブン・ハルドゥーン（一三三二―一四〇六）は、彼の時代およびそれまでの時代の「諸国民の富」を評価し、比較している。

このことは、エジプト、シリア、インドや中国のような東の地域と地中海の向こうの北の地域全体によって例証されよう。彼らの文明が増進すると、その住民の財産は増え、かれらの王朝は偉大になる。彼らの都市や居住地は数を増やし、彼らの商いや境遇もよくなる。今度は、マグレブのムスリムのところにやって来るキリスト教諸国の商人たちの状態を観察しよう。彼らの繁栄と豊かさは、非常に偉大であって、それを描き切ることなどできない。同じことは、東からやってくる商人、我々の耳に届く彼らの境遇についてもあてはまるし、アラブではないイラクやインド、中国といった極東の国からの商人については、さらによくあてはまる。彼らの富と繁栄については、旅行者たちが報告するすばらしい話が、我々の耳にも及んでいる。それらの話は、普通疑いの目をもって受け入れられている。

(Ibn Khaldun 1967: 279)

十八世紀に入ってからでさえ、中国の文物について、最も優れた学殖をもつフランスの出版家であるデュ・アルド神父(彼は、パリを離れたことはなく、イエズス会士やその他の旅行者、通訳を資料に使っていた)は、中国でのこととして、次のように書いている。

全ての地方での格別な豊かさ、河川や運河による商品輸送の能力は、帝国につねに非常な繁栄をもたらしている。……中国国内を運ぶ交易は、ヨーロッパ全体とも比較にならぬほど、大きい。

(Chaudhuri 1991: 430に引用。より長い引用はHo Ping-ti 1959: 199)

セオドア・フォス(Foss 1986: 91)は、デュ・アルドの作品について論じて、中国からの文書は、哲学的なものだけではなく、技術的その他の実用的なものも、功利主義的な関心によって、西洋で翻訳され、研究されたと強力に主張している。実際、ドナルド・ラックとエドウィン・ヴァン・クレイ(Lach and van Kley 1965-)は、『ヨーロッパを準備したアジア』というタイトルの作品を書いている(七巻まで刊行済み、続刊が予告されている)。この作品の要約としては、M・N・ピアソン(Pearson 1996)による書評論文か、ラックとヴァン・クレイ(Lach and van Kley 1993: vol. 3, book 4)の巻末の「合成画」を見ていただきたい。例えば、「十六世紀のヨーロッパ人は、中国および日本を未来への偉大な希望であると考えていた」とラックとヴァン・クレイは見ており、十七世紀の終わりまでに、「〔アジアのイメージに〕全く影響を受けていないようなヨーロッパの文献はほとんどなく、今日のヨーロッパの文学、美術、学問および文化に、その影響が見られないとすれば、それは驚くべきことであろう」と続けている。十六～十七世紀の二世紀間にわたって、ヨーロッパの宣教師、商人、船長、医師、船員、兵士、その他の旅行者らの手によって、何百というアジアについての書物が、全てのヨーロッパ主要言語で書かれ、再版され、翻訳されたという事実が、彼らの右の観察の支持根拠となっているが、それらは、南アジアについて少なくとも二五、東南アジアについては一五、群島部については二〇、東アジアについては六〇の、大きな著作が含まれている。数え切れないほどある、より短い著作については言うまでもない（Lach and van Kley 1993: 1890）。インドの帝国は、この世で最も豊かで強力であるもののうちに入ると考えられてはいたが、最も強烈な印象を与え、ヨーロッパ人の究極の目標の地位にとどまり続けたのは中国だった（Lach and van Kley 1993: 1897, 1904）。アジアの哲学は尊敬を集めたが、技芸や科学についてそれほどではなかった。〔それでも〕医学、工芸、産業およびそのそれぞれに実際に携わっている人々は、高く尊敬され、しばしば模倣された（Lach and van Kley 1993: 1914, 1593ff）。

側面から歴史的な光をあてて我々の目を開いてくれることとして、十七世紀のドイツの哲学者であるライプニッツが、隣国のルイ十四世が抱く野望に正しくも疑いを持っていた西ドイツのある諸侯に招聘されたことがある。その時ライプニッツは、ルイ王に書簡を送り、次のような進言を行なった。すなわち、王がライン川の対岸へ、もしかしてなんらかの野望を持っているなら、そんなことを追求するのではなく、むしろ南東へ向ってオスマンに戦いを挑まれる方が、フランスにとってずっと政治的に安くつくことであろうというのである。

事実、すべて美しく、すばらしいものは、東インドからやって参ります。中国の商業に匹敵するほどのものは、世界全体でもどこにもないと、学識ある人々は申しております。

(Leibniz 1969: vol.5, 206、引用はグレゴリー・ブルーの教示による)

フランス人は、ナポレオンの時代まで、この進言に従うことはなかったが、そのナポレオンが、ドイツに侵攻した際に、わざわざライプニッツの書簡の写しを復元したのは、おそらく偶然ではなかったであろう。ラックやサイードのような論者が指摘しているように、このようなアジアに対するヨーロッパ人の高い評価は、その歴史記述と社会理論を含めてヨーロッパ人の認識と意見とを深く変えたヨーロッパ産業主義および植民地主義が始まったあとの十九世紀に、初めて本当に変わったのである。今日でさえ、ポール・ベアロックは、近世には多くのアジアの諸地域は、ヨーロッパと比較して経済的、文化的により大きな発展を遂げていたと認めている。この証言は、ベアロックが、パトリック・オブライエン (O'Brien 1982, 1990, 1997) と並んで、ヨーロッパとそれ以外の世界との関係がヨーロッパ自体の発展に重要なインパクトをもたらしたというウォーラーステイン／フランク・テーゼに対して、明示的に反論している主要な論者のひとりであるということを考えると、一層意義深い。ベアロックによるウォーラーステイン／フランク・テーゼの否定——オブライエン (O'Brien 1997) 同様——は、今日も続いているが、それにもかかわらず「富と権力……事実として、十六世紀の初頭前後には、アジアの主要文明はヨーロッパのそれをしのぐ技術的、経済的発展の水準に達していていた」と認めているのである (Bairoch 1997: vol. 2, 528. 引用中の「……」はベアロックの原文)。

実際、ベアロックは、特に中国、日本、朝鮮、ビルマ、カンボジア、ラオス、タイ、ヴェトナム、インドネシアおよびオスマンの優越性を指摘してもいる。彼は、七〇万人の人口を擁するイスタンブルを世界最大の都市と呼び、北京を、それよりごくわずかに少ない人口の、それに次ぐ規模の都市であるとしている。また彼は、ムスリムの北アフリカがヨーロッパより都市化されていたことをも指摘している。パリは一五〇〇年前後で、一二万五千人の人口であったのに対し、カイロは四五万人の人口があり、フェズはすでに二五万人に減っていた、というのである。しかも、インドのカリカットは五〇万人の人口があり、ビルマのペグーとカンボジアのアンコールでさえ、すでにそれぞれ一八万人と一五万人から減少していたという (Bairoch 1997: vol. 2, 517-37)。興味深いことに、ベアロックはまた、「十六世紀をもって、ヨーロッパによる他の諸大陸の支配は始まった」(ベアロック前掲書五〇九ページ）と断言していることである。もちろんそれは、ヨーロッパにとっての絶対的真理であり、本当はマルクスやその仲間が言うように十九世紀の半ばに始まったのである。このような世界観は依然非常に根深く、『ライフ』誌が二四人もの編集者を使い、何十人という専門家に意見を求め、何カ月もの激しい編集会議を重ねて、一九九七年九月号に、今千年紀の最も重要な一〇〇の人物と事件のリストをまとめると、出来上がった結果は、次のようであった。

グローバルな動きや変化について、西洋人は釣り合いのとれないほど大きな貢献をした。〔一〇〇人のうち〕一七人を除く全員が、ヨーロッパ系であり、女性はわずか一〇パーセントであった。これは、『ライフ』編集者および助力をいただいた専門家諸氏の偏見を反映しているのではなく、過去一〇〇〇年間の社会政治的現実を反映するものである。（一三五ページ）

スミス、マルクスそしてウェーバー

というわけで、我々が特に関心を持っているヨーロッパの論者のなかで、アダム・スミスやカール・マルクスも、これらの問題を非常に重要で興味深いことだとみなしていた、というのは驚くほどのことではない。しかしながら彼らは、それぞれが属す時代のそれぞれ異なるパースペクティヴからそうしたのである。近世の歴史とその中におけるアジアの地位に関して、スミスとマルクスの意見は、一致しているところも一致しないところもある。スミスは一七七六年の『国富論』で次のように書いている。

アメリカの発見、および喜望峰まわりの東インド航路の発見は、人類の歴史に記録された、二大事件である。

（Smith［1776］1937: 557）

マルクスとエンゲルスの『共産党宣言』は、スミスのこの見解に続けて次のように述べている。

アメリカの発見、喜望峰の回航は、勃興途上のブルジョワジーに新しい地盤を拓いた。東インドおよび中国の市場、アメリカの植民地化、植民地との貿易、交換手段および商品一般の増大は、商業、航海、産業に対して、かつて無いほどの刺激を与え、それによって、崩壊しつつある封建社会内の革命的要素を急激に発展させた……。

（Marx and Engels 1848）

しかしながらスミスは――彼は、ヨーロッパにおける産業革命の前に、彼のさらに四半世紀前に著作していた哲学者デイヴィッド・ヒュームの残響をひびかせつつ書いていた――ヨーロッパが諸国民の富の発展における新参者であるということを、よく理解していた、最後の主要な（西洋の）社会理論家であった。「中国は、ヨーロッパのどの部分よりも、ずっと豊かな国である」とスミスは一七七六年に書いている。スミスは、この比較に何らかの変化が起ころうとは予期しておらず、後に「産業革命」と呼ばれるようになるものの始まりにおいて、彼がものを書いているということに全く気付いてはいなかった。さらに、E・A・リグリー（Wrigley 1994: 27ff）が指摘しているように、イギリスの経済学者たちは、一世代から二世代のちのトマス・マルサスもデイヴィッド・リカードも、十九世紀半ばに著作していたジョン・スチュアート・ミルでさえも、そのような疑いをもっていなかったのである。

しかしながら、スミスはまた、「史上最大の出来事」が、ヨーロッパ人による人類への贈り物――文明にせよ、資本主義にせよ、その他何にせよ――であったとみなしてはいなかった。逆に、彼は次のように注意して指摘している。

しかしながら、東西両インドの原住民にとっては、それらの出来事からもたらされえた商業上の利益は全て、それらが引き起こした恐ろしい不幸のなかに埋没してしまった。……これより、これらの大きな出来事から、人類にとってどのような利益あるいは不幸がもたらされるのか、人知の予見できるところではない。

(Smith〔1776〕1937: 189)

しかし、十九世紀の半ばまでには、ヨーロッパ人のアジアおよび特に中国観は、根本的に変わってしまった。リチャード・ドーソン(Dawson 1967)は、この変化について諸文書を調査、分析し、『中国というカメレオン――ヨーロッパの中国文明の捉え方の分析』という書名を冠して、我々の目を開いてくれた。ヨーロッパ人は、中国を「範例やモデル」とみなすところから、中国人を「永遠にとまったままの人々」と呼ぶところまで変化した。どうして、このような唐突ともいえる変化が起こったのか。産業革命の到来とアジアにおけるヨーロッパ植民地主義の開始は、ヨーロッパ人の精神にまで入り込んでこれを造り変え、全歴史を「創造」したのではないとしても、少なくともヨーロッパの先導と指導の下にある偽りの普遍主義を創造した。そして十九世紀の後半には、世界の歴史はまるごと書き直されたばかりか、「普遍的」社会「科学」が、単にヨーロッパ的なディシプリンとしてではなく、ヨーロッパ中心的な発明として(新しく)生まれたのである。

そうして、十九、二十世紀の「古典的」な歴史家および社会理論家は、イスラム的なパースペクティヴからはもとより、十八世紀まではずっともっと現実に即して世界の全体を包摂していたヨーロッパ的なパースペクティヴからさえも、大きく後退してしまったのである。この、より狭い（ヨーロッパ中心的な）新しいパースペクティヴから、物事を見ていた者たちのなかに、マルクスとウェーバーがいる。彼らおよび今日まで続く彼らの多くの弟子たち全てによれば、ヨーロッパにおいてそしてヨーロッパから発達したと主張される「資本主義的生産様式」の本質的要素は、世界のその他の地域には欠けており、それはヨーロッパに助けられ、ヨーロッパによって広められることによってしか、その他の地域には具えられえないものであり、また事実ヨーロッパによってそうされた、というのである。これこそが、マルクスおよびさらに多くのウェーバーの研究による「オリエンタリスト」的前提の所在であり、世界のその他の地域についての両者の誤った主張が入り込んでくるところなのである。これらの点を簡単に見直す上で、ここで我々は、私自身の読みだけではなく、数多くの研究から一つ挙げるとして、アーヴィン・ツァイトリン（Zeitlin 1994）のような権威ある読解に従うのもよかろう。

マルクスは、アフリカについては言うに及ばず、「アジア」の特徴を規定する際に依拠する資料に対しても選択的であったようである。マルクスに影響を与えた古典派の政治経済学者の中で、スミス（Smith〔1776〕1937: 348）は「中国の富と洗練、および古代エジプトや……ヒンドスタンの富と洗練についての驚くべき報告を信用」していた。しかしながらこの点では、マルクスはむしろモンテスキューやジェイムズ・ミルおよびジャン＝ジャック・ルソーのような哲学者の方に従った。これらの哲学者は、富と洗練ではなく「専制」を、アジアおよび「オリエント」の「自然」な条件および「統治のモデル」として「発見」したのである。マルクスも「インドからロシアまでの、最も残忍な国家形態すなわち東洋的専制」について言及している。彼はまた、この国家形態を、オスマン、ペルシアおよび中国、つまり事実上「オリエント」全体の属性とみなした。マルクスは、これら全「オリエント」において、古来からの「アジア的生産様式」の存在を主張した。「西洋」とその資本主義が侵入して、さもなければ永遠のまどろみにあったアジアを覚醒させるまでは、その全ての地域において、生産諸力は「伝統的、後進的そして停滞的」なままに留まっていたと、彼は主張したのである。

マルクスは、インドと中国の購買力がヨーロッパの市場に刺激を与えたことを指摘してはいるが、イングランドはインドに、その未来の姿をみせてやっており、アメリカは一八四六年のメキシコに対する戦争によって、彼らに進歩をもたらしたと主張している。さらに、マルクスの主張によれば、ヨーロッパにおける「封建制から資本主義への移行」および「勃興するブルジョワジー」が、恐らく十六世紀の資本（資本主義ではないとしても）の生成以来──それもヨーロッパで起こったらしいのだが──ずっと世界を転換してきたのである。

マルクスにとって、アジアは、その中の「封建制」が少なくとも「資本主義への移行」の種を宿していたヨーロッパよりも、ずっと後進的なままにとどまっていた。彼の主張する対比によれば、「アジア的生産様式」は、それに内蔵された停滞から覚醒して抜け出すには、このヨーロッパにおける「移行」の進歩的な利益に浴さなければならなかったのである──アジアの市場がヨーロッパの市場に起動力を与えたと彼が言っているにしても、である。このように主張された停滞について念頭に置かれていた根拠は、「資本主義的生産関係」が欠如しているという彼の想像であった。それが欠如しているために、アジアの全地域は「村々に細分され、そのそれぞれが完全に隔てられた組織を所有し、それ自身で小世界を形成し」続けた、というわけである。

しかし、このようにアジアが多数の小世界に細分化されているということは、それと同時に、他のヨーロッパの論者とともにマルクスが主張する、アジアは「東洋的専制」をその規定的特徴とするということと、すでに矛盾をきたしている。「東洋的専制」は、これら〔アジア〕社会の大規模な灌漑事業を管理する上で必要な社会政治的組織の形態とみなされていた。それはもちろん、〔上に〕主張されている孤立した村々と両立するものではない。カール・ウィットフォーゲル（Wittfogel 1957）は後に一時、この「理論」を流行させたが、それは皮肉なことに、当時の冷戦における、共産主義およびマルクス主義に反対するイデオロギー的武器として流行したのである。しかし、このような内的矛盾など、全然気にすることはない！　本書全編で見ていくように、マルクスによるこれらの〔アジア社会の〕特徴規定は、いずれにせよ、マルクスおよび他のヨーロッパ中心的な諸論者の想像の一片に過ぎないのであり、なんらの歴史的現実にも根拠をもっていないのである。このような謬見は、その正面の側――「資本主義的生産様式」――にも行きわたっており、そちらの方はヨーロッパ人によって発明され、以来ずっとヨーロッパの、西洋の、そして地球全体の発展の原因となってきたと主張されているのである。

実際、テシャーレ・ティベブ（Tibebu 1990: 83-85）は、ペリー・アンダーソンらのようなマルクス主義者に対して、優れた批判を行ない、封建制、絶対主義およびブルジョワ革命についての彼らの分析と「ヨーロッパの特異性……〔と〕前提とされる優越性への固執」の多くは、西洋の「文明的傲慢」、「歴史をまとったイデオロギー」そして「赤く塗られたオリエンタリズム」すなわち「他の手段によるオリエンタリズムの継続」である、と説得力ある議論を出している。

社会理論家の中には、（おそらくスミスに同意して）マルクスに反論しようと立ち上がったものもあるかもしれないが、彼らは全て、一四九二年および一四九八年が、ヨーロッパが世界を発見した年として、人類史の二大重大事件であるということについては、互いに、またマルクスとも意見を同じくしている。世界がそこにすでにずっとあったことや、ヨーロッパ自身が長らくずっと世界の少なくともアフロ‐アジア（Afro-Asiatic）の部分によって形成されてきたことなど、どうでもよいのである。けだし、卓越した中世ヨーロッパ史家であるアンリ・ピレンヌ（Pirenne 1992）は、一九三五年の著作で「マホメットなくしてシャルルマーニュなし」という指摘をして、ヨーロッパの外部への依存を強調した。それにもかかわらず、以来ずっと歴史学と社会理論とは、（西）ヨーロッパの特殊性と称するものをもって、その〔学としての〕輪郭を維持し、そこから「西洋の勃興」が起こったのだと思い込んできたのである。さらに悪いことには、彼らはさらにヨーロッパおよび西洋による人類（mankind）への贈りものとして「資本主義の発展と伝播」を世界に授けるという、白人の重荷としての文明化の使命を負わねばならないと称してきたのである。（最近のフェミニストには、この過程が人類の女性の側〔womankind〕にも贈られたということを否定しているものもいる。）

もちろん、ウェーバーは「資本主義」の起源がヨーロッパにあり、その特徴がヨーロッパ的であるということについて、以上の全ての点でマルクスに同意している。ゾンバルトとも同意見だ。ウェーバーはただ、彼らより一枚上手にそう主張したかっただけである。ゾンバルトはすでに、「資本主義」とそのヨーロッパにおける「誕生」の必要不可欠な条件としてのヨーロッパ的合理性をとりだし、その起源がユダヤ教にあると主張していた。ウェーバーはそれも認めていた。彼はさらに、灌漑事業に基礎を置く「東洋的専制」についての議論を潤色し、アジアは本来的に、「資本主義」はいうに及ばず、およそ自力での経済発展を産み出す能力が無いと主張したのである。しかしながらウェーバーは、実際にアジアのさまざまな諸文明について、「都市」、「宗教」、その他の側面の研究に多大な労力を捧げた。官僚制研究の大家であるウェーバーは、中国人が官僚と国全体を管理する方法を知っていたということは、認めざるをえなかった。さらに、彼はマルクスより後に生まれていた分、西洋の貨幣がアジアの諸地域へ入っていき、そこを駆け巡る様子を観察することができた。

このようにウェーバーはアジアの現実について〔それ以前の論者と比べて〕余計に知るところがあったので、それも理由となって彼の議論は、粗削りなマルクス版の議論より、複雑で洗練されたものになった。たとえばウェーバーは、アジアに大都市があるということを認めていた。したがって、それらアジアの大都市は、何らかの点で、構造でも機能でもヨーロッパのものとは「根本的に異なる」ものでなければならなかった。この点でウェーバーが誤りを犯しているということは、中国の漢口という都市の研究（Rowe 1984, 1989）で、ウィリアム・ロウがこのウェーバーの議論を精細に検討して明らかとなった。

ヨーロッパ中心的な考え方とウェーバー理論の使用および乱用に対する批判を続けて、もう一度ターナーの議論に戻ろう。

イスラム的社会は無時間的に停滞しているか、その始まりから衰退を続けているかのどちらかである。結果として、その社会は、西洋を規定している〔と称されている〕一群の諸要素の不在を指して定義されることになる――中間階級の不在、都市の不在、政治的権利の不在、革命の不在。これらの〔イスラム社会に〕欠けている諸特徴によって……なぜイスラム文明が資本主義を生み出さないかが説明されるのである。

(Turner 1986: 81)

では、ウェーバー本人が、彼の研究したオリエントの諸社会に欠けているはずのこれらの要素すべてを見つけられなかったとしたら、何が、本質的な差異つまり「西洋」("the West")には具わっていて「その他」("the Rest")には具わっていないと称される、その欠けた要素なのだろうか。マルクスにとっては、その欠けている要素は「資本主義的生産様式」であった。ウェーバーは、その欠けた要素として、固有の宗教とそれがいかに「資本主義的様式」を産み出す他の要素と調和しているかということも付け加えた。ウェーバーは、さまざまな主要世界宗教の研究にその労力を捧げ、その全てが本質的に神話的、神秘的、魔術的、ようするに反合理的構成要素を有しており、それを本当に信じている者は、ヨーロッパ人とは違って、それが「必然的に」現実の合理的な把握へ至る障害となる、と結論づけた。ヨーロッパ人のみが、「プロテスタンティズムの倫理と資本主義の精神」の恵みを享受したのである。この倫理と精神こそが資本主義のすべてであると論ずる点では、ウェーバーもマルクスと同断であり、むしろウェーバーの議論はマルクスの議論以上に理解しがたいものであった。

この合理精神なるものが、他の全ての要素とあわさって、「その他」ではなく「西洋」が勃興した原因となった、失われた秘密の要素であるといわれている。その要素を欠いていたがために、アジア人は資本主義を発展させることがありえなかったのであり、したがって、いかなる「発展」もありえず、彼らが有していた都市、生産、商業を本当に用いることさえもありえなかったというわけである。カルヴァンらが例の特別な要素を、かたじけなくも北ヨーロッパに贈るずっと以前に、ヴェネツィアや他のイタリア都市におけるカトリック教徒がすでに十分にうまくやっていたことなど、どうでもよい。東ヨーロッパにせよ、初期のアメリカ合衆国南部の植民地やカリブ海諸国では今日でも、その他どこにせよ——すでに私が論じたことのあるように (Frank 1978b) ——プロテスタントの倫理を持ち合わせていた者がすべてうまくやっていたわけでもないことも、どうでもよい、というのだ。それにもかかわらず、デイヴィッド・ランデスは、その著書『縛めを解かれたプロメテウス』(Landes 1969) の中で、ウェーバーのテーゼを、実証データにもとづいて支持すると明示的に主張し、カテゴリーとしてムスリムの「文化」は、技術的な創造性にいかなる余地を与えることもないと断言したのである。

しかしながら、日本人は「菊と刀」(Benedict 1954) を手にとって、第二次大戦での敗北の後でさえ、西洋の植民地も外国からの投資も、いうまでもなくプロテスタントの倫理もなしで、生産を行ない繁栄した。そこで、ジェイムズ・アビグレン (Abbeglen 1958) とロバート・ベラー (Bellah 1957) は、日本人には「プロテスタントの倫理の機能的等価物」が具わっているが、他方で気の毒なことに儒教的な中国人には具わっていないと論ずることによって、その発展を説明しようとした。いまや日中両国がともに経済的に進んできているので、議論は再び転回してきている。つまり、現在東アジアを勢いづかせ、上昇させているものは、その「儒教」であるという具合である。もちろん、本当の世界経済においては、上に挙げた「プロテスタントの倫理に相当する要素の」ようなものなど、ひとつもどこにもありはしない。

このようなヨーロッパ中心主義の十九世紀社会学における曾祖父が、「社会学の父」オーギュスト・コントとサー・ヘンリー・メーンである。二人は、「科学」に基づく新しい形態の思考と「契約」に基づく新しい形態の社会組織との間に線を引き、それらが長年の「伝統的」形態に取って代わっていると主張した。祖父のなかには、エミール・デュルケームもおり、彼は社会組織の「有機的」形態対「機械的」形態〔という図式〕を理念化した。ほかにフェルディナンド・テンニエスがいるが、彼は伝統的な「ゲマインシャフト」から近代的な「ゲゼルシャフト」への移行を主張している。さらに後の世代では、タルコット・パーソンズが「普遍主義」的社会組織対「個別主義」的社会組織を理念化しているし、ロバート・レッドフィールドは、伝統的な「民俗」(folk) 社会と近代的な「都市」社会との対比と移行、あるいは少なくとも両者の「連続体」、および「低位」文明と「高度」文明とのある種の共生を見出したと主張している。トインビー (Toynbee 1946) でさえ、二〇もの他の文明を研究したにもかかわらず、「西洋」文明の固有性を布告しているし、シュペングラーも、その「没落」を警告している。

西洋資本主義の発展を批判して、その改良ないしは転換を望んでいる人たちも、その願いにもかかわらず、同じ根本的テーゼを信奉してきた。マルクス主義者版および今日のネオ・マルクシスト版では、上の根本テーゼは、「アジア的」、「封建的」あるいは他の形態の「貢納制的生産様式」、および「資本主義的生産様式」の間の本質的な差異を言い張っている (Wolf 1982, Amin 1991, 1993, 1996)。レーニンは、「資本主義の最高段階としての帝国主義」もまた、ヨーロッパにおいて始まり、ヨーロッパによって広められた発展の自然の結果であると主張した。より最近では、カール・ポランニーが、彼の言うところの「大転換」が十九世紀のヨーロッパで起こる前までは、遠距離にわたる交易や分業はいうに及ばず、市場関係など世界のどこにもありはしなかった、と主張している。ポランニー (Polanyi 1957) が主張する、初期帝国における貿易と市場の存在の否定は、考古学的な知見によって、繰り返しその誤りが確認されている。すでに私も、自分の理論的、経験的批判を別の場所 (Gills and Frank 1990/91, Frank and Gills 1992, 1993; Frank 1993a）で加えておいた。ここで問題なのは、市場の拡大と支配とがごく最近に（西）ヨーロッパで始まったことに過ぎず、そこから世界中に拡大していった、という主張である。ロバート・マッキヴァーはポランニーの最初の本への序言の冒頭で、そのポランニーの本が、その分野の他の多くの本を陳腐で使い古されたものにしてしまうだろうと述べている。もしそうなら、世界市場、その諸関係と影響を含めた市場の本当の重要性を認めていた以前の多くの業績を「陳腐」にしてしまった限りにおいてのみ、そうであるにすぎない。ポランニーは、このような悠久の現実を神話で置き換えて、「互恵」および「再分配」という非経済的社会関係の第一義性を言い張っているのだ。本書では、十八世紀よりずっと前に始まっていた「大転換」が、疑いもなくヨーロッパで始まったのでもなければ、ヨーロッパによって始まったのでもない、ということを史料に基づいて示す。

以上のような「理念型」は全て二項的であり、他の区別の仕方でも共通して、まず本質主義的で、現実的というよりは全く想像的な社会文化的特徴と差異を呈示し、次いでその差異が「我々」と「彼ら」とを区別すると言い張るのである。サミュエル・ハンチントン（Huntington 1993, 1996）の用語法で言えば、彼らは「西洋」（"the West"）を「その他」（"the Rest"）から分けているわけである。実際、これらの諸特徴は近代（西洋）社会と、しばしば今にまで残っている〔ものと解される〕他の社会の現在ばかりでなく、西洋社会自身の過去とをも区別している、と主張されている。さらに、これらの「理念」型は、ある種の本来的自己発展を、特定の人々――たいていは「我々」――のおかげにして、別の特定の人々の貢献を認めない。そして、結果としての〔その発展の〕拡散（肯定的な場合）ないしは、押し付け（否定的な場合）を、こちら側から向こう側へというふうに考えるのである。このような「伝統」が最高潮にあったころの典型は、ダニエル・ラーナー（Lerner 1958）の『伝統的社会の消滅』である。現実の世界において唯一実際的に意味のある、ホーリスティックな選択は「上のどれでもない」。私は三〇年前に、この「社会学の低開発」状態に闘いを挑んだ（Frank 1967）。いかに成功したとは言え、私の挑戦は十分ホーリスティックではなかった。本書は、さらに良いものを目指そうという私の試みである。

本書では、右に引用したほとんど全ての一般に受け入れられた社会理論は、ヨーロッパ中心的な偏見と傲慢によって、妥当性を欠くものになっているということが証拠立てて論じられる。歴史的な証拠によって、ヨーロッパが優れた例外であるという考え方はいうまでもなく、彼らが言い張る近代的社会発展のヨーロッパ的な起源が、効果的に否定される――そうして、我々が知っているような社会理論が歴史によって転倒される――のが、本書の読者にはわかるであろう。それでも依然として使用に堪える程度に応じて、それら社会理論を救い出してやるように努力すべきだということには、私も大いに賛成である。しかしそれにもかかわらず、これらのような一般に受け入れられた見識は、深刻に見直しと問いかけを必要としているのである。

ブローデル（Braudel 1993）ほどの学識をもつ世界史家・社会理論家でさえ、依然このような主張をなしているというところを見届けておいてほしい。

> 中国が経済的に成し遂げたことは、まあまあといったところであり、率直に言って、西洋と比べれば遅れていた。……中国が劣っていたのは、そのイスラムや西洋ほど発達していなかった経済構造にその原因がある。……企業家も、利益をあげるのに熱心ではなかった。……彼らは西洋の資本主義的なメンタリティを、いいかげんに共有していたに過ぎない。……中国の経済は未成熟だったのである。……また十八世紀にいたるまで、（場所によっては）十九世紀にいたるまで、信用システムなど存在していなかった。……徳川革命によって、日本は世界から孤立してしまい、封建的な慣習と制度にしがみつくことになった。
>
> （Braudel 1993: 194-5, 285）

本書を通じて、大歴史家にして資本主義の批判的研究家〔であるブローデル〕による、このような評価が、いかに歴史的に不正確であるか――またいかに彼自身の別の場所での知見にも矛盾しているか――を読者は知ることになろう。

今日のヨーロッパ中心主義とその批判者

いまや、我々はみな――分かっていようがいまいが――この完全にヨーロッパ中心的な社会科学と歴史学の学徒である。第二次大戦後、アメリカが経済的、文化的に支配的になって、パーソンズがウェーバー主義を社会学と政治学の神様にしてしまったので、事態はいっそうひどくなった。「近代化理論」および、そのもととなった彼の誤ったタイトルのついた著作である『社会的行動の構造』と『社会システム』、ならびにW・W・ロストウの『経済成長の諸段階』(Rostow 1962) は、すべて同じヨーロッパ中心主義の生地から、同じ理論的な型紙にあわせて裁ちとられている。何がポイントなのかと、こちらが聞きたいくらいだ。ロストウの「諸段階」など、マルクスのいう封建制から資本主義をへて社会主義へという――全て、ヨーロッパに始まっている――段階ごとの発展の「ブルジョワ」版とほとんどかわりがない。マルクスと同様にロストウは、アメリカはイギリスのあとをうけて、その他の世界に未来の姿を見せてやっているのだと主張した。ロストウはまた、『そもそもどのようにして始まったのか』(Rostow 1975) において、近代ヨーロッパを他から区別すると言われている科学革命によって、「近代経済の起源」を説明している。『縛めを解かれたプロメテウス』(Landes 1969) でランデスは、過去の二世紀の間の「技術の変化と産業発展」のための文化的な条件を、西欧においてしか見出していない。チポラは、「産業革命は本質的に、かつ第一義的に社会文化的現象であり、純粋に技術的な現象ではない。〔このことは、〕最初に産業化した国が文化的、社会的にイングランドに最もよく似ている国であったということに気がつくと特に明らかである。」

(Cipolla 1976: 276) と述べている。

他の論者も、彼らの言うところの、世界のその他に対する西洋の優越と支配を説明するために、「内発的」説明しか提起していない。彼らにとっては、ヨーロッパの勃興もまた「奇跡」なのであって、ヨーロッパ人には具わっており、他の全ての人々には欠けている固有の性質と彼らが主張するものに由来するのである。かくして、リン・ホワイト・ジュニア (White Jr. 1962)、ジョン・ホール (Hall 1985)、ジャン・ベクラー、ホールおよびマイケル・マン (Baechler, Hall, and Michael Mann 1988) は、世界のその他は、西洋と比較して、決定的な歴史的、経済的、社会的、政治的、イデオロギー的、あるいは文化的側面で、なんらかの不足ないしは欠損を見出しているのである。彼らの主張では、「西洋」においては、彼らが「その他」には欠けていると主張しているものが存在しているので、「我々」〔たる「西洋」〕には、内発的に発展する上で最初から有利であったのであり、そして「我々」は世界のその他に出ていって、「白人の重荷」である「文明化の使命」として、それを広めていったということになるのである。

このような神話はブロートによってよく検証されており、『植民者の世界モデル――地理的拡散とヨーロッパ中心的歴史』(Blaut 1993a) という、ふさわしいタイトルがついている。ブロートは、生物学 (人種的優越性および人口の自制)、環境 (不潔な熱帯のアフリカ、不毛で専制的なアジア、温和なヨーロッパ)、例外的な合理性と自由 (「東洋的専制」に対するものとして。ウェーバーの教義の中心部分であり、マルクス的な教義にも含まれている)、ヨーロッパが歴史的に技術的に優位にあるという主張 (それ以前の中国、インド、およびイスラムの先進〔技術〕を借り、それに依存していたにもかかわらず)、社会 (国家の発展、教会および「プロテスタントの倫理」の重要性、階級形成におけるブルジョワジーの役割、核家族、など) といった無数の形態の「ヨーロッパの奇跡」という神話を、微視的に検証し、暴露し、破壊している。

ブロート（Blaut 1997）は、さらに上の議論を超えていっそう詳細に、八人のヨーロッパ中心的な歴史家の著作を、一行ごとに解剖している。それらの歴史家の中には、札付きのいつもの容疑者も並んでいる。すなわち、ウェーバー、ホワイト（White 1962）、ジョーンズ（Jones 1981）、ロバート・ブレンナー（Robert Brenner, Aston and Philpin 1985所収）、マン（Mann 1986）、ホール（Hall 1985）、ベクラー／ホール／マン（Baechler, Hall and Mann 1988）といった顔ぶれである。したがって彼らについては、ここで行なう検証はずっと少なくて済むだろう。ブロートは、理論的、知的、およびイデオロギー的なヨーロッパ中心主義という点で、これら全ての歴史家の間に家族的類縁性があることを効果的に論証している。そして、彼らの議論が科学的論拠と基本的論理という規準に抵触していることを検証して、それらを一つずつ全て、文字どおり粉砕してしまっている。

このようにブロートは、ホジソンがすでに言ったことを効果的に証明して見せた。つまり、言うところのヨーロッパ例外主義やヨーロッパの奇跡などは、どれをとってもまるごと神話でしかなく、その堅固な基礎は、ヨーロッパ中心的なイデオロギーに置かれているに過ぎない、ということである。故に、そこから派生した社会「科学」は経験的にも理論的にも、支持され得ないものである。ブロートは、一四九二年以前のヨーロッパ、アジア、およびアフリカにおける封建制とプロト資本主義とを比較し、中世の後期と近世において、ヨーロッパは、アジアとアフリカに対して、どの側面においても何の優位ももってはいなかった、と論じている。したがって、ヨーロッパおよび西洋のその後の発展を、それらの内発論的に想定された、いかなるヨーロッパの例外性にも原因づけるのは、誤りである、とブロートは正しく論じている。人類学者のジャック・グディ（Goody 1996）も、同様の事とりわけウェーバー主義者らのいうところの「西洋合理主義の特異で固有の成果」に対して、それを論駁している。彼は、西アジア、南アジア、東アジアにもあった〔「西洋合理主義」の〕類同物を調査している。あろうことか、ヨーロッパ中心的な批判理論の論者たちに対するモレフィ・ケテ・アシャンテ（Asante 1987: 4）の辛辣な批判でさえ、まったく正鵠を得ているのである。

本質的に彼らは、自分たちが何を知らないのかということを知らないということを分かっていないことから来る独特の傲慢さに捕われている。それにもかかわらず彼らは、あたかも我々全員が知らなければならないことを知っているかのように語っているのである。……〔したがって〕私の著作は、普遍的な見方であるようなふりをしているヨーロッパ中心的なイデオロギーに対する、ラディカルな批判へと構成されてきたのである。

(Asante 1987: 4)

もう一人の近年の孤高な批判者であるフランク・パーリンは次のように論じている。

「科学的事実」の創造が、その逆つまり神話をうち立てることになってしまうというのは、よくあることであり、システマティックにそうでさえある。それがわかると、「我々」「科学者」と「知識人」とが等しく（正当にも）忌避する、科学を超えた諸事実において、「我々」が全般的に共犯関係にあることが際立ってくる。……社会についての科学が、神話を売り歩く人たちに向けられるべき内容ある反対の言葉をほとんどいうことができずに、その分むしろ我々の調達するものの多くが、多くの場合その意図に反して、単に彼らの事業を補強し、増強しさえしてしまっているのは、どのようなわけであろうか。

(Perlin 1994: xi, 15)

まさしく！　本書は、そのような神話を売り歩く人たちに対して、パーリン自身によって集められた多くのものを含めて〔それらの神話に〕反対の論拠をもって対決しようという私の試みである。ヨーロッパの外のアフロ-

ユーラシアの人々および地域に対して、相応の歴史を与えることの重要性は、散在していた論文や未刊草稿を最近まとめて編まれた、ホジソンの『世界史再考』によって、さらに明確にされている。

西洋主義者の世界史のイメージは、より適切なパースペクティヴによって訓練されていない限り、暗黙に害をなしうる。事実、いま暗黙に害をなしているのである。だからこそ、私は本当に十分な論拠があがらない限り、十八世紀以前のイスラム社会の「退廃」を前提としないことを、かくも強調するのである。……私の見るところ、世界史の最も重要な任務の一つは、時間の区分と地理的な領域について、種々雑多な西洋主義的前提から自由なパターンの感覚をひとびとに与えることである。……私たちは、西洋が後進的な地域を徐々に同化していくような近代世界ではなく、むしろ他の諸力がその下で作用するための条件を創り出す触媒である、ということの意味をを自覚すべく努めねばならない。……近代の大変化は、東半球の都市化した諸民族すべてによって作り出された多くの発明と発見を前提としている。それら以前の多くの基礎的なものの発見は、ヨーロッパでなされたものではない。少なくとも、アフロ‐ユーラシアの商業ネットワークによって構成され、大体において第二千年紀の半ばまではムスリムの保護の下に累加的に形成されてきた広大な世界市場の存在は、それ自体〔西洋の貢献と〕同等には重要であった。西洋もその不可欠の部分であり、次々と拡大していったアフロ‐ユーラシア世界全体の歴史がなければ、西洋の大変化はほとんど考えられなかったであろう。……というのも、〔その中でのみ〕ヨーロッパの富は形成されえたのであり、ヨーロッパの想像力も行使されえたからである。

(Hodgson 1993: 94, 290, 68, 47)

私は、ブロート、パーリンおよびホジソンの見解に全面的に同意する。以下の各章では、彼らのテーゼを、証拠を挙げて十分に確認する。さらに私は、きちんとしかるべきところに、手柄を認めてやりたいと思っている。ジョーンズは、先に引いたものよりも最近に出た彼の著書（Jones 1988）の中で、以前の自著（Jones 1981）への疑義をみずから表明している。彼は他の論者を引用して、「あるいは、次に成すべきもっとも刺激的なことは、この理論が誤りであると証明することであろう」と言わしめ、次いでみずから続けて『ヨーロッパの奇跡』というタイトルは、いかにも少々魅惑的すぎたから」と述べている。

『繰り返す成長』もまた、前言撤回の書である。しかしヨーロッパの成し遂げたことの説明を撤回するというよりは、むしろ『ヨーロッパの奇跡』というタイトルが持つ含意を撤回するものである。……他方、私はもはやそれを「一回きりの出来事が、そのまま自然法則である」という意味で奇跡的であったとは見なしていない。……私は、ヨーロッパが持続的な成長を達成した最初の大陸となり得た原因であったかもしれない、特異な積極的特徴を求めるのが正しいことであったかどうか、つくづく考え始めている。ヨーロッパは他と異なっているから、その差異が成長の開始について我々に語ってくれるに違いないと決めてかかるところに、罠があったように思われる。……（Jones 1988: 5, 6）

ジョーンズは、さらに二つ、意義深い告白をしている。一つは、彼が私が読んだのと同じマーシャル・ホジソンの本を読み、それに影響を受けていたが、ジョーンズの前の本には間に合わなかったということである。もうひとつは、それにもかかわらず、彼の後の本においても、彼の主たる「障害は……根深く染み付いたものの見方、および政治的ないしは宗教的な態度にではなく、もっとなにか深いものに関係している。私はイギリス人として生まれ育った。……」（Jones 1988: 183-4）ということである。というわけで、「非人種主義的、非性差別主義的などなど……」をめざす彼の新しい試みは、「心温まるものであるべきである」(Jones 1988: 186) のだそうだ。それはそうだろう。しかしながら、ジョーンズは、再び中国を見直し、さらに日本を加えた後も依然として彼にとっては「理論が間違っていることを証明する」のは難しいほど、数多くの自ら白状した障害のもとで骨を折っており、その彼の「要約と結論」は「このように定式化すると、日本とヨーロッパの歴史は、偶然に図られた諸力のバランスの問題であるように思われる。けだし、どうしてそうでないわけがあろうか。」(Jones 1988: 190) ということである。本書では、私は彼の理論が間違っていることをもっと証明してやるつもりであるし、それに代わる説明としてただ偶然に訴えるよりも良い説明ができるだろうと思う。

経済史家たち

現実としての経済の歴史を研究する、というならば、経済史家に目を向けるのがすじであろうと素朴に考える方もあるかもしれない。しかしながら、彼らこそ最悪の罪人なのである。自称「経済史家」の圧倒的多数は、完全に世界の大部分の歴史を無視しており、残りの少数も結局、それを歪曲してしまっている。大多数の経済史家は、世界についてのパースペクティヴを——ヨーロッパ的なものでさえ——まったく持ち合わせていないように見える。そして代わりに、彼らの「経済史」は、ほとんど全く西洋に限定されたものになっているのである。N・B・ハート編集の『経済史研究——就任講義集　一八九三〜一九七〇』(Harte 1971) は、最も卓越した英語圏の経済史家のそのような講義が二一本集められている。続いて彼らは、前世紀の大部分にわたる自分たちの同業者たちが書いた「経済史」を批評し、コメントしているのであるが、ほとんど全ての言葉がヨーロッパとアメリカ合衆国およびその「大西洋経済」についてのものであり、アフリカさえほとんど含まれてはいない。世界のその他の部分など彼らには存在していないのである。

国際経済史学会の最近の大会報告書を通覧すると、「国際」部門の九〇パーセントくらいは西洋についての研究であることがわかる。最近になって、『世界経済の出現　一五〇〇〜一九一四』(Fisher, McInnis, and Schneider 1986) などというタイトルを冠した、二三の大会および／あるいは報告書がでてきた。しかしながら、そこへの寄稿は依然西洋についてのものが優勢を占めている。

　この種のヨーロッパ中心的な経済史のもっとも注目すべき例の一つの著者が最近、ノーベル経済学賞を受賞した。『西洋の勃興――新しい経済史学』(North and Thomas 1973) は、その一九九三年度ノーベル経済学賞受賞者であるダグラス・C・ノースがロバート・ポール・トマスとともに書いたものである。その著作が特別に取り上げるに値するというのは、その著者の片方がひろく知られているからだけではなく、「新しい」と強調されたその書名が、一般に受け入れられた理論の見直しをはっきり表明しているからである。しかしながら彼らは、「理論と概観――I　問題」という見出しの、まさに第一ページ目に、はっきりと「西欧における効率的な経済組織の発展によって、西洋の勃興は説明される」(North and Thomas 1973: I. 強調はフランク) と述べているのである。ついで彼らはこの制度的な変化、特に所有権の発展を、続いて西欧の人口学的上昇によって生み出された経済的な希少性の増大に跡付けている。世界のその他の地域も、そこでの人口学的上昇も、彼らには存在していないことになる。さらに、ノースとトマスがその序言 (North and Thomas 1973: vii) で強調しているように、彼らの経済史は、「標準的な新古典派の経済理論と矛盾せず、補完的」である。このことがノーベル賞受賞に影響したと考えられよう。

　ノースとトマスの本によって、少なくとも三つの互いに関係のある問題とそれへの私の反論をわかりやすく呈示することができる。第一に、ヨーロッパ中心主義者は、〔ヨーロッパを〕世界の他の部分と自ら比較してみることを拒否し、また〔他の者によってなされた〕比較を受け入れることにさえ、二の足を踏んでいるということ。比較によって、制度や技術的諸力だけではなく、それを生み出した構造的、人口学的諸力の共通性が明らかになる。

第二に、本書第四章でみるように、これらの比較によって、いうところのヨーロッパの例外性などというものは、例外的でも何でもないということがわかるということ。第三に、本当の問題は、何がこっちで起こったのか、向こうで起こったのか、というようなことではなく、むしろどこであるにせよ、これらのことを引き起こしたグローバルな構造と力が何か、ということの方である。それについては、第六章で分析する。

さらに重大なことに、「その他」に実際に言及しているごく少数の経済史家が、「東洋」及びそれと「西洋」との経済的関係の両方を極めて深刻に歪曲しているのである。彼らの「世界経済」に対するパースペクティヴによれば、それはヨーロッパから出現し、歴史家ならそれが起こったことを「知っている」とブローデルが言ったように、ヨーロッパが自らの周囲に世界経済を建設した、ということなのである。『アメリカン・ヒストリカル・レヴュー』に掲載された、ジョン・ウィルスの『海洋アジア　一五〇〇〜一八〇〇』(Wills 1993) という最近の書評論文を例にとろう。ウィルスは「ヨーロッパ支配のインタラクティヴな発生」という意義深い副題をつけている。彼は一ダース以上もの本を吟味し、東洋と西洋の間のなんらかの「インタラクション」を扱っているおそらく百ほどの他の作品を引用している。しかしながら、吟味されている活動《アクション》の大部分は、依然としてヨーロッパからアジアへ向けられたものであり、逆方向のものはほとんどないのである。さらに、書評のタイトルにある、一五〇〇年から一八〇〇年にかけて「発生した」ヨーロッパの「支配」という主張は、全く実体を欠いている。実際それは、ウィルス本人が吟味し、引用している著者によって提出されている証拠によってさえ、その誤りが証明される。したがって、彼の論文のタイトル自体が依然として、現実を描写しているというより、はるかにヨーロッパ中心的偏見を反映しているのである。

今日のヨーロッパ中心主義のもうひとつの例として、進取の気性に富んだ出版社であるヴァリオラム社が再版している経済史の諸論文がある。それら諸論文、特に西洋の外部に関するもの、および西洋の外部で書かれたものは、その分野で最良のものでありながら、同社によって再版されなければ、ずっと手に入りにくいものであった。その最も新しいシリーズが、「拡張する世界――世界史におけるヨーロッパの衝撃　一四五〇〜一八〇〇」として出版されている。そのシリーズの販促の為に、ヴァリオラム社は、世界史学の「最長老」であるウィリアム・マクニールとオックスフォード大学経済史学教授のピーター・マサイアスによる御墨付きを引用している。マサイアス教授は、「本シリーズは、この時期の世界の理解を拡大・深化させるであろう」と請け合っている。〔しかし実際は〕反対に、それはこの時期の世界の誤解を深めてしまう。というのは、このシリーズでさえ、一四五〇年から一八〇〇年にかけての時期の世界で何が本当に起こったかについて、いささかの手掛かりも伝えてはいないからである。たしかに、世界経済は拡大した。しかし、まずアジアにおいてであった。そして世界経済の拡大は、ヨーロッパに衝撃を与えたのである。それはヨーロッパが一八〇〇年以前に「世界史」にあたえた「衝撃」よりずっと大きい。同シリーズ中には、「ヨーロッパの機会」と題された一書もあるが、シリーズ〔全体として〕は、世界経済、特にアジアにおけるヨーロッパの機会よりもむしろ、その中でヨーロッパが何をしたかに関心が集中している。実際には、ヨーロッパは単にそこにあった機会を利用しただけなのに、である。

マルクス主義経済史学は違うというように思われるかもしれないが、それも同様に、いや実際さらにひどく、ヨーロッパ中心的である。例えば、マルクス主義経済史学者も、「西洋の勃興」および「資本主義の発展」の源泉をヨーロッパの内部に求めている。実例として、「封建制から資本主義への移行」に関する、モーリス・ドッブ、ポール・スウィージー、高橋幸八郎、ロドニー・ヒルトンらの間での一九五〇年代の有名な論争（Hilton 1976として再版）および、「ヨーロッパ封建制」についてのブレンナー論争（Aston and Philpin 1985）がある。G・E・M・ド・セント・クロワ（de Ste. Croix 1981）は、古代「ギリシア・ローマ」文明の階級闘争についても、またペリー・アンダーソン（Anderson 1974）は、「日本の封建制」についても、個別の「社会」として、それぞれ考察している。マルクス主義者たちは、いかに経済的「下部構造」が社会を形成するかにもっと注意を払えと主張するかもしれないが、彼らは、一つの「社会」が、別の「社会」との関係によっていかに形成されるかに全く気がついているようには見えないし、全ての社会が共通して単一の世界経済に参加することで、いかに形成されるかなどということについてはなおさら気がついていない。世界経済システムの存在そのものが、マルクスによって明示的に否定されているし、レーニンによって遅れ馳せに認められただけなのである。しかしながら、レーニンの「帝国主義」もまた、ヨーロッパの遠くない過去に起源を持つものである。ローザ・ルクセンブルク版〔の資本主義論〕では、「世界」資本主義経済は、「外部の非資本主義」的空間および資本主義がそこへ拡張していくべき外部の市場に頼らなければならなかった。

近年の社会理論の限界

時間的にどの程度深く、空間的にどの程度広く「西洋の勃興」のルーツを求めるか、という観点から、問題を詳しく述べると良いかもしれない。たとえば、クリストファー・チェイス - ダンとトマス・ホール（Chase-Dunn and Hall 1997）は、西洋の勃興と近代世界システムの出現のルーツは、過去二千年に遡ると書いている。しかし問題が起こってくる。ではどこに、どのようにそれらのルーツは拡大していったのか。ヨーロッパ中心的歴史記述および社会理論の総体が、これらのルーツをヨーロッパの街灯の下でのみ探していた。その街灯の光が時間的にルネサンスにまで遡って届いてみえる者もあれば、もっと過去に遡って見える者もあった。おそらく、キリスト教時代全体を通じてさらにユダヤ教にまで遡るであろう。この後者の観点をとる理論家のなかで卓越しているのは、マイケル・マン（Mann 1986, 1993）である。彼は、「社会的権力の諸源泉」を求めて、イデオロギー的、経済的、軍事的、政治的権力に（この順序で）それを見出している。彼は「ヨーロッパは一千年間にわたって〔キリスト教の」イデオロギー共同体であった」(Mann 1993: 35) と述べている。そこが困ったところである。いかに時間的に深くても、そのルーツは依然ヨーロッパにあると言い張られているのである！　ブロート (Blaut 1997: 51) による適切な特徴づけによれば、マンやその他の論者は、ただ技術的なオリエント急行を眼前に提示しているに過ぎない。そのオリエント急行は、西行き路線を古代中東から古代ギリシアを経て、中世および近代ヨーロッパへむかった走るのである。

しかしながら、マクニールは、その画期的著作に『西洋の勃興——人間共同体の歴史』(McNeill 1963) というタイトルをつけ、そのルーツがはるかヨーロッパを越えて、アフロ - ユーラシア世界全体にまで広がっていることを示した。これはもちろん、(マクニールと同時期に書かれた) ホジソンの『世界史再考』(Hodgson 1993) のメッセージでもある。アフロ - ユーラシアは、私とギルズ (Frank and Gills 1993) の『世界システム——五〇〇年か五〇〇〇年か？』の分析の基礎であったのと同様に、チェイス - ダンとホールによる「近代世界システム」の「興亡」の分析の基礎でもある。しかしながら疑問は残る。近世の世界史を解釈する上で、この時間的に深く、空間的に広いパースペクティヴはどのような含意があるのか。本書の残りは、この問いに、よりグローバルなパースペクティヴから答えはじめようとして書かれている。

今日一般的に受け入れられている理論の理論的、分析的、経験的、および——ひとことでいえば——「パースペクティヴ」の限界は、それが依拠している我々の「古典的」社会理論、および同様に (あるいはさらにひどく) ヨーロッパ中心的な歴史記述の遺産であり、反映である。この社会理論は、十九世紀に考え出された時に、植民地主義的ヨーロッパ中心主義によって損なわれてしまった。同じ理論が二十世紀に西洋でさらに発展し、世界中に広められる間に、さらにひどくなった。今や今世紀末にあって、この理論、およびその基礎となっているヨーロッパ中心的な歴史記述の全体は、アジアの——再度の——勃興が約束されている、来るべき二十一世紀について述べるにあたっては、全く不適切である。

一般的に受け入れられている社会理論の、いうところの歴史的基礎なるものの多くが馬鹿げたものであることはさておき、それには、まだ別に理論的な欠陥がある。その欠陥とは、いかにそれらの理論が「普遍主義的」な装いを凝らしていても、どれひとつとしてグローバルにホーリズム的ではないということである。

経済的、社会的、文化的「発展」において真に妥当する諸要因を見つけるために、我々はホーリズム的に、グローバルな社会文化的、生態系=経済的、文化的システムの全体を見なければならない。そのような見方をすること自体によって、我々全てに「可能性」が提示され、また同時にそれが限界づけられるのである。全体が部分の総和以上のものであり、それ自身がその構成部分を形成するものである以上、部分の研究の総和および/あるいは組み合わせが、世界経済/世界システム全体の構造、機能および変容を明らかにすることは、あり得ない。

私の議論は、我々はいまや全く異なる基礎を持つ世界史およびグローバルな政治経済学を必要としているというものである。「マルクス・ウェーバー」から続いて広く受け入れられた古典的社会理論とそれらの弟子筋にあたる議論は、通常認められておらず、おそらく自覚されていない偏見である、深く染み付いたヨーロッパ中心主義によって損なわれている。そのような偏見は、西洋の外の世界の現実の全ての認識を歪めているし、実際我々は、その現実を見る目を閉ざされてさえいるのである。さらに、その同じヨーロッパ中心主義によって、ヨーロッパおよび西洋自体についてさえ、その現実的な認識をまた阻まれ、歪められているのである。ヨーロッパ中心的な社会理論は、単一の世界システムという(経済的/システム的)現実と折り合うことは内在的にあり得ない。しかし、そのような単一の世界システムこそが、非常に異なった、しかし分離したものではない、「東」と「西」、「南」と「北」の両方の「現実」を形成しているのである。したがって現実の問題は、世界システムのこの部分やあの部分について、マルクスにせよ、ウェーバーにせよ、他の誰にせよ、彼らが正しいか間違っているか、などということではない。現実の理論的問題とは、そのような論者のうちの誰も、今のところ、システミックでグローバルな全体についてホーリズム的に述べようとすることさえしたことがない、ということであり、現実の理論的目標は、実際にそうすることである。

〔既存の〕歴史記述や社会理論がすでになしてきたことや主張してきたことに照らして、このような言明や目標に疑義を唱える読者があっても無理のないことである。たとえば、ウィリアム・マクニールは世界史学の父である。彼は、主著に『西洋の勃興』(McNeill 1963) というタイトルをつけただけではない。彼はまた、二一もの異なる文明があるという観点から世界史を扱っていると言ってトインビーを批判し、自身は、世界史および西洋の勃興にいたる主要な「文明」の流れは三つしかないと主張している。そこまでは、まあ良かろう。しかしながらマクニールは、その本の出版から二五年後に回顧していわく (McNeill 1990: 9)、「拙著の中心的な方法論的弱点は、それが文明間の境界をまたぐインタラクションを強調する一方で、我々が今日生きている普遍世界的な (ecumenical) 世界システムの出現に十分な注意を払っていないことである」と認めてしまっているのである。彼は今や、「三つの地域とそこに住む人々とは」、紀元前一五〇〇年以来ずっと「古典時代を通じて、密接で途切れることのない接触を保っていた」ことを理解しており、したがってまして紀元一五〇〇年以降そうであったことはいうまでもなかろう!

このように十分な根拠をもって、本書は我々が単一の世界に生きており、長い間ずっとそうしてきた、ということを示そうとしている。ゆえに我々は、過去、現在そして未来の世界史——およびその諸部分——を把握する、ホーリズム的でグローバルな世界というパースペクティヴを必要としているのである。それにもかかわらず、そのような世界というパースペクティヴを採用する上で、また世界の、あるいは世界についてのヨーロッパ中心的なパースペクティヴを克服する上での困難は、依然相当に大きいように思われる。例えば、それらの困難は、ブローデルにとっても越え難いものであったし、ウォーラーステインにとっても依然として越え難いものである。別のところで私が論じたように（Frank 1994, 1995）、彼らの著作はともに、ヨーロッパ中心的な世界のパースペクティヴから書かれている。本書では、さらにはっきりとそうだと示そうと思う。

ブローデルのいう一五〇〇年以来の「世界のパースペクティヴ」〔『物質文明・経済・資本主義』第三巻の『世界時間』の英訳版のタイトル〕は、たいていの論者〔のパースペクティヴ〕よりも広いものである。しかしながら、彼はまた、世界を「ヨーロッパ世界経済」とその外側にあるいくつかの他の別々の外部「世界経済」とに分けてしまっている。もちろんブローデルは、特に彼の資本主義と文明についての三部作の第三巻において、すくなくともこれらの「他の」世界経済の諸部分についても研究し、描いている。けだし、マルクスにしても彼の『資本論』の第三巻でそうしたのだ。しかしながら、ブローデルもマルクスも、第三巻での自らの発見を、第一巻における彼らのモデルと理論とに組み込むことを怠ってしまった。さらに、彼らはむしろ意識的、意図的に、熟慮の上でそれを怠ったのだ。すなわち、彼らの持つヨーロッパ中心主義のために、いかなる歴史的モデルも社会理論もすべて、普遍的であろうがなかろうが、ヨーロッパの経験にのみ、基礎付けられなければならないということに、二人とも納得してしまったのである。両者がなした唯一の譲歩は、ヨーロッパおよびそのモデルは、世界の残りの部分に対しても重要性をもっているということだけである。

そのようなヨーロッパの拡張と「資本主義」の発展とがヨーロッパと世界の残りの部分の両方にとってもっている重要性を体系化しようとしたのが、ウォーラーステインの『近代世界システム』（Wallerstein 1974）――および、はばかりながら、同時期に書かれた（「まえがき」参照）私自身の『世界的蓄積』とその姉妹編である『従属的蓄積』（Frank 1978a, b）も――である。ウォーラーステインも私も、ヨーロッパの拡張が世界の他の多くの部分に対して与えた、ネガティヴな「低開発」の衝撃と、それが転じてヨーロッパにおいて、続いて北アメリカにおいても資本蓄積と発展に貢献したことを強調した。ウォーラーステインは、システムの中心－周辺構造により焦点を当てた。もちろん、私も「メトロポリス－衛星」という用語でそのことは認めているが、私はシステムにおいて構造的に連関した周期的な動態の方に、彼より焦点を当てた。

しかしながらウォーラーステイン（Wallerstein 1974, 1980, 1989）と私（Frank 1978a, b）は二人とも、自分たちのモデル化と理論的分析を近代世界経済／世界システムの構造と過程に限定してしまった。私は当時そう思ったし、ウォーラーステインは今でもそう思っているが、このシステムはヨーロッパに中心を置いており、そこから拡大して、世界の残りの部分を次々と、そのヨーロッパに基礎を置く「世界」経済へと組み込んでいったというわけである。これが、ウォーラーステイン／フランク的理論の限界である。それは、世界経済全体の単なる部分、しかも主要な部分でさえないところに依然として限定された、ヨーロッパ中心的なものである限りにおいて、世界経済／世界システム全体を適切に射程に収めることができない。どのように「我々の」システムが両アメリカ大陸やアフリカの一部を十六世紀の「初期」に、世界の他の部分についてはたかだか一七五〇年以降に自らの中へ取り込んだのか、を示すのは、経験的、歴史的にある程度役に立つかもしれない。

しかしながら、このヨーロッパに基礎を置く「世界」システムのモデルは、理論的に不十分なだけでなく、我々が真に必要としている、現実の世界経済／世界システムの全体と、全く逆なのである。悲しいかな、そのような現実的なモデルはいまだ存在していない。その理由の一つは、まさに我々、マルクス、ウェーバー、ポランニー、そしてブローデル、ウォーラーステインも依然として、さらに私も、全員が、ヨーロッパの街灯の下でものを見てきたからである。我々がいかに世界的であろうとしていたとしても、われわれ自身の依然として明白なヨーロッパ中心主義によって、たとえそれが認識されていないとしても、やはり我々は、ヨーロッパこそが我々の理論を構築するための史的証拠を探してくるべき場所であると考えてしまっていたのである。他の多くの研究者は、――

我々および他の論者のおかげで――（ヨーロッパおよび北アメリカの）理論的、経験的街灯が、そこをより明るく照らしていたがために、そもそも全くそのようなことを考えてもこなかったかもしれない。

私の見方では、この古い主題についての、ほとんど婉曲的になっただけにすぎないような後年の新しいヴァリエーションの発明によって、得られたものなどほとんどないし、主題を再び考え直すずっとましな機会が不必要に空費されてしまったと思う。例えば、エリック・ウルフ（Wolf 1982）とサミール・アミン（Amin 1991）は、いわゆる「貢納制的生産様式」を支持した。前者によれば、それは一五〇〇年以前の全世界を、後者によればそれは一八〇〇年以前の多くの世界を特徴づけるものであるということになっている。あるいは、ゲイツ（Gates 1996）の場合を見てみよう。彼女は「貢納的・小資本主義的生産様式」に基づく一千年間にわたる「中国の動力」の分析を打ち立てたが、その努力にもかかわらず、いかに、そしてなぜ、中国において家父長制が支持され、広まったのかはなかなか明らかになっていない。対照的に本書は、内国的な生産関係――生産様式が単数か複数かなどどうでもよい――の多様性にかかわらず、単一の世界経済への参加のほうが、はるかに重要であるということを示す。このように不当で、場違いでさえあるほどに「生産様式」を強調しても、それはこの単一の世界経済を見えにくくするだけである。

ヴァン・ザンデンによって最近誤って提起された、したがって妥当性を欠き、誤解のもととなる論争が、まさに『商人資本主義の理論は必要か』（van Zanden 1997）というタイトルで要約された。『レヴュー』誌の一九九七年春季号は、まるごと一冊この「問題」に紙面を割いており、編者のウォーラーステインも寄稿している。十七世紀オランダの「黄金時代」における労働市場の分析を基礎に、ヴァン・ザンデンは、肯定的につぎのように述べている。「商人資本主義はある意味で、非資本主義の海に浮かぶ比較的に小さな都市化された商業の島に集約された……この世界市場へ至る……『構成の過程にある資本主義』……である。」ゆえに、前資本主義ないしはプロト資本主義と産業資本主義との間にあって、これまで不十分にしか認知されてこなかったが、必然的な段階でもある、というわけである。ウォーラーステインは、オランダ的商人資本主義は昔も今も「史的システムとしての資本主義」の一部であるにすぎないということを示して、自らの名においてはこのテーゼを否定している。したがって「大きな利益をあげる企業家や会社は……同時に生産者かつ商人かつ金融家になることによって、あるいは経済の状況によって一つの部門が他の部門より儲かるようになるのに応じて、それらの諸役割の間をいったり来たりすることによって、利益をあげてきたのである」(Wallerstein 1997: 252)。もちろんそうだろう。しかし、ウォーラーステインと他の論者たちは、同じことが小さなヨーロッパの「資本主義」的部分にだけではなく、世界経済全体に同様にあてはまることを見落としている。

〔『レヴュー』誌同号中の〕別の論者たち (Ad Knotter, Catharina Lis and Hugo Soly) は、ネーデルラント、フランドル、その他のヨーロッパの地域における「産業化以前の産業化」についての最近の研究に依拠している。それらを比較してみるだけで、「ヴァン・ザンデンの言葉遣いでは過程の分析ができないこと、すなわち商人資本主義と前資本主義的生産様式との接合など問題ではなく、プロト工業は産業資本主義への移行において最大の動力となる要素ではなかった」(Lis and Soly 1997: 237) ことを示すには十分である。もし、〔世界経済全体から見て〕周縁的な半島でしかないヨーロッパの諸部分に視界を限定しないで、世界のその他の部分――本書で行なうように、グローバル経済《エコノミー》全体の部分としてそれらを分析するのはさておき――にまで広げて検討すれば、その分さらに、これらの諸「生産様式」などということは問題ではなくなってしまう。

我々が自分たちの理論的パースペクティヴとその方向づけを拡大するか変えてしまうかしなければならないという決意を持つ研究者も (極めて) 少数だが存在する。そのような研究者がアフロ - ユーラシア的な出自であることは、おそらく、驚くべきことではないだろう。その中には、「ヨーロッパ・ヘゲモニー以前」(Abu-Lughod 1989)

に何が起こったかを研究したジャネット・アブ-ルゴッドや、「ヨーロッパ以前のアジア」(Chaudhuri 1990a) に目をむけたK・N・チャウデュリがいる。もちろん、彼らもまた既存のヨーロッパおよびその他西洋の街灯に多くを頼らざるをえないことで、障害を持っている。その光は、〔ヨーロッパや西洋から〕遠く離れたところの証拠に届くとしても、非常に薄暗くそれを照らすだけなのである。

幸い、これらの、より世界的な視野をもった学者たちに、大体において(依然として西洋で訓練を受け、その影響を受けていることがしばしばであるとしても)非「西洋」出身の研究者が続々合流しており、彼ら自身の地域や地方の過去の文書や考古学的史料を、たいまつやろうそく同然の明かりを助けに、掘り起こしている。彼らが暴露した証拠は宝の山である――なかには、文字どおりそういうものもある。長い間海底にあった商船の積み荷や財宝が、海底考古学の成果で引き揚げられているからである。これらの発見は、より射程の長い歴史記述と真にホーリズム的な世界経済/世界システムのモデルと理論の建設によって、帰納的総合のために、より深く、より広い基礎を提供し得るものであるし、またそうあるべきである。

しかしながら証拠だけでは、世界全体を射程に収めるホーリズム的な理論的モデルとしては依然として不十分であり、決してその代用になるものではない。それこそ、我々がすでにそろった証拠を組織立て、解釈する際の助けとして――そして、古い西洋の理論的街灯の明かりの範囲をずっと越えて、たどり着ける限りの世界の果てから、より多く、より良い証拠を探す際のガイドとして――必要としながら、依然として欠いているものである。本書は、その方向へ、おそるおそる最初の数歩を踏み出すことができるにすぎない。しかしながら、本書の欠陥自体が、私よりはるかに有能な他の人々を鼓舞して、同じ方向へ新しく大きな歩みを進めてくれるだろうというのが、私の望みである。

すると、本書が対象としている近世の世界経済および世界システムの方が、それ以前についてよりも、歩みを進めるのがずっと容易であるように見えるであろう。実際、青銅器時代にどの程度、世界経済および世界システムが存在したといえるかを、長期サイクルの振幅を調べることで研究しているとき、私は、ジクソー・パズルのアナロジーを用いた。〔しかし〕私はそれが、通常のそのようなパズルを組み立てるのとは違って、すでに与えられた外側の縁の直線の部分から始めて内側へ組み上げていくという、容易なコースをたどることはできないということに気がついた。そうではなく、私は見当をつけた真ん中の部分から始めて外側へむかって組んでいき、その世界システムのジグソー・バズルの境界となっている縁を探り当てなければならなかったのである。さらに、これらの境界は、一定して動かないものでさえなく、時間がたつにつれて外側へ動いていくようなものでもあったのである。〔したがって〕課題は、どこで、いつそれが起こったかを確定することであった。

近世の世界経済というジグソー・パズルを組み立てるのは、それよりは易しいように思われる。その外側の縁を確立する必要は、まずアフロ - ユーラシアの次元について、次いで遅れて起こった一四九二年以降のアメリカの組み込み（incorporation）と一七六〇年以降のオセアニアの組み込みについて、それぞれ実際の証拠それ自体によって除去されているように思われる。ひとたび、この世界経済全体が見えてくれば、たとえそれが直線ではなく丸くても、ジグソー・パズルの「外向きの」縁から始めるのは容易である。実際、本書の初期のタイトルは『世界は丸い』というものであった。我々がせねばならないことは、ぐるっと廻って、〔パズルの〕ピースを拾い集め、隣のピースとの関係で、それが収まるところにそのピースをあてはめることだけである。そうすると、我々がピースとピースの間の関係を間違えていなければ、〔パズルの〕絵柄はほとんどひとりでに浮かび上がってくるはずである。しかしそのとき、歴史的、地理的、および社会政治的・経済的証拠自体によって我々は、その隣のピースとの関係で、それぞれのピースの置き方を調べることができる。我々が本当に必要としているのは、全体ということについての（もう少し？）ホーリズム的な見方だけなのである。大半の歴史家や社会理論家は、そんなものは一切受けつけようとはしない。連中はホーリズム的なパースペクティヴを持っていないだけではなくて、それがなくて困るということさえないのである。さらに悪いことに、彼らは、依然頑強に全体なるものを全く拒み続けているのである。

しかしながら、グローバルなジグソー・パズル地図を見ないでは、どれ一つとしてそのピースの正しい置き場所も見つけられないし、そのピースの現実の機能的関係もどれひとつとして理解できない。ブリテン島の輪郭に似た形をしているあそこの赤いピースの場所と役割は何なのだろう？　また我々は、同様に赤い色をした他の多くのピースをどうすればいいか、〔たとえば〕ひとつは縦向きの大きなくさび型の陸塊の形をしているし〔おそらくインドを指している〕、別のは海に囲まれた大きな横向きの腎臓のようである〔おそらく両アメリカ大陸〕が、それもわからない。さらに最初の赤いピースの近くには、青や黄色や緑色のピースをおかねばならない。しかもそれらのそれぞれについて、またそれぞれ同じ色のピースがその遠くにあるのである。我々は、これらの他の色のピース、とりわけ（事実、ヨーロッパの植民地権力が一八八四年にベルリンでアフリカをきり分けたように）誰かがテーブルの上で線を引いたように見えるような直線の縁を持つピースを地図上の正しい場所に置くためのグローバルな文脈全体を必要としている。実際、ジグソー・パズルの全体とその生成は、ホーリズム的に分析されなければ、個々のピースとピースとの間の関係やその全体との関係についてはいうまでもなく、なぜ、そしてどのようにその「設計者」が、それぞれの色や形や場所をそれぞれのピースに割り当てたのか、決して理解することはできないだろう。

依然として今日の歴史家および社会理論家に最も欠けているものは、ホーリズム的なパースペクティヴである。歴史家は大体において、ある時間の――それも短い期間にわたってのみ――全体の中の一つのピースだけを顕微鏡を使って見、それに頭を絞りたがる。歴史家である私の息子は、自分の本の献辞を私にあてていわく、「木々を研究する者から、森を研究する者へ」と書いた。「文明史家」はいうまでもなく、「世界」史家でさえ、自らの注意を数本の巨木に限り、数片の大きなピースを比較するだけであるのが、つねである。実際、多くの論者は特に自分の〔対象とする〕文明の特異性や文化の異同に焦点をあわせたがる。「科学的」基準によって、我々はまさに全体の中の部分をのみ研究しなければならないのであって、そうすることで、差異を分析するための比較という方法をとることができるのであると論ずることで、自らが行なっている手続きを弁護する者もある。〔しかし〕もし全体が部分の総和以上のものであるなら、その全体自身も、それらジグソー・パズル全体の中の諸部分、諸ピースをそれぞれ互いに差異化する上で作用しているかもしれない、ということには気がついていないように思われる。そうして彼らは、見る気がないのか、単に見る能力がないのか、絵の全体を見ることから尻ごみしてしまうのである。ゆえに、かれらは自分たちが見ているピースについて、あるいは自分たちが比較しようとおもっている二、三のピースについて、その本質さえ理解し損ねてしまうこともあるのである。けだし、「世界」史家とてほとんど誰ひとり、そこにある現実の世界が、彼らによって組み立てられてもよいグローバルなジグソー・パズルの全体であることに気付いてさえいない。いわずもがな、それを理解しようとする者などおりはしないのである。

グローバル・エコノミーのパースペクティヴの概略

以下は、第二章から第七章まで、どのように一四〇〇〜一八〇〇年の近世の世界経済というジグソー・パズル組み上げはじめるかの概略である。

第二章は交易の構造と流れの検討である。その流れは両アメリカにはじまり、東向きにまわって、文字どおり世界を一周している。同章では、貿易不均衡のパターン、および支配的な方向としては同様に東向きに流れている貨幣での支払いを通じてのその決済を検討する。約一ダースほどの地域《リージョン》とそれらの間の関係も検討される。検討は、両アメリカから始めて、アフリカとヨーロッパへ続き、西アジア、南アジア、東南アジアを経て、日本および中国に至る。そこからは、太平洋を横断していく流れと、中央アジアおよびロシアを横断して戻っていく流れの両方を検討する。このように検証してみることで、これらの「地域的《リージョナル》」("regional") 経済と、それらの間の交易および貨幣関係の強度と成長が示される。また少なくとも黙示的には、どのような種類の世界経済分業が存在し、拡大し、おおよそ一四〇〇〜一八〇〇年の近世期に変化したかも示される。最低でもこの章においては、そのような世界規模の分業があったということは示される。そのように世界規模の分業の存在を示す中で、事実上単一のグローバル経済《エコノミー》において互いに競争している、多くの様々な生産物やサーヴィス、産業部門や地域、そしてもちろん企業や「諸国」が同定されるのである。かくして、この世界規模の分業の無視や、明示的な否定に基礎をおく、一般に受け入れられた全ての経済理論および社会理論には歴史的な基礎付けが不在だということが示されよう。

第三章では、全体としての世界経済およびその部分たる諸地域《リージョン》間の関係形成における貨幣の役割が検討される。両アメリカの銀山からヨーロッパへの貨幣の流れについては多数の文献がある。またさらにその貨幣がアジアへ送金されたということについても、ある程度関心がもたれている。しかしながら、なぜ地金が生産され、輸送され、貨幣として鋳造され、それが鋳直され、交換されたりしたのかについてのマクロ経済的およびミクロ経済的分析には、十分な注意が払われてこなかった。銀および他の地金の商品としての生産と交換についてのマクロ経済学およびミクロ経済学的分析を越えて、この章の一節では、貨幣という血液が流れる循環のシステムと、それがどのように世界経済を接続し、潤滑化し、拡大させてきたかを検討する。

第三章の別の節では、貨幣という酸素を運ぶ血液だけではなく、それが流れるこの毛細血管のようにはりめぐらされた貨幣システムが、なぜ、そしてどのように世界経済の経済本体を貫いて、それにエネルギーを供給しているか、を検討する。これらの貨幣の静脈と動脈のうちのいくつかが、どのようにして他のものより大きくなったか、またより小さい血管が、どのように経済本体のより遠く、全てではないにせよあちこちの端まで届き、さらに生産を拡大し、刺激するのに役立ったか、が検討される。アジア的な貨幣の「退蔵」についての陳腐な神話は、無根拠であることが示される。特にインドが世界的貨幣供給の「排水口《シンク》」だというのは無根拠であるし、中国についてはそういうのはそれよりさらに無根拠である。

第四章はグローバルな世界経済について、そのいくつかの定量的次元を検討する。しっかりとしたデータはなかなか出てこないが、私は一つの節を割いて、少なくともなんらかの世界規模および地域的《リージョナル》規模の次元を持つ人口、生産、交易、消費および、そのそれぞれの成長率を、特にアジアとヨーロッパについて、まとめ、それらを比較する努力をおこなった。アジアのさまざまな部分が、世界経済の中で、および世界経済にとって、ヨーロッパ全てと比べてもはるかに経済的に重要であったというだけでなく、歴史的証拠が一致して示しているように、アジアはヨーロッパよりも速くかつ大きく成長しており、少なくとも一七五〇年までは、上にあげた全ての点でのヨーロッパに対するリードを守っていたのだということも、示される。アジアのいくつかの部分がヨーロッパよりも豊かで生産的であり、さらにその経済が近世期に拡大、成長していたのだとすると、ヨーロッパ人によってそれがどう呼ばれようと「アジア的生産様式」が、マルクス、ウェーバー、ゾンバルトやその他によって言われたように、伝統的で、動きがなく、停滞的で、一般に非経済的なものとされたということは、どのようにして可能であったのだろうか。いや、それは可能ではなかったのだ。つまりヨーロッパ中心主義の神話は単に馬鹿げているのである。

第四章の他の節では、その方面の権威がヨーロッパとアジアにおける生産性、技術および経済的、金融的制度の比較から得た証拠と判断とを紹介する。これらの比較によって、ヨーロッパがアジアを下に置くことには、根拠となる事実がないということが示される。というのも、アジアは経済的および多くの点で技術的にも、この〔近世という〕時期の最初においてだけでなく、その最後においてもヨーロッパに先駆けていたからである。しかしながらこの章では、生産、交易、および制度と技術は、国際的に比較されるべきであるだけではなく、相互に関係づけられていて世界経済のレベルで産み出されるものとして理解されなければならないという議論も提起する。

第五章は、世界を「横に統合したマクロ歴史」を提起し、追求する。「横に統合したマクロ歴史」においては、出来事や過程の同期性は偶然ではないとされる。またこちらとあちらで同時に起こった出来事が、多様な局地的「内的」状況によって、異なったものとして引き起こされたともみなされない。私はそれとは違って、この章の一節一節においてつぎつぎに、世界中で同時に起こっている出来事の共通で互いにつながりのある原因を探っていく。人口動態／構造、貨幣、コンドラチェフおよびそれより長い波動などの分析は、こちらとあちらで起こっていることの理由と過程を説明しようとする個別ではあるが相互に補完する試みとして実を結ぶべく〔私の探求に〕引き入れられる。そのような循環や貨幣に焦点をあてた分析は、一六四〇年代に同時に起こった中国明朝の崩壊、イングランドにおける革命、日本およびスペインにおける反乱、マニラやその他の場所での諸問題を説明する一助として使うことができる。十八世紀末のフランス革命、オランダ領バタヴィアでの革命、アメリカ革命、産業革命も、循環およびそれに関係する諸観点から、簡潔に説明する。第五章の別の節では、いわゆるヨーロッパの「十七世紀の危機」が世界規模であり、アジアを含むものであったか、という問いを吟味し、そしてこの問いに対する否定的な答えが世界経済の歴史に対して持っている重要な意味について検討する。「長期の十六世紀」的な拡大〔局面〕が、アジアの多くの地域では十七世紀を通じて、十八世紀のある時点まで続いたという観察は、約五〇〇年サイクルの世界経済および世界政治の循環が存在するのか、という問いを提起する根拠ともなる。

この長期循環についての問いは、なぜ、そしていかにして西洋は十九世紀に「勝った」のか、そしてこの「勝利」は持続的なものなのか、一時的なものでしかないのか、を問う第六章の始まりでもある。前著（Gills and Frank 1992, Frank and Gills 1993, Frank 1993a）で私は、それぞれ二〇〇～三〇〇年の長さを持つ拡大期のA局面と収縮期のB局面とが五〇〇年単位で交替する、システム規模の世界経済の循環を確認したと主張した。私は、それらの諸局面を紀元前三〇〇〇年にまで遡って追跡し、紀元一四五〇年くらいまで確認した。他の学者が個別に行なった、三つの試験的試みによって、この私が主張した循環と局面の存在および時期確定を指示する証拠がいくつかあげられた。この長期循環のパターンは近世にも続いていったのであろうか。これが、第六章のこの節で最初に提起された問いである。第二の問いは、もしそのパターンが続いていたとすれば、それが十七世紀から十八世紀にかけての世界経済におけるアジアの支配的地位の継続、その没落およびその後のヨーロッパの勃興に反映していて、それらを説明する上で役に立つか、というものである。

第六章はまた、「東洋の没落」と「西洋の勃興」がシステムとして連関し、相互に促進しあう、その有り様について、本書が行なう歴史的説明およびその議論についての理論的分析の極点となる。そのため、単一のグローバル経済《エコノミー》における地域間、部門間での不均等構造、および生産と人口の成長を刺激する非単調な時間的、循環的動態について検討する部分をひとつ設けた。一七五〇年以降、アジアを没落へ導いたのは、言われるところのアジアの弱さと言われるところのヨーロッパの強さではなく、むしろ世界史的な近世期におけるアジアの強さの影響である、というのがその議論である。類比的にいえば、一八〇〇年以降、ヨーロッパがその地位を上昇させることができたのは、それまでヨーロッパが世界経済のなかで周縁的な地位にある弱い存在だったことによる。このような「ヨーロッパの」発展が、一七五〇年以降の「アジアの没落」を利用したのでもある。この「アジアの没落」

のルーツとそれが起こった時期についても、第六章の中で節を改めて検討する。さらに私は、この同じ連続したグローバルな発展の過程において、経済的、政治的、文化的パワーのバランスは、すでに再びアジアの方へ逆転し始めているのではないか、という主張を述べる。

「西洋の勃興」については、第六章の最後の部分で、より具体的に検討される。私のテーゼは――ブロートの影響があるが、それをさらに展開して――西洋は初め、アジア経済という列車の三等席につき、それから車両全部を借り受け、十九世紀になって初めて、どうにかアジア人を汽車から追い出したのだ、というものである。ある節では、ヨーロッパ人がいかにしてアメリカの貨幣を使ってそのようなことをどうにかやりとげたか、についてのアダム・スミスの分析を検討し、引用した。ヨーロッパ人は、自分たちの経済を拡大するためだけでなく、成長市場のアジアへ参入するための資金としても、あるいはむしろそのために特に、アメリカの貨幣を使ったのである。したがって、産業革命およびその結果としてヨーロッパ人が世界経済において獲得した支配的地位は、ヨーロッパに「内的」な要因だけを基礎としては適切な説明とはならないし、植民地から引き出された資本の蓄積〔説明要因として〕補ってもやはり不十分なのである。我々は、このグローバルな過程の原因としくみを世界経済の観点から説明する必要があるのである。そこでそのために、第六章のこの節では、世界規模および補助的に地域規模で見た、労働節約的な動力生産技術の技術革新をめぐる需給関係を基礎とする仮説を提起し、その検証をおこなう。

全体が部分の総和ではない以上、それぞれの部分は、他の諸部分から影響を受けているだけでなく、世界（システム）全体において起こっていることからも影響を受けている。ヨーロッパにせよ両アメリカにせよ、そこで起こったことをアジアやアフリカで起こったことの説明なしで説明することは――その逆も――できないし、またどこで起こったことにせよ、全ての場所から発する影響、つまり世界（システム）の全体そのものの構造と動態からの影響を確定せずに説明することはできない。一言で言えば、我々はシステムのどの部分を説明するにせよ、ホーリズム的な分析が必要なのである。結論部にあたる第七章では、このようなホーリズム的な分析の必要の意義、そこから派生してわかったこと、歴史記述および一般に受け入れられた理論についてのさらなる研究のための仮説、および〔歴史と理論〕双方を再構築する可能性と必要性について再検討する。前半部では、なにをなすべきでないか、についての歴史記述上の結論を要約し、この最終章の後半部では、続けてオルタナティヴなよりよい理論的方向を提案する。

抵抗と障害を予期し、それらと対決する

はじめに、この世界が遅れ馳せに「グローバリゼーション」なる過程を現在ようやく経験しているところであるというような考え方に誤って導かれてしまうと、グローバルな現実を直視するための我々の道具立てとしては、もうだめである。我々の言葉そのものやその諸カテゴリーが我々の思考を反映しており、転じて我々を誤った方向に導き、部分が先にきて、それから初めて全体へと組み合わせられると思い込まされてしまうのである。たとえば、社会や国やドイツ語の国民経済（Nationaloekonomie）や、あるいは国際（international）貿易が入ってくるにせよ、そうでないにせよ、国際関係などのことばはその例である。これらの言葉は、我々が、あたかもその創造以来ずっと純粋なままの存在を保持しているとされる同じ社会的、政治的、経済的「ユニット」に、長らくずっと生きているかのような――しかも、依然としてそうしたいと思っている人もいるのであるが――響きをもっている。それら「のユニット」が後になって初めて相互に関係づけられたとか、まして今初めて関係づけられるよう

になったとかいうのは、端的に誤りである。そのような根拠のない主張と用語法は、文字どおり最も無意味な「世界のパースペクティヴ」であり、現実を想像で解釈してしまうことにほかならない。しかし、読者にとって耳慣れない全く新しい語彙を発明するのでなく、一般に受け入れられた用語法でなんとかすまし、よりグローバルな現実に届くように、それらをやりくりしようとせざるをえなかった。しかしながらは、我々は、グローバルな用語法以上のものを必要としている。グローバルな分析と理論もまた、我々が必要とするものである。

しかしながら、世界のおよび世界のためのグローバルな理論はおろか、分析を提起することとさえ、危険な仕事である。それは強力な抵抗に見舞われるであろうし、激しい反撃を招くこともありえよう。我々は前方の嵐で荒れた分析の海で遭遇するかもしれぬ障害のいくつかについて、少なくともその氷山の一角を、排除できないまでも、予期して取り組んでおいても良いであろう。本書の提起はたった今打ち出されたばかりであるから、ウォーラーステインと私自身のかつての経験に基づいて予期を行なうことにしよう。彼の経験がここで妥当なのは、私の本書の提起の射程が、彼のものがそうであった以上に、表面的であったとしても、同時に、より広いものであるからである。

最も多い障害は、つまらないあら探しである。他に、より理論的な異議もある。数はあら探しより少ないが、より大きな障害となる。〔本書にとって〕とりわけ大きなものは、ウォーラーステイン本人によって提起されているものである。

あら探し的な異議のひとつは、私が一次資料を用いていないという（あるいはそれを用いる能力がないとさえいう）ものである。わたしはいくつかの理由で、この異議を拒否する。一九六六年、私はメキシコ史についての広く受け入れられたテーゼに対して、革新的な批判をものし、その草稿を、同テーゼの著者のひとりに送った。彼は親切に返事を書いてよこしてきたが、言うことには、私の原稿は一次資料に立脚していないので出版には値しないとのことであった。それで、私はその原稿を机の引き出しに入れたまま、一三年後にウォーラーステインが、彼がケンブリッジ大学出版会で編集しているシリーズの中でそれを出版（Frank 1979）しないかと誘ってくれるまで、ほったらかしにしてあったのである。すると、くだんの同じ著者が書評を書いて言うことに、私がその本で書いたことは今ではもう古くさくなっているので出版されるべきではなかったというのである。だれか他人がやったさらなる調査と分析によって、それ以前に私が書いた奇妙なみかけの世界経済のテーゼは、ひろく一般に認められ、受け入れられた理論になっていたらしいのである。

この経験は、歴史について述べるにあたって、特にパラダイムに関わる場合に、どのような種類の資料が必要かつ正当であるか、をよく示している。もちろん、顕微鏡で見るような微視的態度で文書調査をすることの問題は、それで歴史家は手いっぱいになってしまい、文書館の外から持ち込んでこない限り、より広い視野を持てないことである。さらにもし歴史家が、広く受け入れられたパラダイムの外に出たいと思ったり、そして／あるいはその顕微鏡的な分析の基礎にあるパラダイムに挑戦したいと思うなら、彼らはさらに広いパースペクティヴを必要とするのである。もちろん、もし歴史家が望遠鏡で素材を検討しようとして、後ろに大きく下がってみれば、細かなことについてはあるていど見逃してしまうのはやむをえない。これが、次の異議へとつながっていくのである。

一次資料が足りなかったり、あるいは全く存在さえしない場合は特に、私が世界全体を相手にするほどの、あるいはそのいくつかの部分を相手にするほどにさえ、知識が十分でない、という異議があるかもしれない。ブローデルでさえ、「一人の歴史家がまだ十分に調査の手が入っていない歴史の断片を、一つの分析に押し込めようとするのは賢明ではないのではないか」（Braudel 1992: 468）と述べている。「おやおや、でも、あなたのおっしゃることは、私が自分の人生を二〇年間ささげて我が家の裏庭のように丹精込めて研究してきた、この一年とか一〇年とか一〇〇年とかの期間の感じとはまったく違いますね。」などという者もあるだろう。しかしながら、世界史家のウィリアム・マクニールは、私の前著（Frank and Gills 1993）の前書きにおいて、どれほど狭くテーマを絞ろうとも、なんであれ、それについてすべてを知ることはできないし、「十分に」知ることさえ不可能なのである、と指摘してくれた。また別の場所では、次のように論じている。

マクロ史家は、入手可能な文書記録の詳細の大部分を、容赦なく無視してしまう。……このことによって、マクロ歴史が、より正確でないとか、十分確かではないということにはならない。……問いのスケールはそれぞれそれに応じて重要な意味をもつ景観を作り出す。より小さいスケールがより現実に近いわけではない――細かく専門化した歴史家は、そう思い込んでいることもあるようだが。それは、単に異なっているのである。……良い歴史とは、何であれ、その歴史家が問うている問いに対して妥当である、入手可能な資料を選択し、批判し、そこから情報を抜き出すという過程の帰結である――それ以上でも以下でもない。

(McNeill 1996: 21)

ゆえに、知識の不足――そんなことは、私もよくわかっている――は、研究として選んだテーマの狭さや広さの関数だというわけでもないのである。逆に、第五章でジョゼフ・フレッチャーを引いて論じたように、狭さをもたらしているのは、まさに歴史的知識の不足でなければ、あまりにもありふれた「横に統合した歴史」の失敗なのである。

私がたった一つ「経済的」部分ないしは「経済的」特徴しかみていないという異議をとなえる読者もあるかもしれない。一九九六年に開かれた世界史学会と国際比較文明学会の合同大会で、ある会員は私に、「君はよい経済史をやっている。だから私には面白くないんだ。」と個人的に言ってよこした。別の会員は「あなたは文化については盲目だ。」と公言した。政治的、社会的、文化的、宗教的、国民的、民族的、およびその他の種類の分析を唱導する者たちは、私の分析が彼らの個別（主義）的欲望に好意的でないとか、それを理解していないとか、あるいは叩頭の礼をとっていないといって文句をつけるのである。党派的な闘士たちは、この私の分析では「我が人民」の闘争のためには、ほとんど、あるいは全く役立たないといって嘆いているのである。そのかわりに彼らは、あれこれのエスノセントリズムや、新参のアフリカ中心主義、古参のイスラム中心主義、さらに古参の中華主義、ロシア例外主義などなどから支持をえようとしているのである。本書の分析は、しばしば要求されるそれらの支持など、それらのどれに対しても与えていない。私のパースペクティヴもヨーロッパ中心的な西洋例外主義とは戦っている。今やこの西洋例外主義は冷戦の老兵サミュエル・ハンチントンによって新しい衣装をつけられて、『文明の衝突?』(Huntington 1993, 1996) として売り歩かれているのである。（ただし、しかるべきところは評価しよう。著者ハンチントンも一九九三年に『フォーリン・アフェアーズ』誌の論文ではタイトルの末尾にクエスチョン・マークをつけていたのだ。しかし、彼のあまりにも熱烈な読者大衆がすでにそれを取り去ってしまった。もっとも一九九六年には、彼の著書のタイトルにはもうクエスチョン・マークはなくなっていたが。）第七章で強調するように、本書は代わりに「多様性の中の一体性」を支持するパースペクティヴを展開しているのである。

フェミニストからすれば、私のこのパースペクティヴと分析は、社会の家父長制的ジェンダー構造の檻を十分に揺さぶってはいないと、正しくも、追及されるかもしれない。控えめに言っても、これでは女性に不利だというわけだ。それはそうだろう。もっとも、私のこのアプローチが、広く受け入れられている理論よりジェンダー化を受け入れにくいということは全くないだろう。女性そのものを扱っていないし、もっとはっきり言えば男性そのものも扱っていない点を除けば、であるが。たしかに、この構造的分析は人々というものを全く扱っていないように見える。分業と交易についての第二章も、いかに貨幣が世界を巡り、世界を回らせているかについての第三章も、世界経済システムの構造と動態についての第五章、第六章も、ただ人々の間の政治経済関係および社会関係を吟味しているだけである。ある意味で、私の本の中では、人々が歴史を作るのでなく、歴史が人々を作っている。

主意主義的、自由意志的な、いかなる政治的「主体」も全て否定してしまうと言われる経済的および／あるいは構造的「決定論」に対する罵倒は、これくらいで十分だろう。もちろん、現実の世界にあるどんな制約にしろ、〔世界〕システム的な観察者がそこに置いていったものではないなどと、彼らに指摘したところで無意味である。さらに、私の知る〔世界〕システム的な観察者に、客観的に研究される「システム」には個人的、共同体的、文化的、政治的、その他「下からの《ボトム・アップ》」（実際また「上からの《トップ・ダウン》」も）主観的行動や反動の余地が全くないなどと主張するものは一人もいない。それにもかかわらず、良い意図が——あるいは悪い意図でさえ——実現しないことはしばしばである。どの意図が実現し、どの意図が実現しないのかは、第五章および第六章で検討される通り、システム的に生み出される機会と制約に従属しているのである。

しかしながら、ウォーラーステインが彼の「近代世界システム」への反応としてすでに遭遇したことのあるのと同じような、より「具体的」な不満や要求も社会理論家にはあるだろう。特にヨーロッパ中心的な攻撃としては、ヨーロッパは自らの努力によるよりも、なにか他のものからの恩恵を受けているというウォーラーステインの主張は証拠付けられていない、私のはなおさらにそうである、というものである。何年も前に、ポール・ベアロック（Bairoch 1969, 1974）とパトリック・オブライエン（O'Brien 1982）およびその他の論者は明示的に、植民地および新植民地貿易がヨーロッパの投資と発展に貢献したという私（Frank 1967, 1978a,b）とウォーラーステイン（Wallerstein 1974）の以前のテーゼに対立したのである。ベアロック（Bairoch 1969）は、商業資本がヨーロッパに重要な貢献をなしたことなどないと主張した。オブライエン（O'Brien 1982, 1990）は、彼の計算によると、そこからあがる利益は言うに及ばず、上に言う〔植民地〕貿易の総額も、十八世紀末のヨーロッパのGNP総額の二パーセントでしかなかった以上、海外貿易や植民地搾取がヨーロッパの資本蓄積や産業化に貢献したとは見なせないと折りに触れて何度か述べている。オブライエンは、「経済成長の中心部にとって、周辺部は周辺的であったのである」（O'Brien 1982: 18）と主張している。オブライエンは、『グローバル経済の形成――一八四六～一九一四』においてさらに主張を進め、いまや先験的に次のように述べている。

十九世紀の中葉に至るまで、大陸間および諸国間の相互結合は限定的であったように思われる。……世界中の生産者も交易従事者も、外国の競合者からは隔離されていたばかりでなく、一国の境界内での競争からも……保護されていた。……統合はまず、ローカルな地盤から、地域的、次いで国民的基盤へと進んで起こり、十九世紀が過ぎていくにつれて次第にグローバルな規模で統合が起こったのである。

（O'Brien 1997: 76-77）

本書は、オブライエンが、理論のことはさておいても、事実においていかに間違っているかを曇りなく明白に示すものである。しかしながら、彼はまた「数量化によっても、さらなる歴史学的探求によっても、大洋間交易や産業革命の重要性に関する論争が収まることはないだろう」（O'Brien 1990: 177）とも論じている。

我々は、〔史的〕証拠によってこのような問題が解決することはないだろうというオブライエンの意見には同意しなければならない。証拠が重要ではないというのではなく、パラダイムに関わっている我々の間の現実の論争に、それはそれほどの実りをもたらさないといっているのである。オブライエン（O'Brien 1982, 1990）は、部分的にしか世界システム的でないウォーラーステインのパースペクティヴでさえ拒否している。実際、オブライエン(O'Brien 1997: 86-89)は繰り返して「ヨーロッパ側の依存は……無視できる程度にとどまっていた」とか、「アジア、アフリカ、南アメリカの経済的重要性は……低いレベルで安定したままであった」(彼は自説を支持するものとして、ベアロック〔Bairoch 1974, 1993〕を引用している)とか植民地主義および帝国主義の「正確な得失」は議論できないが、「植民地主義は必ずしも割には合わなかった」し「帝国主義は限定的な利益しかもたらさないことが明らかとなった」と述べている。というわけで、オブライエンは、私やウォーラーステインおよびアミンらの言うヨーロッパの経済成長が他者の「なんらかの犠牲の上に起こったのである」という「提起」を「依然、議論の余地がある」(O'Brien 1997: 86)と書くのである。〔我々とは〕違ってオブライエンは、ヨーロッパの産業化の歴史にとって(イギリスの産業化の歴史にとってでさえ)、ヨーロッパにとっての「世界のパースペクティヴ」〔ブローデルの著作のタイトルを指している〕は、世界にとっての「ヨーロッパのパースペクティヴ」ほどには重要ではないと主張しているのである(O'Brien 1990: 177)。かくも深く染み付いて頑強に抵抗するヨーロッパ中心的パースペクティヴの持ち主にとっては、第四章、第六章でやり抜いたように証拠をいくら積み上げたところで、何の違いももたらさないであろう。彼らはただ、ヨーロッパの世界との関係がヨーロッパに変化をもたらすことは全くなかったが、世界の変化はすべてヨーロッパとの関係でもたらされたというヨーロッパ中心主義の主張に固執するだけであろう。

このように世界経済/世界システム的な要因の重要性を否認する背景には、ある方法論的前提がある。そしてそれはこの場合、ヨーロッパ中心的パースペクティヴの、またひとつ別の側面を示している。つまり、説明は被説明項に内的に追求すべきであるという前提である。それはそうだが、何に「内的」に、というのか。たとえばチポラは次のように自らの議論を要約している。『成長の動力』としての交易という考え方は、大体において単純化しすぎである」(Cipolla 1976: 61)。マルクス主義者も、これと同様の主張のマルクス主義版を持っている。ロバート・ブレンナーは、あらゆる場所において内的な階級関係だけが、どこにせよ資本主義の発展の唯一の説明要因であると主張している(Aston and Philpin 1985)。毛沢東は、彼の「矛盾論」の中の、有名な卵と石の警句において、同じ考え方を一般化している。外から持ってこられた熱によって、鶏にかえるのは卵の中の「内的矛盾」であって、石からかえるのではない。それは「問題となっている所与の社会」によって、そうであることもあれば、そうでないこともある。しかしながらポイントは、現実の問題は、何にせよ「所与の社会」についてではなく、世界経済とグローバル・システム全体についてであるということであり、そしてそこでは、全てが「内的」であるということである。

この「内発 vs 外発」論争によって、ヨーロッパに基礎を置く「近代世界経済／世界システム」の分析でさえも、さらに別の克服すべき障害と抵抗へと向き合うこととなった。それもまた、なにかしらヨーロッパ「近代世界システム」に「内的」なものが封建制から資本主義への移行を生み出したのであり、それからその「外部」の、その他の世界へと広がっていったのである、という議論である。私は、そうではなく、ヨーロッパおよびその「世界経済」は、ずっと前から存在していて、そのシステムとしての構造と動態がグローバルなものとなった――そして、ヨーロッパにおける多くの発展もそれによって生み出された――アフロ - ユーラシアの経済の部分である、と主張しているのである。したがって、分析を要するのは――単にヨーロッパ「世界経済」だけでなく――グローバルな世界経済の「内的」な作用なのである。

階級および階級闘争についてはどうなのか。国家を再導入せよ！　文化の入る余地をもっとよこせ！　要するに私の答えは、世界経済に階級はあるが支配階級と被支配階級の間の階級闘争は、マルクスが――史的唯物論者としての装いをやめたときに――言ったように〔歴史の〕動力がそこに属するようなものでは決してなかった、ということになる。国家および文化、そして実際階級も、世界経済および世界システムの構造と動態に従属するものとして、もっと分析される必要があるのだ。

当時生きていた九九・九九パーセントの人々は、私が世界経済／世界システムに属するといっているものを認識していなかったのは確かであるから、それが彼らの意識になんらかのインパクトを与えたということは全くありえない、と論ずる者もあるかも知れない。同意できるところと、できないところがある。まず最初に、客観的状況が主観的意識にインパクトを与える――実際それを形成する――のは、特に主体が意識的にそれに気がついていない場合にそうだということ。第二に、意識はすべてではない。また、第五章および第六章で見るように、ある客観的状況が、主体の意識にだけではなく、他の客観的状況にも影響を与えることがある。

ポストモダニストにも異議があるだろう。彼らは、明示的ならびに黙示的な用語上および概念上のヨーロッパ中心主義に対する、私の「脱構築」をありがたがってはくれるかもしれない。また植民地的発想は、アジアにおいて、およびアジアについてはたかだか最近の、しかも一時的なものであるということを証明したくだりもお気に召されるかもしれない。しかし、精神ないしは言語を通してのコミュニケーションによる認知を越えるような現実など存在しないと考えている論者たちは、一般に受け入れられた歴史記述と社会理論の誤りを示すものは史的証拠であるという私の執拗な主張に対しては反論のあるところだろう。さらに彼らは、私は想像力だけに頼って、現実にグローバルな世界経済および世界システムがそこにあるのだ、などと主張しており、ここでのその描写も私の想像力による虚構に過ぎないと論じて譲らないだろう。いくら議論をしても、証拠を積み上げてさえも、彼らが自分でそのレトリックの車を走らせて想像の木に突っ込んでいって、「それに衝突してみて」生きて帰ってそのことについて語らない限りは、決して納得しないだろう。

ここで、木々が現実にあり、世界経済および世界システムの森でさえ現実のものであると認める論者たちと向き合っておくことは、もっと意味のあることだろう。たとえば、ウォーラーステイン(Wallerstein 1974, 1980, 1989)、フランク(Frank 1978a, b)、ブローデル(Braudel 1979, 1992)、ウルフ(Wolf 1982)、ブロート(Blaut 1993a)、ステファン・サンダーソン(Sanderson 1995)、ジョージ・モデルスキーとウィリアム・トムソン(Modelski and Thompson 1996)、そしてチェイス - ダンとホール(Chase-Dunn and Hall 1997)らは、もっと役に立つような、〔森としての〕「世界」とそのローカルな経済および社会の木々への「パースペクティヴ」を提供している。さらに、彼らはみな、偏狭なヨーロッパ中心主義と対決するべく、自覚的に、より広いパースペクティヴをすでに提起しようとしてきた。しかしながら、彼らの構図は世界経済の森全体を収められるほど十分には、グローバルかつホーリズム的ではないにもかかわらず、それでもなお彼らの分析は、以前の社会理論の擁護者たちからの強力な抵抗と反撃を引き起こしたのである。それならば、それよりさらにホーリズム的にグローバルで、大多数に受け入れられた理論のテーブルをひっくり返してしまうだけでなく、それに対する上に挙げたような理論家たちの見直しをもひっくりかえしてしまうような分析は、さらにどれほどの抵抗と反撃をひきおこすのであろうか。

そのような抵抗の例は、容易にいくつか思い浮かぶ。エリック・ウルフは「歴史なき民」(Wolf 1982)にヨーロッパが与えたインパクトを他の論者が無視していると正しくも批判している。彼は、ヨーロッパの外の人々に彼ら自身の歴史があること、そしてヨーロッパの拡張が彼らにインパクトを与えたことを示している。しかしながら、彼は依然として、両者間相互のインパクトを過小に評価している。そしてまた、全てのものがともにそのなかに参加している単一の世界が、そこに参加しているものそれぞれに対してどのようなインパクトを持つのかを問うていない。さらに彼は、親族関係から貢納制をへて資本主義制に至る「生産様式」の第一次的重要性を保持して、というか復活させてしまっている。私の主張では、それによって、最も必要とされているところ――全体としての世界システム――からは、注意がそらされてしまっているのである。

ウォーラーステイン（Wallerstein 1974）は、単一の政治経済的分業の構造と変容およびそのインパクトを中心と周辺の双方同様に扱っている点で、たしかにヨーロッパという中心部と世界のその他の周辺部との相互関係を、さらに組み込んではいる。しかしながら、一七五〇年までは、世界の大半は、依然彼の「近代世界システム」の向こう側にとどまっており、その「近代世界システム」が立脚するブローデル／ウォーラーステイン的な「ヨーロッパ世界経済」の外部であったのである。ウォーラーステインのパースペクティヴでは、ヨーロッパの拡張が、アフリカ、カリブ海、両アメリカの諸部分を世界経済／世界システムに組み込んだことになる。しかしながら彼は、この経済は世界のようなものであるだけであって、世界全体を覆うようなものでは全くない、と明示的に説明している。彼の見方では、西アジア、南アジア、東アジア、けだしロシアも、一七五〇年以降になって初めて、このヨーロッパの世界経済／世界システムに組み込まれたのである。したがってウォーラーステインの「世界システム」パースペクティヴ、理論、および分析は、一七五〇年以前の世界の大部分には届いていないばかりか、かれは明示的に、東欧と地中海より東側の全ユーラシアを含む世界の大部分は、彼の言う「近代世界システム」の初期の形成にあたって、何ら重要な役割を果たしていない、と主張しているのである。

したがってもちろん、ウォーラーステインのいう非常に限定的な近代「世界」システムおよび「世界」経済の歴史と理論もまた、グローバル経済《エコノミー》と現実の世界システムを把握することを予め拒んでいるのであり、それは一七五〇年までは彼の視界の外にとどまっているのである。しかしながら、その彼の視界の外部で起こったことは、ブローデル／ウォーラーステイン流の「ヨーロッパ世界経済／世界システム」の内部の発展の決定因として高度にかかわっていたのであることは、本書の第三章、第四章、第六章で特に示すところの通りである。この現実の世界経済および世界システムにおいて、その発生、構造および機能——その変容と発展はいうまでもなく——をいささかでも研究し、理解しようとするならば、我々は総じて、第六章に呈示されるようなよりホーリズム的な理論と分析を必要とするのである。しかしながら、ウォーラーステイン (Wallerstein 1991, 1992, 1993) は、世界システム分析をそのように修正することに、すでに何度か異議を唱えている。さらに最近、「舵をしっかりと持て」(Wallerstein 1995) という論文では、あらゆる「法則定立的」、「個性記述的」および「実体化的」な歴史の見直し——特に私のもの——に対して激しい非難を浴びせている。

ブロート (Blaut 1992, 1993a) でさえ、「ヨーロッパの奇跡」の虚偽を暴露し、一五〇〇年において、ヨーロッパ人は、アジア人に対して、なんら固有に優位なものを持ってはいなかったと主張しているにもかかわらず、世界経済の発展とその継続をホーリズム的に分析することには抵抗している。他にも長期的、ユーラシア的な歴史のパースペクティヴを持っていながら、やはり〔ホーリズム的分析に〕抵抗する論者はいる。そのなかには、サンダーソン (Sanderson 1995) による日本とイギリスとの比較や、モデルスキーとトムソン (Modelski and Thompson 1996) による宋代にまでさかのぼるコンドラチェフ波の発見（第五章で論ずる）や、チェイス - ダンとホール (Chase-Dunn and Hall 1997) による過去一万年以上の間のさまざまな「世界システム」の〔蓄積〕様式の分析も含まれる。またしかし彼らはみな、一五〇〇年頃の世界に歴史のするどい「断絶」が起こったと執拗に主張している。しかもそれは、単にヨーロッパ人が両アメリカやオリエントへの新航路を一四九二年や一四九八年に見つけたからというだけでなく、それよりもまず、ヨーロッパでの資本主義の発展とそこからの資本主義の拡散が始まったからなのである。第二章および第四章では、豊富な証拠によって、かつて私も共有していたこのような立場の基礎そのものを、いまや疑問に付す。

社会「科学」に属する他の同僚や友人たちもまた、ホーリズムを率直に認めているような場合でさえ、全体を見ることにしり込みしている。最も率直にホーリズムを認めているのは、サミール・アミンとジョヴァンニ・アリギである。私とウォーラーステインとは、彼らと二冊共著をものしたこともある (Amin et al. 1982, 1990)。ウォーラーステイン同様、アミンとアリギも、彼らなりの近代世界のジグソー・パズルを中心から外側へ向って組み上げ始めている。そして彼らもまた、その「中心」としてヨーロッパを選び続けているのである。彼らはヨーロッパ中心主義は拒否している。アリギが東アジアへ向けた関心を高めている一方、アミンにいたっては、自著に『ヨーロッパ中心主義』(Amin 1989) というタイトルをつけてそれを非難している。しかしながら、両者はともに依然として、近世の歴史の検討をヨーロッパから始めている。そこが「資本主義」の始まった場所だからである。ウォーラーステイン (Wallerstein 1991) 同様、アミンも私のテーゼに対する批判を書いており (Amin 1991, 1993, 1996)、そのかわりに、一五〇〇年頃の世界に鋭い歴史的断絶が——ヨーロッパで——起こったという、正統的な主張を擁護している。それ以前には、(ウォーラーステイン言うところの)「世界帝国」だけが、(アミンおよびウルフ〔Wolf 1982〕言うところの)「貢納的生産様式」を基礎として、生産と分配が行なわれていた、というのである。その後に、「資本主義的生産様式」の発展とそのヨーロッパからの拡散がやってくる。アリギ (Arrighi 1996, Arrighi, Hamashita, and Selden 1996) は確かに、中国および東アジアに、より多くの重要性があると考えている。しかしそれでもまだアリギは、彼の『長い二十世紀』(Arrighi 1994) において、「資本主義世界経済」の発展および、その金融上の諸制度の技術革新が、イタリアの都市国家で始まったと主張して、それを追跡している。

このように、一般に受け入れられたヨーロッパ中心的な社会理論を最も厳しく批判する論者でさえ、ヨーロッパ中心主義の刻印を受けており、それに限界づけられている。そのなかには、「西洋の勃興」おいて、より広い世界が、一般にうけいれられた理論内で言えるよりもずっと大きな役割を果たしたと説得的に論じている者も含まれる。もうひとつ鮮やかな例をあげるなら、アラン・スミスだろう。彼の『世界経済の創造』(Smith 1991) は、ウェーバーならびに、ノースとトマス、ロストウやジョーンズからウルフやウォーラーステインさらに私まで含む札つきのいつもの顔ぶれが、ヨーロッパの外の「より広い世界」の役割を、無視し、切りつめ、不正に扱っていると告発することから始まっている。しかしスミスは、そのより広い世界の歴史については第二章で簡単に見るだけで、すぐに第三章で自分の分析にかえってしまう。そして、それはまたしても、ヨーロッパ中世から始まっているのである。彼は、「持続的な成長を可能にした技術」のおかげで「着実な進歩」に至った――すべてヨーロッパにおける、そしてヨーロッパからの――社会と政治体の「直系の流れ」をたどって、紀元一五〇〇年にたどり着くのである (Smith 1991: 67, 5)。以下その本の残りはまるごと、ヨーロッパおよびその資本主義への移行、海外拡張、および世界経済における「周辺と従属」に紙幅を割いている。「世界経済の創造」とヨーロッパにおける「資本主義」誕生とそのそこからの拡散を探求している以上、スミスはまた、次のように主張しなければならない。

世界の多くの地域は依然、新しいシステムの外部にとどまり続けた。東アフリカ、インド、セイロン、インドネシア、東南アジア、中国、日本および中東はすべて、この〔新しいシステムの外部という〕カテゴリーに含まれる。……というのも商業関係への参加は、自由裁量で行なわれており、ここの社会形成の構造に継続的なインパクトをほとんど与えていなかったように思われるからである。……国際交易の役割を過大評価して、遠隔地間の実体的な結びつきを捏造すべきではない。……〔統合の社会的過程は〕……ヨーロッパにおいてのみ、実現へ向ったのである。(Smith 1991: 7, 11)

かく古く変わらぬヨーロッパ中心主義の連祷を唱えたところで、(スミスの適切なるタイトルをもじれば)「世界経済を創造」する構造も、過程も、その諸力も見出されることは決してない、というのはもちろんである。彼がその欠陥を批判している全ての論者と全く同様、一九九一年のスミスには、十九世紀に立てられた頃の薄暗いヨーロッパの街灯に照らされたものから先など、依然なにも見えてはいないのである。対照的に、一七七六年のアダム・スミスは、『国富論』で、ずっとさらに遠くへ彼の探求を進めている。特に第三章、第六章で見るように、レオポルト・フォン・ランケの言ったように「それが本当にそうであったがままに」――"wie es eigentlich gewesen ist"――はるかに莫大なものを我々に呈示している。

かく見ると、一五〇〇年にせよ何年にせよ、近代世界経済および世界システムがヨーロッパで発展したという聖歌の朗唱は、現実の世界を見ることに対して抵抗をやめぬ、ひとりひとり全ての者の背後に敷かれたマジノ防御線を成しているようである。本書は、その防御線をすりぬけるエンドランをかけようとしているのである。私が一五〇〇年よりもずっと前に始まる世界システムを呈示するテーゼを打ち出そうとしたとき、ウォーラーステインはかたじけなくも、彼が編集する雑誌に、その論文（Frank 1990a）を掲載してくれたし、さらにその補足・発展をなす論文（Gills and Frank 1992）も掲載してくれた。彼自身は、一五〇〇年という神聖不可侵の分割線を常に堅持している（Wallerstein 1993, 1995, 1996a）にもかかわらず、である。しかしながら、ウルフ（Wolf 1982）によればその分割線は一八〇〇年であるし、マルクスおよびその他多くの論者にとっては、一六〇〇年と一八〇〇年の間のどこかであるし、ブローデル（Braudel 1992）によれば、それは一一〇〇年と一六〇〇年の間ずっとにわたってであるし、チェイス‐ダンとホール（Chase-Dunn and Hall 1997）は、ヨーロッパおよび西洋の勃興は、二〇〇〇年以上のユーラシアの発展の部分として理解されなければならないと強く主張している。しかしそれにもかかわらず、彼らも依然、一五〇〇年以来の近代を、資本主義への新しい出発点と見なしており、それはヨーロッパにおいて、そしてヨーロッパによって始められたのである。大部分ウォーラーステインが書いた、グルベンキアン委員会報告書の『社会科学をひらく』（Wallerstein 1996b）は、十九世紀、二十世紀の西洋社会科学が持っているヨーロッパ中心的な偽の「普遍主義」を非難している（本章冒頭二つ目のエピグラフ参照）。しかしながら、二十一世紀の準備のために、社会科学の基礎を再考しようという、この差し迫ったよびかけもやはり、資本主義がヨーロッパにその起源と中心を持ち、すべてはそれに従っているという、神聖不可侵にみえる主張の檻を揺すぶることさえないのである。

しかしながら、もし世界が丸いということがわかっているなら、ヨーロッパは、中心と定められるべき場所としてはおかしいということになる。すると控えめに言っても、そこにあるせよ、どこにあるせよ、「資本主義」の始まりの重要性は、ますます曖昧なものとなる。上に見た全ての十九世紀および二十世紀の社会理論家および歴史家は、近世史の検討を、間違ったところから始めている。彼らはみな、ヨーロッパの街灯の下だけをみているのである。しかも、その明かりは、ヨーロッパが世界のその他の部分を「組み込む」のに応じて、彼らがその「拡張」を検討しようとヨーロッパの外へ研究を踏み出すにつれ、一層薄暗いものになっていく。ヨーロッパの街灯の柱から遠く離れれば離れるほど、彼らに見えるものはますます少なくなるのである。それがゆえに、ウォーラーステインその他多くの論者にとって、アジアは一七五〇年まで「世界経済／世界システム」の外部にあり続け、その後に初めて「組み込まれた」ことになるのである。

本書全体、そして特に第四章と第七章では、一五〇〇年以前の時期についての私とギルズ（Frank and Gills 1993）の再解釈はまた、一五〇〇年以降の時期についての一般的に受け入れられた解釈の上に長い影を落としていると強く主張している。今ある近代の世界史は、喫緊に再解釈される必要があるのだ。アジア経済および世界経済の証拠を、ヨーロッパ中心的ではない――少なくとも、よりましな――光にあてて検討すれば、全く異なった像が浮んでこよう。第四章では、アジアが一七五〇年よりずっと前に、すでにグローバル経済《エコノミー》の中で輝きを放っており、一七五〇年の時点においてさえ、ヨーロッパを凌駕する輝きを放っていたことを示す。事実、文化的にはいうまでもなく、経済的にも、当時依然周縁的であった［ヨーロッパという］最果ての地（そこに立つ標柱は、街灯の柱などではない！）から、どこにせよアジアにもたらされたものより、はるかに多くのものがアジアからヨーロッパにもたらされ、そこを照らしたのである。

どのようなものであれ、単なるヨーロッパ「世界経済」や「近代世界システム」を越える射程をもったホーリズム的分析に対する、これらすべての実際上の障害、理論的抵抗、イデオロギー的反撃のさらに上を行って、理論的原則として全面的に、いかなるホーリズムをも拒否するものもまた見受けられる。ジョン・R・ホールの立場は、そこに属する。

ホールは「フランクは一貫して、ある一方向のみの決定関係の線を追いかけている。すなわち全体から部分へという方向で」あり、「するとと近代世界システムはホーリズムの前提を通じて理解され、それによって全体性が、部分と全体との関係のみならず部分の性質をも決定することになる」と、正しくも述べている（Hall 1984: 46, 60）。

その後の著作では、ホールは、自分の理論的原則を応用するようになり、ホーリズムの拒否は、さらに具体的に実践となった。まずホールは次のように書いている。

> 私の批判は、ホーリズムの前提は資本主義世界経済の出現を誤読するものであるというものであった。……それに代わる一つの道は、予めいかなる個別の説明をも特権化することなく、分析的な歴史記述へ向うネオ・ウェーバー主義的アプローチをとって、歴史貫通的な理論の探求を放棄することである。……ネオ・ウェーバー主義的アプローチは、なんらかの第一動因――唯物論的であれ、観念論的であれ、その他なんであれ――に基礎付けられた普遍的な歴史の鋳型に、諸事件を固め込んでしまうようなホーリズムと必然論に基礎をもつ理論と対決している。
>
> (Hall 1991: 58, 59, 60)

ところまで来て、次のように誤った主張をなすのである。

本分析は……世界システム分析の中にあるホーリズムの前提が史的変化を説明するうえで適切ではないということを示すものである。……歴史の最高理論としての世界システム理論〔の魅力〕は……いくつかの理由で、根拠を欠いている。第一に、普遍主義的歴史なるものが、適切であることが、そうはないということ。……第二に、それは不必要に歴史記述の課題を狭めてしまうということ。第三にそれは、歴史的探求の方法論的問題と向き合っていないということである。(Hall 1991: 83, 82)

私のホーリズム的手続きについてのホールの経験的な観察が、私に面目を施してくれている一方で、彼の「世界システム」批判は、なにひとつ全く根拠がない。もちろん実際には、普遍主義、ホーリズムおよび現実の世界システム理論は、まさに歴史記述の課題を拡大するという方法論的問題に向き合っている。それは、本書でもそうしなければならなかった通りである。なぜと言うに、ここまで理論的に論じ、以下歴史的分析を通じて経験的に示すように、一般にうけいれられた歴史記述と社会理論は、地球とその歴史の全体性を否定する場合はいうまでもなく、大体において忌避しているという点で、これまで十分にホーリズム的だとはとても言えなかったからである。ホールによるホーリズムの拒絶において唯一、我々が同意しなければならないのは、「一度ホーリズムが放棄されれば、世界システム理論が歴史の最高理論であるという保証は、もはや力を失ってしまう」(Hall 1991: 83) ということである。けだし、ここでホールは、彼が批判している理論の事実上の限界に指をかけているのであるが、理論という風呂水と一緒に、歴史という赤ん坊まで捨て去ってしまっては、意味がないのだ。反対に、この点では正しい彼の観察こそがまさに、我々が自らの歴史記述と社会理論とをさらによりホーリズム的に、グローバルな全体に十分届くところまで拡げなければならない、その理由を指している。というのも、ホール自身が正しくも述べているように、「全体性は、部分と全体との関係だけでなく、諸部分の性質をも決定する」からである。したがって、ホーリズム的理論が、実践上困難であるが、同様に必要でもあるのは、ホールによる原則的で頑迷な理論的拒絶だけでなく、まさに他の多くの論者が実際上、このホーリズムを無視していることによるのである。それは、ベアロック、オブライエン、およびホールによるウォーラーステイン、私への批判から、ウォーラーステイン自身および彼の「世界システム」論に従う論者たちに至るまで、対立に〔大きな〕幅があるからというわけでは、いささかもない。

他に、最近および現在の論者の中には、このような問題場に取り組み、光をあてていて、ここで特別に名を挙げておくに値する者が何人かある。部分的に異なる方法でたどり着いたとはいえ、これらの論者と私の議論とをつなぎ合わせることで、互いの議論を強化することになる。それらの論者の中にはアジア人が何人かおり、アジアにおけるグローバルな場所についての研究をしているフィリピンのジョージ・アシニエロや、そのインドおよびインド洋についての研究をしているK・N・チャウデュリらがそこに含まれる。彼の初期の研究（Chaudhuri 1978, 1985）は、本書でも以下しばしば引用したし、また彼自身の『ヨーロッパ以前のアジア』（Chaudhuri 1990a）においても用いられている。ビン・ウォン（Wong 1997）は、ヨーロッパと中国の新しい比較を通じて産業革命を検討している。日本の浜下武志と池田哲は、東アジアにおける中国中心的な地域《リージョナル》経済を見ている。この二人の著作は第二章で広範に引用した。アリギ、浜下およびセルデン（Arrighi, Hamashita and Selden 1996）は、この東アジア経済の発展を過去五〇〇年間にわたって研究することを提起している。しかしながら、三人とも世界経済全体に取り掛かってはいない。デニス・フリンとその共著者であるアルトゥーロ・ジラルデスとは、たしかに世界経済の分析をしているのだが、彼らは自分たちの分析を、グローバルな銀市場（その分析は、第三章でしばしば引用した）

に限ってしまっている。しかしながら彼らはまた、中国の世界経済上の重要性を予感させている。

世界経済のパースペクティヴからすると、さらに二人の論者の著作が特筆される。フランク・パーリンの著作は、第二章で交易について、第三章で貨幣について、第四章で市場制度について繰り返し引用したが、彼のインド経済分析には、真にグローバルなパースペクティヴが適用されている。しかしながら彼は、その同じ分析のパースペクティヴを全体としての世界経済上で実らせることには、尻ごみしているように見受けられる。最後に、私の知る限り、私以外にたった一人、私と同様グローバルなパースペクティヴを一八〇〇年以前の世界経済およびその中での中国の重要性の発展と産業的変容に持ち込んで実りをあげた学者として、ケン・ポメランツが特にその名を挙げておくに値する。私が本書の原稿を、この序章も含めて全部用意した後で、彼は親切にも、彼が書き進めていた草稿を私に見せてくれた。その草稿では、彼は技術的、制度的、経済的、生態学的に、中国とヨーロッパとを比較し、中国の優位を示している。その比較については、いくつか私の原稿にも後から引用させてもらった。ポメランツと私は並行した手続きをたどって、ヨーロッパの発展は、それがその中で起こったグローバルな現実の世界の文脈で検討されることが重要であるという点で、同じ結論に到ったのである。

そこからしたがって我々は——従来的な知識に抗するたった二人のマイノリティとして——これらの発展は、何世紀かにわたって、ヨーロッパ（内）で社会文化的に準備されてきた結果でも、まして経済的に準備されてきた結果でもなく、むしろ第一には、ヨーロッパおよび世界の事情が遅れて全く突然に屈折し、異なる方向へ進んでしまっただけの、その結果であるという点でも同意している。これらのなかで、ポメランツは、生態学的／経済的制約、誘因、可能性について、より多く、またより良い分析をほどこしている。彼はこれらが、金銀だけでなく、現実の財が両アメリカの植民地からヨーロッパによって強制的に引き出されることで、いかにして生まれたかを示している。もちろん私も、そのことは認識している。しかし私は、ヨーロッパがアジアとの関係から派生的に獲得した利益をさらに強調する。この点については、これまで比較的に関心が払われてこなかったからである。シング・チュウ（Chew 1997および同近刊）も、グローバルな視野で生態学的な経済史をおこなっているが、それでもポメランツと同様、全体としての世界経済を分析しようとすることには踏み出さないでいる。さらに私は（第五章で）、ジョゼフ・フレッチャー（Fletcher 1985, 1995）の言う「横に統合した歴史」に対して、彼らよりも多くの労力を割いた。そこでは、世界経済のなかで同期的に起こった出来事および過程が、グローバルなレベルで検討され、関係づけられる。

本書はそうすることで、ホーリズム的でグローバルなパースペクティヴを多くの人が用いていないせいで、我々は偏狭な見方に閉じこもってしまっているばかりか、グローバルな構図に収めることができないために、それぞれの地域や部門さらにそれぞれの時期でわかったこともすべて深刻に歪められてしまっていると論ずる。またそれを証明したいと私は思っている。〔視野の〕偏狭さから抜け出そうとか、部分、特に誤った位置づけにある部分から始めて、グローバルな全体における構造と過程にまでたどりつこうなどという試みも〔結局〕そうであった。それが、ヨーロッパに始まり、そこから外へ向って機能した、一般に受け入れられたヨーロッパ中心的な歴史記述と社会理論の原罪なのである。同じ手続きと偏狭さは、ゴードン・ウッドが『ニューヨーク・レヴュー・オヴ・ブックス』で指摘したように、「アメリカ」史家たちの間に広まっている「例外主義……および固有性についての誇張された感覚」（Wood 1997: 51）にさらに特徴的である。最近それが「視野を広げて」「合衆国の歴史を環大西洋全体の背景の中に位置づけよう」としていてさえ、依然として、それは「大西洋文明」という考え方に限定されているのである。さらに、ウッドも彼が書評をしている他の歴史家たちも、「さまざまな大学で合同して比較研究のコースを教えるのを増やす」とか「西半球の二つの大陸における諸発展を比較する研究を出版する」などという程度の処方箋しか思い付かないのである。

本書は、この手続きを転覆し、代わりに世界全体から内側へむかって研究を進める。あるいは少なくとも、交易から、貨幣、人口、生産と世界規模で始めていって、地球をぐるりと一周研究していくことから、本書は始まる。第五章と第六章は、よりホーリズム的なグローバルな過程の概念化と分析を提起している。そこには、ヨーロッパおよびアメリカにおける諸過程が含まれている。そうして、我々は第七章の結論と意義づけにいたる。それは一般に受けいれられたヨーロッパ中心的な社会理論とは全く異なるものである。それによって、ヨーロッパ中心的な社会理論は逆さまにされてしまうだろうが。いやしかし、むしろそれが正しい方向なのだ！

2

グローバルな交易の回転木馬《メリーゴーラウンド》、一四〇〇〜一八〇〇年

「世界の経済的統合」は、それがオンラインで瞬時に結び付けられている市場の時代にあって、より明らかである今日においてと同様に、何世紀も前の生活の組織立てにおいても、重要な事実であった。……主要な変化とは、統合の形態に移行が生じたことであって、普通言われているように、統合が生じたことそのものではない。……世界の歴史は、地方単位で構成された小さな閉域から、ますます統合され、均質化されていく世界へといった動きで規定されるべきではない。……「多様な文化」が普遍主義的な諸力の生成によって「浸透」されるという従来的な考え方は、根本において間違っている。……九世紀や十世紀にせよ、十二世紀や十三世紀にせよ、はたまた十七世紀や十八世紀にせよ、世界は常に、その相互結合において複雑であったのである。……中世から近世へ連続した一つの時代においては、単一の中心というものは存在せず、統合に影響を与える源泉として理解されるべき、特定の中心などというものは、いくらもなかったのである。そうではなくむしろ、その性格は、多産な多中心性にあったのである。

フランク・パーリン(Frank Perlin 1994: 98, 102, 104, 106)

世界経済への序説

本書の中心的テーゼは、一般に疑問視されていたり、否定されたりしているのに反して、一五〇〇年このかた、世界規模の分業と多角的な交易関係を備えた単一のグローバルな世界経済が存在した、というものである。この世界経済は一〇〇〇年以上前に遡ってアフロ‐ユーラシア的なルーツを有する固有の特徴とダイナミズムをもつシステムとして同定することができるものである。十字軍以来ずっとヨーロッパ人たちが、経済的に支配的であったアジアへのアクセスをより大きなものにしようとしてきた、その動機をなしたのが、この世界政治経済の構造とそのダイナミズムなのである。同じくこのアジアの磁場に引き付けられて、一四九二年のコロンブスの航海は、「地理上の発見」に至り、以後西半球の「新」世界が旧世界の経済とシステムに組み込まれたのであり、一四九八年のヴァスコ・ダ・ガマのアフリカ周航がより緊密なヨーロッパ‐アジア関係へとつながっていったのである。北アメリカを周って、かつ/あるいは通って行く、北西航路経由の中国への代替ルートが――および北極海を通って東へ行くルートも――以後数世紀にわたって熱心に探索されつづけた。

世界経済は、少なくとも三世紀の間にわたって、一八〇〇年頃に至るまで、アジア人によって支配され続けていた。両アメリカ大陸との新しい関係を築き、それはアジアとの関係の強化にも使われたにもかかわらず、ヨーロッパは、相対的にも絶対的にも、世界経済において周縁的でありつづけた。実際、ヨーロッパが世界市場への参加を、なかなか深めることはできなかったとはいえ、広げることができたのは、アメリカの貨幣を新しく継続的に手にすることができるようになったから、という以外にはほとんど理由がないのである。生産および商業といった経済活動の拡大、そしてそれに基づく人口成長も、少なくとも一七五〇年に至るまでは、ヨーロッパよりもアジアにおいて、より急速かつ大規模でありつづけていたのである。このことは、本章ならびに続く二つの章において、示していく。

本章では、地球をグルリと回っていく世界交易の関係と金融の流れのパターンの概略を地域《リージョン》ごとに描いていく。これらグローバルな経済関係の構造と作用を検討することで、近世期における世界市場の存在が証明されよう。不合理な疑義でなければ、その存在を疑う声はもはや出ないであろう。私がこの論点にこだわるのは、近世期を専門とする他の論者たちの実に多くが、この世界経済の存在を無視したり、しばしば否定しさえして、それが当たり前のようになっているのに対し、反論しようとしているからである。けだし近年、世界経済は今日初めて「グローバリゼーション」という経験をしているのだなどという主張が流行である。さらに、近世の世界市場およびその基礎にある分業の無視どころか、明示的な否定が、依然として、ブローデルのいう「ヨーロッパ世界経済」、ウォーラーステインとその多くの弟子たちのいう「近代世界システム」についての多くの歴史研究および社会科学理論の誤った基礎となっているのである。第一章で引いたオブライエンのような悪意ある、その批判者たちについてはいうまでもない。

生産および貿易の地域《リージョン》間競争に基礎をおく、一五〇〇～一八〇〇年にかけての世界交易の「間大陸モデル」は、フレデリック・マウロ (Mauro 1961) によって提起されている。しかしながら、それがもっと早くから存在していたことはダドリー・ノースによって一六九一年にすでに主張されている。「交易に関しては、世界は全体でひとつの国民 (Nation) ないしは人民 (People) をなしており、そのなかでは、諸国民はひとりひとりの人なのである」(Cipolla 1974: 451に引用)。さらに、この世界市場およびそれを通じた貨幣の流れによって、産業部門ごと、および産業部門間の分業、そして地域的《リージョナル》分業が可能となり、競争が発生し、それがまた地球全体に広がって、相互結合をすすめていったのである。

> 記録によれば、たとえば、東インドの織物とヨーロッパの織物のような相互に代替可能な諸産品間や、例えばジャヴァやベンガルの砂糖、マデイラやサン・トメの砂糖およびブラジルや西インドの砂糖のような似たような気候の様々な地域からの同一産品の間、またタバコの場合のように異なる気候の諸地域からの同一産品間に……競争は存在した。中国、ペルシアおよびイタリアの絹、日本、ハンガリー、スウェーデンおよび西インドの銅、アジア、アフリカおよびアメリカの香辛料、モカ、ジャヴァおよび西インドのコーヒー、これらの全ては競争していたのである。……しかしながら、もっともよいバロメーターは、アムステルダムの商品取引価格に現れている。
>
> (Cipolla 1974: 451)

チポラが挙げているアムステルダムが、最良の市場価格のバロメーターである時もあったかもしれないが、だからといって気候を測るメーターと気候そのものや経済および金融の空模様の高下そのものとを混同すべきではない。それら自体は世界規模のものだからである。もちろん、競争的でもあり、補完的ないしは補償的でもあるグローバルな地域《リージョン》間分業および地域《リージョン》内分業は、チポラが挙げた少数の例をはるかに越えている。たとえばレネ・バレンドセは、アラビア海および、そこや他の場所でオランダ東アジア会社の働きについて次のように述べている。

> 生産は、労働コストが最も低いところに集中化された。輸送コストの低さが第一に重要なのではなく、この労働コストの低さがコストの比較優位によるアジア市場とアメリカ市場との接近の理由なのである——重商主義に伴ういかなる制約にもかかわらず、である。また別に、インディゴ、絹、砂糖、真珠、綿花、後に

はコーヒー――十七世紀後期のアラビア海において最も利益率の高い諸商品――のようなインド、アラブおよびペルシアの産品が、他の地域で生産された商品によって代替されたケースがある。他の地域というのは、一般に、アメリカの植民地のことである。このグローバルな生産物代替の過程によって一六八〇年までには、アラビア海のヨーロッパとの中継貿易は、消滅したか、衰退途上におかれた。これは、コーヒー貿易の勃興によって短期間緩和されることになったが、ペルシア湾、紅海およびインド西岸部を結ぶ商業の停滞をかえって長引かせることになったのである。また、このような中継貿易の衰退は、アラビア海の中での内部交易によって緩和されたが、中東は、インドからの輸入代金を、地中海で穀物や羊毛のような日常物資を売ることによって払わなければならなかった。不安定な収支は……オスマン帝国とサファヴィー朝の通貨の両方にインフレを引き起こした。 (Barendse 1997: chap. 1)

本章では、このように地球をグルリとめぐる世界市場の諸関係および、その基礎となる分業、さらにその結果としての貿易収支の（アン）バランスの概略を示し、その図解のために地図を付す。

本章の「地域《リージョン》ごとの」説明では、諸作物の組み合わせやその選択の変化、ないしは「手付かずの」森林が耕作地になってしまったり、さらに特定の製造業が選択されたりすることが、それら全ての商業化までふくめて、いかにローカルな誘因および必要性に対応するものであったかを示す。また、いかにそのような変化が、ベンガルのジャングルをなぎはらい、南中国の森林を焼失させたかについて、本章および続く各章で述べる。結果として、土地、米、砂糖、絹、銀および労働が互いに交換され、また当時東南アジアから輸入されていた材木および木材産品とも交換された。しかしながら本書はまた、これらのローカルな、および地域的な誘因の多くが、いかに地域《リージョン》規模および間地域《リージョン》規模の市場の諸力によって媒介されていたか、についても述べる。これらの多くは同様に、地球の裏側で起こっている競争的かつ補完的な諸活動からも発していたのである。事実、このような〔地域《リージョン》／間地域《リージョン》規模の〕圧力は、東回りと西回りの両方向から地球を半周ずつ同時に伝わってきて、たとえばインドや中国の村落で、出会うということもあった。しかも、圧力の伝わる方向は、東西方向に付け加えてさらに南北方向にもあったのである。もちろん、第六章でも強調するように、両アメリカ大陸からの砂糖の輸入とアジアからの絹・木綿の輸入によって、ヨーロッパ各地での食料および羊毛の生産は補完され、森林および耕作地は解放されたのである。したがって、「羊が人を食」い、人がともかくも食べていけた、その度合も世界市場の関数だったのである。

　このグローバルな市場の車輪の回転の潤滑油となっているのが、世界規模での銀の流通である。第三章と第六章では、ヨーロッパ人がこの拡大する世界市場にやっとのこと参加できたのも、ひとえに新たに発見された銀の入手先があったからだ、という事情を明らかにする。特に銀貨幣の生産と流通とが、地球をかけめぐる生産と流通にどのように刺激を与え、それを拡大していったか、それをより詳しく見るのは第三章の作業としよう。異なる貨幣およびその他の支払手段相互間、およびそれらと諸商品との間の仲買交換を通じて、全ての財の世界市場が、いかに円滑に機能していたか、については、その章で示す。無論このような交易は全てひとえに、貨幣および／あるいは金、銀、銅、錫、貝殻、銭貨、紙幣、手形、その他の信用形態といった共通して受け入れられた形式が存在したおかげによるものである。これら〔の交換形態〕は、一千年間にわたって、アフロ - ユーラシアを横断し、また周回して、（またいくつかの報告によれば、特に中国と西半球との間では、太平洋を横断しても）流通し続けてきたものである。それにもかかわらず、この旧世界経済への両アメリカ大陸の新世界の組み込みと、それがもたらした世界の貨幣ストックおよびフローが、十六世紀このかたの経済活動および交易をさらに加速するものであったことは、まちがいないことである。

十三、十四世紀の前提

近世の世界史について、非ヨーロッパ中心的なオルタナティヴを提起する著作が、最近二つ出た。ジャネット・アブ‐ルゴッドの『ヨーロッパのヘゲモニー以前——一二五〇〜一三五〇年の世界システム』(Abu-Lughod 1989) とK・N・チャウデュリの『ヨーロッパ以前のアジア』(K. N. Chaudhuri 1990a) である。チャウデュリの本は、その主題について一七五〇年までを丹念に調べたものである。アブ‐ルゴッドは、本書の分析にとってとりわけ好適な出発点を提供してくれている。十三世紀に単一のアフロ‐ユーラシア世界システムおよび分業が存在しており、その中に互いにリンクした八つの都市中心的地域《リージョン》が統合されていたというのが、彼女の議論である。この相互にリンクした八つの地域《リージョン》は、互いに関係づけられ、かみ合わされた三つのサブシステムにカテゴリー分けされている。即ち、①ヨーロッパのサブシステム。シャンパーニュの大市やフランドルの工業地帯、ジェノヴァやヴェネツィアといった商業地域がここに含まれる。②中東中心部とモンゴル・アジアを横断する東西交通路。バグダッド・ペルシア湾経由およびカイロ・紅海経由がある。③インド洋‐東アジアのサブシステム。インド、東南アジア、中国がここに入る。これら諸サブシステムの繁栄と衰退の主要因は、十四世紀半ばの危機およびペストの流行を含めて、それらのサブシステムすべてに共有されていたものなのである。

ヨーロッパは、「成り上がり者であり」、アジアで「進行中の過程からすれば、周辺的」なものであったので、「十分早くにスタートを切ることができなかったことの……結果として、西洋の勃興の因果関係は、切りつめられ、歪められた形で説明されたのである」とアブ‐ルゴッドは、正しく強調している (Abu-Lughod 1989: 9, 17)。実際彼女は、十二、十三世紀のヨーロッパ自身の発展は、少なくとも部分的には、十字軍によって生み出されつつあった東地中海との交易に頼るものであったと見なしている。したがって、もし「オリエント」の豊かさがなかったとしたら、その発展は起こり得なかったか、あるいは実りのないものになっていたであろう。けだし、ヴェネツィアそしてジェノヴァの交易、産業および富は、まず第一に彼らが担ったヨーロッパと東洋との仲買業者としての役割に負うものであったのであり、イタリアの諸都市は、暗黒時代の最中にも、その役割のいくつかを保持し続けていたのである。紀元一〇〇〇年以降の経済の復活の時期の間に、両都市は、あたう限りアジア交易およびその豊かさに手を伸ばそうとした。事実ジェノアには、一二九一年にアフリカの周りをまわってアジアへたどり着こうという試みがあったのである。

しかしそれは成功せず、ヨーロッパからアジアへは、東地中海を起点とする三つの主要なルートで間に合わせなければならなかった。すなわち、黒海を通っていく北ルート。これはジェノア人によって支配されていた。およびペルシア湾経由の中央ルート。これはバグダッドの支配下にあった。そして、その代替として紅海を通る南ルート。これは、カイロおよびその経済的パートナーであったヴェニスに活気を与えた。中央ルートは、チンギス・ハーンおよびその後継者たちに率いられたモンゴルの膨張によって、一二五八年のバグダッド陥落以降、その衰退が決定的となり、南ルートが有利になったのである。それからさらに、モンゴルは黒海から北ルートを支配下に収め、サマルカンドのような都市を通って、中央アジアを横断するルートを使うように奨めた。サマルカンドは、モンゴルの保護下で繁栄を遂げた。しかしながら、これら全ての交易ルートは、十三世紀半ばから十四世紀末にかけての長期にわたる世界経済の退潮によって打撃をうけた。ペストの流行は、その原因というよりむしろ結果である（Gills and Frank 1992; Frank and Gills 1993も）。だが、このような交易、生産および収入の成長と退潮の経済的な決定要因は、はるか東方、南アジア、東南アジアそして東アジアにまで広がって存在するものであった。以下に述べるように、経済の長期波動の再上昇は、一四〇〇年頃に再び、それら東方の地で始まったのである。

しかし、アブ－ルゴッド（Abu-Lughod 1989）の解釈によれば、この世界システムは、それ以前の一二五〇年から一三五〇年の間にその絶頂を経験し、その後、衰退して（ほぼ）消滅し、それから十六世紀に南部および西部ヨーロッパにおいて復活したのだという。彼女の言葉を借りれば、「決定的に重要なのは、『東洋の没落』が『西洋の勃興』に先行していたという事実である」(Abu-Lughod 1989: 388) ということである。彼女のこの言明には同意せざるをえないが、それがいつ起こったか、についてまで同意することはできないし、単一の世界経済および世界システムにおいて十三世紀と十六世紀の間に連続性はないという彼女の主張にも同意できない。私は、同じシステムがどこか別の場所で「再構築」されたのではなく、別の「システム」がその「代用」になったのだ、というアブ‐ルゴッドの解釈に批判を著わした (Frank 1987, 1991a, 1992, Frank and Gills 1993)。また彼女もそれに応答を行なった (Frank and Gills 1993)。となれば、いまや我々は、アブ‐ルゴッドの説明が終わっている一四〇〇年頃のグローバルな世界経済および世界システムの検討を引き継いでもよい頃合いであろう。

世界経済は、圧倒的にアジアに基礎を置いていた。ヴェネツィアやジェノヴァの経済企業もしかりであり、その成功の基礎もやはりアジアにあった。両都市はともに、アジアの豊かさと、まさにそれを求めるヨーロッパの需要との間に立って媒介する立場から、その富を引き出していたからである。黒海からレヴァントを経由してエジプトへ至る、アジア交易の西の終点にあたる西アジアでの彼らの交易は、大西洋へのヨーロッパの拡大の先駆けでもあったのである。その拡大は最終的に、そこから下ってアフリカを周航してインドへ、およびそこを横切って両アメリカ大陸へ至ったが、それらはともにアジアを目指していたのである。一四九二年のコロンブスの航海および一四九八年のヴァスコ・ダ・ガマの航海の理由については、長い間論争が戦わされている。これらの出来事は偶発事ではない。結局のところコロンブスは、東アジアの市場と黄金を求めて行ったがゆえに、アメリカを「発見」したのである。地金不足の昂進と、その結果としてのアフロ‐ユーラシア世界市場での金価格の上昇が、あのような事業を、魅力的で潜在的に利益の上がりそうな（そして実際そうなったわけであるが）ものにしたのである。マネタリストを自認するジョン・デイは、次のように書いている。

〔香辛料の不足の〕問題は、長い目で見れば、自ずと解決する問題であった。ストックの収縮の論理的帰結でもあるわけだが、地金価格の上昇は、ヨーロッパ中の貴金属試掘熱の高まり、ならびに究極的には成功した採掘・精錬に関する新技術の探求の原因となった。そしてこの十五世紀の強烈な「黄金熱」こそが、「〔地理上の〕大発見」の背後にあったその推進力だったのである。それは近代のあけぼのにおいて、貨幣に飢えたヨーロッパ経済をアメリカの財宝もろとも呑み込んで終息したのである。(Day 1987: 63)

さらにまた、イベリア諸国が獲得したその財宝へのアクセスが、しばしば触れ回られたムスリムの拡張やオスマン帝国の進出、およびその一四五三年のコンスタンチノープル占領によって阻まれたというのも、今日よく主張されるほどではなかった。おそらく、より重要なのは、ヴェネツィアとジェノヴァの間で演じられた東地中海を抜ける交易ルートをめぐる競争、ジェノヴァがイベリア諸国にもった利害関心、およびエジプト経由の交易の首ねっこをおさえていたヴェネツィア勢力を回避しようという試みの方であろう。これこそが、よく引用されるポルトガル人トメ・ピレスの「誰であれ、マラッカを統べる者は、ヴェネツィアの喉元に手を置いていることになる」という観察の重要性なのだ、というのがリンダ・シェイファー(Shaffer 1989)の指摘である。考えてみれば、コロンブスはジェノヴァ人であり、彼は最初ポルトガルに仕官を申し出てオリエントへの新航路を開くといったのだ。スペインの援助を受けたのは、その後のことであった。

さらに、コロンブスやヴァスコ・ダ・ガマ、それからマジェランほかの者たちによる航海の直接的なインセンティヴが何であれ、彼らは長期にわたった広くヨーロッパ人に共有されてきた衝動に突き動かされていた。K・

M・パニカールが強調しているように、「ダ・ガマがカリカットにたどり着いたことの重要性は、それが二〇〇年間にわたる夢と七五年間に及ぶ持続的な努力の実現であったということを理解しなければ、それを完全に知ったことにはならない。その夢は、ヴェネツィア人を例外として、全ての地中海の商業民に共有されているものであり、その努力は、主としてポルトガル人のものであった」(Panikkar 1959: 21-22)。しかしながら、C・R・ボクサー(C. R. Boxer 1990: ix)が引用している、一五三四年のポルトガルの公式文書では、「インドがポルトガルを発見したと……多くの人々は言っている」と述べられている。このようなアジアに関するヨーロッパの事業については、以下の章でさらに考察する機会を持とう。ここでは、その結果についていくつか検討する方へ進もう。

コロンブス的交流とその帰結

一四九二年と一四九八年の航海およびその後に続く移民と交易関係の帰結のうち、三つの大きなものについて、ここで簡単に触れるが、実際にはもっと注意されてしかるべきものである。三つのうち、まず二つは、細菌と遺伝子の「コロンブス的交流」と「生態学的帝国主義」である。ともにアルフレッド・クロスビー(Crosby 1972, 1986)が名づけたものだ。ヨーロッパ人たちが彼らとともに持ち込んだ細菌は、彼らが征服に用いた兵器の中で図抜けて最も強力なものであった。それは新世界で、最も破壊的な効果を生んだ。新世界の住民は、ヨーロッパ人が持ち込んだ病原菌に対する免疫がなかったからである。このような破壊的効果の説明としては、とりわけクロスビー(Crosby 1972, 1986)ならびにウィリアム・マクニールの『伝染病と民』(McNeill 1977)が挙げられる。カリブ諸島部では五〇年も経たぬうちに、土着の部族民はほぼ全滅した。大陸部では、病原菌は、コルテスやピサロの征服軍よりも早く、遠くへ到達し、はるかにひどい破壊的な効果を現した。彼らは、自分たちが水際から持ち込んだ天然痘が、自分たちより先に内陸部へ進んだことに気づいていた。また彼らが持ち込んだ新しい植物や動物も、よりゆっくりとした速度で被害を拡大していった。

両アメリカの新世界において、その結果は破滅的であった。メソ・アメリカのマヤやアステカ文明の人口は、一六五〇年までに、二五〇〇万人から一五〇万人に減少した。アンデスのインカ文明でも事態は同様であった。その人口はおそらく、九〇〇万人から六〇万人にまで減少した（Crosby 1994: 22）。北アメリカでも、おそらく一六一六〜一六一七年頃の初めてのヨーロッパ人の到達によって持ち込まれた細菌は、多くの原住民をその地から消し去ってしまった。植民者が大挙やってくる前でさえ、である。ヨーロッパによる合衆国への最終的なインパクトを概算したある研究によれば、原住民人口は、五〇〇万人から六万人にまで落ち込んで、ようやく再び上昇に転じたという。新世界全体では、人口は数億人から約五〇〇〇万人へ減少したという概算も複数ある（Livi-Bacci 1992: 51）。

中央アジアの遊牧民地帯でさえ、ロシアの兵士や植民者が伴った細菌は、彼らの手にしていた兵器と並んで、シベリアを通じての彼らの進出を加速したであろう。クロスビー（Crosby 1994: 11）が述べているように、「細菌戦においては、定住人口がより稠密な地域からより希薄な地域へ移動する人々が優位に立った（し、今でもそうである）」。他方、アフロ‐ユーラシア内での細菌の伝達は、大西洋の両岸を結ぶ新しい接触によって始まった両アメリカ大陸での人口減少とははるかに比較にならない規模でしか人口減少を引き起こさなかった。もちろんその理由は、アフロ‐ユーラシアの人々の方が、それに先立つ征服、移住および遠距離交易を通じた、何世代にもわたる相互の接触からの遺伝によって、すでに、ずっと免疫があったからである。同様に、ヨーロッパにおいては、ペストが比較的に大きなインパクトを持ったのも、ユーラシアにおけるヨーロッパの孤立性および周縁性の反映であった。

このような細菌のコロンブス的交流は人間だけではなく、その他の動物や植物をも巻き込んでいた。旧世界のヨーロッパ人は、自分たちだけでなく、数多くの新しい動物や植物の品種を新世界に導入していった。決して唯一のではないが、もっとも重要な動物としては、馬（それ以前に存在していたことはあるのだが、死に絶えてしまっていたのである）、牛、羊、鶏、および蜜蜂がある。植物では、小麦、大麦、米、カブ、キャベツおよびレタスがヨーロッパ人によって持ち込まれた。また彼らは、バナナやコーヒー、そして遺伝学的にではないにせよ、実際的な目的から、砂糖を持ち込んだ。これらは後に、彼らの経済の実に多くを支配することになった。

コロンブス的交流を通じて、逆に新世界の方からも旧世界に多くの貢献があった。たとえば、七面鳥のような動物の品種ならびに多くの植物である。それらの植物のうちのいくつかが、ヨーロッパ、アフリカおよびアジアの多くの地域にもたらした収穫の拡大、消費と生存の変革は重大なものである。甘藷、カボチャ、豆類そして特に馬鈴薯とトウモロコシは、ヨーロッパおよび中国において、収穫と生存可能性を莫大に増大させた。というのも、それらの作物は他の作物よりも厳しい気候に耐えて育ったからである。絶対的にも、おそらく相対的にも、より人口の多かった中国において、新作物のインパクトは最も大きかったであろう。中国では、新世界の作物のおかげで、農耕地は二倍、人口は三倍になったからのである（Shaffer 1989: 13）。甘藷の栽培は、一五六〇年代の中国に記録がある。トウモロコシは、十七世紀には日用食料作物《ステープル》となった（Ho Ping-ti 1959: 186 ff）。馬鈴薯、タバコ、および他の新世界作物も重要になった。実際、以下にも記す通り、結果として起こった人口増加は、ヨーロッパにおいてよりも、中国およびアジア中ではるかに大きかった。今日、中国人が食べる食料の三七パーセントは、アメリカ原産なのである（Crosby 1996: 5）。合衆国に次いで、今日中国は世界二番目のトウモロコシ生産国であり、今日世界で栽培されている根菜類の九四パーセントは、新世界原産である（Crosby 1994: 20）。アフリカでは、ヒマワリ、いくつかの堅果類、およびどこにでもあるトマトやチリトウガラシなどとならんで、とりわけキャッサバとトウモロコシが、彼らの生存経済《サブシステンス》を拡大した。後にアフリカは、カカオ、ヴァニラ、落花生、およびパイナップルの主要輸出地域ともなったが、それらの作物はいずれもアメリカ原産であった。

もちろん、コロンブス的交流の第三の主要な帰結は、世界の貨幣のストックおよびフローに対する新世界の金および銀の貢献である。疑いなくそれは、十六世紀以来このかた、旧世界経済における経済活動および交易にも新しい加速力を与えた。これらの〔貨幣財の〕フローについては、第三章で詳しく検討するが、交易の流れおよび収支に対してのその帰結のいくつかについては、本章でも概観する。

世界経済における、無視されてきたいくつかの特徴

間地域《リージョン》的な世界の交易ネットワークの諸特徴のうち、いくつかについては、特に前提となるコメントがなされるべきであろう（もっとも、ここでの要約くらいでは、それらの諸特徴がおそらく現実において値するほどの注意を得られることはありえないのだが）。その諸特徴とは、地域主義《リージョナリズム》、交易ディアスポラ、文書記録、そしてエコロジーである。

以下の諸「地域《リージョン》」――「両アメリカ」、「ヨーロッパ」、「中国」――の同定は、ある点では恣意的、問題発見的《ヒューリスティック》なものであって、ある対象を指し示すための便宜的呼称にすぎないが、ある点では現実の反映でもある。このことは、ルイスとワイゲン（Lewis and Wigen 1997）が、その著『大陸という神話』というタイトルのもとで強調した通りである。世界には、その「境界」の内部での分業や交易関係の密度がその境界をまたぐものより大きい〔という形で定義される〕ような諸々の地域《リージョン》が、かつても今もある。そのように「外的」なものより「内的」な交易関係の密度のほうが大きいのは、地理的な要因（山地、砂漠、海。それらは隔てになるということは、境界にもなるということである）によるかもしれないし、政治的な要因（帝国の支配範囲およびコスト、さらにそれらの帝国間の競争）によるかもしれないし、文化的な要因（民族的および／あるいは宗教的親近性、および言語）による

かもしれないし、その他の要因、あるいは、それらのなんらかの組み合わせによるかもしれない。集団の境界は、目的によって異なるし、時が経てば変化する。また、その変化は非常に唐突な場合もある。地域《リージョン》たるべき「ユニット」ないしは「グループ」は、個人であるかもしれないし、核家族や拡大家族かもしれないし、村ないしは町かもしれないし、ローカルな「地域《リージョン》」かもしれないし、「社会」かもしれないし、「国」かもしれないし、「地域《リージョン》」的な地域《リージョン》（たとえば、環地中海とか）かもしれないし、あるいは「世界」地域《リージョン》（たとえば、両アメリカ、西アジア、東南アジア、南太平洋など）かもしれないのである。このような例に言及するだけで、いかにこれらの「地域《リージョン》というユニット」の定義（の可能性）がひどいもので、流動的であるか、そしていかにその同定が恣意的であるかが、はっきり示されていよう。同様に少し頭を働かせれば、内地域《リージョン》的な結合は、その密度がどれほどであろうとも、同時に間地域《リージョン》的な結合が生じるのになんの妨げにもならないということを強調するのも容易であろう。実際、何が内地域《リージョン》的ないしは間地域《リージョン》的なのか、ということはそれ自体、ひとつにせよ複数にせよ地域《リージョン》をわれわれが最初にどのように同定するか、の関数なのである。だが、世界が一つの「地域《リージョン》」ならば、全て相互関係ということになる。同様に、世界経済／世界システムがあったとか、今あるとかいうう主張は、それが同時に複数の地域《リージョナル》経済／システムから成っているということを妨げるものではない。しかしながら、どこに、どの、そしていつ、そのような地域《リージョン》が存在したかは、まったく場合によるのである。

したがって、一四〇〇年から一八〇〇年の期間において、両アメリカやヨーロッパや東南アジアや中国が「地域《リージョン》」であったか否かは、我々の定義次第であるということになる。文化的親近性ないしは文化的接触、あるいは政治的関係はいうまでもなく、西半球の大半の「下位地域《サブリージョン》」間で、どこにせよヨーロッパのある部分とその下位《サブ》地域《リージョン》のそれぞれとの交易と比べて、両アメリカ内交易のほうが小さいであろうことは間違いない。ヨーロッパ内の諸地域でも、それら同士の関係より、それらと両アメリカやアジアの人々や地域との関係のほうが大きいようなところもあった。他方おそらく、インド亜大陸上や「中国」内部の主要な地域《リージョン》（ないしは、下位地域《サブリージョン》というべきか）の大半は、（ムガール帝国および清朝の版図はたびたび変わったが、その外側も含めて）インド内、あるいは中国内における間地域《リージョン》交易の密度のほうが、世界の他の部分との間の交易よりも高かったであろう。（インドの内地域《リージョン》および間地域《リージョン》交易については、後で、また地図上でも、何度か触れる。）しかしながら、東南アジアの諸部分、とりわけマニラとマラッカ、および西アジアのアデンとホルムズは貿易港であり、その十六世紀、十七世紀における交易関係は、本質的には存在もしていなかった「地域的《リージョナル》」な後背地との間ではなく、世界の他の多くの部分との間において、より大きかったのである。

世界経済における間リージョン交易について、もう一つ顕著な、関連する特徴に、国外在住商人と交易ディアスポラがある。彼らは、すでに青銅器時代から、交易の円滑化に重要な役割を果たしていたが、近世期においても、同様に重要な役割を果たしていたことは確かである。彼らは今日でもそうなのであって、そのことは、今日本土に投資している「華僑」や、国外在住日本人、および国外在住アメリカ人の「コロニー」が証明している。さらにいえば、『インターナショナル・ヘラルド・トリビューン』のような「ローカル」な新聞も、その証明である。同紙は、最初パリで発行されていたアメリカの定期刊行紙であったが、今日では、世界中の数々の都市で刷られている。

本書が概観する時代においては、マラッカは、ほとんどまるごと国外在住商人の居住地であった。ピレスは、八四の異なる言語をそこで数え上げている。おそらくマラッカで最も数が多かったのは、カンバヤおよびスーラト出身のマハーラーシュトラ商人であるが、かれらはまた、東南アジア、南アジア、西アジアの数々の港市の居住民でもあったのである。――季節的な滞在については、言うまでもない。十七世紀のマニラでは、中国人居住民は三万人を数えたが、彼らは太平洋をまたぐ銀と陶器の交易の円滑化に与っていたのである。中央アジアの西部の内陸部にある故地から出たアルメニア人は、サファヴィー朝ペルシアの都市イスファハンに、同じく内陸地に交易ディアスポラの基地を建設し、それを利用して、全アジアを横断して交易した。しかも彼らは、アルメニア式携帯用ガイドブックをアムステルダムで出版していたのである。アラブ人およびユダヤ人商人は、少なくとも千年間はそうしてきており、今日でもそう続けているように、世界規模での彼らの交易に精を出し続けていた。ニュー・イングランドの人々は、小説『白鯨』に出てくるモービー・ディックだけではなく、世界中の海で、クジラを追い求めていた。彼らはまた、アフリカとカリブ海との間で、奴隷貿易にも精を出しており、定期的にマダガスカルの沿岸を荒らしまわってもいた。何百万とは言わぬまでも、何千という中国人が——東南アジアを「インド化」した、ムスリムの在外交易民については、いうまでもない——海外へ移民した。中央アジアもまた、記憶を越える過去からそうであったように、行商人や移民の通る十字路であり続けていた。

皮肉なことに、アジア交易についての現存する文書史料の大半は、ヨーロッパの私企業から出たものである。それらの企業はもちろん、特にこれらの交易ディアスポラについては、彼らにとって商売になったことや、彼らにとってのその他の利害関心を記録しただけである。したがって、アジアの生産と交易についての史料の多くは、ヨーロッパという割れ目の中に落ち込んでしまっているのである。このことは、ヨーロッパ人がほとんどみていない、内陸経済や大陸をまたぐ隊商交易について、特にいえることである。しかしながら、一八〇〇年までの全期間を通じて、そのような陸上交易も、海上交易と同様にまったく重要であり、それと補完的であったと信ずるにたる根拠はある。

このような「発展」はまた、すべて、他に広範なインパクトを持った。最近の研究は、エコロジー帝国主義ないしは緑の帝国主義とそれを呼んでいる。主用な帰結として、広範な森林破壊があった。その目的には、新しい耕地の開拓と造船その他の建築用の木材の両方があり、木材としては、さらにもっと浪費的なことに、金属の溶鉱・製錬や、その他の燃料としての木炭としての目的もあった（Chew 1997 and forthcoming）。他方で、馬鈴薯とトウモロコシの栽培は、他の作物の方に適した土地への圧力を、おそらく緩和したであろう。そして、新世界の砂糖は、その地では供給される必要がなく、ヨーロッパにカロリーを供給したのである。もちろん後になると、新世界からの小麦と食肉の輸入は、何百万ものヨーロッパ人の食糧となり、綿花の輸入が、囲い込まれた土地で育てられていた羊からの羊毛を駆逐したように、かれらがその稀少な土地を他の用途に使用することを可能にした。エコロジー帝国主義の問題については、以下の地域ごとの検討のいくつかと、第六章で再びたちかえって論ずることにする。

世界分業と貿易収支

もちろん、特に、ヨーロッパ人がアメリカ大陸を組み込み、その結果として十六世紀からヨーロッパのアフロ‐ユーラシアの世界交易への参加が高まったことによって、地域《リージョン》間関係にも、突然のそしてそれから世紀単位で続いた変化があった。また――別の重要な文脈では――循環的な変化もあり、そのうちいくつかは、私の過去の著作（Frank 1978a, 1994, 1995）および本書の第五章でも検証されている。さらに、十八世紀の末に始まるヨーロッパの支配的地位への上昇があり、それについては、第六章で分析する。しかしながら、大体において、世界交易および分業のパターンは、顕著に安定したままであり、循環的であるとはいえ、千年とまではいかずとも数世紀にわたる、実質的に連続した発展を示した（一四〇〇年以前の期間についての検証としては、Gills and Frank 1992, Frank and Gills 1993を参照）。一四〇〇～一八〇〇年の期間に、以下に概述するパターンを認識するに十分なだけの連続性があるのは、確かなことである。

グローバル・エコノミーの地図を描く

以下のページに始まる地図と凡例は、グローバルな分業、世界交易のネットワークとその収支の均衡・不均衡、およびその交易品と逆に流れる貨幣によっていかにその収支の帳尻が合わされていたかを、図式的に不十分ながらも地図に要約してみたものである。一四〇〇〜一八〇〇年の間に世界分業における複雑な交易ネットワークにおいて取り引きされていた商品は、多岐にわたるが――その中には、コメのような日用品《バルク・コモディティ》も多く含まれている――そのうちのいくつかをはっきりさせるように地図を使うのが、もっとも効果的であろう。最も図式的で最低限の書き込みしか施されていない世界経済の概観図が、**地図2―1**である。特にマニラのガレオン船団が太平洋を横断して運んだ銀を含めて、地球を一周して流れる交易を要約的に表わせるように、「ノルディック投影法」の世界図を選んだ。しかしながら読者諸賢には、ここに画かれた交易ルートも、以下に掲げる地域《リージョン》ごとの地図上の交易ルートもすべて、単純化してわかりやすく表わすための図式的なものでしかないことを念頭に置いておいていただきたい。図式的に表わしうる範囲で、グローバルおよび地域的《リージョナル》な地理的現実を反映させるべく努力したとはいえ、これらの地図が正確なものであると言い張るつもりはない。また、本書のタイトルおよびメッセージに反して、**地図2―1**の世界図は、**地図3―1**（二六六ページ）同様、私が望むようなアジアにむかって方向づけ《オリエント》られたものにはなっていない。それには理由があって、私に地図を提供してくれた技師が所属している、カナダ西部の、ある大学の地理学部には、これよりもヨーロッパ中心的ではない地図のサンプルがなかったのである。そのため、彼にはコンピュータで作図するための見本がなく、また彼の使っている作図用のソフトウエアも十分に柔軟ではなく、地図の方向を改《リオリエント》めるために、地軸を軸として図を少しばかり回転させたいという私の要求は満たされなかっ

地図２―１　1400～1800年の主要な環地球交易ルート

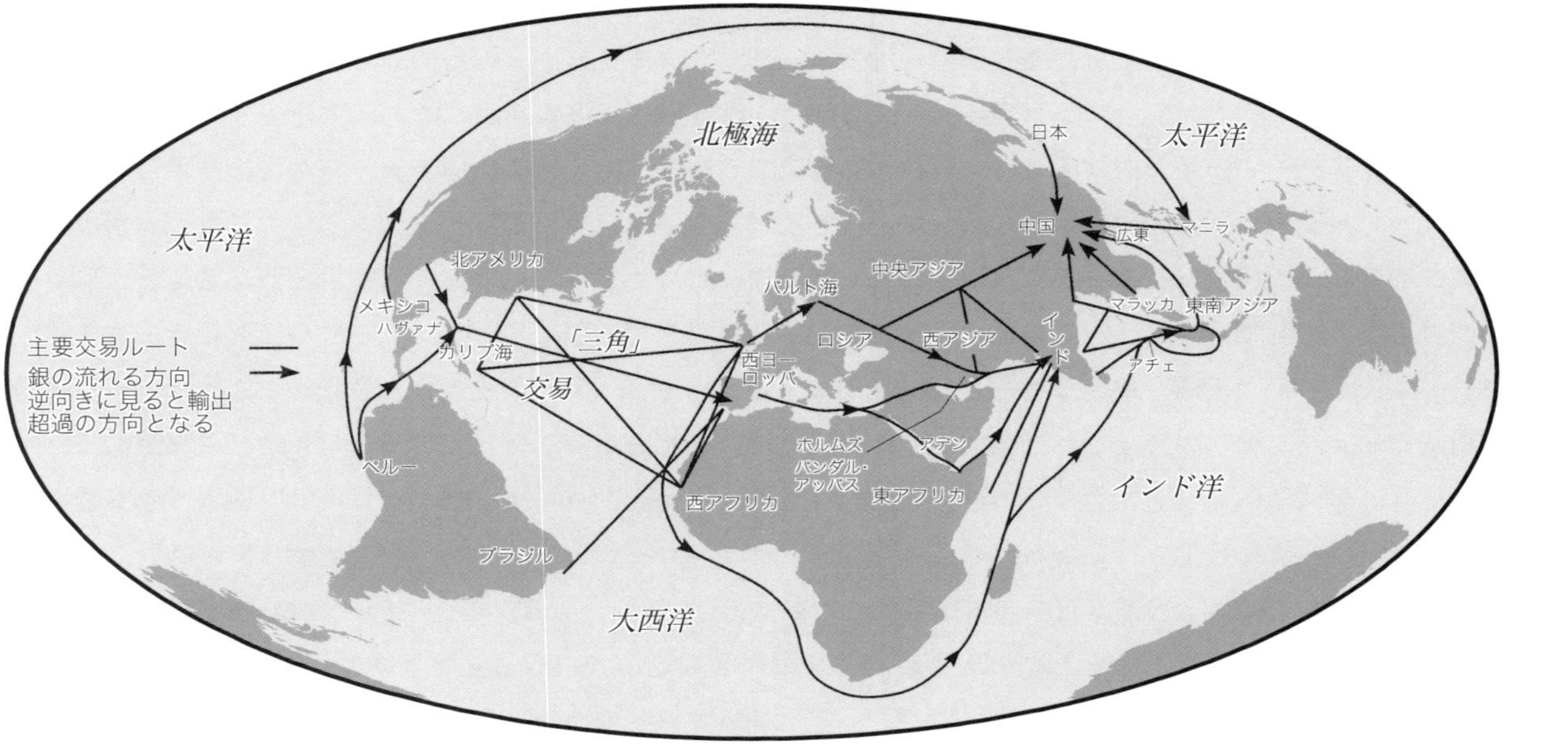

＊ノルディック投影法による

たのである。という次第で、方向を改める《リオリエント》ということが、いかに困難で、しかしそれ故にいかに必要であるかということを示す例が、また一つここにも見出されるのである。これに関係して、陸塊と距離とを表わす際の問題は、以下の地域《リージョン》ごとの地図においても現れている。たとえば、インドは実際より小さく見えてしまうし、その南北にある諸地域は、実際より相対的に大きく見えてしまう。

地域《リージョン》ごとの地図とそれら各々の凡例は、地域的《リージョナル》な交易および地域《リージョン》間の交易の主要なルートを、より詳しく表わしている。**地図2—2**（一五四ページ）は、大西洋地域《リージョン》を表わしている。そこには両アメリカ、アフリカおよびヨーロッパが含まれており、両アメリカからヨーロッパへ、大西洋を横断して運ばれた銀の流れにそって、周知の「三角貿易」も示されている。**地図2—3**（一五八ページ）は、**地図2—2**と重なり合っているが、ヨーロッパと西アジア、南アジアおよび中央アジアをつなぐ主要な交易ルートをとりあげたものである。南アフリカの喜望峰を回るルートと、バルト海および紅海を抜けてペルシア湾へ至るルートの両方がある。**地図2—4**（一七六ページ）は、これら主要な東西交易ルートがインド洋（およびアラビア海）を通じて延びていくさまを詳しく描いたものである。この地域の海上交易によって、東アフリカおよび西アジアが、南アジアや東南アジアと結び付けられていたのである。しかしながら、同図においては、西アジアおよび中央アジアの諸部分を横断し、南アジアとつながる、重要な陸上の隊商ルートも示されている。本書が後に強調するように、それらの陸上ルートは海上ルートと競合していたというよりは、むしろ補完的な関係にあったのである。**地図2—5**（一八八ページ）の西側の部分は、**地図2—4**と重なり合っているが、インド、東南アジア、日本および中国を結ぶベンガル湾と南シナ海の主要な交易ルートをとりあげている。またこれらのルートは、マニラで太平洋交易とも結びついている。しかしながらこの図には、パンジャブ、グジャラート、マラバル、コロマンデルおよびベンガルのようなインドのさまざまな地域間の海上および陸上交易、さらにしばしば閑却されるのだが、東南アジア大陸部のビルマ、シャムおよびヴェトナム、さらにはインドと中国とを結ぶ陸上交易を強調する意図もある。

さらに、これら四つの地域《リージョン》ごとの地図は、主要な地域《リージョン》間の交易の不均衡と、いかにその不均衡が銀および金地金を送ることで賄われたかが目で見てよくわかるようにも構成されている。したがって、これらの地図では、実線で商品の取引のルートを示してある。それぞれに1から13までの番号を付し、対応する番号の凡例のところに、それら主要なルートのそれぞれで取り引きされた主な商品を列挙した。輸入に見合うだけの輸出商品が十分になければ、結果として慢性的な貿易赤字が生じるが、それは応分の金ないしはたいていの場合、銀地金か銀鋳貨で支払って、均衡させざるを得なかった。本章および（貨幣についての）次章では、この銀の流れの大勢が東向きであったこと――そして、地金や鋳貨そのものを輸出することの利益――を強調する。大半の場合で、西側にある諸地域が遠くその東側にある諸地域に対して貿易赤字を続けていたわけであるが、この銀の流れのおかげで、収支は均衡していたのである。**地図2―1**の地球全体の概観図では、この大体において銀であった地金・鋳貨の流れを、商品の取引の線に重ねて、東向きの矢印で表わしてある。両アメリカから日本および中国へ向かう西向きの矢印は、例外である。

地域《リージョン》ごとの地図では、異なる表記法をとっている。すなわち、銀の流れとその方向は破線で、金の流れは点線で示し、それらと平行して引かれた番号付きの実線が商品の流れを表わしている。すると、銀輸出を表わす東向きの矢印のついた破線は同時に、それと平行する商品取引の実線上では、大勢として、反対方向つまり東から西へ商品の輸出超過が起こっていることを示していることになる。特に、ヨーロッパの東側からの輸入は、そのほとんど全部が、（アメリカの）銀を輸出することで支払われている。このことは、西ヨーロッパとバルト諸国および西アジアとの間の東向きの矢印のついた破線で表わされており、この流れは、それらの諸地域から順に、南アジア、東南アジアへと続いて、最終的に東アジア、すなわち大勢として中国へ向かっている。第三章で見るように、中国は、世界の銀の約半分がそこへ消えていく「排水口《シンク》」になっている。第三章では、世界の主要な銀生産および流通について、別にもう一枚地図を用意した。

本章ではまた、地球上にめぐらされた多角的な世界交易についても、両アメリカから始めて東回りに進みながら地球を一周して、地域《リージョン》ごとに論ずる。世界の主要な地域《リージョン》をそれぞれ見ていきながら、各地域《リージョン》の特殊性に留意して、そのような特殊な諸条件がいかに、他の諸地域《リージョン》との関係、とりわけ東西で直接接している地域《リージョン》との関係を、阻害したり促進したりしているかを論ずる。

銀および／あるいは金の地金・鋳貨の純輸出は、負の貿易収支、すなわち貿易赤字のしるしである。もっともおそらく、その貴金属を輸出している者が、同時に生産者であったり、商業的輸出業者であったりするようなケース（たとえば、アメリカ銀や日本銀、およびアフリカや東南アジアの金）は、例外であろう。したがって、地金および／あるいは鋳貨の積み出しおよび送金の記録は、地域《リージョン》間交易の赤字と黒字について、またその帳尻がどのように合わされて収支が均衡していたかについての最も容易に入手可能な証拠を提供してくれる。残念なことに、疑いなく、地金や鋳貨同様に広く用いられていたはずの手形や貿易信用状およびその他の信用手段についてては、われわれはの知識はそれほど多くはない。

以下の理由によって、ヨーロッパ、両アメリカおよびアフリカについては、本章では比較的簡略に取り扱う。第一に、すでに記したことだが、世界経済におけるこれら諸地域《リージョン》の経済的比重・参加度・重要性は、（ヨーロッパ人によって流通されたアメリカの貨幣が果たした例外的役割は除いて）世界の他の多くの地域と比べて、はるかに低いということ。このことは、とりわけ東アジアおよび南アジアと比べてそうであるし、おそらく東南アジアや西アジアと比べてもそうであろう。第二に、入手可能な歴史学、経済学および社会学の諸文献によって、ヨーロッパと両アメリカ、および両者とアフリカとの関係については、すでに莫大な関心とインクが注がれてきたということ。一八〇〇年以前の世界経済におけるこれら諸地域《リージョン》の相対的に小さな重要性からすれば、このような扱いはまったく釣り合いを欠いている。さらに（Frank 1978a, b も含めて）、過度にヨーロッパ中心的なパースペクティヴから書かれている文献がまったく多すぎるのである。本書の意図は、そのようなパースペクティヴの誤りを正し、新しいパースペクティヴと取り替えるというところにある。したがって、現実の比重や重要性にふさわしいだけの注意を注がれてこなかった、これらの諸地域《リージョン》以外の地域《リージョン》、およびそれらの関係に焦点を当てることは、まったく妥当なことであると思われるのである。もちろんそういったからといって、本書のささやかな努力によって、これまで続けられてきた誤りが正されると望みうるわけではない。そこで第三の理由だが、ヨーロッパ、両アメリカおよびアフリカを簡略に扱うのは、本書の目的としては、異なる個別独立の「地域《リージョン》」を検討してそのような誤りを正していくことより――先に指摘した通り、いずれにせよ、それら「地域《リージョン》」の同定は恣意的である――それら諸地域《リージョン》間の諸関係の性質、種類および変化を立証していくことのほうが重要だからなのである。

すなわち、以下の議論でとりあげる地域《リージョン》の記述の選択の真の目的であり、同時に第四の理由は、全体としての世界経済および世界システムの構造と動態を検討するための基礎を拡充することなのである。いちいち十分には繰り返すことができないが、部分の「内的」性質とそれらの間の「外的」関係を、何にもまして決定するのは、全体（それは、部分の総和以上のものである）なのである。かくして、我々の「八〇ページ世界一周」の歴史の旅は始まる。スタートは両アメリカ大陸。ほぼ東回りに地球を一周する。ただし、常にホーリズム的なパースペクティヴを心に留めて。

両アメリカ

両アメリカ大陸の「発見」と世界経済への組み込みがおこった理由、および、約一億人もいた人口が五〇〇万人まで減ったことをはじめ、その先住民へのインパクトについてはすでに検討した。世界の他の部分にとっては、その初期のインパクトは、新種植物やプランテーション作物の輸出およびもちろん、初期には金、後には大量の銀の生産と輸出といった、アメリカからの貢献がほとんどであった。金の輸出は、一四九二年の「発見」から始まり、大規模な銀の輸出は十七世紀半ばに開始された。十七世紀の間にこのアメリカの銀の生産と輸出がどの程度落ち込んでいったのか、多少緩んだ程度なのか、それとも実際にはむしろ増加したのか、ということについては、多くの議論が戦わされてきている。どちらにせよ、いわゆる「十七世紀の危機」の間も、生産および交易は拡大を続けていたようである。ヨーロッパが供給するアメリカ産貨幣からの刺激が逓減したにもかかわらず（あるいはむしろ、「それゆえに」か?）、あるいは、貨幣供給をより効果的に利用するようになって、そのような拡大が起こったのである。十八世紀の間に、地金の生産と輸出は、再び上昇した（ないしは、さらに上昇を続けた）。世界をかけめぐる他の財の生産と交易も同様であった。

右に述べたのと同じ十七、十八世紀にわたって、とりわけ十八世紀の間に、大西洋をまたぐ有名な「三角貿易」が発達して、アフロ‐ユーラシアの交易および世界経済の分業の重要な付属物となった（**地図2―2**参照）。実際には、複数の互いに関係しあった三角形が大西洋をまたいで機能していた。最も重要な三角形は、ヨーロッパ、特にイギリスの工業輸出品の流れを調整するものである。その輸出品に含まれていたのは、インドや中国から両アメリカやアフリカへ再輸出される繊維製品やその他の財であった。それから、アフリカからカリブ海および南北アメリカの奴隷プランテーションへの奴隷の輸出。そして、ヨーロッパへ戻って、第一にはカリブ海からの砂糖の輸出、第二には北アメリカからのタバコ、毛皮その他の商品の輸出というわけである。十七世紀において、十八世紀北アメリカ、カリブ海およびアフリカは、ヨーロッパの工業製品の輸出市場としての重要性を高めていた。十八世紀においては、なおさらである。そのなかには特に、奴隷狩りに使われるアフリカへの銃の輸出も含まれていた。また、ヨーロッパ人によるアジア産品の再輸出も多かった。特に、アフリカ、カリブ海さらにはラテン・アメリカのスペイン人入植地へ送られたインド産繊維製品があげられる。

しかしながら、ほかにも関連する三角形がある。そこには特に、カリブ海からの砂糖および糖蜜の輸入者としての北アメリカ植民地が関係している。その対価として、北アメリカ植民地からは、穀物や材木および海軍用備品がカリブ海へ輸出され、また輸入された糖蜜はラム酒に加工されて、ヨーロッパに輸出された。しかしながら、この三角貿易に付随する最も重要な取り引きは、交易そのものであった。交易には、商品の輸送、金融および奴隷貿易などが伴ったからである。このような取り引きからの儲けは、特にアメリカの植民地人が、ヨーロッパとの交易で累積させていた貿易収支の赤字を補填し、資本を蓄積する上で役に立ったのである。このような大西洋間交易に関する文献は莫大で（私自身の分析はFrank 1978bを参照）、量的にも重要度から言ってもより大きな交易であったアフロ‐ユーラシア間ないしは環アフロ‐ユーラシア交易よりも、その文献の蓄積は、はるかに豊富である。にもかかわらず、そのような豊富な文献群にあっても、北アメリカへの物資の流入が、東洋への向かう流通体系の中の一時停車地としての役割を担いつづけていたことについては、あまりにも無視され過ぎている。中国への北西航路を求める継続的な努力がカナダ史の多くの部分を規定している。カナダの側からみれば、その価値は経由地として、またアメリカおよび、アメリカの依然として同様に中継的な位置に対置されるべきものとして、認められていたわけである。一八七三年にまでなってもまだ、カナダのトーリー党の新聞は、太平洋岸への鉄道敷設の契約を、「インド、中国および日本との交易を最短のルートで、かつできる限り最も安価にモントリオールにもたらすものである」（Naylor 1987: 476）として歓迎していたのである。

地図２―２　大西洋地域1500〜1800年の主要交易ルート

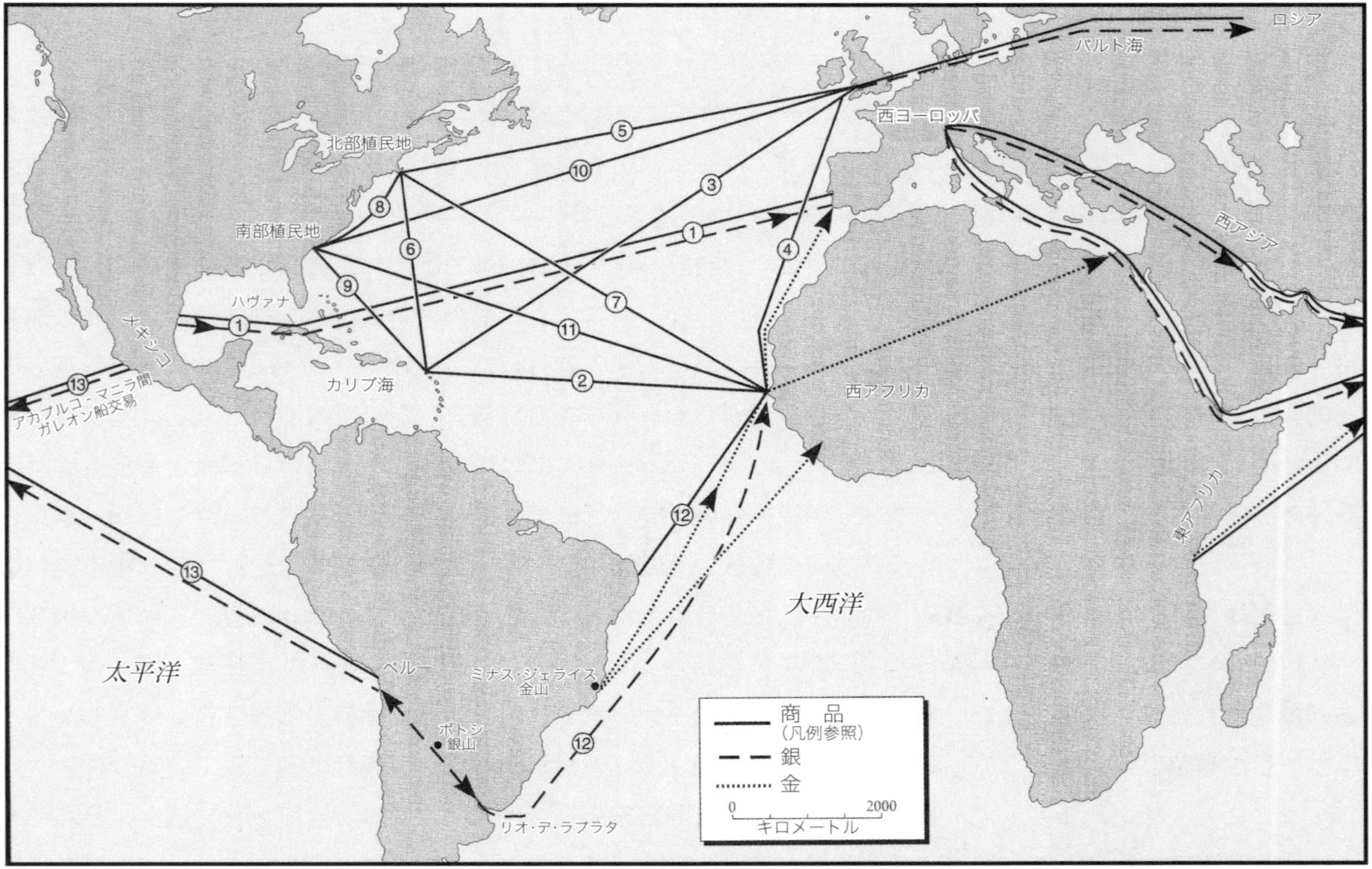

地図2—2　凡例

（［　］内は再輸出／転送）

ルート	西回り	東回り
①メキシコ‐ハヴァナ‐ヨーロッパ	工業製品	銀
②西アフリカ‐カリブ海	奴隷	ラム酒
③カリブ海‐西ヨーロッパ	工業製品	砂糖・糖蜜［銀］
④西アフリカ‐ヨーロッパ	（北行き）銃［織物］	（南行き）［タカラガイ］
⑤北部植民地‐イギリス	工業製品	原材料［貨幣］
⑥北部植民地‐カリブ海	（北行き）糖蜜［銀］	（南行き）工業製品・軍艦備品・輸送／役務
⑦北部植民地‐西アフリカ	輸送／役務／ラム酒	
⑧北部植民地‐南部植民地	（北行き）食糧・タバコ	工業製品・役務
⑨南部植民地‐カリブ海	糖蜜	奴隷
⑩南部植民地‐ヨーロッパ	工業製品	ラム酒・タバコ
⑪南部植民地‐西アフリカ	［北部植民地経由の購買／支払い］	奴隷
⑫南アメリカ‐西アフリカ	奴隷	金・銀
⑬メキシコ・ペルー‐中国行きマニラ・ガレオン船	銀	

アフリカの人口は、一五〇〇年には約八五〇〇万人であったが、それから二世紀半後の一七五〇年になっても、依然約一億人にしか達していなかった。そのうち、一五〇〇年においてはおよそ八〇〇〇万、一七五〇年においてはおよそ九五〇〇万人が、それぞれサハラ以南の人口である（後述第四章二九八〜九ページの**表4―1**および**4―2**参照）。もちろん、奴隷戦争および奴隷貿易によって人口の推移は乱され、特に男性人口は、奴隷が狩り立てられた地域からは差し引かれることになった（したがって、男女比は女性が優勢になったが、同時に出産可能な女性も差し引かれたことになる）。さらにいえば、奴隷狩りは、西アフリカおよび南アフリカからの大西洋の奴隷貿易に限った話ではない。そこにはアフリカ内の奴隷調達もあったし、東アフリカではそのほか、アラブ向けのものもあった。しかしながら、比較的初期の研究では一億人にのぼると想定されていた奴隷交易によって輸出された奴隷数の概算は、研究が進むにつれずっと下方修正がつづき、一〇〇〇万人程度とまで言われるようにもなったが、それからまた上方に修正されて約一二〇〇万人といわれている。直接の人口動態への影響は、あまり重要なものではなかったように思われる（Patrick Manning との個人的なやりとりに依る）。では、もっと間接的な人口動態へのインパクトはあったのかというと、それをいうのは難しい。もっとも、人口および社会経済的成長は、それ以前の世紀に比べるとスローダウンしたように思われる。たしかに、ユーラシア中の大部分で人口が急速に増大している間に、アフリカの人口が安定したままだったというのは注目されることである。してみると、アフリカは、他の地域では生産と人口の成長を刺激していた世界規模の諸力（無論他方で、両アメリカでは、そのせいで人口が激減したわけであるが）に、さらに組み込まれるどころか、むしろそれら諸力から相対的に孤立していたのではないのか、という疑問が生じる。

アフリカ‐ヨーロッパ‐大西洋間交易は、アフリカ内交易よりもよく知られてはいるが、十五世紀においては、後者の量のほうが前者をはるかに圧倒していた（Curtin 1983: 232）。さらに、以後数世紀にわたって、サハラを横断する交易は成長を続けていた（Austen 1990: 312）。西アフリカの遠距離交易――特に金の交易――は、サハラ砂漠を越えて（早くからあったトンブクトゥ‐フェズ間ルートは特筆ものだが、唯一のルートであったわけではない）、北の地中海の方へ流れていたのである（次ページ**地図2―3**参照）。このような交易は、セネガル周りの、海上交易によって補完されたが、それにとってかわられるようなことはなかった。また後には、北西アフリカおよび南西アフリカの両方から大西洋をわたって送られた奴隷貿易も、このような交易を補完した。

つまりアフリカは、大西洋間交易に参加することによって、その広範囲の交易関係や分業を始めたわけではなかったのであり、またそれによって、従来のサハラ横断交易が行なわれなくなるようなこともなかったのである。そうではなくむしろ逆に、アフリカでは（そして、後に見るように、西アジア、南アジア、東南アジアおよび東アジアでも同様に）、新しく始まった海上交易が、依然として行なわれていた旧来の陸上交易を補完し、さらに刺激さえ与えていたのである。カレン・モズレーが適切にも述べているように、「新しい交易の形式と内容とは……少なくとも十八世紀になるまでは、きわめて多くの点で既存のパターンの延長であった」（Moseley 1992: 536）。「砂漠および外洋両方の流通システムに統合されていた時が、スーダンの交易と産業が、その絶頂期に達していた時であった」（Moseley 1992: 538における Austen 1987: 82の引用）。つまり、一般的に言えばサハラを横断する交易は栄えつづけたということである。またとりわけ、西アフリカからの奴隷の輸送は、十五世紀の四三万人から、十六世紀の五五万人へ、そしてさらに十七、十八世紀においてはそれぞれ七〇万人以上ずつ、という具合に伸びていったのである（Moseley 1992: 543, 534, 再び Austen 1987からの引用）。アフリカ内にはある程度の東西貿易も常にあった。「巡礼者《ピルグリム》」によってマグレブからリビアや地中海を経て、エジプトやアラビアへ運ばれた伝説的な量

地図２—３
アフリカ‐西アジア地域
1400〜1800年の
主要交易ルート

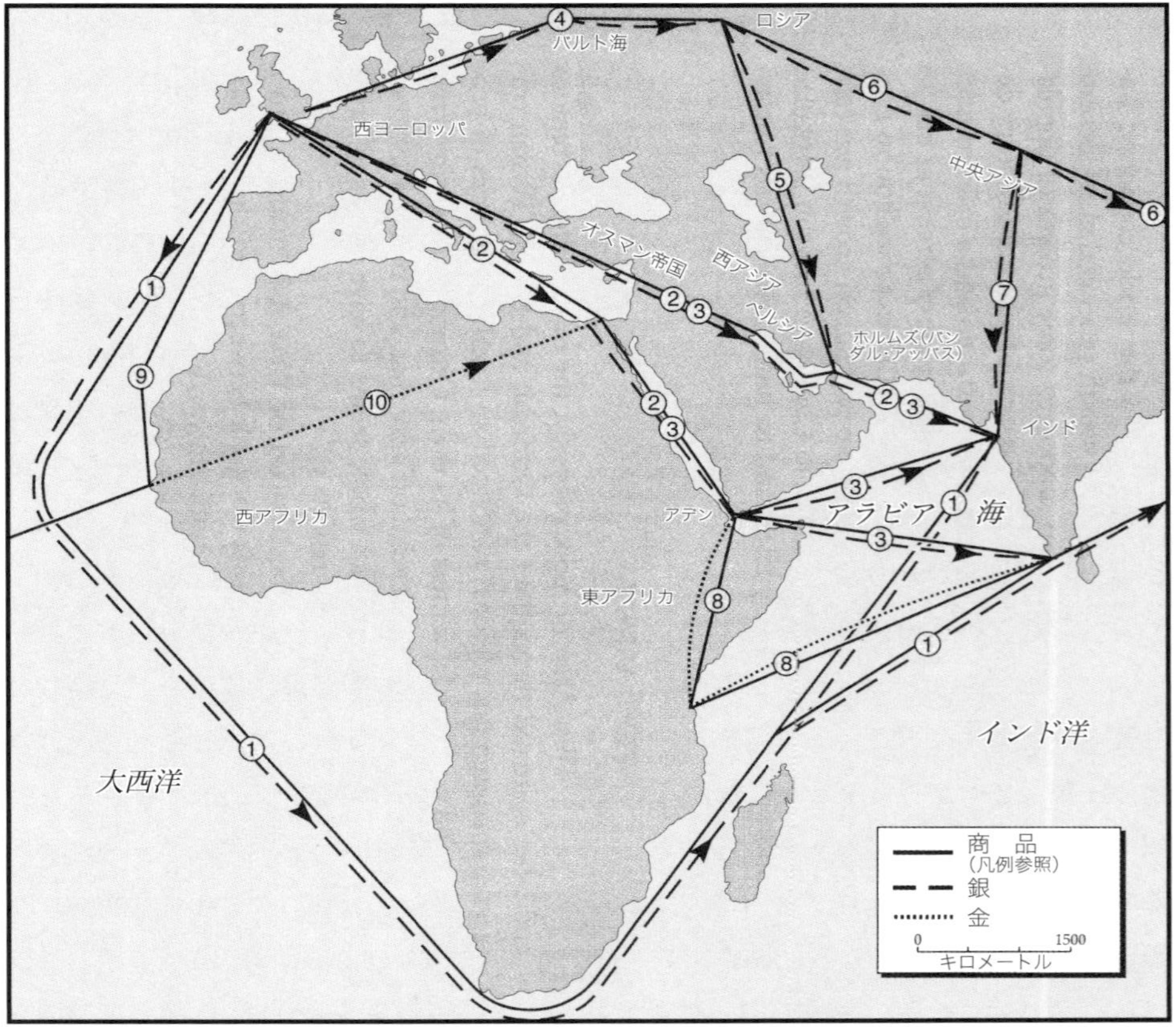

地図2—3　凡例

（［　］内は再輸出／転送）

ルート	西回り	東回り
①ヨーロッパ - アジア，アフリカ周航の海路	工業製品	絹・綿織物・胡椒・香料
②ヨーロッパ - アジア，地中海経由（以下のルート③からの産品の中にはルート②経由でさらに西へ送られるものもあった）	絹・綿織物［胡椒・香料・陶磁器］	銀・金・金属製品・毛織物・コーヒー
③西アジア - インド，ペルシア湾・紅海及びアラビア海経由	絹・絹織物・香料・胡椒・米・染料／藍・象牙・肩かけ・毛布・紙・ゴム紐・硝石・鉄・鉄製品・家庭用品・木・ガラス・豆・小麦・油・船（イギリスへ売られた）	鉱物・金属／金属製品・銅・木材・馬・じゅうたん・奢侈品・真珠・果物・なつめ・染料用木材・芳香材・お香・塩・魚・コーヒー・ぶどう酒・武具・サンゴ・バラ水・銀
④ヨーロッパ - バルト海 - ロシア	穀物・材木・毛皮・鉄・亜麻・麻	毛織物・銀
⑤ロシア - 西アジア	（北行き）綿織物・じゅうたん・サテン［染料／藍］	（南行き）毛皮・皮革・銀
⑥ロシア - 中央アジア - 中国	絹・茶・紙・貴石／ヒスイ・綿・毛皮・刀剣・武具・砂糖・タバコ	衣料・薬品・馬・ラクダ・羊・薬物／人参・紙幣・ヒスイ・銀
⑦中央アジア - インド	（北行き）綿織物・絹織物・小麦・米・豆類・綿・藍・タバコ	（南行き）馬・ラクダ・羊・銀
⑧東アフリカ - アラビア・インド	米・綿織物［陶磁器］	奴隷・象牙・金
⑨西アフリカ - ヨーロッパ	（北行き）金	（南行き）銃［タカラガイ・綿織物］
⑩西アフリカ - 西アジア	金	

に上る金も、その一例である。

西アフリカでは、タカラガイの貝殻が主要な交換媒体となった。タカラガイの主産地はモルディヴであり、南アジアで貨幣として使われていた。ヨーロッパ人は、それをアフリカに持ち込み、輸出用の奴隷を購入したのである。タカラガイの輸入は、奴隷貿易に付随して莫大に増加した――そして、のちに再び減少した。タカラガイを需要したのは、アフリカ人の側である。であればこそ、それらはアフリカに輸入されたのである。アフリカでは、タカラガイ貨幣は、砂金や金貨・銀貨と併用されたり、あるいは、それらを駆逐することさえあり、地域単位でタカラガイが主要貨幣となることもあった。金属貨幣やその他の地域で使われたあらゆる貨幣と同様、タカラガイも、経済活動および商業化が、より内部へ、特により貧しい人々の間へ拡大するのを促進した。しかしながらタカラガイは、再輸出ができなかった。ヨーロッパ人もその他の人々も支払いにタカラガイを受け取ろうとしなかったからである。つまり、アフリカ経済は全体としての世界交易から周縁化されていったのには、このような一方的なタカラガイ交易のためもあったのである（Seider 1995、タカラガイについてのより詳しい議論は、貨幣について論じた第三章参照）。もっとも、アフリカ内の交換手段としては、布が――しばしば、タカラガイよりも――重要であった。しかし、アフリカのものより質の良い輸入品の布は、アフリカ産の布ほど貨幣としては用いられなかった（Curtin 1983: 232）。

東アフリカの交易については、すでにローマ時代、『エリュトゥラー海案内記』の中に記述があるが、北の「肥沃な三日月地帯」へ向かうものと、東のインド洋をわたっていくものとが支配的な流れであった。本書がその議論の対象とする時代においては、主要な輸出品は「自然」産品、とりわけ象牙や金であったが、そこには奴隷も含まれている。輸入品には、インドの繊維製品と穀物、アラビアの陶器、中国の磁器、そして貨幣として使用されたモルディヴのタカラガイがあった。東アフリカの諸港は、南アフリカ、特にジンバブウェとモザンビークの諸港と北アフリカおよび／あるいはインド洋の諸港との連結ポイントとして役に立っていた。運送および取り引きは、大体がアラビア人かインド人の手になっていた。もっとも私掠船としてということであれば、南東アフリカやマダガスカルの沿岸では、ニュー・イングランドのアメリカ人さえ、そこで活動していた。

アメリカ人たちは、場合によって、アラブやフランスの船を掠奪して餌食にしたりすることもあれば、珊瑚やビーズ、その他の産品と交換して、よその奴隷市場で使うためのインドの布や衣服、帆布、武器、弾薬を手に入れることもあった。というのも、マダガスカルはさておいても、アメリカ人たちは、モザンビーク、ベラ・ゴア湾、スワヒリ沿岸、それに――デフォーの言うことを信ずるとすれば――モガデシュでさえ、交易をおこなっていたのである。その船倉には、欠かすことのできなかった武器やラム酒に加えて、その他多くの種類の品物が含まれていた。諸産品が、フランスやオランダおよび本国イギリスの競争相手によって、いったいいくらで、またどこで取り引きされているかがわからなかったからである。（Barendse 1997 第一章）

ヨーロッパ

銀および金地金を輸入し、そして再輸出したのは、主に西ヨーロッパおよび南ヨーロッパであった。彼らは、両アメリカとアフリカを除くすべての地域に対して、慢性的で巨額の構造的な貿易赤字を抱えており、地金の輸入と再輸出によって、それを補塡していたのである。もちろん、ヨーロッパ人は、アフリカや、とりわけアメリカの地金を、たいした対価も払わずに手に入れることができた。そしてその対価の多くについて、彼らはその手段として、アジア産品の再輸出で供給した。西ヨーロッパは、バルト地域や東ヨーロッパに対して、貿易赤字を計上しており――したがって両地域に対して、多くの銀およびある程度の金を再輸出しており――その流れは、西アジアへ、さらに直接にないしは西アジアを経由してインドへ、さらにまた直接にないしはインドを経由して東南アジアへ、そして以上すべての地域を経由して、また日本から中国へ、と続いたのである。

金と銀がヨーロッパの総輸出額の三分の二をくだることは決してなかったということが、ヨーロッパの構造的な貿易赤字の存在を示す、ひとつの指標となっている (Cipolla 1976: 216)。たとえば、一六一五年にオランダ東インド会社によって輸出されていたすべての積荷の総価格のうち商品はわずか六パーセントであって、残り九四パーセントは地金であった (Das Gupta and Pearson 1987: 186)。実際一六六〇年から一七二〇年の六〇年間以上にわたって、オランダ東インド会社がアジアへ輸入した総額のうち、平均して八七パーセントを貴金属が占めていたのである (Prakash 1994: VI-20)。同様の理由によって、イギリスの政府は、工業家その他、「輸出振興」に関心を持つ階級を代表しており、イギリス東インド会社はその総輸出額の少なくとも一〇パーセントに、地金ではなく輸出製品を含ませるよう、その憲章において定めている。それにもかかわらず、東インド会社が輸出品の市場を見つけ出すことは、このような控えめな額に対してでさえ、慢性的に困難であり、またその輸出の大部分も西アジアどまりで、そこからさらに東へは、買い手がつかなかった。時代が下ると、上質黒ラシャ生地が少量、インドでも用いられるようになったが、それは服地としてではなく、敷物や馬の鞍などといった家具や軍用品に用いられたのである。ヨーロッパからの輸出品の大部分は、金属および金属製品であった。一〇パーセントという輸出数量割り当てさえ満たすことができず、東インド会社は、輸出「総額」を減らすために、請求明細を水増ししたり、間引いたりするという手段に訴えなければならなかった。そのようなことは、アジア製品の輸入のための財源をアジア域内で調達しなければならないという恒常的な圧力下で行なわれた。つまり、東インド会社はアジア域内「カントリー・トレード」を行なっていたのであり、それはアジア―ヨーロッパ間交易よりも、ずっと発達していて利益の多いものだったのである。

まとめていうと、ヨーロッパは世界経済ののなかの周縁的な参加者にとどまっていたのであり、アメリカの貨幣財を比較的容易で安価に入手できたにもかかわらず、恒常的な債務に悩まされていたのである。このアメリカからの貨幣がなければ、ヨーロッパは世界経済へのいかなる参入をも、ほぼ完全に排除されてしまっていたであろう。ヨーロッパは、新しく収入と富の源泉を見つけたことで、ある程度域内の生産を増大させ、それはまた、ある程度の人口増加を支持することにもなった。それによって、十五世紀のヨーロッパは、十四世紀の破滅的な衰退から立ち直り始めたのである。そして、以来二世紀半にわたって、ヨーロッパの人口は年平均約〇・三パーセントの割合で増加していき、結果として一五〇〇年には六〇〇〇万人強であった人口は、一七五〇年には倍の一億三〇〇〇万から一億四〇〇〇万人に達していたのである。しかしながら、ユーラシア全体の水準から見れば、ヨーロッパの人口増加は、相対的にゆっくりとしたものであった。というのも人口増加は、アジア全般においておよび個別的には中国やインドにおいて、有意な差をもってヨーロッパよりも速く、また総数もずっとヨーロッパより多かったからである（二九八〜九ページ**表4―1**および**4―2**参照）。

西アジア

西アジア（あるいは、もっときちんと言えば、オスマン帝国、ザファヴィー朝ペルシアおよびその隣接諸地域にまたがって散在する多くの異なる諸地域および諸都市）は、その内部で互いに連動している生産および流通の拠点を擁している。オスマン帝国の人口は十六世紀に伸びたが、その後水平化し、ユーラシア全体の水準からすれば、西アジア全体の人口は、むしろ約三〇〇〇万人で安定したままであったように見える（**表4―1**参照）。

記憶を超えた過去から、西アジアは、その占めている場所のおかげで、バルト地域／ロシア／中央アジアとアラビア／エジプト／東アフリカを両端とする南北間で、また特に、環大西洋／西アフリカ／マグレブ／ヨーロッパ／地中海各地の経済的中心と南アジア／東南アジア／東アジア全体とを結ぶ東西間で、流通と移民の転車台のようになっていた。生産の中心は広範な地域に散在しており、それらをむすぶ交易、またそれらとその外部の世界とを結ぶ交易が、海路・陸路両方に広がっていた。交易路のなかには、海路、陸路および河川を組み合わせたものもあり、西アジアの多くの都市で、荷の積み替えが行なわれた。何世紀にもわたって、アジアとの往来を結ぶペルシア湾ルートは、あらゆる方向から行き来する隊商や河川・海上交易の合流点および積み替えセンターとして、バグダッドを好んで利用してきた。それにかわるものとして、長年の競合関係にあったのが、紅海ルートであり、そこでは、カイロやスエズ地域、それにインド洋付近ではもちろんモカやアデンが好んで利用された。交易は、主としてアラブ人およびペルシア人商人の手にあったが――それはアジアの他の地域でも同様である――特にペルシアに拠点を置くアルメニア人の交易ディアスポラも活躍していた。

オスマン帝国

オスマン帝国が、それ自体としてひとつの世界であり、「ほとんどひとつの要塞」(Braudel 1992: 467) であったというヨーロッパ的な見方は、事実というよりはむしろイデオロギーに基づくものである。さらに、オスマン帝国は軍事的官僚制に足をとられて発展しそこなったという「伝統的な」ヨーロッパ中心主義的評価は、ヨーロッパの商業的利害と野心に対して、オスマンの存在が非常に現実的な商業上の競合相手として現れたことの表現である限りにおいてのみしか、歴史的現実を反映してはいない。右に引いた同じブローデルは、オスマン帝国を「交易の十字路」と呼んではいるが、世界経済におけるその位置的・機能的重要性は、ブローデルのようなヨーロッパ人の認識より、はるかに大きいものであった。

事実、オスマン帝国は、ヨーロッパとアジアの間の地理的・経済的な十字路を占めており、それを最大限利用しようとしていた。香料と絹の東西貿易は、陸路および船舶でオスマン帝国領を通って続けられた。コンスタンチノープルは、ビザンツ帝国時代にその基礎ができて以来、一千年もの間にわたって、南北及び東西交通の主要な十字路として発展しており、その役割に都市の生命がかかっていた。それがゆえに、オスマン帝国もこの都市を征服しようという魅力を感じたのである。征服によって、コンスタンチノープルはイスタンブルと改称され、その人口は、六〇～七五万人にもなった。それは西アフリカおよびヨーロッパのいかなる都市よりも、はるかに大きな都市であり、世界全体でみても、最大規模の都市であった。全体として、オスマン帝国は、ヨーロッパより都市化が進んでいた（Inalcik and Quataert 1994: 493, 646）。他の主要な交易の中心としては、ブルサ、イズミル、アレッポ、カイロがあった。これらの都市は互いに、交易ルートを巡って競争していた。カイロの経済的繁栄は常に、ペルシア湾の代替ルートとしての紅海ルートが鍵を握っていた。十八世紀末になると、カリブ産とアラビア産のコーヒーの競合によって、カイロの繁栄は掘り崩されてしまった。

もちろん誰しもとおなじく、オスマン帝国も、中継貿易を通して得られる利益という金の卵を産む（ないしは、少なくとも呼び寄せる）ガチョウを絞め殺したりなどしようとは思わなかった。特に重要だったのは貨幣の中継貿易であり、しかもそれは、西から東へ通りぬけていく「大量の金銀の移動に対して脆弱で、それによってしばしば逆効果をうけたオスマン帝国の貨幣システムが、世界経済および世界貨幣流通の発展から深刻な影響をこうむって」（Pamuk 1994: 4）さえ、やはり重要であったのである。さらに、オスマン帝国は、西でヨーロッパと結合していただけではなく、北ではロシアと、そして東ではペルシアとも直接の結びつきを持っていた。

> 抜きがたい経済的相互依存によって、［オスマン帝国とペルシアの］双方はともに、戦争の最中にあってさえ、緊密な交易関係を維持することを余儀なくされた。……ヨーロッパにおける絹織物の使用および絹産業の拡

大が持ったインパクトを過少評価することはできない。それは、オスマン経済およびイラン経済が発展する構造的基盤を形成した。両帝国は、ヨーロッパとの絹交易から、その歳入と銀保有高の相当部分を引き出していた。……オスマン帝国の絹織物産業は、イランからの生糸輸入に依存していた。……ブルサは、十四世紀における世界の交易ルートのネットワークの革命的な変化の結果、生糸ばかりでなく、東西間の他のアジア産品の交易の世界市場となった。〔そして、少なくとも十六世紀を通じてずっとその地位にとどまり続けた〕

(Inalcik and Quataert 1994: 188, 219)

しかしながらさらに、オスマン帝国の宮廷も、それ以外の者も、遠く中国からの大量の輸入品を購入するだけの資金源を――そして大陸横断交易の道筋をも――また別に持っていた。今日、たった一つのコレクションで一万点以上にも上る陶磁器が、その証拠のひとつである。

オスマン帝国の富はまた、各地方および地域《リージョン》の実体経済上の生産・流通と、間地域《リージョン》的・国際的に展開した特化・分業・交易から、引き出されたものでもあった。オスマン経済は、地区間、地域《リージョン》間、およびさらには国際的にも、相当な労働力移動を伴っており、それは、さまざまな公企業、私企業、及びさまざまな半公企業の間で、産業部門間で、地域《リージョン》間で起こった。その研究としては、フリ・イスラモグル‐イナン (Huri Islamoglu-Inan 1987) やスライヤ・ファロキ (Faroqhi 1984, 1986, 1987) による絹、綿、それらの織物、皮革および皮革製品、農業全般、鉱工業についてのものがある。例えばファロキは、以下のようなまとめをしている。

第一に、単純な綿糸の織布は、多くの地域で農村で行なわれる仕事であった。第二にそれは、市場との密接なつながりをもって行なわれた。原料は、少なからぬ場合において、市場で調達されなければならなかったし、遠方にいる製品の買い手とのつながりも確保されなければならなかった。ついでにいえば、文書をさらに調べると……ここには、有利な投機のチャンスがあったことがわかるのである。(Faroqhi 1987: 270)

さらに、オスマン帝国は、西方にも東方にも拡大していた。この拡大は、政治的・軍事的な動機からのみ行なわれていたわけではなく、実際には、第一に経済的な動機から行なわれていたのである。ヴェネツィアにせよ、フランスにせよ、ポルトガルにせよ、ペルシアにせよ、アラブにせよ、とにかく何にせよ誰しもとおなじく、常に主要な交易ルートを転換させたり、制御させたりしようとしていた。彼ら、とりわけ国家の生計が、そこから引き出されていたからである。そこにおいてのオスマン帝国の主なライヴァルが、とりもなおさず、西のヨーロッパ諸国であり、東のペルシアだったわけである。オスマン帝国のムスリムは、バルカン及び地中海のヨーロッパ人キリスト教徒と戦い、実際彼らに取って代わろうとしたが、それは、その地が経済的に最もうまみのあるところであったからである。その利益にあずかろうとすれば、地中海を抜ける交易ルートの支配に手を染めざるをえないのは明白である。しかしながら、バルカンはまた、材木、染料用木材、銀、その他の金属の主要な産地でもあったし、エジプトの征服によって、スーダン及び他のアフリカから出る金がオスマン帝国に供給されることも保証された。

このような問題設定への、より広い世界経済的パースペクティヴからの現実主義的なアプローチが、パルミラ・ブラムメット (Brummet 1994) によって提起されている。彼女の研究は、オスマン帝国の海軍、その他の軍事政策は、第一には商業的であったオスマン帝国のその地域における利益、及び世界経済へ展開する野心に付随したものであって、そのための突破口を開く道具であったというものである。

オスマン人たちは、帝国の勃興の背景であったレヴァント交易のネットワークというものを意識して、そこに参加していた。オスマン人の国家は、その野心、商業的な行動、および普遍的主権の主張を基礎として、ヨーロッパの諸国家に比することができる。オスマン国家は、商人として行動し、利益を追求して、政治的目標を設定し、その目標は高められていって、さらに追求された。その具体的な目標物には、商業交易港や生産拠点の奪取と搾取が含まれている。……パシャ（軍司令官）やヴェジール（高級行政官僚）は、交易を蔑視するどころか、商売をする機会をうかがい、そのような機会からたどりうる富の獲得・確保を心がけていたのである。……オスマン王家の出や、〔王家とつながりのある高級行政 - 軍事階級である〕アスケリの出の人間が直接、交易……特に、安定した遠距離穀物輸出に、参加していたという証拠もある。……同様に重要なものとして、銅、材木、絹、香料の交易へのオスマンの投資がある。オスマン人たちが、領土的な征服の可能性よりも、東方交易を掌握するという見とおしの方に魅力を感じていたのは明らかであるし、国家機構を成す官僚たちも、商業的な富を求めて征服を行なうよう、スルタンに勧めていた。オスマン海軍の発達は、そのような富の獲得と保護を目的としていたのである。（Brummet 1994: 176, 179）

東方については、南アジア交易により大きなシェアを占めようとするオスマンの野望にとっての、最初の障害として、エジプト及びシリア出身のマムルーク商人たちがいた。もっとも、多くのマムルーク商人は、急速に追い落とされていった――ポルトガルの支援があったのである。アラブ人商人もオスマン主権下において、インド洋交易を続けており、その地で交易に携わるトルコ人はほとんどいなかった。特に東方におけるトルコ人による交易にとっての、次の大きな障害は、サファヴィー朝ペルシア帝国であった。この障害は、ペルシアに対するオスマン - ポルトガル間の政略的な戦術同盟まで結んで、オスマン - サファヴィー間の諸戦争が戦われたにもかかわらず、決して取り除かれることはなかった。そんな有り様でもなお、ポルトガルは、インド洋における自己の野望を持っていた。彼らは、オスマンとペルシアの両者に対して、両者と同じ交易を求めて争っていたのである。実際、ポルトガルの介入によって、絹交易におけるヴェネツィアの独占的地位は、相当程度に排除され、オスマン帝国が、少なくともレヴァント交易においては、実質的な独占的地位を確立する上でも、役に立ったのである（Attman 1981: 106-7, Brummet 1994: 25）。

このように、何にもまして商業的優位を追求して行なわれた、流動的で戦術的な、外交・政治・軍事同盟及び競争的な作戦行動や実際の戦争は、一方に西方のキリスト教、他方に東方のムスリムが対峙して共有しているかのように言われる前線と利害関係が神話に過ぎないことを図らずも露呈している。ムスリムたち（マムルーク朝、オスマン朝、ペルシア、及びインド）は、互いに戦闘をしていたし、それぞれ異なるヨーロッパの国々と、合従連衡を繰り返していた（例えば、ポルトガル、フランス、ヴェネツィア、ハプスブルク）。そして、そのヨーロッパの国々もまた、みな互いに同じ目標を求めて争っていた。すなわち利潤が追求されていたのである。ムスリムであるペルシアのシャー・アッバース一世は、共通の敵であるオスマンのムスリムに対して同盟を結ぼうと、キリスト教のヨーロッパへ使節を、繰り返し送った。また後には、イギリスに交易特権を与え、その代償に、ホルムズからポルトガル人を駆逐する手助けを要請している。しかしながら、それ以前にあっては、ポルトガル人が、ムスリムのインドから、ムスリムのサファヴィー朝へ武器を供給しており、それは、ムスリムのオスマンと戦うために使われたのである。

というわけで、都合の良いときにだけ、「宗教的な修辞……は、ヨーロッパ‐アジア圏で勢力争いをしているすべての者によって用いられた戦略であった。それは、主権の主張を正当化したり、軍事的および大衆的支持を結集したり、また競合する他の諸国家の主張をバラバラにしたりする上で役に立った」（Brummet 1994: 180）。このポインドが当てはまる例としては、ムスリムのオスマン帝国と、インドのグジャラート、およびアチェのスマトラ人との間で結ばれた同盟がある。オスマン帝国は、三者共同の商業上の競争行動の一部として、ポルトガルに対して海軍の大艦隊を送ったのである。これもまた図らずも露呈していることだが、このような流動的な同盟関係や万人の万人に対する戦いという「ビジネス」は、また別の興味深い意義を持っていた。すなわち、ヨーロッパの国家と非ヨーロッパの国家とで、国際関係上の行動に違いがあるという主張には、事実として、なんの根拠もないということである。これによってまたひとつ、ヨーロッパの「例外性」についてのヨーロッパ中心的な寓話が廃棄されよう。

かくして、結論として我々は、従来の言われてきたこととは逆に、ファロキによる以下の要約に同意せざるをえない。

> オスマン‐イラン間流通やオスマン帝国内の地域間交易とならんで、オスマン帝国とインド亜大陸との間の交易は……〔概して〕アジアの陸路を用いており、オスマン帝国がそのルートを支配していたことが、ヨーロッパによる経済的な浸透を食い止めていたのである。……オスマン帝国とムガール帝国とは、ともに「火薬《ガンパウダー》帝国《エンパイア》」というカテゴリーに入れられてきたが、両者はもっと重要な特徴を共有している。すなわち、両者はともに現金徴税帝国であり、対内交易も対外交易もなしに、それ自体として存立することは不可能だったということである。
>
> (Faroqhi 1991: 38, 41)

サファヴィー朝ペルシア

おそらく、その地理的な位置によって、より強力な交易上の立場を得ていたことと、自国に貨幣――オスマン帝国でも流通した――を鋳造するための銀の産出があったことという二つの原因で、ペルシアは比較的、外的影響に対する脆弱さを免れていた。

諸々のルートがイラン高原で交差していた。東西に中央アジアのステップとインドの平原と地中海の諸港とを結び付け、南北に河川を下ってロシアからペルシア湾岸へといたり、東インド、インドおよび中国からの交易品をヨーロッパへと運んだ。道路に沿って、主要な町が立ち並び、その場所は政治的のみならず、地理的・経済的要因によっても大きく左右された。主要な交易ルートが、その重要性の程度に波がありながらも、ほぼ一定してずっと使われつづけていたことは、特筆できることである。

(Jackson and Lockhart 1986: 412)

さらに、ペルシアの陸上交易と、海上交易とは、競合関係にではなく、むしろ相互に補完関係にあった。それは、我々がすでにサハラのケースで見たのと同様であり、あとで見るようにインドでもそうである。実際、インドとペルシアとの間の隊商交易は、十八世紀を通じて繁栄し、海上ルートに劣らぬ量の商品を運んでいたのである。商人たちも、積荷の一部をカンダハールほかの内陸交通の中心地を通じて発送し、別の一部をホルムズ／バンダル・アッバスを通じて〔海上から〕発送して、リスクを分散させていた (Barendse 1997: I)。

ホルムズでは、ポルトガルがそこに達するずっと以前の十五世紀中半の記録に「七つの気候からの商人」(Jackson and Lockhart 1986: 422) が到着したとの報告がある。彼らは、エジプト、シリア、アナトリア、トゥルケスタン、ロシア、中国、ジャヴァ、ベンガル、シャム、テナセリム、ソコトラ、ビジャプール、モルディヴ諸島、マラバル、アビシニア、ザンジバル、ヴィジャヤナガル、グルバルガ、グジャラート、カンバヤ、アラビア、アデン、ジッダ、イエメン、そしてもちろんペルシア中の各地から到着した商人たちである。彼らは、自分の持つ商品を交換しあったり、現金での売買を行なったり、またそれより量は少ないが、信用取引も行なった。商人の地位は高かったのである。ペルシアによるインドおよび東方との交易は、十五世紀の末に極盛を迎えた。ペルシアは、西アジアにおける絹の一大生産者にして輸出者となった。そのコストは、中国や、後のベンガルよりもさらに低かったのである（Attman 1981: 40）。ペルシアの絹を輸入したのは、主にロシア、カフカス、アルメニア、メソポタミア、オスマン帝国、そしてオスマン経由でヨーロッパであった。この絹交易によって、ペルシアの生産者にとって銀その他の収入となる、ロシア、ヨーロッパ、オスマン帝国からの重要な収益が生み出され、またオスマンの仲買人にも利益をもたらした。シャー・アッバース一世（一五八八―一六二九）、および彼の後継者たちは、交易を促進・保護するためにできることなら、何でもした。オスマン帝国とも戦ったし、オスマン領で戦争に巻き込まれたアルメニアの職人や商人を、領内に連れてきて、これを保護したり、ホルムズをポルトガルから奪還することもした。一六一五〜一八年のオスマン‐サファヴィー戦争や、実際には、一五七八〜一六三九年の間に断続的に続いていた両帝国間の他の紛争も、絹交易およびそのルートの選択肢の支配をめぐる争いだったのである。ペルシア側は、オスマンの仲介を回避しようとし、オスマン側は、仲買の地位を確保しようとした。その後、ペルシアは、ますますインド洋をまたぐ東向きの交易に転じていき、一七二三年にサファヴィー朝が滅ぶと、シリアの絹が、ペルシアのものに取って代わった。

ペルシアおよびその周辺で、最初に交易をしたのはポルトガル人であり、次いでその後にやってきたのは、オランダ人であった。ペルシアの絹と、若干の羊毛が、ヨーロッパ側からの主たる需要品目であった。ヨーロッパ側は支払いに、アジアの香料や綿織物、陶磁器、その他のさまざまな品物、及びヨーロッパの金属製品――そして金――を用いた。ヨーロッパ人とペルシアのシャーや民間の商人との間で慢性的に頻発する商業上の摩擦は、しばしば外交的摩擦、時には軍事的な紛争まで引き起こした。しかしながら、ヨーロッパ人は概して、自分たちの言い分を通すだけの商業上の交渉力《バーゲニング・パワー》も、政治的・軍事的な力も欠いていたのである。

> 例えば、オランダ東インド会社によって、ペルシアが世界規模の交易の連鎖に従属させられたなどと言うのは、当時のオランダ人にも、ペルシア人にも共有されていない信念を述べているに過ぎないことである。つまり、歴史的現実というものを見なければならないときがあるということだ。……〔このことは〕ヨーロッパがペルシアに注文をつけていたのではなく、むしろ逆だったということを示している。……そのような状況に直面すれば、ヨーロッパ人は、行動を起こすことはあり得たし、実際、そういうことはあったわけだが、東インド会社がペルシアに存在した全一四〇年間を通じて、彼らの状況を構造的に改善するようなことは、なし得なかったのである。
>
> (Floor 1998: I)

西アジア全体の交易を概括すると、ヨーロッパに対しては黒字、南アジア、東南アジア、東アジアに対しては赤字であったということになる（恐らく中央アジアに対しても赤字であった）。この方面へは、圧倒的に銀が東向きに流れていたが、金は西向きに流れていた。西アジアは、東方との貿易赤字を、特にアナトリアとペルシアで産する自領内の金および銀だけではなく、ヨーロッパ、およびマグレブとそれを介した西アフリカとの交易における黒字から引き出した地金、さらに東アフリカからの金を再輸出することで埋め合わせていたわけである。一六二一年のある記録には、以下のような観察が記されている。

> ペルシア人、ムーア人、そしてインド人は、アレッポ、モカ、アレクサンドリアでトルコ人と、生糸、薬

品、香料、インディゴ、キャラコなどを取引している。彼らは、これまでいつも、そして現在もなお、現金収入をあげている。その他の品物で、彼らが外国から手に入れたいと思うようなものはほとんどない。そのような品物の取引は、年に一回まとめてやってしまうのだが、その額は四万ないし五万ポンド〔すなわち、右に挙げた正金で支払いが行なわれなければならない輸入品の費用のたった五パーセント相当〕がせいぜいである。

(Maters 1988: 147から再引用)

それにもかかわらず。チャウデュリは下のように述べている。

〔西アジアの〕イスラム世界が、恒常的な貿易赤字に苦しんでいたのか否かは論争の余地がある。インド、インドネシア諸島および中国との交易が、貴金属・金・銀の輸出でまかなわれていたことは、ほとんど疑いない。〔しかしながら〕中東は、西方のキリスト教圏や中央アジア、東アフリカの都市国家からは、財政に余剰をもたらされていたように思われる。収支の出超は、物的には、財宝の形をとった。そして富の蓄えとして、そこに留まらなかったものは、再び東向きに、流れ出していたのである。

(Chaudhuri 1978: 184-45)

インドとインド洋

ネックレスのようにアジアにぐるりと立ち並び、商業の中心地となる港市を、視覚的に表してみよう。(一七六ページ**地図2―4**参照)

これらの港市の中で最も重要なものを、時計回りに列挙すると、アデン、後にモカ、ホルムズ、カンバヤ湾のいくつかの都市（時期によって異なるが、ディウ、カンバヤ、スーラト）、ゴア、カリカット、コロンボ、マドラス、マスリパタム、マラッカ、アチェとなる。どれも、時期によって、その重要度を高下させているのは間違いないが、ある共通の特徴について指摘しておくことができる。これらの都市のすべてにおいて、その住民構成がきわめて多様であるということである。そこには、たいてい、インド洋および、場合によってはその外からも、主要な海民コミュニティを代表する者が含まれていた。すなわち、マラッカにおける華僑、大多数の場所にいたヨーロッパ人。……またこれらの港はすべて、積み替えの中心としても機能した。ホルムズやマラッカのように、内陸地が生産力に乏しいいくつかの都市では、その都市の役割は、ほとんどこれに限られていたわけだが、輸出港もやはり、商品のよそへの転送を行なった。政治的には、これらの港市はすべて、大きな、あるいは少なくとも必要程度の自治を有していた。完全に独立した都市もあったのである。(Das Gupta and Pearson 1987: 13)

このインド洋の地理的・経済的中心は、インド亜大陸そのものである。その多くは、ムガール帝国による征服以前から、高度に発達しており、世界の繊維産業において、すでに支配的な地位にあった。しかしながら、ムガール帝国の財政が農業およびそこからの税収に依存しているといわれているにもかかわらず、その征服によって、インドはさらに統合され、都市化され、商業化されたのである。事実、十七世紀には、アグラ、デリー、ラホールといったムガール帝国の中心都市は、それぞれ五〇万程度の人口を有していたし、先に列挙したような商業港を持つ港市のなかには、それぞれ二〇万の住民をかかえるものも一つならずあった。都市化の進展によって、五千人以上の都市の比率は、人口の一五パーセントに達した。これは、後の十九世紀におけるインドの都市化より

地図２―４　インド洋地域　1400〜1800年の主要交易ルート

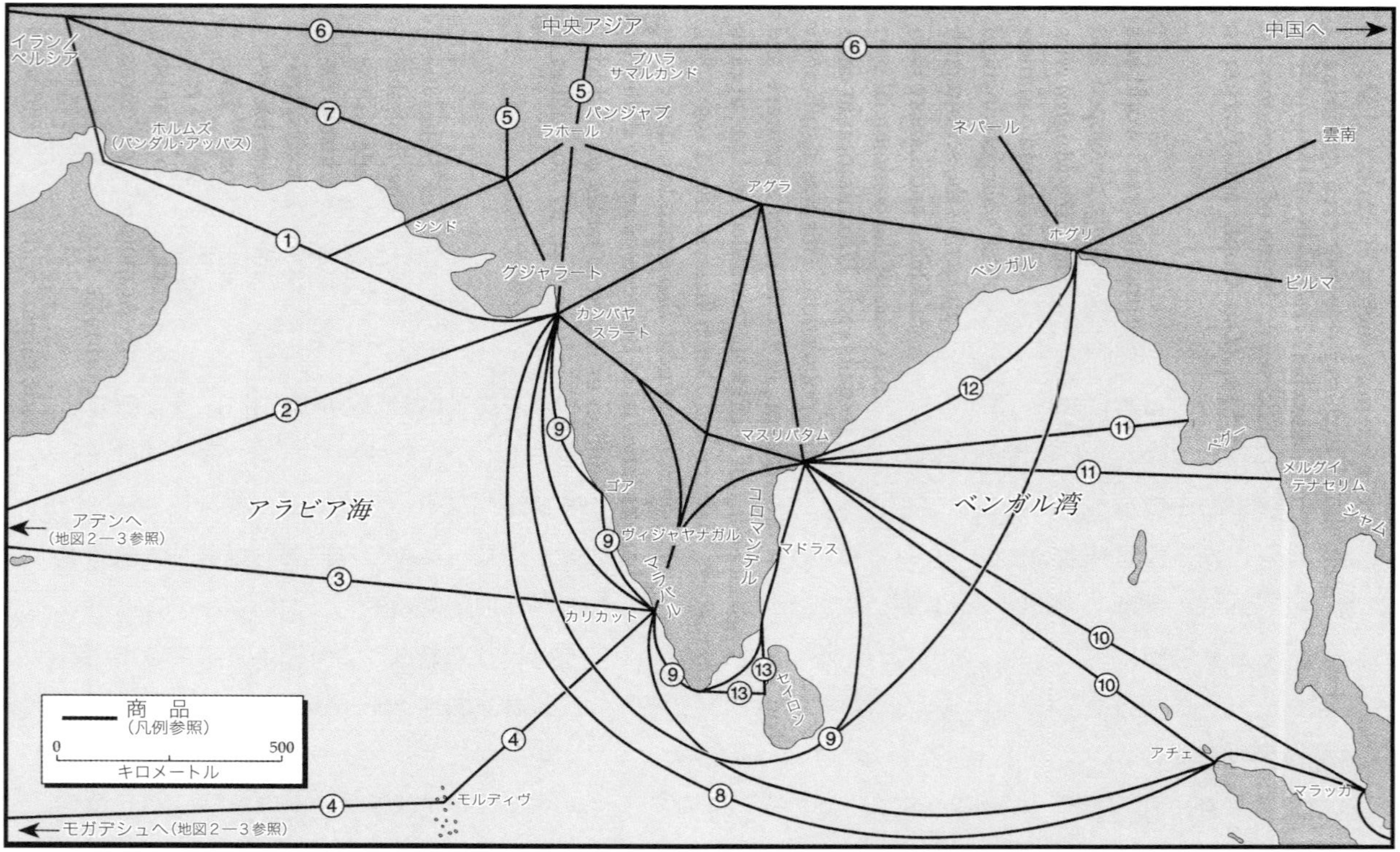

地図2—4　凡例

（地図２—３及び２—５の凡例も参照のこと）

ルート	西回り	東回り
①インド - 西アジア	綿織物・染料・藍・絹・絹織物・鉄・鋼鉄製品・家庭用品・木製品・ガラス製品・米・豆類・小麦・油・［香料・胡椒・陶磁器］・芳香材・お香・肩かけ・毛布・紙・ゴム紐・硝石	染料用木材・塩・真珠・鉱物・金属／金属製品・銅・木材・馬・じゅうたん・奢侈品・果物・ナツメ・武具・珊瑚・バラ水・銀
②グジャラート - 湾岸地帯	①に同じ	ぶどう酒・アヘン・真珠・芳香材・お香・銀・金
③マラバル - 湾岸地帯	胡椒・米［香料］	金
④マラバル - 東アフリカ	米・タカラガイ	象牙・奴隷・魚・金
⑤グジャラート／パンジャブ - 中央アジア	（北行き）綿織物・絹織物・豆類・米・小麦・藍・タバコ	（南行き）馬・ラクダ・羊・綿
⑥西アジア - 中央アジア - 東アジア	絹・茶	馬
⑦グジャラート - シンド - パンジャブ - 西アジア	綿織物・小麦・藍	銀
⑧グジャラート - 東南アジア	香料［砂糖・絹・陶磁器］・金	綿織物・サンゴ・銅・ガラス［アデン・湾岸地方からの再輸出品］・銀
⑨インドの地域間（図は完全ではない）	パンジャブ，シンド，グジャラート，マラバル，ヴィジャヤナガル，コロマンデル，ベンガル間の陸上及び海上交易ルートでは，大半のインドの主要産品が交換されていた。	
⑩コロマンデル - 東南アジア	錫・砂糖・金属・象［陶磁器・絹］・金	綿織物・奴隷・米・ダイヤモンド・銀
⑪コロマンデル - ビルマ／シャム	錫・象・木・銀	綿織物
⑫コロマンデル - ベンガル	絹・綿織物・米・砂糖	
⑬セイロン - インド	象・肉桂・宝石・真珠	米

もかなり高い比率であり、ポルトガルが支配したマラッカや、オランダが支配したバタヴィアのようなアジアにおけるヨーロッパ支配の飛び地都市の人口である三万人を、はるかに凌駕している（Reid 1990: 82）。インド亜大陸の総人口も拡大し、一五〇〇年から一七五〇年の二世紀半の間に、五四〇〇〜七九〇〇万人から一億三〇〇〇万〜二億人へと、二倍以上の増加を示した（二九八〜九ページ**表4―1**および**4―2**参照）。一五〇〇年ごろに一億人程度、一六〇〇年で一億四〇〇〇万〜一億五〇〇〇万人、一八〇〇年には一億八五〇〇万〜二億人とする別の試算もある（Richards 1996）。

インドに目をむけて、チャウデュリは以下のように説明している。

> 全体としてみると、インドの隊商交易および海上交易は、輸入よりも輸出を志向していた。収支の黒字は、貴金属となって定着した。……インドの対中東交易は、圧倒的に財宝の輸入で占められており、ちょうど、東南アジアへの輸出が、香辛料、芳香料、中国の物品の輸入で帳消しになっているのと同様であった。……亜大陸から、ジャヴァ、スマトラ、マラヤ、中国方面への銀の再輸出さえ、相当にあったのである。……綿織物は、大量にマニラに輸出され、そこから、アカプルコへのガレオン船交易を通じて、スペイン領アメリカへ送られた。その対価は、大体において、銀で支払われた。（Chaudhuri 1978: 185）

つまりインドは、より効率的で低コストな綿織物生産、及びもちろん輸出用の胡椒に大体の基礎を置いて、ヨーロッパに対して莫大な、そして西アジアに対してもある程度の貿易黒字を計上していたのである。これらの商品は、西回りに、アフリカ、西アジア、ヨーロッパへと流れ、さらにそこから、大西洋を渡って、カリブ海から両アメリカへ送られた。しかしながら、インドはまた、米、豆類、植物油のような日用食料の輸出も行なっていた。

その輸出は、西行きでは（それは、紀元前三千年紀の昔からずっとそうだったのだが——Frank 1993参照）、ペルシア湾及び紅海の諸貿易港（この地域は、穀物供給も、エジプトに頼っていた）へ、東行きでは、マラッカその他の東南アジア地域へ向かった。そして、その対価として、インドは、莫大な量の銀と、ある程度の金を受け取った。その金銀は、西洋から直接、喜望峰経由でくることもあったし、西アジア経由でくることもあった。もちろん、西アジア自体からも金銀を受け取った。モカ（コーヒーにその名がついている）は、そこから来る銀のおかげで、「ムガールの宝石箱」と呼ばれた。インドは、自領ではほとんど銀を産さないため、輸入された銀は、ほぼ貨幣に鋳造されるか、再輸出され、金は、おなじく鋳貨（パゴダ貨）や金細工にされたり、退蔵されたりした。

インドはまた、東南アジアに対して、綿布を輸出し、香料を輸入していた。同じルートで、綿布と中国の絹及び陶磁器も取引された。しかしながら、インドは、東南アジアとの交易においては、赤字であったようである。少なくとも、インドは、同方面、特に中国に対しては、銀の再輸出を行なっていた。もっとも、この莫大な量の交易は、アラブ人や東南アジア人——彼らもムスリムであった——の担い手もある程度いたとはいえ、ムスリムのインド人の手に握られて、インド船で行なわれていた。どの国のものにせよ、ヨーロッパ船のシェアは、十八世紀に成長してきたとはいえ、非常に小さなものであった。しかも、その船は、商人のみならず、アジア人の船長や船員まで雇っていたのである。(Raychaudhuri and Habib 1982: 395-433, Chaudhuri 1978)

内陸交易は、水路と陸路の両方で流れていた。短距離運搬船（すなわち小さなボート）による輸送は、インドの沿岸をぐるりととりまいて、どこにでも見られるものであった。内陸水路は、インドの多くの場所、特に南部で利用可能であった。北部でも、カシミール、タッタ、ラホール、アラハバード、ビハール、オリッサ、ベンガルなど、多くの地方で、積み出し港が建設された。隊商は、一度に一万から四万もの積荷および／あるいは同数の牽引用の動物を連れて、陸路を移動した。右に挙げたすべての地点の組み合わせが亜大陸を交差して、遠距離海上交易との積み出しおよび積み下ろしに接続していた。「陸上と海上の活動との関係が対称を描いているのがわかる。大部分の時代において、海上の活動が陸上の活動に及ぼす影響は、その逆よりも小さかった」(Das Gupta and Pearson 1987: 5)。ほとんど全ての港市は、それぞれの内陸後背地へ出入りする隊商ルートと有機的な共生の関係にあった。特に中央アジアにおいては、時として、大陸をまたいで遠く離れた地域とそのような共生関係にあることもあったのである。実際、チャウデュリ（Chaudhuri 1990a: 140）は、大陸の陸上交易とインド洋交易とは、互いを鏡映しにしたようなものとして見るべきではないかと述べている。

南インドでは、内陸の中心都市であるヴィジャヤナガルが、長らく西ではゴア、南ではカリカット、東ではコロマンデル海岸に面したマスリパタム、プリカットとの相互交易の焦点となっていた。これら、およびその他多くの港市は、そして後背地を全く待たないか、比較的に生産力に乏しい後背地しか持たない港市はもちろんのことそうなのだが、日用食糧の輸入に、高度に依存していた。そのような日用食糧は、どちらにせよ海岸線をたどったところにある他の港市を通じて入って来たわけだが、数千マイルも離れた、米やその他の穀物の生産地に接続している他の港から入ってくることもしばしばであった。さらに、先に名前を挙げた港市はどれもこれも、またヴィジャヤナガルも含めて、いずれも北部と陸路によるむすびつきがあり、ハイデラバードやブルハンプルといった内陸の中心地とも、また西インドのスーラト港（別の時代にはカンバヤ）とも接続していた。これらの都市・港市は、また一方ではパンジャブ地方や中央アジアへの集散地となっていた（詳細については Subrahmanyam 1990参照）。もっとも、

中央アジアの交易は、そのような海との直接の結合がなかった。にもかかわらず、地域全体としては、インド洋のモンスーン地帯付近の人々の生活に死活的な影響を与えていたのである。直接の関係という観点か

らすると、中央アジアの隊商交易は、ユーラシア大陸をまたぐ海上通商と補完的な関係にあったわけである。

(Chaudhuri 1985: 172)

さらに、ネパールとチベットを介して、インド‐中国交易があった。その歴史は、当時ですでに一千年を越えるものであった。ベンガルとアッサムは、織維製品、インディゴ、香料、獣皮、その他の品物を、チベットへ輸出して、その地の商人に売り渡し、彼らは、それを中国へ持っていって売りさばいた。支払いは、中国の物産や茶で行なわれ、金で支払われることもしばしばあった (Chakrabatri 1990)。(私は、これらの中央アジアルートのいくつかについて、および、その「シルクロード」の歴史について、Frank 1992で論じたことがある。中央アジアについては、本章のあとの方で独立の節を立てて論ずる。)

インド内のさまざまな地域同士でも、交易はあり、それぞれに赤字・黒字があった。沿岸部の主要地域(グジャラート、マラバル、コロマンデル、ベンガル)は、全て互いに——加えてまたセイロンとも——交易関係があり、外洋をまたぐ海上交易や大陸をまたぐ隊商交易の集散地として、互いに利用しあっていた。またこれら諸地域は、内陸インドへの「輸出者」としては、それぞれの市場が重なり合っており、互いに競合関係にあった。しかしながら、一般的には、内陸部は沿岸諸港に対して輸出超過にあり、取引の結果として、港やその周辺で、輸入された物品や、輸入された地金(ないしは、鋳鎔かされた外国貨幣)から鋳造された貨幣を受け取っていたのである。銀は、北のムガール帝国に統治されている地域へ流れる傾向があり、金は南へ、特にマラバルやヴィジャヤナガルへ流れた。以下、本節は、インドの主要諸地域をより詳細に見ていく。

北インド

すでに指摘したように、北インドは、中央アジアおよび西アジアとの地域《リージョン》間および「ネイション」間交易においても活発であった。B・R・グローヴァーは以下のように要約している。

北インドの多くの地域の工業製品の交易は、実にしっかりとしたものであった。たいていの村は、さまざまな反物を生産していた。……北インドの多くの地方の商業地域では、それら工業製品が、他の場所へ輸出されていた。(Grover 1994: 235)

多くは、地図上の凡例に項目として示してある。

グジャラートとマラバル

インド洋/アラビア海に面した、インドの西岸は、ディウ、カンバヤ(のちのスーラト)といった大集散地となっている港市を擁するグジャラート、ならびにポルトガルの集散港であるゴアを含むマラバル海岸の地である。それらは、紅海およびペルシア湾から来るモンスーンを利用する船や沿岸伝いにやってくる船の主要な寄港地であり、またヨーロッパからアフリカを周回してくる船や、インダス河の三角江や北のシンド地方への域内輸送のための寄港地でもあった。カンバヤ/スーラトはまた、ペルシア、ロシア、中央アジア、パンジャブ地方および、インド東南の内陸部との陸上隊商交易のための積み下ろし地点であった。それらの地方の大半への米および/あるいは小麦の供給は、この地域から行なわれた。さらに、グジャラートとマラバルの諸港は、インド亜大陸の東岸にあるコロマンデルやベンガル、東南アジア、中国、日本とも交易関係を維持していた。この地域の手工業は、繊維製品の生産・輸出に特化し、特に西方および北方に送られた。その方向からの馬、金属、その他の消費財（前出**地図2―3**および**2―4**の凡例を参照）の輸入を別にすると、この地域の西方、および北方に対する輸出超過分は、銀の流入で埋め合わされていたことになる。もっとも、そのうちのいくらかは、東方との海上交易での輸入の赤字を埋め合わせるために、再輸出されたわけであるが。東方からの輸入品のその先について言えば、グジャラートは、それ自身およびその後背地のために輸入したほかにも、さらに西方、西アジア、地中海、ヨーロッパ――そして、さらにそこからアフリカと両アメリカへ――へ廻送していたことが非常に重要である。それにもかかわらず、アラブ人やペルシア人の担い手もいたことにはいたが、大半の交易はインド人の手によって行なわれていた。十八世紀になってもまだ、スーラトの交易に占めるヨーロッパ人による取引は、全体の約一二パーセント程度であった（Das Gupta and Pearson 1987: 136）。

コロマンデル

コロマンデル海岸は、インドの東側、ベンガル湾に面しており、生産と輸出の重要な拠点を多く抱えていた。しかし、輸出向け生産は、全体の約十分の一程度でしかなかったと思われる。主要な輸出品は、東南アジア、中国といった東方への綿布であり、逆にそれらの地域から、香料、陶磁器、金を輸入していた。もう一つの役割は、集散港としての機能であり、その機能は、インドの他地域との間の交易でも、外の世界との間の交易でも果たされた。その大半は、やはりインド人の手になるものであった。もっとも、オランダ人、および、後には他のヨーロッパ人もまた、コロマンデルの場所と資源を彼ら自身のインド経営や世界経営に用いていた。コロマンデルのインド「国内」交易は、特に北東のベンガルとの間で盛んで、コロマンデルはベンガルから、穀物と絹を輸入した。またコロマンデルは、もちろん内陸部とも取引があったほか、北西のグジャラートとも交易を行なった。しかしながら、その地理的な位置と、繊維製品、胡椒、インディゴ（染料）、米、鉄鋼、ダイアモンド、その他、ここで列挙するには多すぎるほどの諸物品、ならびに奴隷といった、多様な商品を生み出す生産性によって、コロマンデルは、東方および西方への両面にわたって、国際交易、いや実際のところ、大陸間交易の主要な中継点となったのである。コロマンデルはまた、ペルシアやアラビアの奢侈品や馬の輸入を、東方への転送のために行なっていた。

東方からは、コロマンデルは、香料、木材、象、鉛、亜鉛、スズ、さらに特には銅と金を輸入した。そのうちのいくらかは、さらに西方へ転送された。東方に対しての交易は、半島部および島嶼部東南アジア、特にアチェとマラッカ、そして中国と日本を相手に行なわれたが、マニラに対しても交易があり、さらにアカプルコへと続いた（もちろん隣国のセイロンに対しても、交易相手として、また中継点の一つとして、取引があった）。西方に対しては、コロマンデルは、主要な積み替え基地であったばかりでなく、モルディヴとの交易のための商品と貴金属の再供給・交換基地でもあった。そこを起点に――また、直接にコロマンデルからも――、アフリカ、ペルシア湾・アラビア海の諸港市と交易が行なわれ、さらにそこから、地中海、そして／あるいは南アフリカを回ってヨーロッパへ――そして、さらに大西洋を渡って両アメリカへ――と交易は続いた。コロマンデルは、また、ゴアやカンバヤ／スーラトとも交易があり、インドの地域間交易と世界交易、両方の諸ルートの中継点として役立っていた。もちろん、コロマンデルの諸港は、内陸交易の集散地としても役に立っていたが、その点では、インド沿岸の他の場所にある諸港と競合関係にあった（Arasaratnam 1986）。

ベンガル

全インドで最も生産力の高い地域は、ベンガルとなった。ベンガルは、綿織物および絹織物と米をインドの他地域の大半に輸出していた。南のコロマンデル海岸へ、またそこを伝ってさらに南へ向かう商品もあった。また西岸のカンバヤ／スーラトへ向かう商品や、さらに海外へ、西アジアやヨーロッパなど西方へ続いて送られる商品、東南アジアや中国など東方へ送られる商品もあった。つまりベンガルは、銀および金をあらゆる方向から吸収していたわけである。ここで「あらゆる方向」というのは、チベット／雲南／ビルマからの陸路とベンガル湾をまたいでビルマからというルートも含んでいる。一六七〇年において、ベンガルは、イギリス東インド会社のインドからの輸入の二〇パーセント、その全輸入の一五パーセントを供給していた。一七〇〇年には、ともにその三五パーセントがベンガルで供給された。しかし、一七三八～四〇年になると、インドからの輸入のほぼ八〇パーセント、全輸入の六六パーセントがベンガルで供給されるようになったのである。プラッシーの戦いの直後、一七五八～六〇年までに、イギリス東インド会社の貿易に占めるインドのシェアは八〇パーセントに達していた。その後、中国のシェアが一世紀前にはゼロであったところから、一七四〇年には一二パーセント、一七六〇年には三四パーセントに上昇するにつれて、インドが全体に占めるシェアは五二パーセントにまで下降した。しかしながら、その頃には、ベンガルの輸出品はアヘンになっていた。イギリス東インド会社は、中国への支払手段としての銀をそれで置き換えたのである (Attman 1981: 51)。

一七七〇年以来ベンガルに飢饉が頻発したという事実に照らして、興味深いのは、チャウデュリ (Chaudhuri 1978: 207) の観察である。彼によれば、十八世紀の初めまではずっと、ベンガルは、他地域で不作であった場合に、食料の供給者として頼られる立場にあった。もう一つ興味深い観察として、パーリン (Perlin 1983: 53) は、「ヨーロッパの歴史学で長らく主流をなしてきたようなタイプの研究が、〔ベンガルおよびインドの他地域の〕繊維産業については、十七世紀についても、十八世紀についても、地域単位のしっかりとしたモノグラフが、全く書かれていない」と指摘している（Ramaswamy 1980と、最近ではS. Chaudhuri 1995が、例外であるようである）。

東南アジア

東南アジアは、これまであまりにも歴史家たちから無視されすぎていた。一五〇〇年以前については、全く注意が払われないか、ごく短い言及があるに過ぎず、それ以後の時代については、主にそこでのヨーロッパ人の活動に焦点が当てられるのが常であった。したがって、東南アジアおよび東南アジアと世界との関係の歴史については、長めに過去に遡って検討してみてもよいであろう。稲作は、紀元前三〇〇〇年に始まった。青銅器時代の遺跡は、紀元前一五〇〇年頃のものが、鉄器時代の遺跡は紀元前五〇〇年ごろのものが見つかっている（Tarling 1992: 185）。東南アジアの世界交易との結びつきは、おなじく数千年前に遡る。ピーター・フランシス（Francis 1989, 1991: 40）は、珠（考古学上の記録としてたいていのものよりも良く残存する）の製造の調査に基礎を置いて、インド東部のアリカメドゥが、「インド‐ローマ間交易の中継所」であり、しかもそれが「西よりもはるかに東を向いたものであった」ということを示している。中国の後漢朝の記録も、紀元二世紀に東南アジアと相当量の交易があったことを証言している。紀元前二世紀から同様の交易があったことを示す史料もある。

初期キリスト教時代までに、これらの交易ルートは、それまでは隔絶していた東南アジアの流通体系を組み込むところにまで達した。西ヨーロッパから、地中海、ペルシア湾、紅海を経由して、インド、東南アジア、中国にまで伸びる広大なネットワークに……世界システム（World System）と呼ばれているものの中で、

結び付けられたのである。 (Glover 1991)

東南アジアは、世界で最も豊かで、商業的に最も重要な地域の一つであった。しかしながら、東南アジアで生産と流通が最も発達したのが、半島の東側、中国が扶南と呼んだ、東シナ海に面する地域であって、クラ地峡のインド洋側ではなかったということは重大な意味を持った。もっとも、後のポルトガル、オランダ、その他ヨーロッパ諸国の利害関心からは言うまでもなく、中国やインド、アラブ、ヨーロッパなどの諸「文明」の見方からしても、東南アジアは、たかだか中継点に過ぎず、そこに住む人々は、ほとんど重視されることはなかった。アブ－ルゴッド（Abu-Lughod 1989: 282-）でさえ、東南アジアには、しかるべき扱いを与えていない。彼女は、東南アジアを、中国とインドの間にある「周辺的な」集散地域という以上の評価をしていない。

しかしながら、考古学的および歴史的史料の語るところでは、東南アジアは、紀元後からのみならず、紀元前からずっと、それ自体として高度に文明化され、高い生産力を持つ人々の住む広大な地域《リージョン》だったのである。高度に発達した社会・経済・政体が、東南アジアの半島部および島嶼部両方で興亡を繰り返した。それらのなかで最も注目されるのは、ヴェトナムの越国および占城《チャムパ》、カンボジアのクメール人によるアンコール朝、ビルマのペグー朝、シャムのアユタヤ朝、スマトラのシュリーヴィジャヤ王国および、その没落後に出たマジャパヒト王国である。これらは、互いに、またインド、中国と経済的・文化的に広範囲な関係を持っていた。スマトラのシュリーヴィジャヤ王国および、一時期その首都であったパレンバンは、七世紀から十三世紀にかけて、島嶼部と半島部を含む広大な地域を支配した。十三世紀には、ジャヴァは、世界で最も豊かな場所だと謳われ、モンゴルは、東南アジアを侵略し、その富を搾取しようとしたが、失敗した。シュリーヴィジャヤの没落後は、ジャヴァ人のマジャパヒト王国が、十四世紀から十五世紀にかけて、インドネシアの中央部のほぼ全域を支配した。彼らは互

地図２—５　アジア地域　1400〜1800年の主要交易ルート

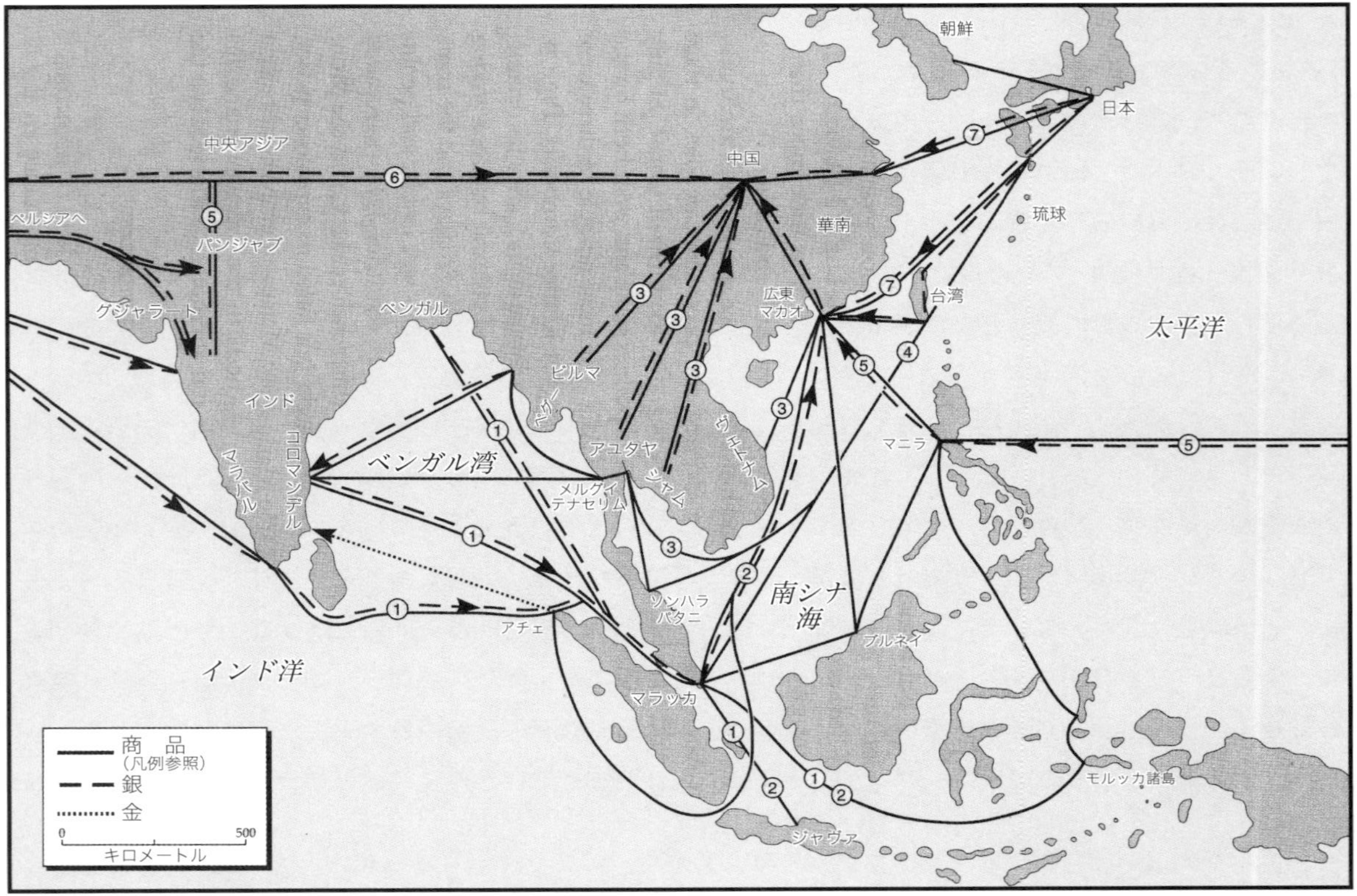

地図2—5　凡例

（［　］内は再輸出／転送）

ルート	西回り	東回り
①インド - 東南アジア	胡椒・香料・米・砂糖・象・錫・銅・その他の金属類・肉桂・チーク材・ルビー・金	綿織物・絹織物・奴隷・ダイヤモンド・米・鉄・鉄鋼製品・輸送／役務［銀］
②東南アジア島嶼部 - 中国	胡椒・香料・錫・米・砂糖・魚・塩・香木・樹脂・ウルシ・鼈甲・真珠・貴石・コハク・ヒスイ・燕の巣・ジャッガリー・碧玉・カテキュー［銀］	絹／絹織物・陶磁器・茶・衣料・サテン・別珍・紙・果物・薬品・武具・火薬・銅・鉄製品・金糸／銀糸・豆類・キュプロ・ニッケル
③東南アジア大陸部 - 中国	（北行き）米・砂糖・綿・ルビー・コハク・ヒスイ・鹿皮・虎皮・木材・船舶・木・ジャッガリー・紙・カテキュー・檳榔子・燕の巣・鱶鰭・タバコ・紙・スオウ材・錫・鉛・硝石・銀	（南行き）陶磁器・ウルシ製品・絹／絹織物・衣料・武具・火薬・導線・水銀・銅・鉄製品・鉛・亜鉛・キュプロニッケル・塩・果物・大黄・茶・サテン・別珍・ブロケード織・糸・紙・染料・じゅうたん・靴・靴下・家庭用品・労働力・運送／役務
④東南アジア - 日本 （台湾・琉球経由）	（北行き）香料・胡椒・錫・砂糖・薬物［綿織物］	（南行き）銅・硫黄・樟脳・刀剣・運送・銀
⑤中国 - マニラガレオン貿易 - アカプルコ／メキシコ，ペルー	銀	絹／絹織物・陶磁器・水銀
⑥中央アジア - 中国	絹／絹織物・茶・武具・衣料・陶磁器・薬物・紙幣	馬・ラクダ・羊・ヒスイ・薬物［銀］
⑦日本 - 中国	銀・銅・硫黄・樟脳・刀剣・鉄	絹／絹織物・綿織物・砂糖・皮・木・染料・茶・鉛・工業製品

いに競争しつつ、南シナ海の経済と交易を独占しようとしていた。

『ケンブリッジ東南アジア史』(*Cambridge History of Southeast Asia*) は、以下のように要約している。

東南アジア地域は、莫大な富の地とたたえられた。その地の発展は、一六〇〇年以前の世界史の全体に決定的な重要性を持っている。東半球のあらゆる大陸からの著作家、旅行家、船乗り、商人、そして官僚は、東南アジアの富を知っていた。そして、西暦の二つ目の千年紀までに、大半の人びとが、その権力と権威とを認めていたのである。……十九世紀の「産業時代」まで、世界の全ての交易は、東南アジアでの、またそこからの香料の満ち干に、多かれ少なかれ支配されていた。……初期の東南アジアの歴史とその国際的な重要性が、現代理解されないことを見ると、対照的なことである。(Tarling 1992: 183)

東南アジアはまた、その地理的な位置によって、世界交易の、自然発生的な交差点ないしは合流点となった。移民や文化的な交流については言うまでもない。それは、東南アジアが、北の中国や日本、西の南アジア、そして東の太平洋に挟まれた位置にあるからである。十五世紀の初め、マレー半島の最も狭い部分であるクラ地峡は、ベンガル湾と南シナ海との間の連水陸運路として用いられていた(今日、同地峡を、パイプラインないしは運河とすることが考えられている)。クラ地峡は、マレー半島の先端とスマトラ島の間のマラッカ海峡とシンガポールを通る海上ルートにとってかわられた。すると今度は、スマトラ島の南を回り、ジャヴァとスマトラを隔てるスンダ海峡を通って南シナ海へ出るもう一つの海上ルート(**地図2―5参照**)が、その補完ルートとなった。何世紀もの間、輸送の大半は、東南アジアの集散港を積み替えポイントとして用い、積荷は、そこでまた、別の方向へと送り出され、別の方向からきた積荷と交換された。

沿岸の交易港や河川流域の居留地、およびその農業後背地は常に、相互に絡まりあっていた。港と内陸の政治機構とは、交易ルートの転換だけではなく、それら相互の関係の波に応じて、消長を繰り返した。

「しかしながら、近世における東南アジアにとっての死活的な諸要因を注意深く見れば、その大半が、ヨーロッパの来航以前に始まっているのである」(Reid 1993: 10)。「長期の十六世紀」(一四五〇～一六四〇年)における拡大傾向は、ヨーロッパや両アメリカについては、有名であるが、恐らく、東南アジアでは、東アジア、特に中国や、南アジア、西アジアそして、それからヨーロッパからの香料・胡椒の需要の増大に応じて、それよりさらに早く(一四〇〇年頃)から、拡大が始まっていたと思われる。数十万人という働き手が、生産と交易のブームにとりこまれ――一五〇〇年に入って、三〇年間ほどの凪の時期があったものの――そのブームは、少なくとも一六三〇年まで続いた。アメリカ銀の輸入やインドの繊維製品の輸入は、一六〇〇年から一六四〇年の間にピークを迎えた。この頃の東南アジアはまだまだ、他の地域と対等な交易相手であったのである(Reid 1993: 11, 17)。一五八〇年から一六三〇年までの東南アジアの交易ブームのピークは、日本、中国、インド、そしてヨーロッパで同時に起こっていた経済拡張と需要の増大の時期に重なっており、またその結果でもあった。香料の中には、ほとんど排他的に特定の島でしかとれないものもあったし、東南アジア産の胡椒は、インド産のものより三分の一も安く生産できたので、インド産の胡椒を駆逐するようになった。しかしながら綿花の方が、さらに広範に普及した換金作物――輸出作物ということでもある――となった。農村部での換金作物栽培とそのような作物の流通促進を伴う都市化はまた、海上からの日用食糧の大規模な輸入があったことを意味する(Reid 1993: 7-16; Tarling 1992: 463-68も参照)。一六六二年以降、トンキンは、陶磁器の主要な輸出拠点として、世界市場に参入した。

一六〇〇年までに、東南アジアは、二三〇〇万人の人口を擁し(Tarling 1992: 463)、それは、全中国の人口の約五分の一から四分の一に相当した。彼らは、域内で相互に交易するとともに、域外の世界とも交易を行なった。交易に依存している都市は、少なくとも半ダースはあり――ヴェトナムのタンロン、シャムのアユタヤ、スマトラのアチェ、ジャヴァのバンタムとマタラム、セレベスのマカッサル――それらはそれぞれ、一〇万人内外の住民に加えて、大勢の季節来航者や年季来航者を数えた (Reid 1990: 83)。少なくとも五万人の住民を抱える都市を挙げれば、さらに半ダースはある。マラッカも一〇万人の住民を擁した時期があった。しかし、ポルトガルがその地を略取してから、その数は、二万五〇〇〇～三万三〇〇〇人程度にまで落ち込んだ。このように見ると、この時期の東南アジアは、ヨーロッパを含む当時の世界の他の多くの部分と比べても、この地の後の時代と比べても、高度に都市化されていたということである (Tarling 1992: 473-75)。

群島・島嶼部

インドネシアおよび、それに隣接する地域における分業と交易のパターンは、諸島・半島間の短距離輸送交易、インド、中国／日本／琉球諸島との域間交易、および西アジア、ヨーロッパ、両アメリカとの世界交易という三つの、相互に連関した軸を結合していた。三つの軸はすべて、遠隔地からの産品の取引にだけではなく、インドネシアないしは東南アジア内の生産能力・特化にも左右された。B・シュリエケ (Schrieke 1995) の論を踏襲して、アシン・ダスグプタは、十五世紀について、以下のような要約を行なっている。

本質的にそれは、インドネシア群島内での、諸商品の東西取引というパターンであった。そこに、ジャヴァの米が全域に流通するという状況が付け加わるわけである。インドネシア交易における枢要な事実は、二大産品――胡椒と香料――の産地が、群島の二端に位置していたことである。胡椒は、スマトラ、マラヤ、西ジャヴァそしてボルネオに産し、香料――丁子《クローヴ》、肉豆蔲《ナツメグ》、メース――は、モルッカ諸島およびバンダ諸島といった東の島群でしか採れない。ジャヴァは米、塩、塩蔵魚、多様な食料品、ならびに、若干の綿花、綿糸および綿布を生産していた。……米その他のジャヴァ産品は、ジャヴァ人の貿易商とジャンク船保有者によって、スマトラへ運ばれ、そこで、胡椒や、他の外国産品と交換された。それから胡椒は、ジャヴァへ持って行かれ、さらにバリに運ばれて、香料諸島で多大な需要のあったバリ産の綿製品の買いつけの対価とされた。末期になると、ジャヴァ人は、モルッカ諸島やバンダ諸島まで航海にでて、米やその他のジャヴァ産品、バリの繊維製品ならびにインドの織物や中国の陶磁器、絹、小額貨幣……を運んだ。インドネシア交易の、顕著な特徴は、諸島間交易と国際交易の相互連関にあった。

(Das Gupta 1987: 243)

東南アジアの国際交易は、アンソニー・リードによって要約されている。

この商業の時代における取引のパターンは、東南アジアが、インドから繊維製品を、アメリカと日本から銀を、中国から銅銭、絹、陶磁器、その他の工業製品を輸入し、交換に、胡椒、香料、香木、樹脂、ウルシ、鼈甲《べっこう》、真珠、鹿革、砂糖をヴェトナムおよびカンボジアを通じて輸出していた。

(Reid 1993: 23)

十七世紀末には、ジャヴァは、日本、スーラト、ペルシア（そこでは結果として、ベンガル産の砂糖が駆逐された）、さらには遠くヨーロッパへも、かなりの量の砂糖を輸出していた（Attman 1981: 41）。

さらに、いくつかの東南アジアの港は——当時の琉球諸島や今日の香港と同様——中国、日本、その他のユーラシア地域、および両アメリカの間の交易の集散地となっていた。中国や日本による直接交易の制限の際にも排除されなかった頃は、特にそうであった。ヴェトナムのホイアンのような比較的小規模な集散港でさえ、相互に重なり合う市場のつながりは、以下のように、鮮やかに目に見えた。

ヴェトナムは、世界の貴金属流通の合流・交差点になっていた。……日本からの船は、大量の銀と銅銭をもたらし、主として絹や砂糖、沈香、鹿革、鮫皮、陶磁器など求めた。日本商人は、土地の絹市場および砂糖市場を輸入貨幣による先払いというやり方で支配した。中国商人は、この四カ月間の「市」に集まってきて、絹、銅銭、亜鉛と、日本の銀や東南アジアの品物とを交換した。ヴェトナム人は、〔これらの品物を全て〕歓迎し、……自分たちの土地で行なわれる取引からも収入を引き出していた。ポルトガル商人は中国商人に混じって、……マニラから持ってきたアメリカ銀や日本銀のほかに、ゴア経由で持ってきたアメリカ銀やペルシア銀を持ちこんだ。オランダ人も、アメリカ銀を運んできて、ホイアンで中国人と接触した。……

(Whitmore 1983: 380, 388)

日本商人はまた、地域《リージョン》規模の集散地であるシャムのアユタヤ（今日のバンコク付近）に日本人町を建設したが、一六三二年にその多くが大虐殺に遭い、残った人々も追放された。けだし、その数年前には、ポルトガルの来航者が、恐らく多少の誇張をこめて、アユタヤは四〇万世帯を擁し、うち一〇万世帯が、世界各地からの外国人であると報告している (Lourido 1996a: 24)。アユタヤは、広範な交易の集散地であり、その交易相手は、日本や、もちろんマカオ／広東のほかにも、東南アジア群島部の諸港やマレー半島の東岸のパタニがあった。さらにアユタヤは、マレー半島の西側にあるメルギー／テナセリムとの陸路の結びつきを持っており、そこから北のビルマのペグーや、西へわたってベンガルやコロマンデル、インドのその他の地域へとつながっていた（**地図2―5**参照）。よく引用される、ポルトガル人トメ・ピレスの記述では「中国、アイナム、琉球、カンボジア、チャムパ、……

スンダ、パレンバンやその他の島々、コーチシナ、ビルマ、ジャンゴマ〔チェンマイ〕へ向かうジャンク船は一〇〇隻以上」出ており、「またシャムは、テナセリム側から、パセ、ペディール、ケダー、ペグー、ベンガルと交易をしていて、グジャラート人も毎年来航していた」(Lourido 1996a 25-26に引用)という。ルイ・ダヴィラ・ルリード(Lourido 1996a: 29)の要約によれば、「シャムは、経済的観点からすると、中国交易の『半‐周辺』('half-periphery')であったが、同時に、自らの経済圏における中心でもあり、シャム湾を囲む全ての国々は、そのことを認めていたのである。」

しかしながら、第一に主要な集散港はマラッカであった。ピレスが述べているように、マラッカを支配することで、ヴェネツィアの喉に手をかけることができたのである。マラッカは、一四〇三年に建設された。中国の明朝の海上パワーが拡大し、鄭和が、三〇〇隻、二万七〇〇〇人の大艦隊を率いて、インド、アラビア、さらには東アフリカまでの名高い七回の航海(一四〇五～一四三三年)を始めた頃である。しかしながら、中国船の大半は、積み替えポイントとしてマラッカを使っていたのである。もっとも、明朝が、新たな北方の脅威に直面して、政策を内向化させ、一四三三年には、そのようなマラッカでの積み替えも、いったん途絶えてしまった。それにもかかわらず、マラッカは繁栄を続け、ますます多くのグジャラート人を集めて、一万人がそこに住み、さらに何千人かがカンバヤとの交易のために、毎年往来するようになったのである。この流れには、トルコ人、アルメニア人、アラブ人、ペルシア人、アフリカ人、が加わり、彼らもまた、マラッカを東南アジアおよび東アジアとの交易センターとして用いるようになった。マラッカは、世界最大の香料取引場となり、その大半を中国へ送った。しかしながらまた、マラッカはインドの繊維製品を東南アジア中に——さらには、マニラ経由で両アメリカへも——流通させるポイントとしても機能した。その食糧供給は、ジャヴァとインドから来た。

一五一一年のポルトガルによるマラッカの占領は、広範な影響をもたらした。ポルトガル人自身は、最高でも六〇〇人を越えることはなく、平均して二〇〇人程度の住民しかいなかったが、彼らは、マラッカの交易の独占を通じて他の交易をも独占しようとし、そして失敗した。しかしながら、ポルトガル人は、多くのムスリムをマラヤのジョホール、ボルネオのブルネイ、ジャヴァのバンタム、そしてとりわけスマトラのアチェへ追い出すことには成功した。これらの交易センターは全て、マラッカの交易をめぐって、互いに競争していたのである。一つの結果として、スマトラ島の反対側を回ってジャヴァおよびシナ海へ至る代替交易ルートが開けた。これは、中国交易の需要に応えるジャヴァのバンタムにとって好都合であったほか、特にスマトラ島の西端に突き出ているアチェの発展に益するところ大であった。アチェは、十六世紀になるとすぐに頭角をあらわし、グジャラート、コロマンデル、ベンガルとの交易をひきつけた。それに対応して、マラッカは立場を弱め、一六四一年に、マラッカのライヴァルであるジョホールの助けを得て、オランダがポルトガルからマラッカを奪った。

しかしながらオランダは、その後すぐに香料の産地であるモルッカ、およびジャヴァにより強固な基礎を求め、一六一九年には、ジャヴァのバタヴィアに総督の駐在地を建設した。彼らの前に来たポルトガル人と同様に、オランダも、香料の生産と交易の独占をもくろんだが、そのための努力が水泡に帰すと、価格維持のための手立てとして、彼らは、島の香料の樹木や、バタヴィアの香料在庫、さらにはアムステルダムにある在庫さえ、繰り返し破壊したのである。このように、アジアにおいてヨーロッパの存在《プレゼンス》が、もっとも広範で、深く浸透し、大規模であったのが、東南アジア、もっときちんと言えば、マラヤとインドネシアであったことは疑いない。しかしながら、その東南アジアにおいてさえ、土着の生産や交易は続いていた。そしてそれを支配しようと繰り返されたヨーロッパ人の試みが成功することはなく、まして独占などということは起こらなかったのである。

十五、十六世紀について、J・C・ヴァン・ルーア (van Leur 1955: 126) は、東南アジアの交易が、二〇〇〜四〇〇トンの大・中規模船四八〇隻程度によって輸送されていた、という試算を出している。これらのうちの三三〇

〜三四〇隻の中規模船と、加えてさらに多くの小型船が、インドネシアの諸島間交易を、一一五隻が対中国・インド交易を担っていた。また別の場所で、彼は一六二二年について、積出トン数の試算をしており、それによると、インドネシア五万トン、中国およびシャム一万八〇〇〇トン、アチェ三〇〇〇トン、コロマンデル一万トンとなっており、オランダは一万四〇〇〇トンとなっている（これはすなわち、総トン数九万五〇〇〇トンの一五パーセント以下ということである）(van Leur 1955: 235)。年代がわからない、別の試算では、総トン数が九万八〇〇〇トンとなっており、うち五万トンがインドネシア、他が四万八〇〇〇トンで、ヴァン・ルーアは、この四万八〇〇〇トンの比率が以下のようであったとしている。中国一八パーセント、シャム八パーセント、インド遠方八パーセント、北西インド二〇パーセント、コロマンデル二〇パーセント、アチェ〇・六パーセント、（ビルマの）ペグー一〇パーセント、そしてポルトガルが六パーセントである。残りの一〇パーセントは、対日本交易であった (van Leur 1955: 212)。

十八世紀になってさえ、香料の莫大な輸出は、依然として中国へ向かっており、その大半は、アジアの手中にとどまっていた。特筆すべきこととして、東南アジアでは、この「手」――および「頭」――に、女性が含まれるのが普通であった。彼女たちは、交易船に乗って定期的に出かけ、自分の土地および海外の市場での交換だけでなく、大規模な商取引にも携わったのである。しかしながら重要なことに、中国交易の多くは、東南アジア人の手にはなく（ヨーロッパ人の手になかったこともまちがいない）、中国人の手中にあったのである。マニラやバタヴィアは「中国の植民市」と呼ばれていたのである (Wills 1993: 99, 100)。多くの中国人が、職人、工人、および商人としてもやってきて、東南アジアに定着し、今日も有名な東南アジア華僑を構成したのである (Tarling 1992: 482, 493-97)。

広東、浙江、福建の各省からの中国のジャンク船は、日本、フィリピン、スル諸島、セレベス、モルッカ、ボルネオ、ジャヴァ、スマトラ、シンガポール、リアウ、マレー半島の東岸、シャム、コーチシナ、カンボジア、トンキンと交易をおこなった。東岸ルートは、福建、その対岸の台湾とフィリピン、インドネシアを結んだ。西岸ルートは、特に広東から沿岸部を伝って、東南アジアの大陸部を結んだ。一度に出航した二二二艘のジャンク船(年代が分からないが、おそらく一八〇〇年を過ぎて間もない頃であろう)のうち、日本、コーチシナ、トンキンへ二〇ずつ、約一〇ずつがフィリピン、ボルネオ、スマトラ、シンガポール、カンボジアへ向かった。加えて、多数の小型ジャンク船が、海南島から出航していた(Hamashita 1994a: 99)。

大陸部

この、東南アジアと他の地域《リージョン》との交易についての概観は、大陸部の地域、特にその陸上交易よりも、諸島・群島地域を優先的に記述している。それは、後者のほうが前者よりも、活発だったとか、重要だったとかいうわけではなくて、史料が豊富であるからに過ぎない。ヨーロッパ人は、海上交易のほうに、より大きな関心があり、彼らが当時その記録を残したのである。また、最近の歴史的(特に水中)考古学も、諸島・群島部に研究を集中させている。それでも、ビルマ、シャム、およびヴェトナムもまた、まず互いに、そして群島部東南アジアと、さらにおそらくより重要なものとしてインドや中国と、海上、河川、および陸路の隊商を通じた交易関係を維持していたのである(前出**地図2―5**参照)。しかし、このような交易は、諸島・群島部の交易ほど記録を残しておらず、少なくとも、十九世紀、二十世紀の年代史家や学者たちによって十分に主題化され、研究されることがなかったのである。これらの記録の大半が、物理的、および/あるいは言語的に、私には手が届かないものである以上、私の記述は、いまなお進行中の、スン・ライチェン(Sun 1994a, b)とルリード(Lourido 1996a, b)の著作における概観と分析に限定される。

スン（Sun 1994a）は、ビルマと中国の交易が特に活発であった三つの時期、すなわち、十三世紀末の元朝による征服後、十四世紀末から十五世紀初頭（これは、一四〇〇年ごろから、その他の地域でも生産と交易が拡大していたという本書の観察と一致している）、そして十八世紀の末からの時期について記録している。中国との交易は、なんらかの「朝貢」使節という形態をとってはいるが（このことについては、あとの「中国」の節で検討する）、スンは、後の学者だけでなく、当時の人々も、その商業的動機をちゃんと分かっていたと強調している。政治的ないしは、気候上の理由で、この交易が一時的に中断すると、ビルマでは、「人々が日々の必需品にも事欠く」ようになった。その交易によって、中国からは、大量の絹、塩、鉄や銅製品、武具、化粧品、ならびに衣服、繻子織、別珍、錦、糸、敷物、紙、果物、茶、銅銭が輸入されていた。逆に、ビルマからの輸出品は、琥珀、紅玉、その他の輝石、翡翠、象牙、魚類、燕の巣、鱶鰭《ふかひれ》、ココヤシからとる粗糖のジャッガリー、碧玉、皮なめしに用いるカテキュー、檳榔子、タバコなどであった。そして間違いなく十八世紀までには、恐らくそれよりも早く綿花も中国へ輸出された。

スンの依拠する史料が記録しているところでは、相当な数の役畜の隊商、イラワジ川では三〇艘のボート、および一〇〇〜一五〇隻の船が、他のビルマ‐中国交易に往復していた。価格から見れば、ビルマの豊かな海上交易は、陸上の隊商交易の二倍から三倍はあった。もっとも、そうは言ってもやはり、隊商交易は重要であり、中には、恐らく、中国からの輸出が禁じられていた金属や武具の密輸もあったと思われる。この交易は、ビルマ内では、多数の定期市と結びついた。例えば、モン・ミットでは、小規模な市が毎日、大市が五日おきに行なわれた。加えて、ビルマの鉱山は、中国の企業家、商人、そして何万という労働者をひきつけ、国内向け、中国輸出用、両方の金属が生産された。これによって、ビルマはそうでなければ赤字となったはずの貿易の帳尻を合わせることができた。国内の流通と同様、対外交易も銅銭、タカラガイ、また銀や銀貨による貨幣経済化が、ますます進んでいたのである。

同様な交易、移民、その他の諸関係が、ヴェトナムと中国との間ででも盛んであった。ヴェトナムは、絹、砂糖、茶、衣服、靴、履物、紙、染料、灯油、檳榔子、菓子類、薬品、ならびに日用の銅銭を輸入した。逆に、ヴェトナムからは、木材、竹、硫黄、薬品、染料、塩、米、鉛が輸出された。鉱業は、ビルマより、さらに広範に行なわれており、銅、鉛、恐らく亜鉛や銀も産出され、中国へも輸出されていた。ヴェトナムにおける鉱夫および、関連の職人の数は、数十万人にも上ると記録されており、その多くは、本国における失業や貧困のために国を出た中国人であった。彼らは、ヴェトナムや、他の東南アジアでのチャンスに、引き寄せられたのである(Sun 1994a)。

シャムの交易は、特別に考察する価値がある。その大半が、中国市場に集中していただけではなく、その輸送も中国のジャンク船か中国人の乗ったシャム船が用いられており、中国の当局からも「国内」交易として扱われていたからである(Cushman 1993)。交易のパターンに、珍奇なところはない。シャムは、特に米、綿花、砂糖、スズ、材木、胡椒、カルダモン、および象牙や犀牙、蘇芳《すおう》、安息香、鹿革、虎革などの高価な奢侈品、そして鉛や銀といった商品を輸出した。恐らく、主要な付加価値となったものは、シャム船の建造と輸出であった。ジェニファー・クシュマン(Cushman 1993: 78)は、「シャムの輸出は、どうでもよい奢侈品ではなく、大衆的な消費財か、あるいは中国人による消費財の製造のための日用財であったと見られるべきである」と論じている。中国からの輸出は、陶磁器、織物、扇子、紙、書籍、真鍮や銅製品、シャムで大衆的に消費されていた加工果物といった工業製品が主であった。

シャムの港、とくにアユタヤ(バンコク近郊の川岸にあった)は、南北交易および東西交易の地域間連絡輸送の重要な中心としても機能していた。しかしながら、東南アジアの他の場所と同様、シャムへの中国のもう一つの「輸出品」であったものは、人間であった。特に福建省の出身者が多く、労働者、職人、企業家、商人らがやってきた（Viraphol 1997, Cushman 1993）。

国際交易におけるその地位を要約しよう。東南アジアは、域内で産する香料とスズをヨーロッパ、西アジア、およびインドへ輸出し、インドからの輸入品を中国へ再輸出していた。中国は、東南アジアにとっての主要な顧客であり、ヨーロッパの約八倍もの取引があったのである。加えて、東南アジアは、域内で産出する森林産品、綿花、金をインド、中国、そして日本へ輸出していた。東南アジアは、インドから銀を受け取り、そのうちいくらかはまた、マラッカ経由で中国に再輸出された。したがって、東南アジアは、インドに対して（もちろん、西アジアおよびヨーロッパに対しても）貿易黒字であり、中国に対しては赤字であったのである。

東南アジア「域　内《ドメスティック》」経済にとってのその帰結については、リードが以下のように要約している。

一四〇〇〜一六三〇年という期間は、その全体が、急速な貨幣経済と商品経済の進展の時期であった。最も激しくそれが進展したのは、一五七〇〜一六三〇年の時期である。同時代のいかなる水準から見ても、高い割合の人口が、世界経済向けの生産と流通に引き込まれ、衣服や陶磁器、食器や貨幣といった日用の消費財を遠距離交易の輸入に頼るようになった。交易が、東南アジアの国民所得において、（やはり同時代の水準から見て）比較的に高いシェアを占めるようになり、都市化の程度は、二十世紀に再びそうなるまで、恐らくこれほど高くなることはなかった。そのような都市の内部では、全面的に交易と商売だけを行なうコミュニティが現れ、船舶担保貸借や、利益分配、融資業といったような機構もできあがった。しかしながら、多くの重要な領域で、中国、インド、そして日本は、東南アジアより、経済的に進んでいた。それらの地域の技術〔萌芽的な形態の銀行を含めて〕が、東南アジアの都市部の多くでは知られたものではあったにしても、である。(Reid 1993: 129)

それでもまた、東南アジアは、「洗練され、信頼できる貨幣市場」を持つ金融システムを持っていた。そこでは、ヨーロッパの貨幣市場と同様に、月二パーセントの金利で、融資を受けることができたのである（Reid 1990: 89, Tarling 1992: 479）。（チポラ〔Cipolla 1076: 211-12〕の示唆するところでは、ヨーロッパにおける「真の革命」とは、アメリカから供給される貨幣の大幅な増大による、金利の急激な低下にあるということである。）

東南アジアで、フィリピンのスペイン領マニラ、およびヴェトナム、台湾、ならびに華南のポルトガル領マカオが、生産に対して果たした貢献は、他に比べると、ずっとつつましいものである。しかしながら、特に中国、日本との交易において、集散港として果たした機能は、重要であった。マニラと交易する中国船だけでも、年に三〇〜五〇隻を数えた。マニラから太平洋を横断するメキシコの輸入品の六〇パーセント以上が中国産であった。その輸入品の中には、中国産の水銀が含まれていたが、これは、アメリカ大陸における銀の採掘と精錬にとって不可欠であるにもかかわらず、常に不足していたものであった（そして、こうしてアメリカ大陸で生産された銀の一部は、中国へ帰ってきたわけである）。十六世紀の初めには、このような交易の促進にともなって、マニラには二万七〇〇〇人にものぼる（三万人との説もある）中国人居留者を抱えていた。しかしながら、彼らは、二万三〇〇〇人（二万五〇〇〇人との説もある）もの人々が殺された一六〇三年の大虐殺や、一六四〇年の大虐殺などを含む、数度の大虐殺の犠牲となった（Yan 1991, Quiason 1991）。このような、貨幣転送の集散地としての役割については、第三章で検討する。

日　本

最近の研究によると、

早くも十三世紀には、日本で相当な経済発展があったことが明らかとなっている。研究者の中には、日本がこのような早い時期からアジアの他の地域との対外交易のネットワークに深く編み込まれていたということを示している者もある。……中国および朝鮮との交易は、日本経済の重要な一部となった。……十五および十六世紀の間に、対外交易は急速にその厚みを増し、交易投機は、極東の他の部分にまで広がり、マラッカ海峡にまで達した。(Sanderson 1995: 153)

朝鮮、日本、および日本の南五〇〇マイルの中国の対岸に位置する琉球諸島は、中国の朝貢華夷システムの最も内側のサークルに入っている。しかしながら、日本人はまた、潜在的に深刻な中国の競合相手であり、特に中国が「内憂外患」に苦しんでいるときには、駆り出せるものなら何でも駆り出して比較優位を押し通そうとした。ステファン・サンダーソンはまた、「日本は、宋代末期および明代初期に中国が世界経済から撤退し、経済的に下降していたのと基本的に同じ時期に、極東交易に活発に参与していたように思われる。これらの出来事が相互につながりをもっていることは疑いがない。大きな経済的真空が生み出され、日本がそれをすばやく埋めたのである。中国が引いたことが、日本にとっては、はずみとなったのだ」(Sanderson 1995: 154) と指摘している。

一五六〇年以降、日本は、まず銀の、次いで銅の主要な生産者および輸出者となり、中国および東南アジアにそれを送った。また、ある程度の金とかなりの量の硫黄、ならびに樟脳、鉄、刀剣、漆、家具、酒、茶、および高品質の米などの商品も輸出しており、それらは、遠くインドや西アジアにまで達した。見返りに、日本は、中国の絹やインドの綿布、その他、鉛、錫《すず》、木材、染料、砂糖、皮革、水銀（自国の銀鉱の精錬に用いた）などといった、ありとあらゆる生産財・消費財を朝鮮、中国、および東南アジアから受け取った。池田哲 (Ikeda 1996) が主張しているように、アジア、特に中国に対する日本とヨーロッパの関係は、相同的である。後者はともに、前者から製品を輸入し、その支払い対価として銀を輸出した（ただし、日本は自国に銀の生産があったが、ヨーロッパは、アメリカの植民地から銀を奪ったわけである）。大量の日本の貨物が中国船で運ばれた。日本の銀、銅、その他の輸出品を求めてやってきたポルトガル、次いでオランダが運んだのは、そのごく一部でしかなかった。琉球に根拠を置く交易商人および交易船もまた、対中国、および対東南アジア交易の両方において、仲介として役に立った。日本はまた、国内向けにも、輸出向けにも、中国と競合するところにまで、陶磁器産業を確立した。明清交替期の混乱に乗じて、日本は、一六四五年以降、中国からの陶磁器輸入を八〇パーセントも減らし、一六五八年からは、相当な輸出量を誇るようになり、アジア、ペルシア湾、ヨーロッパの市場にまで送られた。

十七、十八世紀において、日本の経済的発展は、ヨーロッパにおける先進国と肩を並べていたと、リード（Reid 1993）は指摘している。

日本にとって、一五七〇～一六三〇年の期間は、他にはない契機であった。この期間に日本では、国家が統一され、活発な国内交易の核として都市が繁栄し、東南アジアとの旺盛な交易を支えるために、尋常ではない量の銀が採掘されたのである。日本船が直接中国で交易をすることは、依然禁じられていたが、そのため、日本銀と中国の絹との交換は、東南アジアの諸港、特にマニラとホイアン（ヨーロッパにはフェフォとして知られた中部ヴェトナムの港市）で行なわれたのである。一六〇四～一六三五年の期間を通じて、毎年約一〇隻の日本船が、南下して交易する許可を得た。そのうちヴェトナムに向かったものの数が最大（三一年間で一二四隻）で、フィリピン（同五六隻）とシャム（同五六隻）がこれに続いている。一六三五年に……このような活動は突然中止されてしまった……しかし日本の交易は、長崎で厳重に管理された中国貿易とオランダ貿易だけを通じてではあったが、同世紀の間中ずっと、高いレベルにあったのである。

(Tarling 1992: 467-68)

それでも、日本の輸出は、そのGNPの一〇パーセントに達していたと推計されている（Howe 1996: 40）。一六〇四～一六三五年の間に、三五五隻の日本船が公式に東南アジアへ向かったと記録されている。そのシャムでは、日本人が交易を支配していた（Klein 1989: 76）。ほぼ同じ時期にわたって、日本による中国の絹の輸入は四倍に増え、四〇万キロに達した。また同世紀半ばの中国の経済的・政治的危機の後の一六五〇年代でさえ、毎年二〇〇隻の中国船が長崎に入航していたのである（Howe 1996: 37, 24）。

日本の人口は、一五〇〇年には、一六〇〇万人であったものが、一七五〇年には、倍増して二六〇〇～三二〇〇万人に達した（二九八～九ページ**表4―1**および**4―2**参照）。しかしながら、クリストファー・ハウ（Howe 1996）は、人口増加を年率〇・八パーセントとしており、一六〇〇年から一七二〇年の期間だけで倍以上に増えて、三一〇〇万人に達したとしている。スーザン・ハンレーとコーゾー・ヤマムラ（Hanley and Yamamura 1977）による初期の人口学的研究では、日本の人口は、一七二一年で、二六〇〇万人とされている。、その時期を過ぎると、日本の人口の伸びは横ばい状態になるというのが、全ての資料のしめすところである。

十七世紀の後半および十八世紀に日本の経済発展がたどったコースについては、論争が行なわれてきている。最近の研究は、「鎖国」が「停滞」をもたらしたという初期の見解を見なおすようになってきている。日本では、人口こそ安定したが（アジアの多くでは、人口は増加しつづけた）、農業、その他の生産は向上し続けた。したがって、人口あたりの収入は、十八世紀の間に増加した、というのが、ハンレーとヤマムラの比較的最近の計算（Hanley and Yamamura 1977）とハウ（Howe 1996）の計算の両方が示すところである。

ハウ（Howe 1996）は依然として、日本の対外交易は、特に一六八八年以降、衰えて、十八世紀を通じて低調なままであったという説を奉じている。しかしながら、池田（Ikeda 1996）は、日本の学界の新しい重要な見識を報告しており、それによれば、鎖国政策は、交易の減少をいささかももたらさなかったことが示されている。中国の絹の輸入は継続されており、実に一六六〇年までは増加していた上、一七七〇年まで途絶えることがなかった。しかも、朝鮮および琉球を経由した絹の輸入は、往々にして長崎からの輸入量を上回っていた。さらに、中国南部との密貿易は、公儀の取り締まりが及ばないままであったのである。日本と東南アジアとの交易も、繁栄を続けた。その交易にはビルマも含まれていた。従来までの説に反して、日本銀の輸出は、十八世紀の半ばまで続いたと、今では考えられている。もちろん、中国船を含む外国船による日本への来航は続いた。

結論として、日本の人口は急速に伸びてその後安定し、そしてその経済は広範に商業化・都市化したというのが、以上触れた資料ならびに他の資料（たとえばジョン・ホール編の『ケンブリッジ日本史』〔Hall 1991〕）の、証言するところである。日本の人口増加およびその諸制度については、第四章で検討する。ここでもう一つだけ注意しておきたいのは、日本の顕著な都市化である。一五五〇年から一世紀半で、人口一〇万人を越える都市の数は、一都市から五都市に増えた。十八世紀までには、日本の都市人口は、同時期の中国よりも、またヨーロッパよりも高かった。大坂／京都と江戸（今日の東京）は、それぞれ少なくとも一〇〇万人の人口を擁していたが、特に江戸は、一三〇万人にも達していたのである（Howe 1996: 55）。十八世紀の末までに、一五～二〇パーセントの人口は都市化されていた（Howe 1996: 55 および63）。そして、日本の人口の六パーセント――サンダーソン（Sanderson 1995: 151、Spencer からの引用）によれば一〇～一三パーセント――は、人口一〇万人以上の都市に居住していたのである。同じ頃、ヨーロッパで一〇万人以上の都市に住む人口は二パーセントにすぎなかった（Hall 1991: 519）。けだし、世界人口の三パーセントをしか占めない日本において、世界の一〇万都市人口の八パーセントをしめていたのである。すると、徳川期およびさらにそれ以前の日本が「停滞」していたとか、「閉鎖的」であったとか、ましてや「封建的」であったというような見解は、事実に反するものとして斥けられなければならない。まったく、一八五三年のペリー提督の来航が、日本を「開国」したというような考え方もみなおす必要があるし、一八六八年の明治維新によって、徳川時代との突然の断絶を説明するような考え方も見なおされなければならない。ローマと同様、日本も一日にして成ったのではない。一世紀にして成ったのでさえもないのである。

中国

明代および清代の中国は、十七世紀半ばの明清交替期に、ほんの短い間中断しただけで、生産、消費、および人口について、莫大な増加を経験した。中断の方については、第五章で検討する。ここでは、中国の生産、交易、および特に世界経済全体で、中国が占めた位置と果たした役割について、いくつかの側面から検討しよう。十一および十二世紀、宋代の中国が、当時の世界で最も経済的に進んだ地域であったことは疑いない。モンゴルによる侵略と元朝の支配の間に、どの程度それが変わったか、変わらなかったかという点は、本書の時間的射程の範囲外である。むしろ、我々が取り組まなければならない問題は、一四〇〇〜一八〇〇年の明・清期における中国経済の位置と役割がどのようなものであったかということである。以下に示す証拠は、特に十五世紀に明朝が海軍の拡張政策を転換して以降、および十七世紀に清朝が、海上交易に制限を加えて以降、中国は自足的な世界経済であったという、広く行きわたった想定を覆そうというものである。

中国の海における拡張、特に一四〇三年からの鄭和による拡張が、一四三四年に停止されたのは確かである。それがなぜだったかについては、多くの推測を呼んでいるが、初期の拡張と後の反動とがともに、中国とモンゴルおよびその他の大陸東北部の勢力との関係、そして新たなモンゴルの脅威をよりよく制圧するために明朝が行なった北京への遷都が関係しているのは確かである。特に、生産と人口の中心である揚子江流域から、北京および国境の前哨基地にまで米を供給するために開削された一四一一年の大運河が、それまでの沿岸海上ルート、およびそれにともなう商船や海軍への依存を弱めたこともある。海洋志向の華南と大陸志向の華北との間の政治的・経済的な利益衝突は、後者を利する方向で解決されることが多くなっていった。付随して増大していった倭寇（中国人もいたのだが）の攻撃や海での略奪は、内陸での富を追求していた人々の力を強化し、海上交易へのさらなる規制の制定へとつながった。この流れは、一五六七年に、規制が廃止されるまで続いた――それは華南、特に福建の利害に応じたものであった。同時に、一五七一年には、中国は、内蒙古との対決から撤退して、三分の二以上、軍隊の規模を縮小しており、北西辺境の遊牧民に対して、交渉による懐柔政策へと（再び）転換している。

しかしながら、南東部の海上交易が途絶えてしまったことは、一度もなかった。実際、非合法交易は、たちまち「倭寇」（実際には中国人の方が多かったのだが）と混交して、その交易量が公式の「朝貢」交易をはるかに凌ぐほどに栄えた（Hall 1991: 238）。中国東南部沿岸へ出入りする交易は、周期的に新たな小ブームを経験した。少なくとも一五七〇年から一六三〇年ごろにかけて、そのような交易は再び息を吹き返して栄えるようになり、ちょうどその頃には、明朝の国家財政も、急速に破綻していたのである（第五章で検討する）。

人口、生産、交易

明代の人口に関する試算は、まちまちである。一三九三年の人口調査は、六〇〇〇万人となっているが、実際にはおそらく、それより多かったと思われる（Brook 1998）。一五〇〇年については、ウィリアム・アトウェル（Atwell 1982）が、一億人と主張している。それは、一世紀あと、つまり一六〇〇年ごろの数字でしかないとする者も何人かある。しかしながら、ジョン・キング・フェアバンク（Fairbank 1992: 168）は、一六〇〇年には、一億五〇〇〇万人いたとしており、ティモシー・ブルック(Brook 1998)は、一億七五〇〇万人もありえたとしている。ホ・ピン-ティの行き届いた著作である『中国人口の研究』(Ho Ping-ti 1959)によれば、実際の人口は大体において、公式記録の数字より多く、一七四〇年のケースで、少なくとも二〇パーセントは、実人口の方が大きかった、とある(Ho Ping-ti 1959: 46)。中国経済が急速に拡大した明朝治下の間に、人口が倍増ないしは、それ以上になったという点では、全ての史料が一致している。十七世紀半ばの危機(第五章で論ずる)が終わると、人口増加、都市化、および生産の成長が再開した。**表4―1**(二九八ページ)のように、人口の試算を組み合わせると、一五〇〇年で一億二五〇〇万人(低めに見積もった**表4―2**では、一億人)、一七五〇年で二億七〇〇〇万人(同二億七〇〇〇万人)、一八〇〇年で三億四五〇〇万人(同三億一五〇〇万人)となる。このように、十六～十八世紀の三世紀間で、中国の人口は三倍になっていたといってよく、ヨーロッパにおける人口増加より、はるかに大きい。十七世紀初めの明朝末期には(五〇〇年前の宋代にはそれほどでもなかったが)、南京の一〇〇万人、北京の六〇万人をはじめとする大都市があり、一八〇〇年までに、広東(今日の広州)は、隣接する姉妹都市の仏山とあわせて、それだけで一五〇万人の住民を擁していた(Marks 1997a)。これは、当時の全西欧の都市人口を全て合わせた数字にほぼ匹敵するものである。

中国におけるこのような生産と人口の成長は、スペイン領アメリカおよび日本からの銀の輸入によって煽られており、まず早熟性の稲の導入で二期作が可能になり、次いで米が作付けできない地域へのアメリカ原産のトウモロコシおよび馬鈴薯の導入を通じて、耕地と収量が拡大することで、このような成長は支えられていた。しかしながら、十七世紀の初頭から中葉にかけて、中国の経済と政治は一時的に混乱した。おそらくそれは、ひとつにはこの人口増加が原因であり、また一つには、気候上の条件がある(第五章参照)。人口と生産は停滞し、一時的には下降さえしたが、十七世紀の末にかけて再び回復し、十八世紀を通して加速して一八〇〇年まで、約三億人、すなわちほぼ三倍に達したのである（Eberhard 1977: 274）。

中国の農業、商業および工業の拡大についての適切な要約が、ビン・ウォンによって書かれている。

換金作物の栽培、手工業、および交易の増大という広範な特徴については、中国語および日本語の文献では、よく知られたことである。……最も有名なのは、揚子江下流域、上海近郊での綿工業と絹産業の拡大である。米とその他の換金作物に加えて、この地域を中国の最も豊かな地域とした二大手工業である。この地域の人口の食糧をまかなうため、上流域の安徽、江西、湖北、およびとりわけ湖南、四川の各省で栽培された米が、川を下って運ばれた。綿花、藍、タバコ、陶器類、紙のような、その他の換金作物は、市場の拡大によってますます多くの土地が結び付けられていくにつれて、上記各省のさまざまな場所に現れるようになった。

市場の拡大は、揚子江流域で最も顕著であったが、この膨大な地域に限られた話というわけではなかった。中国の南部および南東部では、換金作物栽培と手工業が複数の地域で拡大した。広東の珠江デルタでは、サトウキビ、果物、絹、綿花、鉄製品、ゴマ油や桐油が生産された。南東の沿岸部では、十六世紀の対外交易の結びつきによって、換金作物としての茶と砂糖の生産が刺激された。

（Wong 1997）

嶺南、すなわち中国南部、特に広東、広西ならびに福建地方は繁栄した。これらの諸地方の経済成長は、対外交易、特に絹と陶磁器を輸出して銀を得ることから、刺激を受けていた。広東には、年に一千の船が往来すると、ある総督が言っているのは誇張かも知れないが、一七〇三年にあるイギリスの船長は、広州の沖合いに、五千艘ものジャンク船と小ボートを見たと言及している（Marks 1996: 62）。ロバート・マークスは、このような対外交易が、十六世紀から十八世紀を通じて十九世紀にかけて、国内交易、農業の商業化、および環境に与えたインパクトを分析している。広東では十六世紀の終わりの四〇年間に、食料の市場は七五パーセント、すなわち人口増加よりずっと速い速度で、増加していた (Marks 1996: 61)。マークスは、以下のように要約している。

経済の商業化は、風景を改変する強力な力となった。珠江デルタの農民は、水田を掘り起こして、養魚池を作り、その堤防に桑を植えた〔桑の植樹は、生産、流通、および多少は環境の面からも、池と相互に支えとなり、また蚕のえさとして必要であった〕ばかりか、結果として生じた彼らの食糧需要によって、嶺南の残りの地域の可耕地の多くは、米の輸出単作地帯へと変わってしまった。……珠江河口デルタの農民は、非食糧作物を栽培して、稲作を川の流域部へと押しやってしまった。そして、より周縁的な丘陵地では、農民は、サツマイモやトウモロコシでやっと生計を立てており、水田で収穫された米は、珠江を下ってデルタ地帯へ送られたのである。……〔しかしながら〕全体としてのシステムは、外部からの投入がなければ、持続不可能であり、実際、その外部からの投入はどんどん大きくなっていったのである。(Marks 1996: 76)

それにもかかわらず、いずれにせよ、米は供給不足になってきた。サトウキビや、一時は綿花なども含む、商業化された農業は、広東地方の可耕地の半分を占めるところにまで増え、十八世紀の初頭には、同地方の米の自給は五割程度しかなかった。したがって、ますます多量の米がどこかよそから輸入されなければならなかったのである。その輸入先には、東南アジアも含まれていた。これに対応して、北京の中央政府は、さらに周縁的な土地の開拓や丘陵地の開墾を奨励して、そのような土地に免税措置をとることが多くなった。その結果、森林破壊、土壌浸食、その他の環境破壊が進むこととなった。

世界経済における中国

すでにここまでに述べてきた交易パターンについての議論で触れたとおり、二つの相互に連関する要因が、おそらく世界経済において最も重要なものであった。そのひとつは、生産および輸出における、中国の世界経済に占める卓越した地位である。中国は、陶磁器については、他に競合するものがなかったほか、最大の輸出品であった絹についてもほとんど競争者がなかった。その輸出先は、第一に他のアジア諸国、次いでマニラ‐アメリカ間交易に乗るものであった（Flynn and Giraldez 1996）。もう一つの重要な要因は、これもデニス・フリンとアルトゥーロ・ジラルデス（Flynn and Giraldez 1994, 1995a, b）が強調していることなのだが、中国が世界の銀生産の、最終的な「排水口《シンク》」としての位置をしめ、そのような機能を果たしているということである。もちろん、二つの要因は、中国の（十九世紀半ばまで続いた）累積貿易黒字が、外国からの銀による支払いで、主に決済されてきたという点で連関しているわけである。

しかしながら、銀を吸い寄せる中国という磁場はまた、別の源を持っていた。明は、その前の元代およびさらに遡って宋代に、部分的に流通を担っていた紙幣を廃止したのである。危機の時には、紙幣は濫発され、インフレという結果を伴った。明朝は、紙幣の印刷を打ち切り、後には紙幣の使用自体を停止し、銅銭と銀地金に依存するようになった。さらに、国庫収入のうち銀納される割合は、どんどん高まっていき、「一条鞭法」が施行されて、最終的に全ての税が銀納化された。このような中国の公的な銀需要と中国経済の規模の大きさ、高い生産性、そしてその結果としての輸出超過が、世界中の銀に対する莫大な銀の需要を生み出し、その価格を吊り上げたのである。

したがって、フリンとジラルデス（Flynn and Giraldez 1994: 72）が、「近世期において、中国社会が、銀に基礎を置く社会へ転換していなければ、ヨーロッパと中国に、同種の『価格革命』などは起こっていなかっただろうし、また〔銀を売ることで生命を保っていた〕スペイン帝国もあり得なかったであろう」と書いているのは、ほとんど誇張とは言えないのである。実際それを除けば、第三章で論ずるように、財一般の生産は、中国では、インフレを抑え込むに十分な対応をしていたのである。

まずポルトガルが、次いでオランダが、東アジアの諸港に、中国とその近隣との交易の仲介者として割り込むことで、中国（および日本）の経済拡張から利益をあげようと来航してきた。もちろん、彼らは、たくさんの重要なアメリカ原産の作物を中国にもたらしもした。例えば、その中には、トウモロコシやタバコなどがあり、中国の農業生産および消費は、おかげで相当に増大したのである。

さて議論は、中国の巨大で生産的な経済が、世界経済の中のどこに、どのように収まっていたのかについて考察できるところまで来た。中国の絹、陶磁器、水銀の輸出について、そして一六〇〇年以降には、さらに茶の輸出について、すでに見てきた。しかしながら、中国は、亜鉛、銅とニッケルの合金であるキュプロニッケルの産地でもあった。この二つの鉱物はともに、よそでは、合金として貨幣鋳造に使われたものである。同時代にこれを見ていたボテロ（Botero）は、「中国から運び出される絹の量は、ほとんど信じられないほどである。何千キンタルもの絹が、毎年、そこからポルトガル領インド、フィリピンへ、一五隻の船に積まれて送られる。日本にも、とても見積もりきれないくらいの量が運び出されている……」と述べている（Adshead 1988: 217に引用）。

明代の中国は、世界市場において、実質的に陶磁器を独占していた（今日でも、陶磁器は「チャイナ」と呼ばれている）。それにもかかわらず、中国製陶磁器の輸出の八〇パーセント以上は、アジア向けであり、そのなかには日本向けが二〇パーセント含まれていた。従量では一六パーセントだが、従価で五〇パーセントに上る高級品がヨーロッパに流れた。しかしながら、明清交替によって、一六四五年以降、陶磁器輸出は、三分の二以上の減少を引き起こした。例外的に、一六四五〜一六六二年の期間は、福建に根拠を置き、明朝への忠誠を守っていた鄭氏が、いまやかくも減少した輸出交易をほぼ完全に掌握していた。陶磁器輸出の減少は、一六八二年まで回復しなかった。以降は、絶対量についても、以前ほどではないにせよ、相対的なシェアについても回復していった。その間、日本が、および一六六二年以降はヴェトナムのトンキンも、主要な輸出者として、市場に参入した（Ho Chuimei 1994: 36-47）。短い期間ではあったが、トンキンはまた、オランダ商人に絹を供給しており、彼らは、それを日本へ持っていって交換に銀を得た（Klein 1989: 80）。中国もまた、日本への再輸出用に、絹をバタヴィアへ輸出していた。バタヴィアからは、ベンガルから到着する絹も日本へ送られた。対価として、中国は、綿織物（うち、いくらかはまた再輸出された）をインドから、香料、白檀、船舶用の木材、ないしは船舶そのものを東南アジアから、そして銀を世界中から、輸入していた。同時に、中国はまた、自国消費用に、莫大な量の綿織物を生産しており、いくらかは、ヨーロッパへも輸出された。十七世紀末に上海を訪れたイエズス会士たちは、上海だけで、二〇万人の織工と、彼らに綿糸を供給する六〇万人の紡績工がいると見積もっている（Ho Chuimei 1959: 201）。

浜下武志（Hamashita 1988, 1994b）は、近年、中国を基礎をとする独立のアジア世界経済という興味深い解釈を、「朝貢貿易システムと近代アジア」および「十九、二十世紀における中国と日本」という彼の論文において提起している。浜下（Hamashita 1988: 7-8）は、「一体性をもったシステムの歴史としてのアジアの歴史は、中国を中心とする国内貢租／朝貢貿易関係によって特徴付けられ、……それは、東南アジア、北東アジア、中央アジアおよび北西アジアに対して、中心 - 周辺関係を持ち、……隣接するインドの交易圏ともつながりを持つ有機的な実体であった」という認識を示している。浜下は、彼の分析の中心に、古代中国の「朝貢」貿易のシステムを据えている。そのシステムは十九世紀にまで存続したのである。

中華主義の理想は、中国の単なる思い込みではなく、その朝貢圏内を通じて実質的に共有されていた。……中国に支配された圏域のまわりの衛星的朝貢圏は、それはそれとして歴史的に存在し、継続した。……かくして、これらの国々は全て、互いに衛星的朝貢関係を維持しており、それは、一つの連鎖的結びつきを成していた。このシステムのもう一つの本質的特徴として、視野に入れておかねばならないのは、その基礎が商業取引にあったということである。事実、朝貢のシステムは、商業交易のネットワークと並列的ないしは共生関係にあったのである。例えば、シャム、日本、および華南の間の交易は、朝貢使節派遣から得られる利益という基礎があったればこそ、多くの朝貢外の交易がほとんど利益を生まない時にも、長らく維持されてきた。……中国商人の東南アジアへの商業的浸透および、「華僑」の移民の展開は、歴史的にこのような交易ネットワークの建設と絡み合っている。商業的拡大と朝貢貿易のネットワークは、手を携えて発展した。東アジアおよび東南アジアの交易関係は、朝貢関係の拡大につれて、拡大した。このような朝貢貿易が、ヨーロッパ諸国と東アジア諸国との間の仲介交易としての機能があったことは、注意しておくべきである。……事実、朝貢関係は、多国間的な朝貢貿易のネットワークを構成し、ネットワークの外部からの商品を吸収したのである。……一言で言えば、朝貢・地域間貿易圏の全体に、固有の構造的規則が備わっており、それは、中国の貢租システムを中心とし、銀の流通を通じてシステマティックに制御されていたのである。このシステムは、東アジアと東南アジアをまたいで広がっており、インド、イスラム諸地域、およびヨーロッパといった隣接の交易圏と接合していた。

(Hamashita 1994a: 94, 92, 97)

特に、「事実、朝貢使節の交換を商業的な相互行為と見るのは、まったく正当なことである。……実際には、広大な地域にまたがって広がる網の目に、包括的かつ競争的な関係が含まれていたのである」という浜下（Hamashita

1988: 13）の認識には注意がひかれよう。けだし、中央アジアの商人は、彼らがずっとやってきた交易が商業的なものであることをごまかす手立てとして、自分たちが「朝貢」のための「政治的な使節」である旨の信書をしばしばでっちあげていたことが知られている。イエズス会士のマテオ・リッチのようなヨーロッパの旅行者は、すでに何世紀も前に、このことについて述べているし、明朝の文書にも、同様の事実があることが、あけすけに認められている（Fletcher 1968）。同様に日本も、利益があがり、独占も可能であった中国との交易を行なうために、朝貢という形式を利用した。「朝貢」であろうがなかろうが、「シャムにくる中国商人は、誰もが、金儲けという唯一つの動機に従ってやってきた」（Viraphol 1977: 8, 140以降も参照）と、他の論者たちも主張しており、クシュマンも同様の見解を示している（Cushman 1993）。

浜下はまた、「入り組んだ全体として朝貢貿易が形成された基礎を決定したのは、中国の価格構造であった。……朝貢貿易圏は、ひとつの統合された『銀貨』圏を形成し、そこでは銀が取引の決済手段として使用されて」中国の恒常的な貿易黒字が定着した、と論じている（Hamashita 1988: 17）。

浜下による中国の朝貢貿易システムの解釈は、明清期の法典をたどって調査したものである。それらの法典は、「朝貢国」を地理的にグループ分けして区別し、それらを位階付けて——そして、状況の変化に応じて修正して——それぞれに与えられるべき入港数を特定するものである。その範囲は、北は朝鮮および日本から、南は東南アジア諸国、さらに、西はインドへと広がっており、ポルトガルやオランダも含まれていた。また、中華帝国を、その名のとおり、この世の中心とみなそうとすることが、いかにイデオロギー的であっても、彼らは、それほど現実ばなれしていたり、実際的な感覚を欠いたりしているわけではなく、商業的な交易とその代償が、彼らの好む呼び方では、諸国が彼らに払わねばならない「朝貢」ということになるもののひとつの形態なのであるということは、彼らにも認識されていたのである。

むしろその点で本質的に、当時にあって中国の宮廷は（そして、現在にあって浜下は）、現実的であったのである。つまり圧倒的事実として、諸国は、中国が、毎年送られてくる莫大な量の稀少な銀よりも価値が低いとみなして、彼らに簡単に与えている輸出品への対価を払わなければならなかったということである。そのような対価の支払いが、イデオロギー的に「朝貢」と呼ばれていたからといって、その本質的な機能が変わるわけではない。つまり、まさにそれは、もちろんヨーロッパを含めた諸外国が、中国に自分たちと交易をしてもらうために払わなければならなかった商業的な「朝貢」の現れだったのである。中国を中心とする同心円状に配置されたこれらの朝貢国の位階は、我々の目には、明らかにイデオロギー的に思われるかもしれないが、むしろ、その背後にある現実を正確に表現したものなのである。その現実とは、すなわち多国間交易システム全体の収支であった。そこには、中国の工業上の優位と比べると、第二位的なものでしかないインドや東南アジアの役割も含まれており、そのような中国の優位が磁石のように働いた結果、中国は、世界中の銀が、最終的に集まり落ちてくる「排水口《シンク》」となったのである！　このような商業取引の地金による決済（お望みなら「朝貢」と呼べば良い）と、朝鮮、日本、東南アジア、インド、西アジア、ヨーロッパおよびその経済的植民地との、さらにそれらの間の中心 - 周辺関係とが、十八世紀を通じてずっと、世界経済の中心的な役割を果たしていたのである。浜下はこれを、これら諸地域間の「衛星的朝貢関係の連鎖」と呼んでいる。おそらく中国内部の価格構造は、中国の中心的地位によって、深甚な影響力を行使したであろう――つまり、中国の価格動向は、中国が外国の価格動向に払う注意より大きな注意を引いたであろう。だが、浜下が主張するように、それが単独で中国以外のアジア全域の価格まで「決定」しえたかというと、それは疑わしいし、まして世界経済の全価格となれば、なおさらである。

他方で浜下（Hamashita 1988: 18）が正しくも主張していることに、ともかくも、なんらかの取引をしようという場合に、西洋人には、すでに確立しており、「地域の全ての関係の基礎としての……朝貢貿易」のネットワークに参入し、「その中に活動拠点を〔築く〕」という以外に、ほとんど選択肢がなかった。しかしながら、それは、中国との事実上の取引について、アジアのどこででもそうであったこと以上のことは、ほとんど何も言っていない。つまり、ヨーロッパ人たちは、彼らにとっての唯一の選択肢として、彼らの運ぶ交易の荷馬車を、それよりずっと大きく、すでに立派に確立された線路（というか、実際には隊商と海上交通であるが）を進んでいるアジアの生産と交易の列車につないでもらうしかなかったのである。さらに、東アジアおよび東南アジアにおける中国の「朝貢貿易ネットワーク」は――すでに二千年間にわたってそうであったわけであるが――さらに広いアフロ-ユーラシアの世界経済のネットワークにおいて枢要な部分だったのである。ヨーロッパ人がしたことというのは、両アメリカもそこに接続するということであった。しかしながら、すでに触れたとおり、中国人自身が、コロンブスの航海の何世紀も前に、すでにある程度それも行なっていた――まさに。稀少な支払手段を獲得するために！――という証拠もある。たとえば、ハンス・ブロイアーの『コロンブスは中国人だった』(Breuer 1972) を参照されたい。

「中国貿易」の経済的・金融的帰結として、中国は、諸外国全てに対して貿易黒字となった。その基礎にあったものは、絹、陶磁器などの手工業生産における圧倒的優位である。故に、インドが恒常的に銀不足であったのと同様に、中国は、最大の銀の純輸入国であり、その貨幣需要の大部分を、ヨーロッパ、西アジア、インド、東南アジア経由と、アカプルコから直接マニラのガレオン船で来るアメリカ産銀で満たしていた。中国は、日本からも莫大な量の銀と銅を受け取っていたし、また中央アジアを横断してくる陸上の隊商を通じても、ある程度の銀と銅がもたらされた（第三章参照）。金は、金・銀・銅の価格比によって、中国から輸出されたり、中国へ輸入されたりした。世紀単位のスパンで一般的に言えば、海路・陸路の両方を通じて、銀は東向きに流れ（日本からの銀と、アカプルコからのマニラ経由の銀は例外である）、金は西向きに流れていた（アフリカから東向きに流れたものは例外である)。東向きに流れた金には、ヨーロッパに達するものもあった。

というわけで、中華的な国際秩序は、中国の東アジアおよび東南アジアの「朝貢」ネットワークの外部からも商品を吸収していた。つまりそれは、このネットワーク自体が、世界経済/世界システムの一部であり、浜下が言うように、それ自体でひとつの完結した世界であったわけではなかったことを意味している。しかしながら、浜下も、そして当時の中国人自身も、「ネットワークの外部から商品〔特に銀〕を吸収して、事実上、多国間的な朝貢貿易のネットワークを構成している……中華的な国際秩序」(Hamashita 1988: 14)というパースペクティヴにおいて本質的には間違っていない。食い違っているのは、その中国を中心とする経済が、どれくらいの広がりを持っているかということについてだけである。

池田哲(Ikeda 1996)は、浜下の中華的な東アジアのモデルを活用して、一般に認められているヨーロッパ中心主義に対置させ、今日の中国の再興を視野に収められるようなパースペクティヴを提起している。しかしながら、池田もまた、東アジアおよび東南アジアにおける中華「世界経済」を描くだけにとどまっており、かろうじて「ヨーロッパ世界経済」に、触れている程度である。池田は、このアジア「世界経済」の過去、現在、そしておそらく、輝かしい未来について思惟をめぐらせているのであろうが、他の地域の「世界経済」もまた、全て、地球規模の単一の世界経済の不可欠の一部であるということを、見ようとも、しないし、また見ることができないのである。そのようなグローバルな経済には、複数の「中心」があったかもしれないが、全体としてのシステムの中で、そのうちのいずれかが他を支配して(ないしは、他に優越して)いたとすれば、それは、中国(ヨーロッパではなく!)にあった中心である。ブルック(Brook 1998)は、明朝中国の経済と社会について彼の著作の冒頭で「ヨーロッパではなく、中国が世界の中心である」と書いている。

世界経済全体において中国が中心的な位置を占めていた可能性を指摘する論者は、他にもある。フレデリック・

ウェイクマン（Wakeman 1986: 4, 17）は、「ショーニュによれば、〔十七世紀における〕中国の国内危機が、グローバルな危機の拡散に実際につながっていった可能性がある。つまり『ガレオン交易の上昇と下降を支配したのは、対中国大陸の交易の上昇と下降であった』というのである。……したがって、その交易を支配する中国の国家と社会は、世界のどの主要国よりも早く、十七世紀の危機から立ち直ることができたのである」と書いている。デニス・フリンもまた、銀に焦点を当てることで、少なくとも世界の銀市場における中国の中心性を認識している。そしてフリンとジラルデス（Flynn and Giraldez 1995c）は、世界の銀交易における「中国の中心的地位というものを確認」すべきだと弁じ、ひいては東アジア朝貢システムの中心性をも確認すべきだと論じている。そのシステムには、世界人口のおそらく五分の二が含まれていたと思われる。また別のところで、フリンとジラルデス（Flynn and Giraldez 1995b: 16, 3）は、続けて次のように述べている。「銀は、世界交易の出現の背後にある決定的な起動力として見られるもの」であり、そしてそれゆえ「明朝中国内の、新しい通貨・金融レジームの登場は、中華的な世界経済の文脈において……近世期のグローバルな交易の背後にある起動力となったと考えられる」。たしかに、全くその通りなのである。しかしながら、中国の――そしてその他のどの経済の――銀への渇望も、その銀に見合うだけの有効な供給があり、それに対して、銀や他の貨幣で支払いをすることができる者によってそれが需要されていなかったならば（今日の話としても、もしそうでなければ）、当時（そして今も）、銀ないしは貨幣に対する有効な需要へと転換されることはなかったであろう。つまり、中国が、世界市場における手工業生産において、その高い生産性と低い生産費用による競争力のおかげで、諸財（金も含まれている）を供給する生産を効率的に行なっていたということが同様に、ないしは、より重要なことなのである。

このように我々は、浜下よりも、さらに強力な主張をすることができるし、またそうするべきである。すなわち、世界経済全体の秩序が――文字通り――中華的だったのである。クリストファー・コロンブス、さらに彼の時代よりも後の多くのヨーロッパ人は、アダム・スミスに至るまで、そのことをわかっていた。この歴史を、新しいヨーロッパ中心的なパースペクティヴから、文字通り書き換えたのは、十九世紀のヨーロッパ人がはじめてであった。ブローデルが述べているように、ヨーロッパは歴史家というものを発明し、自身の利益のために、これを活用した。しかし、それを正確な歴史や、客観的な歴史に活用することはなかったのである。

中央アジア

大部分がイスラムである、一四〇〇〜一八〇〇年の中央アジアの歴史は、『ケンブリッジ・イスラムの歴史』では、ほぼ無視されている。

> このように中央アジアは、十六世紀の初期から、隔離されるようになり……したがって、世界史の周縁的な存在へとなってしまったのである。……東アジアへの海上路の発見によって、シルクロードは、余分なものになってしまった。……近代にさしかかる頃から、中央アジアの歴史は、地方的な歴史でしかなくなってしまう。というわけで、以下の数世紀については、足早に素描をするだけですませても、不当なことではないと思われる。(Holt, Lambton, and Lewis 1970: 471, 483)

このように中央アジアを無視することは、受け入れられない。原則からいっても、事実としてもそうである。まず初めに、イスラムの中央アジア・内陸アジアの人々は、「世界史の周縁的存在」などではないということは、確かである。ティムールが創始し、サマルカンドを首都としたティムール帝国ひとつとってもそうであろう。また、オスマン・トルコ、サファヴィー朝ペルシア、インドのムガール帝国といった大ムスリム国家・体制は、中央アジアから、それぞれその地にたどり着いた人々によって形成されたものである。実際、ムガール帝国は、自らを中央アジアの流れをくむものと自認していた——また、中央アジアから、高官やその他の知識人を多く招き続けていた——のである（Foltz 1996, 1997）。さらに、内陸アジアのモンゴル人の勃興は、「中国」の元朝へと成長し、その行政機構の多くは、明代にも引き継がれた。そして、その明朝も、次いで同じく内陸アジアから出た満州族によって倒されたのである。

中央アジアの経済と隊商交易ルートについて、ロサビ（Rossabi 1990: 352）が、その「衰退」について述べているが、同時に、それが十七世紀初頭までは継続していたとも述べており、さらに「この交易については、正確な情報が欠けている」と付け加えている。しかし実際には、資料は、それほど稀少というわけでもない。エリ・ワイナーマン（Weinerman 1993）が、概観しているように、ソビエト期に、ロシアおよび中央アジア諸国によって、相当多くの資料が整理されているからである。しかしながら、悲しいかな、それらの資料は、ソビエトの政治的利害に合わせて、大体においてイデオロギー的な動機で戦わされた論争において、使用・誤用されたために、解釈が困難になったのである。「中央アジアの没落」に帝政ロシアが手を貸したことと、ソビエトの支配とを都合良く対比するというのが、中央アジアに対するソビエトの権力を正統化するための安易なやり口であった。ところが、中央アジアの諸民族のナショナリズムがモスクワの支配に挑戦し、モスクワがそれを鎮めようとするときに、ソビエトは、帝政ロシアの支配でさえ、結局は、それほど悪いものではなかったと主張したのである。そして、中央アジアの十七世紀における「衰退」は、十八世紀には克服され、反転したことを示す資料が出てくるようになった。それに関連して、ロシアと中央アジア諸国との間に論争が起こった。そのような中央アジアの「回復」は、ロシアのおかげなのか、中央アジア自身の力なのか、および／あるいは、それ以前の「衰退」というのが、そもそもロシア側でできた神話に過ぎないのではないか、というのがその論点であった。

加えて、中央アジアの衰退および／あるいは進歩についての論争はまた、長年続いてきた「生産様式」論争や「資本主義」論争の関数でもあった。「資本主義」は、中央アジアに、内発的に芽生え、そこに広がったのか。中央アジアにおけるロシアの植民地主義は、それを停滞させたのか、促進したのか。ソビエトの権力および／あるいはイデオロギーは、いかにして、「第三」世界——そして中央アジア——における、反植民地主義や、非資本主義的、のちには「社会主義的」発展の道を敷く上で役に立ったのか。ここにまたひとつ、「生産様式」なる範疇が、いかに文字通り「道を誤らせる《ミスリーディング》」ものであるか、を示す例が見られる。つまり、第一章で論じ、また第七章でも論じられるように、それらは、現実として起こっていたことから、我々の注意をそらすものである。この依然として続いている論争の政治的／イデオロギー的動機および、それを支えるものによって、各陣営によって整理されている「資料」は解釈されているが、それは、我々が「無邪気に」使うには、かなりうさんくさいものとなってしまっている。ロシアの読者なら、真実だけをより分けて読むことができるかもしれないが、私は、他の資料に目を転ずるほかはない。

ニールス・ステーンスゴール（Steensgaard 1972）も同様であるが、ロサビも、大陸を横断する隊商交易が、アジアを周航する海上交易にとってかわられたわけではないと述べている。理由のひとつは、アフリカを周航する海上ルートによって、輸送費用が低下することがなかったからであり、もう一つには、いずれにせよ、そのような輸送費用は、最終販売価格のごく小さな部分をしか占めていなかったからである（Menard 1991: 249）。ゆえに、ポルトガルの喜望峰回りの交易は、短期間しか続かず、すぐに中央アジア・西アジア横断ルートに、再びとってかわられたのである。ステーンスゴール（Steensgaard 1972: 168）は、ヨーロッパが消費するアジアからの財のうち、隊商交易でもたらされたものは、喜望峰回りの船で輸送されたものの二倍にのぼるという概算を出している。

ロサビもステーンスゴールも、中央アジアを横断する交易が十七世紀に衰退したことは認めている。ロサビは、この衰退の原因を二つの主要因に帰している。すなわち、厳しい旱魃（「小氷河期」）と政治的混乱とである。その政治的混乱には、特に一六四四年の満州族による明朝の滅亡、中央アジア西部におけるティムール帝国の衰退、北インドにおけるムガール帝国の支配の諸問題が含まれている。タリム盆地のオアシスへの中国の朝貢貿易の使節派遣は、たしかに十六世紀のおわりには傾いていき、明朝の末期である一六四〇年までの時期には、トルファンも、タリム盆地北部の交易ルートの支配を主張するようになって、さらに衰退した。モンゴル‐明朝関係も再び悪化した（Rossabi 1975, 1990）。しかしながら、少なくとも、衰退のある程度については、より離れた場所の問題、すなわち隊商交易のラインのもう一方の端であるペルシアのサファヴィー朝の問題にも、原因があると論ずる研究者（Adshead 1988: 196-97）もある。

海上交易が隊商交易を凌駕したという、広く共有された前提は、きちんと確かめられる必要があるという、ロサビの実証的な観察に基づいた意見（Rossabi 1990: 367）を受け入れるのに、困難なことはない。それよりも、彼の主張で疑わしいと思われるのは、彼がそれに続く文で、十七世紀の衰退は、「隊商が通過するアジア諸地域の大半を苦しめた政治的混乱」にその理由があるに違いないと述べ、「……要するに、中央アジアの隊商交易の衰退は、経済的な問題だけに帰することができない」といっていることである。思うに、しかし、因果関係が、逆であったという可能性はなかったのだろうか。つまり、旱魃や経済的衰退が、政治的紛争を生んだのではないだろうか。一般的に、他の場所や時代では、そう考えるほうが、より真実である場合が多いし、なぜ「中国北西部を経由する交易が、かくも衰退したのか」（Rossabi 1975: 264）という問いを、より説得的に説明できる。しかしながら、東アジアおよび南アジアでは、気候変動の問題がとりわけ厳しかったのは、一六三〇年代の一〇年間だけである。十七世紀の初頭、および末葉は、中国、インドともに経済的な拡大を記した時期である。すると、中央アジアにおいても、そのような「衰退」があったというテーゼは疑わしいものとなる。このことは、十八世紀の交易の拡大、および他の地域での「商業革命」と平行して、中央アジアを横断する交易が再び復活したことからして、さらに、そうといえることである。ステーンスゴール（Steensgaard 1972）は、交易が復活したとき、そのルートはロシアと中国との間の、より北側のルートに移動したと述べている。

同様に、フレッチャー（Fletcher 1985）も、大陸横断交易が海上交易にとって代わられたと言う議論（というより前提）を拒否しているが、彼は外モンゴルにおいては、一六六〇年から「遊牧民経済の衰退」が始まっていると認識している。ステーンスゴールと同様に、彼も、ロシア商人が、より北側の交易ルートを設定したことについて触れている。そのロシア商人は、シベリアで増加していた人口へも、商品を供給していた。彼らは、一六七〇年ごろから次第に、それまでは、中央アジアのより南側を横断する長距離交易ルートの拠点を確保していた「ブハラ」商人（ブハラ出身であるとは限らなかった）を駆逐した。フレッチャーは加えて、三つの要因を強調している。ひとつは、十七世紀の人口動態上の衰退である。これは、ユーラシア大陸の多くの部分に共通の事態であった（また、この要因はジャック・ゴールドストーン〔Goldstone 1991a〕による、一六四〇年以降の危機についての人口学的／構造的分析において、鍵となる役割を果たしている。ゴールドストーンの議論については、後に検討する）。第二の要因は、軍事技術（すなわち火器）の進歩である。これは、戦争を、はるかに金のかかるものにし、ヘス（Hess 1973）が提示しているように、遊牧部族を、より大規模／富裕な国家／帝国に対して、比較劣位に――以後永久に――おいた。

フレッチャーが引いている、第三の要因は、ユーラシアのさまざまな部分における地域内《リージョナル》交易の拡大である。この地域主義は、中央アジアを横断する交易の市場を狭めた可能性がある。しかしながら、それによって、中央アジアの特定の諸部分・諸地域が、供給者としての経済的機能や、自らに隣接し、経済的、商業的に成長していた諸地域の市場を奪われたというわけではない。であるからして、香料交易と絹交易はともに実際、中央アジアの諸地域を抜ける隊商交易ルートをますます使うようになったと、すでに前に述べたのである。このような隊商交易は、アジアとヨーロッパとをつなぐ、ペルシア湾と紅海の諸ルートにつながっていて、それらと相補的なものであった。同様にムガール帝国のインド亜大陸南方への拡大によって、軍用その他の馬の需要が高まった。中央アジアのさまざまな地域は、西方のペルシアと接する部分においても、またずっと遠く東方のチベットや雲南においても、その「自然な」供給者であった。マルコ・ポーロやイブン・バトゥータのような旅行者も、中央アジアの諸地域が、南方のインドに馬を売って大きな利益をあげていることについて、すでに記述している。それは、十三・十四世紀について、ジョン・リチャーズ（Richards 1983）が分析している通りである。しかしながら、馬の交易は、その後も継続された。十七世紀初頭で、年間一〇万頭の馬が中央アジアから輸出され、うち一万二千頭が、ムガール宮廷の厩舎に入ったものだけで占められていた（Burton 1993: 28）。

同様に、モンゴルの最後の実質的な軍事的威嚇は、明朝によって撃退されていたようではあるが、モンゴル諸族と中国との間の地域交易も――長年の振幅の激しい続き方ではあるが――持続した。しかしながら、そのために明朝は、北方へ関心を転ぜねばならず――そして、北京へ遷都までせねばならず――一四三三年の鄭和の航海のような交易使節をそれ以上派遣するのを止めてしまって、南方の海上での多くの商業的なチャンスは犠牲にされてしまわなければならなかったのである。このような地域主義、および新しい戦争の方法とコストとは、諸々の事件の説明となりうべきものであるが、アイセンバイク・トガン（Togan 1990）によって分析されている。

本論文の目的は、〔十七世紀において〕交易および交易者はその働きをやめず、むしろシルクロードに沿って仲介的な役割をはたしていた国家の形成は排除されてしまったということを示すことによって、シルクロードの衰退をより正確に検証することにある。そこで国家の形成が排除されたのは、近世期における定住民の帝国の拡大に原因がある。仲介者が、その機能を失ったのは……中国とロシアという二つの帝国が互いに直接の接触を持つようになった時期〔一六九八年〕でもあった。結果として、シルクロードにおける〔ブハラの〕イスラム商人の場合、それまで大陸横断交易に携わっていた商人たちは、帝国の商人となって、その帝国内の国内交易の方により深く携わるようになったのである。

(Togan 1990: 2)

しかしながら、アドシェド（Adshead 1993: 179）が主張しているように、このような発展はまた、中央アジアを横断する東西隊商交易の、十七世紀における衰退が、地域的な南北交易によって、駆逐されたものであるとまでは言わぬまでも、補完されたということを意味するものであり、そうすると「中央アジアは衰退しなかった」（Adshead 1993: 200）ということになる。ロサビ（Rossabi 1975: 139-65）は、中国の中央アジアからの輸入品目のリストを示して、馬、ラクダ、羊、毛皮、剣、翡翠、朝鮮人参、その他の薬品、ならびに金銀を挙げている。彼は、中国側の輸出品目として、繊維製品、衣服、薬品、茶、紙、陶磁器、そして十五世紀の後期以降は、それ以前にはリストに挙がっていた、紙幣の輸出に代わって、銀を挙げている。紙幣は、中国の国内での購買にしか使用できなかったものである。

ロシアと中央アジアの交易も継続して繁栄し、実際、十八世紀には、成長さえしたのである。最初は、中央アジアからの隊商も、ロシアの輸出品の購入の決済のために金および銀を運ばなければならなかった。しかしながら、十八世紀の後半になると、中央アジアがロシアに綿やその他の織物を、より多く輸出するようになって、交換が均衡してきたのである。さらに時間がたつと、貿易収支は、中央アジア側の黒字に転じて、ロシアの方が、貴金属を中央アジアへ、そしてさらに中国へも輸出しなければならなくなった（Attman 1981: 112-24）。すると、皇帝《ツァー》となったものは誰も彼も次から次へ、貴金属および鋳貨の輸出を禁ずる勅令を出した。十七世紀半ばに始まり、十八世紀には、さらにそうなったことであるが、ロシアの国家は、自国民の手に交易を確保しようと努め、ブハラや、他の中央アジアの競合者を排除しようとしたのである（Burton 1993）。

バートンは、一五五九〜一七一八年のブハラ交易を概観した、彼の研究（Burton 1993）に、非ブハラ人による交易を含めている。彼の地図および文章は、交易のルートと、日用および奢侈用の諸商品（ここで列挙するにはあまりにも多すぎる）の交易の――したがって分業の――中身を示している。しかしながら、特に注目に値するのは、いたるところから（ドイツおよび東欧からのものもあるが、特に西方からの「非キリスト教徒」と南方からの「非ムスリム」のヒンドゥ教徒が含まれている）の奴隷、そして馬およびその他の家畜ならびに、その皮革や毛皮、あらゆる種類の繊維および織物、インディゴその他の染料、金属および、特に小兵器などの金属製品、陶磁器、穀物、砂糖、果物、また特に大黄《だいおう》など、あらゆる種類の食物、薬品、茶およびタバコ、宝石用原石、そしてもちろん、貴金属と鋳貨などである。諸々の交易ルートが、ヒバ、ブハラ、バルフ、サマルカンド、カブール、その他多くの中央アジアの交易場を接続していた。北方へは、アストラハンやオレンブルクを経由して、モスクワへ通じていたし、さらにそこから進んで、東欧、西欧へと通じていた。西方へは、それらのルートはペルシア、レヴァント、アナトリアへ入り、そして／ないしは、黒海ルートを経由してイスタンブル、地中海へ通じていた。南方へは、インドに通じており、東方へは、古来からのシルクロードをたどって中国へ、また北東のシベリアからも中国へ入った。バートン（Burton 1993: 84）は、「私が概観した期間を通じて、〔中央アジアは〕さまざまな危険や困難にもかかわらず、その交易活動を精力的に続けていた。彼らは、莫大な種類の財を運び、状況の変化に常によく対応することができた。彼らはロシアの皇帝《ツァー》〔による妨害〕の後でさえ、モスクワやシベリアとの交易を続けたのである」と結論付けている。

十七世紀前半の、ロシアの急速なシベリアへの進出ののち、露清間の中央アジアとシベリアの交易、領土、政治的権力をめぐる競合関係は、緊張と緩和を繰り返した。ロシアの方は、(長距離)交易に対する意欲がより大きく、中国側は明らかに、政治的支配の方により大きな関心を持っていた。その政治的支配が、地域的《リージョナル》/地方的《ローカル》な朝貢および交易をもたらすからである。したがって、相互の合意によって、一六八九年にネルチンスク条約が結ばれ、ロシアの交易は保障される一方で、その地域におけるロシアの政治的権力は中国に譲られた。この体制は、中国が一九五八〜六〇年に再び、同地域の支配を失う(そして二十世紀の半ばになるまで、その支配は、些かも回復されることがなかった)まで続いた。実際、モンゴル西部の諸族は、タリム盆地(中国によるこの地の支配は、漢代の頃から断続的なものでしかなかった)を抜けるシルクロードの北方の支線沿いのオアシスを支配下に収めたし、他にも、この活力ある地域をめぐって相争われた闘争は、今日までにほぼ中国の新疆ウイグル自治区となっている地域を、清朝が最終的に併合するまで続いた(これらのムスリム諸族の独立獲得という利害関心は、旧ソ連の中央アジア・ムスリムの諸共和国が分離独立して、最近にやっと高まってきたものである)。

ロシアとバルト海諸国

ロシアとバルト海諸国は、国際交易およびその決済の構造において、オスマン帝国とペルシアが西アジアにおいて占めていた位置と相同的な位置を占めている。すなわち、ロシアとバルト海諸国は、一貫して、彼らが、繊維製品その他の手工業製品を輸入するよりも多くを西欧へ向けて輸出していた。輸出品は、特に毛皮であったが、他にも、材木、麻、穀物、等の商品があった。貿易の黒字分は、貴金属で決済されたが、その大部分は、両アメリカから来ていた。ロシア - バルト海交易と、バルト海 - 北西ヨーロッパ交易とは、同じパターンで特徴付けられるものであった(その中には、スウェーデンによる銅と鉄、のちには材木の輸出が含まれる)。

バルト海は、三大東西交易ルートの一つである。ロシアからの他のルートは、北極海を通る、より北側の海上ルートと、東中欧を抜ける陸路のルートがあった。しかしながら、ロシアには、特に大河に沿って南北交易のルートも走っており、オスマン帝国やペルシアへ通じていた。ヴォルガ河がカスピ海に注ぐ河口デルタに位置するアストラハンは、重要な国際交易センターとなった。このような交易を促進し、さらにムスリムを排除するため、ロシアは、ヴォルガ‐ドン運河の建設を計画――実現しなかったが――した。南方へは、ロシアは主に、毛皮、皮革、金属製品、輸入品の生糸、サテン、綿花、インディゴその他の染料を輸出した。貿易の収支は、ロシア側の大赤字であり、その決済は、対バルト海、対西欧交易で獲得した銀や金を再輸出することで決済されざるをえなかった。

国内商業を振興し、国際商業の競争力を高めるため、皇帝《ツァー》は、商人を優遇し、彼らの都市に自治を与えた。また、皇帝《ツァー》は、ヨーロッパとアジアに領事を派遣した。いうまでもなく、バルト海交易におけるロシアの重要な地位を確立しようというのが、その目的である。サンクト・ペテルブルク（その名は、聖ペテロにちなんだもので、皇帝《ツァー》の名からとったのではない）および、モスクワから湿原を横切ってそこへ通ずる道路が、モスクワ側からの激しい政治的反対を押し切って、建設されたのは、アルハンゲリスク経由の外国勢力の手中にある交易から、バルト海を抜けるロシア支配下の交易へ切り替えるためにとられたさまざまな関連の方策（実際、それによって、アルハンゲリスク経由の交易は、九〇パーセントも減少した）のうちのごくわずかであるにすぎない。しかしながら、ピョートル大帝はまた、失敗したとはいえ、バルト海、黒海、白海、カスピ海を結ぶ河川と運河の複合システムを建設しようとしていた。さらに、「このようにバルト海商業を強調してばかりいると、モスクワによる東方との交易の発展がかすんで見えてしまいかねない。……その東方交易では、トルコ、ペルシア、中央アジアのハン国および中国も、重要な役割を果たしていた。」（Oliva 1969：129）ピョートル大帝が、当時栄えていたインド交易から利益を得ようと関心を寄せていたことも、言うまでもない。アストラハンには、三〇〇を越えるインド商人の定住地があり、それより規模は小さいが、モスクワ、ナルヴァその他の場所にもあった。インドの織物は、シベリアに送られ、そこから今日では中国の都市となっているカシュガルに送られた（Barendse 1997第一章）。

ピョートル大帝の治世の終わりまでに、モスクワ周辺には、少なくとも二〇〇の大規模な工業企業が存在していた。うち六九は冶金、四六は繊維・皮革関連、一七は火薬の企業であった。銑鉄の生産は、イングランドよりも多く、一七八五年までには、ヨーロッパ全体をも凌ぐ規模に成長した（Oliva 1969: 124）。ピョートル大帝の経済政策はまた、一七二五年の段階で、輸出二四〇万ルーブル、輸入一六〇万ルーブル、差し引きで全体として、八〇万ルーブルの貿易黒字を生み出した（Oliva 1969: 139）。

さらに、ロシアのシベリア進出が十七世紀の前半に急速に始められると、シベリアからの毛皮の輸出が、ヨーロッパ・ロシア産の毛皮を補うようになってきた。結果、貨幣も、さらに東方へ流れていくこととなり、シベリアの開発に役立った。シベリアおよびユーラシアの東端では、ロシア人は、中国人にとって、絹および、のちには茶の大事なお得意様となった。帝政ロシアの政府は、東方のロシア - 中央アジア - 中国間の地域交易における交易特権を、官許商人にも、私商人にも求めた。

すでに触れたが、十七世紀末から十八世紀初頭には、大陸横断交易は、中央アジアを抜けるより南側のルートから、より北側のロシアを通るルートまで、その幅を広げていた。これはひとつには、このような変化に続いて、ないしは並行して、ロシア人のシベリアへの定住が進んでいた。また一つには、同じことの結果として、国境を超えた、露清交易が増大した。さらにひとつには、十六世紀半ばのイワン雷帝以来ずっと、ロシアの為政者は、シルクロードがロシア領を通るように、そのルートをずらせようとしたり、誘致を試みたりしてきていた（Anisimov 1993: 255）。ブハラ商人は、シベリアに定住するものも、しないものも、当初、誘致のための特権と保護を受けていたのである。しかしながら、そのようなブハラ商人は、次第に制約を受けるようになり、ロシア商人が、外国商人との競合を制限し排除するよう、国家に対して請願を強めるようになって、ついにはブハラ商人の活動は禁止されてしまったのである。このような請願は、十七世紀の半ばの金融・交易危機（第五章参照、Buton 1993: 54も参照）の時に、特に強まった。そして、十七世紀の末、ピョートル大帝の治世に再び、そのような請願が沸き起こった。

市場はロシア人のために確保された。ブハラ商人は、一六八九年にシベリアにおける対中国交易における特権を中国の政治的特権と引き換えにロシアが得ることに合意した露清間のネルチンスク条約に、ピョートル大帝が署名をしてから、ますます排除されるようになった。貴金属は、双方向に同時に流れていたが、やがて、地金が西向きに、鋳貨が東向きに流れるようになった（Attman 1981: 114-24）。しかしながら、ピョートル大帝は、貴金属およびロシア産以外のあらゆる財の輸出を禁じてしまった（Burton 1993: 76-81）。

ピョートル大帝は、決然と、ロシアの交易を保護し、その東方および南方への拡大を遂行した。彼は、ペルシアに派遣した大使に次のような手紙を送っている（Anisimov 1993: 225からの再引）。「スミルナとアレッポの交易に、何らかの障害を作り出すことはできないか。その場所と手段を伝えよ。」さらに彼は、それに関連して、また別の考えも持っていた。すなわち、一七二二年の対ペルシアの戦争（これは、サファヴィー朝の宮廷内での混乱で生じた一時的なスキをついたものである）、次いで一七二三年の対トルコの戦争である。ピョートル大帝は、トルコと共同して、ペルシアの領土とその交易ルートを分割しようと考えていた。全ては、商業的動機に基づくものだったのである。カスピ海のバクーを占領すると、彼は、「上機嫌で乾杯」し、「アレキサンダー大王の道へ足を踏み入れた」ことを祝った――その道は、インドへの道である！（Anisimov 1993: 259）

ピョートル大帝を惹きつけたものは、インドの富と交易であり、そこへ至る水路を見つけることは、彼にとっての強迫観念《オブセッション》となった。彼は、カスピ海、オクサス河その他の河川を経由するルートをいろいろと模索し、各河川の支流や、それらをつなぐ運河の建設について諮問した。またマダガスカル経由で、外洋探検にまで出ようとしたのである。また、同様にマダガスカル経由で、彼はインドへ大使を派遣したが、それは失敗に終わった。その使節団は、ムガール帝国にはたらきかけて、「なんとしてでも……ムガール皇帝をロシアと商業を行なうことを許す気にさせる」(Anisimov 1993: 262から再引) ように指示されていたのである。ピョートル大帝のペルシア大使であったアルテムイ・ヴォリンスキーが後年回顧しているように、「陛下のお考えによれば、問題は、ペルシアひとつにはとどまらないということでありました。というのも、もし、ペルシアでの物事が上首尾に運び、陛下の輝ける御世が続いておりましたならば、もちろんのこと、陛下は、インドにまで手を伸ばそうとされたでありましょうから。陛下は、そのお考えを中国にまで膨らませられ、私は……この耳で、陛下から、そのお考えをお聞かせ賜る栄に浴したのでございます」(Anisimov 1993: 263)。さらに皇帝《ツァー》はまた、デンマーク人の航海士であるヴィトゥス・ヨナセン・ベーリングを派遣して、ロシアの極東とアメリカ大陸との通航路を探索させた。しかしながら、これらのアジアの富から利益を得ようとする商業的な帝国の政策は全て、皇帝《ツァー》のバルト海およびヨーロッパ方面での野心が満たされるのを待っていなければならなかった。他にも要因はあるが、やはりその野心の追求の過程で、サンクト・ペテルブルクは建設されたのである。そして、今日でもなお、ロシアは引き裂かれたままになっており、東と西とで相反する利害によって、さらにバラバラになってしまうかもしれないのである。

中華的世界経済のまとめ

本章は、まさに地球を一周する世界規模の交易システムと分業体制があるということが、合理的な疑いを越えて言えるということを示した。それは、農業的な後背地および周辺部《ペリフェリー》を、個々の地方ないしは地域《リージョン》の中心都市および海上交通の港市そして/あるいは陸上の交易場市に、結び付けていた。他方で、これらの都市は発展して、濃密で、広範囲に及ぶ、間地方的、間地域的、そして世界システム的な国際経済関係を持つようになった。このようなことは、交易者や交易そのものを通じて、またその結果としての貿易不均衡を見れば、きわめて良くわかることである。しかしながら、交易者や交易にはまた、グローバルな分業体制における、広範な、地域間および分野間の補完関係と競合関係が反映している。そして他方、それらは全て、アジア経済、特に中国経済が占める、相対的――実際には絶対的にも――な比重およびその支配性が反映しているのである。このような、グローバルな、中華的多国間交易は、アメリカの貨幣がヨーロッパ人の手によって注入されることを通じて拡大した。実際、そのアメリカの貨幣があればこそ、ヨーロッパ人は、このグローバル経済《エコノミー》への参加を高めることができたのである。そのグローバル経済《エコノミー》は、十八世紀まで、さらに言えば、十八世紀を通じて、アジアの生産、競争力、そして交易によって支配されたままだったのである。

世界経済における、国際分業、産業分野間の相対的な生産性、および、それぞれの地域《リージョン》の競争力は、貿易収支と貨幣の流れのグローバルなパターンに反映されている。

世界経済の構造において、主要地域《リージョン》のうちの四つは、商品交易の構造的な赤字を続けていた。すなわち、両アメリカ、日本、アフリカ、そしてヨーロッパの四地域《リージョン》である。最初の二地域《リージョン》は、銀貨幣を輸出用に生産することによって、その赤字を埋め合わせていた。アフリカは、金貨幣と奴隷を輸出した。経済的な観点からすれば、これら三つの地域《リージョン》は、世界経済の他の地域に需要がある「商品」を生産していたことになる。ところが、四つ目の赤字地域《リージョン》であるヨーロッパは、恒常的な貿易赤字を埋め合わせるために輸出すべきものを、ほとんどなにも生産することができなかった。ヨーロッパは、主として他の三つの赤字地域《リージョン》の輸出品を、アフリカからアメリカへ、アメリカからアジアへ、アジアからアフリカとアメリカへ、という具合に「管理」することで、なんとか、赤字を埋め合わせていたのである。ヨーロッパはまた、ある程度、アジアの域内交易、特に日本と他地域との間の交易に参加した。このアジア域内の「カントリー・トレード」は、アジアにとっては、どうでも良い程度のものであったが、にもかかわらず、ヨーロッパにとっては死活的に重要であり、ヨーロッパは、自身とアジアとの間の交易からよりも、多くの利益をそこから得ていたのである。

東南アジアと西アジアもまた、ある程度の銀貨・金貨を生産し、それは、それら地域《リージョン》の貿易収支を均衡させるのに役立った。しかしながら、ヨーロッパの場合とは違って、これらの地域は、輸出需要のある何か他の商品を生産することもまた可能であった。東南アジアも、西アジアも、それぞれ、アジアの中核経済の南東と南西にある転車台の位置にあったことから、「輸出」利益を実現することができたのである。中央アジアも、ある程度そうであった。

世界経済において、最も「中心的」な二大地域《リージョン》は、インドと中国であった。その中心性は、第一に、手工業における、その卓越した、絶対的および相対的生産性に由来する。インドでは、その卓越性の由来は第一に、世界市場を支配した綿布と、それよりは小さいが、絹布であった。絹布は、インドで最も生産的な地域であるベンガルのものが際立っている。もちろん、このような手工業からの競争力は、土地の生産性および、運輸・商業の効率性によるものであった。土地からの生産は、必要な投入物を供給するものであり、産業には原材料を、労働力には食糧を供給し、運輸・商業は、その両者に必要であると同時に、もちろん輸出入を担ったのである。

もう一つの、さらに「中心的」な経済は中国であった。その、インドをも凌ぐ中心性は、工業、農業、運輸（水運）、商業における、さらに大きな絶対的・相対的生産性に基礎を置いていた。インドを凌ぐ、というより世界経済において最大の、中国の生産性、競争力および中心性は、最大の黒字国であったという事実に反映されている。その基礎は第一に、世界経済における絹と陶磁器の輸出の主導権を握っていたことと、金や銅銭、のちには茶の輸出にも、あった。逆に、これらの輸出によって、中国は、世界の銀が最終的に落ち集まってくる「排水口《シンク》」となった。そのような銀の流れによって、中国の半永久的な輸出超過が埋め合わされていたのである。もちろん、中国が、その飽くことを知らない銀「需要」を満足させることができたのは、ただ中国が無尽蔵に輸出品を供給でき、世界経済の他の諸地域で、その輸出品に対して半永久的な需要があったからにほかならないのである。

我々の時間的な出発点である十四世紀、特にアブ - ルゴッド（Abu-Lughod 1989）の言う「十三世紀世界システム」に戻って見ると、ある「地域的《リージョナル》」なパターンが観察できる。そのパターンは、十八世紀まで通じて、世界経済に持続したものである。そのような地域的《リージョナル》なパターンは、複数の、相互に背反しない仕方で要約することができよう。しかしながらその中には、ヨーロッパに始まって、その後拡大していき、世界の他の地域をひとつずつ「組み込」んでいって、最後には西洋が全世界を支配するという、一般に受け入れられた「資本主義世界経済」のイメージに対応するようなパターンはひとつもない。

世界経済を地域《リージョン》ごとにわける、二つの可能なやり方について、本章では、その見出しと、本文の多くを使って示してきた。全ての地域《リージョン》は、むしろ恣意的に定義されていると考えざるをえないという冒頭の警告に従いつつ、本章の各節は、「両アメリカ」、「アフリカ」「ヨーロッパ」などと指示してきた。悲しいかな、「世界」経済史の多くの記述で、これら三つの地域《リージョン》を越えて書かれることは、ほとんどない。本章は、それら三つの地域《リージョン》が、世界経済において、比較的にマイナーな役割しか果たしていないということを示そうと意図したものである。世界経済は、アジアの多くの地域にもまたがっていたのである。もちろん、別の理由から、これらの地域の各々が、方位、中心／周辺、大陸／島嶼、高地／低地、寒暖、乾湿、その他の地理的・生態学的観点から、および経済的、政治的、文化的意味合いから、細分されることはあり得た。

あるいは、大西洋、インド洋、シナ海、内陸アジア、その他の大地域にグループ分けをしたり、また、南／北大西洋、南／北シナ海などというようにすることもできた。もちろん、たいていのこれまでの記述で、最も関心が払われていたのは、大西洋地域であった。しかし、私の主張では、他の地域の方が、相対的にも、絶対的にも、はるかに認知され、研究されてしかるべきなのである。事実上、本章は、各節の関心の半分ないしはそれ以上を、それぞれの地域《リージョン》とそれに隣接する東西の諸地域《リージョン》との経済的関係に注ぎながら、これらの主要地域《リージョン》に焦点を合わせてきた。たとえば、「インド」の記述は、グジャラート、コロマンデル、ベンガル、セイロンなどの相互間の分業と交易を同定し、そのそれぞれが、アフリカおよび、中央アジア、西アジア、東南アジア、東アジアと、緊密な経済的関係にあることを強調してきた。

このように、アブ‐ルゴッド(Abu-Lughod 1989)の言う「十三世紀世界システム」の本質が、その後何世紀にもわたって継続してきたことがわかる。彼女の世界経済についての説明を思い出して欲しい。アブ‐ルゴッドは、相互に重なり合いを持ち、アフロ‐ユーラシア全体を覆うような八つの楕円状の地域の上に、三つの主要地域《リージョン》――そして、それらそれぞれの内部に、小地域――を同定した。八つの楕円それぞれの中心は――西から東へ挙げていくと――ヨーロッパ、地中海、紅海、ペルシア湾、アラビア海、ベンガル湾、南シナ海、そして内陸アジアである。我々はすでに、これらの地域が全て、十六世紀に大西洋地域が加わったにもかかわらず、世界経済の分業体制と「国際」交易システムにおいて、それぞれ対等ではないとはいえ、多かれ少なかれ、いかに主要な役割を演じつづけてきたということを見てきた。

しかしながら、また、これらの諸地域《リージョン》にあって、ある地域《リージョン》とある地域《リージョン》は、他の地域《リージョン》より、相対的に対等な関係にあることは確かであり、そのような相対的地位も、循環的に、ないしは、時間の経過によってなんらかの変化をこうむったことも、我々がすでに見てきたことである。十八世紀には、ヨーロッパ交易の場が、バルト海および地中海から、圧倒的に大西洋へと移ったとはいえ、世界経済とその交易の中では、依然として、インド洋やシナ海地域の重要性とは比ぶべくもなかった。ここまでも引用してきたし、以下の章でも引用することになるが、大半がアジア人の歴史家の手になる多くの研究によって、インド洋経済が、歴史上それが持っていた重要な位置と、それが果たした重要な役割とに、きちんと見合うように、地図上に示すことができるようになってきた。また特に、本章の中国に関する節は、東アジアに、中華的なサブシステムがあったと論ずるものであるが、世界における、その経済的重みは、ともかくもそれが認識されている場合でさえ、大幅に過少評価されてきた。しかも、そのように、ともかくも認識されていること自体、あまりにも稀なことであるのである。浜下の業績（Hamashita 1988, 1994）および、彼と、アリギおよびセルデン（Arrighi, Hamashita and Selden 1996）によって提起された研究は、このような深刻な欠損に対する矯正を狙ったものだ。本書の記述も、東アジアの「地域《リージョン》」経済の構造と変容の解明に貢献しようというものである。たとえば、本書の記述では、中国と中央アジアとの持続的な二国間関係、朝鮮・日本との三国間関係、中国の海岸部諸地域、南シナ海、東南アジア、琉球諸島の交易場や港市、そして特に華僑——その今日の活躍は偶然的なものではない——などの交易ディアスポラが果たした重要な役割を強調した。

もちろん、ここで強調されるべきは、グローバル経済《エコノミー》だったのであり、そしてその中において、世界経済に占める中国そしてアジアの圧倒的な地位とその役割を強調してきたのである。すると、世界経済を、別様に「地域区分《リージョナリゼーション》」することもできそうである。すなわち、同心円的なイメージで描かれうるものであるが、その中で、最も内側にある円には、中国（揚子江流域および／ないしは華南）が来るであろう。そして、浜下（Hamashita 1988, 1994）が考究した東アジアの朝貢／貿易システムが、その一つ外側の円にあたり、中国の外側の中央アジアのごくわずかな部分と朝鮮、日本、東南アジアがそこに含まれるであろう。もっとも、このような円の境界は、穴だらけで、不確定なものであることは、すでに本章までで見てきたことである。また浜下自身も、それが南アジアまで延長されることを認めている。もちろん、翻ってインドに目を向ければ、そこには、千年もの時を刻んだ、西アジアおよび東アフリカ、ならびに中央アジアとの密接な関係があった。さらに、その中央アジアは、次第にロシアと織り合わされるようになり、さらにまた、中国とも密接に関係した。これらの諸地域は、先の同心円イメージのもうひとつ外側のまとまりを形成しているとも言えよう。つまり、アジア地域ないしはアフロ・アジア地域の円というふうに同定することができると思われる。この（アフロ・）アジア経済が、どの程度、それ自体として一つのまとまりをもった経済構造および動態を持っているかについての、真の意味での研究はまだ行なわれていない（本書でも、それを検討することはされていない）。

本書の焦点は、ひとつの全体としての世界経済にある。最も外側の、グローバルな円周の中に、上のアジア経済の円も位置付けられなければならない。このグローバルな円周の内部で、我々は、アジア経済、東アジア（および南アジア？）経済、中国経済というふうに順に小さくなっていく同心円を、見ることができるのである。ヨーロッパ、および大西洋の対岸にある両アメリカも、この同心円の外側のまとまりの中に、ふさわしい場所を占めていることになるだろう。というのも、アジアは、ヨーロッパとも経済的関係があり、そのヨーロッパを仲介として、両アメリカとも関係していたからである。アジアとアメリカとの経済的関係には、太平洋を横断して、直接に行なわれた交易も含まれる。それについては、貨幣をとりあげて、第三章でさらに論ずる。第三章ではまた、メキシコのアカプルコ（およびリマに近いエル・カラオ）とフィリピンのマニラを結ぶマニラ・ガレオン船交易についても扱う。世界経済の主要地域として中国、東アジア、アジアに焦点を当てるのもさることながら、このような同心円的な、グローバル経済《エコノミー》の地図を描くことで、ヨーロッパ経済は、また大西洋経済でさえ、周縁的な位置におかれることになる。

第三章は、ヨーロッパ人によって供給された、新しいアメリカ産銀が、アジアへ、特に中国へ流入していったさまと、それがひとつの全体としての世界経済にいかに影響を与えたか、について検討する。この単一の世界経済の不均等な構造や動態と、その内部における産業分野間／地域間／国際的な競争関係はまた、増大するグローバルな生産を通じてのグローバルな経済「発展」へのインセンティヴを産み、その過程を形作った。このような発展は第四章で検討される。そこでは、世界経済におけるアジアの優越性を支持する証拠をさらに検討する。また第四章では、技術的・制度的変化――他の地域と並んでアジアにおいても――が、いかにこの世界の発展を可能にしたかを示す。このような世界（経済）史は、すべての地域を同時に検討するような単一の世界経済の過程として分析されなければならず、またそうすることによってのみ適切に理解されうる。したがって第五章は、そのような同時並行的な諸発展をいくつかとりあげて分析し、アジア経済の拡大が、十八世紀の半ばまで続いていたことを示す。そして第六章では、それに続くアジアの衰退と、それに連関したヨーロッパの勃興の理由を探求する。

3

貨幣が世界をめぐり、そして世界をまわす

アメリカがはじめて発見されて以来、その銀鉱山の生産物に対する市場は次第に大きく広がり……〔そして〕ヨーロッパの大部分は大いに改善された。……東インドはアメリカの銀鉱山の生産物にとってのもう一つの市場であり……この市場は、ますます多くの銀を吸収しつづけてきた。……特に中国やインドでは、貴金属の価値は、……ヨーロッパにおけるよりもずっと高かったし、また今でもそうである。……これらすべての理由から、貴金属はヨーロッパから東インドへ運べばいつもたいへんに儲かる商品であったし、いまでもそうなのである。東インドでは、貴金属以上に良い値段で売れる商品はめったにない。……なぜなら、中国および他の東インドのたいていの市場では……銀と金の間の価格比は、十対一または、せいぜい十二対一にすぎないのに対して、ヨーロッパでは十四または十五対一であるからである。このように新大陸の銀は、それによって、旧大陸の両端間で通商が行なわれる主要商品のひとつであるように思われるし、世界のこれら遠隔地がたがいに結びつけられているのも、銀の媒介によるところがたいへん大きいのである。

アダム・スミス(Smith〔1776〕1937: 202, 204, 205, 206, 207)

世界貨幣――その生産と交換

アフロ‐ユーラシア規模の金・銀市場は、記憶を超えた過去から存在している。十四世紀の偉大な歴史家、イブン・ハルドゥーンは、「マグレブやイフリキヤで貨幣が稀少ならば、スラヴやヨーロッパのキリスト教徒の国々ではそうではなく、エジプトやシリアでそうなら、インドや中国ではそうではない。……そのようなものは……頻繁に、地域から地域へと送られていくのだ」(Ibn Khaldun 1969: 303)。コロンブスおよび彼に続いた人々の航海から、スペインはカリブの金をそこへ加えた。一五四五年にペルー（現在のボリビアにあたる）のポトシ銀山が、一五四八年にメキシコのサカテカス銀山が発見されて、新しくアメリカの銀が、大量に注入され始めた。この新しい銀は、世界経済に広範な影響を与え、遅くとも一六〇〇年には、アジアのさまざまな場所で、その影響が出始めていた。たとえば、ポルトガルの商人が、一六二一年に、銀についての報告で、「銀が、世界中を徘徊し、あちこちの国を渡り歩いて、中国に集まっていき、あたかもそこがその自然な中心であるかのように、そこにとどまった」(von Glahn 1996a: 433から再引）と述べている。銀が、どのように世界を循環したかについては、もっと最近になってからも、次のように要約されている。

極東との貿易の通常のパターンは、ヨーロッパないしはメキシコから輸入された銀の一部を……中国行きの船で転送して、そこで、金や中国産の諸商品と交換するというものであった。それらの商品はインドへ輸入され、その売上は、ヨーロッパへ帰る船の積荷の購入にあてられた。

(Chaudhuri 1978: 182)

事実、アメリカの銀は、実に世界中に存在し、ボストンからハヴァナまで、セビリヤからアントワープまで、ムルマンスクからアレクサンドリアまで、コンスタンチノープルからコロマンデルまで、マカオから広東まで、長崎からマニラまで、あらゆるところの商人が、ペソないしはレアル貨を標準的な交換媒体として用いていた。同様にあちこちの商人が、何千マイルも離れたポトシ、リマ、メキシコ、またインド諸島のその他の場所で鋳造された銀貨の相対的な純度を知ってさえいたのである。（TePaske 1983: 425）

というわけで、「銀の世界市場があったことについては、誰にも異論がない。問題は、それをどのようにモデル化するかである」（Flynn 1991: 337）ということになる。「ペルーの銀の価格が……銀価格に、なんらかの影響を与えるに違いない。それは、ヨーロッパの銀山においてだけというわけでは決してなく、中国の銀山の銀価格にも影響を与える」と、アダム・スミス（Smith〔1776〕1937: 168）は述べている。彼は、この問題を重要だとみなしており、『国富論』に、六四ページを割いて、「過去四世紀間における銀の価値の変動にかんする余論」を付し、さらに同書の他の場所でも、あちこちで、その影響について論じている。

グローバルな世界市場の存在と働きについては、第二章で検討した。貨幣および特に銀貨幣は、その流通システムを流れる血液であり、生産と交換の車輪の回転に差される潤滑油であった。あらゆる種類の貨幣は、価値蓄蔵および、異種貨幣間と商品との両方についての交換媒体として働いた。鋳貨はその金種・額面および純度が多様で、そのそれぞれの間で、また他の全ての財と、交換されたり、差額の鞘どりが行なわれたりした。かくして、地球上のいたるところで、このような貨幣間の変換や商品との交換が行なわれることによってまた、世界市場は実際に機能し、事実上全ての財についての市場となったのである！

グローバル・カジノのミクロな賭場とマクロな賭場

恐らく、まず最初に、なぜこの貨幣が世界を循環し、どこで、いつ、それが起こり、実際最初になぜそれが生み出されたのか、という問いを立てておく必要があるだろう。本章の後の節では、地球を巡る貨幣の流れによって世界規模でもたらされた帰結について検討する。第二章では、どこへむかって、なぜ、貨幣が流れていくのか、という問いに対する、主たる「解答」は、世界交易の連鎖を成す、それぞれの円環において、隣接する円環から輸入を行ないたいが、それに見合うだけの輸出品がない場合に、「収支を合わせる」ために使われた、というものであった。ゆえに、少なくとも三つの互いに関連のある問いは、依然として残されたままである。すなわち、①なぜ、それへの対価となる輸出商品を持たないものが、商品を輸入したがったのか、②なぜ、それに対して、自らが生産したものを輸出し、対価が他の商品ではなく、多くは貨幣で支払われるのを受け取ろうとしたのか、つまり、なぜ彼らは貨幣を需要したのか、③なぜ、最初に、このような貨幣が作られたのか。いろいろあるが、このような貨幣の生産、輸送、防犯、鋳造、交換には、相当な労力、物財、および貨幣自体をもかけなければならない――以上の三点である。

最後の問いに答えるのが、最も簡単であり、また他の二つの問いに答えるための糸口となる。貨幣は、他のいかなる商品とも同様の商品であったから――そして、今もそうであるから――（銀、金、銅、鋳貨、貝殻、などの形態で）生産されるのである。その生産、販売、購入は、他のいかなる商品とも全く同様に、利潤を生みうる――それどころか、他の商品よりも、容易にかつ大きな利潤を生みうるのだ！　もちろん、利潤を生むためには、生産、輸送、その他の費用が、予想される販売価格より低くなければならない。そして実際、一般的に、生産費用は、販売価格よりも低かったのである。もっとも、たとえば銀の供給が、きわめて増加するか、ないしはきわめて速度を速めるかして、その販売価格が生産コストを下回るほどに低下するような場合は、例外であった。それは、時に、スペイン（領アメリカ）および他の生産者に起こったことである。すると、彼らは、技術的ないしは、その他の方法を見つけて、生産費用を削減し、かつ／あるいは費用に見合うところまで、価格が再上昇するまで、生産と供給の量を削減しなければならなかった。同様のことは、金、銅、タカラガイ、織物、食品、その他全ての商品についていえることである。

ひとたび貨幣が生産されれば、その価格が相対的に――他の種類の貨幣であれ、なんであれ、何らかの別の商品に対して――高いところでならどこでも、それを売って利潤を得ることができた。貨幣の価格は、局所的にも、世界規模で見ても、大体において、需給関係で決定されるので、ある場所で、別の場所での需給より相対的に供給が高ければ、そういう場合には、そのある場所から、別の場所へと貨幣は流れたのである。かくして、銀の価格は、供給が需要より相対的に高い側では低下し、需要が供給より相対的に高い側では上昇する。そして、銀は、前者から後者へひきつけられるのである。ゆえに、低価格市場から高価格市場へ貨幣を送るのは、いかなる私企業にとっても公的生産者（国家）にとっても、利潤獲得の利害に基づいているのであり、それは、低価格市場が自国にあり、高価格市場が、どこかよそにある――地球の裏側とか――場合でも、というより、その場合に特にそうなのである。

このようなことは、交易を行なう企業や政府にとってのひとつの、実際にはしばしば主たる仕事だったのであり、もちろん銀行や金融業者と同様であったし、しばしば商人や消費者も、要するに実際には誰しも皆にとって同様だったのである。銀の供給価格は、銀山付近の銀が豊富な地域、特にアメリカ大陸では相対的に低く、そのずっと向こう側であるアジア方面では、相対的に高かった。というわけで、このように、銀は圧倒的に東向きに――もっとも太平洋を横断するものと、日本からシナ海を渡った銀とは西向きであるが――世界をめぐっていったのである。そして、これが、世界経済におけるヨーロッパ人の第一の、というより事実上唯一のビジネスだったのである。繁栄を誇るアジアの市場では、彼らは他には何も――特に、競争力のない彼らの生産物は何も――売ることができなかったのである。またアジア人も、ヨーロッパ人からは、彼らがアメリカ大陸の植民地から得た銀以外には、何も買おうとしなかった。

このような貨幣による差額の鞘どりには長い歴史があり、アメリカ大陸が世界経済に組み込まれてからまもなくして、世界規模になったということは、以下のように図式化して説明することができる。十一～十六世紀にかけて、宋代、元代、および明代の大部分を通じて、貨幣財となる金属の輸出の方向は、圧倒的に、銀と銅が中国から日本へ、金が日本から中国へ、というようになっていた。十六世紀以降の需給の変化を反映して、この流れは、本質的に反転し、日本は銀、のちには銅の主要な輸出者に、そして金の輸入者となった（Yamamura and Kamiki 1983）。中国では、金／銀比率は上昇（つまり、金銀間の相対価値として、金が値上がりし、銀が値下がりしたということである）し、一六〇〇年には、一対八だったのが、十七世紀の半ばおよび末頃には一対一〇となり、十八世紀の末にかけては、さらにその倍の一対二〇となったのである（Yang 1954: 48）。しかしながら、世界の他のどの場所と比べても、中国の金／銀比率は通常低く、また時としてははるかに低く、かつ銀価格は、はるかに高かった。アメリカ銀の中国への流入について書かれた、一九六九年のハンシェン・チュアンの論文では、以下のように説明されている。

> 一五九二年から十七世紀の初頭にかけて、広東では、金は銀に対して、一対五・五から一対七の比率で交換された。他方スペインでは、その比率は、一対一二・五から一対一四であり、つまり銀の価値が中国では、スペインの二倍も高かったことになる。
>
> (Flynn and Giraldez 1994: 75から再引)

同様の比率は、一六〇九年に、スペイン人のペドロ・デ・バエーサによっても観察されており、両者間での鞘どりをすれば、七五〜八〇パーセントの利益が得られるとも記している。(von Glahn 1996a: 435)。

一五九〇年代には、金／銀比率は、日本では一対一〇、ムガール朝のインドでは一対九であった(Flynn and Giraldez 1994: 76)。中国で金の相対価格が低く、銀の相対価格がほとんど二倍近くも高いかぎり、銀は、中国に引き寄せられ、金と交換されて、ヨーロッパに輸出された。以下に引用するが、ヨーロッパの貿易会社の代表者の言葉も、中国が彼らの金の出所の一つであることを証言している。よく知られていることだが、十六世紀の初頭以来、まずポルトガル人が、次いでオランダ人の仲買商人が、日中交易で非常に活躍し、そこから大きな利潤——それ自体貴金属なわけであるが——をあげた。一六〇〇年ごろにポルトガル人が残した覚書によると、中国沿岸にあるポルトガルのマカオと日本との間で、四五パーセントの利益があったことが示されている (von Glahn 1996a: 435)。

そうして、ヨーロッパ人はその利益を、東南アジア、南アジア、西アジア、ヨーロッパおよび両アメリカのさまざまな港を結ぶ交易を維持するために用いた。それらの商人や、貿易会社、特に、オランダ東インド会社や、さらにのちにはイギリス東インド会社は、彼らが世界規模で展開する取引業務の主要な本質的部分として、金／銀／銅の鞘どりを行なっていたのである。もちろん、彼らが、これらの貴金属の鞘どりや交換を行なったのは、他の全ての商品の売買を行なうためでもあった。そうすることで、彼らは、他のアジア人同様に、アジアで、および世界をめぐって交易を行なったのである。

銅銭は、アジアの大半の地域において、日用の貨幣として最も大量かつ広範に使用されていたが、次第に、その一部が銀にとってかわられるようになった。したがって、少なくとも三種の金属貨幣を用いる世界市場があるといっても、圧倒的に、事実上の銀本位制に立脚していたのである。というよりむしろ、より急速に増加する銀の供給と、それに伴う金や銅（ならびにその他の貨幣財）に対する銀の相対価格の下落が、銀の本位化を招いて、それを可能にし、次第に世界市場経済に定着していったのである。

特にアメリカ大陸と日本によって生産された世界の銀供給の急速な増加は、その金に対する相対価格を下落させた。しかしながら金／銀交換比は、その需給関係の相違を反映して地域ごとにまちまちであった。それは、小額貨幣としてより多く使用された銀と銅の間の関係についても同様であった。金・銀・銅三種の金属貨幣の鞘どり、いや実際には、多種類の金属貨幣および商品間の鞘どりは、世界中に拡大して行なわれ、局所的にもいたるところで行なわれた。このような取引には、タカラガイや織物、その他の交換媒体、ならびに鉛、錫《すず》、鉄といった、より低位の金属も含まれていた。

タカラガイは、アフリカの奴隷交易で貨幣としての需要が大きかった。タカラガイおよびバダム（非食用の扁桃）はまた、最も大衆的なレベルでは、インドの多くの地域で広範に用いられており、その地位を銅貨と争っていた。銅の採掘と銅貨鋳造には、銀や、あるいは金と比べてさえも高い費用がかかり、インドや、中国でもいくつかの地域では、銅不足ないしは鋳造コストによって銅貨が高価になりすぎると、市場の最末端では、鋳造の必要がないタカラガイによって鋳貨が駆逐されることがあった。他方、奴隷交易（のちには、パーム油交易）が成長して、アフリカの貝を吸収するようになると、インドに流れる貝は相対的に減少し、部分的に再び貝にかわって、小額取引に銅貨が流通するようになった。

実際、「低位の」タカラガイの流通を追いかけてみると、本書のいくつかの主題はわかりやすく示される。タカラガイは、十四世紀にはすでに西アフリカで使用されており、イブン・バトゥータは、その金との交換価値について報告している。十七世紀までに、おそらく、金の供給と比べて相対的に供給が多くなるような介入のために、その金との交換価値は下落した。まずポルトガル人が、次いでオランダ人とイギリス人が、タカラガイを大量に西アフリカへ持ち込んだ。その消長は、奴隷交易の消長と軌を一にしている。タカラガイは、その生産の中心地であり、インド人やヨーロッパ人がそこでタカラガイを購入したモルディヴ諸島から、主として二つのルートをとった。ひとつは、ベンガルへ行くルートであり、もう一つは、セイロンへ行くルートである。いずれも、そこからヨーロッパ船に転載されてバラストとして用いられ、主として、イギリスおよびオランダへ向かった。そこから、タカラガイは、西アフリカおよび南西アフリカ沿岸部へ、奴隷の対価として再出荷された。当時の人物であるジョン・バードットは、一七三二年に次のように述べている。

ギニアおよびアンゴラ沿岸で交易を続け、奴隷やアフリカの物産を購入しようというヨーロッパのいくつかの交易国の要求に応じて、……またヨーロッパ人のギニア冒険商人たちのタカラガイに対する要求および、イギリスにせよ、オランダにせよ、そのタカラガイが彼らの手許にどれくらい多くあるいは少なくあるかに比例して、その値段は、何百倍も高くなったり、低くなったりした。(Hagendorn and Johnson 1986: 47から再引)

というわけで、タカラガイの価格は、その生産元であるモルディヴ諸島やその「消費」地域である南アジア・東アジアだけではなく、ヨーロッパおよびアフリカ双方での需給関係の変化をも反映していたのである。

十八世紀の別の記録は、不平をあらわにして、「かつては、このタカラガイが一万二〇〇〇ほどの重さもあれば、積荷一杯分、五、六〇〇ほどの黒人《ニグロ》を買えたのに、そんなうまい話のあった頃はもうありゃしない……〔今となっては〕一万二〇〇〇や四〇〇〇程度のタカラガイで、積荷を一杯にできるなんてことはなくなってしまった」(Hagendorn and Johnson 1986: 111から再引)。同様に、西アフリカの商人は、奴隷の価格が、タカラガイ一〇〇ポンドから一三六ポンドに、銃一二丁から一六丁に、ブラジルタバコ五巻きから七巻きに、シレジア織りのリネン二五本から三六本に、フランスのブランディーアンカーから一・五アンカーに、火薬一五ポンドから一五〇ポンドに、値上がりしたと不平を鳴らしている(Hagendorn and Johnson 1986)。タカラガイインフレだけではなく、諸商品の相対価格もまた変化しており、明らかに、ブランディそして何よりも火薬の価格変化が飛びぬけている。

十八世紀の奴隷交易の極盛期には、二六〇〇万ポンド、個数にして一〇〇億個のタカラガイが正式に輸入された。一〇年ごとの合計で言えば、実際には、一〇〇万~五〇〇〇万ポンド程度の範囲でばらつきがあったが、平均二〇〇〇万~三〇〇〇万ポンドが輸入されたことになる(Hagendorn and Johnson 1986: 58-62)。というわけで、パーリン(Perlin 1993: 143)は、低品位のタカラガイでさえ、インド洋、大西洋および、その沿岸に接している全ての土地と人々の経済的、政治的、社会的諸過程および諸事件を結び付けていたと述べているのである。というのも、それらはすべて、単一のグローバルな市場の不可欠な一部であるからであり、その中では需給関係が、相対価格を調整するからである。このように地域差と時間的変動を伴う世界の物価の媒介と「均衡」は、タカラガイのタームでも行なわれたが、タカラガイと金属貨幣(そのなかで最も重要なのは銅貨であった)ないしはその他の貨幣間や、それらを含めて、他のあらゆる商品間でも、行なわれた。

パーリンも強調しているように、貨幣は、他のあらゆる商品と、全く同じものにほかならず、貿易赤字を埋めるために支払われるというだけのことである。いや実際、貨幣もそれ自体で、他のあらゆる商品と同じ商品である。市場における財の供給とそれらを購入する貨幣の使用をともども可能にしているのは、貨幣に対する需要なのである。というわけで、貨幣間の鞘どりという、このような普遍的な実践自体が、その語のあらゆる意味における世界市場を、すでに反映する――またそれを生み出すひとつの力となる――ものだったのである。フリンとジラルデス(Flynn and Giraldez 1991: 341)が述べているように、『世界市場』は、実に地球上にあちこちに広がり、互いに重なり合っている地域市場の相互結合の連鎖である」と主張するのは、本質的に、何か違ったことを言っていることには全くならない。まさにその通り、そのような「市場」は、互いに重なり合い、相互に結合しているからである。

しかしなぜ、そしていかにして、この貨幣によって世界はまわっていたのだろうか。なぜ、その価格が跳ね上がるほど、またアジアで、そして特に中国で、よそから来た貨幣が蓄えられるほど、この貨幣なるものは、いかなる者にも——実際、あらゆる者に！——欲しがられたのだろうか。それは、そこでは人々も企業や政府も、その貨幣を使って、金や銀といった貴金属を含む他の商品を買うことができたからである。個人や企業といったミクロなレベルでも、局地的、地域的、「ネイション」および世界経済といったマクロなレベルでも、貨幣は文字通り、その仕組みにとっての潤滑油となったのであり、手工業、農業、交易、国家支出、あるいはその他何にせよ、その仕組みを作りだし、機能させている者たちにうまい汁を吸わせたのである。それは、どの場所でも同じことであり、当時も今も変わらないことである。すなわち、貨幣は、有効需要を支え、それを生み出し、そして、その需要が供給を顕在化させたのである。もちろん、追加的な需要が、追加的な供給を顕在化させえたのは、それが可能な時間と場所でのみにすぎない。つまり、生産能力および／あるいは、投資や生産性の向上を通じてそれを拡大するような可能性はなければならなかった。

ここでの議論は、そのような拡大が可能であり、特にアジアの多くの地域で、実際に起こったということである。さもなければ、アジア人は、国外・国内から余計に貨幣を要求し、商品ないしは他の貨幣を供給して、それを得るなどということはなかったであろう。もし商品の供給が拡大されていなかったとしたら、それらに対する需要の増大は、単に、いわゆるインフレを通じて、既存の商品の価格を押し上げるだけであったろう——そして／あるいは、そもそもこのようにわざわざ余計に新しい貨幣をを輸入しようなどという需要がなかったであろう！つまり、新しく加わった銀や銅は、そして、それに支えられた信用貨幣の付加はいうまでもなく、世界、地域、

「国民」、および多くの局地的「経済」、すなわち、単一のグローバル経済《エコノミー》の諸部分における生産を、ますます貨幣化し、それに刺激を与えたのである。

この議論における貨幣のマクロな供給に関する部分は、貨幣の生産および／あるいは輸出が貿易収支の赤字を埋めるのに必要であったことを強調する全ての論者によって言われてきたことである。そしてマクロな需要に関する部分は、特にパーリン、その他私のような論者によって強調されてきた。この新しい貨幣は、まさに生産と交易の回転の車輪に潤滑油として働いたのであって、「アジアに埋め戻されるためだけに、アメリカで掘り起こされたに過ぎない」のではないというのが、その主張である。これに関係し、マクロな議論を補完するミクロな需給についての議論は、個々人および企業、ないしは公的な生産者、交易者でさえも、彼ら自身の利益という利害関心をもたざるをえず、結果、その利害関心が世界をめぐるマクロな需給関係を円滑にし、貨幣化するという役割を行なうことになったということである。この議論は、特にフリン (Flynn 1986) および、フリンとジラルデス (Flynn and Giraldez 1995c) によって強調されているが、パーリンの強調するところでもある。かれの主張では「需要中心的な枠組みは、供給の問題を包摂する。つまりそれは、適切な説明をしようとすれば考慮にいれざるをえない経験的な諸現象についての、より広範で、より包括的で、はるかに複雑な射程をたてるものなのである」(Perlin 1994: 95)。

このように、これらの議論を組み合わせると、世界経済／世界システムはただひとつしかないものであり、それに固有の構造と動態を持つという私のテーゼは支持される。貨幣は、一四〇〇〜一八〇〇年のグローバルな発展の期間に、重要な役割を果たした。貨幣は、世界をめぐり、それによって、このグローバルなカジノで、世界がまわったのである。そこでは、貨幣が、農業、工業、そして商業の車輪の回転の動力源となり、また潤滑油ともなる血液を供給し、それを莫大に増加させたのである。

グローバル・カジノの親と子

貴金属の主要な輸出者には、スペイン領アメリカ植民地と日本があった。ヨーロッパ、オスマン帝国、ペルシア、およびインドもまた輸出者であったが、それらは、丸っきりではないまでも、大体において自分が輸入した貴金属の再輸出を行なっていた。

アフリカと東南アジアは、金を生産し、輸出した。中国は、銅銭を生産し、それは圧倒的に国内向けであったが、東南アジアその他の地域への輸出も行なった。中国は、また金も生産し、輸出した。それを輸入したのは日本などである。日本はおそらく、十七世紀の半ば以来、世界的な銅の大輸出国となっていた。東アジア、東南アジアおよび南アジアにおける日用の小額取引は、大半が銅銭で行なわれた。アジア人は、ヨーロッパ人に劣らずまったく同様に、経済的、社会的、政治的、軍事的、その他あらゆる「エネルギー」と関心を、この貨幣の商取引に、莫大にささげており、それは、しばしば他のいかなる商取引よりも利益があがったのである。それぞれ互いに交換・鞘どりされた貨幣財としての銀、金、銅、錫《すず》の世界的な大産地・大輸出地域およびいくつかの小産地・小輸出地域を**表3―1**にまとめた。

すると、銀については、大産地・大輸出地域は、スペイン領アメリカと日本であり、金は、アフリカ、スペイン領アメリカおよび東南アジアが大産地である。事実上、世界経済は、銀本位であった。もっとも、金および銅、さらにずっと程度は低いが、スズやタカラガイも相互に交換可能ではあった。オスマン帝国、明朝中国、およびインドは、大量の銀を用いて、その貨幣システムを維持していた。それは、究極的には、アメリカの、また日本の銀山の、巨大で安価な銀の生産によって支えられていたのである。

一〇〇〇年間ずっとそうであったこととして、金は、中央アジアを抜けて、南アジアへ、またそこをまわって、

表3―1　貨幣用金属の生産地域及び輸出地域

	主要産地	二次的産地
銀	メキシコ ペルー 日本	北東ヨーロッパ ペルシア 中央アジア ビルマ／シャム／ヴェトナム
金	西アフリカ及び東南アフリカ スペイン領アメリカ（16世紀） ブラジル（1690年から18世紀中） 東南アジア	日本 ペルシア 中国
銅	日本 スウェーデン	
錫	マラヤ	

＊銅と錫とは合金にされることがあった。両者はともに小額貨幣に用いられた。

東から西へ流れていくのが、その趨勢であった。この流れは、西から東へという銀の流れと反対方向である。インド亜大陸では、金は南下し、銀は北上した。両者は、互いにだけではなく、もちろんその他の商品ならびに、現地の、また特に輸入された外国の鋳貨、ないしはその他の形態の貨幣とも交換された。このように、貨幣間の鞘どりを行なうのは利益のあがることであり、ヴェネツィア人、のちにはスペイン人、オランダ人、その他のヨーロッパ人だけにとっての大きな商取引であったのでなく、オスマン人、ペルシア人、亜大陸中のインド人、東南アジア人、日本人、中国人にとっても等しく、大きな商取引であったのである。地金と鋳貨の生産・輸送は地球の裏側へいたったり、他の遠隔地へ送られることがしばしばあった。これらの金属は、一回の出荷でそこへ向かうこともあったが、通常は、連鎖状のいくつもの段階を経て、転送されていった。貴金属および、より低位の金属もまた、地金・鋳貨の形態で、他のいかなる商品とも同様に売買され、利益を産んだ。そして他方で、他の商品へと転換されたり、他の商品に投資されたりした。その場合もまた、他の通貨や、もちろん賃金、奴隷、その他の「形態」の労働という商品が含まれたのである。

テパスケ（TePaske 1983）は、銀の連鎖的移動を次のように記述している。

地金は、カスティリヤでは手に入らないような工業製品の購入にあてられて、スペインから、イギリス、フランスおよび低地諸国へ流れた。スペインのペソ貨は、イギリス、フランスないしは、オランダの諸港から、バルト海、ムルマンスクを経て、スカンジナビアないしはロシアへ転送され、毛皮の交易にあてられた。ロシアでは……〔銀は〕ヴォルガ河沿いにカスピ海へ向かって、南東へ流れ、ペルシアに至った。そこから、アジアへ向けて、陸路および海路で送られたのである。スペイン領アメリカ産の地金はまた、スペインから、地中海を抜けて、陸路および水路で東向きに流れ、レヴァントへもむかった。インドは、スエズから紅海を抜けてインド洋へ至るルート、陸路で地中海の東端からトルコとペルシアを抜けて黒海へ、そして最終的にインド洋へ出るルート、あるいは、ヴァスコ・ダ・ガマによって発見されたルートを伝って喜望峰回りで直接ヨーロッパから送られるルート、といった交通手段で、アメリカ産銀を手に入れた。喜望峰回りのルートは、ポルトガル船、オランダ船、およびイギリス船によっても使用され、スペイン領アメリカの財宝を直接アジアの諸港へ運び、アジアの物産と交換された。最後に――長らく無視されてきたことであるが――アメリカ銀は、アカプルコからマニラへの太平洋ルートで東洋に至る路を見出していた。 (TePaske 1983: 433)

インドでは、スペイン領アメリカ産銀は、十七世紀の初めには、西アジア経由および喜望峰回りでやってきはじめていた。ムガール帝国は、銀を財源として帝国を維持しており、銀貨の鋳造および流通は、以後、海外からの銀の流入に大きく依存することになった。その大半は、究極的には、両アメリカから来たものであり、ヨーロッパ、レヴァントを経由して、ペルシア湾ないしは紅海を越えて、やってきたものであるが、オスマン帝国領およびペルシア産のものもある程度はあった。銀の大半は、喜望峰回りの海路ではなく、エジプト、レヴァント、トルコおよびロシアから、紅海ないしはペルシア湾を経由して隊商によってもたらされたものである（Brenning 1983: 479, 481, 493）。インドで最も重要な港であった時期もあるスーラトで、大交易会社（決して、唯一の供給者であったわけではない）が西方から来る銀の約半分をもたらしていた。そのうち、喜望峰経由で来たものは、三〇パーセント未満であり、大半は、紅海、ペルシア湾、およびロシアからのものを含む陸路で来ていた。一六四三～四四年では、半分以上の銀が、紅海およびペルシア湾経由で来たものであった（Steensgaard 1990a: 353）。別に、二〇パーセントは、日本から台湾経由で来ていた。オランダ東インド会社は、台湾で、金と銀を交換していたのである。銀は、中央アジアから、パンジャブへ、そしておそらくチベット、四川、雲南およびビルマからベンガルへも流れていた。イギリス東インド会社も東方からインドへ金を運び、銀でそれを支払った。金はまた、西アジアからも、東アジアの日本と中国からも、そしてまた特に東南アジアから、インドへ流れ込み、とりわけ亜大陸の南部へと向かった。しかしながら、インドは、世界の銀が落ち集められていく最後から二番目の「排水口《シンク》」でしかなかった。というのも、インド自身が、銀をさらに東へ再輸出し、特に中国へ送金していたからである。

第二章では、銀がインドから東南アジアおよび中国へと送り出されている証拠を挙げた。しかしながら、ジョン・リチャーズ（Richards 1987: 3）は、東方へ送られたムガール帝国の銀貨は、東南アジアから、金によって増やされて、すぐに帰ってきたと主張している。したがってリチャーズによれば、オスマン・トルコ帝国やサファヴィー朝ペルシア帝国とは違って、ムガール帝国は、輸入の対価を十分支払うだけの輸出能力があり、結果として正味では正貨を輸出する必要がなく、逆に正貨が流入して、その供給が増大したということになる。

しかしながら、インド人およびその他のアジア人自身による、アジアの地域間および地域内交易・正貨送金の増大は、一六四〇年には、半分程度を占めていた、そこにおけるヨーロッパ人のシェアを、一七〇〇年までに、わずか五分の一程度にまで、減少させた。それでも、一七一五年、すでに起こっていた「銀飢饉」の間、スペインの財宝を積んだ船が、カリブ海のハリケーンに飲み込まれると、「その経済的な衝撃波は、インドにまで反響をもたらした」(Day 1987: 159)。一六四〇年ごろに起こった、この「銀飢饉」の重要性についての議論と史料については、第五章で検討する。

数あてゲーム

世界の貨幣ストックおよびフローと、その増大は、アレクサンダー・フォン・フンボルトやアール・ハミルトンから、現在に至るまで、多くの概算が行なわれ、さらにその見なおしが行なわれてきたテーマである。――そしてそれは恐らく、将来にわたっても、やりなおされつづけるだろう。ここで、それらの業績を見なおしたり、評価したり、ましてそこに何か付け加えるなどということは、やってみても無理であろう。幸いなことに、このような貨幣が、世界の主要諸地域間の商業の車輪の回転を、いかに潤滑にしたか――そして、それら諸地域相互の関係にいかに影響をあたえたか――を問うのに、そのようなことは必要ではない。

ブローデルとスプーナー(Braudel and Spooner 1967)は、一五〇〇年にヨーロッパにあった貨幣のストックを、金、約三六〇〇トン、銀、約三万七〇〇〇トンと見積もっている。レイチャウデュリとハビブ(Raychaudhuri and Habib 1982: 368)は、その値を下方修正して、一五〇〇年の旧世界全体のストックとして、金三六〇〇トン、銀三万五〇〇〇トンとしている。ワード・バレット(Barrett 1990)による一四五〇〜一八〇〇年の世界の地金フローの概観は、旧来の多くの概算(その文献目録には、アレクサンダー・フォン・フンボルト、アール・ハミルトン、アドルフ・セートベア、ミシェル・モリノー、B・H・シュリクター・ヴァン・バートほかが挙げられており、他にもネフ、アトマン、テパスケ、小葉田《コバタ》、山村《ヤマムラ》と神木《カミキ》の名が見える)を再検討して、一四九三年から一八〇〇年までで、世界の銀の八五パーセントと金の七〇パーセントがアメリカ大陸からのものだと結論付けている。

銀

時間による偏差を無視して、バレットの概算を要約すると、十六世紀におけるアメリカ銀の生産高は、一万七〇〇〇トン、すなわち、もちろん実際には急速にその平均は上昇しているわけであるが、年平均にすると、一年で一七〇トンということになる。十七世紀には、年平均生産高は、一年あたり四二〇トン、すなわち一世紀で四万二〇〇〇トンにまで上昇した。うち、約三万一〇〇〇トンがヨーロッパにたどり着いた。大体その四分の一が国庫に入り、四分の三が民間に流れた（TePaske 1983）。他方、ヨーロッパは、この銀の四〇パーセントもすなわち一万二〇〇〇トン以上をアジアへ送っており、うち、オランダ東インド会社とイギリス東インド会社によって直接、それぞれ四〇〇〇〜五〇〇〇トン程度が輸送された。加えて、さらに六〇〇〇トンがバルト海方面へ、五〇〇〇トンがレヴァント方面へ向かった。いずれも、一部はそこにとどまったが、さらに東のアジアへ送金されるものもあった。十八世紀になると、アメリカ銀の生産高は、年平均七四〇トン、世紀合計七万四〇〇〇トンとなった。そのうち、五万二〇〇〇トンは、ヨーロッパにたどり着き、二万トン以上、すなわちその四〇パーセントが依然として、さらにアジアへ送られた。

したがってバレットによれば、十七および十八世紀には、アメリカ産銀の七〇パーセントがヨーロッパにたどり着き、うち四〇パーセントがアジアへ送られたことになる。テパスケ（TePaske 1983）は、アメリカにもっと多くの銀が——しかも、時によっては、上の概算よりずっと多く、かつ次第に増えながら——とどまったという概算を出している。世界貨幣の観点からすると、これは、アメリカ大陸における、生産コストおよび現地での市場提供と並んで行政と防衛といった、実質的なコストが、ずっと大きかったということを意味するにほかならない。

しかしながら、フリンその他の論者は、ヨーロッパに届かなかった銀の大半は、アメリカにとどまったのではなく、太平洋を横断して、アジアへ送られたのだと主張している。

かくして、バレットの概算によると、一五四五年に始まって、一八〇〇年までにアメリカ大陸で生産された、一三万三〇〇〇トンの銀のうち、約一〇万トン、すなわち七五パーセントがヨーロッパに送られたことになる。それから、そのうち三万二〇〇〇トン、すなわちヨーロッパが受け取った銀の三二パーセント（アメリカ大陸で生産された銀の二四パーセント）は、アジアに送られた。しかし、このようなアジアへの銀の転送が本格的に始まったのは、一六〇〇年頃のことでしかなく、その後についていえば、アジアへの転送分は、ヨーロッパに送られた銀の四〇パーセントということになる。すると、この概算によれば、この全期間で、ヨーロッパは六万八〇〇〇トンの銀を蓄えたことになり、いくらかは、海中に没したものもあろうから、両アメリカにとどまったのは三万三〇〇〇トン以下ということになる。しかしながら、以下に言及するように、このアメリカに「とどめられた」銀にも、太平洋を横断して、直接アジアへ送られたものがあるのである。

このように世界の銀ストックは、アメリカ大陸における生産によって、十六世紀で一万七〇〇〇トンすなわち全体の半分、一七〇〇年までで四万二〇〇〇トンすなわちさらに八〇パーセント、一八〇〇年までさらに七万四〇〇〇トンすなわち再び約八〇パーセントの増加を示した。それは、世界の銀ストックが、一五〇〇年の約三万五〇〇〇トンから、一八〇〇年の一六万八〇〇〇トンに、すなわちほぼ五倍に増えたということを意味する。しかも、この量はまだ、バレットによれば、世界のその他の場所で生産された、世界の銀総量の一五パーセントを含んでいない。その大半、おそらく大半以上だろうが、それは日本で生産された。以下に、それを見てみよう。

アーター・アトマン（Attman 1986a: 78）はまた、多くの史料からの概算をまとめ、我々の対象期間のおわりの二世紀について、いくぶん異なる総計に達している。アトマンの出した数字は、リクスダラー単位である。彼の本の付録によると一リクスダラーは、二五グラムの銀に相当するそうである。すなわち、一〇〇万リクスダラーで、銀二五トン（二五〇〇万グラム）ということになる。アトマンは、アメリカにおける十七世紀の平均産出高を一三〇〇万リクスダラー（一年当たり三二五トン相当、世紀合計で三万二〇〇〇トン）、十八世紀については、三〇〇万リクスダラー（一年当たり七五〇トン、世紀合計で七万五〇〇〇トン）と見積もっている。このうち、アトマンは、約七五パーセントがヨーロッパに送られ、ヨーロッパが受け取ったその銀の六〇パーセント以上（バレットの概算では、四〇パーセントでしかなかったことと対比的である）が、そこからまた送金されたと概算している。バレットとアトマンの概算を両方を見比べられるという利点を活かして考えると、アメリカ産銀の少なくとも半分は、そこから東方へ送られており、しかもその割合は次第に増加していたと考えられる。そして東方へ送られたこの銀のうち、さらに半分以上は、直接南アジアおよび東アジアへ送られ、そこでも同じくその割合は次第に増加していた。残りについては、二〇パーセント以上が、バルト海方面へ、別に二〇パーセントがレヴァント／西アジアへ向かった――それらのうちの一定量は、そこからさらに東方へ再輸出されたのだが（Attman 1981: 77）。このように、アトマンの概算によると、最終的にアジアに達したアメリカ産銀の量および割合は、バレット（Barett 1990）の概算から積算して考えられる値よりも、さらに大きく、すなわち約三万二〇〇〇トンではなく、四万八〇〇〇トンに上ったと考えられるのである。

しかしながら、これとは別に、少なくとも年間一五トン、つまり二世紀間で三〇〇〇トンの銀が、マニラ・ガレオン船によって、メキシコのアカプルコから、および初期にはペルーからも、直接マニラへ送られた。この銀は、そのほとんど全てが、中国へ転送された。しかしながら、太平洋を横断するこの銀の輸送は、ずっと大きかった可能性がある。一六一〇～一六四〇年には、太平洋を横断して送られた銀は、年平均二〇トン前後あり、続く二〇年間で、年一〇トン以下にまで落ち込んだ（Reid 1993: 27）。アトウェル（Atwell 1982: 74）も、アカプルコ－マニラ間の送銀量は、年間一四三トンで、一五九七年には三四五トンに上ったと述べている。しかしながらさらに、ピエール・ショーニュは、アメリカ銀の、実に二五パーセントが直接太平洋を横断して送られたと見積もっており（Adshead 1988: 21から再引）、ハンシェン・チュアンは、十七世紀には、年間五〇トンもの銀が送られたと概算している。もちろん、これらはすべて、最終的に中国に達したわけである（Flynn and Giraldez 1995a: 204, 1995b: 16, Flynn 1996から再引）。

太平洋を横断する銀交易は、よくわからないがかなりの割合で、密貿易であり、したがって公式の記録がない。スペイン本国での独占によって上前をはねようとして、スペイン王室は、太平洋を直接横断するマニラのガレオン船取引を制限しようとし、結果、その割合は不明であるが、いくらかが公的には記録されない密貿易として、太平洋を渡ったのである。またこのような理由によって、フリンとジラルデス（Flynn and Giraldez 1995b, c）は、太平洋交易で送られた銀の量が、依然として過少評価されていると考えたわけである。そしてまたそれは、テパスケによれば大西洋を渡らなかったとされているスペイン領アメリカ産銀の多くが、実はアメリカ大陸にとどまっていたのではなく、太平洋を渡っていたのだということをも意味している。このようなわけで、フリンは、太平洋を横断して送られた銀は、ヨーロッパ経由で中国へ流れていった銀の量に匹敵する場合もあったと考えてもよいのではないか、と述べているのである。フリンは、大体において、チュアンが出した、年二〇〇万ペソ、つまり銀五〇トンという概算値を用いているが、これ自体すでに、先に述べた、年一五トンという数字よりも三倍も大きいのである。アトウェル（Atwell 1982: 74）は、中国の史料を用いて、年五七〜八六トンという概算を出している。しかしながらさらに、フリンはまた「年に五〇〇万ペソ〔一二五トン〕以上もの銀が、太平洋を越えるなどということはあり得るのだろうか？　そのような高い数字を支持する証拠は、たしかにあるのである」と述べ、太平洋交易が、大西洋交易とは違って、十七世紀にも衰退しなかった可能性まで示唆している（Flynn and Giraldez 1994:

81-82)。

アジアにおける大供給者は、日本であった。日本は、一五六〇～一六〇〇年には年五〇トン、一六〇〇～一六四〇年には年一五〇～一九〇トンの銀を生産・供給しており、ピークであった一六〇三年には、二〇〇トンを産していた (Atwell 1982: 71, Reid 1993: 27)。リードは、いくつかの資料からの概算を表にして、一六二〇～一六四〇年には年一三〇トン、そこから減少して一六四〇年代には年七〇トン、一六五〇年代は年五〇トン、一六六〇年代は年四〇トンになったとしている。フォン・グラーン (Von Glahn 1996a: 439, table 3.1) は、一五五〇～一六四五年の約一〇〇年間について、ほぼ四〇〇〇トンという概算を出しており、山村と神木が出した八〇〇〇トンという概算にも、そこで触れている。日本は、朝鮮から技術者と技術を輸入して、高まる銀需要と銀の生産コストに対処しようとした。そうして日本は、一五六〇～一六四〇年の八〇年間にわたって、世界の主要な銀生産・輸出国となったのである。その後、日本の銀生産は衰退し、かわりに銅の生産とその中国への輸出が増加したとされている。しかしながら、池田 (Ikeda 1996) が報告している、最近の日本の研究および、フォン・グラーン (Von Glahn 1996a) によって引かれているデータによれば、日本の銀輸出は、すくなくとも十八世紀の中葉までは継続していたと考えられる。

また注目に値することとして、日本銀の中国への輸出は、アメリカ大陸から太平洋を渡って中国に達した銀の三～一〇倍、平均して六～七倍にのぼっていたということである。いずれにせよ、おそらく総計で八〇〇〇ないしは九〇〇〇トンにのぼる、一五六〇～一六四〇年の日本銀の輸出は、同じ期間に、アメリカ大陸からヨーロッパが受け取った銀、約一万九〇〇〇トン (バレットの概算)、および太平洋をこえて送られた銀一〇〇〇トン強という数字と比べて見られなければならない。すなわち、日本だけで、これらの総計二万八〇〇〇トンのうち、八〇〇〇ないし九〇〇〇トン、つまりほぼ三〇パーセントを占めているのである。フリンとジラルデス (1995a: 202)

によれば、ピーク時には、三〇～四〇パーセントに上ったとされている。

この時代を研究している者たちの中には、もしこの日本による世界経済、特に中国経済の流動性への貢献がなかったら、世界は――ヨーロッパも含めて――どれほど違ったものになっていただろうか、というような、事実に反する仮定に基づく思考実験を提起している論者も二、三いる（Flynn 1991）。あるいは、逆にアメリカの貢献およびその日本銀との競合がなかったとしたら、それに伴って日本は世界の銀市場にずっと強力な位置を占めることができ、中国および東南アジアを経済的および／あるいは政治的に征服したであろうか。ヨーロッパ人たちは――なんら支払手段をもたないため――世界交易から実質的に排除されてしまっていただろう。これらの諸帰結のどれかひとつ――いずれもであれば、いっそう――によっても、結果として現れる世界の歴史は、実際にそうであったものとは、大きく異なるものになっていたであろう。それはそれとして、「この期間の世界貨幣システムにおいて日本が果たした役割を真剣に再検討することは、もっと早くになされてしかるべきことであったにもかかわらず、いまだに行なわれていない」という山村と神木（Yamamura an d Kamiki 1983: 356）の訴えには、同意せざるをえない。ゆえに、この世界貨幣の視角からすると、世界経済から日本および中国が孤立していたというような主張は、ここでも、史実によって裏切られているわけである。

それにしても、中国が、世界の銀供給のうちの、行き先不明な残りの部分をも受け取っていたとすると、最終的に中国に達した世界の銀の量と割合は、上に挙げたどの概算よりも、さらに多かったに違いない。リード（Reid 1993: 27）は、一六〇一～一六四〇年の東アジアについて、約六〇〇〇トン、すなわち年に一五〇トンという概算を出しているが、うち四五〇〇トンは日本からのものである。この総計のほとんど全てが、最終的に中国に達した。一六四一～一六七〇年については、この総供給量は減少し、年八〇トン、すなわち合計二四〇〇トンとなった。うち、約一六〇〇トンすなわち、年にして五三トンが日本からのものであった。

かくして、一六〇〇～一八〇〇年について、バレットの概算を用いると、大陸アジアは、少なくとも三万二〇〇〇トンの銀をヨーロッパ経由でアメリカ大陸から、三〇〇〇トンをマニラ経由で、そしておそらく一万トンを日本から吸収したことになり、総計では四万五〇〇〇トンをくだらない。ヨーロッパからアジアへ送られた銀の比率を多く見積もっているアトマンの概算を用いると、アジアは、ヨーロッパから直接に五万二〇〇〇トン、さらに、大西洋を渡ってきてからバルト海およびレヴァント方面へ送金された銀のうちの一定割合、さらに太平洋を横断する送銀をうけとっていたことになる。それらの合計は、六万八〇〇〇トンに上り、それはすなわち一五〇〇～一八〇〇年の世界の銀の総生産量の半分である。しかしながら、(日本以外の) アジアも、特に小アジア、ペルシア、中央アジアで、自給用の銀を生産しており、そのうちのいくらかは、やはり中国へ送られた。さらに、雲南などの中国のいくつかの地方でも、ある程度銀は生産され、中国内で使用された。

したがって中国は、世界の銀供給のうちのきわめて大きなシェアを受け取り、使用していたことになる。多くは日本から、そしてマニラ経由で太平洋の向こう側からも、ヨーロッパ、レヴァント、西アジア、南アジア、東南アジアを経由して、また中央アジアをぬけてアメリカ産のものもあった。本人も認めているが、リードの不完全な概算 (Reid 1993: 27) によると、ヨーロッパの交易商人は一六一〇～一六三〇年の中国の銀輸入の約一四パーセントを供給しており、その後一六六〇年まで一〇パーセントになったが、一六六〇年代には四〇パーセントになった。ショーニュの行なった初期の概算では、アメリカ産銀の三分の一は、中国に、もう三分の一は、インドとオスマン帝国に最終的に達したとされている (Adshead 1993から再引)。フレデリック・ウェイクマン (Wakeman 1986: 3) は、中国に達した銀は、全アメリカ銀の半分にものぼると主張している。

地図3―1は、主としてバレットおよびアトマンの概算を平均することによって、銀の生産と世界をめぐるその流れを図解的にまとめたものである。それによれば、十六世紀にアメリカで生産された銀は一万七〇〇〇トンと

地図3—1　世界の銀生産, 輸出, 受取

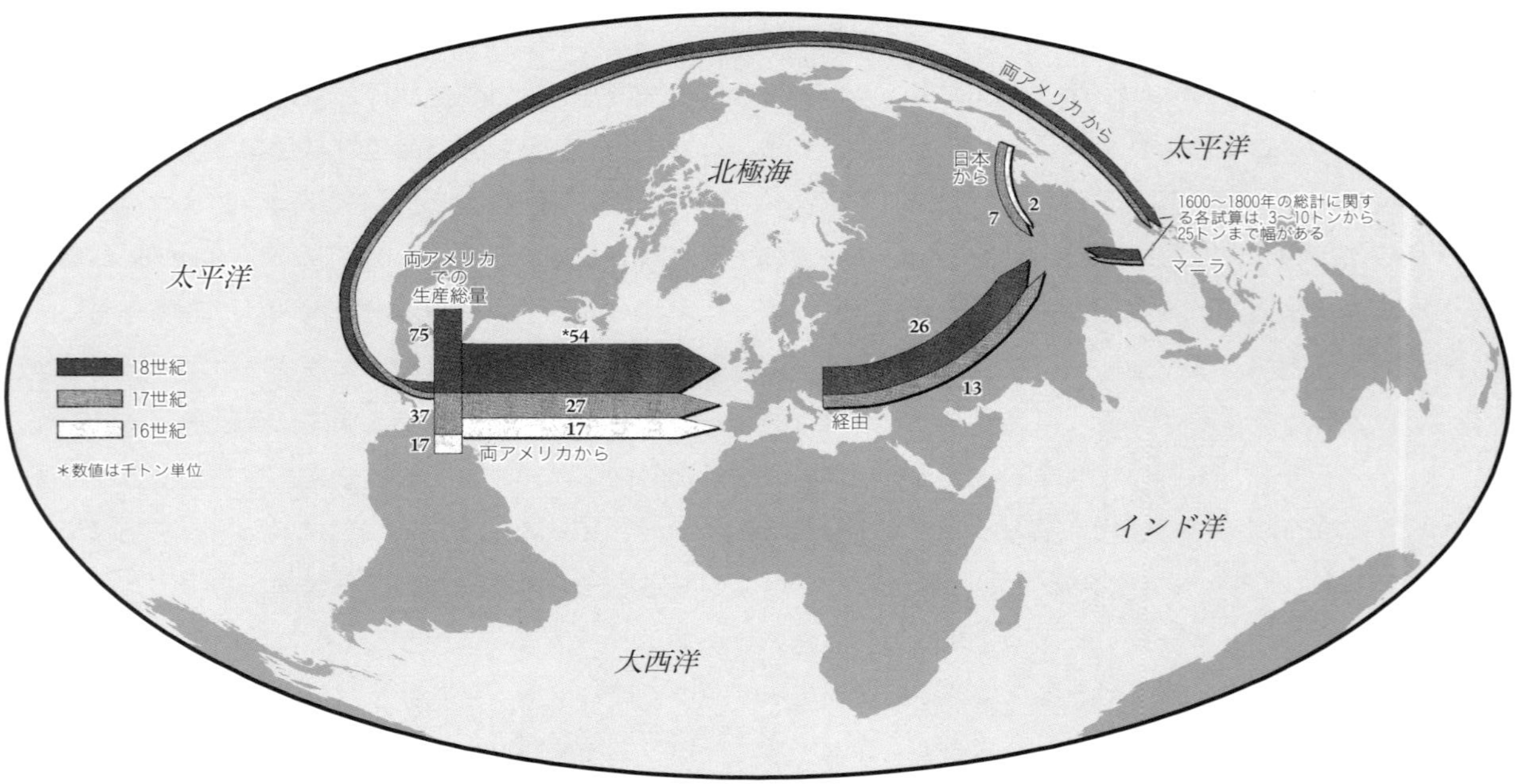

ノルディック投影法による

あるが、そのほとんどはヨーロッパに送られて、そこにとどまった。十七世紀および十八世紀については、この地図では、アメリカでの銀の生産がそれぞれ三万七〇〇〇トンと七万五〇〇〇トン、うち、二万七〇〇〇トンおよび五万四〇〇〇トンがヨーロッパに送られ、二世紀間の合計は八万一〇〇〇トンになる。このようにヨーロッパが受け取った銀のうち、約半分（すなわち三万九〇〇〇トン）は、そこからさらにアジアへ送金された。十七世紀に一万三〇〇〇トン、十八世紀に二万六〇〇〇トンである。この銀は究極的には、圧倒的に中国へ向かった。さらに、三〇〇〇〜一万トン、ことによっては二万五〇〇〇トンにのぼる銀が、太平洋を渡って、アメリカ大陸から直接にもアジアへと送られた。この銀のほとんど全ては、中国がその最終的な行き先であった。加えて、日本は、少なくとも九〇〇〇トンの銀を生産しており、これも中国に吸収された。ゆえに、一八〇〇年までの二世紀半強にわたって、中国は結局、ほぼ四万八〇〇〇トンの銀をヨーロッパと日本から、さらにおそらく一万トンかまだそれ以上をマニラ経由で、ならびに、東南アジア大陸部、中央アジアおよび中国自身で生産された銀をも受け取っていたことになる。それらを足し合わせると、六万トンほどの銀が中国に集まったことになる。これはすなわち、一六〇〇年以降で約一二万トン、一五四五年以降から考えても一三万七〇〇〇トンであった、記録のある世界の銀の生産量の半分に及ぼうかというものである。

フォン・グラーン（von Glahn 1996a）は、独自に新しい概算を行なっている。彼は、入手可能なところでは銀の出荷データを用い、それが不可能なところでは、中国からの輸出品の価格の八〇パーセントを銀の輸入に変換して考え、メートル法のトン数で計算して概算に用いた。日本、マニラ経由のアメリカ大陸、インド洋を含む全ての資料（ただし、アジアを陸路で送られたものは含まれていない）から彼が合計したところでは、一五五〇〜一六〇〇年で約二二〇〇トン、一六〇〇〜一六四五年で五〇〇〇トン、つまり一五五〇〜一六四五年のほぼ一〇〇年間で合計七二〇〇トンということになっている。後半の約五〇年と、したがって全体にわたってもそうなのであるが、この概算は、山村と神木のものよりも二〇〜三〇パーセント低くなっている。おそらくこれは、ひとつには、フォン・グラーンが商品輸出のデータを用いて、八〇パーセントという固定比率で、銀の輸入額に変換したからであろう。しかしながら、この期間にわたって銀供給が増大しており、したがって他の商品に対してその価値を下げていることからすると、この概算算出手続きが正当なものであるかということについては疑問がある。その場合、商品を銀に変換する比率を固定して用いると、それらの商品の対価として、中国に支払われた銀の量を過少評価することになり、それが、フォン・グラーンの概算が、他のどの概算と比べても低めの見積もりになっていることを説明するひとつの理由となっている。この点についての議論の詳細は、彼の本に対する私の書評(Frank 1998b)をみられたい。

十六世紀中葉から十七世紀中葉にかけての銀の生産と送金についての上の概算を組み合わせると、その生産はアメリカ大陸で三万トン程度、日本で約八〇〇〇トン、合わせて三万八〇〇〇トンということになる。ここでも、アメリカ大陸にとどまった、および/あるいは、輸送中に失われた不明の量を差し引きすると、最終的に中国に達したのは七〇〇〇〜一万トンということになるが、これだけのシェアが表している意義の深さは確かである。すなわち、フォン・グラーンによる、このようなきわめて保守的な概算においてさえも、世界の銀の総生産の四分の一から三分の一は、中国のものとなったということである。これは、アフリカや中央アジアは言うまでもなく、ヨーロッパ、西アジア、南アジア、東南アジアのどのひとつの地域をとっても、それらの使用に残された銀のシェアよりも、まだ大きなものである。(アフリカと中央アジアについては、さらに史料が少ない。しかし中央アジアからは、そこを通過して中国に達した銀も別にあった。)

金

金は、十六世紀には、既存の金山からも、新しく開かれた金山からも、カリブ海、メキシコ、アンデス山系の諸地域から世界市場へ供給された。ブラジルのミナス・ジェライスは、一六九〇年から十八世紀の半ばまで、大きな金ブームに沸いていた。しかしながらまた、バレットが指摘しているように、世界合計の約三〇パーセントについては、非アメリカ地域でも金の生産があった。一五〇〇年以前には、何世紀間もそうであったように、この金の大半は、アフリカ、しかもその大部分は西アフリカからきていた。西アフリカからの金輸出は、おそらく十六世紀で五〇トン程度、十七世紀でほぼ一〇〇トンすなわち年一トンにのぼった。この金輸出は、十八世紀には六〇トンにまで減少し、世紀の終わり近くには輸出はとまってしまった (Barrett 1983: 27, Curtin 1983: 240, 250)。

その他に金を供給したのは、ヌビアとエチオピアである。ヌビアは、エジプト経由でコンスタンチノープル／イスタンブルへ金を輸出し、エチオピアからは、エジプト、紅海、インドへ送られた。ジンバブウェは、一〇〇〇年間にわたって世界の金の重要な源であったが、その生産のピークは十五世紀であり、一トンを産した。オスマン帝国は、金を生産および／あるいは受け取った (もっとも、相対量としては違うとしても、絶対量としては銀の方が多かった)。オスマンへ金を送ったのは、バルカン、ルメリア、クリミア、カフカス、ウラルの諸地域である。また、大陸の雲南、ビルマ、マラヤ、タイ、チャムパ (ヴェトナム)、および島嶼部、特にスマトラというような、東南アジアのさまざまな地域でも、金は生産・輸出された。このような東南アジアの金には、北の東アジアへ流れるものと、西の南アジアへ流れるものとがあった。中国もまた金を産し、一四〇〇～一八〇〇年の期間の大部分にわたって、銀との交換でそれを輸出していた。

信用

金属貨幣の入手可能性と稀少性の両方から、「かつてないほどの信用の拡大」が刺激された。「融資、保険、公債、信用振替、小切手・手形、紙幣、および換金可能な債権――これらは全て、金属貨幣の使用を避けるために使用され、その規模を拡大した」(Parker 1974: 531)。しかしながら――他の時代や場所と同様に――信用の量も、それを支える金属貨幣および地金の入手可能性と稀少性に歩調をあわせて増減したようである。特に政治家たちは、信用および紙幣で稀少な実体貨幣を代替しようとしたと考えられる。だが、おなじ稀少性という原因で、金を貸す側は、彼らが与える貨幣や信用にかかる利子率を上げざるをえなくなるか、あるいは上げることを可能にした――それによって、実質的な信用の量は制限されていたわけである。実際、今日と同様に当時にあっても、紙幣および信用の創造や獲得には、実体（金属）貨幣が必要になるのがふつうだったのである。

しかし、地金は主として、「会社」の融資の担保として必要とされた。すなわち、全ての「会社」および「インド州《エスタード・ダ・インディア》」の交易は、インドの銀行家の信用の上に浮かんでいたのである。「インド会社」が地金を受け取っていなかったとしたら、不安定な信用は崩壊し、売買は一切不可能になっていたであろう。……したがって、融資を獲得し、為替手形の支払いをするには、商人たちは海外から地金を送金せざるを得なかったのである。地金は、インド内での手形の流通の担保として役に立っただけではなく、インドと中東の間ででも役に立った。商人たちは、ケララやグジャラートからならば、モカやアデンに、スーラトからならば、クン――湾岸内の主要な金融センターであった――に手形を振り出すのが普通であった。しかしながら、このような手形類の流通は、中東からの確実な鋳貨の流入に依存していたのである。

逆に、地金が欠乏すると、グジャラートでの地代の徴収は困難になった。農村部での信用利率は上昇し、それによってスーラトからブルハンプルないしはアーメダバードに振り出された、地代の手形は割引された。地代や、貴族の禄位《マンサブ》からの収入も、大体において、手形で送金されていたからである。

(Barendse 1997: chap. 6)

金属貨幣について信頼に値する概算を行なうことも、手に入れることも、容易ではないとすると、商業、投資および生産の車輪が、いかに信用によって円滑化されていたか——また実際、いかに、その車輪自体が、多くの多様な形の信用を生み出したか——については、なおのこと一層、我々には分からないものであるということになりそうである。しかしながら、信用は、非常に重要なものであったには違いない。もっとも、それについての直接の証拠は稀少で、一四〇〇～一八〇〇年の期間については、少なくとも二次文献においては、やや遅まきに現れてきている。たとえば、一七四〇～一七四五年における、イギリスおよびオランダの東インド会社の輸入対価としての支払い輸出の約二〇パーセントは、手形であった（商品と貴金属が八〇パーセント）(Steensgaard 1990c: 14)。イギリスのものも含めて、多くの手形が、アムステルダムの金融市場で決済された。これらの会社は、アジアの金融市場でも、ひどく債務を抱えており、そうすることでやっと輸出の財源を得たのである。アジアでは、つなぎの信用が、インディゴの栽培者やコーヒー商人になら一二カ月、織物の供給者になら三～四カ月を上限とする期間で貸し付けられのが普通であった (Chaudhuri 1990b: 8)。第四章では、市場と金融の制度を検証して、信用の果たした役割について論ずる。

勝者はどのように、その金を使ったのか

一言で言えば、彼らは（寓話にあるように）、その金を貯め込んだのだろうか、それとも使ってしまったのだろうか。そして、もし使ってしまったのなら、なんに使ってしまったのだろうか。

退蔵テーゼ

デイヴィッド・ヒュームやアダム・スミスから、今日のイマニュエル・ウォーラーステインに至る西欧的な伝統に育まれた読者にとっては、「西で掘り起こされた貨幣は、ただ再び、東に埋め戻されただけであった」というテーゼを再検討してみるとよい。キンドルバーガーは、『消費する者と退蔵する者』と題された彼の本で以下のように述べている。「こうして、中心的な問題へと至る。すなわち、インドや中国における退蔵は、財務金融の未熟を反映しているという伝統的な見方をとるか、彼らの貴金属の使い方は、ヨーロッパと相当に同様のものであったという見方をとるのか、という問題である。」(Kindleberger 1989: 35)

この問題を取扱うために、キンドルバーガーは、広範な種類の史料を検討している。その史料のなかには、ヨーロッパでもある程度、退蔵が行なわれたことを示すものもあり、また多くはアジアにおいても、かなりの「消費」が行なわれていたことを示すものである。それでもなお、全く反対の分析にもかかわらず、キンドルバーガーは、伝統的なテーゼを放棄しようとはしないのである。

このような金の魅惑を考えると、インドには、金を退蔵する強い性向はなく、貨幣として使用するために銀の輸入が必要であったという専門家たち――チャウデュリ、パーリン、リチャーズら――の意見を受け入れるのは困難である。……東洋が西洋と全く異なるところがないという専門家の議論を受け入れるのは難しい。
(Kindleberger 1989: 63, 64)

私にはむしろ、キンドルバーガーの懐疑的態度を受け入れる方が難しい。その態度は、金がインドでは貨幣として用いられなかったという彼の主張が根拠のひとつになっているようだが、少なくとも南インドに関しては、それは間違いである。さらに、銅貨については触れられているものの、貨幣の「流通の速度と範囲は驚くべきものであり、……一年の鋳造期間内に、帝国外縁の辺境諸州から中心部までを流れた。これはムガール帝国のシステムの驚くべき特徴で」あり、これはまた「通常の鋳貨を、囲い込まれた一地方や一地域の内部で流通するものであると思い込んでいる者」の考えと全く矛盾することである（Richards 1987: 6-7)。

キンドルバーガーは、次のように続けている。

説明されなければならないのは、なぜ銀は中国に達するとその流れを止めてしまったのか、ということである。……［金が中国では貨幣としては用いられなかったことについての］このように、正直なところぽつぽつとしかなく、逸話を紹介するといった体の史料ではあるが、それに照らしても、中国の銀吸収力が貨幣経済化に支配されていたとか、中国が他の国よりも退蔵傾向が強かったという考え方は疑わしいなどという専門家たちの結論に与するのは難しい。貨幣経済化は、特に徴税において重要であった。……
(Kindleberger 1989: 71)

このように、貨幣についての現代の専門家が、古めかしい退蔵テーゼを延命させようと最大の努力（一九三〇年代から一九八〇年代までの新聞から、夥しい逸話の数々を引いてまで）を払っているにもかかわらず、キンドルバーガーは、我々を納得させるような理論も「東洋が西洋と全く異なるところがないという専門家の議論」に対する説得的な反証も何一つ、挙げられていないのである。

おそらく、さらに警告的なのは、ウォーラーステイン（Wallerstein 1980: 108-9）によって、この古めかしい退蔵テーゼが、最近になっても残響を響かせていることである。彼は（一連の記述の単一の史料として、一九六二年の文献に拠りながら）、「アジア（およびロシア）に持ち込まれた鋳貨ないしは地金は、主として『退蔵されるか、宝石として』用いられ、『貿易収支』（銀が商品であったことを認めないとすれば、こう言わざるをえない）は、一貫して赤字であり、長期間にわたって大半は二国間関係であった」と書いているが、それだけではない。まださらにひどいことに、その直後にこう続けているのである。「この二つの事実は、まさに東インド地域がヨーロッパ世界経済の外部にあったことの証明である……〔それは〕資本主義世界経済の内部での交易と、特定の世界システムとその外部世界との交易の間の違いである」（強調はウォーラーステインによる）。私が「警告的」だと言ったのは、二つの意味においてである。すなわち第一に、このウォーラーステインからの引用文は、それ自体としてヨーロッパ世界経済／世界システムのパースペクティヴおよび理論の限界について我々に警告を与えるものである。彼のパースペクティヴおよび理論によっては、すでに私がかつて（Frank 1994, 1995）、大量にウォーラーステインやブローデルの著作に依拠して論じたような、現実の世界を説明することができない。オム・プラカシュ（Prakash 1995: 8-9）も、同じ銀の流入がヨーロッパでは投資の拡大と資本主義に役立てられ、それに必要とされたが、アジアでは貴族階級の装飾品としての機能をはたすことしかできなかったというウォーラーステインの主張は理論的にも、経験的にも、十分な根拠を欠いていると述べている。

しかしながら、ヨーロッパに視野を限定させる、ウォーラーステインの見方は、さもなければ彼の理論自体を転覆してしまうような証拠そのものに対して、彼を盲目にし、それに対して誤った解釈をせざるをえなくなってしまっているようである。というのは、ウォーラーステインの主張とは逆に、アジアおよびロシアへ向かう世界規模での貨幣の流れは、まさにアジアやロシアがヨーロッパやアメリカ大陸と同様に同じひとつの世界経済の一部で**あ**る**こ**との証明なのである。

インフレ、あるいは貨幣数量説における生産

アメリカの新しい地金（圧倒的に銀であるが）および日本銀、日本銅の注入によって、新しい流動性と信用形成が現れた。そしてそれは、世界規模での生産の、恐らく劇的であったろう、重要な拡大を促進した。そのような生産の拡大によって、新しい貨幣需要に応えたのである。ゆえに、このような「プル」要因が、中国、インド、東南アジア、西アジア（ペルシアを含む）における、さらなる産業的な成功と発展を促したのである。チャウデュリが述べる通り、

> アジアの二大帝国の経済は、西洋との経済的関係の拡大によって利益を得ていた。地金の莫大な流入は……収入と雇用の成長を示す指標のほんのひとつにすぎない。織物の輸出は、インドの沿岸諸地域を大産業地帯に変貌させ、東インド会社によって輸入された地金は、輸出品の対価として直接に流通に持ち込まれた。
> (Chaudhuri 1978: 462)

経済学者が好んで用いるツールとして、フィッシャーの定理とよばれる、MV＝PTと表される式がある。これは、貨幣の量（M）と、その流通速度（V）との積が、財やサーヴィスの価格（P）とその生産販売の取引数（T）との積に等しいということを意味する。この貨幣数量説の主張では、その流通速度と取引数が一定で、貨幣の量が増加すれば、取引された財およびサーヴィスの価格は、貨幣量の増加に比例する、ということになる。ハミルトンらは、十六世紀に、新しいアメリカ産貨幣がヨーロッパにやってきて、価格が上昇したと述べている。これは、大「価格革命」と呼ばれた。ヨーロッパにやってきた新しい貨幣の量が本当にハミルトンの計算したとおりなのか、その流通速度も変化したのではないのか、生産と取引とはどの程度増加したのか、どのような順序で事態は推移したのか、そして結局、ヨーロッパにおける価格の上昇を説明するものは何なのか――そして、その上昇はどれくらいで、いったいいつ起こったのか――これらの点について、論争が絶え間なく戦わされてきた。ジャック・ゴールドストーン（Goldstone 1991a, b）は、多くの議論を検討し、（スペイン以外の）ヨーロッパにおける価格インフレは、アメリカ大陸からの新しい貨幣の供給によるものというよりは、むしろ人口と需要の上昇によって生み出されたものであった、という説得的な論証を行なっている。

アメリカの貨幣が再びヨーロッパから出ていき、続いてそれがアジアにたどり着いて、それによってアジアの貨幣供給が増大したということから、議論は拡散して、アジアの問題にも及ぶことになる。すると問題は、アジアでも、新しいアメリカの貨幣および／あるいは人口の増加がインフレを生み出したのかということになる。

インドにおける新しい貨幣の価格への影響は、ながらく論争の的となってきた。アジザ・ハサン（Hasan 1994）は、銀の輸入が価格インフレにつながったと論じている。彼女の概算では、銀の流通量は、銀の流入が顕著になった一五九二年から始まって、一六三九年までで三倍になったということである。生産が、この貨幣流通量の増大のペースに追いつけなかった以上、価格は上昇したに違いないというのが彼女の推論である。「大量消費商品の価格についてはほとんど情報がないが」(Hasan 1994: 175) 数種の他の商品の価格変化も検討した後、ハサンは、有意な価格インフレがあったと結論付けている。このあとで見るように、イルファン・ハビブらは、少なくとも部分的には、このテーゼを共有している。

しかしながら、ブレニング (Brenning 1983) は、それ以前にヨーロッパにもあったように、十七世紀にはインドにも「価格革命」はやってきたのだ、というテーゼに異議をとなえている。むしろ、一六二〇年代と一六五〇年代中葉および一六六〇年代に短い価格上昇期はあったものの、それ以外の時期は、全体として価格は、相当に安定しており、十七世紀全体で穏やかに上昇していたにすぎないと主張している。実際、世紀中葉の価格上昇のあとは、銀輸入が再び加速した一六七〇年以降も、価格は安定化しているのである。ブレニング (Brenning 1983: 493) は、「地域《リージョン》の貨幣の歴史に影響を及ぼすような、諸地方《ローカル》の強力な発展」に訴えているがそれが何かについては、はっきりしたことを言っていない。しかしながら、ハビブ (Habib 1987: 138-89) でさえ、本当にインフレがあったのか、もしそうなら、どのようにあったのか、ということになると口を濁している。

ムガール期のインド経済の構造における、十七世紀の銀輸入「インフレ」のインパクトの問題は、いつ、そして、どの金属貨幣によって支払いが行なわれていたのかという点がはっきりとさせられなければ、きちんと明らかにすることはできない。インドに流入した銀の量が、既存の銀ストックに対して加わった銀の量とほぼ比例した価格水準の上昇(ないしは、銀価値の低落)を引き起こしたのか、というさらなる問題もある。

(Habib 1987: 139)

ハビブ自身、そうではない方に傾いているのだ。銀タームで見た物価は、銀供給の増大に比例しては上昇しておらず、より幅広く使われていた銅銭のタームで見ると、価格や賃金は全く上昇していないのである。銀が入手しやすくなるにつれ、その銅に対する相対価格は低下し、十七世紀には、交換媒体としての地位を銅から奪うようになった。さらに、銅は青銅製の大砲の生産に用いられて、その需要が高まっていた。そしてさらに、ハビブは、銀の流入が、金に対する銀の相対価格をも低下させたことを強調している。ルピーの価値は、銀および金のタームで見て低下しているのは確かであるし、銅タームで見ても、最初上昇したが、のちに低下した。「農産品価格と銀価格とがそれ以前においては、その変化の動向を一致させていたことは、注目すべきことである」(Habib 1963a: 89)。

このような史料と分析を見ると、インドがインフレの被害を受けたというテーゼは、ますます根拠の弱いものになってくる。財の価格は、全商品の一般的なインフレ的価格上昇よりも、むしろひとつの商品としての銀の価格の(金貨幣、銅貨幣に対する)低下を反映しているということになるからである。実際、プラカシュ(Prakash 1995: 13)は、「過去二〇年間にわたって行なわれてきた多数の研究は……全般的価格上昇の可能性を一貫して否定してきた」と述べている。オランダ東インド会社に関するレネ・バレンドセ(Barendse 1997)の研究も、インドで、全般的なインフレによる価格や賃金の上昇はなかったことを示している。貴金属の価格についての最も体系的な探究は、サンジェイ・サブラーマニヤム(Subrahmanyam 1994)による、これまでの論者の議論と、インド全般および特にベンガル、スーラト、マスリパタム、アグラについての史料の検討の成果がある。彼もまた次のように結論付けている。

したがって全般的には、価格インフレは、せいぜいのところ散発的なものであり、特定の地域の特定の商品に限定されていたというのが、インドの史料の示唆するところである。……価格革命が本当かどうかということは、証明されないままである。……実証の素材から見ると、そのような仮説は支持されないことになる。……〔事実〕利子率は……低下傾向を示しているのである。(Subrahmanyam 1994: 209, 53-54)

さらに、サブラーマニヤムはまた、オスマン帝国についても同型の議論の検討を行なっており、人口増加が価格を押し上げたのだとする、ゴールドストーン (Goldstone 1991a) のテーゼによる修正を受けて、同じ結論に到達している。また別の場所で、ゴールドストーン (Goldstone 1991b) は、インフレは低水準にとどまっており、中国では、十七世紀中葉を除くと、実際上インフレは起こっていなかったと、同様の議論をしている。彼はまた、ヨーロッパでも、銀器や銀メッキという形での衒示的消費としての使用を通じて、実質的には退蔵、ないしは少なくとも銀の非貨幣化があったのではないかと主張している。もちろんそこでも、例によって、彼はインフレの原因を人口増加に求めている(この問題については、第五章で再び検討する)。

中国でも、生産と人口は増加したが、新しい貨幣は、人口増加ほどには、有意な価格上昇を引き起こさなかった。貨幣経済化の進んだ中国南部においてさえ、米価の急速なインフレがあったごく短い一時的な時期を除くと、価格の上昇は、人口増加と、ぴったり歩調を合わせているということが、マークス (Marks 1997a, 1996) および、マークスとチェン・チュンシェン (Marks and Chunsheng 1995) によって示されている。しかも、他の諸商品の価格は、下降傾向にあったのである。さらに、マークスらは、ほとんど全ての世帯が、高〔購買〕物価には、出産率を抑えることで、低〔購買〕物価には、出産率をあげることで対応したという趣旨の他の研究者らの知見を引用している。それに従うと、「中国の全農民が、経済的条件に応じて出産率を制御していたとすると、人口の上昇は……経済成長の有意な進展に直接対応するものであるといってもよい」ということになる。マークスらは、十八世紀および十九世紀について語っているわけであるが、それ以前の世紀についても、同じことが同様にいえる。

アジア全般において、インフレがあったのか否かについての、ここでの検討の結論としては、サブラーマニヤムに同意せざるをえない。

南アジアおよび西アジアにおいては、主要な金属貨幣タームで見た商品価格の広範で急速なインフレが（少なくとも西ヨーロッパのインフレに対応する割合では）なかったので、明らかに貨幣供給の増加率は、大体において、産出量の変化率と貨幣の流入速度の逆数の変化率とに分解されなければならない。

(Subrahmanyam 1994: 218)

「史料の重心」の示唆するところでは、南インドにはインフレはなかった（Subrahmanyam 1990a: 349）し、リチャード・イートンが強調しているように、ベンガルにもインフレはなかった（Eaton 1993: 204-6）。また、中国にも持続的なインフレはなかった。以下、この点にたちかえって論じよう。

すなわち、MV＝PTというフィッシャーの公式の観点からすると、アジアの大半を通じて、アメリカ大陸および日本からの貨幣流入の増大は、ヨーロッパの場合とは違って、実質的に価格を引き上げることがなかったということが、史料からつよく示唆されるところなのである。むしろアジアでは、新しい貨幣の追加的注入は、貨幣経済化の拡大を通じて、貨幣の流通速度の増大ならびに、生産と取引の増加をもたらした。そこから主張されるべきところは、人口および経済の規模との割合で考えると、ヨーロッパは、それよりはるかに巨大で人口の多いアジアと比べて、より多くの新しい貨幣を受け取ったばかりでなく、その経済の流通の内に保持された、新しい貨幣の量も、アジアより多かったということである。このことは、アジアの諸経済よりもヨーロッパで、より高いインフレ率が見られることの説明のひとつになりうるであろう。しかしながら、このような推論も、新しい貨幣がアジアにおいて、より多く生産と人口の増加に貢献したという、本書の主張をさまたげるようなものではない。この点については、第四章および第六章で論ずる。

さらに、もし、貨幣供給の伸びよりも人口増加のほうが価格上昇の原因であるというゴールドストーン(Goldstone 1991a, b)の議論が正しければ、価格は、アジアのほうで、より上昇していたはずである。しかし、第二章で指摘し、第四章で詳しく示すように、人口増加は、ヨーロッパよりもアジアで、特に中国で、有意に速くかつ大規模であり、それにもかかわらず、価格革命が本当に起こったのは、本質的にヨーロッパだけに限られていた。このような観察は、アメリカおよび日本からの新しい貨幣の大量の流入は、ヨーロッパよりも、アジアで生産と人口の伸びを刺激したという、我々の推論をさらに支持する材料となる。しかしながら、この貨幣がアジアにおいて、生産、移民、人口の拡大を刺激したということ、そしてそれがいかに起こったかということを示す直接の材料もある。

貨幣が移民と生産のフロンティアを拡大した

ここまでに論じたような、価格についての史料および推論は、貨幣の流入が、アジアにおいては、消費者の需要と生産者側の財の供給の両方の拡大を刺激したというテーゼを支持する材料となるものである。ここでは、直接そのことを示す証拠も検討してみよう。

インド

インドでは、生産の拡大は、ムガール帝国による征服および帝国への編入後のベンガルとビハールにおいて、最も顕著である(Richards 1987: 5)。実際、一六五七〜一七一四年の時期でインド内のあちこちの価格を比べると、海外からの銀貨幣の大量の流入にもかかわらず、ベンガルの物価が、比較的に低く、安定している(Prakash 1994:

V-165)。プラカシュは、貨幣数量説の観点から可能な、さまざまな説明を試みている。貨幣供給の大幅な増加が、それに対応する価格の上昇をひきおこしていないとすると、流通の速度ないしは貨幣の回転率が、貨幣経済の進歩および／あるいは生産量の増大とともに、上昇したことが、その理由と考えざるをえない。プラカシュは、貨幣の回転の増加が、供給の増加の一定部分を吸収ないしは無化したということはありうるとしても、生産に向けられた固定資本の使用の向上および／あるいは資源配分の改良を通じて、産出量が増加したと考えざるをえないと結論付けている。しかしながら、プラカシュは、資源の流動性が高まり、生産能力および生産そのものが増大するというように、生産が伸びるという可能性を考慮していない。実際それは、可能性というより、高い確率で起こる蓋然性としてそうなのだ。とはいえ、彼は、ベンガルの織物工業に従事する労働者の数が、一〇〇万人にまで成長したと見積もっており、うち、イギリスおよびオランダの東インド会社による輸出分の生産に携わっていたのは、一〇パーセントに過ぎないとしている (Prakash 1994: vii-175, 197)。したがって、生産の拡大の大部分は、アジア人の手になる域内市場と輸出市場との組み合わせによるものであったと考えなければならない。信用すべきところは信用して、プラカシュ (Prakash 1995: 13) は、さらに最近になって、人口の成長と「産出量、収入、雇用の実質的な正味の増加」に言及して「産出量の上昇は、貨幣の必要性の増大のきっかけとなったであろう」と述べている。しかしながら、彼はこれらを、輸出の増加の対応物とみなしており、今引用したくだりにおいてさえ、彼はやはり「貨幣の必要性」を産出量の増加から派生したものとしか見ていない。

さらに、ムガール帝国の衰退後、マハーラーシュトラの支配が地域的に自立してくると、「マハーラーシュトラでは、物々交換ではなく貨幣の使用が、社会のあらゆる階層に普及していった。続いて……農村部の全ての人々も、貨幣、信用および市場取引の網の目によって、より大きな地域経済、さらに世界経済と結び付けられたのである」(Richards 1987: 11)。リチャーズは、パーリン (Perlin 1987, 1993) の知見にコメントを述べているのであるが、パーリン自身も、「一言で言えば、比較的顕著に〔つまり、比較的多くの人々が貨幣を手にすることができる程度に〕貨幣経済化が進んだ社会があるというのが、史料〔きわめてローカルなレベルでの経済生活に関する私文書・公文書について の、非常に詳細で長期にわたる調査なのだが〕の明らかにしたことであり、それは、植民地時代初期の状況として我々が知るところとは、鮮やかに対照的なものである」(Perlin 1993: 178-89) と要約している。また別の場所では、パーリン (Perlin 1983: 75) は、もっとはっきり次のように述べている。

村の住人たちは……ローカルな市場だけで、貨幣による取引を行なっていたのではなく、農業労働、手工業生産、軍務報酬、家事役務に対する賃金も、日払いおよび月払いで支払われていたのである。銅およびタカラガイの輸入は、まさにこの種の、活発で、高度に貨幣化された、ローカルな市場センターの存在を示すものだと、私は論じたい。……そのような貨幣「コミュニケーション」が、主として農業生産の関心から、諸地域を亜大陸の他の諸地域と統合し、それによってまた、国際的な規模の出来事や諸関係の関心からも統合されていくということを示すのも重要なことである。……しかしまた、こういうことを示す史料が存在しながら、これまで驚くほど無視されてきたという事実を強調することも重要である。(Perlin 1983: 75, 74)

しかしながら、パーリン (Perlin 1983: 78) はまた、「対照的に、初期の植民地支配は、貨幣生活の水準を実質的に低下させた」とも述べている。B・R・グローヴァー (Grover 1994: 252) も、イギリスの植民地支配の最初から、「十七世紀の状況と比較して、インドでは、商業生活の決定的な退化」がおこったと述べている。

問題は、このような貨幣がいかにして、農業のフィールドを肥やし――というより、実際それを切り開いたわけだが――工業の車輪に油をさし、そしてもちろん「生存経済《サブシステンス》」にある農民たちの手にまで、交易の恩恵を行き渡らせたのかということである。ケインズ的な見方では、新しい支払手段は、新しい有効需要を生み出し、それによって、アジアの国内市場にも、さらに追加的な生産を呼び込むことになる。

イートン（Eaton 1993）は、ベンガルにおいて、イスラムの拡散が、織物工業のための綿花栽培――および織物工業労働者の食糧となる米作――を進めるための森林伐採と歩みをともにしていたことを検証している。十六世紀に成長し、十七世紀末から十八世紀初頭に再び成長した、ベンガルの織物生産およびその輸出に、原料や食糧を供給すべく、フロンティアが植民地化されたのである。しかしながら、最初に（今日のアマゾンと同様に）ジャングルを切り開くことから含めて、これら全ての資金は、「無数の仲介者」から出ており、その仲介者とは「実際上、資本主義的な投機家すなわち、古典的な徴税請負人であった」（Eaton 1993: 221）。彼らが、貨幣供給の拡大に筋道をつけたのであり、その貨幣は、外部からの銀流入から、内部へ、さらにベンガル周辺のフロンティアにまで引き込まれたのである。

しかしながら、ベンガルは、新しい貨幣を得て切り開かれ、生産的となったフロンティア――新しい貨幣こそが、そのフロンティアを切り開いたというわけではないとしても――のうちで、最も新しいものであるというだけのことである。つまり、それは決して、唯一のフロンティアであったというわけではないのだ。

国の広大な広がりに人口が満ちていき、この長い期間にわたって、農民人口が定着していった。それは、デカン高原地域だけではなく、まさにガンジス盆地においてもそうであった。グジャラートでは、田園部への定住が稠密になり、新しい村ができ、既存の村と村の間の隙間も埋まっていった。ハムブリーが『ケンブリッジ・インド経済史』（*The Cambridge Economic History of India*）で述べているように、それは、小さな町の市場から、アグラのような大規模な人口集中地にいたるまで、全てのレベルで、都市の成長が加速された時期でもあった。……パンジャブは、織物生産の重要な拠点になり、その生産物は中東、ペルシア、中央アジアにまで送られていった。……ハムブリーは最近になって、十七および十八世紀の都市の成長は、織物生産の発展と密接なつながりがあると指摘している。(Perlin 1983: 67, 71)

織物生産の発展と、その生産に要する綿花や染料の栽培、流通、加工、そしてもちろん、その生産者や流通業者の食糧の生産と流通は、全て、新しい貨幣の莫大な流入によって刺激され、それによって可能になったといっても良いものである。このような銀の流入とそれによってもたらされた需要の成長は、まさにそれが結果として供給の増加を刺激することによって、インフレを引き起こさなかったのである。循環的な拡大の局面である「長期の十六世紀」は、一四〇〇年ごろに始まり、十八世紀に入るまでずっと続いていたのである。第五章で見るように、そこに「十七世紀の危機」などなかったのである。

中国

恐らく、これよりまださらに壮観なのは、十六世紀中葉以来の中国経済への銀の流入が、その経済を拡大した効果であろう。明朝の経済は、銀を本位として、ますます貨幣経済化が進み、少なくとも一六二〇年代を通じて、急速に成長した。この拡大は、十七世紀半ばの明清交替期の気候、人口動態、経済、政治の危機の間に、一時的に中断した(第五章で検討する)が、しかしながら、十七世紀後半からずっと十八世紀を通じて、経済は再び回復し、拡大を再開した。

銀と交易が刺激となって、経済を拡大する効果は、中国南部で最も劇的に現れた。ここでは、そこでの商業化および経済的に合理的な選択を示すほんの氷山の一角を提示すればこと足りよう。すなわち、マークス(Marks 1997)

の研究には、当時の総督の言葉が引かれており、「全ての交易は銀で行なわれ、銀はその地方の隅々にまで流通している」とある。商人は、その年の収穫の受け取りと引き換えに、資本〔銀の輸出入からも直接、間接に引き出されたと考えられる〕を農村生産者に前貸しした（Marks 1997a）。マークスは、概要を要約した説明を、多数提供しているが、特に意味深いのは、以下の二つである。

銀は、輸出の対価として、逆に中国へ流入してきた。……一六〇〇年までには、このような交易は、おそらく、寧波から南の広州にいたる、中国南部および南東部の沿岸地域経済に、毎年銀二〇〇トンの流入をもたらす結果となった。絹の需要の増大は、土地利用のパターンの重大な変更を招き……一七〇〇年までには、森林面積の約半分が〔低地では、蚕の飼料としての桑や、綿花、砂糖、米を、高地では、トウモロコシや甘藷を栽培するために〕失われた。（Marks 1996: 60, 59）

南洋〔南シナ海〕における需要は、その大半が、広州のような地域ないしは、その周辺で生産されるか、または、帝国の他の地域からそのような大交易場へ集められた中国の工業製品であった。嶺南〔中国南部〕の農業経済に対する輸出交易の増加のインパクトは、間接的であり、原綿輸入の必要に媒介されたものであった。つまり農民は、綿花を栽培するよりもむしろ、サトウキビを栽培し、精製加工して、華中・華北からの綿花と交換したのである。製糸・織布の後、その綿布の多くは、南洋にむけて輸出された。かくして、綿布需要の増加は、サトウキビによる米の代替を促進した。〔それは、その代替が同じ灌漑農地の転用で進められたのに対して、綿花の生産は別種の土地を切り開くところから始めなければならなかったからであるが〕……市場販売用のサトウキビの栽培のために、さらに土地を開墾するということにはならなかった〔し、その必要もなかった〕。実際に起こったことは、珠江デルタ一帯における米生産量の減少であり、そのために起こった市場における米需要の増大であった。水田から非食糧商品作物への同様の転換は、絹需要が増大したときにも起こった。(Marks 1997a)

すなわち、「商業的な刺激に対して、農民は、〔綿花のような〕商品作物の栽培のために新しく土地を整備ないしは開墾するのではなく、むしろ既存の水田をサトウキビや養蚕に転換することによって対応した」(Marks 1997a) ということは、経済的に合理的――そして、市場‐制度的に実行可能――であったのである。このような過程の制度的側面については、第四章でさらに検討する。

このように、中国南部で起こった過程は、ベンガルと相同的なものであった。農業および居住のフロンティアは、外部からの需要の刺激を受けた商業化のラインに沿って拡大した。しかしまた、それは、海外からの新しい銀の流入を財源として、現地での需要――および供給――を生み出したのである。

アジアのその他の地域

リード (Reid 1993) が史料を示して分析しているように、類似の過程は、東南アジアの大陸部および島嶼部の両方でも起こった。さらに、特に大陸部東南アジアについての研究者であるヴィクター・リーバーマンは、十六および十七世紀について、次のように書いている。

国内総需要が、より大きくなり、それぞれ固有の農業・鉱業産品のある辺境地帯への定住が拡大すると内国的な交換が促進され、それは、ローカルな市場の繁栄や地方間の相互補完性の増大、および……「中央《キャピタル》」

文化の地方への拡散、それぞれの地方に特有な資本使用形態の同時的浸透〔も含むような〕……貨幣経済化に反映される。海上交易、火器、および地金の輸入は、これらの過程を、複雑な仕方で再強化し、修正を加えた。……

十八世紀には、大陸の主要地域において、人口成長、土地の再開発、および商業的交換の再開ないしは加速が起こった。このような動きは、外的需要――これは、タイおよびヴェトナム南部で最も顕著であった――と、一六八〇年以前から機能していたのと同様な内的諸力の配置との両方によって、強められた。

(Lieberman 1996: 800-801, 802)

日本でも、銀および銅の生産は、この時期に急速に拡大し、それに支えられて、農業および工業生産、建築、都市化、商業および商品経済化が、比類ないほどの成長を遂げた（ただし、第五章で検討する、気候上の諸問題と貨幣および経済的困難の二〇年間である一六三〇年代および一六四〇年代は例外である）。十六世紀のある文書には、それまでは「百姓の中に……金や銀を多く扱ったことのある者」(Atwell 1990: 667から再引) など一人もいなかったとある。これは、誇張かも知れないが、そのような傾向があったことは、他の同時代的な観察からも確認される。それら同時代の観察者の書くところでは――かれらの一生の間においてでさえ――日本において、貨幣化、商業化および経済成長がより高い水準へと有意な発展を遂げているということが、それら全てにおいて示されている。さらに、池田《イケダ》 (Ikeda 1996) はまた、ヨーロッパ交易の意義は、なににもまして、彼らヨーロッパ人が持ち込んできた貨幣にあり、それがアジアの内部での生産と移民およびアジア内交易の増大をもたらしたという趣旨の、最近の日本人による研究を引用している。

オスマン帝国と世界経済については、フリ・イスラモグル‐イナン (Islamoglu-Inan 1987) が編集した大著に収められた諸論文の多くの著者が、インフレに言及してはいる。しかしながら、それをきちんと調べ上げているのは、ムラート・チザクチャ、ただひとりである。しかも、彼の知見は、他の著者のインフレについての主張の不当性を証明するものであり、逆に、アジアで上昇したのは、価格というよりもむしろ生産のほうであるという、私の一般的テーゼの確証の一助となるものである。チザクチャは、このような「サプライ・サイド」の生産および人口拡張が、十六および十七世紀のオスマン帝国の領地でも見られるということを示している。彼は、一五五〇〜一六五〇年にわたって、ブルサの絹工業における価格の詳しい研究を行なっている。確かに、彼が調査した期間の前半期には、鋭い価格上昇が見られる。しかし、それは生糸価格に限られており、十七世紀に入ると、ヨーロッパ銀の流入が続いているにもかかわらず、その価格も安定化する。しかも、絹製品の価格は、注目すべき安定性を示しており、それは彼が調査した全期間を越えてさえ続いていた (Cizakca 1987: 249-51)。チザクチャ自身による「これらの観察の解釈……〔および〕結論」は、初期の絹価格の上昇は、主としてヨーロッパの絹需要の増大によるものであり、新しい銀の供給によって、その需要を満たすべくトルコから絹を購入することができたのである。このヨーロッパの需要は、ヨーロッパの「十七世紀の危機」の間に、再び落ち込んだと考えられる。他方、チザクチャは、「絹製品の価格上昇が比較的小さい」のは、「価格上昇が、製品供給の相当な増加によって抑えられたからであり……〔特に〕都市および農村の伝統的工業のような内的発展の結果として、国内の製品供給が増加したと考えられる」と説明している (Cizakca 1987: 254)。

まとめると、特にアメリカ大陸と日本からの新しい貨幣の供給の増大は、生産および、それに支えられた人口成長を、アジアの多くの地域で刺激したというのが、史料から示唆されるところである。私の主張では、オスマン帝国（特にアナトリアとレヴァント）やサファヴィー朝ペルシア帝国の経済拡張、および、もちろんロシアのシベリアへの拡大・移民も、同様に解釈できるし、そうすべきである。またさらに注目すべきこととして、ステーンスゴール（Steensgaard 1990c: 18以降）が、ユーラシアの主要諸国によって、十六世紀の後半の通常の範囲を越えた財政的緊張への対応として、ほとんど同時に行なわれた財政改革によると指摘している。すなわち、日本、中国、インド、オスマン帝国、フランス、スペインといった諸国である。このような「偶然の一致」を説明する上で、彼が唯一見出せた、共通要因は、貨幣供給の突然の増加であった。もっとも、（それと関連した？）人口および生産の増加も、他の要因として考えられるわけであるが、さらに我々は、このような経済拡張が十七世紀全体を通じて、そして十八世紀に入ってもかなりの間、継続したことを、後の第五章と第六章で見る。

この時期の諸発展についての、これまでに受け入れられていたヨーロッパ中心的なパースペクティヴと解釈に挑戦する上で最も重要な指摘は、もうひとつある。ヨーロッパ人によってアメリカ大陸から持ち込まれた新しい貨幣は、生産とそれによって支えられた人口の成長を、ヨーロッパ自身においてよりも、アジアの多くの地域で刺激したというのが、史料の示唆するところであるが、このような結論は、少なくとも二つの観察から支持される。そのひとつは、新しい貨幣は、アジアにおいてよりも、ヨーロッパで価格を吊り上げているということである。アジアでは、追加的にもたらされた貨幣によって生まれた購買力の成長に、生産が、よりよく歩調をあわせていくことができた。この観察についての唯一の留保は、人口一人あたりで考えると、アジアよりヨーロッパの方へ、多くの貨幣が流入したということであるが、しかしながら、第四章で行なう、人口、生産、交易、技術についての比較検討によっても、この留保は、その意味を弱めることとなる。

さらに、ここでの第二の観察によっても、上の留保は中立化でき、返す刀で、アジアのヨーロッパに対する優越性の継続についての、我々の命題は強化される。すなわち、第六章で見るように、人口の伸びは、ヨーロッパよりもアジアの方が大きかったのである。ヨーロッパでは、人口は（世界合計の約二〇パーセントで）安定していたのに対し、アジアでは、約六パーセントの割合で上昇していた。さらに、一七五〇年において、依然として、アジアは世界人口の六六パーセント未満であったが、世界総生産の八〇パーセントを生産していた（第四章および第六章参照）。つまり、アジアはヨーロッパ、アフリカ、アメリカより生産性が高かったということが示唆されるわけである。このことは、新しい貨幣が、まさにアジアの経済がヨーロッパの経済よりフレキシブルで生産性が高かったがゆえに、ヨーロッパにおいてよりも、アジアにおいて、より生産を刺激することができたという本章のテーゼと矛盾なく一貫したものである。次章では、この命題を支持する史料をさらに提出する。

4

グローバル・エコノミー——比較および諸関係

近世アジアの経済的なアウトプットを「計測する」のは難しいことであるが……明るみに出ている情報をかき集めてみると、西洋よりも、東洋のほうで、はるかに大規模な企業があり、利益があがっていたことが確認される。たとえば、十六世紀の後半において、日本は世界でも指折りの銀と銅の輸出国であり、五万五〇〇〇人の鉱夫を抱え、銀についてペルーを、銅についてスウェーデンを凌駕する産出量を誇った。欧米の文献は、日本に毎年停泊した、八隻かそこらのオランダ船が果たした役割を強調しがちであるが、事実としては、中国からの八〇隻ものジャンク船の方が、はるかに重要であった。東南アジアについても、事情は同じである。ヨーロッパ人……および彼らの船は、中国船の一〇分の一ほどでしかなかった。またヨーロッパ船がもたらす積荷は、主として、西洋の物品ではなく、中国の陶磁器や絹であった。

このニつの商品の生産には、すさまじいものがある。南京だけでも、陶磁器工場は、美しく釉をかけた陶器を毎年百万個生産しており、その多くは特に輸出用にデザインされたもの——ヨーロッパ向けのものには、王家の紋章が入り、イスラム教国向けには、上品な抽象模様が描かれた——であった。……インドでは、ベンガルのカシムバザールにおいてだけで、一六八〇年代の間、毎年二〇〇万ポンドを越える生糸を生産していた。またその一方で、西方のグジャラートの綿織物業は、輸出用だけで、年間ほぼ三〇〇万着を産出していた。比較のために言えば……ヨーロッパ随一の生糸生産地であるメッシナからの生糸の輸出は、年間たったの二五万ポンドであり、ヨーロッパ最大の織物企業であったライデンの「ニュー・ドレイパリー」の生産量は、年間一〇万着未満であった。近世を通じて、ヨーロッパではなく、アジアが世界の産業の中心だったのである。同様に、最も偉大な国家が生まれたのも、アジアにおいてであった。当時最も強力な王は、ルイ十四世でも、ピョートル大帝でもなく、満州の康熙帝（一六六二—一七二二）や「大ムガール」帝国のアウラングゼーブ帝（一六五八—一七〇七）であったのである。

『タイムズ図説世界史』(*The Times Illustrated History of the World* 1995: 206)より

量的問題――人口、生産、生産性、収入、交易

近代世界システムにおける、いわゆるヨーロッパのヘゲモニーが、発展してきたのは、きわめて最近になってからのことである。そしてそれは、全く不完全なものであり、一極的になったことは一度もなかった。一四〇〇～一八〇〇年の期間は、「ヨーロッパの拡大」とか完全な資本主義へ至る「原始的蓄積」の一段階とみなされることもあるのであるが、実際には、世界経済は、依然として、全く圧倒的にアジアの影響下にあったのである。中国の明朝／清朝、オスマン・トルコ帝国、インドのムガール帝国、サファヴィー朝ペルシア帝国は、経済的および政治的に、非常に強力であり、ヨーロッパに対して、その勢力を弱めたのは、この期間の終わり頃以降の話でしかない。故に、近代世界システムなるものがありとせば、それは、ヨーロッパではなくアジアのヘゲモニー下にあったのである。同様に、この期間を通じて、世界経済の動態の現実の大部分は、ヨーロッパにおいてではなく、アジアで展開した。アジアが世界経済および世界システムにおいて圧倒的であったのは、人口と生産においてだけではなく、一七五〇年ないしは一八〇〇年頃までは、生産性、競争力、交易といった面、つまり一言で言えば、資本形成の面でもそうであった。さらに、その後にできあがったヨーロッパの神話の言うところとは逆に、アジアには技術があり、それに見合う経済および金融上の諸制度を発達させていた。かくして、近代世界システムの経済的蓄積と政治的パワーの「中心地」は、十五～十八世紀の間、実のところ大した変化はなかったわけである。そのなかで特に中国、日本、およびインドは、全体として第一の地位を占めており、東南アジアおよび西アジアが、そのすぐ後ろに控えている。赤字漬けであったヨーロッパが、世界経済において、あるゆる点で、ア

ジアほどの重要性を持たなかったのは明らかである。さらに、その経済は輸出ではなく輸入に立脚しており、それが、今と同様に当時にあっても、産業が興ってくる絶対必要条件だったのである。ヨーロッパも含めて、アジア内諸勢力間の相対的地位についても、そこにいかなる有意な変化を探し出すことも、また困難である。ヨーロッパは、十八世紀末から十九世紀初頭にかけての時期になってはじめて、ＮＩＥｓ（新興工業地域）の一つとして現れてきたのである。世界経済の重心が、ヨーロッパへシフトし始めたのは、ようやくそのころのことであり、それ以前のことではなかったのである。

アジアにおけるアジアの経済主体の優越性、および世界経済における、アジア自体の優越性は、世界における「西洋の勃興」に向けられてきた関心によって曇らされてきたばかりでなく、ヨーロッパ経済とアジアへの政治的浸透へ不当に焦点が当てられてきたことによっても、見えなくなっていた。本章では、このようなヨーロッパの拡大というパースペクティヴが、実際の世界を見とおす立場からすると、いかにまったくピントのずれたものであるかを強調して示す。しかしながら、ここでの議論は、単なるヨーロッパとアジア、ないしはその主たる経済である中国およびインドとの比較に限定されたままでおさまるものではないし、議論をそこでとどめておくことも不可能である。分析的必然として、生産性、技術、そしてそれらを可能にし、それらを支えている経済および金融上の諸制度の世界規模での経済的関係の方に、強調されるべき点がシフトされなければならないのである。そのような諸関係は、グローバルな――ヨーロッパ規模でないのはもちろんのこと、単にひとつの地域《リージョン》の規模でもない――規模で発展していたのである。ヨーロッパ中心的なパースペクティヴから見えるものとは逆に、ヨーロッパは、いかなる意味においても、世界経済システムを「作り出し」てはいないし、世界「資本主義」を発展させてもいないのである。

十九世紀以前の、あるいは二十世紀についてさえ、世界人口および各地域の人口の伸びについてのデータは、正直なところ、推測の域を出ない。しかしながら、相当に多種の史料を検討し、それらの試算値が、比較的に小さな偏差のなかに収まっていることから、世界人口の伸び率および各地域の人口を比較した伸び率について、明確で、きわめて意義深い見取り図が得られる。今でも用いられているのは、A・M・カー - ソーンダース（Carr-Saunders 1936）による十七および十八世紀についての試算、および、彼によるウォルター・ウィルコックス（Willcox 1931）の再検討版である。ウィルコックスはまた、それを受けて、先の自分の試算を改訂している（Willcox 1940参照）。カー - ソーンダースの業績は、国連人口局のさまざまな出版物（Population Division of the United Nations 1953, 1954, 以降）の中で、細かい修正を受けてきた。コリン・クラーク（Clark 1977）は、以上の資料に加えて、さらに九つの他の資料を用いて、試算を行なった。彼の作った表は、次ページ**表4―2**として、要約的に掲げてある。M・K・ベネット（Bennett 1954）は、自分の試算を行なう際に、他の資料を用いたが、上に挙げたのと同じの多くの資料にも依拠している。彼のデータは最も包括的で、最も詳細であり、本章の**表4―1**の典拠でもある。これらの試算を比べてみると、諸地域のグループ分けさえ違って（たとえば、ロシアのアジア部分を、全て「ヨーロッパ」に含めるというように）いなければ、特にここでは用いられず、その資料が引かれていない、その他のいろいろなものと、極めて似通っているということがわかる。しかしながら、ジョン・デュランド（Durand 1967, 1974）による多くの人口の系統的推計と比較し、またライナー・マッケンセンとハインツェ・ヴェヴァー（Mackensen and Wewer 1973）によって復元されたヴォルフガング・コルマン（Kollman 1965）による推計に対しても比較をすることによって、上の試算は、一七五〇年を鍵としてチェックしてある。

表4—1　世界及び各地域の人口成長（100万人, 概数）

地域＼年代	1000	1200	1300	1400	1500	1600	1650	1700	1750	1800	1850
ヨーロッパ	42	62	73	45	69	89	100	115	140	188	266
アジア全体	168	203	216	224	254	292	319	402	508	612	743
アジア・ロシア	3	7	8	9	11	13	14	15	16	17	19
南西アジア	32	34	33	27	29	30	30	31	32	33	34
インド	48	51	50	46	54	68	80	100	130	157	190
中国（主要部）	70	89	99	112	125	140	150	205	270	345	430
日　本	4	8	11	14	16	20	23	27	32	28	33
東南アジア	11	14	15	16	19	21	22	24	28	32	37
アフリカ	50	61	67	74	82	90	90	90	90	90	95
両アメリカ	13	23	28	30	41	15	9	10	11	29	59
世界総計	275	348	384	373	446	486	518	617	749	919	1,163

（出典）M・K・ベネット（Bennet 1954: 表1）

これら世界人口および各地域の人口の伸びの試算は全て、本質的に同様な、重要な事態の推移を物語っており、したがって、ここでは、ベネット（Bennett 1954）からとった数値を用いても、大きな誤りを犯すことにはならないだろう。世界人口（ヨーロッパ人口と同様に）は、十四世紀に減少し、一四〇〇年以降、上向きになって成長を再開した。世界人口は、十五世紀に、約二〇パーセント伸び、十六世紀には、約一〇パーセント増加した（ここで引用されている数値は、全て**表4―1**にあがっている合計値からのパーセンテージの概数である）。しかしながら、コロンブスの上陸以降のアメリカ大陸における、急速な人口減少（この表は、第二章で引用した数値である九〇パーセント以上の減少と比べると、それを過少評価していることになる）を差し引くと、世界のその他の地域では、依然として、十六世紀に一六パーセントの伸びを示していたことになる。その後、世界人口の伸びは加速して、十七世紀には二七パーセント、アメリカ大陸を除くと二九パーセントの増加となった。十七世紀中葉は、ひとつの転換期となって、さらに増加が加速したようである。結果、一六五〇〜一七五〇年の一世紀間で、世界人口の伸びは、四五パーセントにまで増大した。このような世界人口の伸びの

表4—2　世界人口（100万人, 概数）

年代	1200	1500	1600	1650	1700	1750	1800
世　界	384	427	498	516	641	731	890
ヨーロッパ	51	68	83	90	106	130	173
アジア	248	231	303	311	420	484	590
中　国	123	100	150	100	150	207	315
日　本	12	16	18	22	26	26	26
インド	75	79	100	150	200	200	190
アフリカ	61	85	95	100	100	100	100
両アメリカ	23	41	15	13	13	15	25
オセアニア	1	2	2	2	2	2	2

（出典）コリン・クラーク（Clark 1977: 表３-１）
クラークのもとの表には，起源14年，350年，600年，800年，1000年，1340年，ならびに1500年以降についての詳細についての追加の試算も含まれている。

有意な増大は、それに伴う生産の増大によって支えられており、第三章で論じたように、貨幣の世界的供給および流通の増大をその動力としていた。

この人口増加が、地域ごとに、どのように分布し、どこに偏っていたかもまた、重要なことである。十五および十六世紀には、人口の伸びは、ヨーロッパにおいて比較的に急速で、十五世紀で五三パーセント、十六世紀で二八パーセントであった。結果として、世界人口に占めるヨーロッパ人口の割合は、一四〇〇年の一二パーセントから、一六〇〇年の一八パーセントに上昇した。しかしながら、その後、世界人口に占めるヨーロッパ人口の割合は、一七五〇年まで、ほぼ一九パーセントで一定し、その後ついに上昇しはじめて、一八〇〇年には、二〇パーセントとなり、一八五〇年には、二三パーセントに達した。しかしながら同時に、一六〇〇年このかた、人口は、アジアにおいて、より多くまたより急速に上昇した。ベネットの試算によると、アジア人口は、十五および十六世紀において、世界人口の約六〇パーセントを占めていたが、一六〇〇年の六〇パーセントから、一七〇〇年には六五パーセント、一七五〇年には六六パーセント、一八〇〇年には、六七パーセントにまで上昇した。それは、すでにそれ以前において、稠密な人口を持つアジアにおいて、年率約〇・六パーセントで人口が伸びたことによるものである。対して、ヨーロッパの伸び率は、年〇・四パーセントであった。リヴィ－バッチ（Livi-Bacci 1992: 68）によるより最近の試算値によると、ヨーロッパの人口伸び率は、〇・三パーセントでしかなかったとされている。すなわち、相対的に見ると、ヨーロッパの人口増加は、より大きなアジアの人口増加の半分ないしは三分の二であったということになる。絶対数で言っても、アジアの人口増加の方がずっと大きかったのは、いうまでもない。このように、アジアにおいて、より急速に人口が増加したことは、クラーク（Clark 1977）によっても確認されている。彼による試算では、世界人口に占めるアジア人口の割合は、一五〇〇年で五四パーセント、一六〇〇年および一六五〇年で六〇パーセント、一七〇〇年、一七五〇年、および一八〇〇年で六六パーセントとなっている。マッケンセンとヴェヴァー（Mackensen and Wewer 1973）およびデュランド（Durand 1967, 1974）も、一七五〇年の全アジア人口が占める割合が六六パーセントであるということを確認している。

さらに、人口伸び率は、アジアの最も重要な諸地域・諸経済において、さらに急速であった。すなわち、中国と日本では、一六〇〇年から一七〇〇年までで四五パーセント増加しており、一六〇〇年から一七五〇年までの一世紀半で、その伸びは九〇パーセントを越えている。またインドでは、同様に時期を区切ると、それぞれ四七パーセント、八九パーセントの増加であった――それぞれ三八パーセントと七四パーセントであったアジア全体、そして二九パーセント、五七パーセントしかなかったヨーロッパと比べて見られたい。クラークの試算（**表4－2**参照）からは、諸地域の人口伸び率に、もっと大きな差があったことが示唆されている。すなわち、一六〇〇年から一七五〇年およびその世紀中葉の危機（第五章参照）以降にかけてのインドの人口伸び率は一〇〇パーセント、一六五〇～一七五〇年の中国の人口伸び率も一〇〇パーセントであったのに対し、ヨーロッパは、一六〇〇～一七五〇年では五六パーセント、一六五〇～一七五〇年では四四パーセントの伸びしかない。アジアの残りの地域、すなわち中央アジア（表4―1では、ロシアのアジア地域として部分的に表されている）、西アジア、および東南アジアにおいてだけは、人口増加はヨーロッパと比べても遅く、一六〇〇～一七五〇年で九パーセント、一六五〇～一七五〇年で一九パーセントの伸びである。東南アジアについては、ベネットは、一七五〇年で二八〇〇万人、一八〇〇年で三二〇〇万人と見積もっており、クラークは、明らかにセイロン島を含めてであるが、それぞれ三二〇〇万人、四〇〇〇万人と主張している。デュランド（Durand 1974）は、このクラークの試算でも、まだ低く見積もり過ぎだとみなしている。かく見ると、一六〇〇～一七五〇年の期間で東南アジアの人口の伸びは、ベネットに従えば三三パーセント（表4―1）、クラークに従えば一〇〇パーセント（表4―2）、すなわち中国やインドと同じということになる。このことは、第二章で検討した東南アジアと、中国およびインドとの緊密な経済的関係を示す史料から考えて、より納得のいくものだと思われる。デュランド（Durand 1974）の主張によると、東南アジアの人口の伸びは、まだそれよりも高く、したがって、この同じ一六〇〇～一七五〇／一八〇〇年の期間におけるヨーロッパの人口増加より、ずっと大きいということである。

してみると、人口増加が比較的に遅かったのは、西洋および、おそらく中央アジアとアフリカにおいてだけであったということになる。もちろん、人口が減少したのはアメリカ大陸だけである。アフリカの総人口は、一五〇〇～一八〇〇年の三世紀間にわたって、九〇〇〇万人（表4―2を含めて、一億人で安定していたと主張する試算もある）で安定したままであり、したがって世界総計に占める割合は低下していった。コロンブスによる「遭遇」と「交流」の結果として、アメリカ大陸では、人口の絶対数が、少なくとも七五パーセント（第二章で引用した、より注意深い試算では九〇パーセント）減少したということは、いうまでもない。したがって、一五〇〇～一六五〇年の間、アメリカ大陸の人口は、世界総計の増加に比例して減少し、一七五〇年になってやっと、ゆっくりと増加するようになった。

人口試算のバラツキや疑わしい点などはあるが、それにもかかわらず、以上を要約すると、一四〇〇年から一七五〇年ないしは、一八〇〇年に至るまでの期間において、人口増加は、ヨーロッパにおいてよりもアジアにおいて、より急速であり、特に中国とインドで急速であった。残念なことに、この同じ期間についての生産に関する世界総計および地域ごとの総計の試算は欠落しているが、アジアにおいて、これほどの差をもって急速に人口が増加しえたというのは、アジアにおける生産も、同様にヨーロッパより急速に伸びており、それによって人口増加が支えられた場合にしか考えられないという、推論は成り立つ。それでも、アジアにおいて、人口あたりの生産と収入とが一定であった、かつ／あるいは、ヨーロッパにおける生産と収入に比較して減少していたという、理論的可能性は、第二章で行なった検討に照らして説得的ではないように思われるし、以下に示す、GNPタームでの生産、および人口あたりの収入の世界総計と地域ごとの比較の試算から、実証的にも不当であることが示される。

この時期のグローバルな生産と収入についての、信頼できるデータが、なかなか出てこないことはいうまでもない。それは、そのようなデータを発見し、構成することが難しいことと、そのようなことに関心を持つ人がほとんどいないことの両方に起因している。しかしながら十八世紀については部分的に、試算の労をとった研究者が多数ある。それは、もっと時代が下ってからの西洋および世界の経済成長を測る基線として用いるためであった。そういうテーマでならば、もう少し関心を持つ研究者もいたわけである。それらの試算も、少なくとも我々が対象にしている時期の終わり頃については、世界および各地域の生産と収入について、何がしか示すところがあるわけであるから、それがあるだけ、我々にとっては、まだましというものである。

ブローデル（Braudel 1992）は、ポール・ベアロックによる一七五〇年の世界および各地域のGNPの試算を引用している。GNPの世界総計は、（一九六〇年のアメリカドル換算で）一五五〇億ドルであり、うち、七七パーセントにあたる一二〇〇億ドルはアジアに属し、三五〇億ドルは、「西洋」全体に属している。この「西洋」には、ベアロックが彼の試算を行なう上でそのようにグループ分けをしたせいで、ヨーロッパと両アメリカだけでなく、ロシアと日本が含まれている（彼は、その後の「西洋」の成長を強調したかったのである）。もし、日本とロシアのシベリア地域をアジアに移しかえれば、アジアの世界GNPに占める割合が八〇パーセントを超えることは確実であろう。ベアロック自身は、一七五〇年の一四八〇億ドルのGNPから、その七六パーセントにあたる一一二〇億ドルを、ラテン・アメリカを含めて今日「第三世界」と呼ばれている地域に属するとしており、二四パーセントにあたる三五〇億ドルを、日本を含めて今日「先進国」と呼ばれている地域に属するとしている。イギリスにおける産業革命の開始の後、一八〇〇年については、上に対応する、ベアロックによる試算値は、一八三〇億ドルであり、うち七五パーセントにあたる一三七〇億ドルが、今日の低開発国である地域に属するとされている。世界GNPのわずか三三パーセントにあたる四七〇億ドルだけが、今日の工業国に属する部分である（Bairoch and Levy-Leboyer 1981: 5)。さらに半世紀以上たった一八六〇年になると、総GNPは、二八〇〇億ドルに上昇するが、それぞれについて見ると、今日の「第三世界」に属するのがほぼ六〇パーセントにあたる一六五〇億ドルで、今日の先進国に属するのは、依然として四〇パーセント強にしかあたらない一一五〇億ドルであった（Braudel 1992: 534からの再計算）。

このように、一七五〇年および一八〇〇年には、アジアにおける生産は、ヨーロッパおよび両アメリカにおいて、どれほどかき集められたよりも、ずっと大きく、生産性や競争力も、上であった。アメリカ大陸やアフリカから彼らが持ち込んだ金や銀を用いてさえ、そうであったのである。十八世紀の終わりの段階で、アジアが世界の生産量の八〇パーセントほどを生産していたとして、四〇〇年間にわたる、それ以前の時代の始めおよびその途中において、その割合がどのようであったかについては、推測してみるよりほかはない。四〇〇年間にわたって、アフロ‐アジアと両アメリカを含むヨーロッパとが、同じ成長率で生産を行なうということで、その比率は変わらなかったのであろうか。あるいは、ヨーロッパの成長の方が速く、アメリカ大陸の植民地からの産出も収支につぎ込まれたということで、西洋の割合が当初は低く、アフロ‐アジアの方が、さらに高い割合をしめていたのであろうか。上に引いた、人口の伸び率の比較に従えば、このような仮説は両方とも、とり得ないものである。むしろ逆であって、世界総計に占めるアジアの割合は、十五世紀には、まだ低かったのであり、その後、アジア経済の成長によって増加したのである。その速度は、続く数世紀間に、ヨーロッパが成長したよりも速かった。第二章および第三章のあちこちであげた史料、アジアよりもヨーロッパでインフレ率が高かったという本書の議論、ならびに、上の相対的な人口の伸びについての史料、これら全てが、今述べた最後の仮説を支持している。つまり、生産も、ヨーロッパよりアジアで、より急速に成長したのである！　さらに、ヨーロッパのインフレおよび価格が、アジアよりも高かったとすると、おそらく、ベアロックのＧＮＰ計算には、東洋の場合と比較して、西洋の場合に、過大評価のバイアスが入り込んでしまっている可能性もある。そうだとすると、アジアとヨーロッパとアメリカの間の、実際の生産と消費のギャップは、上にあげた八〇対二〇という比率よりも、まだ大きかったかもしれない。

特に重要なのは、一七五〇年の人口について、上に引用した全ての試算から確認された、アジアの占める割合である六六パーセントという数字を、同時期の世界生産に占めるアジアの割合である八〇パーセントという数字と比較することである。すると、アジアにいた世界人口の三分の二の人々が、世界の総生産の五分の四を生産していたことになる。他方、世界人口の四分の一を占めるヨーロッパは、アフリカやアメリカも加わっている、世界総生産残りの五分の一の一部を生産していたに過ぎないのである。ゆえに、平均すると、一七五〇年において、アジア人は、ヨーロッパ人よりも、有意に生産的であったに違いないのである。まして、中国やインドといった最も生産性の高いアジアの地域は、ヨーロッパと比べて、人口もずっと急速に成長したが、生産性もずっと高かったに違いない。一六〇〇～一八〇〇年の日本では、人口は、四五パーセントしか伸びていないが、農業生産は倍増しており、したがって、実質的に生産性もあがっていたにちがいない（Jones 1988: 155）。一八〇〇年までには、綿紡績工の賃金、人口一人あたりの収入、寿命および人々の体格・身長は、日本とイングランドとで同様となっていたが、十九世紀の前半までの時期では、平均的な生活の質は、イギリスにおいてより、日本における方が高かった可能性がある（Jones 1988: 160, 158）

実際、ベアロックによる試算では、一八〇〇年の中国の一人あたりGNPは、（一九六〇年の）アメリカドルで、二二八ドルであった。彼は、十八世紀のさまざまな年におけるイギリスおよびフランスについても試算を行なって、なかなか巧みな比較を行なっているが、その値は、一五〇～二〇〇ドルの範囲に収まっていた。一八五〇年までに、中国のGNPは、ひとりあたり一七〇ドルにまで低下していた。インドのGNPも、十九世紀には低下していたことはいうまでもないが、恐らく、十八世紀の後半にすでに低下していたであろう（Braudel 1992: 534）。

けだし、アジアが世界総生産のより多くの割合を占めていたという観察に対して、それは、小さなヨーロッパと比べて、アジアがより大きな人口を持っていることの反映に過ぎないと主張したがるようなヨーロッパ中心的な偏見の不当性は、一人あたりの収入の試算値全てが証明するところである。ベアロック（Bairoch 1993）は、世界規模での一人あたり収入の格差の試算を再検討している。彼の知見では、一七〇〇～一七五〇年の時期でも、世界規模での格差は、最大一対二・五である。しかしながら、彼はまた、その後に出されたサイモン・クズネッツによる一対一・二四という試算、デイヴィッド・ランデスによる一対二・二ないしは二・六という試算、さらにアンガス・マディソンによる一対一・六ないしは一・三、あるいはさらに一・一という試算も引用している。ベアロックはさらに、七つの別の試算についても検討を加えており、そこには、十八世紀の同時代人の見解も含まれている。彼自身は、結局一対一・一あるいは、世界中の収入ないしは生活水準はほとんど均等であったという結論に達している。

おそらく、生活水準を示す最も重要な「指標」――寿命そのものの年数――は、ユーラシアのさまざまな地域間で同様であったであろう（Pomerantz 1997: chap. 1, pp. 8-12）。中国では、七〇歳以上の人は、ありふれてこそいなかったとしても、それほど低い割合でしかいなかったわけではないことは確かである――一七二六年で、総人口のほぼ一パーセントが七〇歳以上であり、その中には、一〇〇歳を越える者もあったのである（Ho Ping-ti 1959: 214）。

マディソン（Maddison 1991: 10）の試算によれば、一四〇〇年の一人あたり生産ないし収入は、中国と西ヨーロッパとでほとんど同じであった。しかしながら、一七五〇年については、ベアロックは、彼の一九九七年の著作（第一章で引用した）で再び言明しているように、ヨーロッパの生活水準は、世界のその他の地域、特に中国と比べて、より低かったとしている。実際、一八〇〇年については、彼は「先進」世界の収入を、人口一人あたりで一九八ドル、「低開発」世界の方は、一八八ドルと見積もっているが、中国については、二一〇ドルとしている（Bairoch and Levy-Leboyer 1981: 14）。ホ・ピン－ティ（Ho 1959: 269, 213）による人口研究は、十八世紀に、中国の生活水準が上昇しており、農民の収入はフランス並であって、間違いなくプロシアや、さらに日本と比べても高かったと主張している。ギルバート・ロズマン（Rozman 1981: 139）も、「国際比較」を行なっており、中国は、少なくとも前近代の他の民族と同程度には、家計上の必要を満たしていたと結論付けている。興味深いことに、一人あたりの砂糖消費量は、植民地の奴隷プランテーションから安価に輸入できたヨーロッパより、砂糖の生産には自国内の資源を使用せざるをえなかった中国の方が高かったようである。インドについては、イマニュエル・ウォーラーステイン（Wallerstein 1989: 157-8）は、イルファン・ハビブ、パーシヴァル・スペア、アショク・V・デサイらの業績を典拠としているが、その趣旨は、十七世紀には、一人あたりの農業生産および消費水準は、同時代のヨーロッパに比べて間違いなく同等か、恐らくそれ以上であったろうし、二十世紀の前半から中葉にかけてのインドと比べても、より高かったということも間違いないということである。しかしながら、ケン・ポメランツ（Pomeranz 1997）は、ヨーロッパの消費水準は、アジアより高かったと主張している。

つまり、世界交易に関するここまでの議論に、世界および各地域の人口、生産、収入に関する入手可能な全ての試算を合わせると、アジアおよび、その中のさまざまな地域経済は、少なくとも一八〇〇年まで、「西洋」のどの地域よりも、また全「西洋」を合わせたよりも、はるかに生産的で、競争力があり、グローバル経済《エコノミー》に、はるかに大きな比重を占め、影響力を持っていたということがわかる。人口と生産の比および一人あたりの収入の数値から間接的に推定できるように、これが、ヨーロッパと比べたアジアの人口の大きさのためだけではないとすると、どうして、このようなことがありえたのであろうか。その答えの一部は、世界経済におけるアジアの生産性と競争力の相対的な高さを示す十分な直接の証拠に求められる。本章が次に論ずるのはこの点である。さらに、技術および経済的諸制度もまた、アジアの卓越した地位を可能にした要素であった。それについては、本章の後半二つの節で検討する。

生産性と競争力

アジアが、特に工業生産と世界交易において、絶対的および相対的に生産性が高く、競争力も強かったという直接の証拠は、いくつかある。K・N・チャウデュリ（Chaudhuri 1978）は、正しくも次のように述べている。

機械化以前の時代においても、工業製品に対する需要は、その社会が達した専門化と分業の度合いを測るものさしとなる。このような観点から、インド亜大陸と中国が一五〇〇～一七五〇年のアジアにおいて、最も進んだ、多様な経済を持っていたことは、疑問の余地がない。

(Chaudhuri 1978: 204-5)

しかしながら、アジアにおいてだけではない。世界において、なのだ。

十七世紀の限られた時期における、アジアによる銀および、それよりは少ないが金の吸収は、主として、国際的な生産費用と価格の相対的な格差の結果であったことは明らかである。十九世紀に大規模な機械の応用によって、生産の構造が根本的に変革されてはじめて、ヨーロッパは、価格格差の効果を埋めることができたのである。

(Chaudhuri 1978: 456)

しかしながら、織物業におけるインドの競争力は、より進んだ、ないしは洗練された、生産機械設備に、それほど起因するものではなかったという議論もされてきた。カナカラタ・ムクンド (Mukund 1992) は、インドの強みは、(手工業) 労働者の高度に発達した熟練技術にあったと論じている。すると、それは、さまざまな生産工程の専門化とそれらの間の分化の高度化によるものでもあったということになる。さらに、インドの競争力は、生産され、輸出される織物の種類やスタイルに関する市場の需要の変化に、すばやくかつ柔軟に対応できるような組織的構造にも立脚するものであった。加えて、インドは、長繊維綿花の栽培とその品質、およびそれを染色する化学技術・工業の点で卓越していた。最後に、賃金が低かったため、生産費用が低かった。賃金が低かったのは、生産者向けの賃金でまかなうべき食糧が安価であったからであり、それは翻って見れば、インドの農業生産が効率的に低コストで行なわれていたことによるわけである。

チャウデュリは、アジアにおける工業生産について、次のように、いくつかまとめている。

アジアの諸文明における三大手工業といえば、もちろん、綿や絹の織物、宝飾を含む金属加工、そして陶磁器およびガラス製品である。加えて、副次的な手工業があらゆる分野に広がって存在し、産業技術・組織のあらゆる属性を共通して備えていた。たとえば、製紙、火薬、花火、レンガ、楽器、家具、化粧品、香水などがある。これらの品々は全て、アジアの大半の地域の日常生活において必要不可欠のものであった。……製造工程に関するものであれ、流通システムに関するものであれ、現存する史料は、アジアの大半の手工業は、複数の中間段階を含み、技術的のみならず、社会的にも機能的分化がおこっていたことをはっきりと示している。チンツやモスリンの織物が大衆の手にとどく以前の織物産業においても、綿花を栽培する農家、刈り取り人夫、綿くり、梳毛工、紡績工、織工、漂布工、捺染工、染色工、つや出し工、および修理工……などなどといった人々の労役が必要であった。史料として残っている、金属を加工した物品を全部列挙するとしたら、そのリストは長大なものになるであろう。農業器具、金属の留め具、建物の扉や錠、調理器具、重壮な武具、宗教上の工芸品、鋳貨、および宝飾品……などである。粗布、土器、鉄器具、青銅用具などを取引する、活発で多様な交易が、アジア全域で発達した。富裕なものだけではなく、一般大衆も、毎日の生活に使うこれらの物品を購入したのである。…… (Chaudhuri 1990a: 302, 319, 323, 305)

冗談ふうに言ってみよう。空の手押し車を押して国境を何度も横断する男を見て、税関の役人が、はてと怪訝に思っている。その男が何をしているかに気がつく知恵が、その役人に回るまで結構な時間がかかるであろう。その男は手押し車を盗んでいたのである！　いやいや、これは冗談ではない。どこ産の商品を積んでいようが、アジア諸港間の合法・違法の交易に携わる輸送の圧倒的多数は、アジアの資材と、西アジア、南アジア、東アジア、東南アジアの労働力と、アジア資本の資金によって建造された、アジアの船で運ばれたのであり、それはまじめなビジネスであった。つまりアジア中で、輸送、船や港の建造・建設、その維持と資金調達は、それ自体としてすでに、継続的で、大きな「見えざる」成長産業だったのである。その規模は、十九世紀に蒸気船が現れるまで、ヨーロッパのもぐり商人など、全て相手にならないほどであったのである。

これに類似した「見えざる産業」に、造幣業——鋳造および改鋳——がある。その用途は、局地的、地域的、国内向け、そして輸出用にも相当に向けられた。金、銀、銅、スズ、鉄、その他の金属貨幣、棒状、その他の形態の地金の正貨、さらにタカラガイ、バダム、その他の通貨（織物を含む）の生産、試金および交換は、国家および民間の利害関心にとって、大きなビジネスであった。フランク・パーリン（Perlin 1993）らは、その点についての広範な研究を行なっている。原則として、鋳貨は、額面ないしは、重量に応じた価格で受け取られたが、改鋳が行なわれた可能性のある場合には、必ずしもそうであるとは限らなかった。地金は、その重量と純度について、貴金属の含有量を検査されなければならず、それは、取引上のコストがかかるということでもあったが、同時に、国家および企業に、また一つビジネス・チャンスをもたらすものでもあった。

世界経済の観点からすると、インドではなく、中国が、莫大な量の高額商品を輸出し、莫大な量の銀を輸入する、トップ・ランナーであった。しかしながら、インドは、この点で、中国にそれほど引き離されていたわけではないように思われる。インドは、非常に重要な産業、特に綿工業の中心たる地位を占め、莫大な量の地金、特に金（金については、インドがその最終的に流れ落ちていく「排水口《シンク》」であった）を輸入していたのである。すでに第三章で、アジアでは、そこで受け取られた貨幣が退蔵されてしまったというヨーロッパ中心的な神話に反論を加えておいた。実際は逆であって、アジアは、まずもってより勤勉であり、より高いその生産性によって、この貨幣を稼いだのである。そして、そのように追加的に獲得された貨幣が、アジアの需要と生産をさらに生み出していったのである。

西アジアもまた、たとえば、綿織物や絹織物といった、それ自身が有する産業基盤、およびヨーロッパと他のアジア地域との間の商品の中継輸送の両方によって、繁栄を続けたように思われる。東南アジアと中央アジアも、主として、諸地域間を結ぶ、地金および商品の中継交易によって、ともに繁栄を続けたようである。ただ、東南アジアのケースでは、現地で生産され、特に日本に輸出された絹も、繁栄のしるしである。

ヨーロッパには、東方へ売るべき工業製品がほとんどなかった。かわりに、彼らは、主としてアジア経済内部の「カントリー・トレード」に割り込むことで、利益をあげたのである。ヨーロッパの利益の源泉は、複数の市場において、交易を担い、地金、貨幣、および諸商品の多様な取引の交渉をすることから、圧倒的に得られていた。最も重要なことは、彼らの活動が、全世界経済にまたがっていたことである。それ以前においては、このように、利潤最大化という一貫した論理をもって、全ての市場で同時に、ないしは体系的に、それらの市場の間での活動を統合して機能するようなひとつの勢力や、その下にある商人などは、存在しなかった。ヨーロッパがそうしえた、主たる鍵は、巨大な地金供給を支配していたことである。彼らの海上における力は、ずっと小さいものであり、決定的な要因となることは、ながらくなかった。また勅許会社あるいは私企業という形態の、彼らの商業組織も、本章であとで論じるように、競合する他地域のものと大して変わるところのないものであった。ヨーロッパは、アジアのあらゆる国で、金と銀の間の両替率差を鞘どりし、いくつかの交易の回路、特に十六世紀から十七世紀初めの中国と日本の間に、仲介交易者として収まっていった。それでもしかし、世界経済の観点からすると、少なくとも一五〇〇〜一八〇〇年の三世紀間については、ヨーロッパが生産・輸出できた、最も重要な、というか、実際のところほとんど唯一の商品は、貨幣だったのである——そして、その貨幣も、アメリカ大陸の植民地に頼っていたのである。

ひとつ、非常にはっきりしていることがある。すなわちヨーロッパは、世界経済の他の地域へ向けての輸出という観点からすると、主要な産業の中心ではなかったということである。第二章および第三章では、事実として、ヨーロッパが、貨幣以外の商品を輸出する能力を欠き、そのため、慢性的な交易赤字が発生し、恒常的にヨーロッパからアジアへ地金が流出しているということを示した。アメリカ大陸におけるヨーロッパの植民地圏が、ヨーロッパが世界経済でやっていける唯一の根拠であった。それがなければ、アジアとの商品の交易での巨大な赤字を埋め合わせることは、不可能であったであろう。しかもそれでもなお、ヨーロッパには、その赤字を埋めるために、貧しい彼らが望むほどの貨幣を手にできたことさえなかったのである。一六三二年、あるオランダの商人は、本国に次のような報告を書いている。「商品は、首尾良く見つかりました……が、しかしそれに支払う貨幣を用意することはできませんでした」(Braudel 1979: 221)。このような問題は、十八世紀の末、特に十九世紀になって初めて克服され、以降ようやく貨幣の流れは反転し、東洋から西洋へ流れるようになったのである。

世界交易　一四〇〇〜一八〇〇年

アジアの人口、生産、生産性、競争力、国内および地域交易、そしてその持続的成長についての、以上の史料考査に照らして、国際交易も圧倒的にアジアのものであったということは、なんら驚くべきことではないであろう。しかしながら、世界交易がアジアにおいてさえ、ヨーロッパ人によって生み出され、そして、ヨーロッパ人に支配されていたという神話ははびこってしまっている。以下、本節は、このような神話に対して、いくつか理由を挙げて反論を加える。

歴史家たちは、ポルトガル商人、およびその後は、ヨーロッパ人商人一般によって「魔法にかけられた」ように、アジア交易の中でのその重要性に全くつりあわないほどの関心を、それらヨーロッパ人商人の活動に向けている。しかるべき評価をすれば、歴史家たちが、ポルトガル、オランダ、イギリスにこれほど魅了されてしまっているのは、ひとつには、アジア交易の記録の大半が、彼らの残したものであるという事実に起因している。もちろん、これらの記録も、アジアにおける彼らの協力者および競争相手の利害関心よりも、彼ら自身の参加と利害関心を反映している。

しかしながら、アジア交易へのヨーロッパ人の参入についてのヨーロッパ中心的な見方は、見なおしの対象となってきている。W・H・モアランド（Moreland 1936: 201）の、今日では古典となった『インド小史』（A Short History of India）は、「インドにおいてポルトガルが生み出した直接の影響というものは、大きくはない」と論じている。次に現れた大攻撃は、オランダの旧インドネシア政庁の役人であったJ・C・ヴァン・ルーア（van Leur 1955）からのものである。彼は、当時依然として支配的であったヨーロッパ中心的な見方に挑戦して、一連の批評をものした。

> アジアの国際交易の一般的過程は、本質的に変わらないままであった。……また、ポルトガルの植民地体制は、東南アジアの商業に、なにひとつ新しい経済的要素をもたらすことはなかった。……量的に見て、ポルトガルによる交易は、中国、日本、シャム、ジャヴァ、インド……およびアラブ……による交易の何分の一かでしかなかった。交易は、あらゆる所で、破れ目なく続いており……大きなアジア内交易のルートが、その重要性を堅持していた。……十八世紀にアジアはヨーロッパのものであったなどという話など、まったくの論外である。
>
> （van Leur 1955: 193, 118, 165, 164, 165, 274）

実際、ヴァン・ルーアは「極東におけるポルトガル帝国は、実際のところ、事実というよりは観念に過ぎない」と断言しており、しかもM・A・P・マイリンク‐レーロフス（Meilink-Roelofsz 1962）が、彼女自身はヨーロッパ主義的な立場を擁護しているにもかかわらず、繰り返し述べているように、その観念さえ、現実の前では意味をなくしていたのである。逆に彼女は、アジア交易におけるヨーロッパの影響について、丹念に調べ上げた彼女自身の著作において、ヴァン・ルーアのテーゼに挑戦しており、そこで彼女は、アジア交易におけるヨーロッパの影響は、ヴァン・ルーアが認めているより、大きく、かつ早くからあったと明示的に主張している。しかしながら、彼女自身が挙げている典拠や、ポルトガルは、実際には影響力を持たなかったとする彼女の繰り返す議論は、むしろ「ヨーロッパは、一八〇〇年ごろになって初めて、東洋を追い越し始めたという、ヴァン・ルーアのテーゼ」(Meilink-Roelofsz 1962: 10) に、さらに支持を与えているように思われる。彼女の研究は、特に東南アジア島嶼部に集中するものであるが、その地は、アジアの中で最もヨーロッパのインパクトが大きかったのである。それにもかかわらず、彼女は、土着交易および中国人による交易による、オランダに対する抵抗は成功したということを示しているのである。

今や、ますます多くの研究――例えば、チャウデュリ (Chaudhuri 1978)、アシン・ダスグプタとM・N・ピアソン (Das Gupta and Pearson 1987)、シンナッパ・アラサラートナム (Arasaratnam 1986)、タパン・レイチャウデュリとイルファン・ハビブ (Raychaudhuri and Habib 1982) ――が、アジア交易は、繁栄と前進を続けていた事業であり、ヨーロッパ人は、付加的で比較的にマイナーな参加者としてしか、そこに入ることができなかったのだというヴァン・ルーアのメッセージを追認している。

アジアにおける胡椒の生産は、十六世紀だけで二倍以上になり、その大部分は、中国で消費された (Pearson 1989: 40)。ヨーロッパに輸出されたのは、比較的に小さい割合――三分の一以下であることは間違いない――であり、一五〇三年で、西アジアを経由して、陸路で、アジアによって輸送された香辛料は、ポルトガル船で喜望峰回りで運ばれたものの一六倍にも上り、一五八五年まででも、紅海経由ルートの方が、喜望峰回りルートのほぼ四倍を輸送していた(Das Gupta 1979: 257)。船による輸送が強みであったにもかかわらず、ポルトガルは、モルッカの丁子の一五パーセント以上をヨーロッパに運んだことは、ついぞなく、東南アジアの胡椒、その他の香辛料の大半は、中国へ輸出されていたのである。さらに、ポルトガルの旗を掲げている船の中には、実際にはアジア人が所有し、アジア人が運航しているものもあった。彼らは、いくつかの港でポルトガルに与えられていた、より低い関税率の利益を得ようと、そのような「便宜上の船旗」を用いたのである(Barendse 1997: chap. 1)。しかしながら、交易を「独占」し、通行税の貢納を課そうとする、軍事的・政治的な強硬策にもかかわらず、結局、非常に小さなシェアを占めたに過ぎないポルトガルのアジア内交易は、ポルトガルにとっては、その利益の八〇パーセントを提供するものであり、喜望峰回りの交易から彼らが得た利益は、二〇パーセントに過ぎなかったのである(Das Gupta and Pearson 1987: 71, 78, 84, 90; Subrahmanyam 1990a: 361)。このことは、一五八〇年に出版されたポルトガルの書物で、項目ごとに文書が整理されており、それによって瞭然である。その書物は、それぞれ特定のルートおよび航路が、どれくらい利益のあがるものであったかを、ポルトガル・クルゼーロ単位で、ただ記録したものである。比較的短距離の、マカオ - シャム、マカオ - パタニ、マカオ - チモールの各航路については、それぞれ一〇〇〇クルゼーロの利益が、マカオ - スンダ間は、六〇〇〇~七〇〇〇クルゼーロ、ゴア - マラッカ - マカオ - 日本間では、三万五〇〇〇クルゼーロの利益があがったとある。比較のために言うと、喜望峰を経由してリスボン - ゴア間全体を航海すると、船主が一万~一万二〇〇〇クルゼーロ、船長が四〇〇〇クルゼーロを受け取ったとある(Lourido 1996a: 18-19から再引)。

ポルトガルにとっては、かくも重要であったとはいえ、日本からの銀の輸出にしめるポルトガルのシェアは、一六〇〇~一六二〇年では、日本からの輸出の総合計の一〇パーセントをこえることはなく、一六三〇年代のごく短い間、最大三七パーセントにまで膨らんだにすぎない(Das Gupta and Pearson 1987: 76)。インドでも、ポルトガルのアジアへの「浸透」の高まった十六世紀においてさえ、グジャラートの交易に占める、ポルトガル人による取引のシェアは、五パーセントにすぎなかった。ゴアに彼らの拠点があったにもかかわらず、インド南西部の胡椒生産に占める、ポルトガルの買い上げ分は、一〇パーセントにも満たなかった。その他のヨーロッパの「公務員」が、その東インド会社から利益を得ていたのと同様に、民間商人はそこから利益を得ていたとは言え、ポルトガルの納税者および政府にとっては、「インド州《エスタード・ダ・インディア》」の維持には、インドからの直接の収入より多くのコストがかかることになったのである（Barendse 1997: chap. 1）。

東アジアおよび東南アジアにおいてポルトガル人がほそぼそ行なっていた交易は、オランダ人の手にわたった。しかしながら、少なくとも東南アジアの一部では、交易を独占しようと努力したにもかかわらず、第二章ですでに見たとおり、オランダは結局それに成功しなかった。実際、主としてポルトガルを犠牲にしつつ、オランダが侵入したところでさえ、中国人および他の東アジア人によって、奪い返されてしまったのである。彼らの制海権――陸上での優位についてはいうまでもない――は、一度とて深刻な挑戦を受けたことはなかったのである。十七世紀の末以来、「実際のところ、ヨーロッパの浸透は、反転させられた」（Das Gupta and Pearson 1987: 67）のである。ヨーロッパ人は、中国人との競合におかれた。一六八〇年から一七二〇年の間に、中国船の長崎への入航は三倍に増え、一七四〇年に、バタヴィアで中国人の虐殺が起こったとき、同地への中国船の入航数は極大値に達していた（Das Gupta and Pearson 1987: 87）。例えば、一六八四年に入航が再合法化された長崎には、その四年後、年平均で一〇〇隻近く、すなわち週に二隻の中国船が入航した。さらに長く一七五七年までの期間にわたって見ても、年平均の入航数は、依然四〇隻以上はあった。一七〇〇年には、中国船によって、二万トンを超える商品が華南に持ち込まれた。他方、ヨーロッパ船が同じ年に持ち去ったのは、五〇〇トンである。一七三七年には、ヨーロッパの積出量は六〇〇〇トンになったが、二万トンを超えるようになったのは、一七七〇年代になって初めてのことである(Marks 1997a)。

東シナ海は、朝鮮、日本、琉球に囲まれた海であるが、十六世紀から十九世紀にかけての、東シナ海における交易は、クライン(Klein 1989)の試論が、明快な説明を行なっている。彼は、ヨーロッパ人がその交易を制御しえたことはまったくなく、ましてやそれを支配するなどということも、部分的な独占でさえも、なしえなかったという知見を示している。東シナ海では、交易は、排他的にアジア人の手にあった。ヨーロッパ人は、そこに参入することも、ほとんどなかったのである。南シナ海では、ヨーロッパ人として、まずポルトガルが、次いでオランダが、地域紛争につけこんで、せいぜいのところ、足がかりをつかむという程度のことは、十七世紀まではなし得たが、しかしながら、それさえ、十七世紀の後半から十八世紀を通して、東アジアの経済と政治が回復するにつれて、つま先しかかからない程度にまで、(後にはイギリスも含めて)後退させられた。クラインの結論は、以下のようなものである。

十六および十七世紀の間の、シナ海の海上空間へのヨーロッパの浸透は、この地域自身の国内的および地域的な勢力関係の特殊な発展によって、可能であったに過ぎない。地域経済へのその影響は、二義的なものでしかなかった。世界経済への、その商業的影響は、一時的なものでしかなく、かなり弱体で限定的な、アジアにおけるヨーロッパ人の交易ネットワークに限られた話であった。同地域が、一六八〇年ごろに新しい勢力の均衡を取り戻すと、以後は、その内的な海上交易は、よく確立された伝統的な制度の枠組の中で、新しい成長の時代をくぐっていった。このような交易とその諸制度は、十八世紀の後半に、次第に崩れていった……〔が、同時に〕ヨーロッパの商業も……解体していくこととなった。十九世紀におけるヨーロッパの覇権の確立は、産業化以前の時代に起こったことには、なんら根拠がなく……まったく新しい条件と状況に〔立

脚していたのである」。 (Klein 1989: 86-87)

ヨーロッパにとっては商業上のアクセスがより容易であった、アジアの反対の端、つまり西端においてさえ、アラビア海は、中国、東南アジア、インド、中東の間を結ぶ、より大きく、古代的な、ネットワークの一部であった。……〔そこでは〕ヨーロッパ人は、異国の交易者に関する既存の設定に縛られており……彼らは、しぶしぶアジア人と協力していたのである。というのも、相互の信頼関係の度合いは、誇張されるべきものではなかったからである。 (Barendse 1997: chap. 1)

ひとつの全体としての世界交易におけるアジア交易の重要性に目を転ずると、ヴァン・ルーア以後のヨーロッパの歴史家で、最もアジアに同情的な者の一人に、ニールス・ステーンスゴール (Steensgaard 1972) がいる。彼もまた、インド洋において、ポルトガルがもたらした変化など、ほとんどなく、それよりずっと重要なのは、——実際のところ、十六世紀の事件といえば、それしかないといっても良いのであるが——一五七六年のアクバル大帝によるベンガルの征服であったということに同意している (Steensgaard 1987: 137)。

したがって、ステーンスゴール (Steensgaard 1990d) が、インド洋を通じたアジア交易が「周縁的」で、ほとんど重要性を持たないものだとみなしているのを読むのは、驚きである。十七世紀の初頭における、年間の長距離交易量が、五万二〇〇〇~五万七〇〇〇トンであったとするモアランド (Moreland 1936) の試算と、七万四五〇〇トンだったとするバル・クリシュナの試算をそれぞれ引用して、アジア交易を切り捨て、「私の言いたいことは、自明なことを言いなおしているだけのように思われるかもしれない」と彼は付け加えている。彼は、その数値を、五〇万トンないしは、一〇〇万トン近くあった、ヨーロッパの積載能力と比較しているのであるが、しかしながら、実際に交易された積荷の重量と、積載能力とは、ほとんど共通の比較の尺度を持たない数値である。ステーンスゴール自身、これらのインド洋交易についての数値は、沿岸輸送を排除していることを指摘しているが、沿岸輸送は、それ自体として、より大きく、かつ長距離交易も中継交易に依存していて、その不可欠の一部となっている。しかも、この点について言えば、ヨーロッパ船は、主としてバルト海および地中海沿岸を、インド洋および東南アジアの海の沿岸程度の距離で、さらに、たいていの場合は、それより短距離を往復していたに過ぎないのである。したがって、このような比較は、インド（アジア全体は、いうまでもなく）とヨーロッパの世界交易に占める相対的比重を評価する上で適切なものとは言えないのである。

さらに、第二章で指摘したように、アジアの陸上交易と海上交易とは、競合するというよりは、補完し合う関係にあった。バレンドセも次のように述べている。

陸上交易と海上交易の関係は、複雑なものである。両者のどちらをえらぶかを決めるのは、ひとつには、それがカヴァーしている輸送路の問題があるし、さらに一つには「保護地代《プロテクション・レント》」の問題がある。隊商の道に沿って行なわれる交易は、海上交易では、代替されなかった。海上交易が、隊商交易を刺激することさえあったし、十七世紀末のインドのように、陸上交易が危険になった場合には特に、商業が海上ルートに部分的にシフトすることもあった。……沿岸交易は、その後背地の商業に依存していた。多くの大市は、内陸の大都市《メトロポリス》の、沿岸部における衛星《サテライト》都市にすぎなかった。すなわち、バルチエローレはヴィジャヤナガルの、ダブールはビジャプールの、そして――名前からもわかるように――ラハウリバンダルはラホールの、それぞれ衛星都市であった。生産と統治の両方の中心は、後背地の方にあったのであり、農業生産の大半は、そこ

で流通したのである。(Barendse 1997: chap. 1)

陸上交易もまた、繁栄し、成長していたということは、第二章で述べた。インドと中央アジアの往復では、隊商は牛を用い、一頭当たり一〇〇〜一五〇キログラムを運ぶ牛を一万頭〜二万頭ほど連れていくというようなことは、珍しいことではなく、四万頭もの大隊商の例も知られている(Brenning 1990: 69, Burton 1993: 26)。隊商は、一台当たり一〇〜一二頭の牛で牽く一〇〇〇台ないしそれ以上の荷車を引いていく場合もあった。一日で行ける距離ごとに置かれた宿駅であるキャラバンサライは、一万人もの旅行者と、彼らが連れる牛などを収容することができた(Burton 1993: 25)。十七世紀には、バンジャラスというたった一つの商人コミュニティだけで、年平均で、七二〇マイルの距離について、八億二一〇〇万トンマイルの輸送量があった。比較のために言うと、その二世紀後の一八八二年、インドの全鉄道の輸送量は、二五〇〇トンマイルであった(Habib 1990: 377)。

全ての指標の支持するところ、アジアのヨーロッパとの交易は、これらの数世紀間にわたって、(長距離交易を含めても)依然としてアジア間交易の中の極めて小さいシェアを占めるに過ぎなかった。イギリス東インド会社の長官であったサー・ジョシュア・チャイルドは、一六八八年に、いくつかのインドの港からだけでも、アジア交易は、全てのヨーロッパ交易を合わせたよりも、一〇倍も大きいと述べている(Palat and Wallerstein 1990: 26から再引)。

特に、シナ海における交易を分析したクライン(Klein 1989)など、アジアにおける交易をこのように検討してみると、カール-ルードヴィヒ・ホルトフレーリッヒが、クラインの論文を収めた自身の編著の序章で、「ヨーロッパは、全期間にわたって支配的であった」(Holtfrerich 1989: 4)と主張しているのは注目に値する。彼は続けて、世界の全交易に占めるヨーロッパのシェアは、一七二〇年で六九パーセント、一七五〇年で七二パーセントであり、インドのシェアは、それぞれわずか、一一パーセント、そして七パーセントでしかなかった（Holtfrerich 1989: 5 表1.2）と主張している（そして、彼が表にした期間において、あとは、ラテン・アメリカが一二パーセント、あとの八パーセントは「その他」であると主張されている）。

これほど臆面もないヨーロッパ中心的な主張は、本書において論じてきた史料によって不当であると示されてきたことであるが、シナ海における中国人とヨーロッパ人の交易についてのクライン（Klein 1989）の分析によっても、その不当さは、わかるものである。さらに、ステーンスゴール（Steensgaard 1990d: 150）の挙げた数値によると、一七五二〜一七五四年の期間においてはずっと、比較的小さい（アジア交易の中のごく小さいシェアを占めているだけであった）アジアからヨーロッパへの輸出が、両アメリカからのヨーロッパの輸入よりも、大きかったのである。（ヨーロッパによるアメリカへの輸出の方は、より大きかったが、もちろんそれでもヨーロッパは、その他の地域、つまりアジアでは、輸出の競争に成功することはできなかった。）けだし、一六二六年においてさえ、イベリア半島出身のある無名の人物は「論文」をものしており、その表題は「交易の力によって、東インドは、西インドよりも大きな重要性を持つということを……証明し、したがって、東方交易がなぜ失われて、我々が〔今〕目にしている、赤貧状態にスペインが陥ったのかについての原因を知る」（Lourido 1996b: 19から訳出）と主張している。

テリー・ボズウェルとジョヤ・ミスラ（Boswell and Misra 1995）もまた、ヨーロッパ中心主義的な視野狭窄によって、いかに、世界経済および世界交易の大半が（西洋の）目から隠されてしまうばかりでなく、ヨーロッパ「世界経済」という考え方さえ、ゆがめてしまっているか、について、図解的な証明を提供してくれている。彼らはまず、ウォーラーステインならびに彼らの見方においては、「交易上の結びつきがあるとはいえ、アフリカとアジアは、［世界システムの］外部にとどまっており、ロジスティクス曲線も長期波動も、そこには適用されない」と述べ、続いて、ウォーラーステインとの意見の不一致へ進んで、「東アジアの交易は、たとえ東アジアが外部世界にあったとしても、世界システムのひとつの主要産業分野であったとみなすのは、無理な話ではないと考える」(Boswell and Misra 1995: 466, 471) と述べているのである。そうして、彼らは、「東アジア交易」を彼らの「グローバル」交易の計算に含めるのであるが、それでわかったことはといえば、結局、「バルト海では、千単位で、船が行き来していたが、それと比べると、大西洋およびアジアで行き来していたのは、百単位でしかない」ということでしかない。後者の大西洋およびアジアの航海の方が、距離が長いというわけで、彼らは「グローバル交易」全体の見積もりの中で、相対的に大きな比重を、それぞれに割当てている (Boswell and Misra 1995: 471-2)。悲しいかな、彼らにはまったく先を見とおす力がなく、おかげで、彼らの言う「グローバル」交易には、東西交易の何百隻かが含まれているだけで、ホルトフレーリッヒ (Holtfrerich 1989) でさえ、莫大に過少評価していたとはいえ、一応は少なくとも含めて考えていた、アジア内交易の何千隻もの船は、数えられてもいないのである。しかしながら、ボズウェルとミスラは、また、自分で作った罠に、自分で落ちてしまってもいる。彼らが最初に論じるのは、「東アジア交易は、大西洋交易およびグローバル交易とは、異なる〔循環的〕パターンを示している」という観察は、「それが、外部世界に属するとみなすことを支持するものである」(Boswell and Misra 1995: 472) ということである。ちょうどシーソーのように東西交易から「東アジア交易」が分岐して代償的に作用しているなどといった可能性など、彼らは考えてもいない。そして彼らは、自分たちの観察を、全く逆のことを示す証拠にしたてあげている。すなわち、アジアとその交易は「外部」的なのではなく、むしろシステムの内部に属するものであった、というのである！　続いて彼らは、循環の上昇局面と下降局面をさらに調査すると、まさに次のようなことが、思いがけずわかったというのである。曰く、「このような知見から、アジア交易は、我々がそうだろうと思っているよりも、資本主義世界経済にとって中心的なものであった」(Boswell and Misra 1995: 478)！　もちろん、彼らが「そうだろうと思って」いたこと自体が、彼らのヨーロッパ中心的な視野狭窄の結果なのであるが、それが「ヨーロッパ世界システム」についての彼ら自身の分析をも歪めてしまっていることは、明らかであり、さらに、もちろんのこと、アジアにおける、ずっと大きな世界経済および世界交易の存在にも、目をつぶらされているのである。

結論として、十九世紀までのアジアの経済およびアジア内交易は、ヨーロッパ交易およびそのアジアへの進出と比べて、はるかに大きな規模で続いていた。ダスグプタとピアソンの『インドとインド洋　一五〇〇～一八〇〇年』の言葉で言いかえれば、次のようになる。

> 決定的に重要な主題は、海洋におけるヨーロッパ人の存在感《プレゼンス》は顕著でありながら、それが果たした役割は中心的なものではなかったということである。むしろ彼らは、既存の構造に――どの程度成功したかは、場合によったが――参加したのである。……十六世紀〔において〕、インド洋における連続性は、ポルトガルのインパクトに起因する断絶よりも重要であったと言うことである。(Das Gupta and Pearson 1987: 1, 31)

ヨーロッパ人である（ヨーロッパ中心主義的でもある）ブローデルでさえ、世界の経済的重心は、十六世紀の終わり以降になるまで、決して西方へシフトすることはなく、十八世紀の終わりから十九世紀になって初めて、重心のシフトが西洋にたどり着いたのだと、ずっと主張し続けていた。けだし、「変化は十八世紀の末にはじめてやってきたのであり、ある意味で、それは同株内の他家受粉のような形になったのである。ヨーロッパは最終的に爆発を起こし、このような構造を一変させたのであるが、その爆発は、アジア的な文脈の内部から起こったのである」(Das Gupta and Pearson 1987: 20)。

このように、アジアにおいて世界経済に入り込むための貨幣をアメリカで調達できたにもかかわらず、一五〇〇年以降の三世紀間にわたって、ヨーロッパは依然として、アジアにおける世界経済のルールに適応しなければならない——彼らがルールを作ったのではないのだ——小さな主体であるにとどまっていた。さらに、アジアは、世界経済における競争に成功しつづけていた。一般に受け入れられた、ヨーロッパ中心主義的な「知見」の言うごとく、アジアには科学、技術、制度的基盤が欠けていたのだとしたら、いったいどうやって、このようなことが可能であったのだろうか。答えは、それらのうち、アジアに欠けていたものなど、ひとつもないということであり、逆にアジアの諸地域の方が、卓越していたことの方がしばしばであったのである。というわけで、ここで、実際の世界において、科学、技術、および制度がどのように発達し、それらもまた、いかにヨーロッパ中心主義の神話が主張するところと異なっているかを検証することにしよう。

質的問題——科学と技術

アジアにおける科学と技術に関するヨーロッパ中心主義

一般に受け入れられた、ヨーロッパ中心主義的神話によれば、ヨーロッパの技術は、一四〇〇年から一八〇〇年を通じて、ないしは、少なくとも一五〇〇年以降は、アジアのそれに優越しているとされている。さらに、科学と技術に関する、旧来のヨーロッパ中心主義的な偏見は、制度の形態にまで及んでいる。以下の各節では、これらについて検討する。ここでは、私は、以下の各問いに焦点を当てる。①すべてを考慮に入れて、科学と技術は、ヨーロッパとアジアのどちらで進んでいたか、そして、それはいつまでそうであったか、②中国からの、羅針盤、火薬、印刷術などの輸入の後は、ヨーロッパでは技術は内発的に発展したが、中国やアジアのその他の地域では、それ以上の発展はなかったのか、③一五〇〇年以降の技術拡散の方向は、ヨーロッパからアジアへ、というものであったか、④技術の発展は、ヨーロッパ、ないしは中国、あるいはその他どこにおいてでも、局地的・地域的な過程であったのか、それとも、実際には、世界経済の諸力を動力としたグローバルな過程であって、それが各地でインパクトを与えたのか、以上の四点である。以下に明らかにする、これらの問いに対する答えをあらかじめ見ておくとするならば、その答えは全て、科学と技術について、一般に受け入れられたヨーロッパ中心主義的な「知見」に対しても、矛盾するような、あるいは少なくとも、深刻な疑いを投げかけるようなものである。

技術は、独立して並行に発達するものではない。むしろ技術は、共通の、および/あるいは、異なった条件のところへ、急速に、拡散ないしは適応していくものである。特に、技術の選択、応用、「進歩」は、世界経済および現地の需給の条件によって決定される機会費用に対する、合理的な対応の結果であることがわかる。すなわち、どこにおいても、技術の進歩は、文化的特殊性はもちろんのこと、地域的、国民的、局地的な特殊性などと比べて、はるかに世界経済の「発展」の方の関数なのである。それは、制度的形態が世界経済の「発展」の関数であることと比べても、よりそうなのである。

それにもかかわらず、この主題について、よく引用されるJ・D・バーナル(Bernal 1969)は、西洋における科学と技術の勃興の原因を、西洋における資本主義の内発的勃興(この点の説明は、マルクスやウェーバーと同様の観点から行なっている)に求めている。ロバート・マートンの、今では古典となった一九三八年の著作である『科学、技術、社会』は、完全にウェーバー的であって、プロテスタントの精神と「資本主義の精神」についてのウェーバーのテーゼと結び付けられている。すでに第一章で論じたが、このこと自体、そこから引き出された、彼の科学と技術に関するテーゼを疑わしいものにするものである。これについての別の批判的議論については、ステファン・サンダーソン（Sanderson 1995: 324以降）を参照されたい。ぐるっと一回りして、近代経済の起源についての、ロストウの「中心テーゼ」（Rostow 1975）に戻ってみれば、それは、実にわかりやすいものである。つまり、それはすべて近代西欧で始まった――科学革命から――というわけである。

この科学・技術革命の歴史とそれが果たした役割に関する研究は、それが支持していると称する科学・技術ではなく、むしろイデオロギーの方に、その動機があるように思われる。たとえば、カルロ・チポラ（Cipolla 1976: 207）は、西洋の技術史の「専門家」の一人であるリン・ホワイト・ジュニアを、好んで引用しているが、そのリン・ホワイト・ジュニアは、「一五〇〇年ごろに世界を支配するようになったヨーロッパは、……それが挑戦した、アジアのどの文化が持っていたよりも、はるかに大きな産業的能力と技術を有していた」と断言しているのである。ヨーロッパが一五〇〇年に「支配」的な地位にのぼりつめたなどということは全くないということは、ここまですでに見てきたことであるが、まさにホワイトのヨーロッパ中心的な主張の反対の方が真実であることを理由とするのみである。

チャールズ・シンガーらが編者となった『技術の歴史』の第二巻（Singer et al 1957: vol. 2 756）は、紀元五〇〇年から一五〇〇年までは、「技術の点で、西洋が東洋にもたらしたものは、ほとんどなく、技術移動は、その反対の方向に起こっていた」ということを認め、それを強調してさえいる。そこに再録されているのは、ジョゼフ・ニーダム（Needham 1954）から採った表であって、何ダースかの発明・発見について、それが中国で起こった時期と、初めてヨーロッパに移植された時期とのタイムラグを追跡したものである。大半のケースで、そのタイムラグは、十世紀から十五世紀あり（鉄製の犂のすきへらに至っては、二五世紀ものタイムラグがある）、三世紀から六世紀というような場合ある。最も短いのは、一世紀で、大砲と活版印刷の二つがそうである。「西洋の製品が、最終的に卓越したものになったのは、……大体において、模倣によるものであり、場合によっては最終的に、〔そのよう

な〕技術やモデルの改良を行なうことによることもあった。」(Sinfer et al 1957: vol. 2 756)

しかしながら、このような説明は、それ自体、ヨーロッパに焦点をあて過ぎである。技術の拡散があったのは、確かであるが、一五〇〇年までの一千年間は、それは主として、東アジア、東南アジア、南アジア、西アジアの間を、特に中国とペルシアの間を、往復していたのである。なんにせよ、ともかくもヨーロッパにこのような技術がたどり着く前に、その大半は、ムスリムの土地、特にムスリムのスペインを通過・経由しなければならなかった。一〇八五年の、キリスト教徒によるトレド、およびその地のイスラムの学者たちと重要な図書館の略取、および、その後におこったコルドバの略取は、さらに「西方」のヨーロッパに技術学習の有意な進展をもたらした。ビザンチンおよび後には、モンゴル帝国も、東方から西方へ、知識を伝達した。

シンガーらの編著の第三巻は、一五〇〇〜一七五〇年の時期を扱っているが、これは明示的に西洋に当てられたものである。もはや比較は行なわれず、「しかしながら、」一五〇〇年にバランスはすでに変化してしまって、「ヨーロッパの海軍および陸軍の巨大な優越性からして、ヨーロッパが極東を支配したのは、ほとんど不可避の帰結であったということは確かである」と断言されている。さらに、「地球のその他の地域と比べて、十七世紀のヨーロッパには、一般的により高いレベルの技術的熟達」があったと主張され、これは、ヨーロッパ、特にイギリスで、「宗教上の統一があり」、より「リベラルな社会システム」があったこと、および他のその種の「文明」の違いに原因があるとされている。また、このようなことは全て、絹や陶磁器における「ヨーロッパの劣等性とは、全く矛盾しない」とも述べられているが、綿織物や、その他の産業については触れられていない。(Singer et al 1957: vol. 3 709-710, 711, 716, 711)

しかしながら、社会文化的に優越していると称するものへ、このように言及することは、我々が第一章で挑戦したヨーロッパ中心的な偏見と同じものでしかなく、以下の制度に関する検討の後に、再び却下することになるものである。原則として、ヨーロッパが、重要な、陶磁器、絹、綿産業において、遅れをとっておりながら、他の技術については、より進んでいたということが当たっている場合もあるのは確かであるが、しかしながら、『技術の歴史』は、それがヨーロッパにはあったとしているものについて、比較になるような史料を全く提示していない。また本節では以下、数巻からなるこの歴史書における仮説は別の文献からの史料によって、支持されないということを見ていく。実際、同書のわずか二五年後に、すでにデイヴィッド・アーノルド（Arnold 1983: 40）は、「今日、十五世紀および十六世紀における、ヨーロッパと、中国、インド、およびイスラム世界との間の技術ギャップの相対的な狭さについては、かつてよりも、ずっと意識されるようになった」と述べることができていたのである。

十九世紀中葉以前に西洋において、科学が、独力で活動している発明家とは別個のものとして、技術になんらかの有意な影響を与えていたか、ということについては、深刻な疑義があるとはいえ、科学史のヨーロッパ中心主義的な扱いも同様のものである。一般に受け入れられ、いきすぎたヨーロッパ中心主義による、科学の扱いは、いくつかの良く知られた、数巻からなる歴史書をみれば、すぐにわかることである。A・C・クロムビー（Crombie 1959）による、十三世紀から十七世紀に至る、中世および近世の科学の検討は、西欧の外の科学について、全く何の言及さえない。バーナルの『歴史のなかの科学』（Bernal 1969）の第一巻は、中世以来の科学の出現に焦点を当てており、中国、およびそれより劣るが西アジアにも、ある程度の評価を与えている。しかしながら、その第二巻は、一四四〇年から説き起こしているのであるが、ヨーロッパの外の科学には、もはや一切言及がない。ニーダム（Needham 1954-）のおかげで、第一巻において「中国の技術発展が、全世界に対して持つ、莫大な重要性は、理解され始めたところである」（Bernal 1969: vol. 1 311）と述べるにとどまっている。悲しいかな、バーナルは、ニーダムが、彼の主要著作を書き始めたばかりの頃に、同書を執筆していたのである。だから、まさにその次の段落で、バーナルは、あの同じ古くからの文句を繰り返し、ニーダムさえその支持のために引用して、「中国および、それよりは劣るがインドやイスラム諸国における、このような初期の技術的進歩は、将来が約束されたスタートを切りながら、その後、十五世紀以前の段階でまったく停止してしまい……結果として……高度だが、それ以上進歩しないレベルで止まってしまった」(Bernal 1969: vol. 1 311) と書いているのである。かくしたがって、アジアは、バーナルの第二巻からは、姿を消し、我々は以下、現実の世界の証拠が、それとは逆であるということを見るのである。

フロリス・コーエンによる、もっと最近の包括的な検討である『科学革命　その歴史的探究』(Cohen 1994) は、一見したところ、ずっと期待できそうな本である。しかし、もっときちんと調べてみると、この本もまた究極的には、同様に期待外れのものである。コーエンは重要なことに、科学と、技術における科学使用とを区別する。そして彼は、なぜ「科学革命」がヨーロッパで起こり、その他の場所では起こらなかったのか、という「大問題」に関する膨大な文献を検討している。もちろん、彼の検討の多くは、上に引用したウェーバーやマートンからバーナルやニーダムに至る論者を含めて、さまざまな議論について考察しているのだが、コーエンは、ニーダムをまじめに取り上げ、彼の本の五分の一を占める節の中で、六四ページを割いて、その著作について議論し、さらに三二ページを割いて、イスラムその他「西欧の外部」で近世科学が「発生しなかったこと」について、論じている。

しかしながら、コーエンの「大問題」についての検討全体に一貫している考えとは、社会という文脈の中での科学のあり方について、ヨーロッパという場所と主体には何かしら固有のものがあるということなのである。それは、いうまでもなく、ウェーバー主義的テーゼや、マートンによる、その科学への応用という形の復活である。悲しいかな、それはもともとニーダムのマルクス主義的およびウェーバー主義的出発点でもあった。ニーダムは、中国における科学と技術に関する史料を、どんどん見出すにつれ、彼のヨーロッパ中心主義という原罪から、自分を解放すべく格闘した。コーエンも述べているように、ニーダムにとって、その原罪は、マルクスから直接受け継いだものである。しかし、ニーダムは、結局、完全には成功しなかった。おそらくそれは、彼が中国に集中していたため、ヨーロッパ自体についての、依然として自民族中心的な見方を十分見なおすことができなかったからであろう。コーエンも、それには成功していない。

というのも、コーエンが正しくも行なったように、科学と技術を、ヨーロッパだけではなく、世界規模での経済的・社会的活動であるとみなせばみなすほど、十七世紀ないしは、本格的な近代以前のいつの時代にせよ、(ヨーロッパの！) 科学革命が果たしたと称されている役割についてのヨーロッパ中心主義的な議論に対する歴史的な支持は、そこからなくなっていくからである。興味深く、また便利でもある例を、もうひとつ挙げれば、ネイサン・シヴィンの『なぜ、中国では科学革命が起こらなかったか——それとも、起こったのか』(Sivin 1982) がある。シヴィンは、この問題についての、同じヨーロッパ中心主義的前提のいくつかを検討して、効果的な反論をおこなっているが、彼は、科学革命がもしなんらかのインパクトを持っていたとして、技術の発展にどのようなインパクトを与えたかという、同様に決定的に重要な問いをたてることは、おろそかにしている。

それは、コーエンもおろそかにしていることである。彼による、この「革命」およびそれが果たした役割の検討は、彼の出発点と最後の結論の両方によって、台無しになっている。始めに、コーエンは、科学は西欧にのみ現れたのであって、その他の場所には現れなかったという命題を受け入れているように思われる。したがって、一六四四年の明朝の滅亡までには、中国とヨーロッパの科学の間には、認知しうる差異はないというニーダムの主張を無視しているのも同然である。しかしながら、ヨーロッパ以外の地域に関するニーダムらによる著作についての、コーエン自身の議論は、科学は、その他の場所にも存在し、発展し続けていたということを示している。「東西」間にあると称されている、社会的・制度的差異が、現実というよりは、はるかに神話に近いものであるとすれば、それは、もちろん理の当然であり、以下に引用する他の史料からも、それは確かめられる。しかし、ヨーロッパ以外の地域にも科学がやはりあるのだとすれば、コーエンが主として、ヨーロッパに焦点を当てている、その目的とはいったいなんなのだろう。

しかしながら恐らく、それよりもまだ重要なことは、科学と技術の区別を強調しているにもかかわらず、コーエンは、科学が技術にインパクトを与えたのかどうか、またどのように与えたのかを問う努力をしていないということである。しかも、史料の示すところでは、まさにヨーロッパで、十七世紀の名高き科学革命以降、二世紀にわたってずっと、科学は、技術と産業の発展に実際には、全く寄与していないのである。

言われているところの、西洋科学の技術一般、および特に産業「革命」への寄与について探究するならば、この主題についてのスティーヴン・シェイピンの最近の研究（Shapin 1996）の冒頭の文章を、わかりやすく言いかえるのが適当であろう。「十七世紀の科学革命など、存在しなかった。本書〔のこの節〕は、それについて書かれている。」フランシス・ベイコンからトマス・クーンまで、権威ある論者たちの結論は、それらの科学的前進は、それ自体として「革命的」であったにせよなかったにせよ、技術に対しては、なんら直接のインパクトはなく、その一世紀後にやっと始まった産業「革命」に対しても何のインパクトもなかったことは、間違いがないということである。

ベイコンは「科学者に対して、〔それが寄与したとされている〕機械技術〔および、それ〕を最初に工夫した者として彼らを評価するのはいきすぎである」（Adams 1996: 56から再引）と述べている。その三世紀後、『科学革命の構造』の著者であるクーンは、「人類の歴史の最も新しい段階以外では、知の発展は、技術の発展について、全くいかにほとんど何の関係もある必要がなかったということを悟るのを妨げているものは、神話でしかないと思う」（Kuhn 1969, Adams 1996: 56-57から再引）とコメントしている。この問題についてのまじめな探究は全て、その「段階」が十九世紀の後半になっては初めて始まったものであり、一八七〇年になってようやく本格化したのだということを示している。それは、科学「革命」の二世紀後であり、産業「革命」の一世紀後のことである。シェイピンは自ら、「〔科学的〕知識は、なんのためにあるのか」という問いに、一章を割いており、彼がその章につけた小見出しでは、自然哲学、国家権力、宗教の侍女、自然と神、知恵と意志が取り上げられているが、技術ににっいては、結論で「というわけで、科学革命の『高級理論』は、十七世紀、および十八世紀にも、経済的に有用な技術に対して、なんら実質的で直接の効果をもったということはなさそうだと思われる」(Shapin 1996: 140) と述べられるほかには、触れられていない。

また、ロバート・アダムスの『火の通った道——西欧技術についての人類学的探究』(Adams 1996) は、「十七世紀の科学革命」を含めて、技術と科学のありとあらゆる関係を検討している。彼は、特定の諸技術について、および技術と産業革命一般について、さまざまな人の夥しい所見を検討している。それらの所見と、自らの研究とを基礎として、アダムズは、少なくとも一ダースに上る個所 (Adams 1996: 56, 60, 62, 65, 67, 72, 98, 101, 103, 131, 137, 256) で、十九世紀後半以前においては、科学者とその科学は、新しい技術に対して、なんら有意で可視的な貢献をなすことはなかったと結論している。アダムズは、「産業革命の顕著な技術で、直接的な意味で、科学に立脚していると考えうるようなものは、あったとしても、ほとんどない。重要な点では、それらの技術は、技能《クラフト》に立脚していた表現する方がよいであろう」と書いている。そして、結論では、「十九世紀に入るまで、科学の理論、は、技術革新との関連では、相対的に重要度の低いものであった」(Adams 1996: 131, 101) としている。アダムスによる最も寛容な結論でさえ、「科学上の発見は、技術革新の波動の背後にある、それを引き起こしたり、可能にしたりする唯一の作用ではないし、明らかに必要不可欠な作用でもない」(Adams 1996: 256) というようなものである。イギリスでは、十八世紀を通じてどの時点でも、六八〇人の科学者の三六パーセント、二四〇人の技術者の一八パーセント、そして「特筆に価する応用科学・技術者」のわずか八パーセントが、オックスフォードないしはケンブリッジとの関わりのある者であるのみであった。さらに、そのような「特筆に価する応用科学・技術者」の七〇パーセント以上が、大学教育を全く受けていない者であった(Adams 1996: 72)。むしろ、アダムスらは、技術の進展を主として、職人や企業家、そして宗教にまで、たどろうとしている。実際、アダムスは、科学が技術に寄与したよりも、技術の科学に対する寄与の方が、はるかに大きいと評価している。

最後に、ネイサン・ローゼンバーグとL・E・バードゼルは、西洋の「富」の成長の原因を、ヨーロッパの発展のみに求めているのであるが、その彼らにして、次のように述べている。

> 経済成長と科学における先取性とのつながりは、直接的で単純なものでないことは明らかである。西洋の科学と経済的先進性は、〔ガリレオと産業革命との間の一五〇年ないしは二〇〇年という〕時間によって隔てられているだけではなく、一八七五年ごろ、ないしはさらに後年まで、西洋の経済において用いられた技術は、多くの場合、科学者ではなく、科学的な訓練をほとんど受けていないこともしばしばであるような諸個人にその源をもっているという事実によっても隔てられている。化学を除けは、実質的に、科学と産業とは職業として完全に別物であった。
>
> (Rosenberg and Birdzell 1986: 242)

他方で、ニュートンは錬金術の信奉者であった。ヨーロッパにおける科学的測量の一例をあげれば、ヴェネツィアのジョヴァン・マリア・ボナルドによる一五八九年の『我々のマイルに換算した全天球の寸法と距離』という書物によれば、「地獄は、我々から三七五八と四分の一マイルのところに二五〇五と二分の一マイルの幅で広がっており、天国は、我々から一七億九九九九万五五〇〇マイル離れたところにある」(Cipolla 1976: 226から再引)のだそうである。

というわけで、圧倒的に証拠づけられたこととして、十七世紀、十八世紀、および十九世紀前半の科学でさえも、それが技術ないしは産業革命に寄与したと言われているようなことは、クーンが適切にも言ったように、「神話」でしかないのである。とすると、あのコーエンの言う、十七世紀の「科学革命」についての「大問題」は、我々にとっての「大問題」である「東洋の没落」および「西洋の（一時的）勃興」に、一体どのような妥当性があるというのか。大してありはしない。少なくとも、本書が対象とする時間上の枠組である一八〇〇年まではそうだ。ゆえに、コーエンが自ら最後に、「（五〇年もの歴史を持つ概念である）『科学革命』は、全ての歴史的概念がたどる道を歩んでいるのか」と問いかけているのは、全くもっともなことであり、喜んで受け入れられるものである。彼はその問いに、次のように答えている。「恐らくこの概念は、これまでに一度は有用なものとして、その役割を果たした。今や、これを捨て去るときが来たのである。結局のところ、歴史的概念は、比喩にほかならないのであって、それを実体化しないように用心していることが肝要なのだ。」アーメン！

悲しいかな、ただし、そんなにはやく葬ったことにしてもらっては困るのである。というのも、このヨーロッパ中心主義的神話は、アジア人の間にもまだ元気に生きており、結果として、科学と技術の発展についての歪んだ見方は、さらに危険なものとなってきているからである。たとえば、アニルッダー・ロイとS・K・バグチー(Roy and Bagchi 1986: v)は、イルファン・ハビブをインドの中世技術研究のパイオニアと呼んでおり、さらに、アーサン・カイサール（Qaisar 1982）は、彼の研究である『ヨーロッパ技術と文化に対するインドの反応（一四九八〜一七〇七年）』に示唆を与えてくれたとして、ハビブに深甚なる感謝を録している。実際ハビブ自身も、ロイとバグチーが編集した本に、同じテーマで一章を寄稿しており、別のところで自ら、「十七世紀の間に、インドが〔技術の点で〕ヨーロッパに決定的に凌駕されたということを否定すれば、たとえ細かい史料が調査されていないとしても、ばかげたことであろう」(Habib 1969: 1)と述べている。ハビブは実際、それをしめす証拠をいくつか提出しているので、それについて、以下、検討する。第三章で述べたように、プラカシュ(Prakash 1994)は、ハビブの推論の多くに論争を挑んでおり、また彼自身、一般に称されている、アジアとヨーロッパとの間の相違の多くについて、異論を唱えている。また、近世の世界経済において、アジアが果たした役割は、広く過少評価されていると明言している。しかしながら、そのプラカシュでさえ、「ヨーロッパは、科学・技術的知識の分野では、アジアに対して、疑いなく、全般的に優位に立っていた」(Prakash 1995: 6)と書いている。

ロイ・マクロードとディーパク・クマール(MacLeod and Kumar 1995)もまた、西洋の技術および、一七〇〇〜一九四七年における、そのインドへの移転について探究をおこなっている。彼らの書物の副題に、一七〇〇年という年号が入っているにもかかわらず、彼らは、植民地化以前については、その関心がないと明示的に主張している。さらに、それにもかかわらず、以下指摘することだが、同書の寄稿者の中にはその期間を扱っている者(インクスター、およびサトパル)がいる。そうは言っても、編者の二人は、少なくとも、その寄稿者の一人が挙げている証拠——後で引用する——によって、異論を挟まれて、実質を欠いた主張によって、彼らの本を紹介する破目になっている。それにもかかわらず、編者らは、次のように述べている。イギリス支配以前のインドにおける「技術変化」は、「ヨーロッパで起こっていた変化とは、比べるべくもなかったのは確かである。技術的過程は全体として、熟練および技能に導かれたものであった。〔だが、ヨーロッパではそうではなかったのか?〕その出来(例えば、鉄や織物)は素晴らしかったが、局地的な市場に限定されていた。〔もしそうなら、いったいどうやって、インドは、世界の市場を席捲したというのか?〕ヨーロッパの旅行者は……インドの物産に、驚嘆することもあったが、インドの習慣には、一様に批判的であった」(MacLeod and Kumar 1995: 11-12)。しかしながら、同書の第一章を書いているイアン・インクスターはすでに、文化的基盤に関して、インドが劣っていたという主張を検討し、これを却下しているのである。編者らは、これらおよび他の「与件」(「偏見」というべきだろう)は、「プロト産業化期のヨーロッパ、徳川期の日本、ないしは、明代の中国と比べても、インドの経済が弱体であったことを示している」(MacLeod and Kumar 1995: 12) と主張している。なんたることか。彼らは、現実を逆さまに見ているのである。というのも、本書にあげる史料の全ては、経済的な「弱体」性の順序は逆であり、中国が最も強く、ヨーロッパが最も弱く、インドと日本はその中間にあるからである。

特筆に価するのは、アジア人研究者によるこれらのテクストが全て、ヨーロッパからインドへの技術拡散、およびインドにおけるその選択的適用のみを——その逆には触れずに——調査していることである。しかし、以下に述べるように、拡散は、両方向に起こったのであり、各地の状況に媒介されていた世界経済の共通の発展に対応して、それへの適用および適応も双方、各地で起こったのである。

中国については、何巻ものシリーズである、ジョゼフ・ニーダムの記念碑的な著作『中国における科学と文明』(Needham: 1954-) が良く知られているが、おそらく、それは大部過ぎ、また詳細過ぎて、十分には検討されていないであろう。四巻からなる抜粋が、コリン・ロナン (Ronan 1986) によって用意され、ニーダム自身も、『科学、そして中国の世界への影響』(Needham 1964) という要約を書いている。彼は、他の論者が中国を無視していることに公然と異議を唱えている。「ルネサンス以前およびその間、技術上の影響において、中国は、全く支配的地位を占めていた。……世界は、アレクサンドリアの機械工や、口の達者な理論家たちよりも、古代および中世の中国の柔軟な職人たちにはるかに多くのものを負っていたのである」(Needham 1964: 238)。ニーダムが列挙しているのは、火薬、紙、印刷術、羅針盤といった、良く知られた中国の発明だけではない。彼はまた、鋼鉄の共融解や酸素化処理技術、機械仕掛けの時計、回転運動を直線運動に変換する方法としてのベルト伝導やチェーン伝導、アーチ式橋および鉄鎖によるつり橋、削岩設備といった工学的な仕掛け、さらに航海用の技術として、船首駆動および船尾駆動の外輪船、防水区画、船尾の舵、その他を検討している。

さらに、ニーダムは、科学研究は、よく受け入れられて支援されており、天文学や宇宙論のような分野でも、また解剖学や免疫学、薬学のような医学の分野においても、技術革新およびその応用は、近世期を通じて継続したと強調している。ニーダムは、中国が、発明をしただけで、それを実際に応用する方法を望みも知りもしなかったという、ヨーロッパ的な考え方を明示的に否定している。彼は、東方と西方とで、明らかに並行的に発展している例をいくつか検討しているが、両者をつなぐ経路の可能性や、相互の影響や交換の広がりについて、推論も行なっている。

ニーダムの記念碑的な偉業と比べると、規模は小さいが、インドについても、同様の研究と知見が存在する。たとえば、G・クップラムとK・クムダマニ (Kuppuram and Kumudamani 1990) は、一二巻にのぼる科学・技術史を出版した。またA・ラーマン (Rahman 1984) は、同じテーマの別の論文集を編集した。両著作とも、一五〇〇年以前だけではなく、それ以降についても、インドにおいて、科学・技術の発展が続いたことを証明するものである。ダーラムパル (Dharampal 1971) は、ヨーロッパ人による十八世紀の記述を集め、それらヨーロッパ人が、インドの科学技術に関心を寄せ、そこから利益を得ていたことを示している。インドの数学および天文学は、十七および十八世紀のヨーロッパ人が、その天文データの一覧および関連文献を、インドから輸入するほど進んでいた。医学においては、天然痘に対する予防接種の理論と実践は、インドから輸入されたものである。造船、織物、冶金に関する、インドの科学・技術の輸出については、後で述べる。

同様に、S・H・ナスル (Nasr 1976) および、アフマンド・アルハッサンとドナルド・ヒル (al-Hassan and Hill 1986) は、歴史の最初期から最近の時代に至るまでのイスラムの科学・技術の発展と拡散を示す歴史の著者・編者である。ジョージ・サリバ (Saliba 1996) は、アラビア科学がルネサンスに与えた、重要な影響について、多数の例を提供している。そこには、ルネサンス期以前およびその最中だけではなく、十七世紀に入るまでの時期についての例が含まれている。そのサリバの本から、ひとつだけ例をあげれば、コペルニクスは、アラビアの理論に関する文書の知識を持ち、かつまたそれを所有しており、それは、彼が起こした「革命」にとって決定的な入力要素となったのである。

というわけで、シンガーのように「ヨーロッパの海軍および陸軍の巨大な優越性を認め」たり、ハビブのように、その他の分野でのヨーロッパの技術の優越性を「否定すれば、たとえ細かい史料が調査されていないとしても、ばかげたことであろう」と主張したりし続けていては、不十分なのである。特にこれらの軍事分野では、グディ（Goody 1996）やブロート（Blaut 1997）が始めているように、もっと注意深く、アジアの能力を示す証拠を検討してみるべきである。シンガーの技術史の中で、ヨーロッパの優越性が述べられている、もう一つの分野に、石炭と鉄鉱がある。また、ハビブらは、印刷術と織物にも言及している。しかし、どう調べても、それらの技術については、アジアの多くの地域の方が、はるかに「進んで」いたばかりでなく、一四〇〇年以降の数世紀間にも、それは発展を続けていたことがわかる。このことは、グローバルに見た場合、より競争の激しい陸海の軍事技術において、特にあてはまることである。さらに、いわゆる「オスマン帝国の衰退」は、まさにこれらの軍事的領域における技術を比較検討してみれば、矛盾していることがわかるのである（Grant 1996）。このことは、第五章および第六章で、他の点からも示す。しかしながら、先進技術は、たとえば水利工事やその他の公共事業、鉄細工その他の冶金業、製紙と印刷術といったような、より「局地的」な競争の場でも適用されたし、もちろん、陶磁器や織物といったようなその他の輸出産業においても適用されたのである。

銃砲

右で私が、「その他の」輸出産業といっているのは、火器や造船もまた、重要な輸出産業であったからである。オスマン帝国、ムガール帝国、中国の明朝／清朝が、「火薬帝国《ガンパウダー・エンパイア》」(McNeill 1989) と名づけられているのは、だてではない。それらの帝国は、最新・最高の軍備およびその他の軍事技術を発達させており、世界のあらゆる支配層のエリートは、それが使用可能で、予算に見合うものなら、購入ないしは模倣しようと躍起であった (Pacey 1990、本書第五章も参照)。それにもかかわらず、チポラの『銃砲と船舶』(Cipolla 1967) およびマクニールの『火薬帝国の時代　一四五〇～一八〇〇年』(McNeill 1989) はともに、繰り返し、ヨーロッパの銃器、特に艦載砲が、世界の他のものと比べて、はるかにすぐれたものであり、その優越性を保ち続けたと主張している。

他方、チポラとマクニールはともに、自らそれに矛盾する証拠も持ち出している。両者は、オスマン帝国の軍事技術および軍事力の急速な発展を論じているのである。オスマン帝国は（タイもなのだが）、軍需生産において卓越していた。それは、ヨーロッパおよびインドからも認められていたことであり、彼らは、オスマン帝国の大小の軍事技術を、その状況と必要に応じて、模倣し、適応させ、再生産した。「ゆえに、一六〇〇年ごろまで、オスマン帝国の陸軍は、技術的ならびにその他のあらゆる点で、軍事的進歩の最前線に立ちつづけていたのである」(McNeill 1989: 33) とマクニールは断言している。チポラは、彼の著書 (Cipolla 1967) の第二章において、同じく、オスマン帝国の軍事技術の高度さを認めており、ジョナサン・グラント (Grant 1996) の行なった比較検討によっても、それは確かめられている。これら三人の論者の全員が、十七世紀に、オスマン軍の弱体化（およびロシアに対する敗北）の前兆を示しているが、最初の二人はまた、十八世紀の後半以前には、ヨーロッパの軍事技術の発展は、アジアのいかなる地域においても、陸上での勢力バランスを転換させるきっかけをつかむほどではなかったと強調している。

海上および沿岸地域では、海軍の火力が、ヨーロッパに軍事的な優勢をもたらしたが、しかし、チポラとマクニールも認めているように、それは、ごく小さな地域にさえ、彼らが求めていた経済的独占を押し付けうるほどではなかった。オスマン帝国のスルタンは、一五七一年のレパントの闘いにおけるヨーロッパ海軍の勝利でさえ、彼の髭を焦がす程度のことでしかないと言い放っていた（Cipolla 1967: 101から再引）。十六世紀のポルトガルのアラビア海、インド洋、シナ海への進出は、それぞれ、ホルムズ、ゴア、マカオを拠点として用いていたが、それは限定的で一時的なものでしかなかった。十七世紀のオランダの攻勢は、ポルトガル勢についてはこれをかなり駆逐したが、アジアの水域で、彼らが求めていたような独占を押し付けることは、すでに見てきたように「オランダ領の」東南アジアにおいてさえ、できなかった。

また、彼らの銃砲も、中国や日本には、なんら有意な軍事的インパクトを与えなかった。ただ、火砲技術の逆流がある程度、起こりはした。中国は火薬を発明したが、その使い方を知らなかったという、ヨーロッパの寓話は、ニーダム（Needham 1981）が挙げた史料によって、完全に誤りであるということが示された。彼は、少なくとも紀元一〇〇〇年以来、中国で、火薬が推進動力用、および焼夷弾・火炎放射器として、広範に軍事に使用されていたことを詳細に明らかにした。さらに中国人は、五〇基以上もの射出機をそなえたロケット発射装置を開発して、それを使用していた。そのなかには、二段階式のものもあり、その二段目の推進動力は、一段目が射出されたあとに点火される仕組みになっていた。また当初、ロケットの発射台は固定式であったが、のちにそれも可動式になった。ヨーロッパ人が火薬を軍事用に用いるようになったのは、十三世紀の末、東地中海で彼ら自身がその犠牲になった後のことである。同様に、中国人および日本人も、外国からの進んだ銃砲技術を急速に採用し、適応させた。それは、ジェフリー・パーカー（Parker 1991）が、次のように記述しているとおりである。

火砲、要塞、常備軍、および軍艦は、久しく、中国、朝鮮および日本の軍事的伝統の一部であった。実際、青銅製および鉄製の大砲は、一三〇〇年ごろにそれが西方のヨーロッパに伝播する以前に、中国で、完全に発達したものである。しかしながら、……一五〇〇年までには、西洋製の鉄製および青銅製の大砲の方が——トルコ人の鋳造者が作ったにせよ、キリスト教徒の鋳造者が作ったにせよ——東洋のものよりも、より強力で機動力があることが明らかになった。そのような大砲は、おそらく明の朝廷に多数派遣されたオスマン帝国の外交使節とともに来たのであろうが、早くも一五二〇年代には中国にたどり着き、関心を集めると同時に、模造も行なわれた。……大半の中国人にとっては、西洋式の火器は、一五四〇年代の後半に福建省を荒らしまわっていた倭寇の手によって、はじめて遭遇したものである。……ヨーロッパの兵器は一六三五年より前に、中国の北方の辺境に配備された。

(Parker 1991: 185, 186)

ヨーロッパの「優越性」は、そうであったとしても海軍の火砲に限られており、そしてまた一時的なものでしかなかった。クーン総督が、一六一四年に「戦争なしでは交易は維持できず、交易なしでは戦争は維持できぬ」(Tracy 1991: 180から再引)と述べているのは、本当かもしれないが、しかしながら、クーンはオランダ人であり、いくつかの小さなインドネシアの島に支配を確立しようとしていたのであって、そこでは、そうすることも、相対的に実際的な目標だったと思われる。だが、そのインドネシアの小島においてさえ、オランダ人は——彼らの前に来たポルトガル人と同様——結局、香料交易に経済的な独占支配を押しつけることはできなかった。ヨーロッパ人が陸上の軍事技術になんらかの優越性をもっていたとすると、それは、その時、アジアのどこにおいても、有効に用いられなかったことになる——その技術が、即座に模造され、適応させられたのでなければ、の話であるが。

アジアへのヨーロッパの進出が相対的に限定的なものであったことの理由として、例示的に言われることのひとつとして、(アメリカ大陸の場合や、後のアフリカの場合と区別して) ヨーロッパの軍は、数カ所の沿岸の港を越えて内陸へ浸透することができなったということが挙げられることがある。これはそうかもしれない。しかしながら、トレーシー (Tracy 1991) および、パーカー (Parker 1991) のような、その編著への寄稿者たちが、このようなことを、説明からはずしてしまっているのは、不当なことである。さらに、核兵器もそう長くは独占されつづけない今日でもそうであるように、いかなる、そしてあらゆる軍備技術は、それをあがないうる立場にある、いかなる者にも急速に拡散していくのである。「説明」の方は復活させようとしているにもかかわらず、アジアの諸経済の大部分がはるかに強力であったという

船舶

十六世紀のヨーロッパにおいて、造船が「ハイテク」産業のひとつであったことは、確かである (Pacey 1990: 72)。しかしながら、それ以前の時代において、中国の船がより大規模で、より優秀で、より数が多く、かつ、より遠くまで航海したという事実に疑問をさしはさむものはないだろう。このことを示す一事例が、一四〇〇年代初期にアフリカまで行った、鄭和の交易船団である。その船団は、コロンブスやヴァスコ・ダ・ガマ (彼は、鄭和の一世紀も後の人物であり、その航海には、アラブ人の航海士を雇わなくてはならなかった) よりも、ずっと大きな船を、何倍もの数したがえていたのである。もう一例あげるなら、一二七四年に日本を攻撃した、モンゴル／中国の艦隊と一五八八年にイギリスと戦った、スペイン「無敵」艦隊との比較がある。両者はともに、相手の防衛力に敗れたと言うよりは、天候に敗れたわけであるが、中国の艦隊が二〇〇〇以上の船から成っていたのに対して、スペイン艦隊は一三二隻であった。

海から撤退するという明の公式政策が制定されて以降特に、ヨーロッパの船は、中国の船を凌駕するようになったのであろうか。そうだ、という従来のヨーロッパ側からの解答は、全く不確かなものである。ニーダムは、彼の著作（Needham 1964）の第四巻で、航海術を検討しており、ロナン（Ronan 1986）がそれを要約している。彼らは、一六六九年に、次のように主張するヨーロッパ人の論者を引用している。「中国には、我々が知る世界の残り全ての地域にあるよりも、多くの船がある。多くのヨーロッパ人には、これは、信じがたく思われるだろう。」しかし、この論者は、なぜ自分が、その数字に確信を持っているかの理由を続けて説明している（Ronan 1986: 89）。また、ニーダムの膨大な調査および、ロナンによるその要約が引用しているものには、十七世紀および十八世紀の、さまざまな、ヨーロッパの航海士や水夫たちの記録もある。彼らは、中国船の質のすばらしさに驚嘆の身振りを示している。加えて、中国の船舶技術、航法技術、推進力、操舵、その他の装備についての技術についての総覧が収められており、それらの技術は、同時代の他の船に勝るとも劣らぬものであり、かつ、それらに模倣され、適応を遂げていったのである。そのような技術革新には、船体の形状や、防水区画の設置、排水および戦闘中の火災を鎮火するためのポンプ機構などが含まれている。ニーダムは、以下のように、要約している。

> これらが中国の海上活動の技術的優位を示していると結論することは、ほとんど不可避であるように思われる。……我々の分析が指し示しているのは、ヨーロッパの海上活動はただ、おそらく東アジアおよび東南アジアの海上民のなした貢献に、一般にそう思われてきたよりも、はるかに多くのものを負っているということである。それを過少評価するのは、無思慮なことである。
>
> （Ronan 1986: 210, 272）

実際、スペイン人はフィリピンで船を購入し、また自分たちの船もそこで、彼らの来航以前からそこにあった技術や技量を用いて、維持修繕したのである（Pacey 1990: 65-68, 123-128）。イギリス東インド会社およびその役人も、程度はそれほどではなかったにせよ、同様のことを行なっていた（Barendse 1997: chap. 1）。

東南アジアの造船業者についても、同じことが言えるということを示す史料も見逃すことが出来ない。中国およびヨーロッパの造船と違って、インドでは、外洋航海をする船には、甲板を保護するために、鉄釘を用いなかった。それが望ましい場合には、外国技術も採用していたが、鉄が不足していて高価であったばかりに、インド人はただ倹約のために、この技術を採用したのである（Sangwan 1995: 139）。代わりに、彼らは、繊維によって、結んだり、かしめを行なったりした。それらの理由によって、インド製の船は、当時のヨーロッパ人も認めていたように、ずっと耐久性にすぐれ、ヨーロッパ人たちは、インド船の船の質の高さを賞賛していた――たとえばカイサール（Qaisar 1982: 22）やサングワン（Sangwan 1995: 140）の引用を参照されたい。さらに、ヨーロッパ人は、それがより耐久性があり、かつ、より安価であったために、インド製の船を多数、彼らの使用のために購入していた。一六一九年で、五〇〇トン級の船は、インド船の方が、大体一〇〇〇ポンド・スターリングも安かったのである（Qaisar 1982: 22）。

イギリス東インド会社も、ボンベイに、自社の造船所（船大工はスーラトから雇ってきていた）を持っており、一七三六年以降は、他の造船所とあわせて、そこで大規模船を建造していた。イギリス以前に、ポルトガル、および後にはオランダも、すでに同様のことを行なっていた。けだし、アムステルダムは、オランダがインドで大規模船を購入することを禁じて、自国の造船産業を保護したのである。インドにおける造船コストは、ポルトガル、オランダ、イギリスと比較して、三〇～五〇パーセント低かった。さらに、インド製の船は、インド洋での航海に、より適しており、インド洋では、その耐用年数は、ヨーロッパ船の二倍ないし三倍はあったのである（Barendse 1997: chap. 1）。十八世紀の最後の二〇年間に、イギリス東インド会社および王立海軍は、少なくとも七〇隻の船をインドで建造することを任命し、十九世紀の最初の二〇年間には、約三〇〇隻の建造が命じられた。同時代人の見方は、以下のようであった。

この国で船を建造することを、我々に勧める理由は、実にたくさんある。木材、鉄製品、船大工の工賃が非常に安い。その造りは、イギリスで行なうよりも、はるかにしっかりとしている。また部品についてもきちんとしていて、甲板に必要なだけの、板材や填隙材しか必要としない。（Barendse 1997: chap. 1から再引）

サトパル・サングワン（Sangwan 1995: 140）は、「この時期のインド製の船は、世界のどこで作られた船と比べても、優れているか、そうでなくても、遜色のないものであった」と結論付けている。エドモンド・ゴッセは、「彼らが世界でも比類がないほど、最高の船を作ったと断言しても、全く誇張ではない」（Barendse 1997: chap. 1から再引）と同意している。しかしながら、インド船は、砲門を装備していることは、競争によって需要されてくると増えてきたとは言うものの、比較的に少なかった。海賊対策として、インドの船は、重武装したヨーロッパの船に外観を似せるようにしたのである（Barendse 1997: chap. 1）。一言で言えば、ペイシーが次のように述べている通りである。

アジアの特徴は、工業技術の優秀性である。……インドの〔造船〕技術のいくつかは、十八世紀までのヨーロッパのものよりも、断然優秀であった。……インド人とヨーロッパ人とが、どれほど熱心に、お互いから学びあったかということには、驚くべきものがある。……このように、ヨーロッパによるインドおよびフィリピンの造船業者への依存は、西洋人が、アジアの知識と技術とを搾取するパターンの一部である。

（Pacey 1990: 67-69）

その、インドの技術一般に対する懐疑的態度にもかかわらず、ハビブでさえ、インドが造船において、いくつかの点でヨーロッパの造船を凌いでいたという「記録がないほど特別に、革命的なこと」を経験したと認めている。それにもかかわらず、彼は、彼が主張するところのインドの後進性は取り除かれなかったと言い続けている。

アジア人もまた、ヨーロッパの造船技術や航海技法、さらには、人員を採用・使用したことは疑い得ないことであるが、それは、さまざまな他の産業と同様に、競争の激しい航行船舶産業において、技術的進歩・発展は、世界規模のものであり、世界規模の経済を動因とするものであったということを示しているにほかならない。さらに、「納得の行く程度にインドの人々の必要に供しうるような、『代用可能』で『適切な』内発的技術がある限りにおいては、ヨーロッパの対抗物は、はっきり無視された。」（Qaisar 1982: 139）

印刷術

印刷術は、それ自体として重要な産業であるだけではなく、知識——もちろん、科学・技術の知識を含む——を伝達するためのサーヴィス業として、ならびに、ある程度の文化的な「合理性」および社会の「開放性」の反映として、特に関心が払われる。ゆえに、木版印刷が、世界のどこよりも五〇〇年も前に、中国で、発明され、使用されていたことは、重要なことである。色刷りは、一三四〇年に中国で始められ、一五八〇年代には、五色刷りが、中国で行なわれるようになり、十七世紀および十八世紀には、中国と日本の両方に普及した（西洋よりも、はるかに普及していたことはまちがいない）。金属活字は、朝鮮から伝わったものであり、その他の地域にもすぐに導入された。ただし、イスラム世界では長らく、導入されなかった。ブルック（Brook 1998）が主張しているように、中国では、印刷術は、厳密な技術的意味においては、あまり変化を遂げなかったかもしれないが、しかしながら、経済的・社会的にいえば、印刷、出版、および識字率は、莫大に拡大し、ヨーロッパにおけるよりもずっと広範な効果があったことは確かである――その「効果」には、明朝がその流通を止めてしまうまで行なわれた紙幣の偽造さえ含まれるのである。

織物

産業革命の主たる場は、いうまでもなく、織物業である。絹については、中国、ペルシアおよびベンガルが、世界経済において卓越しており、綿については、インドが支配的であったということは、すでに見てきたところである。それらの地域は、手工業において、最高の品質のものを、最も低いコストで生産しており、世界的な競争においては、軍備や造船よりもさらに、成功を収めていた。右で指摘したように、織物生産はまた、農業、機械、輸送、植物性染料および鉱物抽出物の化学産業、そしていうまでもなく金融といった広範な他産業との結びつきを持っている。織物を高品質/低コストで生産し、販売するためには、これらの補助的な諸産業全てにおける競争力のある生産と、それらの間の調整が必要であった。インドは、その全てにおいて秀でていたのである。

さらに、ただじっとしていたのでは、そうすることはできないのであって、ただ継続的な技術的進歩とコストの削減を通じた競争力の維持によってのみ、それは可能であったのである。インドは、少なくとも一四〇〇～一八〇〇年の四世紀間にわたって、トップの競争力を維持した。インドはまた、特に染色についての新技術、ならびに熟練職人を、オスマン帝国やペルシアから、輸入した。ムガール時代の書物には、四五階調の色を生み出す七七の異なる工程が一覧にされている。インドはさらに、中国やペルシアとともに、陶磁器産業においても新技術を高めていった。対して、イギリスは、染色技術の根本を、インドからそっくり模倣したのであった（Chapman

1972: 12)。

奇妙なことに、ハビブは、インド技術の名誉を毀損しており、技術変化に対する抵抗が、インドにもとから備わったものでないということは認めているものの、織物の分野においてさえ、それに進歩があったことを否定している。しかしながら、ヴィジャヤ・ラマスワミ (Ramaswamy 1980) は、ハビブが言及している特定の織物技術についての史料を検討し、それらは、ハビブが仮定していたよりもずっと前に、インドに導入されていたものであったと報告している。ラマスワミは次のように結論付けている。

> すくなくとも〔インドの〕織物産業における、技術的発展が、急に、外からの作用の結果として起こったことであり……あるいは、十六〜十七世紀にヨーロッパから〔輸入された〕ものであるなどということは、全く誤っている。熟練による特化と低い労働コストだけが、インドの産業の利点であるなどということは、真実から程遠く、ここでかなり詳細に示してきたように、いくつか輸入技術が散見されるとはいえ、織物技術は、内発的に、漸進的な発展を遂げていたのである。(Ramaswamy 1980: 241)

世界で最も競争の激しい産業である織物業においては、世界のどこにおいても、消費者に与えられた選択ならびに生産技術の選択は行なわれたし、それはまた世界の他の全ての地域の諸選択に応じて変化したということは、疑い得ないし、また疑うべきでもない。特に繊維産業における、イギリスにおける産業革命の誘因については、のちに第六章で、さらに論ずる。

ここでは、この点について、ペイシーを引用すれば足りるであろう (そのペイシーは、ブローデルを引用している)。

インド織物業地域では、労働力は潤沢であり、賃金は低かった。ゆえに、インド商人にとっては、生産の機械化への誘因は、ほとんどなかったことになる。ブローデルも言うように、誘因は「逆向きに作用」したのである。新しい機械は、安価さと質の両面でインドの布に追いつくために、イギリスで発明され、そして、染色技術の移転が起こった。……インド、イラン、およびトルコで、何世紀にもわたって用いられてきた諸工程は、多くの新しい応用を付け加えられて、〔イギリスへと〕実に急速に、広がっていったのである。

(Pacey 1990: 121, 120)

ブローデル本人の議論については、イギリスの産業革命の下敷きになった世界経済競争についての、第六章の議論で、たちかえって論ずる。後で見るように、今日の東アジアの新興工業国のいずれとも同様に、イギリスは、国内の綿織物産業に対する保護主義とその他の刺激策によって国内市場における輸入代替を行なうことによって、自国の産業化を開始したのである。次いで、イギリスは、世界市場への輸出促進へと進み出た。一八〇〇年までに、イギリスで生産される綿製品の七つに四つは、輸出向けとなった (Stearns 1993: 24)。これは、視点を変えてみれば、イギリスの全輸出の四分の一を占めるものであり、一八五〇年までには、全体の半分を占めるに至った (Braudel 1992: 572)

冶金、石炭、動力

冶金およびそれに連携している石炭業、そして燃料および機械動力（石炭の採掘に用いる機械動力を含む）としてのその使用については、ヨーロッパの優越性が特に、広範に主張されていることである。まず始めに、このような発展は、第一に、十九世紀になってから、初めて産業革命の不可欠の一部となった。十八世紀の大半の間を通じて、それほど石炭を使用するものはなかったのである。木炭が、依然として広範に入手可能で、かつ安価であるかぎりおいて、それを、よりコストのかかる石炭で代替しようという誘因はほとんどなかったし、石炭が容易には手に入らない、特に南アジアのような諸地域では、なおさらのことであった。イギリスでは、十八世紀の前半に、木炭の価格が、深刻に上昇した一方で、石炭の価格は、世紀の半ば頃までに、鉄の製錬には木炭より石炭の方が安くつく程度にまで、下落した（Braudel 1992: 569）。

中国にも石炭はあった。彼らがその採掘をそれほどおこなわなかったとすれば、それは、恐らくコスト計算によるものであって、そのための適切な技術がなかったためではないということは、確かである。というのも、長らくずっと、中国人は、採鉱に用いられるのと類似の技術については、広範な水路システムや、その他の公共設備の建設・維持に用いられる水力工事およびその他の技術を、一通り全て発展させ、かつ他を凌駕していたからである。しかしながら、中国人にとって不運なことに、イギリスとは違って、中国における十分な量の石炭の埋蔵地は、ポメランツ（Pomeranz 1997）が強調しているように、それを産業的に用いる潜在的な可能性のあった諸中心から、極めて離れたところに位置していたのである。さらに、木炭による鉄の冶金は、中国が、他に何世紀も先んじて、ずっと行なってきたことである。

製鉄は、十六、十七世紀の日本、インド、およびペルシアにおいても、高度な発展を遂げた。実際、インドの伝統的な刃物用鋼であるウーツを、イギリスが、サンプルとして、輸入したという記録がいくつか残っている。イギリスの専門研究所の調べで、それがスウェーデンの鋼鉄と同等であり、一七九〇年のイギリスでつくられた、いかなる鉄よりも良質であることがわかった。さらに、十八世紀の末でもなお、インドにあった一万の溶鉱炉には、イギリスがシェフィールドで鉄鋼を生産するよりも、速く（シェフィールドの四時間に対して、二時間半）

かつ安価に、同等の鉄鋼の生産を行なうものが多数あった（Dharam-pal 1971, Kuppuram and Kumudamani 1990）。金属部分も含むような機械装置は、余剰の人間労働がより安価ではないところで、発達し、使用に供された。水車場は、中国、インド、ペルシアで使用されており、それによって、灌漑、農業、工業、その他のさまざまな用途に動力が供給された。アジアの多くの地域は、農業用地の開拓・開発、ならびに灌漑、その他の土地改良に秀でていた。農業の生産性という点から、特にその意義が深かったのは、インドで早くから発達した条播機《ドリル・プラウ》の広範な使用である。

以下で、本書は、農業における生産性が、したがってその含意として、適切な技術が、ヨーロッパのどこと比べても、間違いなく同等に、中国およびインドにおいて「進んで」いたと論ずる。アジア人が、ヨーロッパよりも、（可耕地面積当たりで）多くの人口を支持する食糧を生産しえていたことは、間違いがない。また、華南の農業は、ヨーロッパのどこと比べても、より効率的であったことを示す史料も、以下に見ていく。

輸送

ラッセル・メナード（Menard 1991: 274）は、十四世紀から十八世紀の間の「ヨーロッパ輸送革命」の可能性を探究しているが、そのようなものはなかったと結論付けている。貨物運賃はほとんど下がらず、諸商品の入手がより容易になったのは、輸送コストが下がったからではなく、むしろ、アジアからのものも含めて、商品自体の価格が安くなったからである。同時に、輸送は、水上・陸上ともに、また機械装置もたよりとして、アジアの多くの地域では、よく発達した。ポメランツ（Pomeranz 1997）は、陸上輸送一般について、ヨーロッパがアジアよりも長じていた点はなんらなく、特に、ハビブがインドについて試算したトンマイル数は、ヴェルナー・ゾンバルトのドイツについての試算値と比べて、総計で、五倍以上も多く、おそらく、人口ひとり当たりに換算しても、ほとんど遜色ないだけであろうという知見を得ている。

一七七六年、アダム・スミス（Smith 1937: 637-8）は、中国およびインドの運河・河川による低コスト輸送を、ヨーロッパのそれと比べ、前者の優越を宣言している。アジアでは、輸送に人間労働が相当に用いられたということは、それが豊富に入手可能であったことを考えれば、経済的であった。しかしながら、中国、インド、中央アジア、ペルシア、およびオスマン帝国内では、港、運河、道路、キャラバンサライへのインフラ投資、およびその維持・保護も、大規模なものであって、あらゆる意図および目的からして、効率的で競争が働いていた。アジアを縦横に結ぶ「国際」輸送は、なおのこと一層発達したものであり、一層競争の激しいものであった。以下に、繰り返し見ることであるが、ヨーロッパ人は、そこへ参加することを通じて、このような「発展」を利用し、そこから利益を得ていたのである。

つまり、しばしば仮定されるのとは違って、ヨーロッパの「技術的優越性」が、一五〇〇年以来のものであると年代確定を行ないうるというようなことは、立証されているとはとても言いがたいのである。ヨーロッパとアジアの技術を比較することは、ヨーロッパ中心的なテーゼに疑問をなげかける以上の示唆をもつことは、確かなことである。

世界技術発展

しかしながら、このようなヨーロッパの優越性についてのテーゼは、他に二つの、より重要な根拠から、さらに疑わしいものである。ひとつは、すでに指摘したように、技術の拡散が、双方向的に全体に及んでいるということだけからしても、ヨーロッパ、あるいは、どこにせよ、どこか一つの場所をとって、そのような優越性をいうことはできないということである。このような拡散は、技術を内蔵する物品の購入ないしは窃盗、模造と適応、生産工程および組織の移転を通じて、熟練工・工学技術者・航海技術者が、自由意志によってまた（奴隷という形で）強制によって、移住させられて、その仕事に従事させられることを通じて、出版を通じて、そして、産業上のスパイ行為を通じて起こったことである。

さらに、生産と輸出の増加を可能とするためにも、アジア人は、技術発展を必要とし、それを醸成した。かくして、十五世紀および、十六世紀の初期には、中国で生産と輸出の成長が見られただけではなく、そのような輸出生産を支えるだけの、意味のある生産性の増大と技術の進歩が起こったのである。これは、特に陶磁器、絹、および綿産業、印刷・出版業（この分野では、活字を鋳造するための銅と鉛の合金が発達した）、製糖業、灌漑および天水農業（農業生産物の加工、アメリカ大陸からの新種作物の導入が含まれる）に起こった。インドでも、特に、競争が同じ必要と刺激を与えた織物と武具について、十六世紀および十七世紀に、生産技術の改良と生産性の向上が進んだことは疑い得ない。

ヨーロッパの技術的優越性のテーゼに疑いをなげかける以上の示唆をもつ、もう一つのさらに重要な理由は、以上の観察から引き出されることである。すなわち、ヨーロッパの技術などというものは存在しないということである！　競争的な世界経済における世界規模の分業においては、一国、一地域、一部門の技術的優越性などというものは、少なくとも、何らかの現実的ないしは潜在的な競争者も、そのような技術を獲得しうるだけの利害関心と能力とを持つ限りにおいて、維持することのできないものである。つまり、技術発展は、世界経済的な過程だったのである。それは、世界経済／世界システムそのものの構造において、その構造に起因しておこったことである。このような世界経済／世界システムが、かつてもそして今なお構造的に不平等であり、時間的に不均等であることは、その通りである。しかしながら、技術「発展」ないしはその他のいかなる「発展」も、本質的に、局地的、地域的、一国的、ないしは文化的に決定されているというのは誤りである。また、どこにせよ、どこか一つの場所や、いずれにせよ、いずれか一つの民族が、この世界経済／世界システムの中で、本質的な「独占」を獲得することも、「優越性」を獲得することさえも、ありはしないのである。さらに以下見るように、それにもまして、ありえないことは、何にせよ、そのように言われるような「優越性」などというものが、「例外的」制度、文化、文明あるいは人種にもとづいているということなのである。

メカニズム——経済的・金融的諸制度

アジアの多くの地域で、交易および消費が、生産、生産性および技術に基礎を置き、絶対的にも相対的にも、それほど進んでいたというならば、そのような経済発展を可能にし、円滑にするのに必要な制度的「インフラ」も、そこになければならないというのは理の当然である。このような見方は、ヨーロッパ中心主義的な「知見」に、重大で明白な疑いを投げかけるものである。「アジア的生産様式」が、停滞的で文字通り無用のものであるのに対して、ヨーロッパ的な制度は進歩的であるという、その「知見」は、マルクス、ウェーバーおよびその追随者たちによって受け継がれてきたものである。ともかく、これらの経済的・金融的諸制度のいくつかを比較し、その起源と由来とを探ってみよう。

しかしながら、まず、一般に、制度の果たす役割、そして個別的に、政治的ないしは国家の制度が果たす役割について述べておいてもよいであろう。歴史学、社会科学、経済学、そして言うまでもなく、一般社会において、すべて、制度に焦点をあてる長い伝統がある。それらの伝統では、時には明示的に、しかし多くの場合では、ただ黙示的に、その制度というものが、あらゆる種類の人間行動や歴史的事象を決定する原因となっていると考えるのである。ソースタイン・ヴェブレンらの立場を支持して、「制度派経済学」を自称する一派もあるほどであり、またノーベル経済学者のダグラス・ノースは、一般に、経済史の制度的分析によって、特にその著『西洋の勃興』によって功成り名を挙げた人物である。さらに、誰しも、法的、政治的——要するに——国家の諸制度には、優先的な関心を注いでいる。

経済史、西洋の勃興、資本主義を含めて、歴史の「説明」にとって、これらの諸制度が重要であると主張されているが、これは、古典派およびマルクス主義的な政治経済学、ウェーバー流の社会学、そして大半の歴史記述、および西洋でヒンメルファルブ（Himmelfarb 1987）が擁護しているような「政治」史の、中心的な教義であった。あたかも、それでは不十分ででもあるかのように、多くの論者が、「国家を再導入する」（Skocpol 1985）ことを求め、口を極めて抗議している。ヨーロッパの国家、およびその法的・その他の諸制度は、しばしば、資本主義、西洋、産業革命、近代化、および全てのものの勃興に大きく寄与したものとしても、あるいは、まさにそれらのものの勃興をもたらしたものとしてさえ、評価されてきた。このような「説明」を信奉している論者たちには、本書における制度や国家についての経済的分析やその取扱いが、不十分であると思われるであろう。

第二章、第三章および、本章のここまでの各節において、国家およびその経済への介入については、すでに多数の言及をしてきた。つまり、中国、日本、インド、ペルシア、およびオスマン帝国における国家が、運河やその他の運輸インフラに莫大な投資をして、その維持を組織だて、可耕地を拡大し、そこへ入植させ、開墾し、国家の外郭的な経済企業を経営し、交易その他の経済政策を行ない、そして言うまでもなく、「国民的」な経済利害を促進するために軍事力によるサポートをおこなってきたことは、すでに示したことである。したがって、アジアの「東洋的専制」国家には、経済発展を促進する能力がないなどと主張するのは、歴史的証拠に、全く矛盾することである。

ヨーロッパ中心主義的「理論」の別バージョンとして、国際国家間システムに言及するものがある。ヨーロッパにおける（しかし中国にはないのだ！）「交戦国家」と、それらで構成される、一六四八年のウェストファリアの和約以降の「国際システム」が、経済を――少なくとも軍備技術を――発展させるような、何らかの種類の協調的競争をヨーロッパで制度化し、それはアジアでは起こらなかったというのが、その主張である。悲しいかな、このような国際国家間システムの仮説もまた、史料によって斥けられる。明朝／清朝、ムガール帝国の国家は、小さなヨーロッパの諸国家よりも大きかった。しかし、だからといって、それらが、より不活発であったとか、不適切であったとかいうようなことはなく、また戦争にはそれらも関わっていた。東南アジアでは、ヨーロッパと同様、都市と「国民」国家とは、互いにあい争っていた。さらに、第二章で見たように、西アジアでは、オスマン帝国とサファヴィー朝との間で、またそれらとヨーロッパの諸国家との間でも、経済的、政治的、軍事的競争が常態であった。ここで行なっている説明が、このような政治的・制度的要因に十分な注意を払っているか否かは、論争の余地のあるところである。

しかしながら、問題は、制度に十分な注意が払われていないということにあるというよりは、むしろ、このような制度について経済的な分析を十分に行なっているか否かというところにある。というのも、本書の大きなテーゼは、まさに、制度は経済的過程およびその急な展開を決定しているというよりは、むしろそこから派生しているというものであり、そのような過程と展開は、制度的に決定されているのではなくて、むしろただ道具化されているのである。つまり制度は、派生的で適応を助けるための道具であって、経済的過程の原因でも――ポランニーに反して――その社会的埋め込み《エンベッドメント》でもないのである。そして、論より証拠の証拠たるべきものは、予め書かれた制度にではなく、実際に分析を行なってみるところに存するのである。読者は、本書が行なう、世界経済、地域経済、および経済諸部門の分析が、どの程度、諸事象や歴史的過程を説明しているか、そして、それがその中で起こった諸制度よりも、事象の歴史的過程をどの程度よく説明しているか、あるいは、いないか、を判定しなければならないだろう。本書の説明に従えば、制度は、経済的な急展開が、最初にその制度を誕生させたか、さもなくば、そのような急な展開に、適応せねばならなかったし、実際適応したものであるということになる。この点で、遅ればせながらもう一人、制度について以下のように論ずる、グレアム・スヌークスのような人物を見出したのは、(読者諸氏にはそうではないとしても、少なくとも私にとって)大いに慰めとするところである。

> 制度は、根本的な原因となるような役割は果たさない。本書の論点は、人間社会の動態は、根本的な経済諸力によって動かされており――第一動態メカニズム――諸制度は、それら諸力の動因となっているというよりは、むしろこれらの諸力に――第二メカニズムを通じて――反応しているのである。
>
> (Snooks 1996: 399, 強調は引用原文)

人間社会の崩壊について――そして、それを拡張して言えば、本書が第六章でたちかえって論ずる「東洋の没落」について――スヌークスは、次のように書いている。

> そのような崩壊は、動態的な諸戦略を通じて作用する、根本的な経済諸力の変化の結果であって、社会的複雑性から惹起する制度的問題の帰結ではない。制度的問題は、根本的問題を強化はするが、大体において、それは反映である。……
>
> (Snooks 1996: 399)

さらに、スヌークスはまた、産業革命および「西洋の勃興」について、また特にダグラス・ノースの制度的分析について、以下のようにも書いている。

> ノースの分析は、方法論と解釈との両面について、私の分析とまるっきり正反対である。……彼は、成長の過程を先導する制度の役割に焦点をおいているのに対して、私は、社会の進歩と制度的・イデオロギー的変化の両方を決定する根本的経済諸力に焦点をあてている。
> (Snooks 1996: 131)

産業革命においては、

> 〔技術の〕パラダイム・シフトが起こった理由は、自然・人間・物理資源の要素配分に根本的な変化が起こりつつつある間、高度に競争的な環境に共存していた諸経済主体が、継続的に活動したことにある。
> (Snooks 1996: 403)

これはまた、私が第六章で行なう「西洋の勃興」と産業革命の分析についての経済的基礎ともなるものである。ここでは、それ以前の経済的・金融的諸制度をいくつか比較検討して、それら自体が、いかに、グローバル経済《エコノミー》の高度に競争的な環境によって形作られたか、ということに対する考えを述べる。そこでは、アジアの多くの地域でも、あるいは実際のところ、一八〇〇年以前のヨーロッパでよりもアジアの方で、それら諸制度が、いかにそのような環境に適応し、それによって経済成長を円滑化したか——しかし、決定したのでも、阻害したのでもない——ということが見られる。

アジアおよびヨーロッパの諸制度を比較し、関係付ける

本章の最後の節であるここでは、金融および商業上の諸制度の歴史、ないしは概観さえ書くつもりはないし、そのようなものを書いているふりをする気もない。わたしは、ありふれた仮定としてではなく、それに対する疑問として、以下のことを述べたい。すなわち、そのような制度的発展はヨーロッパで、他のどの地域よりも「進んでいた」のかということ、ヨーロッパはそれらの制度を「輸出した」のかということ、そして他の地域もまた、究極的には、それらの制度を受け入れなければならず、実際そうしたのか、ということである。つまり、この問題に関するヨーロッパ／西洋の歴史記述と社会理論――理論と言うよりは、前提にすぎないのだが――の言い分を、ほとんどまるごと相手にしようということである。このような考え方は、少なくともマルクスおよびウェーバーから始まって、西洋の経済史家から社会科学者や政治評論家にまで浸透しており、今日でさえ依然としてこの線に従って議論をしている。これまでに書かれてきたことの多くは、ヨーロッパとアジアにおける宗教、社会および制度についてのウェーバーの多くの研究にもかかわらず、ヨーロッパの外部の状況についての純粋な無視および／ないしは偏見に、さもなくば風聞に基いている。自分で見てみようという者や、そのように一般に受け入れられた「理論」が、他の一般的に知られた史料に照らして説得的なのか、あるいはそうでありうるのか――あり得ないのだが――ということを問うてみようという者さえ、その中にはほとんどいないのである。

悲しいかな、ヨーロッパの外部におけるこれらの制度についての直接の史料は、断片的なものであり、そこにあるものをわざわざ調べてみようとする歴史家や社会理論家も、相対的に数が少ない。それでも、多くのアジアの歴史家たちは、制度的組織についての史料を、大部分は、経済的事象についての研究の背景ないしは、挿話としてではあるが、提供している。私は、それらを本書の他の個所でも、広範に引用しているが、そのような経済

的事象を可能にした諸制度に関して、それらの史料に証言を求めるという役立てかたをすることはゆるされよう。他にも少数の（大部分は西洋の）、より一般的なパースペクティヴをもった歴史家たちは、自分自身の経験だけではなく、これらのアジア人による研究に立脚して、帰納的に、なんらかの概観を構築しようと努めてきた。しかしながら、他方で、それらもやはり、西洋のヨーロッパ中心主義的なパースペクティヴを持ち込んでしまうものであり、その克服を目指していても、結局、さまざまな温度差があるということである。私は、主として、ヴァン・ルーア（van Leur 1955）、ステーンスゴール（Steensgaard 1972, 1990c）、ブローデル（Braudel 1979, 1992）、中国についてはマーク・エルヴィン（Elvin 1973）、そして、最近では特に、フランク・パーリン（Perlin 1990, 1993, 1994）のことを念頭においている。特にパーリンは、ヨーロッパ中心主義を完全に拒否している。

以下の議論は、彼らの権威に訴えて論じられている。制度の全容を概観するなどということは、それを尽くすことはもちろん、たとえ断片的なものであっても、私の意図と能力を超えるものである。しかしながら、一般に受け入れられた、ヨーロッパ中心主義的な、制度についての説明および理論も、過度に、そのような証言の「権威」に頼っているのである。しかも悲しいかな、しばしばその証言は誤りなのだ。私の証言の選び方もまた、率直に言って党派的なものである。というのも、生産および交易の構造と過程が、本当に本書の他の場所で検討したような史料の示す通りであるとすれば、そのような構造と過程とを可能にした制度的組織は、どのような種類のものが存在し得たのか、ないしは存在していたに違いないのかということを問わねばならないからである。

したがって、このような課題を追求することは、以下の問いを設定し、それに対する解答を探すことも含んでいる。そこにあったのは、いかなる経済、生産、商業、交易、金融の活動だったのか。本書はそれ全体として、そのような活動の概観を示し、要約を書こうという試みである。いかなる種類の金融／商業およびその他の経済的、政治的、あるいは社会的制度が、そのような活動を、あちこちで可能にしたのか。主として権威に訴えながらではあるが、本書は、いくつかの史料を引用して、それを示すだろう。そして、このような制度の歴史はどのようなものであったか。また特に、それらの制度は「外生的」、あるいは少なくとも、すでにどこかの地域にはずっと存在していたものであったのか。それに対する答えとしては、我々は、せいぜい状況証拠を提示しうるのみである。これらの制度を、こちらとあちらとで比較して見るとどのようになるのか。これに対する答えとしては、我々は、権威に訴えると同時に、説得力のある仮定の議論にも訴えることになろう。

グローバルな制度関係

この「比較」という問題を越えて、もうひとつ、さらに重要なこととして、関係という問題がある。これらの制度の発展は大体において、互いに独立であって、文化などについての、それぞれの地域の歴史と状況の差異と同一性とを反映しているのであろうか。それとも、これらの制度は、共通の問題や困難に対する、共通の対応であったのだろうか。あるいはまた、共通の相互依存的な経済的構造および過程の一部として、相互依存的な制度的発展があったのであろうか。そして、もしそうなら、この相互依存は、ここからむこうへと、つまりはっきり言えば、ヨーロッパからその他の地域へと、拡散したものなのであろうか。はたまた、世界を取り囲む、相互依存的な制度の発展は、相互依存的な経済構造および過程の不可欠の一部であったのであろうか。これは、決定的に重要な問いであり、ヨーロッパおよび西洋の経済的制度が、交易の必要に対応する形で、自ら進化を遂げたという、ポメランツ（Pomeranz 1997）の見方を一歩抜け出すものである。しかし、プラカシュがうまく述べているように、それは、アジアについてもいえることである。「ムガール期のインド経済において、貨幣供給の増大と銀行の形態の成長との間に、重要な有機的連関があるということについては、ほとんど強調するまでもない」（Prakash 1995: 12）ことであるが、需要の方はいうまでもなく、インドにおける貨幣の供給は、世界の他の地域と同様に、それ自体、グローバル経済《エコノミー》の作用の関数であったことは、いうまでもない。制度が、何かから派生、ないしは何かに適応するかたちで変容を遂げたこと、またその世界規模の基盤における諸関係について、説得的な証明を行なうに十分確かな史料を挙げることは、難しいかもしれないが、おそらく「正しい問いを設定することで、正しい答えにたどり着く道のりは、すでに半分以上きたことになるだろう」。あるいは、パーリンの言葉を借りれば、「我々は……これらの異なるさまざまな、局地的政治経済に作用している、類似の、同一でさえある諸力が、「世界」史の同じ瞬間に同時に存在する可能性、つまりより大きな構造的諸力が存在する可能性について問うことを考えなければならないのである」(Perlin 1990: 50)。パーリンは続けて、次のように述べている。

我々は、比較を越えて、より広い構造的結論を引き出そうとしなければならない。つまり、「インドにおける」社会の成長とプロト資本主義的諸関係の発展の文脈が、アジアのその他の地域で起こっていた同様の発展とともに……亜大陸にヨーロッパ人をますます巻き込んでいく本質的な前提条件を形成し、……ヨーロッパのヘゲモニーが強化されていく、国際的な交換と従属のシステムの発展の前提条件の一部を形成したのであると論ぜられよう。……一言で言えば、ヨーロッパとアジアにおける商業的手工業生産が、より広い国際的な発展のうちの従属的な諸部分を形成したのである。世界のさまざまな地域における商人資本の勃興、ヨーロッパ、アジア、北米における市場志向の手工業生産の勃興、農業生産のシステムの拡大の国際的な商品連鎖への包摂、これらは全て、国際的な商業および分業の成長を含む妥当な枠組の観点から考察されなければならない。

(Perlin 1990: 89-90)

これが、本書全体の目的であること——そして、けだし、私とギルズ（Frank and Gills 1993）の目的でもあった——は、もちろんのことであるが、本書がカヴァーする年代は、ずっと長いものである。以下我々は、近世期における、いくつかの金融および商業上の諸制度の観点から、この目的を追求する。

私の意図を説明するために、最初に、何人かの権威に訴えてもよいであろう。「ヨーロッパの外の世界」というタイトルで、ブローデル（Braudel 1979: 114）は、「ヨーロッパが、同じ交換の舞台にのっていたのか、いなかったのかと問うことは、決定的に重要な問いかけである」と書いている。後で見るように、彼の答えは、ヨーロッパは同じ舞台にのっているというものであり、あるいはむしろ「世界の、他の人口稠密地域——つまり他の特権的地域——」もまた、同じ舞台ないしはレベルにあったということである。すなわち、ブローデルの示唆するところでは、マルクスやウェーバー、およびその追随者たちは、間違っているということになる。

ひとつ確かなことは、世界経済における重要な構造的変化、ないしは制度的変化でさえ、ヨーロッパからの、いかなる制度の拡散によるものでもないということである。たとえば、

> 西洋の交易者の来訪は、アジアの陶磁器の市場を拡大したが、その基本的パターンを変えることはなかった。……おそらく、商売の記録は、あまりよく残らなかったと思われるが、もし記録があれば、南海における市場の発展は、かなりな程度そのままであったことがわかるであろう。先に指摘したように、南海における日用品の需要は、十四世紀からずっと一貫していたのである。
> (Ho Chuimei 1994: 48)

さらに、商業組織も、それほど異なるものではなかった。

日本の〔陶磁器〕製品の市場を海外に見出そうというアイデアを一六五八年に最初に思いついたのは、〔華南の〕鄭氏である。〔オランダ〕東インド会社は、その翌年に、同じことを行なうだけのすばやい対応を見せた。……鄭氏の商業ネットワークと政治的情報網は、少なくとも、その二つの主要な敵、すなわち満州族とオランダ人の両方と同程度には、有効なものであったに違いない。……鄭氏の組織は、オランダ東インド会社と同様の特徴をいくつか備えていたと論ずることができる。

(Ho Chuimei 1994: 44)

かくして、我々は、チャウデュリの以下のような主張に同意しなければならない。

分業、産業的生産、および長距離交易は、先史時代から、社会的共同体の一部であった。どの時代、どの場所にせよ、相対価値の観念、貨幣の使用、市場に基礎をおく交換経済の特徴を持っていないような社会を見出すことは、困難であろう。自給的な農業および工業生産を行なっている共同体は、ほぼ確実に、市場メカニズムと資本の支配の影響下にある共同体と共存している。……固定資本の不在にもかかわらず、交易の資本主義は、アジアの職人や農夫たちにとっても、同様に、日常生活の一事実であった。……商業活動としての資本主義は、インド洋では遍在的であった。……もちろん、インド洋の長距離交易は、その定義はどうあれ、資本主義的活動であった。……織物工、紡績工、養蚕業者、鍛冶屋、香料プランテーションの所有者、彼らはみな、その報酬を価格メカニズムを通して得ていた。長距離交易、商業資本主義、および輸出市場向け生産の間の結びつきは、その強さを保っていたのである。……

(Chaudhuri 1978: 207, 220, 214, 222)

そして、その経済的な結びつきは、世界規模であった。

さらなる史料として、アジアのさまざまな地域における手工業生産の制度的形態および組織についてのチャウデュリの検討から引用することができる。

農業と工業との間で業種転換が可能であるようなフレキシブルな労働力の拡大が、中国とインドの両方で見出される。……アジアの歴史は、よりよい就業機会を求めて、各地を転々とする職人の絶えざる移動・移住を示す諸例に満ちている。……移住と移動は、自然災害、政治的抑圧、経済的機会の縮小などに対する、一般的な対処策を提供していた。……インドと中国のあらゆる地域で、商業の不況期には、失業した工業労働者は、賃金を得るために、収穫の手伝いをするというような農業労働に転じたということを示す言及が、我々の資料中には、多数存在する。……中東であれ、インドであれ、中国であれ、明確な垂直的連関が、市場活動と産業生産との間に現れた。……商人による職工の支配は、買い手の競争力が弱まったところでは、どこでも現実となった。史料によっても示されているところだが、アジアの商人は、インド、中東、中国のどこで営業していようが、特定の商業的必要の結果として、直接に産業生産に介入した。……ある地域が輸出生産者として発展したことを本当に説明すれば、非機械生産の時代においてさえ、相対的な労働コスト、賃金財、および空間的に不均等に分布した資本が、産業の立地に強い影響を与えたということになるのである。……中東、インド、中国には、全地域的に、一国の境界の内部および外部の両方への輸出用に織物を生産するような諸地域が存在した。……アジアの多くの地域では、まったく輸出志向的な需要の特性を持つ産業が発達し、ヨーロッパが、それに対抗するようになったのは、十八世紀の後半になって初めてのことであった。……

(Chaudhuri 1990a: 313, 306, 299, 318, 303, 309, 310-311, 301)

ジャネット・アブ‐ルゴッド（Abu-Lughod 1989: 12以降）もまた、十三世紀のユーラシアを貫通して、経済的発展のレベルと制度において、「差異をはるかに上回る顕著な類似性」があることを指摘している。差異がある範囲で言えば、ヨーロッパは遅れていたのである。アブ‐ルゴッドは、ローマ帝国の衰退以来、ヨーロッパは「低開発地域であり……野蛮人の土地」であり、十三世紀および十四世紀にいたってもまだ、そのままであったという趣旨でチポラを引用している（Abu-Lughod 1989: 99、Cipolla 1976: 206も参照）。しかしながら、奇妙なことに、彼女は自分の本の時間的枠組を越えては、一切史料を示さず、ヨーロッパは、十六世紀に相当に前進したと主張しているのである。初めの数世紀についての彼女の判断は、史料に支えられているが、後のほうについては、彼女は史料に裏切られている。

ヨーロッパ人であるブローデルでさえ、次のように認めている。

> エジプトから日本まで、どこであっても、我々は、本物の資本家、問屋、交易による不労所得生活者とそれを補助する何千もの人々、取次ぎ代理人、ブローカー、両替商および銀行家を見つけることだろう。交換の技術および可能性ないしは保証については、これらの商人諸集団のいずれもが、西洋の対応物との比較にたえるものであった。（Braudel 1992: 486）

『物質文明と資本主義』の第二巻（Braudel 1979: 219）において、ブローデルは「ヨーロッパの存在は、この点では、何の変化ももたらさなかった。ポルトガル、オランダ、イギリス、フランスの交易商人たちはみな、ムスリムから、〔インドの〕バニヤンから、〔日本の〕京都の金貸しから、金を借りたのである」と断言している。実際、ヨーロッパ人は、単にアジアで使うための金を借りたというのではなく、現地の既存の金融機関を通じて、またそこから、その金を借りて、まさにそうすることによって、その操作の仕方を採用していったのである。ブローデルは、ヨーロッパの合理性は例外的なものであるというテーゼの「最も率直な擁護者」としてヴェルナー・ゾンバルトに言及しているが、それから続けて、次のように問うている。

最後に、資本主義の合理的な手段の幅について考えるとき、複式簿記、為替手形、銀行業、株式取引、市場、裏書、割引など以外に、他の手段にも余地を与えておくべきだろうか。しかし、無論、これらは全て、西洋世界とその神聖不可侵な合理性の外部においても見られるものなのである。企業家精神の革新的態度よりも重要なのは、交易量の増大である。……ヨーロッパと同様に、世界のその他の地域でも、何世紀にもわたって、生産の必要という経験や、交易に関する法、貨幣の流通などはあったことなのである。

(Braudel 1979: 575, 581)

実際、ヨーロッパが、生産と交易を拡大させる誘因と可能性を最初に提供したのは、世界生産、世界交易、世界貨幣移動——アメリカの貨幣を発見して以降の三世紀間にわたって、その貨幣を用いてその世界経済に参加して——だったのである。したがって、必要な、経済、生産、交易、商業、金融の諸制度は、それ以前から、存在していなければならなず、ヨーロッパがそこに参加するためには、その後も、それが持続し、発展していなければならなかった。けだし、ポメランツ (Pomeranz 1997) が繰り返し述べているように、同じことが、所有権や法的制度についても言える。それらもまた、アジアのさまざまな地域において、確立され、発達していたのである。

インドにおいて

しかしながら、それらの制度の諸形態を詳述するよりもむしろ、ここでは、諸々の権威から小さな例を引いて、それに訴えることで、不当ではないと思われる。南アジアと東南アジアから始めよう。

〔インドの〕銀行システムは、効率的で、一国を通じてよく組織立てられていた。大商人や大銀行家が発行した債券や為替手形は、インドのどこででも信用されたし、イランでも、カブール〔アフガニスタン〕でも、ヘラトでも、タシケントその他の中央アジアの土地でも、信用されたのである。……代理人、仲買業者、ブローカー、仲介業者の、精巧にできたネットワークがあり、……新しい市場価格を伝達する、非常に高速で、精巧なシステムが進化していた。

(Nehru 1960: 192)

近代インドの初代首相が、右に引いたその著『インドの発見』において、自国への偏愛に影響されていた可能性があるとしたら、同じことは、ポルトガル人のトメ・ピレスに対しても、同様にあると考えられよう。彼は、以下のような忠告を書いている。

「我が国民で事務官や仲買人になりたいと思う者は」カンバヤにいるグジャラートのインド人のところに「行って……彼から学ぶが良い」。なぜなら、そこでは「交易の仕事は、科学そのものだからである」。

(Pires〔1517?〕1942/44: 42)

もっと最近の論者でも、二人が、同様の見方をしている。

貨幣、商業信用、金融、物財に対する保険などを扱う、高度に発達した階級（シュロフないしはサラーフという）〔それ自体アラビア語から派生したものである――Habib 1976: 392参照〕があったという史料がある。……その階級は、疑いなく、農村の小ブルジョワと密接に結びついており、……〔それは〕、農村余剰の一定割合を商業階級へ転送する上で、重要な結びつきであった。……ポルトガル人が、インドの商業と産業生産に、限定された地域や部門においてさえ、なんらかの組織上の変化を引き入れたかどうかは明瞭ではない。……どう見ても、彼らは、既存の〔生産および商業の〕機構を利用したように思われる。(Ganguli 1964: 57, 68)

十六世紀の末からこの方、ポートフォリオ資本家――国家歳入を徴収し、地方の農産品取引に携わり、軍事物資（軍用の牛馬、武具、人間労働）を融通し、さらに、片手間以上の頻度で、インド洋商業という大博打を打つような企業家――は、インドの政治経済の性格をあらわす特徴であった。(Bayly 1990: 259)

少なくとも、一つ分かりやすい例を挙げ、ちょっとした地方色も出す上で、ある利害関心をもった同時代の参与観察者の言葉を引用してみるのも、役に立ちうるであろう。ジェラード・オーンジャーは、スーラトにあるイギリスの工場の工場長であるが、その彼がイギリス東インド会社のロンドン本社に、一六七七年に次のような報告をしている。

我々は、ヨーロッパにおける胡椒の最低価格に届くよう、御意見くださったこと、また、ここで胡椒の値段を負けさせよという御命令にも、しかるべき注意を払っております。そのようにする最高の努力を欠いたわけではございませんが、結果は成功ではありません。というのも、こちらの国々では、胡椒の消費量が実に多く、またそれを扱う業者の数もあまりにも多く、彼らが、デカンのものもマラバルと同様に、外国へ輸送するのですが、その数の多さゆえ、仰せの限度のレートまで、価格を下げさせることができないのであります。

(Chaudhuri 1994: 275から再引)

B・R・グローヴァー (Grover 1994: 219-55) による、十七世紀および十八世紀の間の北インドの農村社会の包括的な検討では、商業は、インドの最末端にまでいきわたっており、沿岸部、港、そしてヨーロッパ人からずっと離れたところにまで浸透していたと強調されている。保険率についての例をあげつつ、ハビブ (Habib 1969: 71) は、西インドと東インドとでそれを支える、そのような商業および輸送の効率性と安全性を指摘している。それによれば、十七世紀の半ばで、三一五マイル、五五〇マイル、六七五マイル (直線距離で、つまり、実際の道程より短い) の距離についての保険率が、それぞれ、保険の対象となる物財の価値の、〇・五パーセント、二・五パーセント、一パーセントであった。

ムガール期のインド経済、および植民地期以前のインドの商人コミュニティについての、ハビブの議論 (Habib 1969, 1980, 1990) は、商業と金融の「発展」について、いささかの疑いも残していない。市場は、開放的で競争的であった。小規模な「行商人」だけではなく、大規模交易商人も存在した。信用は、広範に用いられた。アーメダバードの商人は、支払いや債務の履行をほとんど全部、手形で済ますことができたし、ほとんどどのような注文も、また支払いの約束も、割引された商業手形に変換することができた (Habib 1969: 73)。金融市場の「発展」を示す、もうひとつの指標は、利子率が、一月に、〇・五〜一パーセント変動し、イギリスやオランダのレートと有意な差がなかったこともあげられる（Habib 1990: 393）。
また別の論者は、次のように要約している。

〔ヨーロッパの〕東インド会社の役人たちは、南インドの、複雑で、変化しやすく、高度分化した、農業商品生産の展望を詳細に記録している。……学者たちは……イギリス統治以前の三世紀間における、空間的には分化しているが、広範なひろがりを持つ交易の拡大、資本蓄積、労働の専門分化、生産の多様化が、国家歳入の商業的源泉を産み出し、……〔また〕そこから国庫へ収入を流れ込ませることのできる商業経済を作り出したのである。（Ludden 1990: 236, 216-17）

各地における、農産品および手工業製品両方の生産者および流通業者は、信用および／あるいは実物による、先払いの複雑なシステムに結び付けられていた。パーリン（Perlin 1983: 73）は、「事実、信用および金融は、さまざまな組織および社会階層の貸し手を巻き込んだ、複雑な順序だてによって作用し、……それは、農産物の、相対的に大きな割合を取り囲んでいた」と書いている。手工業製品もそうであったことは、いうまでもない。

これらのメカニズムと制度は、多数の生産者に気候や価格の変動を生き抜く手段を与えることで、高い収取率を可能にした。重税や高い小作料、換金商品の低い実質価格によって、彼らは、上のような変動に対して、特に脆弱だったのである。……〔また〕それらのメカニズムや制度は、空間的・時間的連続性を供給して、商業取引の増殖を可能にした。（Perlin 1983: 98）

手工業者は、原材料および／あるいはそれを入手するための信用を受け取って、職工を雇い、かれらに賃金を支払った。国家独占企業で、同じく賃金労働として、はたらく職工もいた。また、独立に仕事をする職工もあった(Ganguli 1964: 47以降)。彼らはみな、各地方、地域、輸出市場——そして、その市場はもちろん、世界経済の不可欠の一部であり続けてきたものであった——へ向けた、金融、信用、流通、交易、生産の、組織だてられた「システム」の不可欠の一部であった。たとえば、オランダ東インド会社がアグラ近辺に進出したときのように、ヨーロッパ人が入ってきたとき、それは、「三角ネットワークへの進出であった。その三角ネットワークとは、大きな距離をカヴァーし、いくつかの異なる場所の間をむすぶ、社内移転の枠組であるが、それは、送金の便益や先物信用貸しの組織的複合体のほんの一角に過ぎない。そのような複合体は、インド亜大陸の多くを包含しており、さらにそれを越えて広がっていた」(Perlin 1990: 268)。

バートン・スタイン(Stein 1989)は、インドの植民地期以前の経済から、これと同じ史料をいくつか、もう一度検討しており、それによって、農村部と都市部との間に、またどこにでもある小規模および、比較的大きな規模の都市商業センター間に、広範で、かつ密度の高い生産・商業関係だけではなく、幅広い商業化が起こっていたことが確かめられる。また別の場所で、スタインとサンジェイ・サブラーマニヤムは、彼らの論文集である『南アジアの諸制度と経済の変化』(Stein and Subrahmanyam 1996)の序文において、そこに収められた諸論文を束ねる一本の糸として、経済主体および制度的構造が、お互いとの関係で、また経済状況および経済的必要の変化に応じて、継続的に経済変化を経験していたことを挙げている。スタイン(Stein 1989)はまた、インドの良く発達した金融システムは、多くの資本を供給したが、それは、インドの生産者および、交易業者によって用いられただけではなく、イギリス東インド会社や、民間のヨーロッパ商人によっても、彼らがインド内、およびインドを越えて営業するために用いられたとも指摘している。

何世紀にもわたる——実際には、千年紀単位だったのだが（Frank 1993a）——インドの交易の拡大の一つの方向は、西方であり、中央アジア、ペルシア、メソポタミア、アナトリア、レヴァント、アラビア、エジプト、東アフリカへと達した。もちろん、類似の——かつ、関連した——生産、商業、金融の諸制度も、それらの土地で活動した。アラブとムスリムの交易は、ヨーロッパの暗黒時代に花開き、アラブの交易商人たち自身は、東西両側からの競争の増大のもとにおかれたとはいえ、近世期にまで継続した。たとえば、非アラブの地からの商人と商業について、その言葉をすでに先に引用した、イブン・ハルドゥーンは、十四世紀における、ムスリム、およびその他の交易についても書き記している。

財の数が少なく、稀少なときは、その価格は上がる。他方、それらが大量にある……ときは、その価格は下がる。……商業とは、中身が、奴隷であろうが、穀物であろうが、畜獣であろうが、武器であろうが、衣服であろうが、財を低い価格で買い、それより高い価格で売ることを通じて、資本を増やして、利益を得ようとすることである。……したがって、彼らが得るものおよび利益は、その全部あるいは、大部分が人間労働から実現されたものなのである。……さらに、神は、あらゆる資本蓄積の価値のものさしとして、金と銀という二つの鉱物を創りたもうた。これらは、この世に住まう人々にとって、好んで、財宝および財産とみなされているものである。特定の状況のもとでは、たとえ、他のものが得られたとしても、それは、ただ究極的に（金銀を）獲得するためでしかない。他の物はすべて、市場の変動に支配されている。……利益は、商品、およびそれを交換で用いるところから生じうる。商人は、（商品を）もってあちこち移動することによって、ないしは、それを貯めこんでおいて、それに影響する市場の変動を観察することによって、そのような利益をえることができる。これが、商業と呼ばれている。……商業は利益を得るための自然な方法である。しかしながら、その実際のやり方や方法は、手が込んでいて、購入価格と販売価格との間の利ざやを獲得するために工夫されている。この余剰が、利益をあげることを可能にしている。ゆえに、（商業には）賭けの要素が含まれているので、法は、商業における狡猾さを許している。

(Ibn Khaldun 1969: 298-300)

アブ゠ルゴッド（Abu-Lughod 1989: 201-9）は、イスラムと商売に一節を割き、多くの金融の道具や経済的制度について検討している。ムスリムの「商業技術」については、アブラハム・ユドビッチ（Udovich 1970）による概観もある。また、イスラムと資本主義および商業の両立可能性は、マクシム・ロダンソン（Rodinson 1970, 1972）のテーマであった。もっとも、ムハンマド本人は言うまでもなく、ムスリムが幾時代にもわたって、商人であったという事実がが、十分それを示しているはずであるが。ブルース・マスターズは、アレッポについての彼の研究（Masters 1988）の中で、オスマン帝国の経済政策とヨーロッパの経済政策とを区別しようと骨を折っている。しかしながら、隊商交易、商人、商業諸制度、貨幣、信用、投資についての彼の説明は全て、オスマン帝国経済の徹底した商業化と貨幣経済を証言するものである。彼は、融資関係を含む、裁判の記録を検討しているが、それは「農村を都市のさまざまな富裕で有力な個人と結び付けている、債務の循環についての痛々しいほど明確な像を、我々に見せてくれる」（Masters 1988: 156-67）。さらに、マスターズはまた、オスマン帝国においては、女性が活発に、また独立して経済に参加していることも強調している。

他の地域においても、インドのムスリムやその他の交易商人は、東南アジアにおいて、そのあちこちで、自分たちの立場をよく確立し、さらにその立場を大きくしていった。また東南アジアでは、マラヤやその他の人々も、自分たちの商業および金融の制度的構造を発展させており、彼らは、その中へ、西方からは、アラブ人、ペルシア人、インド人、また後にはヨーロッパ人、北方からは、中国人の参入を認めていたのである。

中国において

中国人が（日本人やその他の人々も）国際的分業および国際交易と結びついていたということは、疑いをいれない。また、彼らが生産上、優越的な地位を保持していたということは、本書のテーゼの一つである。中国の外国交易および長距離交易については、上ですでに、いくつか検討した。この点ではもちろん、「中国人にとっての海外長距離交易は、他の人々にとってのそれと、なんら変わるところがなかった」というワン・グンウー（Wang Gungwu 1990: 402以降）の述べている通りである。明朝が公式には、規制をしていたにもかかわらず、華南の海外交易は継続し、外国人および「華僑」のコミュニティが、それに参加した。特に重要なものとして、とりわけ福建人が、長崎や、マニラ、バタヴィアに居住したが、それらは全て、中国交易を行なうためであった。

しかしながら、本国の中国人もまた、それに対応して補完的に必要な、生産、商業、金融の諸制度を用意しなければならなかった。奇妙なことに、そのような制度的な基盤は、後の明代や清代よりも、前の宋代や元代の方が、良く確立されていたように思われる（Yang 1952, Ma 1971, Elvin 1973）。しかしながら、パーリンは、「私が、中国における流通形態についての文献を読んで、つまるところそうだと思われるのは、物理的な貨幣と、帳簿上の貨幣の空間的な組織だてが、原則的に、植民地期以前のインド、中近東、近世のヨーロッパ、スペイン領アメリカと、極めて似通っているということである」（Perlin 1983）と書いている。それ以前の著作で、パーリンは、「前植民地化期後期の南アジアは、同時期の中国と同様に、その社会、経済、統治の、主要な特徴の大半に影響を与えるような、根本的な変化の過程の支配下にあった」（Perlin 1983: 66）と書いている。もちろん、それは、同じグローバル経済《エコノミー》の、同じ発展であったのであり、そのグローバル経済《エコノミー》に、それらの地域が全て――ヨーロッパも！――参加していたのである。というわけで、アブ－ルゴッド（Abu-Lughod 1989: 309以降）が、中国の「商慣行と商制度」

について検討する際に、中国の「行」という商人組合がヨーロッパのギルドに類似のものであると述べるようなテクストを引用しているのも奇異とするには及ばないのである。

本書は第二章ですでに、中国の経済が、十一〜十二世紀の宋代以来、世界の他のどの地域をもはるかに越えて、産業化され、商業化や貨幣経済化が進み、都市化が進行したということを見た。以来、十八世紀までの諸世紀を振り返って、エルヴィン（Elvin 1973）は次のように要約している。

> 中国経済は商業化された。この発展を示すしるしのひとつは、商売の構造の複雑さの増大である。……〔また別のしるしとしては〕両替商や送金業者、国際交易に従事する商人のギルドや……局地的な市場のネットワークの高密度化……がある。企業家精神も不在ではなかった。燃料価格がどのようにして下がったかについて、説明しよう。……かくして、中国前近代史の、最後の三世紀間は、かつてないほどの大規模な単位での私的経済組織の創設を見た時代であり、ここでの変化が、単に量的なものなのではなく、質的なものでもあったと結論づけられる。特に、農村工業は、急速に密度を高めていた市場のネットワークを通して統合されていき、都市の産業は、このようなネットワークを通して、原料と販路を与えられ、多数の従業員を取りまとめる、新しい構造を発展させたのである。
>
> (Elvin 1973: 172, 299, 300)

たとえば、エルヴィンは、湖北／陝西／四川地域における鉄工業について記述しているが、同地域では、六ないし七の溶鉱炉が、千人の雇用を創出したと述べており、また江西省にある陶磁器生産の大中心地である景徳鎮についての同時代の記述も引用している。

何万ものすりこぎが、音をたてて地を揺らしている。天は、炎に照らされて燃えており、夜も眠れない。冗談に、その地は「年がら雷光の町」と呼ばれている。(Elvin 1973: 285)

エルヴィンは以下のように、結論づけている。

このように、前近代後期の中国に、経済企業は生きていたようである。比較コストについての鋭い意識があったのは間違いなく、そのことが、〔たとえば、薪の稀少性が増して、高価になったために、塩の生産に煮沸法ではなく蒸発法が用いられたように〕使用された技術の種類に影響を与えていたということは明白である。……ゆえに、完璧に合理的な短期的考慮が、多くの、ないしは大半の技術選択の背後にあったと仮定することは、妥当なことである。(Elvin 1973: 300)

良質の硬木は、造船のために伐採されていたが、その不足によって華南では、木材の価格が高騰し、造船業は、シャムやマラヤに移転した。そこでは、そのような木材が、ずっと豊富で、安価であったのである (Marks 1997a)。

華南地域に言及して、マークスはまた、「十八世紀の半ばまでに、嶺南の農業生態系は相当に商業化されて、市場に入る食糧の割合は、さらに大きくなった。市場は、同時期のイギリス、フランス、アメリカ合衆国よりも効率的に機能していた」(Marks 1996: 77) とも記している。ヌグ・チン - ケオン (Ng Chin-Keong 1983) も、十八世紀について、彼の研究が特に対象としているアモイ (厦門) だけではなく、それが位置している福建省全体に広く及ぶ商業化を証言している。さらに、彼は、海峡をはさんで対岸の台湾、海岸を下って広東と澳門、はるか上流の重慶や、さらに四川省まで遡る揚子江流域の稲作地帯、そして満州と、福建との交易・移民の複雑な関係を検討している。季節的その他の理由による食糧備給の販売を通じて、価格を安定化させるという政府の市場介入の分析を越えて、彼は、「沿海部のネットワーク内での米の積出しは、救助・救済という単一の目的をこえて進み、高度に商業化されるようになった」(Ng 1983: 130) と要約している。揚子江流域の商業の発展と諸制度については、ウォン (Wong 1997) に従って、第二章ですでに指摘したことである。

ポメランツ (Pomeranz 1997: chap. 1, pp. 30-31) は、西ヨーロッパの農民よりも、中国の農民の方が、市場向け生産に、より多い割合をあてており、競争も激しかったと指摘している。同時に、中国の農民は、市場向けの手工業生産にも、より自由に従事していた。ポメランツはまた、財産権と土地の販売は、西欧よりも、中国の方が大きかったことも示している。

さらに、農業における地域的な特化 (Gernet 1982: 427-8) が、換金作物、特に蚕の飼料となる桑についても強まってきた。このような農業生産および他にも多くが、ますます商業化されてきており、少なからず、産業経済および輸出経済に貢献した。たとえば、蚕の飼料として必要な桑の葉の価格は、朝から昼、昼から夜へと、一日のうちに変動することもあったのである。土地は売買の対象であり、特に、階級上昇を望む商人にとってはそうであった。その結果、地主が「銀主」と呼ばれるようになったほどである (Brook 1998)。

一六〇九年当時の中国人張濤の文章から、ひとつ引用をすれば、多少そのムードを伝えることができよう。

> 商人として世に出た者が多くなり、土地の所有はもはや尊重されなくなった。人々は、もてる資産、財産を使って、機知を競い、予測できないような浮沈を経験している。……商売で富裕になった者が多数であり、農業で富裕になった者は、ほとんどいない。富める者はより富み、貧しい者は、より貧しくなる。昇る者が奪いとり、落ちる者は逃げ出すほかはない。権力をもたらすのは資本であり、土地は、恒産ではない。……

百人のうちの一人が富む一方で、十人に九人は貧窮している。貧しき者は、数では少ない富者に立ち向かうこともできず、富者が多数を支配することができる。銀の王が天を統べ、銅銭の神が地を治めている。

(Brook 1998より再引)

それにもかかわらず、中国における、農業の制度的構造とその生産物にとっての市場とは、生態学的、経済的状況の変化と社会的必要に、著しい対応を遂げ、明らかに、これと同時代のイギリスよりも、そうであったのである。両国ではともに、収穫の供給に反比例して穀物価格が変化したが、しかしながら、華南では、イギリスにおけるほど、気まぐれな変化は起きなかった。これは、市場の働きが低いからではなく、市場の働きがより優れているからなのである！　華南では、二期作によって収穫が増大し、灌漑地の増加によって収量は相対的に安定し、各地の備給および地域間交易によって供給は調整された。マークス（marks 1997a）の比較の示唆するところでは、「農民、国家官僚、華南の穀物商人は、イギリスのそれに対応するものと比べ、各々の農業経済に対する、気候の有害な影響を中和する上で、より優れた管理を行なっていた」のである。マークスは、この理由を、「華南においては、気候変動が収量に対して与えるインパクトを軽減する上で役に立った、灌漑工事に代表されるような技術の改善、国家の穀物備蓄システム、効率的な市場メカニズム」に求めている——そして、それらは、十八世紀のイギリスを上回って、それより優れていたのである。

中国と、西欧のさまざまな地域とにおける市場制度について、多くの注意深い比較を行なって、ポメランツもまた、次のような結論に至っている。

土地および労働についての要素市場に目をむけると、驚くべきことに、中国が、少なくとも一八〇〇年以前のヨーロッパと同等には、近代西欧的な効率的経済制度についての考え方に従っているように思われることに気がつく。……このように中国における労働力の使用は、土地の使用と同様、少なくともヨーロッパと同等には、「市場経済」の原則に従っていたように思われる。あるいは、ヨーロッパ以上であったということも、かなりありそうなことである。……さらに、中国における、大変評判の悪い、家族労働の使用のパターンも、より詳細に検討してみると、北西ヨーロッパのそれと同様、機会の変化や価格のシグナルに対応するようになっていたように思われる。すると、西ヨーロッパの最先進地域も、決して唯一独特であったのではなく、決定的な経済的特徴――商業化、財・土地・労働の商品化、市場を動因とする成長、世帯ごとの出産率調整と労働配分による、経済動向への適応――を、ユーラシアの他の人口稠密地帯の中核と共有していたように思われるのである。……

(Pomeranz 1997: chap. 1, pp.51-52)

実際、国家は、税、市場、その他の誘因を提供して、新規に土地を拓いて、そこへ定住させたばかりでなく、労働力が稀少な地域へ、何千万という移民を奨励したのである。

さらに、ポメランツはまた、中国とヨーロッパとにおける、長距離穀物輸送についても、比較を行なっている。それらは全て、何らかの種類の市場ネットワークを通じた商業制度によって流通するほかはなかったものである。十八世紀の華北では、長距離穀物輸送によって、年間六〇〇〜一〇〇〇万人の成人男子の食糧がまかなわれていた。これは、バルト海交易を通じて輸送された穀物の量と比べると、平年の一〇〜一五倍、ピーク時と比べても三倍ほどの量である。実際、華南の一省だけへの輸入でも、バルト海交易全体が養いえた人口を上回る数の人々の食糧をまかなっていたのである (Pomeranz 1997: chap. 1, pp. 5)。

エルヴィン (Elvin 1973) は、これらの発展がまた、いかに都市化を開始させ、それを支えたか (そして、逆に都市化が、これらの発展を支えたか）ということを指摘している。この都市化もまた、他のどの地域よりも中国で、絶対的にも相対的にも大きかったことである。例外は、一時期の日本だけである。五〇〇万人程度の人口を擁する二つの都市が、それぞれ、宋代に報告されている（Frank and Gills 1993: 177におけるGernet 1985からの引用）。エルヴィンは、近世期について、都市化率を六〜七・五パーセント、都市住民人口を六〇〇万人と見ている。もっとも、この六〇〇万という数字が「大都市の人口を過少申告していることは疑い得ない」ことである。隣国の日本に、その後、最高位は譲ったとはいえ、中国は依然として、世界で最も都市化の進んだ国であった。しかしながら、一九〇〇年までには、中国の都市人口は全人口の約四パーセントにまで低下した。これは、十三世紀の水準をも相当に下回る数値である（Elvin 1973: 175, 178）。

要約すると、ヨーロッパ中心主義的神話の言うところとは逆に、「大陸をまたぐ交易〔そこには、多くの地域交易や局地交易も含まれる〕における全ての企業家は、東インド会社やリヴァプールの奴隷商人だけではなく、インドネシアやマラバルの香料農場主も、インド商人や、アフリカの奴隷輸出者たちもみな、合理的に行動しており、自分たちの持っている資源を可能な最善の仕方で利用していたことはあきらかなはずである」（Steensgaard 1990c: 16）。ゆえに、後になって作られたヨーロッパ中心主義的な、アジア人・アフリカ人に対する酷評には（ポランニー流の持上げにも）、歴史的事実において根拠がないのである。それらが、「アジア的生産様式」（マルクス）にも、「水力／官僚制社会」（ウィットフォーゲル）にも、はたまた「合理性」の欠如や、まして「非合理性」（ウェーバー、ゾンバルト）にも、支えられていないのは確かである。また、「再分配的」（ポランニー）とか、他の「伝統的」社会（ラーナー、ロストウ、全ての西洋の近代化論者）などといったカテゴリーも、同様に妥当ではない。

同じヨーロッパ中心主義の近視性は、「近代世界システム」の研究者たちにも、依然としてしみわたっている。

たとえば、ウォーラーステインが編集する『レヴュー』誌のある号には、もしそうでなければ革新的な論文であったはずの、トニー・ポーターによる循環《サイクル》についての論考（Porter 1995）が掲載されている。アンガス・キャメロンに従って、ポーターは、ほぼ紀元一〇〇〇年から現在までにわたる、長期の「ロジスティクス」循環を同定・分析し、「グローバル」な金融とヘゲモニーとを、「世界生産」を含めた循環の文脈において、関係付けている。後者についての彼のデータは、ジョシュア・ゴールドスタインから取られたものなのであるが、不幸なことに、このゴールドスタインにとっての「世界」は、ヨーロッパに限定されてしまっているのである。別にかまうことはない。ポーターの金融制度と「ヘゲモニー」にしても同じことなのだから。ヨーロッパの外部の世界経済にも、経済的循環のみならず、重要な金融制度や技術革新はあり、ただしヘゲモニーは存在しないという事実には、ポーターは関心がないように思われる。しかしながら、彼が分析している、オランダや他のヨーロッパの金融制度は、我々がここまで、そして第二章でも見てきたように、アジアにおけるそれと密接に関係し、またそれに依存していたのである。ポーターもまた、彼の「グローバル金融の技術革新のモデル」において、ほとんど完全に、アジアに対して目をつぶり、ヨーロッパ、およびそれが分離されたひとつのシステムであると主張されている「世界経済」において「本当にそうであったような」歴史の分析を歪曲し、無効にしている。悲しいかな、ほとんど同じことは、（排他的に）ヨーロッパの金融上の技術革新について論じたジョヴァンニ・アリギ（Arrighi 1994）の、さもなくばふさわしく厳然としたもので、受賞の栄にも浴したが、やはりあまりにもヨーロッパ中心主義的な著作である『長期の二十世紀』（本書第六章での議論を参照）についてもいえることである。

資本主義の起源はヨーロッパにあると称するテーゼに対する、ここまでの議論全体がもつ含意については、結論を述べる第七章――その広範な広がりと同程度に信頼の置けぬ、そのような仮定に疑いを投げかける史料を、まださらに検討する機会を持った後――での考察にとっておこう。

要約すると、本章は、人口、生産、収入、生産性、交易、技術、地球を取り巻く経済および金融上の諸制度を、主要な地域間で比較して検討し、それらが全て、単一のグローバル経済《エコノミー》の市場構造と発展の動態の一部として、関係付けられ、発生してきたものであると論じた。比較の観点から言って、アジアの多くの地域における発展は、本書が対象とする期間の始まりである一四〇〇年において、ヨーロッパのはるか先を行くものであっただけではなく、その期間の終わりである一七五〇〜一八〇〇年においても依然としてそうであり続けていた、ということを指摘した。さらに、歴史的に言えば、ヨーロッパにおける、およびヨーロッパからの、広く受け入れられた「知見」である一八〇〇年以降のヨーロッパの「テイク・オフ」は、ヨーロッパに例外的に存在したいかなる科学的、技術的、制度的「準備」に基礎を置くものでもなかった、ということが、示された。ヨーロッパにおける発展が、「ルネサンス」において得られたと称されている「有利な滑り出し《ヘッド・スタート》」に基礎をおいていたなどということは、さらに間違いであるし、ギリシアやユダヤ主義から優れた合理性や科学を「継承」していたなどという思い込み的なまやかしに至っては、言うまでもない。これらの、一般に受け入れられた「知見」は全て、神話に基いたヨーロッパ中心主義的なイデオロギーに過ぎず、実際の歴史にも社会科学にも基礎を置いていないのである。逆に、最小限でも適切な学問的態度をとるならば、「西洋の勃興」は、それ以前、およびそれと同時代の世界の「残り」の部分の発展から引き出されてこなければならない。それが、以下に続く各章で示されることである。

しかしながら、「比較」分析に結論を与え、グローバルな分析へと進む前に、アジアの「衰退」とヨーロッパの「勃興」の時期について研究している、別の論者による比較分析の結論を紹介しておくことは有益であろう。ローデス・マーフィーは、東洋と西洋との相対的な「実効性」の比較を、軍事力の強さ、経済的繁栄ないしは拡大、技術成長、政治的まとまりの組み合わせを計算することを通じて、試みている。

恐らく十七世紀末ないしは十八世紀の初期に始まって、多くの点で、西洋は、実効性のレベルの上昇をたしかに獲得しており、これは、アジアの大半の地域伝統的〔ママ！〕秩序の実効性のレベルの下降と時期的に一致する傾向がある。西洋の勃興も、東洋の衰退も、絶対的なものであるが、その時間的一致は、対決のパターンを形作っている。

(Murphey 1977: 5)

マーフィーは、「西洋」には上昇カーヴを、「アジア」には下降カーヴを描いて、二つの曲線が交わる点を、一八一五年としている。インドについて、彼は、その交差のポイントをもう少し前の、一七五〇年ごろか、それ以前に置き、中国については、もう少し後に置いているようである。すなわち、マーフィーの印象批評的だが、全く独自に行なった、アジアとヨーロッパのグローバルな「実効性」の試算も、アジアが少なくとも一八〇〇年までは世界における圧倒的優位を占めていたという本書の主張を支持しているわけである。

ここまでの、このような知見はただ、以下に続く分析の基礎を成すものとして探究されたことである。第五章では、世界経済のさまざまな地域が、同一の、しばしば循環的な、グローバル経済《エコノミー》の諸力に、いかに同期的に対応していたかを分析する。翻って、この分析は、いつ、そして、なぜアジア経済がほぼ同時に衰退を経験したのか、またいかにして、なぜ西洋がアジアとの関係において「勃興」したのか、またそれだけではなく、いかにそれらが、世界経済そのもの全体の構造と動態からの、グローバルな、地域的な、そして部門ごとの帰結であったか、ということを問う第六章の舞台を設定するものである。そうして、世界経済の構造的・循環的諸力に目を転じることにしよう。それらの諸力によって、このような東西関係は、十九世紀および二十世紀になって初めて、そして明らかにこの二世紀間だけのこととして、逆転させられたのである。

5

横に統合されたマクロ歴史

しかしながら、歴史のフィールドというものが、欧米の大学で育て上げられて、ミクロ歴史的で、地方的偏狭ささえみせるようになってしまったという事実は、そのままである。……歴史家は、縦の連続性（伝統の持続など）には、油断なく臨んでいるが、横の連続性に対しては、目を閉ざしている。……しかしながら、歴史学という「ディシプリン」を作り上げている、個別研究の美しいモザイクは、試案的な、連続性あるいは少なくとも歴史の並行性の一般図式である、マクロ歴史なしでは、所与の社会の歴史的特有性の意義を、完全に見ることはできない。……統合された歴史は、そのような相互に関係付けられた歴史的現象の記述の追求である。その方法論は、実践に移すのは容易ではないとしても、概念的には単純である。すなわち、まず歴史的並行性（世界のさまざまな社会で、だいたい同期的におこった同様な発展）を探し、そしてそれから、それらが因果的に相互関係を持っているかどうかを決定する。……近世史における相互結合や横の連続性を見出すには、政治や制度の歴史の表面の下を見て、近世期の経済、社会、文化の諸発展を検討しなければならない。そうすると、例えば十七世紀において、日本、チベット、イラン、小アジア、イベリア半島は全て、表面的には、互いに切り離されているようでも、人口動態上、経済上、そして社会的にさえ、同一で相互関係を持つ、あるいは少なくとも同様な諸力のいくつかに対して反応しているように見えてこよう。

ジョセフ・フレッチャー(Joseph Fletcher 1985: 39, 38)

グローバル経済《エコノミー》と世界システムの構造については、ここまでの各章で概観した。しかし、それが、固有の時間的な動態を持つということについては、黙示的にしか述べてこなかった。したがって、本章では、いくつかの分析装置を用いて、この時間的な動態を探究し、さまざまな種類の時間的な、そしておそらく循環的な諸々の動きを腑分けしていこう。というのも、実際に、単一の地球全体を覆うような世界経済システムが、その諸地域・諸部門間の相互結合について固有の構造を持っているとすれば、当然、それら諸地域・諸部門の一つで起こったことは、一つないしはそれ以上の他の諸地域・諸部門に、反響をもたらすはず、あるいは少なくとも、もたらす可能性があるということになるからである。本書は第三章で、グローバル経済《エコノミー》をめぐる貨幣の流通が、その範囲の最も遠いところからの参加者にさえ、いかに影響を与えたかということを見てきた。さらに、第四章では、このグローバル経済《エコノミー》の構造と過程とが、いかに「局地的」な諸制度の形成や変容にまで寄与し、また変化する状況への新しい技術的適応を促したかということを見た。実際、システムのひとつの部分が、別の部分に影響しうるというだけではなく、システム全体の相互に結合した構造と動態とが、その、どの諸部分にも、またその全ての部分にさえ影響を与えうるのである。

したがって、いかなる局地的ないしは地域的過程を説明し、理解するにも、それらの諸過程が、いかに、他の場所における同時代的な事象、そして/あるいは、全体としての世界経済システムの同期的な過程に影響をうけ、またそれに反応しているかということを探究することが必要なのである。このため、私は、ずっと以前に次のように申し立てたのである。

異なる時間を通じて、同一のものを関係付けることが、いかに有用であるとしても、歴史家が歴史理解に対してなす、本質的（なぜなら、最も必要であると同時に、最も達成されることが少ないから）貢献は、歴史的過程の中の同一の時間において、異なる物事や場所を関係付けることに成功することのほうである。歴史的過程全体ないしはシステム全体の変容において、異なる諸事象の同期性を検証し、関係付けようとする、まさにその試みは――たとえ、実証的情報や理論的適切さが欠けているために、事実上時間的、空間的にカヴァーしている範囲が穴だらけであったとしても――正しい方向への重要な一歩なのである（特に、今日の一つになった世界における単一の歴史的過程についての歴史的なパースペクティヴと理解との必要に応じるために、現世代が「歴史を書き直す」必要があるようなときには、そうなのである）。 (Frank 1978a: 21)

そのとき、およびその早過ぎる死の少し前から、ジョゼフ・フレッチャーは、上に掲げた本章の題辞《エピグラフ》に抜粋したような、さらに強い調子の訴えを行なった。我々は、彼が勧めながら、本人はなし得なかったことをやりはじめようとしなければならないのである。さらに、ジョゼフ・シュンペーター (Schumpeter 1939) は、経済循環ないしは景気循環は、扁桃腺のように切ってしまえるものではなく、むしろ有機体そのものの鼓動のようなものであると書いている。ブローデルやウォーラーステインの著作にも、かなりの証拠が挙がっており、このような循環的な脈動が、世界の遠く離れた――そして、自律的だと思われている――諸地域に広く共有され、それがまた一つ別の指標となって、それらの諸地域が、単一世界経済の、実に不可欠な一部であるということを示しているのである。

ジョージ・モデルスキーは、循環をつきとめようとする、当のシステムの方を先に定義する必要があると主張している。しかしながら、操作としては、逆向きでもよいであろう。つまり、広範な範囲の諸地域を横断して、循環の同期性を同定することによっても、システムのひろがりと境界を示す主要な証拠は得られるということである。これは、私が青銅期時代の世界システムの循環についても論じた通りである (Frank 1993a)。この趣旨に沿う史料は、もっと、近代世界システム論の光のもとに引き出され、分析されるべきだし、まちがいなくそれは可能である。不幸なことに、極めてわずかな歴史家たちしか、諸「世界経済」の境界を横断して、重なり合う循環が存在しているか否か、またどのように存在しているのか、についての史料を見出し、それを提示しようとはしてこなかった。しかしながら、モデルスキーとトムソン（Modelski and Thompson 1996）は、世界システム的な諸結合およびその諸次元を同定するのに、同じ手続きを採用するようになった。それによって、いくつかの「世界経済」が、実際には単一の世界経済を形成していたかということについて、多くのことが明らかにされた――だが、ほとんどの歴史家も、そんなものが存在するとは考えていない！　それでも我々は暗闇の中で、少なくとも、いくらかは、そのような――フレッチャーの言葉を使うなら――横に統合された歴史を企ててみよう。そして、我々の関心に、それがどのような光を投げかけるかを見てみよう。

同期性は偶然の一致ではない

本書が対象とする時間の枠から、部分的に前の時代を見にいくために、イマニュエル・ウォーラーステイン（Wallerstein 1992: 587）による、一二五〇～一四五〇年のヨーロッパ規模の循環の下降局面の説明を簡単に検討しておこう。そのパターンは「明確な形を持っており、中世後期および近世のヨーロッパの歴史を書いている者の間で、ひろく受け入れられている」とのことである。フェルナン・ブローデルは、これと同じ時期を検討して、十三世紀の末にシャンパーニュの大市の衰退があったことを指摘し、次のように述べている。

これらの年代は、さまざまな長さの期間にわたって、さまざまな度合いの深刻さで、フィレンツェからロンドンまで、当時のヨーロッパ全体に影響を与えた一連の諸危機と重なり合っており、ペストとともに、来るべきもの、すなわち十四世紀の大不況の前触れとなるものであった。(Braudel 1992: 114)

しかし、このような衰退は、ヨーロッパに限られた話だったのだろうか。否である。ジャネット・アブ‐ルゴッド(Abu-Lughod 1989)や、バリー・ギルズと私(Gills and Frank 1992, Frank and Gills 1993も参照)の議論では、その反響は、全アフロ‐ユーラシアにわたるものであり、それは、本書が対象としている時期にまで至った。さらに、インドの歴史家であるK・N・チャウデュリは、ブローデルが、十三・十四世紀のカンボジアの衰退の原因を、生態学的な変化に求めていることに言及し、メソポタミアの灌漑農業が荒廃したのも、ちょうど同じ時期であると指摘している。彼は、次のようなケースはどうやって説明するのか、とも問うている。

紀元一二三六年頃以降に起こった、セイロンの、突然で破滅《カタストロフ》的な終焉のケースは、どうなのだろうか。まず第一に、一二二〇年代から一三五〇年代の時期は、アジアの多くの社会にとっての深刻な危機の時代のひとつであった。……ほとんど全滅に近い人口学的破滅が……インド洋の全地域で起こったということは、問題とはされていない。……だが、これらはすべて、偶然の一致なのだろうか。(Chaudhuri 1990a: 246-68)

本書が対象としている時期に先だって、リンダ・ダーリング(Darling 1994: 96)は、オスマン帝国およびその他の地域で起こったことを検討して、「これらの傾向が、これほどさまざまな国々で同期的に起こっているということは、我々の調査と概念の再構築へ向けた新しい課題の出発点として考えられるべきである。諸事象が……単に表面的に似通っているだけであるというのではなくて、構造的に結びついているという可能性があるのだ」と書いている。

同様に、ニールス・ステーンスゴールは、ユーラシア全体について、以下のように述べている。

十六世紀にユーラシア中で起こった金融混乱が、偶然の一致だなどということは、わたしには信じがたいことである。ユーラシア大陸を横断する、あるいは縦横に駆け巡る地金の流通に伴う、地金ストックの増大とその不均衡以外には、私は、それらを結びつけるものを見出すことができない。(Steensgaard 1990c: 20)

さらにステーンスゴールは、C・A・ベイリーもまた、顕著に「類似したパターンを持つ歴史の流れが、東半球の主要地域に現れてきているが、それは、ヨーロッパ諸帝国の外部における、このような十八世紀の危機について、何らかの原因となる要因を指し示すことに貢献できそうな諸論者には、しばしば知られていないことである」と気づいていると指摘している(Steensgaard 1990c: 20によるベイリー(Bayly)からの引用、ただし引用個所不明)。最も問題提起的なのは、M・アタール・アリによる次のような発言である。

これらの現象はすべて、偶然の一致なのだろうか。全く同じ時期に、インド世界およびイスラム世界という大きな地域の全体を、同一の運命が征服し、しかもそれが、そのそれぞれの場合で全く異なる(というか、雑多な)要因によるものであるなどと断言するのは、私には、人の説得性の感覚に無理を強いるようなもののように思われる。調査が、万一究極的に不毛な結果に終わったとしても、多かれ少なかれ安定していた帝国を崩壊させた、なんらかの共通の要因が発見できないかどうかということを見極める必要がある。

（Ali 1975: 386）

第六章は、なぜアリが、このような現象を偶然の一致とは考えなかったのか、またそれに対する私の説明はどのようなものなのか——アリによる説明とは、むしろ異なっているのだが——について論ずる。私自身による説明もまた、「東洋の没落」および「西洋の勃興」の相互に関係しあった、そのいわれ因縁を検討するものである。しかしながら、この大きな問題にとりかかるところまで進むためには、その前に、上で、チャウデュリ、ステーンスゴール、ダーリング、アリらによって問いかけられ、提案されてきたことを追究することによって、そのための基礎を構築する必要がある。それらの論者たちもまた、フレッチャーによって提起された横に統合された歴史を用いて、我々の調査と分析を先導する上で役に立ってくれるのである。

最近になって、フレッチャーが呼びかけた横に統合された歴史の方向への、いくつかの革新的な試みを行なう論者もでてきた。以下、本章は、ジャック・ゴールドストーン（Goldstone 1991a, b）、「十七世紀の危機」の可能性について研究している何人かの論者、コンドラチェフ波について研究したジョージ・モデルスキーとウィリアム・トムソン（Modelski and Thompson 1996）、マーク・メツラー（Metzler 1994）、そしてバリー・ギルズと私（Frank and Gills 1993）らによって開始された、いくつかの試みを簡単に検討していく。

横に統合された歴史の実践

人口学的／構造的分析

この方向での革新的な試みの一つに、ゴールドストーン（Goldstone 1991a）による「人口学的／構造的」分析がある。彼は、近代の世界史のいくつかの時期において、ほぼ同期的に起こった諸事象、特に一六四〇年代の明朝、オスマン帝国、イギリスにおける国家の破綻ないしは、破綻的衰弱を検討している。彼は、ユーラシアを横断して、広範で、繰り返し起こる循環的な同期性の存在を示しているが、彼の人口学的／構造的分析は、むしろ「一国」的な循環とその他の経済的過程に向けられており、国際的な循環的過程については、ほとんどその入る余地がのこされていない。そして彼は、世界規模での貨幣の過程などは一切ないと、強調して主張している。ゴールドストーンは自ら、次のように説明している。

私の第一の結論は、その質実さという点で、全く美しいものである。それは、一五〇〇〜一八〇〇年のヨーロッパ、中国、および中東における、周期的な国家の破綻は、単一の基本的過程の帰結であるというものである。……主たる傾向は、生産の成長が、相対的に柔軟さを欠く経済的・社会的構造の文脈において、価格変動、資源配分のシフト、および社会的需要の増大につながり、農業 - 官僚的国家が、それへの対処に失敗するというものであった。（Goldstone 1991a: 459）

他の批判者たちとは違って、私は、ゴールドストーンの長期的な人口学的／構造的説明は、説得的であり、あるいは後で論ずるように、たとえ一般的な「十七世紀の危機」といったものの存在が疑わしいとしても、少なくともきわめて真剣に注目し、追究されるに値するものであると考えている。私は、自分の著作（Frank 1993）において、ゴールドストーンへの好意的な論評をしておいた。以下は、私の批判的見解のほうである。私は、彼が短期的な貨幣要因を無視していることについては、疑念をもっている。そのような要因は、彼の長期的な構造的／人口学的要因と両立可能であり、むしろそれを強化する可能性が非常に高いように、私には思われるのである。

「十七世紀の危機」？

いわゆる「十七世紀の危機」については、多くの推論、議論が、そしてある程度は分析も行なわれてきた。多数の本や論文が、ヨーロッパにおけるその発生と起源を論ずるために書かれた（Hobsbawm 1954, 1960, Aston 1970, De Vries 1976, Frank 1978a, Wallerstein 1980）。依然として論争の種となっているのは、「危機」の正確な年代確定の問題、それが大西洋経済を越える広がりをもっていたか、持っていたならどこまでか、という問題、そして特に「小氷河期」とどのような関係があったと考えられるかという問題である。というのも、危機の内容には、農産収量の不足と飢饉、伝染病、経済の後退と政治的混乱に伴う人口減少があるからである。特に、日本、中国、東南アジア、中央アジア、そしてオスマン帝国といったユーラシアの多くの地域で、十七世紀の四分の三にあたる一六二〇〜一六九〇年の期間のいずれかの時点で――必ずしも、同時というわけではない！――気候的、人口学的、社会的、経済的、政治的な危機があったということが示されている。

さらに、ゴールドストーン（Goldstone 1991a）は、十六世紀の急速な人口増加は、十分な食糧生産の伸びを伴わず、結果として、人口学的／構造的危機と政治的混乱、あるいは少なくとも明朝（一六四四年）、オスマン帝国、イングランド（一六四〇年）の破綻を引き起こしたと力強く論じている。ヨーロッパでは、地中海地域全体、特にポルトガル、スペイン、イタリアが衰退した。

ここで、「十七世紀の危機」が世界規模であったのか――特にアジアを含むものであったのか――そして、それが本当に少なくとも半世紀は続いたようなものであったのか、を再検討することが重要である。すなわち、「危機」は本質的にヨーロッパ（もっとも、そこでは、この時期にオランダが「黄金時代」を経験していたのだが）と、おそらくその他の諸地域に限られていたのであろうか。そして、どれくらいにわたって、どのような危機がアジアに存在したのだろうか。これらの問い、そしてその答えは、以下の理由から、本書が行なう探究にとって重要なものである。すなわち、いかなる横に統合された歴史も、単に重要なケース・スタディとしてだけではなく、どの程度――そして、どのような――経済諸力が世界中に、同時に作用するかを明らかにしうるということによって、この時代を検討すべきである。危機が本当に世界規模のものであったとすれば、それは、世界規模の循環の下降局面（コンドラチェフの用語では、B局面）が作用している、かつ／あるいは――多くの論者が主張するように――ヨーロッパがすでにその影響力を増大させていて、その経済的下降が、世界経済における他の地域まで巻き込んで下降させるようになっていたか、ということになる。しかしもし、アジアには、そのような危機は当てはまらないとする証拠があるとすれば、ヨーロッパにおける出来事は、まだ、世界経済にそれほど重要な重みを占めていなかったということになり、十七世紀の世界危機などというものはなかったことになる。

本書が行なう探究にとってこの問題についての証拠が重要となる、もう一つ別の理由は、それによって、アジアでは一四〇〇年に、ヨーロッパでは一四五〇年に始まった上昇局面（A局面）が、どれくらい長く続いたかを、以下の章で追求していくことができるからである。またそれによって、他方で、ギルズと私（Gills and Frank 1992,

Frank and Gills 1993も参照）の言う五〇〇年周期の循環が近世期にまで、続いていたのか否か、ということを探究することも可能となる。この点についての史料と議論とは、再びアブ‐ルゴッド（Abu-Lughod 1989: 388）を引用して言えば、どのように、そしてなぜ「東洋の没落が、西洋の勃興に先行した」のかについて論ずる、第六章における分析でも、重要な役割を果たすことになる。さらに、「十七世紀の危機」の存在ないしは不在を示す証拠は、十七世紀においいて、同定されてきた諸危機の長さ、種類、性質を検討するのに必要な背景と文脈とを提供してくれる。私は、一六四〇年前後の二〇〜三〇年間の危機に、特に注意を払うのだが、それについては、次節でたちかえって論ずる。

世界規模ないしは、世界の大部分での「十七世紀の危機」の存在ないしは不在をめぐる、このような問いはすでに、特に『モダン・アジアン・スタディーズ』誌（*Modern Asian Studies* 1990）掲載の諸論文の中で、検討や論争の主題となっている。中国の十七世紀に、全般的な危機が存在したというテーゼは、S・A・M・アドシェド（Adshead 1973: 272）によって提起されたものである。彼は、「ヨーロッパの危機は、実際には、その影響という点で、世界規模であり、……ヨーロッパにだけではなく、イスラム世界や東アジアにも影響を与えたのである」と主張している。それ以来、いくつか関連の問いが提起され、検討されてきた。十七世紀に、一般的な持続的危機が存在したのか。短く答えれば、「ノー」ということになろう。持続的な危機が存在した範囲に限定すると、その危機はどこに訪れたのか。そして世界の大部分、ないしは単に多くの部分において、そして／あるいはアジアにおいて、そのようなことを示す証拠はあるのか。これに対しても短く答えれば、答えは「ノー」であろう。アジアを含む、世界のいくつかの部分で、比較的に短い経済的・政治的危機が、同期的にあったのか。それならば、答えは「イエス」であろう。一六三〇年代および一六四〇年代において、ということになる。これらさまざまな地域および／あるいは国々の危機は、関連しあっていたか。これも、答えは「イエス」であろう。その原因は、ゴールドストーンが強調しているように、第一に人口学的なものに帰着させられるのだろうか。それは、不分明である。それらは、共通の、気候的な、したがって農業生産上の問題にも関係していたのか。たぶんそうだろう。共通の貨幣上の問題にも関係があったのか、ないしは、それが原因だったのか。それは、特定の論争の主題となるものであり、いかに述べるように、私自身の考えは、「イエス」と論ずる側に傾いている。

史料をいくつか検討してみよう。アンソニー・リード (Reid 1990) は、彼が専門的に研究している地域である東南アジアが、「十七世紀の危機」に苦しめられたことは明確であり、それは、アジア「一般」についての出来事でもあると主張している。彼は、世紀の中葉からそれ以降の東南アジアは、特に交易に依存するようになっており、輸出品価格の低下、生産の減少、さらに絶対量および世界経済一般との比較の両方についてマニラその他の場所での交易量が減少したことから、経済的な苦境に陥ったと論じている。リードはおそらく、マニラにおける「危機」の東南アジア的な観点を、やや強調し過ぎであろう。マニラは、スペイン領アメリカと中国および日本とを結ぶ仲介的な役割に関係していたのである（このことについては、以下でもう少し触れる)。一五九九年のビルマの都市ペグーの破壊は、その原因を、十七世紀の危機に求めるにはかなり早すぎる。しかしながら、ジャヴァの東部・中部については、リードは、十七世紀の最初の七五年間にわたって、特に乾燥が続き、一六四五〜一六七二年は毎年、降水量が平年を下回ったと指摘している。旱魃と飢饉が、一六三〇年代と一六六〇年代に、ビルマとインドネシアを襲い、シャムとカンボジアの稲作氾濫原地帯も、水不足に陥った。このような経済的下降はまた、東南アジアにおける、オランダその他のヨーロッパ商人にも、悪影響を与えた (Reid 1990, Tarling 1992: 488-493)。リードはまた、東南アジアのヨーロッパ占領地のいくつかの場所で、人口減少が報告されていることを指摘しているが、まさにわざわざ報告しているという、この理由によって、それが状況全体を代表するものではなかったことになるとも考えられると付け加えている。

実際、リードが優先的に焦点を当てている、東南アジアの島嶼部およびマレー半島自体も、それほど全体の状況を代表しているわけではない。リーバーマンは、リードの著書を書評して、以下のように、極めてはっきりと述べている。「十七世紀の崩壊などと言うものは存在しなかった。……十七世紀が分水嶺になっているというテーゼは、東南アジアの大陸部については、根本的に当てはまらないように、私には思われる」(Lieberman 1996: 802, 801)。リーバーマン (Lieberman 1996: 800) は時に、「長期の十六世紀」に言及して、東南アジアの大陸部では、繁栄が十八世紀まで続いたことを示している。

リード (Reid 1997) は、私を同僚として遇し、このリーバーマンの批判を手渡してくれたのだが、それにもかかわらず、彼は、東南アジア全般に十七世紀の危機があったと主張しつづけており、十七世紀の危機は、アジア全域を含めて世界規模であったという、それ以前からの彼の主張にもこだわっているようである。しかしそれは、彼がこの大きなテーゼを提起した『モダン・アジアン・スタディーズ』の同じ号 (*Modern Asian Studies* 1990) に収められた、他の論文によって、不当であることが示されているのである。

リードがいくら頑張っても、アジアの他の諸地域からの (また実は、両アメリカからも) 史料は、リードを支持するようなものをあまり与えてはくれない。『モダン・アジアン・スタディーズ』の同じ号で、ジョン・リチャーズ (Richards 1990) は、まさに、この問題を念頭において、インドの史料を検討している。彼は、一六三〇年代の飢饉を除けば、ムガール期のインドには、そのような長期の「危機」や、短期の「危機」さえ、その存在を示すような証拠はないと強調している。逆に、人口、都市化、生産、生産性、政府収入および地金準備高は全て、前世紀と同様に増加しつづけていた。局地的、地域的、間地域的交易も成長した。インドは、十七世紀の間、繁栄し続けていたのである。これは、第二章でインド内およびインドからの交易の検討で示したことでもあり、第三章で貨幣の流入と価格水準との関係で、農業、都市化、手工業の拡大を論じたところでも示されたことである。これらのことを示した史料はすべて、同じ結論、つまり十七世紀を通じて、インドでは経済的拡大が継続したということを指し示している。さらに、インドと海外との間の――特にインド人による――交易の成長を示す証拠も、入手可能な全ての資料において、圧倒的である。そのようなインド交易の多くが、東南アジアをその相手としていたので、東南アジアにおける顕著な商業の衰退というリードのテーゼは、それにも矛盾している。奇妙なことに、リードは、一六四〇年以降の東南アジア諸島からの主要四輸出品の減少については、記録によってこれを示しているものの、それから彼は、「我々は、全体と比べるとゆっくりとしか減少していないオランダ東インド会社による衣料の輸入についての数値しか手にしていないが」、インドの「輸入は一六五〇年以降、急激に下落しているにちがいない」と書いているのである。リードの文章に私がつけた傍点によって、明るみに出るのは、そのような下降について、彼は証拠となる史料を持っておらず、オランダ東インド会社の衰退は、先に言及した、インド商人によるヨーロッパ商人の駆逐とも、完璧に両立するということである。

同じく『モダン・アジアン・スタディーズ』の同じ号で、ウィリアム・アトウェルが「東アジアにおける一般的危機」という問いを検討している。短く答えれば、十七世紀全体については、彼はなにも見出すことができないということである。しかしながら、後で引用する別の論文においてと同様に、ここでもアトウェルは、一六三〇年代および一六四〇年代の中国と日本に、気候上の問題（火山の噴火による降灰や、低温など）があったと同定しており、それは、農業生産、特に米の深刻な減少を引き起こしたようである。両国はともに、厳しい飢饉、商業や交易の減退、破産、輸出の減少および輸出価格の下落などといった、経済的・政治的な条件の深刻な悪化を経験した。さらに、アトウェル（Atwell 1986, 1990）は、中国と日本とにおける、短期的な経済的危機は連関しあっていると強調している。両国は、気候上の問題を共有し、交易において相互依存的であり、共通の貨幣上の問題に支配されていた。アトウェルは、一六四四年の明朝の滅亡の原因として「銀危機」の寄与を主張する主要な論者である。「銀危機」については、次節で検討する。

だが、アトウェルは、朝鮮については、それに伴う同期的な経済問題の存在を示し得ていない。何十年か前の中国および日本両国との武力衝突からまだ立ち直っていなかったということはあるにしても、朝鮮もまた、中国および日本と連関していたのである。アトウェルは指摘していないが、本書は第二章で、確かに朝鮮に、経済活動および中央アジアを通じての交易の、なんらかの衰退が、あるいは少なくとも転換があったことを示す証拠を指摘した。その交易が中国とも連関していたことはもちろんである。他方、ロシアにおける拡張は、十七世紀を通じて継続していた。

それで、一般的な「十七世紀の危機」は存在したのであろうか。フレッチャー(Fletcher 1985: 54)も、この問いを提起している。そして、その答えは「ノー」のようである。また、アトウェル(Atwell 1990: 681)も、「結論として、地域としての東アジアが、十七世紀の間に、長期的な危機を経験したという考えを受け入れるのは難しい」と書いている。南アジア、および北アジアのロシア/シベリアにあっては、さらにそうであることは、すでに指摘しておいた。両地域はともに、大規模な拡大を起こしていたのである。ステーンスゴール(Steensgaard 1990b: 686, 688)もまた、「ここに掲載した三つの論文『モダン・アジアン・スタディーズ』の同じ号に収められたアトウェル論文、リード論文、リチャーズ論文」は、いかに素晴らしく、よく文書の裏づけが取れているとはいっても、アジアにおける十七世紀の危機の存在を論ずる堅固な基礎を提示してはいない。……彼らは、十七世紀の危機がアジア史の研究に有用な概念であるということさえ、読者に納得させてはいない」と結論付けている。史料に従えば、これには同意せざるをえない。

西アジアにも、一般的な「十七世紀の危機」や衰退などは存在しなかった。ペルシアでは、サファヴィー朝の支配が、一七二四年に終焉を迎えているが、その原因を十七世紀中葉の危機に求めると言うのは、こじつけであろう。たとえばゴールドストーン（Goldstone 1991a）が分析したように、オスマン帝国も確かに、問題を経験してはいたが、帝国は生き抜いた。そして、前章までで指摘したように、フリ・イスラモグル‐イナン（Islamoglu-Inan 1987）やリンダ・ダーリング（Darling 1992）は、オスマン帝国が十七世紀に衰退したというテーゼに挑戦している。公平を期して言えば、スライヤ・ファロキも同様の挑戦をしている。ファロキ（Faroqhi 1994）は、『危機と変化一五九〇～一六九九年』という書物にオスマン帝国の社会経済史を寄稿しているが、「十七世紀の危機」というテーゼが、オスマン帝国に適用されるか、されるならどのようにかということを、慎重に評価し、それは適用できないと結論付けている。全く逆なのである。ブルサにおける織物生産と、そこを通じての海外交易は、利幅削減に対応して確かに衰退した（Faroqhi 1994: 454-56）のだが、しかしながら、他の織物生産の中心地は、地域化《リージョナリゼーション》と多様化の進行の一部として、成長を遂げ、アレッポやイズミルのような生産的な交易都市は、その後背地との商業的な結びつきを緊密化した。これは、私自身が、同じ時期について、ラテン・アメリカに見出したものと類似のことである（Frank 1978a）。

> このように、一六〇〇年頃に、オスマン経済が変容をとげ、それを境に、ヨーロッパ世界経済の付属物のようになってしまったと思い込むのは、極めて性急なことのように思われる。むしろ、「経済的遊休状態」の時期があったと思われるのである。……オスマン帝国の手工業は回復したものもあり、……新しく誕生して栄えていったものもあった。……別様に言えば、オスマン経済には、それ自体の潜在力があり、不活性で無防備だったのではないということである。十八世紀においてさえ……そうであった。グローバルな衰退があったという言明は、実態に即して、つまり証明されざる仮定として受け取られるべきである。
> （Faroqhi 1994: 525-26, 469）

イナルチクとカタエルの編著に収められたブルース・マクゴワンの章（McGowan 1994: 710）は、「オスマン帝国政府が十八世紀に実施した財政革新の、とてつもない大きさは、つい最近まで、あれほど歴史家に広くいきわたっていた、停滞の神話の不当さを証明するものである」と記述している。

私自身の著書で、ヨーロッパ経済の「十七世紀の危機」について書いた章（Frank 1978a: 89-91, 94）で、私は、インドでは拡大が起こっており、西アフリカでは「〔ヨーロッパとの関連で〕十六世紀から異なるような、質的転回」は存在せず、北大西洋の漁業や北米の植民地も拡大していたと強調している。ラテン・アメリカについては、生産と銀輸出の下降を指摘しているが、一般的・地域的には、他の経済活動は増大しており、ラテン・アメリカ内での、間地域交易は成長していたと述べてある。

結論を言うと、明らかに、持続的・一般的な「十七世紀の危機」などは存在しなかった。アドシェドが主張し、リード（Reid 1990）がアジア一般に特に言及して、それを再び是認したように「ヨーロッパの危機が、その反響において事実上、世界規模であった」（Adshead 1973: 272）などということはないというのは確かである。世界経済およびアジアの観点からすると、地域的および／あるいは国家の危機は、相対的に局地的なものであり、二〇〜三〇年程度の短期的なものでしかなかった。日本は、世紀中葉を過ぎると急速に回復を遂げ、十七世紀のおわりには、中国も回復した。ヨーロッパでは、相対的により全般的な衰退が、ポルトガル、スペイン、イタリアで起こった。しかし、オランダや、後にはイギリスは、そこから利益を得ていた。アジアにおいて、十七世紀を通じて拡大が継続していたことが、本書の主たる議論に、どのような意義を持っているかは、以下に続く章で探究する。ここではこの世紀に、全般的な「十七世紀の危機」ではなく、どのような種類の、より短期的な危機があったのかを検討したい。

一六四〇年の銀危機

二〇～三〇年程度の、より短期的な危機は、特に中国と日本とにおいて、十七世紀の中葉前後に同定される。両国の危機は、主として気候上の原因と貨幣にかかわる原因とがあったようであるが、世界経済のコンドラチェフ波動の下降局面であり、通常二〇～三〇年続くB局面の一部であったとも考えられる。その隣接地域や世界経済との関連での、中国の貨幣史および経済史は、これまで、あまりにもしばしば無視されてきた。それは、日本についても同様であるし、朝鮮についてはいうまでもない。あるいは、考慮されることがあっても、その関係は、否定され、却下されてきた。十五世紀の中国の銀生産は、総計で四〇〇〇トンにすぎない (Cartier 1981: 459)。ゴールドストーン (Goldstone 1991a: 371-5) は、日本からの銀輸入が重要なものではなかった間は、中国のヨーロッパとの交易は、中国「経済」全体から見ると、一パーセントをこえたことはなく、大体において、三分の一パーセント未満であったということを見出している。さらに加えて見つかった史料や、デニス・フリンの議論の影響で、ゴールドストーンは、この点についての彼の考え方をやや見なおしている (彼との個人的通信、一九九六年)。

それにもかかわらず、ゴールドストーンは、いかなる貨幣的な原因についてもこれを明示的に却下し、自著の中国についての節のタイトルには「財政危機、貨幣危機ではなく」(Goldstone 1991a: 371) とまで銘打っている。彼は、スペイン領アメリカおよび日本における、一六三〇年代の銀生産の削減とそこからの銀輸出の減少が、明朝の滅亡に寄与した、というアトウエル (Atwell 1977, 1982, 1986) やアドシェド (Adshead 1973) による主張を却下している。彼は、明朝が、徴税や地代徴収に苦しむ厳しい状況にあり、したがって一六四〇年ごろには、軍への給料の支払いや装備の配給にも事欠いていたということは認めている。しかし、ゴールドストーンは――後で触れるように、ブライアン・モラフニーとシア・ウェイツォン（Moloughney and Xia 1989）や、リチャード・フォン・グラーン（von Glahn 1996a）も――、銀供給を重要な要因としては却下しており、アトウェルのつぎのような議論に論駁している。

地金輸入の急激な下降は……明朝末期の経済に破滅的な結果をもたらした。……多くの人は、税や地代を払うことができず、借金の返済をすることもできなくなった。……軍隊に適切な給料の支払いを行ない、装備を支給することは……不可能になり……明朝は……まず国内の氾濫に対して、次いで満州族の侵入に対して……支配力を失った。……それによって、事態はますます悪化し、安定が掘り崩されていったことは間違いない。（Atwell 1982: 89, 90）

また別の場所で、アトウェルは次のように書いている。

皇帝ないしは官僚の支配力を越えた諸要因も、明朝末期の経済に、有害な影響を与えた。そのうち少なからず重要なのは、帝国の貨幣システムの性格であった。……銀は、経済において、ますます重要な役割を果たすようになっていた。……しかしながら、十六世紀のおわりには、大量に外国からの地金が流入して、〔貨幣供給に対する〕制御力は失われた。……ペルー、メキシコ、日本における銀生産の変動、マドリッドと江戸における保護主義的感情、海賊や海難は全て、中国の外国貿易関係を高度に不安定にする原因となった。ここで考察の対象となっている〔一六二〇～一六四四年の〕期間に、それは特に不安定となった。そのような変動は、天候不順、洪水、旱魃、凶作、などと重なると、とりわけ深刻な影響を持ち、一六三〇年代末から一

六四〇年代初頭にかけて、中国や、他の東アジア諸国に被害を与えた。(Atwell 1988: 589-89)

デニス・フリンとアルトゥロ・ジラルデス (Flynn and Giraldez 1995b, c) は、明朝の財政と統治とは、輸入銀の供給の増大によって、十七世紀の初頭にはすでに弱体化していたと論じている。銀輸入の増大が、銀の市場価値を削減し、したがって、銀タームで固定された明朝の税収を目減りさせたというわけである。これは、その通りかもしれない。しかし、たとえ銀/銅および銀/穀物の価格比が上がっていたとしても、だからといって、銀供給の突然の下降によって明朝の財政がさらに被害を受けたとする議論の否定として、これを理解しなければならないわけではない。

モラフニーとシア (Mologheney and Xia 1989: 61, 67) は、このテーゼ全体に反駁している。彼らが、それに対して主張するのは、十七世紀の二〇年代および三〇年代について、「明朝末期には、このような〔日本銀の〕交易が、最高点に達し」、そして「〔両アメリカからのものを含む、総計としての〕銀交易の最下点は、明朝崩壊後に訪れたのであって、それより前ではない」ということである。彼らは、日本から、およびマニラ、台湾、その他の中継点を経由して中国へ入った、同定可能な全ての銀輸入を再検討しているのであるが、しかしながら、その再検討に基づく史料は、別のことを示唆している。彼らの試算では、日本からの銀輸入は、一六三〇年代前半には約一二〇トンであったのが、一六三七年には全期間を通じての最高量である二〇〇トンに上昇し、一六三九年には一七〇トンとなって、その後、一六四〇年代の前半には、年平均一〇五トンにまで落ち込む、という具合に変動している。彼らは、大西洋を渡ってくるスペイン領アメリカからの銀が、セビリヤに到着する量が下降しているように観察されるのは、アメリカにおける銀生産の下降を示すものではないと主張している。というのは、平均して全体の一七パーセントであった、太平洋を横断する出荷が、十七世紀の最初の三〇年間に、二五パーセントにまで増大し、一六四〇年代には、四〇パーセントを超えるようになっているからである。「スペインが失った分は、少なくとも部分的には、中国が得ていたわけである」と、モラフニーとシアは述べている（Mologheney and Xia 1989: 63）。

しかしながら、モラフニーらの著書中の表1に従うと、マニラに送られた銀の総計は、一六二一～一六三〇年の九〇〇万ペソ（二三トン）から、一六四一～一六五〇年には四〇〇万ペソ（一〇トン）に減少している。「〔中国・マニラ間の〕交易の有意な下降は、一六三六～一六四一年の時期だけである」（Mologheney and Xia 1989: 64）。しかし、彼らがアトウェルのテーゼを却下し、明朝の問題は「国際的な地金移動の浮沈によるよりも、むしろ国内的な要因」（Mologheney and Xia 1989: 67）のみによるものだと断ずるのは、彼ら自身のデータから出てきた議論ではないように思われる。というのも、太平洋を渡ってくる銀は、（二三トンから一〇トンへ）一三トンも減少しているし、一六四〇年代の初頭で、日本からの銀も一〇五トンに減少、明朝滅亡の前年である一六四三年には、七〇トンにまで落ち込んでいるからである。しかしながら、日本銀は、一六三〇年代末で、約一八〇トン、一六三〇年代初頭で、約一二〇トンであった。リード（Reid 1993: 27）による合算では、そのほとんどが中国へむかった、全ての供給源からの銀供給の合計は、一六一〇年代で年間一五〇トン、一六二〇年代で年間一七八トン、一六三〇年代で年間一六二トンであり、その後、供給は急激に減少して、一六四〇年代で八九トン、一六五〇年代では、六八トンになり、一六六〇年代に再び上昇に転じて、年間八二トン（しかしながら、うち四〇パーセントはヨーロッパ商人から供給されたものである）となっている。

銀不足を示しうる、もうひとつの指標は、銀／銅銭価格比である。「一六二八～一六六〇年における市場の崩壊と貨幣の不安定」（Wilkinson 1980: 30, 27-29）という議論で、エンディモイン・ウィルキンソンは、特に凶作や飢饉の年における米価の極めて大幅な上昇と、銀／銅銭価格比の変化とを強調している。米価を、より大衆的、したがって広範に使用されていた銅銭タームで測ると、一六二八〜一六三二年の期間に、米価は一〇倍になり、一六四二年に最高値に達して、その後、依然として高い水準で推移し続け、一六六二年にもとの水準の二倍に、一六八九年までには、もとの水準を下回るようになった。同時に、米価を銀両《テール》タームで測ると、一六四二年の米価も、五倍の上昇ということでしかなくなり、一六六三年には、一六三〇年代以前の価格に戻ってしまうことになる。さらに同時に、ウィルキンソンも強調しているように、銅／銀価格比は、一六四二年までに、徐々に上昇して二倍以上になっており、その後急激に上昇して、一六四七年までに、もとの価格比の九倍に達している。それから、価格比は、ゆっくりと下落し、一六六二年に、もとの水準に戻った。その後は、一六八〇年まで、同等ないしは高めの水準で推移した。

モラフニーとシア同様、ウィルキンソンも、このような銅の銀価格の下降の原因を、銅銭の激しい改鋳に求めている。それがあったのは間違いない。ウィルキンソンは、アトウェルや銀不足についての最近の議論が起こる前に、上のことを書いていた。しかしながら、モラフニーは、そのような議論の最中に書いていたのであり、しかもそれにもかかわらず、銅銭価格の下落の主たる勢いは、その激しい改鋳のせいであるとしたのである（一九九六年のモラフニーとの個人的通信による。彼の修士論文に典拠）。しかしながら、それに対応する銀の銅価格の二倍、そして九倍という上昇は、銀の不足の現れでもあった可能性があるし、銅銭の改鋳以上にそうであったかも知れない。ここで問題なのは、この点である。これと同期的に、気候と不作のせいもあって引き起こされた米不足は、経済的、政治的、社会的混乱によって悪化した。それらの混乱は、農地価格の急落にも明らかである。このような状況は、上に述べた銀不足および銅に対する銀価格の上昇と結合して、銅タームでの米価が、今やより価値の高いものとなった銀タームでの米価よりも、二倍も高く、かつその高値で安定したことを説明しうるものでもある。一言で言うと、中国における米と銅の、銀タームでの国内価格は、銀不足を反映するものであるように思われるのであり、それがまさに問題なのである。このことは、一六三〇年代のおわりにも、そして特に一六四〇年代にも、程度は落ちるが一六五〇年代においても、依然としてそうであったのである。したがって、私は、銀供給が、明朝から清朝への交替の原因と結果に、たしかに寄与するところがあったというアトウェルのような議論に賛成せざるをえない。

さらに史料を挙げれば、明朝は、一六四三年に、再び紙幣を発行するという提案を検討している。その提案は、おそらく以前のインフレの経験の轍を踏む恐れとあいまった、政治的弱さから却下された。しかしながら、持続的あるいは拡大していた銀不足のゆえに、後をうけた清朝は、一六五〇〜一六六二年の間、限られた量ながら、紙幣を刷らなければならなかった(および/あるいは刷ることができた)のである。その後、それは再び廃止された(Yang 1952: 67-68)——銀供給が復活したからであろうか。

明朝の銀危機について、実証的により調査が行き届いており、理論的により洗練された、挑戦をもう一つ挙げるならば、フォン・グラーン(von Glahn 1996a)によって提起されたテーゼであろう。モラフニーとシア同様、彼は、明朝の銀危機を示す証拠や、その存在の推定を却下する。「日本銀の輸出は、一六三六〜三九年に、さらに大きな量に達し、ポルトガル人への制限や追放にもかかわらず、一六四〇年代の初頭には、その高水準を保っていた」(von Glahn 1996a: 437)。彼はまた、マニラ経由の供給も、インド経由の供給も、中国にとって大きな変化をもたらしたという考え方には同調しない。「ここで組み立てられた、地金流通についてのデータは、明朝の退潮期における中国の銀輸入の急落など一切示していない。……全体として、中国経済は、明朝統治末期の間に、急激な銀輸入の削減を経験してはいない」(von Glahn 1996a: 440)。

さらに、フォン・グラーンはまた、明朝の銀危機について理論的にも反対している。彼は、銀のフローではなく、そのストック(こちらは、前世紀の輸入と比較して、四パーセントしか下落していない)の方がより問題なのだと論ずる。さらに、中国における価格の下落は、銀の流通量の下落に先だって起こっており、彼は、すでに右で検討した、銀／銅価格比の変化と銅貨幣の改鋳についても論じている。しかしながら、同じことについての私の議論は、中国におけるインフレについてのテーゼに反駁するものである。フォン・グラーンのデータと議論は、この点で、私の議論を支持してくれる。加えて彼は、銀／金価格比が、銀が稀少なため、上昇するはずの時期に、むしろ下降していると論じている。このことは、彼が可能性として考えられる金の供給の変化について史料をしめしていないことを除けば、説得的であるように思われる。(私との個人的な通信で、彼が漏らしていたように）そのような史料は、まだ十分には調査されていないのである。

しかしながら、最も好奇心をそそられ、また意義深いことといえば、フォン・グラーンの作った表である。特に表5がそうで、中国への銀輸入を、独自に試算したものが提示されている（本書第三章の議論を参照）。彼自身も認める保守的な試算に従えば、これらの輸入は、一六三一～一六三五年で四三六トン、一六三六～一六四〇年で五七三トン（うち四九六トンが日本から)、一六四一～一六四五年で二四九トン（うち二〇九トンが日本から)、一六四六～一六五五年で一八六トンであり、その後、輸入は再び増加に転じた (von Glahn 1996a: 444)。特筆すべきなのは、彼の明示的な否定とは逆に、フォン・グラーンのデータが（モラフニーとシアのデータとちょうど同じように、また彼らによる否定とは逆に)、一六四四年の明朝の滅亡の直前および直後に、銀輸入が、半分以上という、顕著な下落を示しているということである。すなわち、フォン・グラーン自身の試算もまた、日本の銀輸出が「高い水準にとどまりつづけ」、中国の銀輸入が「明朝の退潮期にも下降しなかった」という、上に引用した主張と矛盾しているのである。では、彼の議論の残りから——また、モラフニーとシアの議論から——何を理解すればよいのだろうか。フォン・グラーンに対する私の書評については、拙論 (Frank 1998b) を参照されたい。

さらに、アトウェル (Atwell 1982) も、当時の中国人自身の書いたものを読めば、このような海外との銀のつながりを意識していたことがわかると指摘している。しかも、日本およびその支配者は、まさに同じ時期に、同様な苦境にたっていたのである。中国においてと同様、低温（おそらく、ここでも小氷河期の影響か）によって、食糧不足や伝染病が発生し、銀生産の減少は、貨幣および財政上の遅滞を引き起こした。

実際、例外的に寒冷な気候や、疾病の拡大、人口成長の停滞、地域によっては人口減少、交易の停止、貨幣供給にかかわる問題などは、この期間に、ユーラシアの多くの地域を襲っている。すでに弱体化していた明朝の体制は、その餌食となり、経済は停滞し、結果として国内政治反乱が起こり、体制の財政・軍備は弱体化して、それに抗することもできず、そして外からの満州族の侵入を撃退することもできなかった。一六三九年、日本は、長崎交易を制限した。ただし、中国とは交易を続け、実際それは、他国との交易と置き換わってしまった。それにもかかわらず、中国商人は、マニラにおける、金融上の義務に応じられず、一六四〇年の二万人以上に上る大虐殺につながったのである。よそでは気候不順、蝗害、洪水、旱魃によって、農業が崩壊していた、まさにその時に、中国への銀の供給は、急激に下降し、華南にデフレと景気の後退をもたらしたのである。困り果てた政府は、徴税を強化したが、今や、銀も銭貨も乏しい華南の人々は、それに応じなかった。次のように書いている別の論者もある。

一六四四年の初頭で、軍隊の給料の未払いは、銀数百万両《テール》にまで累積していたが、他方で、華南からの税収は、たかだか数万両《テール》程度ずつしか届いていなかった。帝国の穀倉は、今や事実上、空であった。……北京が包囲されたとき、その守備兵は、五カ月間にわたって給料を受け取っていなかった。……士気も規律も低下した。……〔王朝が〕そこまで持ちこたえられたという方が、むしろ驚きである。

（Atwell 1988: 637からの Frederic Wakeman の再引）

アトウェル（Atwell 1986: 235）は、日本は銀輸出の削減によって、減少しつつあった銀生産の大部分を国内向けにまわす余裕ができたと指摘し、中国と比べると、日本は国内および海外での通貨システムの管理に、よく成功していると述べている。日本は、銀の輸出を禁じたが、銀の価値は上がっていたので、今度はまた金を輸出するのが、利益を生むようになっていた。しかし、日本の銀輸出は、止まってしまったわけではない（Ikeda 1996、本書第三章の議論参照）。アトウェルらは言っていないが、我々ならば、少なくとも、そう推定できることは、日本の統治者が、中国よりも優れた貨幣の管理を行ない、中国は倒されてしまったこのような嵐を乗り切ることができたのは、日本では、より多くの銀を、国内生産から、継続して入手可能だったからではないか、ということである。

明朝は、まず華北において国内反乱によって倒され、続いて満州族によって征服された。満州族は、代わって清朝を建て、その支配は一九一一年まで続いた。しかし、重大なこととして銀不足が間に起こったのは、不可避であったように思われる――それは、このことを否定するモラフニーとシアやフォン・グラーンらのような論者の挙げる史料によってもそうなのである。アトウェルが要約しているように、「明朝の滅亡は、ひとつには単に、その機能を続けさせるだけの資金がなくなったことが理由である」（Atwell 1986: 229）。それでも、それを引き継いだ清朝も――南部の広東沿岸の総督が、一六四七年に新しい皇帝に書いた覚書で――「交易は〔ほとんど〕止まってしまいそうである。……ゆえに、マカオから人が交易に来れば、広東は栄えるが、来なければ」、ポルトガルが銀をもたらすのをやめてしまうわけであるから、「広東は苦境に陥るのは明らかである」（Atwell 1986: 233から再引）と認めざるを得なかったのである。マニラ - マカオ交易は、一六三〇年代には、銀四三トンであった。しかし、ポルトガルが、一六四〇年にスペインの支配に対して反乱を起こし、分離に成功すると、ポルトガル商人は、一六四二年にスペイン領マニラへ交易をするのを停止した（Atwell 1982: 87）。しかし以下に主張するように、それは部分的には、銀不足という同じ現象への対応でもあった。マニラへの銀輸出からの税収は、一六三六〜一六四〇年に、半分以上減少し、それ以降、中国からマニラへ入航する船の数は、一六四一〜一六四五年で、一二三隻から八三隻へ、一六四六〜一六五〇年の間に五八隻へ、一六五六〜一六六〇年には、わずか二五隻にまで減少した(Adshead 1988: 209)。

このような、短期的な銀不足と貨幣危機というテーゼは、ゴールドストーンが、一六四〇年代の中国、イングランド、オスマン帝国の諸事象について提起した、より長期的な、構造的/人口学的および財政的/政治的危機という説明と、必ずしも両立不可能ではない。逆に、銀不足および銀危機も、上の三国全て、およびおそらく世界の他の諸地域にも、同様にネガティヴな結果をもたらしていたという可能性もある。興味深いことに、一七七六年、アダム・スミスは、まさにこの期間における、世界市場の銀の供給の変化とその影響について、次のように述べている。

一六三〇年から一六四〇年までの中間にあたる一六三六年ごろには、銀の価値を下落させたアメリカにおける鉱山の発見の影響は終息したようである。この金属の価値は、穀物《コーン》の価値にくらべると、その当時よりも低下することはなかったように思われる。〔それから〕銀の価値は、今世紀〔十八世紀〕の経過中に、〔再び〕いくらか上昇したように思われる。おそらく、その上昇は、前世紀の末より少し前には、早くも始まっていたものであろう。(Smith 1937: 192)

つまり、アダム・スミスもまた、他の財、特に小麦(当時まだ「コーン」“corn”と呼ばれていた)と比べて供給の増大した銀が、まずそれらの価格のインフレ的な上昇を引き起こしていたと指摘しているのである。しかしながら、明らかにその時、銀の供給が減少したために、一六三〇年代の半ばで、それは収まり、銀供給は、世紀の半ばを過ぎるまでずっと回復しなかったのである。

銀（金も？）の不足は、ロシアにおいても影響があったようである。ロシアの皇帝《ツァー》は定期的に、銀と金の輸出を、鋳貨の形態のものでさえ禁じる勅令を発していた。それでも、特に十七世紀中葉には、そのような禁令およびその反復は増加した。税は、銀および金で支払わねばならないことになっていた。貴金属の供給を増加させようとして、一六六〇年代にも、国家は、外国人にロシアへの貨幣の持ち込みを奨励したが、それ以前の二〇年以上ほどの間にロシアのルーブルの銀含有量が低下しており、以降は、外貨とロシアのルーブルとの交換レートは人為的に低く設定された（Burton 1993: 60-61）。

ダーリング（Darling 1992）は、十七世紀のオスマン帝国の衰退を全くの神話であると論駁しており、「より中性的な『脱中心化』〔および〕『凝集』という用語」を提案している。ゴールドストーンは、オスマン帝国の危機を、財政危機と名づけているが、それが交易と連関していることは否定している。貨幣の外部からの供給との連関については、いうまでもない。彼の見解では、それはほとんど下落していないのである。しかしながら、彼は、オスマン帝国の造幣業が、より安価なスペイン銀との一五八〇年以降の競争、およびペルシア銀貨によって、操業を止めざるをえなくなったということを見落としている。このような競合によって、オスマン経済は、ますます多くの外国鋳貨でやっていくことになり、結果、一六四〇年以降は、オスマン帝国の造幣業は、完全に操業を停止してしまったのである（Sahillioglu 1983, Brenning 1983, Chaudhuri 1978, Pamuk 1994）。財政危機は、十七世紀の日常茶飯事であった。都市および農村の経済活動が、衰退とまでは行かない場合も、停滞していたところもあったが（Pamuk 1994）、しかし、以下に見るように、アナトリアでは、違った動きをみせるところもあった。全般的な経済的衰退は存在しなかったのである。これらの「国内的」事象のうちのどちらが原因で、どちらがその影響なのかを区別するのは困難であるが、特に一六三〇年代においては、そのいずれもが、銀の流入の減少の関数でもあったことは間違いない。

それでもなお、ゴールドストーン (Goldstone 1991a 367, 78-79) はまた、オスマン帝国の危機と一六四〇年のイギリス革命の両方に銀とのつながりがあることに論駁し、交易が重要な要因であったことも無視している。そうして、彼は、イギリス革命の原因を三つの要因に求めている。その第一は、国家の財政的疲弊である。第二は、エリートの構成員間における階級内紛争である。彼らのほとんど全員は、商業活動に関わっていた (Goldstone 1991a: 80-81)〔訳者補注――第三の要因は、下層諸階級大衆のあいだでの秩序の低下である〕。しかしながら、他の地域と全く同様に、イギリスの国家は、一六四〇年において、自らの兵隊に給料を支払うだけの貨幣を見出すことが困難であったのである。この「革命」の後、商業的利害関心は、かつてより政治的な重みを増すようになった (Hill 1967: 99, 129)。さらに、E・E・リッチとC・H・ウィルソン (Rich and Wilson 1967: 439-40) は、一六三九～一六四〇年は、イギリスおよびヨーロッパの他の地域における三度の顕著な価格下落のうちの最初のものであると強調しており (他の二つは、一六四五～一六四六年と一六五七年初頭である)。また彼らは、「ヨーロッパ全体を通じて、一六四〇年と一六六〇年との間に起こった三つのサイクルの連鎖は……局地的な説明を超越するものである。……〔そして実際〕全体としての経済的リズムは……間違いなくヨーロッパ規模であり、恐らく、世界全体を覆うものであった」とも強調している。

スペインの銀に戻ると、両アメリカからスペインへの、正確な積出し量は、継続的に論争の主題となってきた。A・ガルシア‐バケロ・ゴンザレス (Garcia-Baquero Gonzales 1994: 119) は、もう一度、それを検討し、記録に残っていない銀の略奪をも含めている。彼の結論では、両アメリカ・スペイン間の積出しトン数は、十七世紀の前半で、三分の一減少し、地金の輸入は、三分の二減少したということである。減少の速度は、一六四〇年頃に加速している。

確かに、一六四〇年のポルトガルのスペインからの分離も、スペインが受け取る、大西洋をわたって送られる銀の減少によって点火されたことかもしれない。同年のカタロニアの反乱も同様である可能性はある。（考古学者の友人は、バルセロナ近郊のカステルデフェルスで、退蔵された外国貨幣を発掘したのだが、その持ち主は、一六四〇年から一六四三年の間にそれを埋めていた。明らかに、この時期の混乱に備えた保管である。）明朝およびイギリスと同様、スペインの国家も、まず過剰生産による銀価値の低下のために、次いで一六三〇年代におけるアメリカの銀山の生産・送銀量の削減（Flynn 1982）時の急激な銀不足によって、国家収入が減少した際に、十分な軍隊を維持する上での、財政的困難を経験していた。西方でポルトガル人、東方でカタロニア人による、その主権に対する脅威に直面したとき、マドリッドは、隣接するフランスからの援助を受けていたカタロニア人からの挑戦に優先的に対処した。結果、それは、ポルトガルに対する支配権を犠牲にすることになった。スペイン史の権威であるJ・H・エリオットは、しばしば引用される彼の著書である『スペインの没落』のなかで、その年代を「スペインおよびスペインの国際的パワーが、目に見えて崩れてきた一六四〇年の終わりから」としている(Flynn and Giraldez 1995b: 33より再引)。

また、インド交易《カレラ・ダ・インディア》——ポルトガル人は、ゴアへの交易をこう呼んだのであるが——も、一六四〇年に、その「最下点」に達し、「陰鬱な」時期が始まった（Ames 1991: 17, 23）。さらに、ポルトガルは、一六四二年に初めて、通商条約に署名した。それは、一七〇三年のメスエン条約に先駆ける三つの条約のうちの最初のもの（他の二つは、一六五四年と一六六七年）であった。この条約は、いまやポルトガルが求めており、イギリスから——かなりの対価を払ってであるが——認められていた保護を堅固にするものであった。ポルトガルは、一六四〇年以降、ポルトガル領ブラジルにおけるその砂糖プランテーションから、オランダ資本を追い出し、結果、オランダ人は英領バルバドスへ去り、代わってその地を砂糖プランテーションへと転換した（Harlow 1926, Frank 1978a, b)。オランダ東インド会社のアジアへの輸出品は、大半が銀であったが、一六四〇年には、それも比較的に低かった（Rich and Wilson 1967: 309)。

すでに右で指摘したように、世界の反対側で起こっていたこれらの諸事象は、マニラにおいて、太平洋経由のスペイン銀の供給源とポルトガル商人との関係を損ない、そのため、中国にも有害な影響を与えた。他方、中国における発展もまた、おそらく、最初スペインの勃興を支え、次いでやはり、その衰退を早めたであろう。フリンとジラルデス（Flynn and Giraldez 1995a, b）は、いかに「スペイン帝国の興亡が、中国を中心とする世界経済の文脈において、良く見とおせるか」を、繰り返し強調している。その理由は、中国の銀需要の増大が、まず銀の価格を引き上げ、それによってスペインは巨利を得たが、後に、銀の供給が過剰になるにつれ、再び銀価格は抑えられ、スペイン人にとっての生産コスト以下にまで落ち込んでしまったということである。スペイン王室は、ひどい打撃を受けた。アメリカ銀の輸入が増えても、そのために、スペインにおける銀の価値は低下し、王室の税収の購買力を低下させたからである。同じ時期の明朝と同様、同じ理由で、スペインの国家は、民間部門に対して、より多くを要求することで、この歳入の減少に対処しようとした。したがって、民間部門の側からすれば、より高い徴税の要求、収入の低下、そして、銀価格の下落が、もはや生産コストの上昇を補いきれないところまできていたための銀の減産・減収によって、二重三重に不利な立場に置かれた。そうして、このような市場の諸力が産み出した、一六四〇年ごろの、急激な銀の減産は、スペイン経済を突然突き放すことになったのである。

要約すると、「十七世紀の危機」の間、アジアでは、持続的な拡大の「A」局面が、一六四〇年代に極大となる世界貨幣危機によって、区切りをつけられたということになる。銀の大規模な生産は、金に対する銀価値の下落を招いた。このような銀価格の低下と、銀含有量タームでのインフレは、利益率の劇的な低下を引き起こし、そうして、ラテン・アメリカ、中欧、ペルシア、日本といった銀生産地域における、輸出向け銀生産の劇的な削減を招いた。実際日本は、銀に立脚したその前の時代の急発展期の間は巨大な輸出国であったが、その後、この危機に対して最終的に、いかなる銀の輸出をも（法的には）禁ずるという反応をした。事実、この危機に対する日本の反応、つまり有名な「鎖国」政策は、このような世界システム的な文脈、すなわち、その経済的立場が全員に対して赤字であるということからも説明されうる。しかしながら、右ですでに指摘したように、この鎖国政策も、交易の停止というよりはむしろ――対外赤字の管理と特定の国内的利害の優遇という二つの目的のための――規制であった。

日本および、いくつかのヨーロッパの国家は、おそらく少なからず、持続的な銀供給源のおかげであるが、貨幣的・経済的な嵐の中を潜り抜けた。だが、不幸な明朝は、そのために、ずっとひどく衰微してしまった。しかもなお、日本の鎖国政策、ポルトガルのスペインに対する反乱、イギリス、オランダ両東インド会社の対抗関係、華南沿岸部海上に根拠をおく明朝の残党に対する清朝の戦争――これらの政治的事象は全て、銀本位的な世界における、銀不足による貨幣危機を背景として見ると、再解釈しやすくなるだろう――などによっても、東アジアの交易は、深刻な混乱を経験した。特に、銀不足によって引き起こされたこのような貨幣危機に、より大きな注意を払えば、オランダに対してのみわずかに一つの戸を開いて国を閉ざすという、日本の「政治的」決定を説明する、簡単には解けない問題への取っ掛かりにはなりえるかもしれない。というのも、オランダは（ポルトガルとは違って）、日本に、銀だけではなく、他の財の輸出の可能性をもたらしていたからである。実際、中国による、海上交易からの部分的な撤退も、同様の財政的考慮を背景として、再分析されるべきである。しかしながら、成長と安定性は再び戻り、新たに再編成された世界経済は、十七世紀の「ミニ危機」から回復することになった。右で見てきたように、全体としては、なお十七世紀の間の成長を示す十分な証拠はあるのである。

この議論は、中国の危機および一六四四年の明朝の滅亡は、銀不足に連関しているというアドシェド（Adshead 1973）による主張から始まったものである。しかしながら、それが本当であるにせよ、ないにせよ、それが、「全般的な」危機と結びついていたということは、中国においてでさえ、支持することはできない。それは、アドシェドも言及しているような「一五九〇～一六八〇年におけるヨーロッパ経済の持続的収縮」（Adshead 1973: 272）と同様でないのは確かであるし、ましてや、中国の危機がそれによって産み出されたなどということもない。したがって、中国とヨーロッパとを、同一の世界規模の力に対する対応としてみようという、S・A・M・アドシェドが行なった発案が、どれほど賞賛に値するとはいっても、両者のたどる道が、十七世紀に枝分かれしたという、彼の結論（Adshead 1973: 278以降）を受け入れることはできない。彼は、一般的な「十七世紀の危機」があったと論じているだけではなく、中国とヨーロッパが、それに異なる対応を見せたと主張しているのであり、中国が以前と同様のことをさらに行なっただけであるのに対して、ヨーロッパは制度的構造を変化させることで、そこから回復したのだと言っているのである。しかしながら、本書が第二章、第三章および第四章で見てきたように、中国の制度的構造も適応を遂げ、十八世紀の急速な経済成長を産み出し、あるいは少なくとも、それが起こりうる条件を作りだしたのである。アドシェドは、中国については彼自身も認めている、この十八世紀の回復と成長を過少評価しているだけではない。彼のヨーロッパ中心主義が、世界貨幣危機についての彼の分析を誤った方向へ導き、そうして彼は、後のヨーロッパの成長が、なんらかの「例外的な」ヨーロッパ的制度によるものであるというテーゼを繰り返しているのである。彼の考えでは、その制度は、ヨーロッパにおける「十七世紀の危機」に対する対応として形成されたのだが、中国においてはそうではなかったということなのだ。悲しいかな、またここで、ヨーロッパと言う馬車は、アジアそして世界という馬の前につながれてしまったのである。まして、アドシェドを以下のような主張に（誤って）導いた推論などを我々は受け入れるわけにはいかない。「セビリヤは、世界規模の貨幣システムの中心にあり、遠く離れた十七世紀のアジアの諸革命を早めたのは、このシステムの崩壊だったのである。……ヨーロッパの危機が、その影響において事実上世界規模であったことを示す証拠は、蓄積されてきている」(Adshead 1973: 272)。断じて否。セビリヤは、いかなる世界規模のシステムにとっても中心などではなかった。貨幣へのアクセスはあったにもかかわらず、依然として周縁的であったヨーロッパは、そのような世界規模の深い影響を与えることなど、全く不可能であった。貨幣が、どのような影響を持ったにせよ——そして、ここでの議論は、その影響は多数あり、深刻なものであったということなのだが——いかなるヨーロッパ中心主義的なパースペクティヴも、それらの影響——世界規模での！——を分析し、解釈する上での障害となり、誤った結論へと至ってしまうだろう。

まさにこのことが、この期間に関する既存の、大部分の分析の大きな限界であった。それらは(かつての私のものも含めて)全くヨーロッパ中心的なのである。五〇〜六〇年周期のコンドラチェフ波とそれによって二〇〜三〇年続く危機という観点から、十七世紀を、分析しようとした論者は(私のかつての著作〔Frank 1978a〕も含めて)いた。しかしながら、これらのコンドラチェフ波は、完全にヨーロッパに基礎をおいており、せいぜいのところ、大西洋経済についての話なのである。すでに右で触れたように、例えば、インドやラテン・アメリカ(オランダは言うまでもなく)は、この同じ期間に、顕著な拡大を経験していた。これは、私が、『開発と低開発』(Frank 1966)や『ラテン・アメリカにおける資本主義と低開発』(Frank 1967)において提起したように、中心《センター》ないしは中核《コア》がコンドラチェフ波の周期的危機で忙しい隙の、従属地域による「鬼のいぬ間の洗濯」という具合に解釈(ないしは、誤解釈?)されてきた。しかしながら、本書で主張したいことは、当時の私自身にも、今日依然としてそうであるウォーラーステインにも反対して、ヨーロッパおよび/あるいは大西洋経済は、世界経済の中心ではなかったということである。これはむしろ、以前の分析を、少なくとも部分的に無効にするものである。それでもなお、十七世紀中葉を、世界経済上のコンドラチェフ波の「B」局面の危機の表出として理解することは、いまなお、依然として可能――あるいは、より良い理解――であるといえる。たとえ、全般的な「十七世紀の（長期的）危機」などというものは存在しないとしても、上に見てきたように、そのような世界経済上の危機もまた、深刻な貨幣危機の形態をとっていたのである。

コンドラチェフ波の分析

一四九二～一七八九年の期間についての私のかつての著作では、私は、コンドラチェフ波を、十七世紀か、それ以前に始まるものとして、同定しようとしていた。もっとも当時私が、考えていたのは、ヨーロッパ中心的な世界資本主義経済であった（Frank 1978a）。それ以来、ウォーラーステインも、ヨーロッパを中心とした「近代世界システム」の勃興と発展を、コンドラチェフの「長期」波動という観点を強めながら、説明だててきた。彼は、『近代世界システム』の第一巻（Wallerstein 1974）においては、一四五〇～一六四〇年の全般的な拡大期である「長期の十六世紀」におけるヨーロッパ世界経済の起源を、ためらいがちに記述し始めたのだが、一六〇〇～一七五〇年におけるシステムの「凝集」について書かれた第二巻（Wallerstein 1980）および一七三〇年から一八四〇年代にかけての「第二の大拡大期」に関する第三巻（Wallerstein 1989）では次第に、より短期的なコンドラチェフ（型の？）長期波動を彼の分析に導入するようになった。ジョシュア・ゴールドスタイン（Goldstein 1988）も、大戦争の起こる時期についての彼の研究を、コンドラチェフの「長期」サイクルの観点で、組み立てている。彼は、ブローデル（Braudel 1992）および私の著作（Frank 1978a）を用いて、十六世紀以前の時代にまで、その適用を押しひろげている。

さらに最近になってからも、モデルスキーとトムソン（Modelski and Thompson 1996）は、世界規模でのコンドラチェフ分析を、さらに時代を遡って行ない、約五〇〇年間のサイクルを紀元九三〇年にまで遡って同定している。

それによると、現在我々は、一九番目のコンドラチェフのサイクルの最中であって、（コンドラチェフに追随している大部分の論者が言うように）五番目のサイクルでも、約一二回ほどサイクルのうちのこれまでのところ最後のもの――かつての私（Frank 1978a）やゴールドスタイン（Goldstein 1988）にとってそうなのだが――でもない。モデルスキーとトムソンは、九三〇〜一二五〇年の中国の宋代に四つのコンドラチェフのサイクルを見出している。しかしながら、そこから後は、彼らは、（私の考えでは、これが彼らの大きな限界であるのだが）技術革新の原動力と彼らの言う世界経済におけるコンドラチェフ波の中心を西欧に移してしまっている。彼らにとっては、彼らの言う一九番目のコンドラチェフのサイクルを動かしている「技術革新」の場は、一一九〇年以降の第五番目のサイクルに始まって、次のように、中国からヨーロッパにシフトしたということになっている。「宋代中国以降、変化の主導権は、ジェノヴァとヴェネツィアにシフトし、その後、さらに西へ移動して、ポルトガルや、もっと最近のグローバル・システムの先導者へと移っていった」（Modelski and Thompson 1996; 1994ms: 225、表4.2, 8.3。以下、ms は、草稿のページ番号をさす）。

しかしながら、これまでに示してきた史料の多くに従えば、世界経済とそれを先導する中心――そのような中心があれば、の話だが――は、少なくとも一八〇〇年までは、アジアにずっと存在した。このような明らかな矛盾を解決する方法の、少なくとも一つとして、モデルスキーとトムソンがそれらの技術革新のありかとして同定している産業部門を検討することは、やってみても良いであろう。九三〇年の紙の発明に始まって、最初の四つのサイクルは、中国にあった。一一九〇年、五番目のコンドラチェフのサイクル（K５）に始まる、それ以降のサイクルは、ヨーロッパ「において」起こったことである。しかし、そこで言われている革新が、どの程度本当にヨーロッパ的で、かつ／あるいは、技術的なものであるかを検証してみよう。一一九〇年に始まるK５のサイクルの革新とは、シャンパーニュの大市のことである。その後、黒海交易、ヴェネツィアのガレー船、胡椒、ギニアの金、インドの香料、バルト海／大西洋交易、アジア交易と来て、一五八〇年代初頭に始まるＫ12のサイクルにいたる。そうして、十七世紀には、Ｋ13およびＫ14のサイクルがあり、それぞれ、「アメリカ・アジア交易（プランテーション）」と「アメリカ・アジア交易」に中心を置いている。最後に、一七四〇年以降になってやっと、綿花と鉄が来る（もっとも、イギリスの綿技術の発明は、一七六〇年代になってやっと始まったところである以上、これは若干早すぎると思われる）。十九世紀の革新は、蒸気機関、鉄道、ならびに、鉄鋼、化学製品、電気であり、二十世紀の革新は、自動車、飛行機、電子製品、および情報産業となっている。

しかしながら、注意されたい。二つをのぞいて、Ｋ６（一二五〇年）からＫ14（一六八八〜一七四〇年）までの、全ての革新部門がアジア交易と関係しているということである。すなわち、黒海交易、「ヴェネツィアの」ガレー船、胡椒、香料、そして、（特に）「アジア交易」そのものである。二つの例外と言うのは、ギニアの金とバルト海／大西洋交易であるが、前者は、アジア交易の資金源であった。さらに、一七四〇年に始まる（この年代は、むしろ早すぎるのだが）Ｋ15にいたるまで、これらはいずれも、産業／工業上のものではなかった。モデルスキーとトムソンも、ヨーロッパという、世界経済の「中心」に、「革新」を同定しようとして、「場違いな具体性」に陥る傾向をもってしまったようである。彼ら自身も、Ｋ５からＫ９までのサイクルの間について、「コロンブスの時代を含めてそれまでの、さらに二〜三世紀は……中国の市場が、依然として、世界交易の磁場として機能していた」と認めている（Modelski and Thompson 1996; 1994ms: 217）。

草稿ではなく、改訂された版（Modelski and Thompson 1996）の方では、彼らは、さらにはっきりと語っている——しかし、さらに矛盾も深めている。

十五世紀末に始まるコンドラチェフの波は、ヨーロッパからアジアへの新しい航路を発見しようという試みとの関係が、その特徴である。……中世のヨーロッパは、イングランドから中国にまで広がっている大きな経済システムの内部の、地域的なサブシステムとして、機能していた。……それにもかかわらず、四つのコンドラチェフのサイクル（K５～K８）は、イタリアの都市国家（特にジェノヴァとヴェネツィア）の交易機能を中心としており、宋代の中国における最初の刺激から、ヨーロッパの主体による世界中への劇的な拡大へいたる、コンドラチェフのサイクルの連鎖の連続性を維持していたのである。……しかしながら、このような場のシフトの間もずっと一貫して、ヨーロッパの主体にとって、先導的部門の交易の究極的な焦点であったのは、アジアからヨーロッパへの高価値商品の流れの秩序を編成しなおすことであった。

(Modelski and Thompson 1996: 177, 191)

たしかにそうであるが、しかし彼らは、中国および他のアジアの磁力が、ヨーロッパをひきつけ続けた、少なくともあと三世紀を飛ばしてしまっている。彼ら自身が、他の場所で記しているように、「ポルトガルのインドへのルートは、当時の伝統的な長距離交易のネットワークの海上ルートの幹に、接ぎ木されたようなものであり」、「アジア交易は、オランダの全ネットワークの死活的な構成要素であって」、全ヨーロッパのネットワークにとっても長らくそうでありつづけたのである（Modelski and Thompson 1996; 1994 ms: 154, 113）。彼らの主張するように、「学習のサイクルにおいて世界強国《パワー》を見ることで、基本的な経済的革新の多数が説明される」（Modelski and Thompson 1996; 1994 ms: 97）ということなのかもしれない。しかし、そうだとすると、ヨーロッパは、かなり学習が遅いということになる。というのも、ヨーロッパ人がアジアに来航してから、少なくとも三世紀間は、世界の経済的・政治的パワーは、アジアにとどまったままであったからである。したがって、モデルスキーとトムソンが、彼らの言う「世界」経済のコンドラチェフ波の中心を置く「先導部門」および「革新」の証拠を見ようとするなら、もっとアジアを見た方が、得るところが多いであろう。結局のところ、本書第四章で示したように、言うところのヨーロッパの技術的「先駆性」は、十八世紀以前については、主として、十九、二十世紀のヨーロッパ中心主義的な神話のなかに求められるものなのである。

メツラー（Metzler 1994）もまた、コンドラチェフのサイクルを横に広げて探しており、日本と、あきらかに中国も、五〇年間周期のコンドラチェフ波を経験しており、少なくとも、その時期については、「古典的」なヨーロッパおよびアメリカを基礎とするコンドラチェフのサイクルと同様であると論じている。彼は、それらが、システムとして、すなわち、フレッチャーの用語で言えば、全世界経済を横切って「横に」相互に連関しあっている可能性があると主張している。このような問題提起は、特に、一六四〇年代の貨幣危機および、コンドラチェフ波上の危機の可能性について、本書でここまでに示してきた知見に照らして、これまでに研究されてきたよりも、はるかに集中的に研究されるべきことを、保証するものである。貨幣、経済、政治的な問題の生じた、その他の諸時代――たとえば、一六八八～一六九〇年（この時期の危機は、インド西岸のスラートと東岸のマスリパタムの衰退に寄与したかもしれない）や一七二〇年以降――も、コンドラチェフ波および貨幣の観点から、同様の研究によって実りを挙げる可能性がある。

一七六二～一七九〇年のコンドラチェフの「B」局面――危機と後退

コンドラチェフ波の観点から分析可能な下降「B」局面には、もう一つ一七六二～一七九〇年の時期がある。この期間には、フランス、オランダ、サン・ドマング／ハイチ、英領北アメリカおよびアメリカ合衆国、インドその他における、政治的混乱、ならびに、いわゆる「産業革命」があった。この時代は、ヨーロッパおよび大西洋「世界」経済の観点からは、すでに、私自身（Frank 1978a）およびウォーラーステイン（Wallerstein 1989）によって分析されているが、再びここでは、世界経済の文脈で再検討してみよう。

私（Frank 1978a）がそれについて書いていた頃は、コンドラチェフ波の起点は、伝統的に、一七九〇年からでしかなかったが、私は、それがもっと早くから始まっていたと論じ、私が一七六二〜一七九〇年のコンドラチェフの「B」下降局面とみなした時期について、その拙著（Frank 1978a）で論じた。最近になって（Frank 1994, 1995）、私は、この時代についての私の以前の知見と、ブローデル（Braudel 1992）の知見とを比べてみた。一方で、ブローデルは、ヨーロッパ「世界経済は、ありうる最大の振動面である。……生物の隅々に、血液を流通させる動脈システムのように、ヨーロッパという大きな範囲に価格の均一性を産み出したのは、ともかくもこの世界経済である」（Braudel 1992: 83）と主張しているが、かしながら、他方で彼は「ヨーロッパを中心とする世界経済の影響は、ヨーロッパに属するとされる辺境部分を最も野心的に広くとっても、それを越え出てしまうものであったにちがいない」と述べ、さらに続けて考えをめぐらし、「実に奇妙なこととして、ヨーロッパの複合状況《コンジョンクチュール》が持つリズムが、ヨーロッパの世界経済の厳密な境界を越えてしまうということである」と述べている（Braudel 1992: 76）。

もちろん、本書が扱っているのは、世界経済における世界的な経済循環である。ブローデルやウォーラーステインの「世界経済 world-economy」と、ギルズや私の言う「世界経済 world economy」とは別物であり、〔英語の表記上も〕ハイフンの有無で区別されている。[*] これについては、拙著（Frank 1995）、およびギルズとの共編著（Frank and Gills 1993）を参照されたい。後者には、ウォーラーステインからのレスポンスも収められている。さて、彼自身はそれを認めないだろうが、真実を示す証拠は、ブローデルの本の中にある。ブローデルは、一七四二〜一七八五年のロシアの輸出と貿易収支の年毎の変動をグラフにして収めている。彼のコメントは、「〔貿易収支の〕黒字には、二つの短い下落が、一七七二年と一七八二年にあるが、恐らくそれは、軍備購入の結果であろう」（Braudel 1992: 463）と述べているだけである。実際には、グラフは、一七六二〜六三年に、三つ目の大きな下落を示しており、軍備の輸入にせよ何にせよ、それに何が起こったかとは関わりなく、三つは全てロシアの輸出の激しい減少と重なっている。

＊訳注　ウォーラーステインらのいう「世界経済 world-economy」が、ヨーロッパに起源を持ち、漸次拡大した近代世界システムに対応する実体であるのに対して、フランクのいう「世界経済 world economy」は、文字通り世界規模、少なくともユーラシア規模の実体を指している。本書中の「世界経済」という語は英語原文でも、フランク自身の言葉としては、ハイフンのない world economy が当てられ、ウォーラーステインらのいう「世界経済」に批判的に言及する際には、ハイフンのある world-economy が当てられており、その区別は一貫している。しかし、一つには、ウォーラーステインの world-economy に対する訳語としては、「世界経済」と普通に表記することが定着していることと、それぞれの場合においてフランクがどちらを指して言っているのかは、個々の文脈からも、また本書全体の論旨の上からも明らかであるので、読みやすさを優先して、敢えて区別をしなかった（ただし訳文を構成する際、文脈で区別がつくように配慮した）。なお、同様の区別は、「世界システム world-system/world system」という語についても貫徹されている。

しかしながら、これらの三つの短い期間はまた、世界経済の三つの後退期とも同じ年に起こっているのである。これについては、ブローデルがアムステルダムについて論じた別の章（Braudel 1992: 267-73）で、相当の長さにわたって論じている。それにもかかわらず、彼は、ロシアの同じ時期と、それを一切結び付けていない。もう一つ別の章では、ブローデルは、一七四五～一七七六年の、イギリスの北米植民地に対する貿易収支のグラフを収めている。それを見ると、上と同じ、一七六〇～一七六三年と一七七二～一七七三年（グラフは、一七八〇年代まで伸びていない）に、輸入の減少と、それより程度は低いが輸出の減少があったのがわかる。しかし、ここでも、ブローデルは、二つのグラフの間のつながりも、どちらかの（両方でないことは言うまでもない）グラフとそれが反映している景気の後退とのつながりを探そうとはしていない。このような遺漏は、これらの景気後退について彼が述べている注釈に照らして考えると、一層奇妙なことである。すなわち、最初の後退について、彼は、「通貨の不足に伴って、破産の連鎖をひきずって危機が拡大した。それは、アムステルダムばかりか、ベルリン、ハンブルク、アルトナ、ブレーメン、ライプチヒ、ストックホルム、にまで達し、ロンドンにも、打撃を与えた」(Braudel 1992 269)。次の後退については、ブローデルは、ヨーロッパ全域における、一七七一～一七七二年の破滅的な凶作と、ノルウェイとドイツにおける飢饉の状況を観察している。さらに、彼は続けて次のように述べている。

これが、その激しい危機の原因なのだろうか。その凶作と飢饉は、同じ年、一七七一～一七七二年にインドを襲った破滅的な飢饉の結果によってさらに悪化したのかもしれないし、そのインドでの飢饉は、東インド会社の機能を混乱に陥れた。これらが全て要因となったことは、間違いない。しかし本当の原因は、周期的に舞い戻ってくる、信用危機の再来なのではないだろうか。……当時の見方では、このような危機は、常に何らかの大きな破産と結び付けられていた。

(Braudel 1992: 268)

最後に、北米植民地についての章で、ブローデルは、次のように言及している。

ボストン茶会事件は、一七七四年の十二月十六日に、インディアンに変装した多数の反徒が、ボストン港に停泊中の〔東〕インド会社所有の船、三隻に乗り込み、積荷の茶を海中に投棄した事件である。しかし、この比較的小さな事件は、植民地――将来のアメリカ合衆国――とイングランドとの決裂の起点を画したのである。

(Braudel 1992: 419)

しかしながら、ここでもブローデルは、このアメリカでの事件と、彼が分析している、同じ年の世界の他の場所での事件とを結び付けてはいない。どうして、比類ないほど複合状況《コンジョンクチュール》に鋭敏な感覚を持つ、彼ほどの洗練された世界史家が、このようなつながりを探してみようともしないのだろうか。少なくともウォーラーステイン(Wallerstein 1979: 198, 228)は、一七六三年の七年戦争後の「戦後の景気暴落《スランプ》」に、短いながらも言及しているし、まったくのついでではあるが、アメリカ革命に続く戦争の後の、一七八〇年代の「戦争直後の不景気」にも言及している。しかしながら、ウォーラーステインも、アメリカ革命自体を点火した一七七〇年代に挟まった景気後退については、なんらの言及もない。

しかしながら、フレッチャーの勧めに従うならば、その他の出来事も含めて、これらの諸事象はすべて、世界経済／世界システム規模の景気循環の連鎖を通してつながっており、可能性として――二〇年前に私(Frank 1978a)が検討した――コンドラチェフの長期波動における危機局面の内部にあるということがわかる。手短にまとめると、七年戦争に終止符を打った一七六三年のパリ講和条約は、一七六一年に始まった景気後退と長い下降局面の影響下で、締結されたのである。一七六四年以降の、イギリスの砂糖条例、印紙条例、宿営地条例《クォータリング・アクト》、タウンゼント諸法も同様であり、これらは、北米植民地の大きな不満を買い、信用証券および紙幣の発行に対する禁止条例によって、デフレ状況と植民地の債務者の苦境をさらに悪化させて、一層の不満を高めてしまった。しかしながら、アメリカの植民者たちは、特に、それに続いた循環的な回復期の間に、これらの苦境をも乗り切った――一七七三年に次の景気後退が始まるまで、のことであるが。さらに、一七七〇～一七七一年のベンガルの飢饉によって、イギリス東インド会社の収益率は低下し、同会社は、議会に請願を出し、その請願は一七七三年の茶条例という形で応えられた。同条例によって、東インド会社は、アメリカに茶を卸す特権を与えられたのである。ブローデルも言及していたように、これに対して、アメリカ人は、その茶をボストン港の「茶会」に沈めたわけである。一七七四年のケベック条例および不寛容条例《イントレラブル・アクト》を通じての、イギリスの反応は、経済的紛争を政治的抑圧にまでエスカレートさせた。そうして、一七七五年四月十九日レキシントン・コンコードで「世界中に響いた銃声」への十分な支持が集まり、一七七六年に独立宣言が出たのである。

一七八〇年代の景気後退は、ブローデルが指摘し、部分的に間違った診断を下したように、イギリスとロシアの貿易収支に変化をもたらしただけではない。同一の景気後退が、フランスと新生のアメリカ合衆国にも、さらに重大な影響を与えていた。すなわち、それは、フランス革命を点火し、アメリカでは新憲法制定へとつながった。建国当初のアメリカ一三州連合《コンフェデレーション》においては、一七八〇年代初頭の景気後退と、一七八五〜一七八六年の、さらに激しい経済的下降によって、一七八六年のシェーズの反乱のような、強力な大衆政治運動が起こり、二つの経済的危機はともに、連合規約《アーティクル・オヴ・コンフェデレーション》に反対する連邦主義《フェデラリスト》への政治的支持を刷新し、高めた。これによって、連合規約にかわる、一七八七年のアメリカ憲法の制定が可能となったのである。大西洋の対岸では同じ景気後退が、オランダにおいて、「フランス革命に先立つ大陸ヨーロッパ最初の革命であるというその真価を、不十分にしか認知されていない」(Braudel 1992: 275)、一七八〇年代中葉のバタヴィア革命を引き起こしている。そして、同じ景気後退によって、フランス革命に火がついたのである (Frank 1978a)。

さらに、十八世紀の最後の三分の一は、インドの「衰亡」の加速も、その特徴である。一七六〇年代には、オスマン経済も急激に下降線を描いており、それは大西洋経済におけるコンドラチェフ波上の危機と連関しているようである。同じ年代には、中国でも、経済的衰退が始まっているのが顕著である。以上については、全て第六章で、ずっと詳しく見ていくことにする。

さらに横に統合されたマクロ歴史?

かくして、フレッチャー (Fletcher 1985) に従って、本章は「まず歴史的並行性(世界のさまざまな社会で、だいたい同期的におこった同様な発展）を探し、そしてそれから、それらが因果的に相互関係を持っているかどうかを決定」した。そうすることで、まさにチャウデュリが感づいていたように、世界史における横の同期性を持つ、全ての種類の事象は、偶然の一致ではないということがわかった。しかし、「相互に関係を持つ歴史的現象」は、フレッチャーが勧めるような「横に統合された歴史」のなかに収まっているのだろうか。フレデリック・テガート（Teggart 1939）はすでに、同じことを勧めており、彼の『ローマと中国——歴史的事象の相関関係の研究』において、それを実践している。この本は、横に統合された歴史を行なうことが、近代についてだけではなく、古代史および先史についてさえ可能である（ばかりか、テガート、ギルズと私は、必要であると信じている）ことを示している。かくして、ギルズと私（Gills and Frank 1992, Frank and Gills 1993）は、アフロ - ユーラシア規模の長期的サイクルを、紀元一七〇〇年から、紀元前一七〇〇年まで遡って検証した。そして私は、『青銅期時代世界システム循環』という論文（Frank 1993a）で、それを紀元前三〇〇〇年にまで遡って追求した。

このような、より長い歴史的パースペクティヴによってまた、異なる歴史的時代間の比較も、可能になる。それによって、横に統合された歴史のありうべきパターンを同定する契機が得られる。それらは、世界経済／世界システムにおける空間および部門間での不平等な構造や、時間的に不均等な過程や発展のような、システムの「性状《プロパティ》」を反映している可能性があるのである。過去五〇〇〇年間にわたる「近代世界システム」の「経済的」特徴と、モデルスキーとトムソン（Modelski and Thompson 1992）の言うような「政治的」特徴については、ウォーラーステイン（Wallerstein 1974）およびかつての私（Frank 1978a, b）や、その他の論者が、注目してきたことである。ギルズと私は、表面的にこれらと同一の性質を有する研究を拡張し、「五〇〇〇年世界経済システム」について、いくつか論文を書き、我々の編著（Frank and Gills 1993）に収めた。そして、それは、モデルスキーとトムソン（Modelski and Thompson 1996）や、クリストファー・チェイス - ダンとトマス・ホール（Chase-Dunn and Hall 1997）によってさらに探究されている。
以上全ての議論が、特に関心を注いだのは、「世界システムにおけるヘゲモニー移行」（ギルズの用語である）の原因となった、構造的および時間的な——おそらく循環という形の——システムの特徴である。なかでも、ギルズと私（Gills and Frank 1992, Frank and Gills 1993）は、単にモンゴルの観点からではなく、むしろ横に統合された歴史の観点から、十三世紀に勃興し、その後衰退したチンギス・ハーンのモンゴル帝国が、世界システムにとって持つ意義について探究した。アルバート・バーゲセン（1996, Bergesen との個人的通信）が提案しているように、そのパースペクティヴを比較の方法で拡張して、「西洋の勃興」をモンゴルの勃興とのアナロジーにおいて見ることも、おそらく有益であろう。

モンゴルとヨーロッパとの構造的相同性は、両者がともに、（半）周縁的《マージナル》ないしは、周辺的《ペリフェラル》な地域の民族であり、「中核《コア》」地域とその経済に引き寄せられて、そこへ侵入していったということである。その「中核」地域というのは、第一に東アジア、第二に西アジアである。実際、中国は、チェイス - ダンとホール（Chase-Dunn and Hall 1997）の言う、二つの周辺的な「辺境国家《マーチャー・ステイト》」の両方を最もひきつけ、第一のターゲットになり、それが、世界システム規模の革新の源泉になるような結果となった。モンゴルは、最初に中国、次いで西アジアを襲っただけではなく、それから中国に元朝を建て、西アジアにも、他のモンゴル国家を建国した。ヨーロッパ人を当初ひきつけ、そして、持続的にそうでありつづけたのは、やはり「中国《キャセイ》」であった。コロンブスおよびマジェランの両人が、大西洋を横断して、西向きに航海することで、目指していたのは、まさにそれである。彼らを継いで、何世代もの人々が、北大西洋とカナダの北部を抜ける有名な「北西航路」という妄想を追い求めた（これは、原子力潜水艦と砕氷船の登場によってはじめて「開通」した）。それどころか、ヨーロッパから北極海をぬけて中国へ行くという北東航路さ追求されたのである。その間、ヨーロッパ人は結局、南アジアおよび西アジアの多くの地域で植民地的な地位を獲得しつつ、シナ海に面したいくつかの条約港における半植民地的な「門戸開放」のドアから、詮索がましく覗き見をするのがせいぜいであった。それ以前のモンゴルと同様、ヨーロッパ人もまた、そこから派生的に、日本および東南アジアに、侵入しようとした。モンゴルの海軍計画は、ヨーロッパのものよりも高圧的であったが、それにもかかわらず、成功しなかった。ヨーロッパの海軍による進出は、相対的に穏やかなものであったが、モンゴルの場合よりは多少成功した（日本においては、成功したとしても、ごく周縁的にそうであっただけであるが）。

ギルズと私による、世界システム規模の時間的な長期サイクルの分析の観点から意義深いのは、モンゴルとヨーロッパの両方による、東アジアおよび西アジアへの周辺的な侵入が、それ以前のアジアの経済的「中核」における、長期的な「B」局面による経済的衰退の期間に、（相対的および一時的に？）成功したものであるということである。ギルズと私（Gills and Frank 1992, Frank and Gills 1993）は、モンゴルの侵略の、当初の成功は、少なくとも部分的には、そのターゲットとなった、東アジアおよび西アジアの政治的・経済的条件の弱体化に、原因が求められるべきであると論じた。そのような弱体化は――一二五八年のモンゴルによる占領前のバグダッドのケースが良く示しているように――モンゴルの侵略以前に、すでに経済的衰退として顕著であったのである（Frank 1992）。

加えて、ギルズと私（Gills and Frank 1992）は、モンゴルの平和《パックス・モンゴリカ》の成功は、それによって得られた交易状況の改善にもかかわらず、相対的に短い「線香花火」のようなものでしかなかったと主張した。我々の主張では、その背景にある理由は、これら同一の、不利な、経済的条件が背後にあって、モンゴルの企図が持続不可能なものとなり、その破綻を招いて地域的な小部分へと分解したことにある。我々はこのことの方が、交易の安全性や、一般に主張されているような、馬上からの統治（モンゴル人がそれをしてみようとさえしなかったのは、偶然である）に失敗した分家諸部族の政治的弱体性よりも、重要であるとみなしている。続くアジアの「B」下降局面の間の、ヨーロッパ・西洋の企図および侵入は、今までのところ、モンゴルよりも成功しているように思われる。それは、彼ら自身による（同時に世界規模での）産業主義への展開によるものであるが、それもすぐに、地域主義化の画期を迎えた。次章で注意するように、この産業主義という、また、産業主義を通じての革新が有している、世界経済／世界システム上の位置、およびその循環上の重要性は、体系的に見過ごされるか、誤った解釈をされてきた。さらに、より長期の歴史的パースペクティヴ――結局のところ、本書を書いている時点では、我々は、一八〇〇年を過ぎてから、まだ二世紀も経っていない――からすると、このような「革新的」な西洋の企図およびその世界経済における帰結を示す史料の蓄積は、依然として、視野に入っていないのである。

結論として、歴史のモザイクのひとつのピースを眺めることが、どれほど美しくとも、それをより完全に味わうためには、やはり、それを統合的なマクロ歴史の中の収まりどころに置いてやる必要がある。フレッチャーが正しくも言ったように、そうしなければ、特定の社会ないしは出来事の「特有性」の意義を完全には理解できないのである。もし、なぜ東洋が「没落」し、西洋が「勃興」したのかを理解したいと望むならば、このことが、その導きになってくれるだろう。そうだとしても、言うは易く、行なうは難しである。次章は、それを「行なう」ための予備的なとっかかりである。そこでは、モンゴルの勃興との比較が有用か無用かということとは関係なく、世界システム的な観点から、また「西洋の勃興」が検証されなければならない。それによって、またもや、以前においては周縁的であったが、アジアの「中核」における政治経済的な衰退というタイミングに（一時的に？）つけこむことのできた地域が登場してきたということが、確かに示唆されるのである。

6

なぜ西洋は（一時的に）勝ったのか

世界史に正面から取り組むということは、人類の運命という究極の問いに立ち向かうことである。……望まれる未来に考えをめぐらせるものとして、人は、歴史を、特に世界史を見なければならない。……グローバルなパースペクティヴの挑戦を避けることは、歴史家の中心的な仕事——歴史の意味を解読すること——を目の前にして放棄することである。危機の時代に世界史を拒否することは、有意義かつ有用な仕方で、社会を過去と向き合わせるという、歴史家の究極的な責任から手を引くということである。……世界史は、世界の一体性の追求となったのである。

パウル・コステロ(Costello 1964: 213, 8-9, 215)

本章は、なぜ西洋は（一時的に）勝ったのか、という問いを設定する。本章は、二つの答えを提起し、その二つの答えの間にありうる関係を探究する。答えのひとつは、アジアが弱体化したというものであり、もうひとつは、ヨーロッパが強大化したということである。こういうと、くだらないように聞こえるかも知れないが、何がアジアを弱体化させ、何がヨーロッパを強大化させたのか、そしてこれら二つの過程がどのように結びついていたのか、ということを考えていけば、くだらないことではない。さらに、まさにこの問い／答えの組み合わせが、くだらないものではない。というのは、ほとんど全ての他の「説明」と称するものは、アジアが「伝統的」であり、そして「伝統的」なままでありつづけたと推定される、という仮定ないしは断言に依存しているからである。また、最初にヨーロッパが、自力で「近代化」してのしあがり、そうして、恩着せがましくも、その「近代化」をアジアや他の人々に与えたのだとも言われている。西洋に従って、そして、その「デモンストレーション効果」のおかげで、このように提供された「文明」および「進歩」が、自発的に受け入れられることもあった。また、植民地主義や帝国主義の力によって、むりやり、それを押しつけられざるを得なかった場合もあった。彼らの言うところでは、近代化しなかったその他のアジア人や、いうまでもなくアフリカ人やラテン・アメリカ人も、そしていくらかはヨーロッパ人でさえ、（そして北米でも、少なからず）、その伝統のために自業自得で衰退していったのである。

ここまでの各章での史料や議論は、アジア人が、ヨーロッパ人と同じく「伝統的」などではなく、むしろ実際、大体において、ヨーロッパ人の方がはるかにそうであったということを示している。さらに、以下に論じていくように、ヨーロッパ人は、自分では何も――「近代化」はいうまでもなく――しなかった。このような主張は、過去一世紀間ほどの歴史学と社会科学に逆ねじをくわせるものであり、また実際、「東は東、西は西。そしてこの二つは、永久に出会わない」というような人文科学のあり方をもひっくりかえすものである。二つは、たしかに出会っていたのである。ただし、言うようなヨーロッパ中心主義的な観点からそうなのでは全然ない。問題は、「なぜ」ということである。

本書は、ひとつの全体としての世界経済の構造と動態から引き出される、少なくとも予備的な答えを構築できるような、グローバルな足がかりを、章を重ねて、組み立てようとしてきた。第二章は、生産と交易の枠組み、そしてグローバル経済《エコノミー》の地域《リージョン》間の相互結合を概観した。第三章は、いかに貨幣が、世界の流通システムをめぐり、世界が動いていくための血液を供給していたかを示した。第四章は、その結果としての世界の人口、経済的諸量、技術の質、制度的メカニズムを検証し、アジアのいくつかの地域が、いかに、そのグローバルな優位性を維持・増進したかを指摘した。第五章は、グローバルなマクロ歴史を提起した。それによって、我々は、諸事象や諸過程が、世界中で、しばしば循環的に結びついている、その有り様を把握することができるのである。

本章は、一四〇〇～一八〇〇年の世界経済におけるアジアの優位は劣位に転化し、逆に十九、二十世紀の西洋の優位へと転じたのかどうか、そしていかにそうであったのかを探究する。このような相互交替を生み出した、ないしは少なくとも可能にしたと思われうる、世界経済の結びつきおよびメカニズムの可能性が、第五章では検討される。一四〇〇年に始まった長い拡大サイクル（すなわち「A」局面）は、十八世紀にまで続いたようであるが、その後、少なくともアジアでは、「B」局面的な衰退へと転じていった。世界経済のサイクルおよび、特に危機は、ピンチ（危険）とチャンス（機会）の両方を産み出した――ちょうど中国語では、「危機」というように。しかしながら、それが、いずれとなって現れるかは、ひとつの全体としての世界経済に占める場所と役割に応じて、経済部門ごと、地域ごとに異なっていた。したがって、「東洋の没落と西洋の勃興」のいわれ因縁を探究するのに、ここまでの各章から得た教訓と足場とを利用することができるのである。本書は、四つの大きな節で構成されている。①アジアにとって拡大の「A」局面が収縮の「B」局面に転じていく「ジェットコースター」

のような、数世紀間単位の世界経済の循環はあるのか、②アジアの「没落」は、いつ、そしていかにして顕在化してきたか、③ヨーロッパおよび西洋は、いかにして「勃興」したか、④このような没落と勃興とは、世界経済の構造と、グローバルおよび地域《リージョン》規模の人口、経済、生態学的な動態を通じて、どのように結びついているか。

長期波動のジェットコースターは存在するか

第五章では、全般的な「十七世紀の危機」などというものはなく、アジアにおいては、一四〇〇年からの、長期的な、グローバル経済《エコノミー》の拡大が、少なくとも十八世紀中葉にまで続いていたことを明らかにした。これに従えば、ギルズと私流の五〇〇年周期のサイクルを近世期にまで追求することができる。覚えておいでとも思うが、本書執筆の最初の動機のひとつには、一五〇〇年よりずっと前から始まる長期の「A／B」サイクルを具えた、古い世界システムがある (Frank and Gills 1993) ということを認めると、イマニュエル・ウォーラーステインの言う一五〇〇年以降の「近代世界システム」には、どのような意味合いを持つのであろうか、ということを探求することがあった。このようなサイクルは、拡大期である「A」局面と、それに続く収縮期の「B」局面があり、各局面は、それぞれ二、三世紀間の長さを持つ。ギルズと私は、紀元前一七〇〇年以来、アフロ - ユーラシアの大部分に共有されていた、このようなサイクルを同定し、その年代を確定した (Gills and Frank 1992, Frank and Gills 1993も)。そしてさらに私は、それを紀元前三〇〇〇年にまで押し広げた (Frank 1993a)。問題は、このような長期サイクルが、近世にまで続いていたかどうかであり、もしそうなら、どのような影響をもったかということになる。

ここでは、このような長期サイクルの全歴史を振り返ろうとすることはせず、これまで言われてこなかった大きな拡大期として、紀元一〇〇〇／一〇五〇年から一二五〇／一三〇〇年まで続いた期間を指摘しておけばよいであろう。これは特に、中国の明朝の下での重要な技術、生産、商業、一般的な経済の発展の時期である。ウィリアム・マクニール（McNeill 1983）は、中国が、当時の世界において、最も重要な「中心」であったとみなしている。ジョージ・モデルスキーとウィリアム・トムソン（Modelski and Thompson 1996）は、紀元九三〇年ごろに始まる、彼らの言う約五〇年周期のコンドラチェフのサイクルの最初の四つは中国で起こったとしている。ウォーラーステイン（Wallerstein 1992: 586-8）もまた、「拡大と収縮のパターンは中世後期および近世期のヨーロッパについての諸々の著作によって、明確に割り付けられ、広く受け入れられている。……つまりヨーロッパにおいて、一〇五〇～一二五〇年すぎの期間は、拡張の時代であった（十字軍、植民運動）。……一二五〇～一四五〇年すぎの期間の『危機』ないし大きな収縮は、ペストの流行を含んでいた」と指摘している。ジャネット・アブ－ルゴッド（Abu-Lughod 1989）は、この収縮局面の最初一世紀である一二五〇～一三五〇年について、前半を拡大期と、そして一三〇〇年以降は収縮期と規定している。彼女は、自身によるアフロ－ユーラシア全体の「十三世紀世界システム」の分析に立脚して、そのような年代確定をおこなっている。ギルズと私は（Gills and Frank 1992, Frank and Gills 1993）は、ひとつの全体としてのアフロ－ユーラシアの世界経済および世界システムにおいて、まず一二五〇年ごろまでの拡大期である「A」局面、そして一四五〇年ごろまでの収縮期である「B」局面の危機の両方を検討しようとした。

ギルズと私（Gills and Frank 1992）は、新しく始まった「A」局面の拡大が、一四五〇年ごろに始まったものとしていたが、おそらく、これは、ウォーラーステイン（Wallerstein 1974）および、彼によるヨーロッパ世界経済の分析に従いすぎていたようである。当時、私たちは、ラヴィ・パラットとウォーラーステイン（Palat and Wallerstein 1990）の論文を、十分重視していなかった。この論文では、インドにおける大きな拡大期は、一四〇〇年に始まるとされていたのである。本書における世界経済の検討からも、この拡大期は、一四〇〇年にはじまったということが示唆される。これは、インドだけではなく、東南アジアおよびおそらく中国でもそうである。

この世界経済の西の周縁部での、黒海および東地中海におけるヴェネツィアとジェノヴァの活動、ならびに、地中海を通して大西洋へのジェノヴァ人の拡張は、このような世界経済の拡張の、比較的小規模な一部分であった。イベリア半島における、スペインの「国土回復運動《レコンキスタ》」もそうであるし、大西洋におけるイベリア勢力の先駆的活動もみな、そうである。そのような活動は、まずアゾレス諸島、マデイラ、カナリヤ島へ伸び、そして、西アフリカの沿岸づたいに回っていった。他方で、このイベリア戦力の拡大は、繁栄と黄金の東アジアへの道の発見を求める基礎を敷いた。イベリア人は、大西洋経由で、さらにホーン岬やパナマおよび／あるいはメキシコを経て、太平洋を横切り、西向きにも地球をまわっていったし、またアフリカをまわり、喜望峰を経由して東方にも向かった。後者は、前者と比べて、より近いルートであったばかりではなく、より早くから、より多くの利益を、インド洋と南シナ海とで区切られた地域の富からもたらしていたルートであったのである。アメリカ大陸で、金および銀といった貨幣の富が発見されてはじめて、西回りの航海は利益をもたらすようになったのである。それが、ヨーロッパ人に、アジア人の支配するグローバルなカジノで賭け金を出す、最初の実質的なチャンスをもたらしたのである。さらに、一四〇〇年以来、最初に再び商売に開かれ、最も繁栄していたのは、アジア経済であったのである。

すると問題は、先に述べた長期サイクルの中で、この拡大的「A」局面がいつまで続いたのかということになる。このサイクルを、まず紀元前一七〇〇年にまで遡って追跡したとき、ギルズと私は、実際に一四五〇年で分析を止めてしまい、それ以降のサイクルについては、他の論者による「暫定的に受け入れられた、大体の概観」でよしとしていたのである（Gills and Frank 1992, Frank and Gills 1993: 180）。

アンドリュー・ボズワース（Bosworth 1995: 224）は、都市成長のデータに立脚して自ら行なった、これらのサイクルおよびその各局面の年代確定の検証を書きなおし、いまでは、「ギルズとフランクが、長期サイクルに弔鐘をならし、……より短いコンドラチェフ波の方を奉じているのは、（もしそれが、実際に彼らの立場だと言うのなら）早まったことのように思われる。……二つの現象は……必ずしも両立不能なものではない」と書いている。まあ、実際的に言えば、事実上、それが我々の立場だったのかもしれないが、正式な考えとしては、私たちも原則として、二種類のサイクルが、互いに入れ子状になっている可能性を考えていたのである。複数のコンドラチェフのサイクルが、ひとつの長期的サイクルの中に、どのように収まっているかということについては、まだ追究が及んでいない（それでも、第五章のモデルスキーとトムソンに関する私たちの議論は参照していただきたい）とはいえ、全くのところ、これは、先の第五章における「一六四〇年の危機の貨幣的分析」の議論においてのテーゼなのである。

しかし、よりきちんと検証された問いは、（可能性としての）この「A」局面がどれくらいの間続いたのか、ということの方である。その答えは——少なくとも一七五〇年まで、というものであった。ボズワースは、彼の都市成長のデータを用いて、同様の問いを追究し、そのデータによっても、「A」局面は、もっと長かったという見解が「強化」される、という結論に至っている。すなわち、世界における上位二五の大都市について、十六世紀に少し沈下しているせいで、長期サイクルはあまり当てはまらないが、しかしながら、「相対的な都市の位階性（上位二五都市中にある、その地域の最大の都市の成長ではかる）は、一六五〇年ごろまで、東アジアで高く、その後は、ヨーロッパ／大西洋の都市システムの比率と並行して高まっているが、このような『躓き』は、一世紀以上続いた」（Bosworth 1995: 221-2）のである。彼の論文中の図8—4によると、東アジアの都市とヨーロッパ／大西洋の都市の間の相対的な都市の位階性を示すグラフは、アジアの経済的・政治的パワーが退潮する一八二五年ごろまで交わらない。ロンドンが北京にかわって、世界最大の都市となるのは、一八五〇年のことである。第四章で指摘したように、ローデス・マーフィー（Murphey 1977）も、東洋の衰退と、西洋の勃興の交差は、一八一五年頃であるとしている。

したがってやはり、世界経済における、この（これまでのところ最後の）長期サイクルの拡大局面は——少なくともアジアにおいては——十五世紀から、十七世紀を通じ、十八世紀の最後までとはいかないとしても、少なくとも前半までの三世紀間以上にわたって続いたように思われる。すでに検討した十七世紀についての史料も、一四〇〇／一四五〇年から、十七世紀を通じ、少なくとも十八世紀の前半まで、「長期の十六世紀」の拡大局面が続いていたという考え方を支持するものである。さらに、第四章ですでに指摘したように、アジアでは、大きな生産と人口成長の拡大が続いていて、対するヨーロッパは、相当にあとになってからでしか、それに追いつかなかったのである。生産と人口成長の拡大は、ともにヨーロッパ人によってもたらされたアメリカの貨幣の流入を、そのエネルギーとしていた。世界史の現実と発展という観点からすると、ヨーロッパ人が、大部分はアジアに根拠を置く世界経済の生産拡大への参入を増進することができたのは、実は（ひとえに）アメリカの貨幣のおかげであったのである。さらに、世界経済の最も強力で、最もダイナミックな部分は、依然として、中国とインドにあると結論しなくてはならない。

したがって、これらの、またその他のアジアの諸経済は、「A」局面の拡大期が、極大点に達すると、「B」局面の収縮期へと移行していくという、長期サイクル的な、経済成長のパターンを持っていたし、持ちつづけていたというのが私の議論である。さらに、これらのアジア諸経済は、もちろん、互いに結びついていた。したがって、それら諸経済が、拡大と縮小の局面を、ほぼ同期的に経験しているとしても、それは、「偶然の一致」ではないし、驚くべきことではないのである。しかしながら、これらのアジア諸経済は、それら同士で互いに結びついていただけではなく、全て、単一のグローバル経済《エコノミー》の不可欠な部分であったのであり、おそらく、そのグローバル経済《エコノミー》に、固有の発展の長期的サイクルがあったのである。ここでの議論は、そのような長期サイクルの、一四〇〇年ごろ以来の「A」局面的上昇が、その極大点に達し、特に、より中心的であったアジアの諸経済が、一七五〇～一八〇〇年の間に、それにつづく長期の「B」局面に移行したということである。さらに、かつての拙著(Frank 1978a)で論じ、本書の第五章でも再び論じたように、より短期的なコンドラチェフの長期サイクルは、一七六二～一七九〇年に、「B」局面を迎えたのである。

十八世紀の末に、アジアにおいて終わりを迎えた、長期の「A」局面の拡大、およびそれに(循環的に?)つづく縮小は、当時依然として周縁的であった西洋が、その世界経済および世界システムのなかでの地位を、相対的・絶対的に高める、初めての実質的なチャンスをもたらした。その時になってはじめて、西洋は、(一時的な?)支配の時代を達成すべく進むことができたのである。今日的な類比されるものといえば、現代の世界経済危機によって、再び世界経済の「周縁」において、東アジアの、いわゆるＮＩＥｓ(新興工業経済)の勃興が可能となったことがある。今日の東アジアＮＩＥｓと同様に、当時のヨーロッパは、まず(当時の「先進産業」であり、それまではアジアから輸入されていた織物の)輸入代替を行ない、それから次第に、輸出促進――まず、彼らにとって相対的に保護された市場である西アフリカと両アメリカへ、次いで世界経済全体へ――に取り組んだということは指摘しておいてよいであろう。

また、クリストファー・チェイス‐ダンとトマス・ホール(Chase-Dunn and Hall 1997)が論じているように、それ以前にも、全てではないが、いくつかの周縁的・周辺的な「辺境国家《マーチャー・ステイト》」が、「中核」経済、社会、国家に対して革新的に挑戦するという、歴史的な類比例はある。それ以前において(半)周辺的であった経済が、世界経済／世界システムの(諸)中心における危機によって生じたチャンスを利用している(かつ、ピンチを回避している)

ということである（Gills and Frank 1992, Frank and Gills 1993）。このような（椅子取りゲームのような）地位の変化は、その都度、長い「準備期間」やそれ以前にあって予測可能であった、（半）周辺的地域ないし新しい「先進」部門の勃興によっておこるのではなく、むしろ中心において、相対的に突然起こるシステム規模の危機のために起こるのだということは、いくら強調しても、何回強調しても、しすぎることはない。

かくして本書は、十八世紀末に、アジアにおける、「B」局面的な、世界政治経済的衰退が始まって、それまでは相対的に周縁的であったが、今や急速に上昇し始めたヨーロッパを利することになったのかどうかということを、問うてみるところまで来た。ここまでで画定した世界システムのサイクルに照らして考えると、非常に多くの強力な国家――オスマン帝国、ムガール帝国、サファヴィー朝、清朝、ハプスブルク帝国――の同期的な「没落」は、世界システムの危機と「B」局面に伴うものであったということになる。本書の最後のところでは、十八世紀のおわりに、アジアで始まったように思われる、この長期的サイクルの歴史的連続性について、少しだけ思弁的な推論をおこなってみる。これに関する理論的な諸問題についての考察は、第七章までとっておくことにする。

我々はまだ、ひとつ重要な歴史的問いをたて残している。すなわち、端的にいって、そしていうまでもなく、なぜアジアにおいて、実際に政治経済的な衰退が起こったのか、そしてそれが長期サイクルの「B」局面の一部であったのかどうか、ということである。これらの問いは、相互に連関しており、その理論的・イデオロギー的含意の射程も長い。東洋における衰退は、「西洋の勃興」を、その起因ないし原因としたのか、あるいはそれによって衰退の速度が増しただけなのか――それでさえ、もし本当ならの話だが――ということに関わるからである。

東洋の没落は、西洋の勃興に先行した

この節題は、ジャネット・アブ－ルゴッドの傑作『ヨーロッパのヘゲモニー以前』(Abu-Lughod 1989) から借用した。残念なことに、彼女はこの問題を、紀元一三五〇年を越えては追究していない。「東洋」が「没落」するのには数世紀がかかっていて、「西洋」は、非常に遅れてやっと、本当に「勃興」したのだということは、すでに見てきたことである。アジア経済、そしてオスマン帝国、サファヴィー帝国、ムガール帝国、清帝国が、なぜ衰退したのか、ということについて、本書が言えることは、ほとんどない。実際、アジアの十八世紀についての議論は、両義的で、混乱しがちである。

> 今日となっては、かなりの期間にわたって、インドネシア、インド、およびアラビアに関する歴史記述においては、十八世紀は、ずっと、衰退期と考えられてきた。イギリス人は、その衰退が、大英帝国を正当化すると考えていたし、オランダ人は、その時期に、誉れ高き東インド会社の失墜を目の当たりにした。アラブ人も、その期間は、近代の前史としてしか見ていない。最近になって、このような衰退の考え方は、これらの主要地域のそれぞれを専門とする歴史家から、批判されるようになった。……政治的な断片化を衰退の証拠として考えるのは危険である〔と警告する論者もある〕。……〔しかも〕乏しい史料からこれまでにわかった経済の有様の大部分からは、鋭い変化というよりも、むしろ連続性が示唆されるのである。
>
> (Das Gupta and Pearson 1987: 132-3)

それにもかかわらず、我々は、フレッチャーの訓えに従い、アジアが最終的に「衰退」したことの、システム的な過程および原因の可能性を探さなければならない。さらに、これは、それ以前の時代について、私が採ってきた手続きでもあり、それによって、ギルズとの著作（Frank and Gills 1993）や私自身の著作（Frank 1993）にまとめられた、いくつかの重要な暫定的知見が産み出されたのである。かくしたがって、我々はまた、東洋の没落と西洋の勃興とが、システム的に連関していたのか、そしてどのように連関していたのかを探究していくべきなのである。

最近になって、M・アタール・アリが、同じ問題を提起してきている。彼自身の暫定的な答えの方は、満足できる水準にはないように思われるが、彼による問題の立て方は、その全文を引用する価値がある。彼は、ムガール帝国の滅亡の原因は、全て「内的」な要因のあり方——女性に対する、あまりにもひどい干渉から、農民の搾取を非効率的にし、それがゆえにいっそう苛斂を増す不適切な制度まで、それらはナショナリズムの成長をもたらした——にあるとしている。妥当する全ての要因を総合することは、まだ試みられていないと彼は述べているが、それをやってみるよりも先に、まず「適切な文脈」にそれを置く必要がある。アリは、次のように述べている。

> ムガール帝国の破綻についての学問的議論を追いかけると、かくも狭い観点から、議論が行なわれてきたという事実に驚かされる。十八世紀の前半においては、ムガール帝国は、その崩壊を見る一歩手前でしかなかった。またサファヴィー朝は、実際に滅亡した。ウズベク・ハン国は解体し、オスマン帝国は、ゆっくりと、しかし動かし得ない衰退への道程を歩み始めていた。（Ali 1975: 386）

アリは続けて、同じ運命がこれらの大地域すべてを同時に呑み込んだのは偶然の一致であるなどというのは、かなり無理をしないと納得のいかないものであると主張している。ゆえに、再びフレッチャーに従って、我々は、これらの同期的な諸事象の原因となった、共通の要因が発見できるか否かを問うべきなのである。アリは、次のように続けている。

ひとつ、注目すべき点もある。これは、我々の探究の導きになるかもしれない。すなわち、帝国の破綻は、西洋の植民地勢力、特にイギリスとロシアによる武力攻撃からのインパクトに、全く先行して、起こっているということである。しかし、それが西洋列強のインパクトの前に破綻していたとはいっても、その間隔は短く、そのため、ヨーロッパが実際に東方の諸国家に対して、優勢な軍事力をもって対決する前に、まだよく理解されてはいないが、なんらかの仕方で、西洋の勃興によって、東洋の国家と社会は滅亡しつつあったのではないかという疑問がわいてくるのである。ヨーロッパとアジアの間のあたらしい商業関係の結果として起こった、これらの国々の交易と市場のパターンの変化についての一般的な分析が、全く試みられていないというのは、中東［ママ！］およびインドの経済史研究における、遺憾な立ち遅れである。(Ali 1975: 386)

しかしながら、暫定的な解答を出そうとする、アリ自身の試みは、満足のいくものではない。というのも、彼は次のように始めているからである。「一五〇〇～一七〇〇年における最大の事件が、世界商業の中心としてのヨーロッパの勃興であったことは間違いない」(Ali 1975: 387)。このような議論の出発点は、本書において積み上げられた史料に矛盾しており、これとは異なる説明が、我々には求められる。アリは続けて、ヨーロッパの経済的影響力は、相対的にだけではなく絶対的にも、アジア経済を崩壊させ、弱体化させたに違いないと主張している（Ali 1975: 388）。このような仮定は、十六世紀についても、とりわけ十七世紀についても、そして十八世紀についても部分的に、史料に矛盾している。逆に、その期間においては、アジア経済は強化されていたのである。

そうして、アリは、アジアの収入がヨーロッパに流れたと想定し、それがアジアにおいて支配階級に否定的効果をもたらすと、支配階級は農村の搾取を強めて、その地位を維持しようとし、「結果当然、大帝国の終焉が導かれた」(Ali 1975: 388) と論じている。しかしながら、特に農業に対する搾取の強化は、支配階級への収入の減少の結果ではなく、むしろ農民から支配階級へわたる収入を産み出すような、市場機会が、より大きく成長してきたことの結果であるのが普通である。これは、プランテーションや、その他の農業輸出経済に共通する経験である(Frank 1967)。これによって、経済と社会は二極分解し、富める者はより富み、貧しいものはより貧しくなった。以下、インドと中国について、十七世紀および十八世紀についても、このことが妥当するということを示す十分な史料を見ていく。

そのように、収入および地位の二極分解を伴う経済拡張はまた、それを産み出した過程そのものにおける退行を帰結した。したがってアリが示唆しているように、アジアの諸帝国の政治的安定は、その経済においてヨーロッパ人が競争を展開したために掘り崩されたというわけではなかったのである。むしろ、アジアにおける経済的・政治的緊張の増大は、ヨーロッパ人の供給する銀、および結果として増大した購買力、収入、そして国内市場や世界経済、特にアジアにおける輸出市場に対する需要によって、産み出されたものなのである。それは恐らく、収入配分の歪みを増大させ、結果として、以下に見るように、有効需要を制限し、政治的緊張を高めたと考えられる。

十八世紀の後半、特に最後の三分の一になってはじめて、オスマン帝国、およびインド、中国の帝国の衰退の傾向は加速した。衰退が最も時期的に早く、最も加速が強かったのは、おそらく、ペルシアであり、次いでインドが、次第に織物における競争優位を失い、十八世紀の半ばを過ぎると地金の流れが逆転した（つまり、流入ではなく、流出するようになった）。

したがって、サファヴィー朝ペルシアあるいは、ティムール帝国や中央アジアのブハラ・ハン国を除けば、最初の衰退は、インドで起こったように思われる。また、インドについては、大半の研究が我々にとっても容易に使うことができる。というわけで、続く検証はインドから始めて、その後で、アジアの他の部分に進めていこう。

インドの衰退

インドについての歴史記述は長らく、特にイギリスの植民地主義が、最初にベンガルの、後にはインドのその他の地域の飢饉と脱産業化に責任があるのか、またどの程度責任があるのかという点で論争が行なわれてきた。皮肉なことに、西洋に協調的なインドのナショナリストは、一七五七年のベンガルにおける、プラッシーの闘いでのイギリスの勝利が、最も重要な断絶点であるということを認めている。十九世紀のナショナリストのなかにも（Chandra 1966にまとめて検討されている）、また二十世紀のソビエト、インド、およびその他の「反帝国主義」的な論者（Frank 1978a を含む）も、インドの衰退は、その闘いでの敗北の結果であるとみなしており、それがイギリスによる植民地化を導いたとしている。それが、イギリス東インド会社による「ベンガルの略奪」を、織物産業の破壊を、ザミンダーリ制〔北インドで行なわれた、大土地所有者による徴税請負制度〕・ライオットワーリー制〔南インドで行なわれた、土地保有農民による直接納税制度〕の土地所有構造を、そして、インドからの資本の「流出」などを開始させたのである。

ここでは、この論争を追いかけたいわけではないが、それでもなお、インド、その他の地域で、経済的衰退が、いつ、どこで始まったのかということは、疑ってしかるべきことである。一七五七年以降になってから始まったと論ずる者も、あるいは、アミヤ・バグチーのように一八〇〇年以降だと論ずる者も、さらにあるいは、バートン・スタイン（Stein 1989）のように、実は実際のところ一八三〇年ごろ以降であると論ずる者も、それらの年代より前にすでに始まっていた、有意な経済的衰退を示す証拠には、少なくとも向きあっておかなくてはならない。インドやその他のアジアの地域は、ヨーロッパ人がやってくる前から「停滞」していたという、一般に受け入れられている主張とは逆に、本書は、第二章、第三章、第四章、および第五章の「十七世紀の危機」についての節で、インドでは、実質的な経済成長が、十八世紀に入るまでずっと続いていたということを見てきた。それはまた、スタイン(Stein 1989)による十八世紀のインドについての歴史的証拠からの判断の要約でもある。しかしながら、彼の見方では、イギリスの政策は、一八三〇年ごろまでは、インドに対して、有意な経済的被害を引き起こさなかったというのである。

しかしながら、インドにおける経済的衰退を、一世紀ほど早く見ている論者もいるのである。「一七三〇年代はじめから、ベンガルにおける絹と綿の生産は、両方ともに、決定的に衰退していた」(Rila Mukherjee 1995, 個人的通信)。ムヘルジー(Mukherjee 1994)は、ベンガルの絹生産の大中心地である、カシムバザールからの史料を提出しており、そこでイギリス東インド会社に絹を供給する商人の数は、一七三三〜一七三七年の期間では、平均して、五五の商人がおり、一万七〇〇〇ルピーの投資を行なっていたのに、一七四八〜一七五〇年の期間では、三六の商人が、七〇〇〇ルピーの投資を行なうだけにまで衰退した。一七五四年の危機の後は、これらの商人は、工場の記録から突如として消えている。調達および/あるいは供給の問題は増大しており、後背地は、インドの他の沿岸地域においてと同様、壊滅しつつあった。しかしながら、ベンガルはまた、ボンベイやマドラスで中国産絹との競争が激しくなるにつれ、絹需要の低下に苦しんだ。またムヘルジー(Mukherjee 1990/91)は、ベンガルの最も重要な綿生産地域である、ジュグディアについても研究している。そこでも同時に、問題は「生産の圏域で、危機的になっていた」。配送の遅れや、供給量の不足、質の低下、突然の価格高騰、一般的な信頼性の低下というような、調達に伴う問題が存在し、結果として、「十八世紀中葉までにすでに、脱産業化の兆候をいくつか予見することができる」(Mukherjee 1990/91: 128)。その脱産業化は、より強力な外国資本と、より弱体な現地の商業組織との下で進行したのである。すると、リチャード・イートン(Eaton 1993)によるベンガル辺境の研究が、十八世紀中葉以前には、経済的衰退を全く、あるいはほとんど、見出しておらず、せいぜい、ベンガルへの、ないしはベンガル内部での、西から東への経済活動のシフトを見出しているのみであるのは、奇妙なことのように思われる。

P・J・マーシャルもまた、「ベンガル自体の安定期は、数十年間にわたって続いたが、一七四〇年代には、崩れ始めていた。最近の評価では、明確な像が描かれている……」(Marshall 1987: 290)と述べている。そして彼は、「ベンガルの経済が全般的崩壊の瀬戸際へ押しやられたこと」を指摘するK・N・チャウデュリ(Chaudhuri 1978)の文章を引用している。チャウデュリ自身も続けて「織物産業の崩壊……」(Chaudhuri 1978: 308)に言及しており、さらに「一七三〇年代は、南インドにとって悪い時代だった」と述べ、そして「十八世紀中葉の、英仏大戦争は、すでに、深刻な困難に陥っていた交易を、さらに混乱させた。特にマドラスがひどい痛手をこうむった」(Chaudhuri 1978: 309, 294)としている。シンナッパー・アラサラートナム(Arasaratnam 1986: 211)は、コロマンデル交易が、停滞ないしは衰退を経験しているかどうか、という問いをたて、特に一七三五年以降のこととして、「当該の地域が、経済活動の、したがって商業の下降を経験していたことには、疑いがない」と書いている。

タパン・レイチャウデュリとイルファン・ハビブは、『ケンブリッジ・インド経済史』の第一巻で、次のように付け加えている。

十八世紀初めについて、ベンガルにおける海運業の衰退よりも、ずっと重要であったのは、グジャラートの大商業船舶業の没落であった。グジャラートの海上交易の衰退は、政治不安の増大が加速する面もあったとはいえ、法と秩序の崩壊が実際に悪影響を出し始める前にすでに始まっていたことであるというのは、ここで、もう一度指摘しておく価値のあることであろう。……ムガール帝国のスーラトの港の衰退と、その港を根拠地としていた艦隊の消滅は──実数を挙げると、一七〇一年には、一一二隻あったものが、一七五〇年には、二〇隻になっていたのであるが──この期間のインド洋交易に起こった最も重大な展開であったと論ずることができる。

(Raychaudhuri and Habib 1982: 433)

しかしながら、十八世紀初頭の数十年において、西のスーラト、および東方のマスリパタム、その他のコロマンデル海岸の諸中心とそれらの後背地は、ムガール帝国、サファヴィー朝、オスマン帝国の同期的な衰退の結果として、衰退していった (Das Gupta and Pearson 1987: 140)。ヨーロッパ人は、このようなアジアの衰退につけこんで、商業上の競争優位を得ることができ、またその他の地域でも、アジア人の競争相手が苦しんでいるのにつけ込んで、競争に優位を占めたのである。マーシャルは、これらについて、次のように述べている。

イギリス人が、アジア人と競争して、輸送業に乗り出していようがいまいが、アジアの海運業にとっては、困難な時代だったのである。……インドの競争相手が、激烈に弱体化して初めて……インド西部における交易に対するイギリスの影響力は増大し始めたのである。……十八世紀の初めには、アジアの海運業は全て、東南アジアおよび中国における根拠をすでに失いつつあり、マドラスやカルカッタからのイギリス船に、それは移りつつあったように思われる。

(Marshall 1987: 293, 292)

しかしながら、インド経済の困難は、十八世紀の三〇年代および四〇年代に、拡大および／あるいは深化し、またベンガルのように、これまでは最も競争力のあった地域にまで、深刻に影響していたようである。さらに、オランダ・イギリス両東インド会社による、アジアからの年平均輸入額（請求書上の価格ないし販売価格に立脚して計算すると）は、一七三〇年代と一七四〇年代に減少しており、「この時期が、ヨーロッパ‐アジア間交易の顕著な競争の時代であったという前提を確認している」(Steensgaard 1990d: 112-3)。一七四〇年には、中国商人が、オランダ領のバタヴィアで虐殺された。またこの時期は、「植民地交易から、ヨーロッパが全般的に後退した時代」(Steensgaard 1990d: 110) でもあり、また戦争の時代でもあった——一七三九年のジェンキンスの耳の戦争〔イギリス・スペイン間の戦争〕および一七四〇年のオーストリア継承戦争があった。ウォルター・ドーン (Dorn 1963: 164) は、これらの戦争を「本質的に、商業上の紛争」であり、海外商業をめぐる「商売敵との争い」であったと規定している (Frank 1978a: 119)。しかし、このような見方は、ドーンに限ったことではない。「全く植民地のために企てられた最後の戦争は、一七三九年のスペイン戦争であった」とは、アダム・スミスの言である (Smith〔1776〕1937: 899)。

インドに話を戻すと、それ以前からすでに始まっており、依然として継続していたインド各地の経済的衰退に、政治的問題、そしてヨーロッパの植民地主義がついていって、それを加速しただけであるというのが妥当であるのかどうかを、さらに探究することが重要であるように思われる。同時に、これら衰退地域に、ヨーロッパの政治的／軍事的な植民地主義的干渉が行なわれる前においても、そのような衰退がヨーロッパの勃興と関係しているのか、あるいはさらに部分的にでも、ヨーロッパの勃興によって産み出されたものなのか、もしそうなら、それはどのように、そしてどの程度そうなのか、ということを探究することも重要である。

アラサラートナム (Arasaratnam 1995) は、この問題をコロマンデル海岸について考察している。オランダが、東南アジアへ植民地的な干渉をおこなっていたことと、同時にイギリスが中国貿易から利益を得ようと努力していたこととは、コロマンデル海岸とその地のインド商人を不利な立場に追い込んだ。オランダ東インド会社が、インドネシア、特にジャヴァに対する政治的、商業的支配を増進させ、それによってマラッカの首が絞められていったため、コロマンデルと東南アジアとの、長年の結びつきも切り離されてしまった。それまでは、前の章までですでに概要を述べたような、より大きな交易のネットワークの一部として、二国間および多国間関係が存在していたのだが、それはともども深刻な被害をこうむった。イギリス東インド会社と中国との直接の結びつきが成長したことも、かつては重要であった交易の仕事から、コロマンデルを切り離すことになった。アラサラートナムは、十八世紀初頭から中華の商業上の変化、およびコロマンデルにとって「単一にして最大の決定的事件」、つまり東南アジアとの交易の衰退について、以下のように要約している。

コロマンデルに関する限り、新しい形態と方向のヨーロッパ交易は、伝統的にその地域でになわれていた交易に深く食い込んできた。……十七世紀の経過する間に、オランダによって、激しく破壊されたのは、この〔東南アジアの〕動脈であった。インド人の交易の、モルッカやマカッサルと、セレベスやバンタムと、そしてジャヴァ北部の諸港、〔さらに〕スマトラ西海岸との結びつきは、ひとつずつ断ち切られていった。一連の陸海の軍事的行動で、これらの港や市場は、競争的な交易から締め出されていった。それは、コロマンデルの海運業者にとっては、もうけになる、織物の輸出市場がなくなってしまうということを意味した。そしてそれは、コロマンデルへの香料の輸入交易を、彼らの手から、もぎ取ってしまうことを意味していた。さらにそれは、利益になるインドへの輸入品を形成していた鉱物——金と錫《すず》——がなくなってしまうということでもあった。このようなことは、商業的技術の優位によってではなく、粗暴な実力行使によって、達成されたのだということは、強調しておかねばならない。……十八世紀後半の、中国交易のブームと、その結果としての、アジア域間交易への変化は、コロマンデル交易に最後の駄目押しを食らわせた。……ベンガルと同様、コロマンデルは、中国の輸出品購入で、地金を流出させ、全般的な資本不足に陥っていった。コロマンデルの商人は、このように新しく現れてきた交易パターンにほとんど、あるいは、全く果たすべき役割を持たなかった。……インド国家の主要部分へのイギリスの直接支配の拡大によって、彼らの仲介者としての役割は、無用のものとなったのである。……ヨーロッパ人が振るうパワーの大きさが増してくると、〔インドの政治的権力のブローカーたちの〕ヨーロッパ勢力への依存やかかわりも増していった。彼らは、インド商人との対決においては、きっぱりとヨーロッパ人の側についており、それら商人の利益を掘り崩すのに寄与した。同様に、後背地の権力に対しても、彼らはヨーロッパの主人の側に立ち、前者の利益を掘り崩して、後者の利益に貢献したのである。

(Arasaratnam 1995: xiv-28, 29, 41, 40)

まとめると、インド、特にベンガルの織物産業における経済的衰退が、一七五七年のプラッシーの戦い以前に、すでに始まっていたことを示す相当な証拠はある。それに伴う、ムガール帝国その他の政治的混乱は、略奪的なヨーロッパ商人、海軍、そして究極的には政治的権力に対して、アジア人を脆弱にした。十八世紀中葉に、ヨーロッパ人は、インド人の水域で、現地にもとからいた海運業者および商人から、新たな規模で、その海運業を奪い取った。インドは、ヨーロッパのヘゲモニーの前に、「没落」を始めた、アジアで最初の政治経済的パワーであったのである。

アジアのその他の地域の衰退

アジアのその他の地域、特に、西アジア、東南アジア、東アジアについても、同じ問題が持ちあがってくる。オスマン帝国では、経済拡張が十七世紀のおわりに、そのピークを迎えたようである。オスマン経済は、十八世紀の前半に次第に弱体化し、十八世紀の後半に衰退が加速した。オスマン帝国の経済的パワーは、新しい産業の中心の登場と、ヨーロッパ人の商業支配の増進によって、十八世紀末に、次第に掘り崩されていった。政治的パワーは、ナポレオンのエジプト遠征を皮切りに、十八世紀から十九世紀への変わり目に、ヨーロッパ人によって失墜させられた。

十八世紀において、全体としてのオスマン帝国の外国交易は停滞しており、したがって、増大している世界交易の中に占めるシェアは、低下していた。特に、ヨーロッパとの交易が衰退しており、ヨーロッパの中では、フランスが、段々とイギリスに代わって、オスマン帝国の交易相手となっていった。さらに、十八世紀の末には、オスマン帝国の輸出市場、および国内市場でさえも、外国との競争、つまり明らかにフランスとの結びつきから、特にアメリカ大陸との関係で、被害をうけるようになった。北米からの、より安価な綿が、アナトリア産綿を駆逐し、カリブ産の、より安価なコーヒーが、カイロ経由のアラビアコーヒーの輸出を駆逐した。そしてカリブの砂糖が、国内市場に侵入してきた。これらの競合する製品はすべて、アメリカ大陸では、奴隷労働によって生産されていたものである。

オスマン経済の「衰退」は、一七六〇年以降、加速したようである。さまざまな指標から、いくつかとりあげると、以下のようである。農村地域から都市地域への人口移動が増加した。相対的に富裕な土地所有者が所有する農地で免税となるものが、絶対数としても、全体に対する相対的割合としても、ますます増えていった。それに伴って、すでに窮乏化していた、それ以外の農業人口に対する、徴税が強化され、それによって、窮乏化はさらに進み、彼らが土地を手放すのを促して、資産と収入の配分をますます不公平なものにした。農産物、その他の一次産品の生産および輸出は、ゆっくりとしか成長しなかったが、しかしながら、全輸出に占めるその割合は、綿織物と手工業製品の輸出の減少につれて、急速に上昇した。特に一七六〇年以降、織布業および、綿布の輸出が減少し、外国交易の一部は、帝国内の域間交易に置き換わっていった。オスマン帝国の政治的支配は、中央の制度の強度が下がるにつれ、弱体化し、地域単位での分権化が進んだ。市場から引き出される国家収入は、イスタンブル、その他の都市で、減少した。チャールズ・イサウィ（Issawi 1996: 30-37）が引用している、当時の文書も、フランスの競争力が増し、オスマンの競争力が減ずる様が、オスマン帝国の港市で次々に見られると証言している。

オスマン帝国の織物、その他の産業についてのさまざまな研究（Islamoglu-Inan 1987参照）、特にメフメット・ゲンチによると、一七六〇年代はまた、傾向の変化とそれに続く衰退の時代でもある。アレッポでは、衰退の始まりは、一七五〇年にすでに顕著であった（Masters 1988: 30以降）。ハリル・イナルチクとドナルド・カタエル（Inalcik and Quataert 1994: 703）は、以下のように要約している。「これらの傾向は、不完全な史料に基づいているが、十八世紀の最後の数十年間と続く世紀の最初の十年間における、活気を失った商業の状況についての一般的な印象に、合致している」。フリ・イスラモグル‐イナン（Islamoglu-Inan 1996 個人的通信）は、オスマン経済が十九世紀半ばには国内でも海外でも、イギリスの織物との競争に部分的に成功していることに照らして、このようなオスマン経済の「衰退」さえ疑問視している。

これらの論者が探究していないが、我々が考えても良いと思われることは、十八世紀末における、このような、オスマン帝国の「活気を失った商業の状況」もまた、一七六二年以来のヨーロッパ‐大西洋経済のコンドラチェフの「B」局面の一部であったのか、もしそうなら、それはどのように、またどの程度そうなのか、ということである。その「B」局面は、恐らく、西洋におけるオスマン帝国の市場を縮小するように働き、また西洋における植民地の奴隷的生産からの競争を増進させたであろうと思われる。明らかに、世紀の変わり目における、新しい「A」局面の回復期には、一方ではヨーロッパがそこから利益を得ていたのだが、オスマン帝国は、そこからの利益を得ることが、あるいは少なくともヨーロッパほどには、できなかった。イスラモグル‐イナンが言及している綿織物輸出は、この回復期から、利益を引き出していたのかもしれない。しかしながら、十九世紀も、さらに後になると、ヨーロッパは、オスマン帝国の織物産業の多くを破壊し、ムハンマド・アリーがエジプトにそれを確立しようとしたのを、その絶望的なまで努力にもかかわらず、妨げたのである（Issawi 1966）。

清朝中国では、衰退は、もっと後に訪れた。十八世紀においては、中国が、経済および人口の成長を経験していたことは、疑いない。本書第五章で論じた十七世紀中葉の危機からの回復は、明／清交替と国家の再編成によって、台湾が、再編入され、交易に関する全ての規制がとりはらわれた一六八三年ごろまで「遅れた」といってよい。その後に、真の経済ブームが、中国で始まったのである。しかしながら、銀の輸入は、一七二〇年代に、激烈に減少し、世紀半ばには、さらに激烈に減少して、一七六〇年以降になるまで、再び増加することはなかった。特に高かったのは、一七八〇年代であった（Lin 1990）。一七九三年、乾隆帝は、イギリスの大使を通じて、ジョージ三世に親書を送った。しばしば引用される、その親書には「〔中国には種々貴重なものが海山を越えて集まり〕ないものはない。なんじの正使たちが、その目で見たところである。このようであるから、妙を極め巧を尽くしたものを貴しとせず、なんじの国のつくった物品をさらに必要とはしない。……固より外夷の物品と、交易をする必要はない。」（Frank 1978a: 160）とあるのである。

ウォルフラム・エーベルハルト（Eberhard 1977）は、清朝中国の内的衰退の始まりを、一七七四年に山東省でおこった白蓮教徒の反乱と、翌年のその再発（上で分析した一七六二～一七九〇年のコンドラチェフの「B」局面の間に起こった、アメリカ独立革命などの諸事件と同じ時期であることは、述べておいてよいだろう）に置いている。ヨーロッパ人が、シナ海から中国人商人を駆逐したのは、十八世紀も末になっての話であり、その時でさえ、貿易収支は、中国側がまだ大きな黒字を計上していたのである（Marks 1996: 64）。良く知られているように、十九世紀になって、この状況が最終的に逆転するのは、イギリスが、中国での貿易のために、インドでアヘンを栽培するということに訴えるようになって初めてのことである。

このように中国では、急速な経済的混乱は、アヘン交易と銀地金の流出を経て、経済システム全体が不安定化した後、十九世紀の初めになって初めて起こったことである。このような弱体化の過程がいきついたところで、アヘン戦争と中国の「没落」が起こった。ヴィクター・リピットの「中国における低開発の発展」(Huang 1980所収)は、ほぼ排他的に、十九世紀を扱っている。リピットは、中国の低開発を説明する大半の、一般に受け入れられた試みの歴史的・理論的根拠を、かなり見事に、否定している。それらの説明の試みは、「家族システム」(マリオン・J・リーヴィ)や、「前産業化段階理論」(A・エックスタイン、ジョン・キング・フェアバンク、L・S・ヤン)や「貧困の悪循環」(レンジャー・ヌルクセ)といった観点から行なわれてきたものであるが、どれひとつとして、一八〇〇年以前の中国の成功を説明するものはなく、また、一八〇〇年以降、その成功が失われたことも、多くは説明されていないのである(Lippit 1987も参照のこと)。

しかしながら、リピットは、因果的な影響関係を、あまりにも多く、中国の官僚制と階級構造の重みに帰してしまっている。確かに、C・C・フワンの編著に寄稿した私の論文(Frank 1980)でもすでに論じたことがあるように、リピットの業績は、いくつかの理由で、その表題と食い違っているのである。その理由のうち一つだけを言うなら、一八〇〇年以前には、中国経済はまだ拡大を続けていたのに、彼は、停滞を見ているということである。実際、彼は後に、自らこの判断を訂正し(Lippit 1987: 40, 42)、そこで十六世紀から十八世紀の間に「更新された経済的拡張」と「盛んな経済的活動」とを認めている。しかしながら、なお、訂正の前後両方で、彼は、十九世紀の「低開発」を階級によって生み出された弱体性に帰し、世界経済における、中国の位置が持っていた影響をほとんど全て捨象しているのである。

十八世紀の最後の三分の一の間には、東南アジアの大陸部でも、経済的衰退と社会政治的危機を示す証拠が見出される(Tarling 1992: 572-95)。しかしながら、アンソニー・リード(Reid 1997)とその同僚たちによる新しい研究によって、この構図は複雑になった。彼らの見なおしの《リヴィジョニスト》テーゼは、「一七六〇年頃から、この地域には、顕著な商業的拡大」があり、それに伴って、オランダ東インド会社の活動を示す指標の大半は低下しているというものである。マラッカへの船舶の来航数は、一七六一年の一八八隻から、一七八五年の五三九隻へと増えており、それぞれ、うち五四隻と二四二隻がマラヤ人の船長、五五隻と一七〇隻が中国人の船長、一七隻と三七隻がイギリス人の船長の乗る船であった。これらのほぼ半分、そして、増加分のほぼ全部が、シアクから来る船で、中国から来る船はわずか二〇隻、インドからは約四〇隻であった（Reid 1997: 表1、2）。さらにリードはまた、東南アジアの砂糖輸出が、一七六〇年に（一時的に）そのピークに達し、東南アジア島嶼部への、オランダ東インド会社による織物の輸入は、二七万二〇〇〇点から一〇万二〇〇〇点へと減少したことを見出している（Reid 1997: 表5）。そして、リードは「当該のデータを組み立てると、織物の輸入は、その輸出と同様に、十八世紀の末の、まさに史料による立証が最も困難な時期に、新しい上昇期を迎えたということが示唆される」（Reid 1997）と評している。すると、このようなデータ（／の不在）の発見から、また、次のような疑問が持ちあがってくる。つまり、そのような上昇期が本当に、まさに一七六〇年以降にあったのか、ということである。文書史料が稀少であるというだけではなく、インドにおけるオランダ東インド会社交易の衰退は、オランダ東インド会社とインド両方の経済的衰退だけを反映していたわけではなかったのではないかということでもある（おそらく、イギリス東インド会社の利益に帰するところはあったであろう。というのも、一七六五〜一七八五年は、インドからの来航数は安定していてるからである）。また、依然として相対的に、繁栄していた中国からの入航数は、七隻から二一隻へと、三倍になったが、量的にいって、東南アジア域内交易に比べるとつつましいものであった（Reid 1997: 表2）。さらに、東南アジアにおける「顕著な商業的拡大」と称するものが、どのようなものであれ、それは、世界の他の地域での循環的傾向に逆らって進まなければならないものであったということになる。実際、リードの著書の表4によれば、東南アジアからの、胡椒、コーヒー、砂糖の年間平均輸出額（千スペイン・ドル単位）は、一七五〇年代で八六四、一七六〇年代で一二三六、一七七〇年代で一〇四三、一七八〇年代で一〇七六、一七九〇年代で一三一〇となっている。つまり一七五〇年から一八〇〇年までの五〇年間にわたって五〇パーセントの増加を示したことになるが、中身を見ると、一七六〇年以降では、五パーセントの増加（しかも一七七〇年代と一七八〇年代には、絶対数で減少している）でしかない。これを「顕著な商業的拡大」というのにはかなり無理があり、考えるほどに、東南アジアというコップの中の台風といった感じがしてくる。つまり、東南アジアも、他の地域と歩調を合わせていたと思われるということである。

　十八世紀中葉の人口増加率の変化に伴う、あるいはそれに続いて起こった、主要な諸地域の、および／あるいは、さらにアジア全域の経済的衰退については、もっと実証的に確かめてみる必要がある。そうすることで、十八世紀末および十九世紀に、ヨーロッパが相対的に支配的な地位へと上昇したことに対して、かなり違った光があてられ、またそれが違った歴史的パースペクティヴにおかれることになるだろう。そうなれば、ヨーロッパ中心的なヨーロッパ例外主義的な解釈でも、インドであれ、中国であれ、その他のアジア地域であれ、それらのナショナリズム的な解釈でもない、適切な解釈が現れるだろう。おそらく、アジアの諸地域・諸帝国が、一つずつ衰退していくような、「Ｂ」局面的な下降の、長期的経済サイクルは、たしかに存在したのであろう。その後、それ以前はむしろ周縁的であったヨーロッパや、後には北米の人々が、現代の東アジアＮＩＥｓと同様に、このアジアにおける、「Ｂ」局面の下降サイクルを利用することができたのである。ヨーロッパ人が、世界経済において自らの主導的地位とヘゲモニーを要求するようになったのは、この後の――そして一時的な――ことである。しかしながら、ことは、「西洋の勃興」が「東洋の没落」の後に続いたというだけではない。両者はまた別な点で、単一のグローバル経済《エコノミー》の不可分に相互連関した二つの部分として、構造的・循環的に相互依存の関係にもあるのである。続く各節で私が示そうとしているのは、それについてである。

西洋はいかにして勃興したか

さて、西洋はいかにして、この競争に勝利して勃興を——一時的に——遂げたのであろうか。本書の序章では、この問いに対する、一般的に受け入れられた理論および解答を多数検討したが、それらは全て、なにがしかのヨーロッパ例外主義あるいは、その拡大としての西洋例外主義的主張を含んでいるか、または、まるごとそのような例外主義的主張で組み立てられたものでしかなかった。また序章では、マルクス主義、ウェーバー主義、および／あるいはその他なんであれ、それらの理論も全て、本質的にヨーロッパ中心主義という欠陥を持つことを主張した。J・M・ブロートの『世界の植民者的モデル——地理的拡散とヨーロッパ中心的歴史』(Blaut 1993a) は、これらの解答とその欠陥だらけの章句を多数分析している。本書の第一章では、グデイ、サイード、バーナル、アミン、ホジソン、ティベブ、ルイスとワイゲンらを引用したが、これらの論者の議論もヨーロッパ中心主義を脱神話化するものである。しかしながら、彼らはその大半が、その検討の対象としているものの顕在的・潜在的イデオロギーに対する、イデオロギー批判に集中するものである。また、ブローデルおよびウォーラーステインによって提起された「近代世界経済／世界システム」というオルタナティヴな考え方に対する、私自身の批判 (Frank 1994, 1995) も引いておいた。しかし私の初期の著作もまた、大体において、批判の域にとどまるものである。ただし、私はギルズと、さらにそれに代わるオルタナティヴな世界システム的世界史解釈を、一五〇〇年以前について提起している (Frank and Gills 1993)。

本書の歴史的／実証的部分は、一四〇〇～一八〇〇年――それ以前は言うまでもなく――の期間の現実の世界は、一般に受け入れられた理論がそうだと称しているものとは、全く異なっているということを示したものである。ヨーロッパ中心的な歴史や「古典的」な社会理論、さらにウォーラーステインの「近代世界システム」論も、ヨーロッパの支配性というものを仮定および／あるいは主張している。しかし、そんなものは端的に、存在していなかった。一八〇〇年ごろまで、世界経済がヨーロッパを中心にしていたなどということは、まったく想像の余地もないことであり、いかなる有意な点においても、ヨーロッパに起源を持つ（そしてヨーロッパによって伝播された）「資本主義」、ましてや発展《ディヴェロップメント》などによって定義・規定されるものではなかった。ヨーロッパないしは西洋によって、真の「資本主義的発展」が始められていたとか、産み出されていたとか、伝搬されていたとか、あるいは、否定的なニュアンスで、蔓延させられていたとか、撒き散らされていたとかなどということも、さらに全くなかった。バーナルがすでに協調しているように、そのようなことは、ヨーロッパ中心的な想像の広がりの中で起こっていることである。そして、これに関連する問いは、「資本主義的な低開発〔の発展〕」がすでにあったのかどうかということである。ラテン・アメリカとカリブ地域については、その議論（Frank 1966, 1967）は、依然として有効であろう。アフリカの奴隷交易地域についても、多分、有効であろう。議論となるのは、インドでは、この過程は、一七五七年のプラッシーの戦い以降にはじめて始まったものだということである。しかしながら、このように歴史的検討をしていくと、インドおよびその他のアジアの衰退は、どの程度、ヨーロッパによって、そして言うまでもなく「資本主義」によって、「押しつけられた」ものだったのかという疑問が湧いてくる。

というのも、本書のここまでの各節に挙げたデータは、世界経済が圧倒的にアジアに基礎を置くものであったということを、一致して示しているからである。ヨーロッパ人は、コロンブスやヴァスコ・ダ・ガマよりも何世紀も前から、そこに加わろうともがいてきたのであり、そこへ至るなんらかの道を、とにかくがむしゃらに探り、できうれば特に黄金へいたる道をめざそうというのが、まず第一に、「大航海時代」を推進するものであったのである。それにもかかわらず、何世紀にもわたる、これらのヨーロッパの（世界の、ではない）パイオニアたちの努力を経てもなお、ヨーロッパ人はどうにかそこへ這い上がって、非常に遅れて、ゆっくりと、周縁的に、アジア経済の進行に加わるのがやっとであった。十九世紀になってはじめて、彼らは、その進行の先頭に立つことに成功したのである。

アジアという巨人の肩に登る

では、西洋は、いかにして勃興したのか。文字通り一言で答えれば、ヨーロッパ人は、それを買ったのである。ヨーロッパは、まずアジアという列車の席をひとつ買い、後には、列車全体を買い占めた。では、どのようにして、貧しい――これも文字通り――ヨーロッパ人は、そのアジア経済という列車の三等席の価格でさえ、それを買うことができたのだろうか。まあ言えば、ヨーロッパ人はなんらかの方法で、そうするだけのお金を見つけ、そして／あるいは、盗み出し、強奪し、あるいは稼ぎとったのである。では、それは、どのようにしてであったのか。基本的な答えは、二重ないし三重になっている。最も重要な答えは、ヨーロッパは、アメリカ大陸で彼らが見つけた金山・銀山から、その貨幣を得たということである。第二の答えは、彼らは、より多くの貨幣を「造った」ということである。つまり、まずその銀を採掘して、非常に大量の貨幣を得たということであるが、もっとも正確に言えば、アメリカ大陸の原住民族に、ヨーロッパ人のためにその貨幣を採掘させたわけである。ヨーロッパ人はまた、アメリカにおいて――そして、アメリカへ向けて――その他さまざまの利益のあがる事業を行なった。それらの中で、まず第一に挙げられるのは、ブラジル、カリブ、北米の南部の奴隷プランテーションであり、もちろん、そこに奴隷を供給して使用させる、奴隷交易そのものもそうあった。ブロートの試算（Blaut 1993a: 195）によれば、ヨーロッパ人は、おそらく、この利益のあがる事業において、常時、百万人の労働者を使用し、搾取していたという。ヨーロッパ人は、ヨーロッパ製の製品を、両アメリカの、これら及びその他の人々に売って、さらに貨幣を得ることができた。そのヨーロッパ製品は、アジアで販売できるだけの競争力がなかったので、さもなければ、他には市場の見つからないようなものであった。

しかしながら、ケインズのいう乗数効果は、まず、アメリカから引き出された貨幣の流入そのものによって、次いで、両アメリカ、アフリカそして、それらを結ぶ「三角」交易——特に奴隷交易——からあがる利益の、ヨーロッパへの送金と投資を通じて、ヨーロッパでも作用していた。もちろん、ヨーロッパは、先に述べたようなヨーロッパ製品を両アメリカおよびアフリカに、生産・輸出することからも、利益を引き出していた。ヨーロッパが貨幣を見つけ出し、それを稼いでくる、このような源泉および機構はすべて、本書のここまでの実証的な議論の各節において、示唆してきたところである。そのようなことは、すでに数え切れないほど何度も、研究され、証明されてきたことなので、ここでは、それをさらに細かく論ずる必要はない。しかしながら、その意味合いを理解したり、必然的な結論を引き出したりすることは、それに伴ってこなかった。以下は、その点を概述する。くどくどと退屈に論じ挙げることや、「血と汗をしたたらせている資本」というような、マルクスの言葉遣いを避けるため、誰しもが好意的な目を向けている、アダム・スミスに示唆をうけるのが適当であろう。

アメリカがはじめて発見されて以来、その銀山の生産物に対する市場は、次第に拡大してきた。第一に、ヨーロッパ市場が、より拡大した。アメリカが発見されて以来、ヨーロッパの大部分の状況は改善された。イングランド、オランダ、フランス、およびドイツ、さらにスウェーデン、デンマーク、およびロシアでさえ、いずれも、農業、製造業ともに、相当に前進した。……第二に、アメリカ自体が自国の生産物に対する新しい一市場なのである。、その農業および工業の発達、人口の増大……その需要の増大は、ずっと急速に進むにちがいない。イギリスの植民地は、全て新しい市場なのである。……ところが、アメリカの発見は、最も本質的な〔貢献〕を行なったのである。それは、ヨーロッパのあらゆる商品に対して、無限の新市場を開くことによって、新しい分業と技術の改良を引き起こしたのである。そうしたことは、旧来の商業の狭隘な圏内では、その生産物の大部分を吸収する市場が欠けていたために、けっして起こりえなかったことである。労働の生産力は増進され、労働の生産物はヨーロッパ各国で増加し、そして、それとともに、住民の真の所得と富も増大した。……

(Smith〔1776〕1937: 202, 416)

スミスもわかっていたように、ヨーロッパの住民の真の所得と富との増大を説明するものは、(一言で言えば) アメリカだったのである。さらに、スミスは繰り返し、ポーランドやハンガリー、その他のヨーロッパの諸地域について論じ、アメリカとは直接交易をしていないにもかかわらず、それらも、同じ所からその産業にとっての間接的な利益を引き出していたことを論じている。もちろんさらに、ケン・ポメランツ (Pomeranz 1997) が強調して分析しているように、ヨーロッパによる、原住民の強制労働や、アフリカから輸入された奴隷労働は、アメリカ大陸の資源と組み合わさって、ヨーロッパ自身の消費と投資のための追加的な資源をまかなったばかりではなく、ヨーロッパにおける稀少資源にかかる圧力自体も軽減したのである。

スミスはまたアジアを、ヨーロッパよりも、はるかに経済的に進んでいて豊かであると分析している。「農業および製造業の改良は、同様に、東インドのベンガル諸州や、中国の東部諸省のいくつかでも、たいへん大昔から行なわれていたようである。……どの記録を見ても、これら三つの国〔中国、エジプト、インド〕は、世界にまたとない富裕な国であるが、それでさえ、その農業と製造業における優越性によって主として知られているのである。……〔今日、一七七六年〕中国は、ヨーロッパのどこと比べても、ずっと富裕な国である」(Smith〔1776〕1937: 20, 348, 169)。

さらに、スミスはまた、貧しいヨーロッパ人が、いかにして、彼らが手にした新しい貨幣を使い、富を増大させて、アジアという列車に乗るための切符を買うことができたのか、についても理解していた。先に引用した議論の第三点目から続けて、彼は次のように書いている。

第三に、東インド〔アジア〕はアメリカの銀山の生産物にとってのもう一つの市場であり、この市場は、これらの銀山がはじめて発見されて以来、ますます多くの銀を吸収しつづけてきた。……これらすべての理由から、貴金属はヨーロッパから東インドへ運べばいつもたいへんに儲かる商品であったし、今もそうであり続けている。東インドでは、貴金属以上によい値で売れる商品は、めったにない〔し、また、銀を中国へ運べば、さらに大きな利益があった〕。……このように新大陸の銀は、それによって旧大陸の両端間で交易が行なわれる主要商品のひとつであるように思われるし、世界のこれらの遠隔地がたがいに結び付けられているのも、銀という手段によるところが大変大きいのである。……東インド貿易は、ヨーロッパの商品に市場を開くことによって、あるいは、同じことであるが、これらの商品をもって買われる金銀に対して市場を開くことによって、必然的にヨーロッパの年々の商品の生産を増大させたのである。……ヨーロッパは、世界のごく限られた一部分のためだけの製造業者や貿易業者ではなくなり……今日〔一七七六年〕では、アメリカの多数の富裕な耕作者のための製造業者になり、またアジア、アフリカおよびアメリカなどの諸国民すべてのための貿易業者になり、さらにある点では、製造業者になってしまっている。

(Smith〔1776〕1937: 206, 207, 417, 591、強調はフランクによる)

スミスが述べているように、ヨーロッパ人にとってのアジアの市場は、二つの互いに関連する理由から、銀と同じことであった。すなわちひとつには、銀がかれらの唯一の支払手段であったということ。もう一つは、したがってヨーロッパ人の主たる仕事は、それ自体で商品であるものとしての銀の生産と交易であったということである。それが、ヨーロッパ人が、アジア域内交易とアジア‐ヨーロッパ間交易の両方から引き出した利益の主源泉なのである。

ブローデルは、自ら「地中海史家として」「驚愕した」と宣していることだが、十八世紀のおわりに、紅海交易が十六世紀と同様に依然として、スペイン領アメリカの銀がインドやさらにその先へ流出していく「主たるルート」であったということを見出している。「このような貴金属の流れは、インドおよび、疑いもなく中国の経済における、最も活動的な部門の運動にとって死活的に重要であった」(Braudel 1992: 491)。インドは「実際、ひとつには地中海世界との結びつきを通して、何世紀にもわたって貨幣経済の下に支配されていた」(Braudel 1992: 498)。「カンバヤ(グジャラートの別名)は、一方の腕をアデンに、他方の腕をマラッカに伸ばすことによってはじめて、生き残ることができたといわれている」(Braudel 1992: 528)。金銀「もまた、底辺の農民から、社会の頂点および実業の世界に至る、巨大な機構の全体を機能させる上で不可欠なメカニズムであった」(Braudel 1992: 500)。ブローデルはみずから、次のように結論している。「最終的に、ヨーロッパ人は、貴金属、特にアメリカの銀に頼らざるを得なかった。それが、これらの交易に通ずる『ひらけゴマ』だったのである」(Braudel 1992: 217)。「スペイン領アメリカは、最初から不可避的に、世界史の決定的な要素である」(Braudel 1992: 414)。「アメリカが……ヨーロッパの偉大さについての真の説明になっているのではないのか」(Braudel 1992: 387)。

まさにそれはまた、ブロート(Blaut 1977, 1992, 1993a)の説明でもある。彼は、これら全ての点について、現代に生まれ変わったアダム・スミスの分身のようである。貧しいヨーロッパ人が、いかにして、繁栄するアジアの市場にアクセスできたのか、という問いに対する、最初の二つの答えを理解し、かつ、説明すると、①ヨーロッパ人は、アメリカの貨幣を利用した、ということと、②ヨーロッパ人は、彼らによるアメリカでの生産／アメリカ・アフリカからの輸入およびアメリカ・アフリカへの輸出からの利益と、ヨーロッパにおけるこれらすべての投資の利益との両方を利用した、ということになる。

しかしながら、以上から、第三の答えが示唆されており、ヨーロッパ人はまた、アメリカの銀貨幣とその利益との両方を利用して、アジアの富へのアクセス自体を購入したのである。スミスが指摘しており、ここまでに検討してきた全ての史料が示しているように、ヨーロッパは、その商品を、あるいはおなじことであるが、ヨーロッパがアジアで売ることのできる唯一の商品、すなわち、アメリカの金銀を用いて、アジアの産品を購入したのである。さらにこれも右に、史料によって示したように、ヨーロッパは、その銀の購買力を用いて、アジア域内交易に割り込んだのである。彼らはそれを「カントリー・トレード」と呼んでいたわけであるが。先に指摘した通り、まさにヨーロッパの会社の頼みの綱であったのは、銀――および金――の交易そのものだったのである。たとえば、オランダ東インド会社の戦略を要約した、以下の文章について考えてみられたい。

主として中国の絹、その他の財と交換で得られる、ヨーロッパの貴金属や日本の銀、そして主として日本の銀、インドネシアの胡椒と交換で、台湾で得られる金は、第一に、インドの織物に投資される。これらの織物は、大体において、インドネシアの胡椒やその他の香料と交換されるが、それだけではなくヨーロッパやアジアのさまざまな工場にも送られる。大量の胡椒や香料がヨーロッパに輸出されるが、一定量は、インド、ペルシア、台湾、日本といったアジア各地の工場への投資のために用いられる。ペルシア及び中国の生糸はまた、ヨーロッパへも流れていく。……アジア域内交易へのオランダの参入のパターンは、一つには日本との交易の必要によって決定されていた。十七世紀においては、日本との交易は、東インド会社にとって、アジアにおいて最も重要な貴金属の源であったからである。……年によっては、日本で調達された貴金属の額が、オランダから送られてバタヴィアで受け取られた貴金属の額よりも大きいこともあった。

(Prakash 1994: I-192, 193)

よく引用される記述であるが、オランダ東インド会社の総督であるヤン・ピーテルスゾーン・クーン自身による、一六一九年のオランダの交易の描写は、さらに生き生きとしている。

グジャラートからの反物は、スマトラの海岸で胡椒や金と交換できる。〔コロマンデル〕海岸からの銀貨と木綿は、バンタムで胡椒と交換できる。白檀、胡椒、銀貨は、中国の商品や金と交換できる。中国の商品によって、日本から銀を引き出すことができる。コロマンデル海岸からの反物は、香料や、中国からの他の商品や金と交換になる。スーラトからの反物は、香料と交換になる。アラブからの他の商品や銀貨は、香料やその他わずかのものと交換される――次々と続いていく。そして、それは全て、オランダからの貨幣なしで、船だけで行なうことができる。我々は、最も重要な胡椒をすでに手にしている。では何が足りないと言うのか。船と多少のてこ入れが必要なだけだ。……（これによって私は、豊かなアジア交易を確立するのに十分な手段〔貨幣〕のことを意味している。）ゆえに、紳士、長官諸賢よ、東インド会社が、世界で最も豊かな交易を手にするのを妨げるものは何もないのである。

(Steensgaard 1987: 139 から再引。Kindleberger 1989 にも引用されているが、それは Steensgaard 1973〔1972と同じ〕の再引。ただし、キンドルバーガーは、「十分な貨幣」と書いており、しかも最後の――本書の目的からいうと一番重要な

——一文を省略している。）

すなわち、ヨーロッパ人は、「世界で最も豊かな交易」に割り込んでいこうとしていたのであるが、オランダが、このアジアの財宝と資本をくみ出すには、「多少のてこ入れ」（貨幣を意味する）どころではないくらいの貨幣が必要だった。そして、もちろん、その貨幣はアメリカ大陸から来ていたのである。かくして、ヨーロッパ人は、アジア商品のヨーロッパへの輸入の多くが、アフリカおよび両アメリカへの再輸出によって、そこからさらに利益を産んだにも関わらず、そこから得たよりも多くの利益を、アジア域内の「カントリー・トレード」に参入することで得ていたのである。つまり、ヨーロッパ人は、アジア域内交易に参入することで、ヨーロッパよりもはるかに生産的で豊かなアジア経済から利益を得ることができたのであり、そして他方で、それは、究極的にただアメリカの銀のおかげによってのみ可能であったのである。

その銀がなければ——そして副次的には、その銀がヨーロッパに産み出した、分業と利益の配分がなければ——ヨーロッパ人は、アジアの市場で競争するだけの自立性を持つことなど、まるであり得なかったであろう。いかなる「例外的な」ヨーロッパの「特質」——スミスが一七七六年にすでに悟っていたように、そのような「特質」は、アジアの水準にはるかに及んでいなかったのである——でもなく、そのアメリカの貨幣によってのみ、ヨーロッパ人は、アジア経済という列車に乗り込むことができ、そして／あるいは、その三等席につくことができたのである。これは、需要の側面から、このアジアにおけるヨーロッパの「ビジネス」を見ているわけであるが、それに伴う供給の側面については、ポメランツ（Pomeranz 1997）が強調している。もちろんそれは、アメリカの貨幣によって、ヨーロッパは、アジアのほんものの労働と資源でもって生産されたほんものの商品を買うことができたということである。これらの商品は、さもなければ、ヨーロッパでは、あり得なかったであろうほどの消費と投資の増大をもたらした。同時に、ヨーロッパにおける資源への圧力も軽減された。

また別の類比に触れるなら、アメリカによって供給された賭け金によって、ヨーロッパ人は、アジア経済というカジノに入ることができたのである。なぜ、彼らは最終的にそこで、大もうけができたのか。それはただただ、アメリカの銀や金の、増減はあっても絶えることのない流れのおかげである。アジアには、アメリカという金のなる木などなかったわけであるから、それが、アジアの競争相手との間でヨーロッパ人に与えられた一つの競争優位だったのである。しかしながら、これほどの資源と優位を持ちながらも、ヨーロッパ人は、アジア経済、実際には世界経済というカジノのテーブルでは、ちびちびと小銭を賭けるだけのマイナーなプレーヤーでしかなかった。それでもなお、ヨーロッパ人は、彼らがアメリカで得た賭け金で、懸命に賭けを続け、三世紀間、そこで持ちこたえたのである。ヨーロッパ人はまた、アジアでの稼ぎをいくらか再投資して、より多くの、そしてましなアジア経済のカジノ・テーブルにつこうともしたが、それを続けることができたのも、継続的にアメリカで補填されていた現金供給があったればこその話である。十八世紀においてさえ、ヨーロッパ人は、他には何もアジアに提供するものがなかったということに目をむけられたい。依然として、ヨーロッパの製品は、競争力をもたなかったのである。しかしながら、「ある程度」と書いてあるスミスの評価を「ほとんどゼロ」を意味するものとして読むのでなければ、スミスは、ヨーロッパ製品の世界規模での販売を誇張していることになる。

ヨーロッパには、アジアに与えたり、伝搬させたり、実行したりするような、いかなる例外的な、民族的、合理的、組織的長所も、あるいは資本主義の精神も、ましてやアジアに対する優越性なども、全くなかったということは確かである。このあと、そして結論のところで考察するように、ヨーロッパが持っていたと考えてもよさそうなものはといえば、世界経済の（半）周辺というその地位によって得ている、アレクサンダー・ガーシェンクロン（Gerschenkron 1962）のいうところの「後発性の優位」がある程度といったところである。同様のことは、チェイス‐ダンとホール（Chase-Dunn and Hall 1997）も述べている。

では、さもなければ明らかに望みのなかったヨーロッパのアジアにおける賭けで、よい目が出た――そして、最終的には大当たりを出した――のは、どのようにしてであったのだろうか。それは、ヨーロッパ人が、アメリカ大陸とアフリカから、そしてアジア自体からも、その強みを集めている間に、アジア経済とアジアの国家は、十八世紀の途中に弱体化してきていたからにほかならない――ローデス・マーフィー（Murphey 1977）の図表にあるとおり、両者の向かう道は一八一五年ごろに最終的に交差した。しかしながら、その半世紀前には、もうひとつの――第四の――要素が、ヨーロッパ／アジアの方程式に入ってきた。アダム・スミスはまた、「植民地について」という章を書いて主として植民地的独占に反対する議論をしたのであるが、植民地はわりにあわないと論じたという形で知られている。さらに、スミスは、イギリスおよびヨーロッパにおける産業革命という、大きな技術的発明や革新の直前に、それを書いていたのである。しかしここは、そのような「革命」が本当にあったのかについてや、ヨーロッパの資本蓄積率が本当に、W・W・ロストウ（Rostow 1962）らの主張するように「離陸《テイク・オフ》」したのか、についての議論に入っていくべきところではない。

技術的変化の供給と需要

産業革命の研究の第一人者の一人であった、R・M・ハートウェルは、次のように述べている。

J・H・クラップハムは、一九一〇年に「たとえ……『あの』産業革命の歴史というものが、すでに何度も『いいとこどり』されてしまっているとしても、まだ依然として驚くほどの研究の余地が起こっている」と書いている。実際、半世紀を経て、産業革命に対する関心は、高まっているのである。……たとえば、産業革命の原因については、沈黙か、単純さか、あるいは混乱があるのみである。何が第一動因であったのか、あるいは、どのような動因の複合が、それを引き起こしたのか。農業革命か。人口成長か。技術の改良か。交易の増大か。資本蓄積か。これら全てに、それぞれの支持者がいる。あるいは、説明は、非経済的諸力に求められなければならないのか。宗教、社会構造、科学、哲学、法の変化か。……意見の一致などほとんどないように思われる。……最も困難な問題は、このような刺激――たとえば、国際交易を通しての需要の増加――が、どの程度外生的であるか（すなわち、経済から独立しているか）……そして、どの程度内生的であるか（すなわち、経済の内部から産み出されてきたか）を決定することである。……

(Hartwell 1971: 131, 110, 115)

しかしながら、本当の問題は、どの経済かということである。私の主張では、混乱を解く鍵は、上のハートウェルの引用の最後の一文にある。つまり、クラップハムの言うような「いいとこどり」は、すでにほとんど一世紀も前に行なわれており、以後も数限りなく行なわれてきたのであるが、それは常に、イギリスか、ヨーロッパか、せいぜい「西洋」についての話として、であったのである。しかしながら、グレアム・スヌークス（Snooks 1994: 1-2）は、「我々は、もっと長くかつ深く耕されなければならない土地の表面を引っ掻き始めたところであるに過ぎない。……我々は、伝統的に用いられてきたものとは、完全に異なる視点から産業革命を見てみる必要がある」と書いている。スヌークスとその編著への寄稿者たちは、いくつか異なる視点を提起しているが、それらはすべて、ヨーロッパのみにおいて、つまり「前近代期を通じたイングランドの（そして、一般的に西欧の）動態的な特質」において、過去千年間にわたってそこへ至る根源と原因を探そうとし続けている（Snooks 1994: 11, 43以降）。かくして、彼らの「完全に異なる」視点にもかかわらず、これまでの間ずっと、そして、今日にあってさえも依然として、事態の全体を、本当にグローバルでホーリズム的な世界経済／世界システムの観点で説明しようとした者は誰もいないのである。そのような試みが行なわれるとすれば、本書冒頭に掲げたレオポルト・フォン・ランケからの格言にかなうものである。すなわち「真にあるがままの歴史とは――普遍史をおいて他にない」！

問題は、一八〇〇年ごろに始まって、まずヨーロッパが、そして次いでかなり遅れて後から、アメリカ合衆国が「突然」に、この単一の世界経済および世界システムにおいて、アジアに経済的・政治的に追いつき、そして追いぬいたのは、いかにして、またなにゆえであったのかということである。このような目標の希求と勝利が、単一のグローバル経済《エコノミー》における競争の一部であったということを理解するのは、重要なことである。このような発展は、その単一のグローバル経済《エコノミー》の構造と作用自体によって産み出されたのである。すなわち、よく知られている多数の技術的発展やその他の発展、および新しい生産過程への投資は、（西）欧で起こり、次いでアメリカ合衆国で起こった。しかし、それらの根源を求めて、ヨーロッパのみの歴史を千年間見ているだけでは、あるいは主としてそうだと言うだけでも、これらの出発点を説明しようとするには不十分であろう。それだけでは、スヌークス（Snooks 1994, 1996）が依然として、彼の「産業革命についての新しいパースペクティヴ」において、提起しているのと同様であるし、またロバート・アダムス（Adams 1996）が、「西洋技術の探究」において行なっていることとも同様である。アダムスもまた、ヨーロッパをしか、検討しておらず、例外は、鉄器時代と青銅器時代にまで遡った際に、東地中海と西アジアに触れていることだけなのである。

しかしながら、産業革命の、これらの技術的発展は、ヨーロッパだけの業績とみなされるべきではない。そうではなくむしろ、世界発展として、より適切に理解されなければならない。つまり、その世界発展の空間上の場が、その時、ながらく東方を移動した後に、西方へと移動してきたということである。妥当な問いは、産業革命における、ヨーロッパ「特有の」特徴ないしは要素は何か、ということではなく、むしろ、このような東から西への産業のシフトが、いかにして何故に起こったのかということである。

すでにここまでで見てきたことだが、そのシフトの理由についての答えは、東洋の衰退と西洋の勃興の両方に見出されなければならない。「なぜ／いかにして」という問いに対する、これまで一般的に受け入れられてきた「答え」は、二重にも三重にも欠陥がある。第一の欠陥は、例外的に優越であるという想定をした上で、その根拠を、ヨーロッパの属性であると誤って考えていることである。これについては、そのような例外主義が歴史的事実に根拠を持たないということを、ブロートらがすでに示している。さらに〔第二に〕、ヨーロッパの勃興の理由を、まずヨーロッパの内部に探しており、したがって、それと連関している（複数の）東洋の衰退の分析を怠っているという欠陥もある。しかしながら、このような見当違いなところでの具体性の二つの例から、さらに第三の失敗が示唆される。つまり、世界経済そのもの全体の構造と作用において、「西洋の勃興」と「東洋の没落」の理由を探すことをしていない、ということである。ヨーロッパが、いかにして、何故に、十八世紀に入っても、経済競争において、そのように遅れていたのか、そして、アメリカの貨幣へのアクセスを通して、それを使用することで、いかにして、アジアという列車の切符を買い、その乗客たちを追い出して、その地位を向上させていったか、ということは本書がすでに見てきたところである。

しかしながら、なぜ、そしていかにして、西欧次いでアメリカが、産業革命の技術的先進性に訴えて、アジアの土俵において、アジアを追い抜かしたのか、という問いは依然残っている。いかにして、そして何ゆえ、これらのことは、その時に、そこで起こったのか。完全に満足のいく解答は、依然として、我々の能力を超えているかもしれない——しかし、マルクスからウェーバー、そして彼らの後世の追随者たちが提起してきたような間違いだらけで、イデオロギー的な、ヨーロッパ中心的解答の全てがそれに及ばないのは間違いない。以下にごく予備的な形で提出された、依然として限定された要素や仮説、そして史料によってさえも、それよりはましな世界経済分析が、確実かつ容易に行なえるのである。

労働節約的な機械の発明とその応用を通じた技術の進歩は、高賃金経済、特に北米におけるそれの利益性に、その原因を求められることが、しばしばである。高賃金は、その高賃金労働力を労働節約的な機械で置き換えることによって、生産コストを削減しようという誘因を産み出す。そして、北米においては、マルクスを含む実に多くの論者によって指摘されているように、人口／土地資源比が低く、フロンティアの拡大が低賃金の重労働からの逃げ道となっていたために、賃金は初期から相対的に高かった。したがって、十九世紀および二十世紀において、労働節約的な機械を発明し、革新し、使用する誘因は——生産コストを削減し、市場シェアを維持獲得するための世界市場での競争において——ヨーロッパから、大西洋をわたってアメリカへと、次第にシフトしたと論じられてきた。

同種の分析と議論は、ヨーロッパの産業革命期における、労働節約的な機械の発明、革新、応用に対しても適用することができるし、またそうするべきである。十八世紀のイギリスの成長率の増加のうち、八〇パーセントは——また、一七四〇〜一七八〇年の間の総成長の三〇パーセントは——生産性の上昇のみに帰するものである(Inkster 1991: 67)。ヨーロッパ人もまた、アメリカ人にさらにまして、世界経済における競争と闘争におかれており、その中では、彼らは、市場を求めて、第一にアジア人と競争せねばならなかったのである。しかしながら、ヨーロッパ人も、相対的に高賃金／高コストの生産者であった。上に見たように、まさにこのゆえに、ヨーロッパ人はアジア人にほとんど何も売ることができなかったのである。アジア人は、ずっと低い労働力コストによって、ヨーロッパよりも、ずっと生産性・競争力が高かったのである。いかにして、そしてなぜそうだったのか。まあ言えば、それもまた、より人口の希薄なヨーロッパよりも、アジアの多くの地域では——中国やインドは間違いなく——人口／土地資源比が相対的に高かったからである。

さらに、ベンジャミン・ヒギンズ（Higgins 1991）が指摘しているように、ヨーロッパにはまたフロンティアがあった——両アメリカと、後にはオーストラリアがそうである。十九世紀の多くにおいて、大西洋をわたってアメリカへ行くヨーロッパ人の移民は、さもなければそうであったよりも、かなり人口／土地資源比を下げるのに、寄与したことはまちがいない。かくして、相対的に低いヨーロッパの人口と、安全弁として機能したアメリカへの移民はともども、労働節約的な機械に対して、アジアにおける人口／資源基盤が誘発したよりもはるかに大きな誘因をヨーロッパに産み出すのに寄与したのである。

アダム・スミスは、産業革命の諸発明が、まさに蒸気を吹いているときに、『国富論』を書いていた。その「労働の賃金」という章の終わりでは、彼は次のように書いている。

豊かな労働の報酬が……庶民の勤勉をも増進させる。労働の賃金は、勤勉の刺激剤であって、勤勉というものは、他の人間のすべての資質と同様に、それが受ける刺激に比例して向上するものである。……賃金が高いところでは、低いところよりも、職人が、より活動的で、勤勉で、しかもきびきびしているのをわれわれは常に見出すであろう。……食料品が高価であるために、使用人の維持にあてられた基金は減少して、雇主たちは、その使用人の数をふやすよりも、むしろ減少させようという気持ちになる。……労働の賃金が上昇すると、……多数の労働者を雇用する〔資本の〕ストックの所有者は当然、自分の利益のために……自分なり労働者なりが考え及ぶ最善の機械類を労働者に供給しようとつとめる。個々の作業場の労働者間に起こることは、同じ理由から、社会全体の労働者間にも起こる。労働者の数が多くなればなるほど、彼らはますます仕事のさまざまな種類や小部門に自然にわかれる。ますます多くの人々が、各自の仕事を遂行するうえで一番適切な機械類の発明に専念し、したがってまたそういう機械類が発明される見込みもいっそう大きくなる。それゆえ、こうした改善の結果として、多くの商品がいままでよりもずっとわずかな労働で生産されるようになり、労働の価格の騰貴を相殺してあまりあるほどになるのである。　(Smith〔1776〕1937: 81, 83, 86)

上の引用文より後の、「改良の進歩が、製造品の真の価格に及ぼす効果」という節では、スミスは、それまでの時代において、生産コストはすでに減少しており、将来においては、卑金属を原料とする製造品において、最も顕著に減少するだろうと述べている。他方で、織物製造業では、「それほど目立った価格の低落はなかった」(つまり生産コストの低下もなかった)と報告している。もっともたしかに、スミスは、並製および最上製の毛織物における、三つの重要な改良と多数の小さい改良については言及している。しかし、一七七六年にあって、スミスはまだ、綿織物工業における、いかなるそのような技術進歩についても、また「産業革命」についても言及してはいないのである。

A・E・マッソンが、彼の著書『十八世紀における、科学、技術、経済成長』(Musson 1972) の序章においてのべているように、

もっとも、そのような——発明者の動機が何であれ——革新的技術者ないしは企業家が、相対価格や市場の可能性、利益の見込みといった経済的要因に、確かに大きく影響されていたことには、ほとんど疑いがないように思われる。これについては、特定の企業についての、特化した歴史的研究において、豊富に証拠があがっており、ここで列挙するには、あまりにも良く知られすぎているし、また数が多すぎる。　(Musson 1972: 53)

しかしながら、特にイギリスで産業革命が始まった、織物のような競争産業においては、これらの相対価格や利益の見込みはもちろん、世界市場の可能性にかかわるものであった。

実際、スミス自身がすでに、この点から、一七七六年のヨーロッパ、インド、中国を比較している。それらの相対的な輸送コストを論じて、彼は、ヨーロッパにおける陸上輸送の費用に比べて、中国やインドの内陸河川交通の利用可能性は、すでに労働節約的なもので、多くの製品の実質価格、通常価格を削減していると述べている。

類比的に言えば、織物の塩素漂白が、日照のすくないところで——つまりイギリスで——発明され、導入されたという原理がある。それまで漂白は、日光に晒すことで行なわれてきたのである。同様に、産業革命にとっての燃料としての石炭の使用が、木炭にする材木の不足が進んでいたことによって、経済的なものとなったのも確かである（薪炭材の不足は中国にもあったが、資本供給がより少なく、石炭価格はより高かった）。

ハートウェルは、「［イギリスの］十八世紀には、資本は不足していなかったということについては、一般的な同意があるが、しかしこのことを認めることにどのような意義があるかについては、よく理解されているとは限らない」（Hartwell 1971: 268）と述べている。その、理解されているとは限らない意義の主たるものは——実際、今まで全く理解されてこなかったし、ハートウェル自身も理解していないのだが——イギリスとこれらの他の諸「経済」が、単一の世界規模の分業および財と貨幣の流通を通じて結びついているということである。つまり、相対的な需要・供給の不足や、労働および資本の入手可能性といった競争的な諸力は、イギリスでだけ作用していたのではなく、世界規模で作用していたのである。すなわち、コインの両面たる、一体のものとしての需要と供給の分析は、一つの全体としての単一のグローバル経済《エコノミー》にまで拡張されなければならないのである。実際、ほかならぬスミスは、上で触れたヨーロッパとアジアにおける労働や輸送のコストなどの比較の中で、それを始めていたのである。したがって、スヌークス（Snooks 1996）も要素価格の相対性を強調しているにもかかわらず、E・A・

リグリー（Snooks 1994所収）のような、彼の編著の寄稿者が、イギリスや西欧に、競争の分析を限定しているのは、理解しがたいし、ましてや受け入れられるものではない。リグリーは、労働力、資本、土地、他の自然資源などの相対価格について、アダム・スミスから、デイヴィッド・リカードまでの古典派経済学者の著作を再検討しているが、それにもかかわらず、それらの古典派経済学者（たとえば、リカードの国際比較優位の法則）とは違って、リグリーの焦点は、イギリスのみに当てられている。スヌークスは、それよりは前進しているが、それでも「産業革命は、多数の、小規模で、対等の競合関係にあった西欧の諸王国間の、一〇〇〇年間にわたる激しい競争から生じてきたものである」（Snooks 1994: 15）と書いている。

しかしながら、産業革命の主たる舞台であった、織物市場で最もたしかであったことに、イギリスおよび西欧は、まずもってインド、中国、ならびに西アジアと競争しなければならなかった。かくして、相対的な需要・供給の差が、世界全体のなかでの相互の関係において、地域ごと、部門ごとに異なった比較費用と比較優位を生ぜしめたのである。すると、このような構造的差異は、単一のグローバル経済《エコノミー》の、さまざまな企業、部門、地域が、労働、土地、資本、労働節約的技術などについて、地域ごとに異なった合理的なマクロ経済的対応をする基礎となりえたのである。ここでの議論は、世界経済のある諸地域で、技術的前進への投資とその応用へむかう誘因があり、それを行なうという選択肢がとられたことの本当の説明を探すべき場所は、（ヨーロッパ「内部」の状況ではなく、むしろ）ここであるということである。ヨーロッパ「内部」の状況が、そこでの意思決定の経済的過程に、関わりがないと論じているのではない。ヨーロッパに（あるいは、マンチェスターに、あるいはジェイムズ・ワットの蒸気機関工房に）「内的な」状況は、世界経済への参加によって産み出されているのだ、ということである。すなわち、世界経済／世界システムの構造と動態それ自体によって、世界のありとあらゆる場所で、比較費用、比較優位、同じ物への合理的対応の差異が産み出されているのである。

より限定された議論ではあるが、ジョヴァンニ・アリギが同様の議論をしているのは、うれしいことである。

我々のテーゼは、イングランドにおける産業的拡大の三つの契機〔十四世紀、十六世紀／十七世紀初頭、十八世紀末〕の間の、主たる歴史的な結びつきが、資本主義世界経済の中で進行していく、金融的拡大、再構造化、再編成に、欠くべからざるものとして結びついていたものであったということにある。イングランドは、その資本主義世界経済のなかに、最初から包摂されていたのである。金融的拡大の時期は、ヨーロッパの交易と蓄積のシステムの統治と商業の諸制度への競争圧力を、一様に高める契機となった。このような圧力の下で、第一に、世界経済の変化する構造に占める場から得ている、位置上の有利・不利に応じて、農 - 産業的生産は、ある場所では衰退し、別の場所では興隆した。(Arrighi 1994: 209)

実際、問題となっている世界経済の構造と過程が、ヨーロッパ規模のものではなく、ひとつの全体としての全世界規模のものであるということをのぞけば、アリギの言うとおりである。もうひとつ指摘しておく価値があるのは、それに関わる再構造化の時期、産業、そして程度についてである。アリギは、ネフ (Nef 1934) や、ウォーラーステインらに従って、産業「革命」ではなく、世紀単位の産業「拡大」を強調している。循環的にやってくるそれぞれの機会において、中心的な産業部門の場は、おそらく（金融サーヴィス業とは違って）、競争が極めて盛んな生産的産業であった織物にあった。しかしながら、十四世紀の最初の適応によっては、イギリスの競争上の立場は、フランドルに対して改善されただけであり、続く十六世紀の第二の適応によっても、北欧および南欧に対して改善されただけであった。十八世紀の第三の適応によってはじめて、イギリスの競争上の地位は、世界規模で、有意な変化を遂げることができたのである。それでさえ、それまで競争首位にたっていたインドへの織物の純輸入が、インドからの純輸出を越えるようになったのは、一八一六年がはじめてのことであったのであり、半世紀以上の時間をかけて獲得されたものなのである。

ここでは、このような世界発展にずっとついていくわけにはいかないが、十八、十九世紀の初めから、いくつかの証言を引用することで、それを明らかにすることはできよう。イギリスによるポルトガル市場へのアクセスを確認した、一七〇三年のイギリス - ポルトガル間のメスエン条約については、すでに第五章で触れたところである。ポルトガル市場は、それ以前、一六四二年以来の三つの条約によって、開かれてきていた。イギリスの政治家である、J・メスエンは、一七〇二年の十二月に、それについて、はっきりと勝利をものにして、こう述べている。「この合意は、ポルトガルにおいて、今、莫大な量の低級・高級衣料を生産している、その全ての製造業者をただちに屈服させ、完全に根絶やしにするという結果を持つであろう。衣料にせよ、反物にせよ、他のいかなる国のものも、〔ポルトガルの市場では〕イギリス製のものと競争できるようにはならないであろう」。かれを批判したポルトガル人のルイス・ダ・クンハは、少なくとも「イギリスの求めているものは、彼らの製造業を向上させることであり、ポルトガルに起こったそれを破滅させることである」という事実については意見の一致を見ている（Sideri 1970: 57, 59から再引）。そして、私のかつての著作（Frank 1978a, b）で関連を述べたように、それは実際、そのようになったのであり、それは、その一世紀後には、リカードが、イギリスの織物とポルトガルのワインとの交換について、「比較費用／比較優位の法則」を実証することで、イギリスの産業を擁護するという皮肉の前兆でもあった。

世界の織物市場における競争については、ブローデルにたちかえっておいても良いであろう。

誘因が逆向きに作用した——つまり「インドの輸出によって」脅かされた、ヨーロッパの産業へ刺激を与えることになったのである。イングランドの最初の一歩は、十八世紀の大半にわたって、インドの織物に対して、その国境を閉ざすということであり、インドの織物はヨーロッパおよびアメリカへ再輸出された。それから、この利益のあがる市場の獲得――それは、根本的に人力を削減することによってはじめてなし得ることであった――を目指した。機械革命が綿織物産業で始まったのは、間違いなく偶然ではない。……イングランドは、高い国内価格と労働力コスト――そのためイングランドは、ヨーロッパで最も高くつく国となっていた――に妨げられて、最も近い市場においても、フランスとオランダとの競争に、もはや対応しきれなくなっていた。イングランドは、地中海で、レヴァントで、イタリアで、スペインで……敗北しつつあった〔が、〕最も古くかつ最も確実に征服したところであるポルトガル……とロシアにおいては、依然としてリードを保っていた。(Braudel 1992: 522, 575)

一七七六年、アダム・スミスは、「忘れられてはならないことだが、製造業の完成は、全く分業にかかっているのであり……すでに示したように。それは市場の広がりによって、必然的に調整される」と述べている。それから同じ段落で、スミスは「広範な外国市場がなければ、繁栄というものは、あまりあり得ない」(Smith〔1776〕1937: 644)と付け加えている。おそらく、スミスは、マシュー・ブルトンが一七六九年に、その相方であるジェイムズ・ワットにあてた、次のような手紙を読んでいたであろう。「三つの国でだけで、〔あなたの蒸気機関を〕製造するというならば、あまり私にとってする価値のあることではありません。しかし、世界中でやろうというならば、大いにする価値のあることだと思います」(Mokyr 1990: 245から再引)。ではなぜ、産業革命を説明する要因の分析において、モカーやスヌークスらは、要素価格と製品の競争を、主としてイギリス、せいぜい西欧という観点からしかみないのであろうか。一八〇〇年までには、イギリス製の綿衣料の、七のうち四までが輸出向けとなっていた――一八五〇年には、半分が輸出向けであった(Braudel 1992: 572)。一八三九年までに、ベルギーのナタリス・ブリアヴォワンヌは、次のように回顧して書くことができたのである。

ヨーロッパは、何世紀もの間、その最も貴重で、最も重要性の高い物産、すなわち、モスリン、プリント地のキャラコ、南京木綿《ナンキーン》、カシミアなどをインドに依存しており……それに対しては正貨で支払いをするほかなかった。……かくして、それは、ヨーロッパの貧困化につながったのである。インドは、ヨーロッパに比べて、より安価で、熟練した労働力を有するという利点を持っていた。が、衣装のモードが変わって、状況は一変した。……インドの労働者は太刀打ちできなくなり……したがって、貿易収支は、ヨーロッパの黒字となった。(Wallerstein 1989: 24から再引)

その次の競争(ずっと続いてきたが、今や状況の変化した競争)は、輸送業で起こった。これも、それまでは、アジア経済が優勢であったものである。ヨーロッパの蒸気力の鉄道および船舶は、十九世紀になってついにはじめて、広範に世界経済へ進出した。第四章で見てきたように、それまでの三世紀間にわたっては、輸送コストを、相当に削減しようとして、果たせずにいたのである。

世界市場における無数のミクロ経済的決定が、マクロ経済的にも影響を及ぼし、また原因となっている。これようなマクロ経済的関係は、マルクス主義や、その他の「供給サイド《サプライ》」の経済学者や、ケインズ主義や、その他の「需要《ディマンド》サイド」の経済学者によっても、分析が行なわれてきた。他方で、今のところかなり不十分ではあるが、技術進歩を理解しようとする、L・パジネッティ(Pasinetti 1981)らの試みや、また長期波動の上昇下降を追跡するシュンペーター(Schumpeter 1939)らの試みにおいて、両者は一体のものとして結び付けられてきた。ここでは、それらの分析をきちんと評価し、さらに探求することはできないが、経済学において、さらにほんものの「革命」がいかに不可欠であるかということだけは指摘しておこう。その「革命」とは、それによって、ミクロ分析とマクロ分析、「供給サイド《サプライ》」分析と「需要サイド《ディマンド》」分析、循環の分析と「発展」の分析を「結婚」させて、二倍にも、四倍にも、六倍にもなる成果を挙げ、最終的に、世界経済／世界人口／世界生態のスケールでの、そのような経済分析の「拡大家族」を生み出すものである。そのような経済分析についての批判的評価と、それをどこで、どのように追究するのかについてのごく一般的な指摘については、拙文(Frank 1991c, 1996)を参照されたい。

しかしながら、我々にできること、そして最低限しなければならないこととは、産業革命の技術的進展が、コンドラチェフの長期サイクル、ないしは、さらに長期の世界経済のサイクルのパターンの内部で、いかに、そしてそのどこにおいて、マクロ経済的文脈におけるミクロ経済的選択、およびその逆の不可欠の一部――したがって説明変数でもあり、被説明変数でもあるに違いないわけであるが――となっているか、という問いをたてることである。

ゆえにおそらく、世界経済の条件は、ある企業、ある部門、ある地域が、そのミクロおよびマクロな地位を、ＮＩＥｓ的な手段を通じて向上させるには、熟していたということなのである。さらに、そのような手段というのは、世界経済の条件が、彼らにとって熟したときにのみ適用されうるものである。その条件のほうが、それを望んできた者による、それに先立つ長い「準備」よりも、決定的なのである。

世界経済、特にアジア市場における、このようなヨーロッパの競争力のなさが、ヨーロッパ人がアメリカの貨幣資源に訴えることで、いかに埋め合わされても、それは部分的なものでしかなかったことは、すでに本書で見てきた。さらに、このような貨幣の流れと供給とは、常に、補填されなければならなかった。しかし、十七世紀のある時期におこったように、アメリカの貨幣供給の一時的な停止ないしは減少によってさえ、ヨーロッパ人は、なお一層、アジアの商業から本質的に排除されてしまったのである。かくして、このようなアメリカの貨幣供給問題は、ヨーロッパ人にとって、生産コストを下げることで、世界市場で競争するという、一時的／拡大的誘因を産み出した。そのオルタナティヴは、アメリカの銀、およびその銀によって保証されたアジアの信用へのアクセスとそれへの依存とを維持、ないしは増進させることができるようにすることであった。十八世紀中葉以降、アメリカの貨幣のヨーロッパへの入手可能性が相対的に低下し、それによってヨーロッパの市場（シェア）への浸透は脅かされたということを示すことなどできるだろうか。実際にはむしろ、それは、ヨーロッパ人に、生産の労働コストを下げることによって、世界市場における、彼らの競争力を保護し、かつ高めようとする誘因を生んだのである。

私は、これまでずっと、一七六二年以降の時期は、コンドラチェフの「B」局面であり、メキシコからの銀供給は増えた（ブラジルからの金供給は消滅した）とはいえ、国内でも海外でも、ヨーロッパ人にとっての利潤、特にカリブ海のサトウキビ・プランテーションと奴隷交易からの利潤が減少したと論じてきた (Frank 1978a)。また、十八世紀の最後の三分の一の間の産業革命の諸発明が産まれたのは（アメリカ独立革命やフランス革命が起こったのも）、このコンドラチェフの「B」局面であったとも論じてきた。同時に進行していた——理由は何であれ——アジアの諸経済・諸帝国の（長期循環上の？）弱体化と、ヨーロッパのコンドラチェフの「B」局面とは、それまで、むしろ周縁的であった諸経済や諸部門が、世界経済において、より競争的な地位を求めて張り合うような典型的な機会と誘因をもたらした。ヨーロッパの特定の諸地域および特定の諸部門は、この機会を捉え、実質的に（今日の東アジアにおけるＮＩＥｓのような）新興工業国となった。彼ら諸地域・諸部門は、労働節約的で、動力発生的な機械を通じて、生産コストを削減し、それによって、世界市場におけるシェアを増進させる、新しい可能性がもたらされた——まず、ヨーロッパ市場における輸入代替を通じて、次いで世界市場への輸出振興によって。ヨーロッパの、相対的に高い賃金と生産要素費用は、それを行なう上での機会と誘因を供給した。少なくとも、他に二つの――相互に関係した――状況が、助けとなった。ひとつは、いくつかのアジア市場における、先に触れたような、現地および他の競争者にとっての経済的・政治的困難である。

しかしながら、アジアの諸競争者の、それぞれ及び共通の（循環的？）衰退による、その政治経済的弱体化はまた、アジアへのヨーロッパ人の進出を容易にした。そこでは、輸出は言うに及ばず、競争的な現地の市場へのアクセスも、政治的／軍事的抑圧によって、抑えられていたのである。このようなことが、十九世紀において、インドで最も富裕な地域であった「ベンガルの略奪」、さらにイギリスによるインドの他の諸地域の征服と植民地化、およびヨーロッパ資本への「門戸開放」を通じての中国の半周辺化の両方の下敷きになっていたのである。ヨーロッパによる、これらの、また他の、植民地主義的な企図は同時に、植民地市場を産業的生産のために開放し、資本を供給して、イギリスの自国の産業への投資を支援するものであった。十九世紀への変わり目にあっては、中国の生産性は依然として、高いままであり、実際十九世紀にはいっても、恐らく日本よりまだ高かったであろう（Inkster 1991: 233）。このように、中国は依然として経済的に生産的で、政治的に強力であったので、容易には浸透できず、そのため、イギリスは、中国を乗っ取ろうと、インド産のアヘンに訴えて、無理やり「門戸開放」を遂げたのである――しかし、十九世紀のあらゆる努力にもかかわらず、その乗っ取りは、それほどうまくいったわけではない。

これらの経済的・政治的困難についての、完全に適切な「説明」には、まだ至っていないのだが、ここでは、ヨーロッパについてはサミール・アミンが、中国についてはマーク・エルヴィン（Elvin 1973）が分析したような、ミクロ経済的な需要・供給条件の文脈において、それが探究されるべきであるということを示唆しておこう。しかし、我々は、それを世界経済の規模に拡大しなければならない。もう一つの状況である、資本の供給と源泉については、次の節で論じよう。

資本の供給と源泉

ヨーロッパの進出の拡大を促したもうひとつの状況とは、特にイギリスにおける資本の供給と源泉にある。資本供給については、ハートウェル（Hartwell 1971: 268）が、何人かの専門家の著作を検討しており、彼は非常にはっきりと「十八世紀には、〔イギリスにおいて〕資本の不足ということはまったくなかった。もっとも、このことを認めることの意味合いは、よく理解されているとは限らないが」と述べている。ハートウェルが（ヒルの著作〔Hill 1967〕を引用して）論じている、その意味合いのひとつは、農業と商業からの資本は、「海外から——奴隷交易から、そして特に、一七六〇年代からのインドの組織的略奪から——イギリスへの、目覚ましいほど大量の流入」（Hartwell 1971: 269）の結果であるということである。これは、植民地搾取を通じた、マルクスのいう「原始的資本蓄積のことである。

植民地とは、もうかるものなのかという問題は、長い間、論争を引き起こしてきた。アダム・スミスは以下のように書いている。

わが西インドの植民地においては、砂糖プランテーションのあげる利潤は、一般に、ヨーロッパやアメリカで知られている他のいかなる耕作による利潤よりも、はるかに大きい。また、タバコプランテーションの利潤は、砂糖プランテーションの利潤よりは劣るとはいえ、穀作《コーン》の利潤よりも勝っている〔コーンとは、イギリスの小麦のことを意味している〕。（Smith〔1776〕1937: 366）

それにもかかわらず、ポール・ベアロックほか、多くの論者と同様、パトリック・オブライエン(O'Brien 1982, 1990)は、それにかかわるいくつかの個所において、ヨーロッパにおける資本蓄積と産業化に対して、海外交易と植民地の搾取は、いかなる有意な寄与をなしたとも認めていない。彼の計算では、そこからあがる利潤はもとより、交易の額も十八世紀の後半におけるヨーロッパのGNPのわずか二パーセントでしかないという以上、そのような寄与はあり得ようはずもない。しかも、彼はまた、「産業革命に対する外洋交易の重要性についての論争は、計量化をおこなって、歴史的な研究をこれ以上重ねても、解決するものではない。……ヨーロッパの産業化（また、イギリスのそれでさえ）の歴史については、ヨーロッパを見る『世界のパースペクティヴ』〔ブローデルの著書のタイトルに言及している〕は、世界を見る『ヨーロッパのパースペクティヴ』ほど重要ではないものとして現れたからである」(O'Brien 1990: 177) と続けている。なんたることか。オブライエンや、その他のかくも多くの論者は、これ以上の間違いを犯すことなどなかろう。というのも、ブローデルがうまく言ったように、ヨーロッパは、支払える以上に消費し、蓄えられる以上に投資していたからである。しかしながら、ヨーロッパがそうしたのも、そして、そうできたのも、一つの全体としての全世界経済の構造と発展の関数としてであったのである。

ベアロックやオブライエンらは、このような外からの寄与を否定しているが、ホセ・アルダは、資本と市場の植民地における源泉についての論争を見なおし、次のように結論づけている。

> 要するに、商業的投資は、植民地でなされたのであり、重商主義的な資本回路に統合され、重商主義的な政策と結びついて、実質的・戦略的に西欧の経済成長に寄与した。それによって、新しい投資の領域――資本の成長、流動性、回転にとって本質的な領域――が開かれたのである。……植民地はもうかったのである。
> (Arruda 1991: 420、強調はアルダ原文による)

その通り。植民地はもうかったのである。それは、ほとんどただで貨幣を供給したばかりではなく、奴隷労働や、安価な砂糖、タバコ、材木、綿花、その他、アメリカ産のヨーロッパで消費される財をも供給した。さらに、絹・綿の織物や、アジアから彼らが買うことのできた香料や、そしてアジア域内「カントリー・トレード」への参入によってさらに得られた貨幣へ、ヨーロッパ人がアクセスできたのは、このアメリカの貨幣のおかげであった。

したがって、ヨーロッパが、ヨーロッパとアジアの「実効性」が交差する年代である一八一五年までに、植民地（プラッシーの戦い以後のインドを含めて）から直接引き出した利益を記録することは、本書の関心にとって意味のあることである。エルネスト・マンデル（Mandel 1968: 119-120）は、ヨーロッパが植民地から分捕った戦利品の額を試算して、一五〇〇～一八〇〇年で、金一〇億ポンド・スターリングとしている。うち、一七五〇～一八〇〇年のインドからだけで一～一・五億ポンドがイギリスに達している。このような資本の流入は、新しい産業革命、特に蒸気機関と織物技術への、イギリスの投資の財源にならなかったとしても、それを円滑にはした。たとえば、エリック・ウィリアムズが我々に思い出させてくれるように、「ワットと彼の蒸気機関の財源となったのは、西インドに蓄積された資本であった。ブルトンとワットは、前金を受け取っていた……」（Williams 1966: 102-3）。しかしながら、一八〇〇年までには、ヨーロッパ中の蒸気力で稼動している産業に投資された資本は、依然として、植民地であがっていた利益を下回っていた。この期間のイギリス経済についての、最も良心的な研究者である、フィリス・ディーン（Deane 1965）は、「外国交易が、最初の産業革命を早めるのに役立った、その役立ち方には、六通りある」として、それを詳述している（詳しくは、Frank 1978a: 227に引用してある）。

おそらく、ロバート・ディーンマークが主張しているように、このような植民地からの資本流入が、植民地経営に引き合うものであったのか、どれくらい儲かるものであったのかについて「テスト」する別のやり方は、それが利子率を下げ、それによって投資が、イギリスおよび他のヨーロッパ諸国で、より安価にそしてより可能になったかを見てみることである。貨幣史家である、ジョン・マンローは、私の質問状に対して、イギリスでは、利子率は、一六九〇年代初頭の一二パーセントから、一六九四年のイングランド銀行設立のあと、八パーセントに、そして一七五二年には、三パーセントにまで下落したと答えてくれた（Munro 1996, 個人的通信）。その頃までには、イギリスにおける利子率は、アムステルダムの貨幣市場に太刀打ちできるようになっており、それによって、資本はイギリスへ集められた。そこでは、イングランド銀行がますます、それを「管理」するようになっていたのである。

このような傾向は、戦争時に一時的に利子率が上がって中断したのみで、P・G・M・ディキンソン（Dickinson 1967: 470ほか）によっても確認されている。彼はイギリス国債の利子率を記録しているのだが、それによると、一六九〇年代で七〜一四パーセント、一七〇七〜一七一四年で六〜七パーセント、一七三〇年代以降で五パーセント、それから三〜四パーセントに下落し、一七五〇年代までには三パーセントになった。さらに、ディキンソンは、私債の利子率も、特に大量のオランダ資金がイギリス市場に流入するにつれて、国債の利子率をぴったり追いかけていることをつきとめている。その多くは、国債を支えるために、イングランド銀行が管理したのであるが、その資本のいくらかは、民間の投資へも流れ込み、国債自体も、民間資本を解き放って、さらに別の経済への投資へ向かわせた。

当時のイギリス人はみな、このような利子率の低下に気づいて、それを歓迎しており、ブリテン島の隅々までそれを促進し拡大するために、無数の国内の「イギリス制度」についての考察が議論されたのである（Dickinson 1967）。アダム・スミス（Smith〔1776〕1937: 38-39）は、法定最高利子率は、王や女王が代わるたびに段階的に、一〇パーセントから五パーセントへ引き下げられたが、「市場の利子率についていったのであって、それより前を行くことはなかったように思われる」と述べている。そうして彼は、それを資本需要に——そして、その裏返しとして供給に——関連していると見ている。

イングランド銀行に加えて、「三姉妹《スリー・シスターズ》」のうちの他の二つ、イギリス東インド会社と南海会社もまた、イギリスにおける資本の流入と資本ストックの管理に、重要な寄与をなした。

これら全て、およびアムステルダムから集められたものも含めて、その他の資本の源泉は、もちろん直接に植民地から引き出されたものである。しかしながら、これらはまた、間接的な、しかし劣らず重要な影響をも持っていた。というのは、ロンドンやアムステルダムにおける、このような貨幣の利子価格の低下は、一つの全体としてのグローバル経済《エコノミー》の世界規模での構造と作用への参加から引き出されたものであるからである。

したがって、これら全ての国内的な制度的考察がいずれも、その下敷きとなっている資本のフローとストックおよびその世界規模での源泉の増加よりも重要であるということが示されうる限りにおいては、ディーンマークの仮説は、十分確証されているように思われる。それにもかかわらず、資本をもっていることは、それを投資するための必要条件でしかなく、十分条件ではない。ハートウェルが強調しているように、潜在的に投資可能な資本の供給が入手可能であるというだけでは、産業革命の、コスト削減的、労働節約的、動力発生的な設備への実際の投資を起こすのにも、それを説明するのにも不十分なのである。それには、マクロおよびミクロ経済学的な誘因が必要である。

しかしながら、グローバル経済《エコノミー》においてはどこであろうが、そのような局地的および／あるいは部門ごとのミクロ経済学的な誘因も、ひとつの全体としてのマクロ経済学的な世界経済の構造と動態への、競争的参加に連関し、実際そこから引き出されているのである。これが私の三つ目の主たる主張である。そのような単一のグローバル経済《エコノミー》およびグローバル・システムにおいて、「東洋の没落」と「西洋の勃興」は、連関しあっていたに違いない。問題は、その連関がどのようなものであったか、ということである。

グローバル経済・人口学的説明

アジアの衰退とヨーロッパの勃興の過程全体を、グローバルな人口学的・経済的観点から、もう一度ふりかえってみよう。そうすると、逆説的に、それまでの数世紀は、アジアにおける経済的生産と人口は拡大していて、それがゆえに、一八〇〇年以降にその拡大が継続することが妨げられたという可能性が示唆される。本書のここまでの諸章は、特にアジアにおける、長期のグローバルな経済拡張について見てきた。それは、ヨーロッパの供給するアメリカの貨幣によって、勢いを煽られてきた——それによって始められたわけではないが——のである。またこの拡張が、ヨーロッパでよりも、アジアにおいてさらに大規模なものであったということにも注目しておいた。第三章および第四章で述べた通り、新しいアメリカの貨幣は、ヨーロッパでは、インフレを引き起こし、アジアのほうで、相対的に大きな生産、居住、人口の拡大を産み出したように思われる。しかしながら、人口／土地資源比は、はじめからアジアの方で高かった。そしてこの拡張は、アジアの多くの資源にかかる圧力を相当に高めることになった。ヨーロッパでは、同じことが、より小さな程度でしか起こらなかったとすると（ないしは、以下にのべるように、ヨーロッパには、減圧弁がより多く具わっていたとすると）、グローバルな拡張は、東洋と西洋の間の、相対的・絶対的な人口／資源ギャップを増大させたと考えて良かろう。

人口学的・経済的モデル

人口と経済成長一般との間の関係、および特に技術発展との関係は、少なくとも、アダム・スミス、デイヴィッド・リカード、トマス・マルサスの頃からずっと論争の主題となってきたことである。今日の大半の人口学の専門家や開発経済学者の間でも、合意は不在であり、確かに言えることというものはないままである。ドミニク・サルヴァトーレ（Salvatore 1988: xiii）は、例として、国連、世界銀行、アメリカのナショナル・リサーチ・カウンシルの人口成長と経済開発に関する作業委員会（National Research Council Working Group on Population Growth and Economic Development 1986）の最近の報告が、依然として、互いに相反する結論を出していることを指摘している。このナショナル・リサーチ・カウンシルの報告は、よく引用されるのだが、この問題についての膨大な文献を検討し、九つの要約的な問いをたてているにもかかわらず、極めて暫定的な結論をしか出していない。

このように、私のようなこの方面に素養のないものが、論議にずかずかと入っていくのは、まったく無駄なことなのかもしれない。ヨーロッパにおける十八世紀中葉以来の人口成長の加速の説明だけをとってみても、専門家の説明の重心は、その原因を死亡率の低下から、そうではなく出産率の上昇するほうへ移ってきている。それでも、卓抜した歴史家であるウィリアム・ランガー（Langer 1985: 5）による最近の判断では、それについての「説明は、これが最後の結論であるといったような、いかなる高度の確信を持つものでもありえない」というくらいなのだ。したがって、一つの全体としての世界という規模での人口、経済、技術の成長の関係の可能性についてや、その地域ごとの差異について、いかなるものでも、推測を行なうなどということは、はるかにさらに危険なことである。実際、ロナルド・リー（Lee 1986: 65-67）が、彼の専門的なモデル化と分析の試みについて書いていることに、「このような枠組において、アフリカ、中国、ヨーロッパの相対的な技術的能力を説明できるのであろうか。……もちろん、そのように高度に抽象的に、また一般的に論点を提出すれば、困難は大きいだろうし、意味を成さないということさえあろう。それにもかかわらず、そのような問いは、探究を保証するだけの十分な関心をひくものであると思っている」。しかし、私の主張では、そのような論点は、関心を引くばかりではなく、世界で本当に何が起こったかということを、いやしくも理解するというなら、死活的に重要なことであるのである。しかしながら、本書全体で論じていることだが、それには、その論点をさらに大きな――グローバルな――一般性の水準で提起しなければならない。自らの努力を馬鹿げたものだと片付けられてしまうのを恐れるばかりに、専門家たちはそこまでは踏み出そうとしないというならば、あえてさらにそれをするのは、おろかな門外漢の役目ということになろう。

リー（Lee 1986）は、トマス・マルサスとエスター・ボズラップ（Boserup 1981）との間の「論争」を検討して、「動的総合」を提起している。マルサスは、読者も覚えておられようが、収穫逓減の法則を通して、資源にかかる圧力が高まって、人口増加に限界が生じると論じている。後年のマルサス主義者によって再び流行する前に、資源供給および／あるいは収穫の増加をもたらす技術発展を通じて、収穫逓減の法則は無効になり、それによって可能になった、急速で大規模な人口成長が、マルサスの議論に挑戦していた。ボズラップ（Boserup 1981）は、人口と技術変化の長期的傾向に関する彼女の研究において、一歩を踏み出した――というか元に戻って、スミスのところに帰ってきた。つまり、人口増加は、収穫の逓増をもたらすということである。ボズラップは、人口成長と、それにともなう資源への圧力は、それ自体が技術の前進を生むものであり、それによって、収穫の逓減は埋め合わされるという議論を提起した。リーは、彼が先駆者として評価するＦ・Ｌ・プライアーとＳ・Ｂ・モーラー（Pryor and Maurer 1983）に従って、このマルサスのテーゼとボズラップのアンチテーゼとの「総合」を求めている。その過程で彼は、仮説として、人口と技術の変化ないしは変化の不在は、どのように相互作用しているかについて、少なくとも六つのモデルを構築している。

アジアに先だって一八〇〇年ごろに起こったヨーロッパの急速な技術発展について、私が提起した、ミクロおよびマクロ経済的な「説明」は、リーの仮説的モデルに基づく、その一つの変種であることがわかる。私の説明は、マルサス主義的ではない。マルサスの議論では、私がしたような技術変化についての考慮がない。同時に、私の説明はボズラップ的でもない。彼女は、そのような技術発展の原因を急速な人口成長そのものに求めている。したがって、リーとは違って、私の提起する議論は、このようなテーゼとアンチテーゼの総合ではなく、両者の否定である。実際、私が提起しているのは、マルサスとは異なるかたちでの、ボズラップへの別種のアンチテーゼである。私による、リーよりもさらに「抽象的・一般的」命題は、アジアにおける、より高い人口成長が、労働節約的・動力発生的な機械の供給に対する需要によって産み出される、ないしは、それに基礎を置く技術的前進を阻み、逆に、ヨーロッパにおける、より低い人口成長が、同じ技術的前進への誘因を――アジアとの競争において――生み出した、というものである。リーの「仮説的モデル」のうちの一つないしは二つは、そのような可能性についても考えているのだが、彼は、この可能性を追究していないようである。私の推論は、リーのモデルやグラフや方程式などよりも、はるかに洗練されていないものであるが、私の手続きの方が、ずっと現実的ではあるかもしれない。というのは、私は、リーのモデルでは捨象されている三つの変数を加える――もっとも最終的には、それも、単に現実世界の説明を単純化しているわけだが――からである。その三つの変数とは、以下のようである。①グローバルに競争的なひとつの同じ世界経済のなかに、アジア、アフリカ、そしてヨーロッパを入れて考える。これは、本書の中心となるテーゼであり、手続きである。②それぞれの経済的地域《リージョン》内での、収入、労働力の供給とその価格、製品の需要の配分を差異化して考える。したがってまた、(第一の手続きの通り)一つの全体としての競争的な世界経済の内部における、それらの地域《リージョン》的経済間の相対的差異をも考える。③潜在的に投資可能な資本、および労働節約的・動力発生的な装備や設備を生産するためにそのような資本が投資されていない地域から来る資本の源泉について――そして逆に、そのような資本の不在や、流入によるその獲得についても――考慮にいれる。

私は、結果として現れる「動態」を簡単にどのようなものか言うことができる。しかしリーは、現実にはそれだけの価値のある、これら三つの変数に注意を払っていないばかりに、その動態の説得力についてほとんど気がついていない。その動態とはつまり以下のようである。一八〇〇年前後、ヨーロッパで、技術的前進が起こったが、アジアでは起こらなかった。それは、アジアの方が人口成長が大きく、そればかりか、収入配分の二極化や資本の稀少性も大きかったからである。しかしながら、それはアフリカでもやはり起こらなかった。それは、人口/資源比が、ヨーロッパよりもさらに低かったからであり、またアフリカは、ヨーロッパとは違って、外部からの投資可能な資本の源泉へのアクセスがなかったからである。

高度な均衡の罠?

というわけで、例の一四〇〇年以来の長期の「A」局面的拡大をもう一度見なおして、なぜ、そしていかにして、アジアとヨーロッパの諸経済・諸社会が、より差異化されるようになったと考えられるのかについて、考えを提起してみよう。第二章、第三章、第四章で見たように、一四〇〇年以来の世界経済の拡大は、大規模な生産の拡大を伴った。第二章および第四章で述べた通り、これによって、相当な人口成長もアジアの主要諸経済で、特に十七世紀中葉以降、可能となった。つまり、アジアの主要中核諸経済・諸社会において、このような影響を産み出したのは、世界経済の拡張であったということであり、それは、より周縁的であったヨーロッパにおいてよりも、アジアにおいてそうであった。というのは、新しいアメリカの貨幣の流入に対して、「よりよく」対応したのが、より生産的であったアジアの諸経済であったからである。

生産性がより低く、より周縁的であったヨーロッパ、両アメリカ、アフリカの経済は、生産を高めることを通じて、速く、大規模に対応するということ（第四章で見たように）が、アジアほどにはできなかったのである。また少なくともヨーロッパでは、むしろ、インフレの昂進を経験していた（第三章で指摘した）のである。さらに、第四章で見たように、ヨーロッパでは、人口成長も一七五〇年まで低いままであった。一六〇〇〜一七五〇年の人口成長率は、その一世紀後のそれの四分の一でしかなかった（Livi-Bacci 1992: 68）。したがって、賃金は、アジアよりもヨーロッパの方が高いままであったのである。

他方、アジアの主要諸経済では、世界経済および地域経済の成長により、人口、および資源基盤への生産の圧力が高まり、収入の二極化が進んで、大衆消費財への国内の有効需要をしめつけるようになった。そして、以下に指摘するように、同じ構造と過程が、労働節約的・動力発生的な生産技術への資本投資を促す価格誘因を増大させることなく、〔むしろ〕生産の賃金コストが押し下げられたのである。アダム・スミス（Smith〔1776〕1937: 72）は、ヨーロッパと比べて、中国では、労働の供給が、より高く、「中国の下層階級の」労働者は、より貧しいので、賃金が低く抑えられても、それで人々は喜んで働くのであると述べている。さらに、マークス（Marks 1997a）は、中国では、人口よりも、米の生産の成長は速く、その価格の上昇は遅かったので、生産性を、特に労働節約的な機械を通じて、さらに向上させるための投資へ向かう誘因は妨げられたと主張している。実際、本書第四章で示唆した通り、中国、およびおそらくアジアの他の地域における農業の改良は（おそらく、出産率の上昇と死亡率の低下も）、ヨーロッパのそれを上回るペースで進んでいた。「しかし、もちろん、皮肉なことに、その結果としての中国の人口成長は、産業発展に立脚する自己持続的な経済成長の出現の芽を摘んでしまったかもしれないのである」（Marks 1997a）。

エルヴィンは、スミスを引用して、このような効果を、「高度の均衡の罠」についての彼自身の有名な議論（Elvin 1973）に含まれることであるとした。彼は、他の全ての条件や「前提」は、本書でも見てきたように、生産、交易、制度、技術など、有り余るほどあるように思われるのに、中国に産業革命が起こらなかったのはなぜかを説明しようとしている。エルヴィンのテーゼの本質は、中国が、稀少な土地その他の資源と豊富な人間労働との結びつきを基礎として、それまでの数世紀に発展させた、その農業、輸送、製造業の技術で、「行けるところまで、行ってしまっていた」（ミュージカル『オクラホマ』におけるカンザス・シティについてセリフの引用）ということになる。例えば、大規模かつ成長している人口を抱えていたため、あらゆる農地は稀少であったため、牧草地は、特に稀少であった。しかしながら、同じ理由で、労働力は安かったのである。ゆえに、水運が低コストで、飼料が高コストであるため、人力輸送に大きく依存することが、合理的な代替選択となったのである。例えば、一七四二年の揚水機に関する記述を見ると、それは、農地への灌漑に必要な労働の五分の四を節約できるとされている。しかしながら、その機械の建設には、銅が必要であり、それは、高くつき過ぎたのである——実際、流通している鋳貨は、銅製であったので、文字通り、お金を犠牲にしなければならなかったということになる。したがって、そのような揚水機の生産への投資は経済的でも、合理的でもなかったのである。

エルヴィンは、それは、制度その他の失敗で、「発展」しそこなったのでなく、むしろ全くその逆で、まさにその制度等に立脚した、生産、資源利用、人口の急速な成長のために、全ての資源が——労働だけを除いて——稀少になったのだと論じている。

明らかに、多くの資源の不足が、ますます厳しくなっていった。多くの地域で、家屋の建築、船の建造、そしてまさに機械の製作のための木材が不足した。燃料も不足した。……衣料繊維も不足した。……耕作用の牛馬も不足した。……金属の供給も不足し、特に銅はひどかった……鉄や銀も不足した。なかんずく、良質の農地が不足した。この時期に、耕作されるようになった新しい土地の質は、激しく低下した。このような不足の主たる原因は、もちろん、相対的な技術の停滞という条件下での人口の継続的成長にあった。……それらは全て、十八世紀のおわりになるまでに、厳しい収穫逓減点に達した。

(Elvin 1973: 314)

しかしながら、エルヴィンは、まさにこの同じ発展こそが次のような状況をもたらしたと論じている。

まさにこのような発展によって、利益につながる発明というものが、ますます困難になっていった。農業における余剰の減少、したがって人口当たりの収入の減少、と人口当たりの需要の減少に伴って、また労働力価格が低下し、資源や資本がますます高価になるに伴って、……農民にとっての、および商人にとっても同様の、合理的選択は、労働節約的な機械の方向ではなく、むしろ資源および固定資本の節約という方向に傾いていったのである。……一時的に不足が昂進した場合も、機械を工夫するのでなく、安価な輸送に立脚して、商業的に融通をつける方が、速く確実な対処法であった。このような状況は、「高度な均衡の罠」といってもよいものであろう。

(Elvin 1973: 314)

リー (Lee 1986: 124) もまた、ボズラップに従って、上に述べたエルヴィンの「高度な均衡の罠」と同様に、中国は人口密度が高すぎたせいで、「技術的な突破口［へ向けての］……集合的な投資の進展を支えることができなかった。……中国は、高位の人口と中位の技術に引きつけられる均衡状態にとらわれてしまったと考えられる」と主張している。その罠にかかると、高人口による安価な労働力、高価な資源、および稀少な資本によって、労働節約的な技術への投資は、合理的でも、経済的でもなくなってしまうのである。同じことは、インドにも当てはまる。それについては、スタイン（Stein 1989: 11）が、エリート層の消費と、軍事支出への国家の需要の増大によって「労働者への要求は強められ、特に十八世紀後半、彼らの消費、および彼らの生存可能性自体が減少することとなった」と述べている。これは、本書がインドおよびその他のアジア諸地域の衰退を検証したときに、すでに述べた通りである。

類似の需給関係によって決定されたトレードオフが、燃料供給およびその他の動力資源の選択と発展の前提となった。木材は千年来、長距離輸送されてはいたが、かさの高い一次資源の輸送コストによって、そのような資源の供給の幅は、より局地的・地域的に限られたものであった。しかしながら、生産用の動力を生み出す、これらの投入財に対する需要は、費用の問題に死活的な影響をうけた。この費用の問題も、そのような燃料が投入される織物のような製品の、世界規模での競争および／あるいは保護に置かれた市場価格から派生してくることである。

リピット（Lippit 1987）は、中国の余剰が高かったというのは受け入れがたいとして、エルヴィンの議論を却下している。が、それは、文脈を誤っているからである。投資可能な余剰および資本は、投資の必要条件であって、十分条件ではない。私はすでに、問題は、投資可能な余剰があった否かだけではなく、労働節約的・動力発生的な技術への投資が、どの程度合理的か、あるいはそうではないか、ということでもあると論じておいた。結局のところ、中国人は、地域間を結ぶ運河や、中国内の他のインフラには、たしかに莫大な投資を行なっていたのである。思うに、中国人は経済的に合理的であったという、エルヴィンの議論は正しいのであり、そしてそれがゆえに、彼らは、中国内および地域的／局地的経済の規模での需要・供給の見通しと計算に、投資を閉じ込めてしまったのである。このことはまた、特に輸出産業に関して、このような経済的合理性は、中国にもその他の地域にも広く存在する世界規模に拡大したものであったに違いないという、私の議論を強化するものでもある。

すなわち、同じ議論が、その他の地域にも、世界規模でても、適用可能であるし、またそうされるべきである。間違いなく中国の絹も含めて、アジアの生産と輸出の多くは、高労働供給／低労働コストという条件のもとで生産されたために、高度に労働集約的であった。インドでもまた、それまでの諸世紀の経済成長・経済拡大が、類似の需要・供給関係を生み出していた。そこでもまた、「停滞」ではなく、むしろその反対が——経済拡張、人口成長、そして制度的変化さえもが、つまり一言で言えば、資本蓄積の（通常の？）過程が——収穫逓減点に至っていたということであるに違いないのである。

『ケンブリッジ・インド経済史』には、インドでは「顕著な労働力の安さによって……労働節約的な装置は、無駄なものということになってしまった」(Raychaudhuri and Habib 1982: 295）とある。ハビブはまた、別の場所（Roy and Bagchi 1986: 6-7）で、インドにおける熟練労働の豊富さ、および「熟練補償」によって、労働節約的な装置の導入は、非経済的なものとなったと論じている（もっとも、同書一四三ページの付録には、この点に同意しないものとして、アミヤ・バグチーが引用されている）。

したがって、エルヴィンのアプローチと分析は、中国ばかりでなく、東南アジア、インド、ペルシア、オスマン帝国、その他のどこにでも——そして、世界経済のパースペクティヴから見て、これらそれぞれの間においても——当てはまりうることである。そこには、ヨーロッパも含まれる。そこでは、エルヴィンが中国について論じた労働余剰／資本不足は、アダム・スミスがイギリスおよびヨーロッパ、ほかにもっと最近の北米について論じた労働力不足および、それがゆえの相対的な資本余剰という類比のコインの裏側であったのである。

ヨーロッパでは、海外からの流入を含む資本の入手可能性と並んで、賃金と需要は相対的に高く、それによって、労働節約的技術への投資は、合理的かつ可能となっていた。動力発生的な装備についても、同様の議論を立てることができる。イギリスにおける木炭および労働力の相対的に高い価格は、石炭と機械動力による生産工程への転換を、そのような装備を発展させる労働力余剰および／あるいは非機械動力、燃料、資本の不足のもっと大きな地域でも、さらに経済的なものになる前に、まずイギリスで加速する誘因を提供した。もちろん、加えてここで論ずるべきことは、ヨーロッパと中国、インド、およびその他のアジア諸地域間の、世界経済における市場競争が、労働節約的・動力発生的技術を、ヨーロッパ人にとっては経済的に合理的なものとし、アジア人には、そうではないものにしたということである。

このようなことはすべて、収入の分配が高度に不均等であったか否かということにもあてはまることである。すると、収入ピラミッドの頂点は、より低い労働力コストから利益を得られたかもしれない生産に対して需要を生み出すことはなく、他方で、ピラミッドの底辺における低収入が、賃金の低下を固定ないし加速した。かくして収入分配は、ますます不均等になり、それによってまた、労働節約的な機械の技術革新や、動力発生的な工程への投資がさらに妨げられた。すると、収入の分配について、次にどういうことが言えるかは、もう明らかであろう。

ジャック・ゴールドストーン（Goldstone 1991a）は、労働の使用がどのように組織されているかにかかわりなく、農業社会における人口成長は、収入と富を集中させ、賃金と有効需要を低下させるものであると論じている。しかも、本書では先に、貨幣の増加と人口の増加は互いに強化しあうとも論じた。すると、これらの共通原因全てによって、経済的活力と政治的安定性は、掘り崩されてしまいうるということになる。十七、十八世紀のアジアで、そのような過程が起こったという証拠はあるのか。ある《イエス》！

実際、非常に長期にわたる生産と人口の上昇そのものが、結果として、生産と人口両方の、少なくとも成長率の、低下を招いたと信ずるだけの根拠はある。アジアからの史料によると、生産と人口の上昇が、資源基盤に圧力を加え、経済・社会を二極化したということが示唆される。収入の配分は、ますます不均等になっていった。富めるものと貧しきものとの間の距離の変化は、社会のピラミッドの「上層」を変容させた。ティモシー・ブルックの書いた歴史書である『快楽の混同』(Brook 1998) に、明朝の経済・社会について史料が示されているように、特に、商人および投機家による、上向きの社会的流動性と衒示的消費が昂進した。リピット (Lippit 1987: 90) は、十九世紀において、郷紳などの階級が引き出した経済余剰の規模が、少なくとも全国収入の三〇パーセントであったと見積もっている。初期の経済急騰の状況によって、絶対的にも、相対的にも、より多くの余剰が顕在化したのであろう。類同の過程は、十九世紀の衰退以前の経済拡張の結果として、インドでも描きうる。実際、ポメランツは、この点でのインドと中国の入手可能な史料を比較しようという試みを経て、富と収入の配分は、どこにもましてインドにおいて、歪められていたと考えるようになっている (Pomeranz 1996, 個人的通信)。そのような歪みは、社会のピラミッドの頂点の人々による奢侈品および輸入財への需要を増大させ、局地的・地域的に生産された消費財のための大衆市場から、購買力をそらせてしまうのである。

社会のピラミッドの底辺では、下層へ「押し出されて」しまう人々も生じ、結局周縁化されてしまう。土地をうしなった、多数の農民は、低賃金労働者になり、これまでにないほどの大きな、低コスト労働力のプールを形成した。同時に、このような大規模で、おそらくますます大きくなっていた社会の底辺の人々の間では、低所得のために、財市場における有効需要が減少し、輸出向けのものを含めて、財の生産へ向かう、彼らの安価な労働力の供給は増大したのである。

インドに関しては、ハビブ (Habib 1963a: 351) が、いかに「ムガール帝国が、自ら墓穴を掘ったか」を説明している。その統治階級は、農民によって生産された余剰の収奪を通じて、その巨大な富の多くを得た。ハビブ (Habib 1963a: 320) は、同時代の証言を二つ引用している。それによれば、「すばらしく贅沢に過ごしている富裕なものと、大衆の全くの屈従そして貧困」との間の対比は、これまでにあったとしても、ほとんどなかったほどであり、「多数の宮廷の絢爛を維持し、人々を支配下にとどめておくための大規模な軍隊に払うために要する莫大な費用を支払う必要によって、国は荒廃している」とある。このような状況では、収入と国内大衆の有効需要は減少し、賃金労働の供給価格を下げていったに違いない。実際、ハビブ（Habib 1963a: 324-9）は、時の経過とともに、農民の搾取は強まっていき、結果として、土地からの逃散がおこったということをともども証言している。それによって、都市その他の労働供給は増大し、恐らく、賃金は下がっていったであろう。このような状況はまた、ムガール帝国の滅亡と、それに代わるマラータ王国の発展に大きく寄与したが、マラータ王国は、そのような農民の搾取を続けたばかりか、さらに強化さえした。アリ（Ali 1975）はまた、農業における搾取の激化があったこと、そしてそれが、農民およびザミンダールの反乱へとつながっていったことを論じているものとしてハビブを引いている。（フリードリヒ・エンゲルス、および後年ではエリック・ホブズボームが指摘しているように、産業革命期のイギリス産業においてもまた、現金収入の機会の増加が労働者の搾取を強化した。）

というわけで、アジアにおける収入分配は、ヨーロッパ、特にイギリスにおける収入分配と、どのように対比されるであろうか。中国については、アダム・スミス（Smith〔1776〕1937: 72）が、中国における最貧層の貧困は、ヨーロッパのどのようなものよりも、はるかにひどく、それは、ヨーロッパの最低収入が、中国およびおそらくその他のアジア諸国の最低収入よりも、まだ高いほどであると述べている。さらにスミス（Smith〔1776〕1937: 206）はまた、労働の実質賃金と労働者がその賃金で購入できる生存に必要な実質的物量の両方が、ヨーロッパの大部分よりも、中国やインドの方で低いとも述べている。

それにもかかわらず、ポメランツ（Pomeranz 1997, 個人的通信 1996）は、収入の分配は、実際にはインドにおいて、より不均等であり、中国では、ヨーロッパよりも均等であったという主張にこだわりを見せている。しかしながら彼はまた、中国では、労働者がその生存最低限の物糧について、田園地帯の親族からの支援を引き出すことが、まだ可能であったが、ヨーロッパ、ないしイギリスの都市労働者には、そのような方途は、もはやなかったとも主張している。ゆえに、ポメランツは、たとえ、中国の収入分配がヨーロッパほど不均等ではなかったとしても、イギリスないしは西欧より中国におけるほうが、労働者は、より低い賃金で――そして、雇用者はそれを払うだけで――まだやっていけたであろうと主張している。というわけで、この点については、中国における親族の支援は、インドにおけるような、より不均等な収入分配に対する「機能的な等価物」とみなされうるものであることになる。

しかしながら、もっと重要なこととして、ポメランツの主張は、まだ別様にも翻訳できる。つまり、中国における収入分配がどうあれ、賃金財は依然として相対的に、おそらく絶対的にも、ヨーロッパ、そして特に相対的に高賃金であったイギリスよりも、安かったということである。すなわち、イギリスとは違って、代替的な機械の投入とその他の動力資源の費用に比較して、安価に賃金財が入手できた中国では、収入分配の構造が同様であったとしても、より多くの労働力を雇い、より少なく資本を使用するほうが、ますます経済的かつ合理的となったということである。しかしながら、どのような制度的メカニズムを通して、このような安価な生存賃金財が分配されたにせよ、されなかったにせよ、それは、イギリスおよびヨーロッパと比べて、より安い、このような中国における賃金財を産み出した、より生産的な農業によってはじめて手に入るようになったものである。翻って、このように見てくると、あと二つのことが確証される。あるいは、少なくとも矛盾のないものとなる。すなわち、マークス (Marks 1997a) が主張していたように (第四章参照)、農業は、中国において、より効率的であったということ。そして、エルヴィン (Elvin 1973) と私が主張しているように、労働節約的な技術革新と、経済のその他の部分での資本のかかる投資を妨げたのは、中国農業の相対的な生産効率の高さによるということである。

このようなことともに起こっていた価格水準の差異にも、またひとつの解答が求められるかもしれない。貨幣数量説（それによれば、貨幣の量に比例して価格は上昇する）は、絶対不可謬というわけではないかもしれないが、それでも、史料によれば、一般的に、銀／貨幣の供給元が近ければ近いほど、したがってまたその手に入りやすさが、高ければ高いほど、価格水準は高くなっている。また貨幣の供給元が遠ければ遠いほど、したがってまた、その手に入りやすさが、低ければ低いほど、価格水準は低い。すでに見たように、ヨーロッパが、アメリカの鉱山により近く、西アジア、南アジア、東アジアへそれが続いて受け取られていくよりも、より多く、より早く、銀の供給を受け取っていたことは確かである。アジアにおいては、社会のピラミッドの底辺の低賃金労働力の供給が、まだ、ヨーロッパよりも大きかった一方で、ヨーロッパ、およびいうまでもなく北米では、その高賃金と高価格との組み合わせによって、彼らの大半が依然として、アジア人の大半とかわらないか、それよりも貧しいくらしのままであったということは示されうるであろうか。その場合、ヨーロッパにおける高い賃金水準と、アジアにおける低い賃金水準とは、ここまでの議論ほど確実と言うわけではないが、確率の高いこととして、ヨーロッパとアジアとでほとんど生活水準が同じである、あるいは、ベアロックやマディソンらが主張しているように、ヨーロッパの方が低かったということと、両立可能ということにもなる。このことは、もしその収入の配分がアジアにおいて、より不均等であるとすれば、かつ／あるいは、右に示唆した通り、中国ないしはインドにさえ、安価な賃金財の「機能的等価物」があったとすれば、特に言えることであろう。このような状況はまた、ヨーロッパの財を、アジアの財よりも、世界市場において、特にアジア市場において、そしてヨーロッパ市場においてさえも、競争力のないものとしたであろう。

この命題を支持する、否定する、修正するような証拠はあるのか。ある。一四〇〇～一八〇〇年の期間の末期における相対的な人口／土地・資源比についての史料と、それ以前の人口成長率に基いて推定された、同じ期間の初期における変化を示唆する史料の二つを、我々は手にしている。さらに、第四章で提示した、世界およびユーラシアの主要地域の人口成長率の比較についての史料をも手にしている。

というわけで、この相対的賃金水準のミクロ仮説と、それに連関して、アジアではなくヨーロッパとアメリカで産業革命が起こったことを説明する、よりよい世界経済理論の一部としての長期サイクルのマクロ仮説とを検証できるであろうか。

証拠——一五〇〇〜一七五〇年

証拠が豊富であるのは、まちがいない。そして、アジアではヨーロッパよりも賃金がずっと低く、そのために、ヨーロッパの生産は競争力がなかったということを示す、そのうちいくらかの証拠は、すでに引用した。相対的な人口／土地資源比に関しては、ベアロック（Bairoch 1969: 154-5）が、耕地一ヘクタールあたりの人口の比を検証して、一八〇〇年ごろのアジアに投影している。彼によると、アジアでは、その比が、ヨーロッパの三倍から四倍高く、中国とインドで、それぞれ一ヘクタールあたり三・六人と三・八人である。対して、一七〇〇年のフランスで一・一人、イングランドで一・五人である。（ただし、一八八〇年の数字とは言え、日本では、その比は五・〇人である。）

もちろん、人口についてのデータは、まばらにしかなく、不確実である。経済成長について、および資源に対するその圧力もいうまでもなく、さらにそうである。しかしながら、本書（二九八〜九ページ）の**表4—1**と**4—2**は、非常に幅広い史料からとった世界および地域人口のデータの要約であり、たしかに有意なパターンを示している。一四〇〇年以降、世界人口の成長が回復し、おそらく、第二章および第四章で概略を示した経済的・栄養的理由によって、一六〇〇年以降、特に十七世紀中葉以降、グラフは上向きに折れ曲がっていることを指摘した。

しかしながら、第四章で見たように、一六〇〇～一七五〇年にかけては、ヨーロッパは、世界人口の一八～一九パーセントを、一定して占めつづけていた。同じ期間にわたって、世界人口にしめるアジア人口のシェアは、六〇パーセントから六六パーセントに増大した。これは、すでにより人口密度の高い地域であったアジアにおいて、年率〇・六パーセントの人口成長が進み、他方で、ヨーロッパは、年率〇・四パーセントしか人口が成長していなかったからだということになる。リヴィ‐バッチ (Livi-Bacci 1992: 68) による最近の数値によると、ヨーロッパの人口増加率は、〇・三パーセントでしかなく、要するに、アジアの半分ないしは三分の二でしかないということになる。結果として、本書の**表4—1及び4—2**に従うと、一六〇〇～一七五〇年に、ヨーロッパは五七パーセントの人口成長を遂げたのに対して、アジア全域では、八七パーセント、中国とインドでは、九〇パーセントの人口成長を遂げたことになるのである。さらに、増加の絶対数は、すでに資源は相対的に稀少であったにもかかわらず、アジアの方が四倍も大きく、ヨーロッパでは、一六〇〇年から一七〇〇年で、二六〇〇万人、一七五〇年まででは、五一〇〇万人であるのに対して、アジアでは一六〇〇年から一七〇〇年で、一・一億人、一七五〇年までで、二・一六億人である。

このように、人口／土地資源比は、ヨーロッパよりもアジアの方がより大きく増大した。この差異は、それ自体で、ヨーロッパよりもアジアにおいて、安価な労働力の入手可能性が、ずっと高まったということを示唆するものである。収入配分の不均衡も、ヨーロッパよりアジアでより大きくなったとすると、そのことは一層よく言えることになる。それは、アジアにおける、より急速な人口増加それ自体と、生産と収入のより大きな増加の二つの理由によって示唆されたものである。アフリカでは、人口は、一定ないしは減少した。収入配分にどのような影響があったかは、わからない。しかしながら、ヨーロッパとは違って、アフリカには、投資可能な資本の有意な流入は、どこからもなく、世界市場で、ヨーロッパと同程度の競争もしていないことは、確かにわかっている。したがって、アフリカにおいては、労働節約的な技術革新の誘因の変化があったろうと期待する必然性が全然ない。リーは、理由を述べていないが、アフリカが、他の理由にもよって、「低次の均衡の罠」にとらえられたと考えられると示唆している。

一七五〇年における傾向の変化

特に十八世紀の後半において、人口は、どのように、そしてなぜ、変化したのであろうか。歴史家や人口学者たちは、一七五〇年ごろに始まる、人口成長率の、説明されない傾向の変化に注目してきた。**表4―1**によると、一六五〇年から一七〇〇年までの半世紀間で、世界人口の増加は、約二〇パーセント、一七五〇年までの半世紀もまた二〇パーセントであるが、一七五〇年から一八〇〇年の半世紀間では、二三パーセントとなっている。しかしながら、アジアでは、それに対応する増加率の数値は、一七五〇年までで二六パーセントに対し、一七五〇年から一八〇〇年まででは二〇パーセントしかない。インドに至っては、一七五〇年までの半世紀では三〇パーセントであったものが、その後の半世紀では、二〇パーセントになっている。この期間については、クラーク(Clark 1977)が、かなり異なる成長率の数値を出している。それは本書の**表4―2**にまとめた通りである。世界人口総計は、十七世紀の後半の半世紀間で、二四パーセント増加しているが、十八世紀の前半では、一四パーセントしか増加していない。そしてその後、一七五〇年から一八〇〇年の半世紀間に、二一パーセントに回復している。中国では、人口成長率は、十七世紀の後半の半世紀間と十八世紀の後半の半世紀間では、約五〇パーセントであるが、不可解なことに、その間の一七〇〇～一七五〇年の期間については、約四〇パーセントしかない。しかしながら、クラークは、インドの人口成長率が、かなりの減少を経験しており、一七〇〇年までの半世紀間で三三パーセントであったものが、一七五〇年からの半世紀間では、ゼロへ、一七五〇～一八〇〇年(一七五七年のプラッシーの戦い以降）では、〇・五パーセント、絶対数で減少していることを示している。

他のデータからも、アジアの人口増加率が、相対的に、ヨーロッパより大きく減少していることは示唆されている。今でも国連で使われている、カー゠ソーンダース（Carr-Saunders 1936）の試算によれば、世界人口の成長率は、一七五〇年までの一世紀間に、年率〇・三パーセントであったものが、一八〇〇年までの半世紀間では、〇・二パーセント、ないしは〇・一パーセントにまで低下したとされている。その大半は、〇・六パーセントから、一七五〇～一八〇〇年には〇・一三ないしは〇・一四パーセントにまで下がった、アジアにおける、より急速な減少に原因がある。より最近の試算によると、経済的衰退およびイギリスによる征服と植民地化の時期のアジア内の成長率は、中国では一パーセントだが、インドでは〇・一パーセントしかない（Nam and Gustavus 1976: 11）。このように、十八世紀のアジアにおける人口増加率の下向きへの反転は、これらの人口推計の全てに、それら相互の差異にもかかわらず、明確に表れている。

他方、**表4―1**に従うと、ヨーロッパでは、人口増加が、一六五〇～一七〇〇年の一五パーセントから、一七〇〇～一七五〇年には二二パーセントに、一七五〇～一八〇〇年の半世紀間は三四パーセントで、一八〇〇～一八五〇年では四一パーセントと加速している。**表4―2**でも、ヨーロッパの成長率は同様である。一六五〇～一七〇〇年の半世紀間で一七パーセントの増加であったものが、以降半世紀ごとに、二三パーセント、三三パーセントと上昇している。すなわち、ヨーロッパでは、人口成長率は、突然それまでの年率〇・三ないしは〇・四パーセントから、一七五〇～一八〇〇年では〇・六パーセントへと飛躍したことになる。最も新しいリヴィ゠バッチ（Livi-Bacci 1992: 68）の数値では、ヨーロッパについては、一六〇〇～一七五〇年では、年率〇・一五パーセントで、一七五〇～一八〇〇年では、〇・六三パーセントとなっている（とすると、一六〇〇～一七五〇年については、アジアと比較しても、さらに低かったことになる）。これらの試算のバラツキにもかかわらず、アジアでは、そのようなことがなく、インドでは、減少さえしていた可能性がある一方で、ヨーロッパで人口増加率の飛躍があったことに異を唱えるものはひとつもない。さらに、これと同じ傾向が、十九世紀の前半にも継続、ないしはむしろ加速しているのである。

かつて提起されていた主張――産業革命そのものによって、児童労働への需要が高まり、そのために、死亡率よりもむしろ出生率が原因となって、このように人口成長が増進した――は、簡単に不当であることを示すことができる。というのは、人口増加は、新しく工業化したイギリスや、北西ヨーロッパにさえ限定されてはおらず、むしろ東欧やロシアで最も大きいからである。ロシアのシベリアへの拡大は、人口増加を支え、かつ、それを集め流したが、その産業化は、一般に西欧より遅かった。ランガー（Langer 1985）が主張しているように、ヨーロッパでなぜ人口が飛躍したのかが、正確にわかったことなどないとも言える。しかし、我々には、それが確かにヨーロッパで起こり、アジアでは起こらなかったとわかるのである。

一七五〇年以降のアジアとヨーロッパの人口傾向の逆転についての、このような証拠は、アジアとヨーロッパの運命の逆転と、ヨーロッパにおいて初めて産業革命が起こったという場所の問題について、私が提起した説明の誤りを示しているのではないだろうか。ちがう《ノー》。それらは両立するのか。そのとおり《イエス》。

一七五〇年以降のアジアとヨーロッパとにおける人口成長率の、絶対的・相対的変化は、必ずしも、先の産業革命についての説明を損なうものではない。おそらく、それをさらに支持するものでさえある。まず、アジアの、より低い人口増加率は、アジアの衰退の表出であり、それを確証するものである。これは、私の説明の中心にあるものだ。同様に、ヨーロッパにおける人口と、その増加率の上昇は、経済的な「ヨーロッパの勃興」、および西洋の勃興の表出である。しかしながら、加えて述べるべきは、このような新しい状況下では、むしろまさに、ボズラップ効果があったと論じられるということである。ボズラップ（Boserup 1981）は、ヨーロッパにおける人口／

土地資源比は、十八世紀中葉以前においては、農業でも工業でも、技術革新に不利であったと主張している。ヨーロッパの人口成長は、その時代を過ぎて初めて、そのような刺激を与えるようになったのであり、ヨーロッパは、それに先だつ直前にも、農業の生産性は一切上昇していないと強調している。しかしながら、ボズラップの主張するように、特に一八〇〇年以降、さらに速くなったヨーロッパの人口増加によって、労働節約的な技術、より簡便で安価な動力発生装置、資源利用・処理の革新は支えられたのである。しかしながら、それが可能になるためには、域内だけではなく、域外へも、ヨーロッパ製品の市場が拡大しなければならなかった。

しかも、ヨーロッパはまた、投資を利益あるものにするための市場の拡大と並んで、これらの技術への投資を可能にし、それをまかないうるだけの十分な資本の供給源を持っていなければならなかった。特に一七五七年のプラッシーの戦い以降、一八〇〇年以来、このような条件は、世界経済によって、世界経済において満たされるようになった。ヨーロッパの植民地主義は言うまでもなく、まさにアジアの衰退が、市場および市場シェアの必要な拡大と、投資可能な資本の追加的流入とを同時にヨーロッパ人にもたらしたのである。さらに、両アメリカへの移民によって、新しい余剰人口の多くをヨーロッパの外へ排出することが可能となった。すると、このようなヨーロッパの辺境における人口は、新世界において入手可能となった新しい追加的な資源と結びついて、ヨーロッパの生産と輸出のための世界市場をさらに拡大した。一八〇〇年前後の世界経済の構造と複合状況《コンジョンクチュール》なくしては、これらはひとつとして、起こり得なかったことである。これは、本書で私がこだわってきた論点である。

この構造と複合状況《コンジョンクチュール》の、もうひとつ別の重要な側面は、ポメランツ（Pomeranz 1997）によって検証されている。彼は、それ以前の長期の経済・人口の成長——本書でいう「A」局面であり、彼も中国でそれが圧倒的であることを認めている——が、世界のさまざまな地域間でそれぞれ相異なる生態学的需要および機会を、その資源基盤に押しつけてきたと論じている。彼の分析によれば、十八世紀の末までに、このような生態学的圧力は、イギリスや西欧では逆に新しい動力源への転換を刺激し、特に木材に代わって石炭を用いることで、そして、手や動物による牽引に代わって蒸気による牽引を通じて、それに有利に働いたのである。このような生態学的／経済的誘因と、人口学的／経済的構造と複合状況《コンジョンクチュール》は、もちろん、連関しており、互いの関係において、さらに分析を要するものである。

説明を吟味し、再定式化する

一八〇〇年前後の技術変化についての、このような人口学的、世界マクロ・ミクロ経済学的説明は、多少の分析上の留保を伴うが、いくつかの経験的土台の上で異議にさらされうるものである。しかしながら、これはまた、議論の再定式化と強化の機会でもある。以下の史証や推論は、一九九六年の八月から十月にかけて、ケン・ポメランツとジャック・ゴールドストーンそして、私自身の三者による、電子メール討議の上に築かれたものである。それは、経験的・分析的に、我々全員にとって、より受け入れうるものであり、読者に対して、よりよく答弁できるものであるような、我々の議論の、より強い総合を構築しようという試みであった。中心問題は、一八〇〇年前後の技術変化をどのように説明するか、また、世界市場規模での競争の観点から、比較生産費用を削減し、市場を拡大するための投資が行なわれたか否か、またどこで行なわれたか、ということにあった。

①単純な、需要・供給仮説への主たる異論は、産業革命の技術革新は、労働「節約」的というよりは、むしろ労働「延長」的であって、労働と資本の生産性の両方を増大させるものであったということであった。

②直接賃金レートないしは費用は、インドではその可能性はおそらくないとしても、中国のある地域（たとえ

ば揚子江流域や華南）では、ヨーロッパの諸地域、特にイングランド同様に（あるいはヨーロッパと比べてもさらに）高かった可能性があるということ。

③収入の分配は、おそらくインドではより不均等であったであろうが、中国とヨーロッパとでは同様であった——私が主張したように、それほど歪められていない——可能性があるということ。

④絶対的、相対的、及び世界規模での比較賃金費用の問題は——我々がそれを分析する場合と同様に、企業家の計算において——局地的《ローカル》・地域的《リージョナル》な労働配置の問題とも関係しているということ。

⑤特に農業と工業との間では、労働の配分に経済的差異があり、それは、制度的差異と連関している。しかしながら、これらの差異が、どの程度、観察された労働配分の前提要因となっているのか、また、それらが、単に労働配分が組織される制度的メカニズムの差異にすぎないのかどうか、はそれほど明確ではない。特に重要な差異として、（a）インドでは、労働は強制労働であった。（b）中国の女性は、村に縛り付けられており、その労働は、農業や、糸紡ぎなどの家内工業に限られていた。（c）中国の産業労働者のなかには、依然として、村と農業に縛り付けられた女性によって生産された生存財を直接に引き出しうる者もあった。このようなことは、イングランドでは、それほどなく、生存財は、市場を通じて獲得しなければならないことが、しばしばであった。（d）イングランド、および、ヨーロッパの他地域でも恐らく、織物用の羊毛をより多く、より安く生産するための土地の囲い込み《エンクロージャー》——「羊が人を食う」といわれる——によって、男性および女性労働は土地から締め出され、都市で雇用された（また失業者ともなった）。

⑥産業革命は、綿織物工業で始まったが、それは、綿花の「外部からの」（綿花は植民地からヨーロッパへ来た）供給の増大と、全経済主体（中国を除く。中国では、依然として、保護された国内・地域市場が成長していた）が、その中で競争する、あらゆるものについての「世界」市場とがともに必要であった。

⑦産業革命にはまた、より大量で、安価なエネルギーの供給と生産が必要であり、特に、まず固定式の、次いで可動式の蒸気動力を発生する機械の製造と使用に石炭を使用することを通じて、それによって起こったことである。イギリスにおいて、石炭の果たした決定的役割と、それによる燃料源としての薪の駆逐については、リグリー（Wrigley 1994）が証明している。

⑧これらの動力源は、技術的・経済的にまず、鉱業、輸送、生産における労働と資本の集中を必要とした（またそれを可能にもした）。そうして、それはまた、蒸気鉄道および蒸気船によって、より高速で安価な長距離輸送を可能にした。

⑨そのような「革命的」な産業用動力、装備、組織、そして、それらを機能させるに必要な労働力への投資は、それが、経済的に合理的かつ、そうすることが可能なところでのみ、実際に行なわれた。それは、以下の各点によって決定されることである。（a）労働配分と費用の代替可能性。（b）その他の生産投入物についての立地と比較費用（たとえば、木材／石炭／動物／人間といった動力源や輸送、ならびに綿花や鉄鉱などの原材料）。これらは、そのような資源についての地理的な立地と、その入手しやすさの経済的な変化に関係している。（c）資本

の入手しやすさと、それを使用する利益獲得方法の代替可能性。(d)市場の浸透度と潜在的可能性。

結果として、インド、中国、ヨーロッパ、そして世界におこった転換

十九世紀の初めに、上の九つの要因によって、世界経済に以下のような転換がもたらされた。

インドにおいて

世界の織物業における、インドの競争上の支配的地位は、その安価で同時に強制的であった熟練労働力の存在にもかかわらず、脅かされることとなった。綿花、食糧、その他の賃金財の国内供給は、依然として十分で、安価であり続け、経済的・政治的困難の増大に苦しんだにもかかわらず、生産、流通、金融の組織や運輸は、相対的に効率性を保っていた。しかしながら、代替的な動力および原料の供給、特に石炭や鉄鋼は、相対的に稀少で高価であった。したがって、インド人には、この段階で、技術革新に投資を行なう、経済的に合理的な誘因はほとんどなかった。また、まず十八世紀の第3四半世紀ないしはそれ以前から始まっていた経済的衰退によって、次いで、(結果としておこった?)人口成長の減退と同世紀の第3四半世紀からのイギリスによる植民地化によって、最後に、以上二つの衰退・減退と植民地支配と並んで、インドからイギリスへの資本「流出」から、そのような投資を行なうことは、さらに困難になった。インドは、一八一六年に、綿織物の、純輸出国から純輸入国に転落した。しかしながら、インドは、織物市場で戦い続けてはいたのであり、織物の生産量——その頃には、工場数も——および輸出量は、十九世紀の最後の三分の一には、再び増加し始めた。

中国において

中国は、依然として、世界市場における支配的地位を保っており、陶磁器、および特に絹織物、また茶についてはますます、その地位を維持していた。また織物については、実質的に自給を保っていた。中国の貿易黒字は、十九世紀初頭まで続いていた。したがって、中国は、国内からも海外からも資本を入手および集積できたことになる。しかしながら、中国の石炭の埋蔵地は、産業的な動力の発生・使用にそれを用いる可能性のある立地からは遠く、結果、森林伐採の方が進行して、薪から石炭への燃料の転換が経済的な選択とはならなかった。さらに、内陸の運河および沿岸の舟運、ならびに道路による輸送は、効率性と低価格を維持していた（しかし、遠くの石炭埋蔵地からは通じていなかった）。

このような、国内および世界市場の両方における、経済的効率性と競争力はまた、絶対的・比較的に安価な労働コストに依存していた。ベアロックの指摘しているように、人口一人当たりの収入は他の地域より高く、その分配の不均等性も（ポメランツとゴールドストーンの主張するように）他地域なみであったとしても、生産の賃金財コストが、絶対的にも、相対的にも、低かったのである。農業と工業にとって、労働力は潤沢であり、農業生産物は、産業労働者にも、安価に入手可能であった。したがって、雇用側にとっては、その労働者に、低い生存賃金を支払うだけで良かったのである。ゴールドストーン（Goldstone 1996）は、ある要素の重要性を強調している。すなわち、女性が、村に縛り付けられており、そのために、（安価な）農業生産が入手可能でありつづけたということである。ポメランツ（Pomeranz 1997）は、それに関連する要因を指摘している。すなわち、（第二次大戦後の産業化期におけるユーゴスラビアにおけるように）都市の産業労働者は、依然として、「彼らの」村から、生存物糧の一部を引き出すことができたということである。そのような生存物資の一部は、ゴールドストーンが指摘しているような女性によって安価に生産されていた。雇用者である産業企業家の視点、ないしは市場の観点から言いかえれば、賃金財は、農業が女性労働によって効率的かつ安価にそれを生産していたおかげで、絶対的にも、相対的にも安かったということになる。都市その他における産業、輸送、交易、その他の役務に従事する労働者への、安価な食糧の「制度的」流通は、収入の機能的分配が実際よりも不均等であったとしても、やはりそうであったような水準における流通のあり方と、機能的に等価であった。労働の入手可能性は高く、その供給価格は低く、その消費財に対する需要は減じられていた。そして、労働力を節約し、代替エネルギーを使用するような生産や輸送への投資への誘引は、ほとんどなかったのである。エルヴィン（Elvin 1973）は、このような状況を「均衡の罠」という概念で要約しようとしたのである。そうであったとしても、中国は、世界市場において、依然として競争力ある存在であり続け、その輸出超過を維持していた。乾隆帝がイギリスのジョージ三世に申し渡したように、中国には、「なんじの国の作った物品をさらに必要とはしな」かったのである。

西欧において

西欧、特にイギリスは、とりわけインドや中国に対して、ほとんど競争することが不可能であった。ヨーロッパは依然として、綿織物をインドに、陶磁器と絹織物を中国に依存しており、ヨーロッパは、それを、アフリカやアメリカ大陸の植民地に再輸出して、利益を得ていたのである。さらに、ヨーロッパは、そのような、再輸出向け、および国内消費、生産、その輸出の両方に用いられる輸入品の支払いに必要な貨幣の大半を、植民地に依存したままであった。十八世紀のおわりから十九世紀のはじめにかけて、アフリカおよびアメリカ大陸のヨーロッパ植民地からの、貴金属、および奴隷交易やプランテーションからの諸利益の限界流入量――絶対量も、ではなかったとすればであるが――の減少がおこった。その世界市場および国内市場におけるシェアを埋め合わせる、ないしは維持する――増やそうとまでしたかは、まあおいておこう――ために、ヨーロッパ人全体として、また企業家個々に、少なくともなんらかの市場への浸透を高めていく必要があり、そうするには、政治的・軍事的に競争を排除するか、生産コストを下げることで競争的に価格を下げるか（両方行なわれる場合もあったが）、しなければならなかった。

そのチャンスは、中国ではまだであったとして、インドと西アジアの「没落」が始まったときに訪れた。イギリス、およびその他のヨーロッパ諸国では、生産・輸送における、賃金その他の費用は、依然として、競争にならぬほど高かった。しかしながら、とりわけ一七五〇年以降、収入の上昇と死亡率の低下によって、人口成長は、率・実数とも、鮮明に増大した。さらに、農業からの余剰労働力の排除によって、産業への潜在的な労働供給も増大した。同時に、イギリスによるインドへの植民地支配の押しつけは、インドへの慢性的な資本流出の流れを逆転させた。さらに、商業的および植民地支配的手段の組み合わせによって、ずっと多くの原綿がイギリス、および西欧に輸入できるようになった。森林破壊および、薪及び木炭の供給がかつてないほど稀少となったため、それらの価格は高騰した。十八世紀の真中の三分の一から、まず相対的に、次いで絶対的にも、石炭価格が下がり、それによって、イギリスでは、無煙炭《ハード・コウル》による木炭（および泥炭《ピート》）の置換が、ますます経済的となり一般化した。十八世紀の最後の三分の一のコンドラチェフの「B」局面は、織物製造と蒸気機関（まず炭坑からの排水、次いで織物産業への動力の供給）における技術革新・技術改良をもたらした。十九世紀のはじめには、「A」局面（コンドラチェフ本人によって同定されたうちの最初のもの）とナポレオン戦争によって、さらに輸送装置を含む、これらの新技術の拡大への投資がますます増大した。また、そのような技術の拡大によって、依然として相対的に高コストではあるが、利用可能ではある、さらに多くの労働力が、「工場システム」へと包摂されていった。生産は急速に増大し、実質賃金および収入は低下した。「世界の工場」は、「自由貿易」を通じて、海外市場を征服した。しかしながら、その時にいたっても、イギリスの植民地主義は、インドへの自由交易を禁止しなければならず、中国を無理やり「門戸開放」させるため、そこからアヘンを輸出するという挙にも訴えたのである。

世界の他の地域

世界の他の地域の大部分は、依然として、本書の世界経済分析の隙間へこぼれおちてしまう。しかし、簡単に言えば、アフリカの大部分では、その人口/土地資源比は、労働節約的な投資を行なう上では、少なくともヨーロッパ並に有利であったと考えられるとは言える。しかしながら、アフリカは、ヨーロッパに否定しうるような資源基盤が不在であり（まだ開発されていなかった南アフリカのものは除く）、資本流入は、まるでなかった。実際、アフリカは、資本流出に悩んでいたのである。同じことは、カリブ海地域についても言える。ラテン・アメリカには資源と労働力はあったが、そこでも、植民地的・新植民地的な資本の流出に苦しみ、また国内市場がヨーロッパからの輸出品に奪われる一方で、一次産品の輸出へ特化する傾向があった。西アジア、中央アジア、東南アジアの市場は、ますます、ヨーロッパとその産業の支配下に置かれる（植民地下に置かれなければ）ようになった。それらの地域は、かつてであれば、国内消費および輸出用に自国で加工していた原材料を、ヨーロッパ産業に供給するようになった。十九世紀には、国際分業において、他の位置を占め得たのは、北米、オーストラリア、アルゼンチン、南アフリカにおけるヨーロッパ人の「定住植民地」だけであった。あとは、中国と日本が、有意な抵抗を行ないつづけることができたのみである。しかし、これは、また別の——後の——話であって、今日の世界経済における東アジアの再興へとつながっていくものである。

要約すると、世界の人口学的/経済的/生態学的状況の変化によって、突如として——アダム・スミスを含めて、大半の人びとにとって、予期せぬこととして——多数の、相互に連関した投資が、経済的に合理的で利益になるようになったのである。その合理性や利益性とはすなわち、産出一単位あたりの労働投入量を節約するような機械や工程——それによって生産性、労働の使用量、総産出量が増大した——、生産的な動力発生、生産的な雇用と資本の生産性などである。このような生産過程の転換は、当初は、その比較・競争上の地位のおかげで、そのような新興工業国（ＮＩＥｓ）的な輸入代替と輸出振興の手段が、経済的に合理的かつ政治的に可能であったような——そしてまた、そのような条件が繰り返し再生産されるような——世界経済のさまざまな地域における、選ばれた特定の産業、農業、サーヴィスの部門に集中していた。このように、この転換が局地的であり、またその局地性が継続したのは一時的なことでしかなく、世界中に一様に広まったわけではない——歴史的にこれまでにも全くなく、予見可能な未来にもありそうにないが——としても、その転換は、世界経済的な過程が依然推移の最中であることの表出であったのである。示唆されることは、一八〇〇年前後の、ヨーロッパとの比較における世界経済での競争で、アジアにとって足枷となったのは、全般的な貧困でもなく、ましてや、伝統でも、なんらかの失敗などでもないということである。むしろ、マルクス的かつシュンペーター的に言えば、まさにその成功が、失敗をもたらしたのである。というのも、そのような競争におけるアジア経済の足枷は、それまでの、アメリカの貨幣の流入が資金となって長期にわたって十八世紀の多くの部分にまで続いた「Ａ」局面的拡大の経済的誘因への対応に、絶対的・相対的に成功したことから生じたものである。このことは、全ての一般的に受け入れられた理論を転覆させてしまうものである。

過去からの結論と未来への示唆

結論として、もう一度、得られた知見と議論とを要約し、未来への示唆についての問いかけを行ない、それから次章へ進んで、以上のことが、社会理論、経済理論、そして世界史——過去、現在、そして未来——について、一体どのような意味を持っているのかを見ていくことにしてもよいであろう。論じられてきたのは——そして、史料で示されてきたのは——一四〇〇～一八〇〇年の世界の発展は、アジアの弱さではなく強さを反映したものであり、そもそも存在しなかったヨーロッパの強さではなく、むしろグローバル経済《エコノミー》における、その相対的な弱さを反映するものであったということである。というのは、世界における、その相対的な地位の変化をもたらしたのもすべて、不平等に構造化され、不均等に変化する、それでもなお単一のグローバル経済《エコノミー》への、それらの諸地域の一体的な参加とそのそれぞれの位置によるものだからである。一四〇〇年以来の共通のグローバル経済《エコノミー》の拡張は、周縁的であったヨーロッパやアフリカ、両アメリカよりも、アジアの中心に、より早くから、より多くの利益をもたらしていた。しかしながら、まさにこの経済的利益が、十八世紀のおわりになると、ひとつまたひとつと、アジアの各地域にとって絶対的・相対的な不利益を増大させるようになったのである。アジアにおいては、生産と交易が、人口と収入の増大につれて萎縮し、また経済的・社会的二極分解が、資源に圧力をかけ、底辺の有効需要を締めつけ、安価な労働力の入手可能性を増大させるというようなことが、世界の他の地域よりも、高い程度で起こった。

十九・二十世紀には、ヨーロッパ、後には北米も（もし分離して考えたいなら、ユーラシアの反対側の端にある日本も）、この全アジア的危機につけこむことができた。それらの地域は、まず、輸入代替を通じて、さらにそれから段々と、グローバル世界市場へ、そしてその中で、輸出振興を行なうことを通じて新興工業国（ＮＩＥｓ）になることができたのである。しかしながら、この成功は、グローバル経済《エコノミー》における、それまでの彼らの周縁性、ないしは相対的な「後発性」に立脚するものであり、相対的に短命であるということになるかもしれないのである。このような新しい、しかしおそらく一時的でもある、世界経済の中心は、現在、絶対的・相対的な社会および経済の萎縮を経験している。それは、かつて中心であったアジア経済が経験したものと類同のものであり、他方、そのアジアの一部は、経済的・社会的な推進力を取り戻しつつあるように思われる。

かくして、循環的な衰退と移行を経験した他の時代との類比によれば、十八世紀後半はまだ、衰退するアジアと勃興するヨーロッパとの間で、政治経済的なパワーが競合し、「共有」されていた時代の一つであった。そのようなときであればこそ、新しい「ヘゲモニー」的秩序が打ち立てられ、ヨーロッパがその中心の座を占めたのである。いまや、ヨーロッパ自体における急速な資本蓄積とともに、そこでは、新しい産業と経済拡張の時代が起こったのである。このような、十九世紀の世界ヘゲモニーシステムは結局、ヨーロッパ内の対抗関係、および日米間の対抗関係の昂進という帰結を生んだ。そのような対抗関係は、一九一四年から一九四五年までの全般的危機および戦争にまでのぼりつめていき、アメリカの主導による、新しいヘゲモニー的秩序の構築と、世界経済成長の再編へつながっていった。しかしながら、「アメリカの世紀」は、二〇年しか続かなかった。日本に始まり、次いで東アジアＮＩＥｓへ、そして今日では明らかに中国の沿岸部にも広がった、現代の東アジア経済の拡張は、それほど遠い昔ではない時代にアジアが保持していたような世界経済における主導的な役割を、将来取り戻す、その始まりを意味しているのかもしれない。

この長期サイクルの先を、もう少し推論してみてもよいであろう。そのサイクルの「Ｂ」局面は、一八〇〇年ごろに、アジアで始まったようである。長期のアジア的パースペクティヴ、およびおそらく、よりグローバルなパースペクティヴからすると、この長期の十九・二十世紀の「Ｂ」局面の終わりは、中国およびヴェトナムの解放を含む、二十世紀中葉の「第三」世界の政治的脱植民地化の再開を、その前兆とすると考えられる。もちろん、これらの政治的事件はまた、西洋、および西洋が支配する世界の内部において起こっている長期的な政治経済的変化――西欧からアメリカ合衆国へのヘゲモニーの移転を含めて――の反映でもある。

少なくとも、二つの大きな同期的で、相互に連関した経済的傾向が、一九七〇年代初頭以降から、感じられるようになってきた。ひとつは、一九七三年に始まった最初の戦後不況以来、西洋全体に及んでいる、顕著だが依然として説明のついていない、新しい生産性の成長の鈍化である。それはまた、アメリカ合衆国の経済において、平均実質賃金の低下と、かつてないほどの激しい二極分解をも伴っている。このような後退および、それに続く一九七九〜一九八二年の後退の原因は、一九七三年および一九七九年の「石油危機」に求められてきたが、それは誤りである (Frank 1980)。しかしながら、石油の輸出者が、西洋に対して、別個の政治経済的挑戦を実際につきつけたということ、そして、旧社会主義東欧諸国の政治経済的瓦解とならんで、生産活動の「配置転換《リロケーティング》」や「規模縮小《ダウンサイジング》」を含めた、このような経済的混乱が、全て、西洋における一九六七年以降の長期のコンドラチェフの「B」局面の中で起こっているということは、注目してよいことである。

もうひとつの同期的・相互連関的傾向とは、東アジア経済の顕著な再興と、その世界的なインパクトである。それは日本で始まり、次いでその旧植民地であった韓国・台湾へ広がり、それのみならず、香港、シンガポールを含めて、最初の「四頭の虎《フォー・タイガーズ》」の一群を形作った。以来、経済成長の復活は、東南アジアの他の地域の「虎」や「小龍《リトル・ドラゴンズ》」、中国沿岸部の「大龍」へも広がっていった。これは、かつて、十五世紀から十八世紀までを通じての長期の「A」局面の世界経済において、あれほど卓越していた、同じ南シナ海（および東シナ海）地域と、そこで活躍する「華僑」たちを見ているのである。これは、二十一世紀に、恐らく南アジアや西アジアまで広がっていくような、アジアの新しい「A」局面の前兆であろうか。

つまり、西洋と東洋とが、そう遠くはなく、すでにぼんやりと予見できる未来に、再びそのグローバル経済《エコノミー》および世界社会における地位を交換するということが、見て取れるということである。このように、過去七世紀間にわたる、長期循環《サイクル》の上昇下降を探究し、推論を進めることはまた、本書が論ずる長期循環《サイクル》において、局面の交替的進行について、深刻な理論的問題を提起することになる。しかしながら、それを考察することは、結論の「理論」の章における循環《サイクル》についての議論のところまで、とっておくのが一番よいであろう。

このような、今日的な発展、および未来の見通しから、それを理解し、少なくとも社会政策・社会行動になんらかの穏当な導きをもたらしてくれるような、新しく、よりよい社会理論が要求される。本書が提起している、過去についての、かなり異色の歴史的パースペクティヴが、依然としてその過去を前提としてもたらされ、その過去によって制限されてもいる、この現在と未来とにも、より多くの光を投げかけうることを私は望んでいる。ゆえに、最後の章は、我々の歴史記述と社会理論とがどのような誤りを避けるべきかについて論じてきた、ここまでの歴史的説明から、その含意を引き出し、どのようにすれば、よりよく、それを実践できるかについて探究することに捧げたい。

7

歴史記述上の結論と理論的含意

マクロ歴史家が……その関心の焦点を当てるのは、何百万もの生活、何億人もの人びとの大規模な変化である――そのうちのあるものは、当時の史料にもまったく気づかれることはない。問われ、そして答えられる、諸々の問題が、マクロ歴史家が発見するものを、決定し、……マクロ歴史にその意味を与える。……人間の相互作用の実際の地理的なスケールについて適切な問題を問うことによって、……世界のひとつの部分だけに関心を持つ歴史家の目からは逃れてしまうような、本当のパターンというものが、過去から浮かび上がってくる。だからこそ、過去の現実についての異なる諸側面が、歴史的観察のスケールの変化によって生じてくるのである。

ウィリアム・マクニール(McNeill 1996: 20-21)

本書の考究から、なんらかの結論を引き出し、なんらかの含意を示唆すべき時となった。ここで提示した史証から結論を引き出すことは、比較的容易なことである。つまり、幅広く支持されている多数の理論的命題、というか実際には仮定なのだが、それらは、史的な証拠によっては支持されないということである。それに代わる理論的命題へ向けて、このような史証からその含意を求めようとすることは、より困難なことである。

結論は、二重の意味で、厄介である。これらの広範に支持された理論的命題に反する史証が、非常に豊富で体系的であるので、それらの命題は、実証的に、全く無効化されてしまうのである。しかしながら、これらの命題は、まさに十九、二十世紀の社会理論の基礎と中心を形成するものである。したがって、これらの命題が全く擁護できないものであるという事実はまた、この理論そのものを、歴史的・経験的に転覆してしまうことになるのである。かくして、この「理論」とは、ヨーロッパ中心主義のイデオロギーに過ぎなかったことが明らかとなるのである。このイデオロギーは、植民地主義と帝国主義とを「正当化」し支持するために利用されてきた以上、これらの命題の虚偽性もまた、ヨーロッパ中心主義という王様が裸であることを暴露するものである。結論部にあたる本章では、このイデオロギーの王様から、一枚ずつ、着物を剥ぎとっていくことにしよう。

含意の方も、少なくとも二重になっている。ひとつは、実証的な史証がより適合するような、新しい社会理論を考え出さなければならないということである。もうひとつは、それに関連していることだが、我々はこの理論を、少なくとも部分的には帰納的に、歴史的証拠自体の分析を通じて、考え出さねばならないということである。したがって、我々はまた、より現実的な社会理論のオルタナティヴにとって、その史証が、どのような含意を持ちうるかを問う必要がある。しかしながら、ここでは、よりホーリズム的でグローバルな社会理論の構築へ向けた含意を探究し始めることができるのみである。このような二つの手続きのいずれか、ないしはいずれもを拒否する者は、これを循環論法に過ぎないとして、拒否したいと思っているかもしれない。それでよいのである。

歴史記述上の結論——ヨーロッパ中心主義の王様は裸だ

アジア的生産様式

ペリー・アンダーソン (Anderson 1974: 548) は、アジア的生産様式という考え方が「それにふさわしい、きちんとした葬式をだしてやってもらえるように」との頼みを述べている。彼がそう言うのは、またずいぶんときちんとしたことである。というのも、アジア的生産様式などという概念は、そんなものにさえほとんど値しないからである。我々は、論争的で、論駁の的となった、この「概念」の歴史に立ち入って、それがはじめから立脚するべきいかなる根拠もないということを、史証に照らして見るなどということをする必要はない。私が今「はじめから」と書いたのは、アジア的生産様式という言葉が発明される以前に、世界はすでに、現実の世界が、そのような考えに全くなじまないものであるということを知っていたからである。ヨーロッパにおいてさえ、エジプトや、西アジア、南アジア、東アジアの、経済的、政治的、社会的、文化的進歩と発展についての知識があったことは、本書全体のあちこちにある引用が証言していることである。一七七六年、アダム・スミスは、中国とインドが、技術という点においてさえ、断然ヨーロッパより進んでいると証言している。では、なぜ彼はまた、中国は、五世紀間もの間、変化を遂げなかったように見えるなどと言っているのであろうか。もちろん、そんなことはなかった。しかし、もし仮にそうであったとしても、それは、ヨーロッパが自ら五世紀間もかけて発展しても、追いつくことができないほど早くから、それほど先にまで、中国が進んでしまっていたということを意味していたことになる。事実、中国は、ヨーロッパよりはるかに発展していたのであり、本書で見てきたように、その経済は、拡大と発展を続けていたのである。同じことは、他のアジアの大半の地域についても言えた。アジアは「停滞」していたどころか、その人口、生産、交易を急速に拡大させており、また金融の諸制度が、この拡大を産み出し、あるいは少なくとも可能にしたことは、すでに見てきたことである。

ゆえに、マルクスが中国を「時にさからって植物のように無為に永らえる……秘術で封印された棺に保存されたミイラ」のように記述しているのは、実際、まったく何の根拠もないことである。また、彼の仮定するアジア的生産様式が、インド、ペルシア、エジプト、その他のどこであれ、それらの地域を支配していたなどという考えにも、同じくまるで根拠はない。それは、ティベブ(Tibebu 1990)がうまく言ったように、「赤く塗られたオリエンタリズム」に過ぎないのである。「ごく大雑把に言うと、アジア的、古代的、封建的、近代ブルジョワ的生産様式は、社会の経済的発展における進歩を画す各時代を指し示すものと考えられる」というマルクスの主張は、純粋にイデオロギー的な虚構であり、事実にも科学にも、いかなる根拠を持つものでもない(マルクスの引用は、Brook 1989: II, 6 からの再引)。そのような時代などあったためしはなかったし、「社会」単位であるにせよ、世界単位であるにせよ、一つの「生産様式」から別の「生産様式」へという単線的な移行という考え方自体が、実際の歴史的過程から我々の注意をそらすものでしかない。実際の歴史的過程は、世界規模であり、しかも横に統合された循環的なものなのである。

悲しいかな、「マルクスによるアジアの分析の重要性は……それが、彼の資本主義理論の構築を行なう過程の不可欠の一部として機能していたということである」(Brook 1989: 6)。「マルクス主義の研究にとってのオリエンタリズムの重要性は、……西洋社会との対照で、イスラム〔及び他の東洋的〕文明が静態的で、その神聖なる習慣、公式の道徳規範、および宗教的戒律に固定されてしまっていると考えるところにある」(Turner 1986: 6)。その限りでは、マルクスの「資本主義理論」の全体は、アジア的生産様式という仮定のお伽話の上に立つヨーロッパ中心主義にしか支えられていないことによって、かつ、ヨーロッパは異質なものであって、そこで起こったことは、ヨーロッパ起源のものであるにちがいないという、同じくヨーロッパ中心主義的な仮定によって、無効なのである。そのようなものは何も、本当にヨーロッパにおいては、産み出されていない——ましてや、それが封建制から資本主義への移行などといういかなる仮定物によるなどということもない。歴史的過程は、世界規模であって——ヨーロッパを含めて——世界を包含するものなのである。

アジア的生産様式という考え方に対する、また別の厳しい理論的・実証的批判としては、オスマン帝国に関する、イスラモグル - イナン (Islamoglu-Inan 1987) の編著に収められた諸論文を参照されたい。それによると、このようなプロクルステスの寝台〔ギリシア神話中にある強盗の名。捕えた旅人を鉄の寝床に就け、長い足は切り、短い足は引き伸ばした〕に合うように、史証を搾り出してこようという試みが、いかに盲目的な骨折りであるかがよくわかる。それに叛旗を翻して、そこから逃れようとする試みでさえも、それら諸論考自身の出してくる史証の分析を助けたり、拡張したりするというよりは、むしろ足枷となり、歪めてしまうのである。その彼女の本はまた、アジア的生産様式という範疇だけが、限界となっているのでなく、「資本主義生産様式」という範疇、ならびにヨーロッパに基礎を置くウォーラーステインの「近代世界システム」と、そこへのオスマン帝国ないしはその他のアジア地域の「組み込み《インコーポレーション》」という考え方もまた、いかにそうであるか、ということを鮮明に示している。この点については、後でたちかえってみてみよう。

ヨーロッパ例外主義

我々は、ヨーロッパは例外的な存在であると言い張る議論に対し、六つの相互に連関した根拠にたって、異議を唱えるものである。

第一に、アフロ‐アジアについてのオリエンタリズムとヨーロッパについての例外主義とは、アジアの経済と社会とがどのような役割を演じてきたかということを実証的にも、記述としても、誤って表象してしまっている。本書が、世界経済におけるアジアの参加を検討して示してきたように、アジア的生産様式や東洋的専制といった主張だけではなく、アジアが、非合理的・反利益追求的性格や、その他の仮定として、前／非／反‐商業的／生産的／資本主義的特徴をもつといった主張もまた、まったく的外れである。事実、アフロ‐アジアの経済および金融の発展とその諸制度は、ヨーロッパの水準に達していたばかりではなく、一四〇〇年の段階で、大体においてそれを凌ぐものであり、一七五〇年、また一八〇〇年においてさえ、そうあり続けていたのである。

第二に、一四〇〇年から、すくなくとも一七〇〇年までの数世紀間ならびにそれ以前においても、ヨーロッパに「例外的」なことなど何もなかったということである。あえて例外的というならば、ヨーロッパが例外的に周縁的である——世界地図の最果ての半島に位置を占め、それに応じて世界経済で小さな役割しか果たしていなかった——ということのみである。それが、ヨーロッパになんらかの「後発性の有利」(Gerschenkronn 1962)を与えたということはあるかもしれない。しかし、ホジソン(Hodgson 1993)が四〇年前に警告し、ブロート(Blaut 1993a, 1997)が最近になってはっきりと示したように、ヨーロッパの例外的な「優越性」と主張されているものはいずれも、歴史的証拠によるとヨーロッパからも、他のどこからも、もたらされてはいない。ゆえに、ヨーロッパの経済的参加と発展の本当に決定的な要因の方もまた、マルクスやウェーバーからブローデルやウォーラーステインに至るまでの、大半の一般的に受け入れられた歴史学や社会理論によって、実証的にも理論的にも、誤って表象されてきたのである。政治的な色合いや意図がなんであれ、彼らの歴史記述や社会理論は——トーニーや、トインビー、ポランニー、パーソンズ、そしてロストウのものと並んで——それぞれの論者がそこから自分の議論を引き出したと主張している、当の歴史的基盤が不在なのである。アジアが行き詰まっていたわけではなかったのとまったく同様に、ヨーロッパも独力で這い上がったというわけではないのである。

第三には、比較という方法自体が、全体を不適切に設定し、場違いなところで具体性を詳細に求めていくという欠陥を持ってしまうということがある。最悪の場合、なかでもマルクスの分析がそのような欠陥をもっているのだが、ある「特徴」がむしろ恣意的に本質的（何にとってというのか？）であると宣言され、ヨーロッパを除いては、いずこでもそれが欠けているとされる。最もましな場合でも、西洋の観察者（悲しいことに、アジアその他の地域の観察者も含まれているのだが）が、「西洋」の文明的、文化的、社会的、政治的、経済的、技術的、軍事的、地理的、気候的——一言で言えば、人種的——「特徴」を、「東洋《オリエント》」のそれらと比較し、後者には、あれがないとか、これが欠けているとかいうことを、特定の（ヨーロッパ中心的な）基準に沿って見出していくのである。古典的な著作の中では、ウェーバーが、これらの諸要因の比較に最大の研究を捧げており、特に、東洋の「神聖なる習慣、公式の道徳規範、および宗教的戒律」についてのマルクスの考え方を装飾するものとなっている。ウェーバーに追随する多くの学者は、さらに多くの固有の特徴を持ち出して、このような比較のアプローチをさらにごてごてと飾り立てた。これらの比較が、実証的には正確であるとしても——本書で見てきた通り、大半はそうでもないのだが——それには、二つの欠点があったし、今もそのままである。ひとつは、重要だと主張されている、比較の対象たる要因をどう説明するのかということであり、もうひとつは、最初に——そして最後に——そのような特徴ないしは要因を比較するという選択の問題である。しかも、どの特徴ないしは要因を比較するのかという選択は、明示的にせよ黙示的にせよ、ヨーロッパの性格が、重要であり、際立っており、したがって、他と比べる価値のあるものであるという与件的な決定に基いているのである。このような決定や、黙示的な選択については、続いて検討しよう。

第四は、明示的に仮定されることもあるが、大体において、暗黙に前提とされていることとして、生産と蓄積、交換と流通の制度的基盤とメカニズム、およびそれらの機能的作用は、「伝統的」な歴史的遺産、および／あるいは、その他の局地的、国民的、地域的発展によって決定されてしまっている。この種の「分析」は、考慮の対象となっている諸要因が、単一の世界経済のシステムと過程への参加に対する、局地的、国民的、地域的反応であるという可能性さえ考慮していない。しかしながら、本書で論じ、示してきたように、蓄積、生産、流通、そしてその制度的形態は、アジア、アフリカ、ヨーロッパ、そして両アメリカを通じて、それらが共有する相互依存関係に適応し、それを反映したものなのである。制度的形態や、ホルムズやマラッカのような全ての交易港、他の大半の港や隊商の交差ポイントの活力は、それらの世界経済への参加度の増減の関数であったが、それは、それらの生産・商業上の後背地についても同様であった。一五二〇～一六三〇年のメキシコ農業についての私の研究でも、労働雇用の制度的形態と組織の継承が、いかに世界経済の循環的な危機に対応したものであったかが示されている（Frank 1979）。本書の第二章、第三章、第四章では、類同の制度的適応と発展について、ベンガルの辺境地帯（Eaton 1993）、中国の華南（Marks 1997a）、東南アジア（Lieberman 1995）、オスマン帝国（Islamoglu-Inan 1987）のそれぞれを見てきた。相互に連関した「文明」「文化」といった変数でさえ、それが何かを決定するとか、独立の変数であるというよりは、むしろそれ自体が、世界規模での経済の構造と過程から派生し、それに依存するものであるのである。主としてそれぞれに仮定された文化ないしは階級といった決定因の観点から、局地的、国民的、地域的な発展を説明しようという全ての試みは、あまりにも視野が限定されすぎてしまっている。それらは、根本的な世界経済の変化を無視しており、局地的な変化というものは、しばしばその表面的なあらわれにすぎないのである。つまり、世界経済／世界システムにおけるそれらの機能を考えずに、その特定の地域に先立ってあったもののみを基礎として（あるいは主としてそれを基礎とするという場合でも）、発展の特徴や要因を説明しようとする試みは全て、十分な説明をしようと思えば、どのような場合にでも本質的である要因を無視する結果にしかなりえないのである。

かくして、私の第五の異論は、最良の比較研究でさえ、ホーリズムの原則に反しているということになる。それらは、グローバルな全体および世界経済／世界システムの研究ではないからである。比較の対象となっている諸要因は、その全体からの派生物である、ないしはそう考えられるのである。すなわち、我々は、このグローバルな経済および世界システム、さらにその作用と変容についてのホーリズム的な理論と分析を構築しなければならない。これらがまた、個々の制度的形態自体をも生み出し、それを形づくっているからである。このような、これまでとは完全に異なったアプローチを我々が必要としていることを鮮明に示したものとして、ヨーロッパ史への新しいアプローチを特集した、トルコの雑誌『メトゥ』(*Metu*)の一九九五年発行の号がある。その雑誌は、ジョン・A・ホールによる「西洋の勃興の理論」と、何人かのトルコ人の同僚たちによる討議とを収めている。ホール(Hall 1995: 231-32)は、「マックス・ウェーバーの問題を、全く異なる観点から解決する」ような、西洋の勃興についての「完全に新しい説明を提起しうる」には、「誇大妄想のきらいがあるという程度では済まない」と認めている。彼は、彼自身による中国の検討から始めて、イスラム、およびヒンドゥ／仏教のインドに簡単に言及しているが、それとヨーロッパとの比較で、彼は以前(Hall 1985)と同様に、後者が前者に優越しているとしている。経済発展は、中国では帝国の存在のために、インドではカースト制の存在のために、イスラムでは遊牧民的な部族主義のために、それぞれ不可能であったと主張されている。またそれらは全て、ヨーロッパに固有の国家および国家間システムを欠いていると主張されている。というわけでホールは、若干新しいひねりを加えただけで、かつてと同じ、ヨーロッパ例外主義の議論へ逆戻りしている。コメントをしているトルコ人の同僚の一人は、「むしろホール氏の擁護をします。大半の反論は、ある誤解に基いていると思うのです」(*Metu* 1995: 251)と述べている。悲しいかな、そのトルコ人の同僚のいう「反論」とは、ホールのヨーロッパ例外主義とそこからする比較に対する異論でしかないのである。彼ら自身も、オルタナティヴな説明や、まして提起すべきアプローチなど持ち合わせておらず、単にヨーロッパとオスマン帝国とを比較するというのではなく、それらを単一の世界システムの中で相互連関におくようなホーリズム的アプローチなど、まるで頭にないのである。本書がやっとその作業を始めたところなのだ。

最後に、したがって、「西洋」の社会と「東洋《オリエント》」の社会とを比較する研究は、比較の対象となる特徴や要因を選択している段階ですでに、無効だということになる。そうでないのは、その選択自体が、まず最初に、世界経済／世界システム全体の研究から引き出されたものである場合だけである。しかし、そのようなことはもちろん行なわれていない。実際には、比較の対象となる特徴や要因を選ぶことは、それがイギリスであれ、ヨーロッパであれ、西洋であれ、どこであれ、まさに世界の一部にしか焦点をあてずに、引き出されてきた。すなわち、研究の設計自体が、マルクスやウェーバーから、ブローデルやウォーラーステインにいたるまで、拡大鏡や顕微鏡までもちだしながら、ヨーロッパの街灯の光だけを頼りに、被説明要因を捜し求めるという、場違いな具体性に陥っているのである。本当にしなければならないことは、まず望遠鏡をとりだして、グローバルな全体と、その世界経済／世界システムのホーリズム的な眺めを得ることである。そうすることによってのみ、受動的な特徴、ないしは、よりありそうなこととして、能動的な要因が明らかとなるのであり、その後に、我々は、拡大鏡でそれを、より注意深く見なければならないのである。この課題には、本章の後半で、含意を論ずるときに、たち帰ってくることにしよう。しかし、その前に、まだいくつかの派生的な結論がある。それは、そうしてしまうと、「本当にそうであったように」――グローバルな全体において――歴史を見ることができなくなってしまうので、すべきではないことについてである。

ヨーロッパ世界システムかグローバル・エコノミーか

ブローデルおよびウォーラーステイン、その他実に多くの論者が誤って主張していることとは反対に、本書の研究はまた、近世の歴史が、ヨーロッパ世界システムの拡大によってではなく、ずっと作用してきていた〔グローバルな〕世界経済によって形成されてきたという結論に、不可避的に到達する。すでに私は別の所で、ブローデルとウォーラーステインのモデルと理論が、彼ら自身の史証や分析といかに矛盾しているかを示している（Frank 1994, 1995）。しかも、本書を通して検討されてきた歴史的証拠は、さらにずっと圧倒的である。第二章では、世界規模の分業が、連鎖的な交易関係とその収支（アン）バランスを通して、いかに作用するようになっていたかを示した。第三章では、貨幣が、いかに、流通システムを通じて世界をくまなく駆け巡る活力となり、そして世界を回転させていたかを示した。第四章では、アジアが、このグローバル経済《エコノミー》において圧倒的に優勢であったことを示しただけではなく、またその技術、経済諸制度、諸過程が、世界経済そのものに対する適応から派生してきたものだということを論じた。第五章は、共通の循環的過程、およびその他の過程が、同期的に、遠くはなれていながら相互に結び付けられた、世界中の諸経済・諸地域・諸国家それぞれの、良し悪しの運命を形作ったということを示した。第六章は、これらの結びつきそのものの構造と変容とが、「東洋の没落」と「西洋の勃興」とをいかに産み出し、いかに連関づけていたかを、分析しようとした。ゆえに、いずれかの「国民」経済／「国民」社会という枠組や、単なる「ヨーロッパ世界システム」の拡張の枠組によってさえも、これらの諸事象、諸過程、そしてその諸関係について、そのなにかを説明しようとしたり、説明できるだろうと望んだりするのは、無益なヨーロッパ中心主義におわるだけである。

ゆえに、本当の世界経済／世界システムを、ウォーラーステインのヨーロッパを中心とする「近代世界システム」というプロクルステスの寝台のごとき構造に、ねじ込んでしまうこともまた不可能なのである。地球をとりまく世界経済／世界システムは、単一の中心ではなく、せいぜい、おそらく中国を頂点として位階状になった諸中心を持っていただけであるからである。したがって、中心‐周辺関係に単一中心的な構造があったということを立証するのも、地域《リージョン》内、そしておそらく特定の地域《リージョン》間の単位で、そのような関係があったと示す証拠はなくはなかろうが、また困難であろう。ウォーラーステイン的な意味での「半周辺」はなかったのでないか、と思われる。しかし、〔そもそも〕それが何のことであることになっているのかは、あまり明確になったことがない。

しかしながら、すると、そのような世界経済／世界システム（の全体）などというものは、本当にはなかったのではないか、という反批判がありえるが、それは受け入れられない。逆に、世界経済／世界システムは、はっきりと存在していたし、実際たった一つ存在したのみであった。それは、特に世界規模での貨幣市場を通じた、グローバルな分業、および商業・金融の結びつきを持っていた。さらに、この世界経済／世界システムはまた、それに固有のグローバルな構造と動態をも有していたように思われる。それについてはまだ、ずっと多くの研究を待つものである。このように、本節で論じた、グローバル経済《エコノミー》についての、この第三の結論は、歴史的証拠と矛盾しないばかりではなく、最初の二つの結論とも完全に一貫しているのである。

一五〇〇年――連続か断絶か

もうひとつ別の、派生的だが不可避な結論は、一五〇〇年前後にあると主張されている全ての断絶は、実際には起こっていないということである。歴史家は、「世界」史において、しばしば、一五〇〇年に断絶点を画する（例として、Stavarianos 1966, Reilly 1989を参照）。世界史の「時代区分」をヨーロッパからだけではなく、世界規模の過程から引き出そうという、ベントリー（Bentley 1996）による革新的な提案も、依然として、最後の時代区分の始まりを一五〇〇年においている。ヨーロッパの歴史家および社会理論家は、初期の世代の者も今日の者も、この同じ断絶を画している。ウォーラーステイン(Wallerstein 1974)、サンダーソン(Sanderson 1995)、チェイス - ダンとホール(Chase-Dunn and Hall 1997)らのような世界システム論者も同様である。一五〇〇年前後に鋭い断絶があったという主張は、すでに、アダム・スミスおよびマルクスの意見にもともども反映されており、一四九二年や一四九八年は、人類の歴史で、最も重要な年ということになっている。おそらく、新世界の人々にとっては、直接的にそうであろうし、ヨーロッパの人々にとっても間接的にそうであろう。しかしながら、ブローデル(Braudel 1992: 57)は、ウォーラーステインがヨーロッパにおいてこの断絶を主張していることに、反駁している。ブローデルはそこに、少なくとも一三〇〇年から、もっと言えば一一〇〇年からの連続性を見ているのである。

実際、ウォーラーステイン(Wallerstein 1992)でさえ、一〇五〇～一二五〇年の長期の「A」局面的拡大に続いて、一二五〇～一四五〇年の「B」局面的収縮がおこり、そしてその後、一四五〇～一六四〇年の「長期の十六世紀」の「A」局面的拡大がまたやってきたということについては、広範な合意があることに言及している。しかしながら、本書が挙げてきた史証の示唆するところでは、この長期の拡大局面は、アジアでは、一四〇〇年までにすでに始まっていた――そしてそこで、少なくとも一七五〇年まで続いた。ウォーラーステインの言うヨーロッパの「長期の十六世紀」は、おそらく、この世界経済の拡張の遅れた、より一時的なあらわれであろう。実際、コロンブスやヴァスコ・ダ・ガマの航海は、おそらくこの世界経済の拡大のあらわれとみなされるべきであろう。ヨーロッパ人は、アジアにおいて、その世界経済の拡張のおこぼれに与りたかったのである。したがって、一五〇〇年をまたぐ連続性は、実際、いかなる断絶や新たな出発の主張よりも、はるかに重要であり、理論的にはるかに、意味のあることなのである。

つまり私の主張は、一般の議論とは違って、近世および現代の歴史を、有意な歴史的断絶の結果および／あるいは先触れとみなすことは、適当どころか、必要でさえない、ということになる。広範に普及した断絶テーゼは、本当の世界史の過程と現代の現実に対して、はるかに貢献が少なく、ましてや必然などではなく、またはるかに大きな障害となっているのである。このように人を誤りに導く《ミスリーディング》断絶テーゼは、さまざまな形態で提示されてきており、その中には、「資本主義の誕生」や、「西洋の勃興」や、「ヨーロッパ世界経済へのアジアの組み込み」、そして言うまでもなく、西洋にあると主張されている「合理主義」や「文明化の使命」などが含まれている。近代および現代の歴史が、「進歩」——単線的にせよ、そうでないにせよ——の乗り物ないしは顕現であるのか否かについては、どこかよその哲学者に考えてもらうために放っておこう。

むしろここでは、ヨーロッパやアジアのそこここについて言われる、「プロト資本主義」や「プロト産業化」といった時間に関係のある概念や、さらにいえば「プチ資本主義」、「半封建制」、「プロト社会主義」といったような「量的」な概念の、科学的有効性ないしは分析的有用性を再考し、疑問に付したい。特定の、しかしさまざまな時代において、世界のどこについても、これらの範疇のあるものから別のものへの移行と称されるものについては、延々と論争が続いており、文字通り、袋小路《ブラインド・アリー》に入って、全く何のかすかな光も入って来ようがないようなところにいたっている。それはそうであって、一つにして唯一の世界（システム）の持続的な構造と動態を研究することによってのみ、ヨーロッパであれ、アメリカであれ、アフリカであれ、アジアであれ、オセアニアであれ、そして／あるいは、それらのさらに部分であれ、世界（システム）のどの地域でも、その「発展」、「勃興」ないしは「没落」の様態や原因、由来を明らかにすることができるのである。

資本主義？

最近になって（つまり、マルクス以来）、ブローデル（Braudel 1982: 54）がそう呼んだように、仮定された過去との断絶の出発点の年代として一五〇〇年に「とりつかれる」のは、大体において、それが、それまでは知られていなかったか、ないしは、少なくとも支配的ではなかった、新しい「資本主義的生産様式」の到来の先触れとなっているという主張の関数である。これはもちろん、マルクスやゾンバルトから、ウェーバーやトーニーまでの立場であり、依然として、現代における彼らの多くの追随者たちに共有されている。これは、さらに、ウォーラーステイン(Wallerstein 1974)やかつての私(Frank 1978a)から、サンダーソン(Sanderson 1995)やチェイス‐ダンとホール(Chase-Dunn and Hall 1997)までのような世界システム理論家の立場でもある。アミン(Amin 1991, 1993)やブロート(Blaut 1993a, 1997)の激烈なヨーロッパ中心主義批判でさえ、ヨーロッパ生まれの(そしてヨーロッパに広められた)資本主義の新時代の夜明けとしての一五〇〇年という考えを放棄するところまではいっていない。上に挙げた全てのマルクス主義者、ウェーバー主義者、ポランニー主義者、世界システム論者、そして言うまでもなくたいていの「経済」史家やその他の歴史家は、聖なる資本主義と、その固有に例外的な、あるいは、例外的に固有の「生産様式」を検証するための史証と議論を前に、尻込みしているのである。

したがって、そのような確信が、問いに開かれても良いのではないかとか、まして問いに開かれるべきだなどと示唆するだけでも、もう、受け入れられない異端として拒否されてしまうのである。すでに、以前に、このような異端の考えを切り出して(Frank 1991a, b, Frank and Gills 1993)、ほとんどなんの効果もなかったので、ここでさらにその議論を追究しようとしても、それはほとんど無駄である。右に概述した最初の四つの結論を支持したのと同じ史証と議論がまた、「資本主義」という考え方にも含意をもっているということを指摘しておけば十分ある。それらの結論は、アジア的生産様式、ヨーロッパ例外主義を否定し、世界経済とその一五〇〇年をまたぐ連続性とを肯定するものである。しかしながら、世界システム理論家やブロートは、アジア的生産様式とヨーロッパ例外主義についての最初の二つの結論を受け入れながら、その後の(グローバル経済《エコノミー》の連続性を肯定し、一五〇〇年の断絶を否定する）二つの結論を拒否している。他方、ブローデルも、一五〇〇年の断絶は否定しているが、たとえ彼の「ヨーロッパ世界経済」のモデルには適合しないとしても、事実上、グローバル経済《エコノミー》の存在は認めている。しかしながら、これら四つ全ての結論は容赦なく、まさに「資本主義的生産様式」という概念と、それがヨーロッパから世界の残りの地域へ広がっていったという主張がもっているとされる重要性を、控えめに言っても疑わしいものにしてしまう。実際、これら最初の四つの結論は、さまざまな「生産様式」が負っている有意味性を疑問に付した。もちろん、その「生産様式」には、「封建制」や「資本主義」が含まれており、いうまでもなく、何にせよ、それらの間の「移行」と称されているものも入っている。まず、これらの範疇が、「社会」ないしはさらに「国民」といった、狭い視野のなかから引き出された。それ以来、この一般的に受け入れられた考え方は、我々の関心を、ずっと重要な世界システムの構造と過程からそらせ続けてきた。その構造と過程の方こそが、組織の諸形態を産み出していたのに、逆にそれら諸形態の方が、「封建的」・「資本主義的」「生産様式」などと名づけられ、人を誤った考えへと導いたのである。

すでに見てきたように、ある生産「様式」から別のそれへと単線的に「進歩」することなどないばかりではなく、どのようなひとつの「社会」においてさえも、そして言うまでもなくひとつの全体としての世界という社会においても、あるゆるタイプの生産関係が広範に混ざり合ったまま存在している。多くの異なった生産関係が、世界市場において競争する製品を「産み出」してきた。しかしながら、特定の生産者の成功ないしは失敗を決定してきたのは、なにがしかのひとつの生産関係というのでも、ましてや、ひとつの生産「様式」でもなく、むしろ世界市場の競争圧力と外的に発生する事態であり、それはかつてもずっとそうであったし、今もそうであることとして、生産諸関係そのものの選択と適応を決めるより大きな決定なのである。

非、前、プロト、盛期、成熟期、衰退期、ポスト、その他のいかなる「段階」の資本主義、ないしはその欠如についての質や量に関する絶え間ない議論は、我々を迷わせて、現実の世界を分析することから我々の気をそらせてきた。最近の例については、第一章で言及した。ゲイツは、その著『中国の動力機』(Gates 1996) の中で、商業主義と父権制との間の関係を、千年間にわたって、非常によく検証している。しかしながら、彼女が「貢納的・プチ資本主義的生産様式」という範疇を継続的に主張し続け、またその諸関係が容易ならざるために、現実世界の問題についての彼女の分析は、より分かりやすくなるところか、かえって分からなくなっている。

ヴァン・ザンデンによる「商人資本主義」も第一章で検討したが、それが「非資本主義的」再生産様式、「システムの外部」の労働の使用、そして「世界経済」の「世界市場」内部にあるその他の要素の使用とを接合した、ひとつの輪郭ある「生産様式の接合」を表しているという主張は斥けられた。しかしながら、このような議論の隠された、しかし、最も意義深い側面とは、論者が、議論のどちら側についていようと、彼らはみな、(右に引いたような) これらの用語を繰り返し反復しているということである。しかし、彼らはみな、それをカギ括弧なしで使用している。それらの用語によって〔資本主義から〕排除されると主張されているものが何を意味しており、何を指示対象としているかということについて、大体の合意があるからである。実際、ヴァン・ザンデンらは、それを名指しで呼んでさえいる。たとえば、西アフリカおよび東アジアにおける、奴隷、農民、家内工業における家内労働者などである (van Zanden 1997: 260)。この議論およびそれが言及している関連する諸文献においては、これら全ての生産者および商人までもが、「オランダが、世界にかつてなかったほどの大きな日用品市場となったことを認め」、したがって「アムステルダムが世界商業の中心にある問屋であり、かつ、ヨーロッパ世界経済のコントロール・ルームの中枢的な、貨幣・資本市場であった」(Lis and Soly 1997: 233, 211, 222) とするような普遍的言説の外部にとどまっていることになるのである。もちろん、現実の世界経済では、アムステルダムとオランダは、上に述べられているようなものでは全然ない。しかし、「生産様式」という論点に関する、これらの論者全員にとっては、現実の世界経済——その中では、アムステルダムは、末端の出先機関でしかないのであるが——など存在しないのである。

実際、ウォーラーステインは、論争へ介入（Wallerstein 1997: 244）して、「分析ユニットについて、つまらぬ議論をするのはやめよう」と力んでさえいるのである。しかし、論争全体の中で最も重要な問題は、まさに分析ユニットのことであり、論争の参加者は全員同意していないが、それは世界経済たるべきなのであって、そのヨーロッパにおける小さな一部ではいけないのである。それを認めれば直ちに、「生産様式」についての全議論は、全くつまらない、妥当性を欠いたものとして消え入ってしまうだろう。むしろそれは、現実の問題から我々の関心をそらせてしまうものとなってしまう。そしてその現実の問題とは、これら全ての論者がかくも頑固に避けて回っている、全体についてのホーリズム的な分析なのである。

したがって、「資本主義」というゴルディオスの結び目〔小アジアのフリギアの王ゴルディオスが戦車のながえをくびきに結びつけた結び目。将来アジアの王となる者でなければ解けぬとされていたが、アレキサンダー大王は、剣を抜いてこれを両断した〕など、ばっさりと断ち切ってしまった方が良いのである。それが、私の他の著作（Frank 1991a, b; Frank and Gills 1992, 1993; Frank 1994, 1995）での議論である。それは、『ヨーロッパ以前のアジア』というタイトルのチャウデュリの著書にもっとうまく書かれている。「資本主義の『起源』やルーツを求める、近代の歴史家のあくなき探究は、錬金術師が、卑金属を金に変える賢者の石を求めているのと同じようなものである」（Chaudhuri 1990a: 84）。実際、それは、「資本主義」の起源やルーツだけではなく、その存在や意味についてもあてはまることである。したがって、そんなものは忘れてしまうに限る。そうして、普遍史の現実への探究に乗り出していこう。

ヘゲモニー？

世界の他の地域に対する、ヨーロッパの、続いて西洋の「ヘゲモニー」という考え方は、大半の歴史的、社会

「科学」的、および一般的な著作や認識に、暗黙に含まれている。政治的ヘゲモニーについては、クラズナー（Krasner 1983）やコヘイン（Keohane 1983）からモデルスキーとトムソン（Modelski and Thompson 1988, 1996）に至るまでの、ごく最近の国際関係論の文献には明示的にあらわれている。経済的ヘゲモニーについては、ウォーラーステインおよび彼に追随する論者たちが、明示的に論じている。私は以前に、このようなヘゲモニーの曖昧な理論的地位について、疑念を表明したことがある（Frank and Gills 1992, 1993; Frank 1994, 1995）。第二章、第三章、第四章で提示した史証は、（全）世界規模での、そのような政治的、経済的、政治経済的、そしてさらに文化的ヘゲモニーについて、それが一八〇〇年以前の世界のいかなる地域によっても、ヨーロッパによってさえも、保持されていたとは歴史的真実として主張できないとして、けりをつけるのに十分なものである。本書が対象としている四世紀間には、いかなる経済も国家も、全体としての世界の経済、政治関係、文化、歴史に対して、有意な程度のヘゲモニー、あるいは指導力さえ発揮できたことはなかった。そして仮に、世界経済がなんらかの地域的な生産と商業の基盤を持っていたとすれば、それは、アジアにおいての話であり、ともかくも存在したとすれば、中国にあったということになろう。ヨーロッパは、どの点から見ても、完全に周縁的であったのである。

まして、どこにせよヨーロッパのいずれかの地域が、世界において、ないしは世界に対して、ヘゲモニー的権力を振るうことや、ないしは経済的指導力を発揮することも、ありえなかった。そのようなことは、十六世紀のイベリア半島や、住民が一〇〇万人程度でしかなかった小国ポルトガル、十七世紀のやはり小国であるオランダ、十八世紀の「大《グレート》」・イギリス《ブリテン》でさえ、間違いなく不可能であった。そのような経済的指導性や政治的権力、ないしは（たとえば一六四八年のウェストファリア条約以降におけるような）勢力均衡といった考え方でさえ、それ自体が「ヨーロッパ世界経済／世界システム」という近視眼的なパースペクティヴからする錯視効果にすぎないのである。それは、端的にヨーロッパ中心主義である。上に述べた諸経済／諸国家は、ヨーロッパ（大西洋地域と広めに考えてさえ）経済という小さな池の中でなら、相対的に大きな魚の列をなしていたと論じることもできよう——ハプスブルク帝国、ロシア帝国、およびその他の帝国を度外視すれば、ということであるが。しかしながら、史証に基づいて、その中のそれぞれの国家は言うまでもなく、ヨーロッパ経済、あるいは大西洋経済でさえも、世界経済においては、取り残された戻り水のようなものでしかなかったのである。ヨーロッパは、技術的な指導性でさえ、たいした力は発揮していなかった。ヨーロッパの諸国家は、明・清朝、ムガール帝国、オスマン帝国や、サファヴィー朝といった諸帝国の織り成すチェス盤の上では、全くの小駒でしかなかった。我々は、史証を目の当たりにして、この「ヘゲモニー」という概念をまるごと、再検討し、作りかえるべきなのではないだろうか。

西洋の勃興と産業革命

一八〇〇年以前において、西洋やその生産様式に例外的なところなどひとつもなく、ヘゲモニーを握る見通しさえまるでなかったのだとしたら、西洋の勃興はいかにしておこったというのだろうか。結論は不可避的に次のようになる。つまり、何か別の要因が働いていたか、まだ特定されていないなんらかの状況が、その中において、それら諸要因がそのように働くことを可能にしていた、ないしは、それら諸要因を、そのように働かせていたにちがいないということである。この問いに取り組もうとする大半の努力が、ヨーロッパだけを照らす光のもとでしか、それらの要因を探してこなかったために、これまでのところ、場違いな具体性という欠陥によって損なわれていたことについては、すでに見てきたところである。しかしながら、西洋は、グローバルな世界経済の一部である以上、それが全く独力で勃興を遂げるというようなことはあり得なかった。そうではなくむしろ、そのような西洋の勃興は、世界経済そのものの内部にあったにちがいないのである。したがって、この勃興の原因を、西洋だけに、ないしは、どこにせよ西洋の一部だけに求めようとしても無駄であるし、主として西洋に求めるというのでさえ、同じことなのである――ただし、そのような探究は、イデオロギー的には（つまり、ひとりを祝福して、他は全て無能であったとこきおろすわけである）無駄ではなかった。

ここまでの六つの結論から得られる示唆として、またそれらの結論を引き出してきた史証から、「西洋の勃興」という問いの全体を概念化しなおし、ふさわしい言葉遣いを作りなおす必要があるということになる。史証の示唆するところでは、その問いは、世界システム／世界経済全体に向けられたものでなければならず、単に、イギリスとか、ヨーロッパとか、西洋とか、そして／あるいは、東アジアなど、何にせよ、同じ世界経済の部分だけに向けられてはならないのである。歴史的な証拠は、単一的にせよ多元的にせよ、勃興のヨーロッパ的／西洋的「原因」の多くのいずれとも両立しないというところまで、私が指摘すれば、私は、循環論法に陥っているという非難を甘受しなければならないだろうということはわかっている。しかしながら、産業革命というものが、すでに何度も繰り返し論じられてきたにもかかわらず、依然としてとめどなく論争を生んでいるのは、いわれのないことではないのだ――イギリスやヨーロッパでおこった過程や出来事のせまいパラダイムの中でそうしているうちは。

したがって「西洋の勃興」は、ヨーロッパにおける、独力による勃興の実例というわけではないのである。もっときちんといえば、「西洋の勃興」は、世界経済／世界システムにおいて起こっていたこととして、輸入代替から輸出振興へという（いわゆるＮＩＥｓ型の）戦略の遂行によって、アジア経済という巨人の肩に上っていった事例であると見られなければならないのである。アジア諸経済およびアジア地域のヘゲモニーの（循環的な？）衰退は、ヨーロッパによるこのような上昇を容易にした。イギリスで、資本蓄積率が突然跳ね上がったという、ロストウらのテーゼは、ずっと間違いであったわけである。

唯一の解決は、ヨーロッパ中心主義というゴルディオスの結び目を断ち切り、異なるパラダイムのパースペクティヴから問いの全体に近づいていくことである。このことは、そもそも産業「革命」があったのか、それとも単に——世界経済的な——「進化」ないしは拡大があったのかという論争について、さらに考察するならば、いっそう妥当することである。

空虚なカテゴリーとプロクルステスの寝台

以上に検討してきた史証と、ここにおけるその分析から要請される、よりホーリズム的なアプローチの双方から、なにをするべきではないかについて、いくつか付加的な結論をつけくわえて述べておいてもよいであろうと思う。一般良識についてはいうまでもなく、歴史記述も社会理論もともに、一般的に受け入れられた（ヨーロッパ中心主義的な）理論やモデルというプロクルステスの寝台に、アジアについての史証を当てはめようとする、きわめて秘術的な試みによって、すでにあまりにも多くの欠陥に悩まされてきた。右に指摘した通り、それらの理論やモデルは、その起源たるヨーロッパにおいてでさえ、経験的な内容も科学的な意味も、ほとんどからっぽなのである。まして、それらをヨーロッパ以外の地域に拡張して当てはめようなどというのは、言語道断である。かくして、たとえば、アジア的生産様式についての賛否両論の長ったらしい論争があったのである。全く最近になっても、ブルック（Brook 1989）が、『中国におけるアジア的生産様式論争』に編集したように、中国の学者たちによって続けられた論争が、そこに連なることになる。同時に、いちいち列挙できないほど多く、そこここの場所について、過去についても現在についても、封建制に関する絶え間ない論争もあった。同じコインの裏側として、依然として続いている資本主義論争があり、それがアジアにおいて、内発的なのか、それともヨーロッパ植民地主義・帝国主義によって、輸入／強制されたのか、促進されたのか、抑制されたのか、あるいは排除されたのかとさえ問われている。これらのような空虚な諸範疇やプロクルステスの寝台にこだわりつづけたために、中央アジア地域についてのソビエト時代の研究が、いかにだめになったかについては、第二章で指摘した。

さらに近年になってからの類同物として、「ヨーロッパ世界経済／世界システム」が、アジアやアフリカのあれこれの地域を、組み込んだか、周縁化したか、そして／あるいは、無視したかのどうか、またそれはいつのことであったかという問いがある。たとえば、最近になって、ピアソン（Pearson 1989）は、インドをウォーラーステイン流のヨーロッパ世界経済というプロクルステスの寝台に、ねじ込んだり、引き伸ばしたりするために、まるごと一冊本を捧げている。そうして、ピアソンは、その「世界経済」が、「必需品」および／あるいは「奢侈品」の交易によって、いかに境界づけられていたか、そして、どの商品が「必需品」として、あるいは「奢侈品」としての資格をもっているか、あるいはいないかということを考察しようとしている。しかし、必需品／奢侈品問題についての論争は、無用と言うよりむしろ有害な区別から生じた、時間の浪費であって、すでに、ずっと前に、シュナイダー（Schneider 1977）のような考古学者によって、その不当さが示されている。論争の概評については、私とギルズ（Frank and Gills 1993）および私（Frank 1993a）の論文を参照されたい。またさらに無用なのは、〔ウォーラーステイン流の〕世界システムと世界帝国との区別であり、実際の世界を、これらのカテゴリーに無理やり部分けしようとすることである。

全く危険なのは、ピアソン、およびパラットとウォーラーステイン（Palat and Wallerstein 1990）が、いつ「ヨーロッパ世界経済」が、インドとインド洋、およびそこにあった可能性のある「世界経済」を「組み込」んだかと問うていることである。この問いは、「いつあなたは、奥さんを殴るのをやめましたか」（答えは「私は結婚していません」）と問うのと類同の問いである。「インド洋世界経済」から分離して存在するような「ヨーロッパ世界経済」などない以上、問題は全く、文字通り、ここもそこもないのである。よしんば、あったとしても、それならば「インド洋世界経済」による「ヨーロッパ世界経済」の「組み込み《インコーポレーション》」が起こったのであって、その逆ではない（Frank

1994, 1995)。ピアソンらは、アジアに輝く世界経済のイルミネーションを見るべきときに、ヨーロッパだけを照らす街灯の下を見ているのである。唯一の「答え」は、ヨーロッパおよびアジア、そしてもちろん、世界の他の諸地域も、ずっと前から、単一の世界経済の一部であったということである。そして、それら諸地域の「別々の」運命を形作ったのは、そこへのそれら共通の参加なのである。

これらの論争のそれぞれ全ては、一般的に受け入れられた諸理論の「アジア的生産様式」や「封建制／資本主義」や「世界システム」といったカテゴリーの観点からでしか、意味を成さないものである。しかも、これらのカテゴリーは、それ自体が、プロクルステスの寝台であるだけではない。それらはまた、世界史の分析の理解に役立たず、厳密にイデオロギー的な有用性しかないのである。それによって産み出される論争は、ばかげた神学論争と類同である。間違った答えには、火あぶりか、銃殺刑への道が待っているが、「正しい」答えをしたところで、(少なくとも科学的には) どこかへ道が続いているわけではない。実際、これらのカテゴリーは、まさにそれを用いることによって、世界の現実を本当に分析し理解するところから、我々の関心をそらしてしまうものである以上、科学的な有用性がないどころか、むしろ有害なものである。唯一の解決は、ゴルディオスの結び目をばっさりと断ち切ってしまうことであり、秘術的な論争にしかつながらず、本当の歴史的過程から我々の目を覆い隠してしまうものでしかない、これらの無益なヨーロッパ中心的カテゴリーを全て脱ぎ去ることである。

特に私の関心として、そして恐らく私の読者の多くの関心として、私の過去の著作に照らすと、「開発」、「近代化」、「資本主義」、さらに「従属」の観念、その他の何でも読者の思いつくままに挙げてくだされば良いが、それらの観念のことが、浮かんでくるであろう。どれも、プロクルステス的で、空虚なカテゴリーである。なぜなら、マルクス、ウェーバー、および彼らの追随者たちの原罪は、どれもこれも本当の世界経済／世界システムにではなく、本質的にヨーロッパ例外主義の中で、それらのカテゴリーが指すものの「起源」、「原因」、「自然」、「メカニズム」、そしてけだし「本質」を探していることにあるからである。これらの本質的に例外主義的な主張は、それのラベルが何であれ、本書の検討した史証に照らせば、歴史的現実――すなわち、「本当にそうであったような」、「普遍的」歴史――に全く絶対的に根拠を持たない、ヨーロッパ中心主義的パースペクティヴという、ひとつの同じところから派生してきているのである。それらは全て、植民地主義および文化帝国主義の部分として、世界――東西間にも、南北間にも――に蔓延している、ヨーロッパ／西洋の自文化中心主義から派生しているにすぎないのである。

「西」側版のそのような考え方は、一般的に受け入れられた、それらの理論を述べた諸著作のタイトルを選んできて、適当に組み合わせれば要約できるようなものである。たとえば、『伝統社会の通過』(Lerner 1958) から『達成を目指す社会』(McClelland 1961) への『経済的成長の諸段階』(Rostow 1962) といった具合である。「近代化」による「発展」とは、フランク・シナトラの歌にあるように、「我が道《マイ・ウェイ》」を行くということである。「従属」論とは、その「道」の有効性を否定する対応のことであるが、結局、そこからの「離脱 delinking」が、オルタナティヴな道――本質的に同じことをするための道であるが――を提供しうると主張しているにすぎない。私は、このことに最近になってやっと気がついて、「発展の低開発」(Frank 1991c, 1996) というタイトルをつけた文章を書いた。

「東」側版のそのような考え方は――悲しいことに、西欧マルクシストも同様であるが――本質的に同じことを、「封建制から資本主義へ」という言葉遣いで論じ合うことである。その論争は、「資本主義」、「封建制」、「社会主義」などなどというカテゴリーについて、また、あれこれの地方、地域、国民、部門、その他何にせよ、「現実」の断片が、そのプロクルステス的カテゴリーに適合するかしないかについて、(文字通り) 終わりのない論争を巻き起こしてしまうということだけをとっても、西側版と比べてさえ、さらに不毛なものである。もちろん、これらのカテゴリーが本当に空虚なものである――つまり、いかなる現実世界上の意味をも持たない――以上、そのような論争は、そのカテゴリー自体から脱してしまわなければ、終わるわけはないのである。これは、明らかなことであるはずだが、それがそうならないのは、そのようなカテゴリー自体によって、論争している本人は、現実を本当にあるがままに見ることができなくなってしまっているということである。しかも、彼らが実際に、現実を見てしまったときでさえ、その現実を包含させようとして、そのカテゴリーを引き伸ばしたり、捻じ曲げたり、組み合わせたりしようとするのである。「半封建的」、「前資本主義的」、「非資本主義的」、「プロト社会主義的」、「生産様式の接合」などといった変形や組み合わせのやり方はすべて、西洋が行なったこと、ないしは、西洋がそれを行なったやり方を複製する、「非同盟」的、「第三世界」的、その他の何にせよ、そのための方法を提起するものとして発明されたわけである。(他方、同じカテゴリーが、マルクシスト、「ネオ・マルクシスト」、それに従属理論家たちを縛ることになって、「資本主義」が「正しい《ライト》」——あるいは「左翼《レフト》」たる——道なのか、そうではないのか、という論争になった。) バーゲセン (Bergesen 1995) は、ヨーロッパ中心的ないしは西洋中心的「近代資本主義世界システム」というプロクルステス的なカテゴリーを引き伸ばすことも、そして／あるいは、ウォーラーステイン的なプロクルステスの寝台に合うように、現実を操作をしようとすることも、同様に不毛であると正しくも論じている。ここで検討した史証に照らせば、我々もそれに同意せざるをえない。

このような、ばかげた神学論争はまるごと、ヨーロッパの自文化中心主義という原罪から派生したものである。それは、マルクス、ウェーバー、および、「発展」という狭い直線の道を重い足取りで進む、その無数の追随者たちによって——それに対して反乱を起こし、そこから飛び出して行った者によってさえも——社会「科学」として、そこに奉られた。しかしながら、彼らの視野は全く、一つの同じヨーロッパ中心主義的という目隠しによって狭められていた——残念なことに、今でも大体においてそのままなのであるが——のであり、彼らが、その外にある本当の世界全体を見ることを妨げているのである。悲しくも、さらに悪いことに、非西洋人までもが、世界と、彼ら自身の歴史の両方を誤読するような、同じヨーロッパ中心主義的（非）「科学」の多くを吸収し、場合によっては、そのために息をつまらせてしまっているのである。それは恐らく、ロシアとそれによって植民地化された中央アジア（第二章参照）、中国（毛沢東主義、文化大革命、四人組、「黒猫も白猫もネズミを取る猫は良い猫だ」）、インド（多様な共産党勢力および共産主義知識人）、「アラブ」世界、アフリカ、ラテン・アメリカ、における正統「マルクス主義」についての論争――そして迫害――において、最も劇的に表れているだろう。

これらの全てはどれも、それぞれの自文化中心主義を持たずにはいない。逆説的なことだが、自文化中心主義の方が、普遍的であるように思われ、また普遍的に現れ、少なくとも政治経済的危機によって普遍的に悪化してきているように思われる。時代が下って、他の自文化中心主義の大半は、同じように拡張する機会がなく、まして、それを押しつけるなどという機会もないというだけのことである。だが、貨幣と兵器の力によって、西洋の自文化中心主義には、その機会があった。また、それに反応する形で、ソビエトや中国のパワーを背景に、マルクス主義的な自文化中心主義も広まった。またこれらの両方および政治経済的な危機に対して、アフリカ、ヒンドゥ、イスラム、そう、そして再びロシアや中国の自文化中心主義が今日、蔓延してきており、「シナトラ」ドクトリンを通じての救済を提起している。「我が道《マイ・ウェイ》」を行こうというわけである。少なくとも、そのいくつかは、ヨーロッパ／西洋中心主義という毒に対する解毒剤として、多くの人々に歓迎されるだろう。しかし、それは治療薬ではない――多様性の中の統一こそが、唯一の治療法なのだ。

ヨーロッパにせよ中国にせよ、他の何にせよ、顕微鏡的なパースペクティヴを用いていては、遠く離れた世界で起こっていることなどどこも――ましてや、その全体も――見えるわけがない。たとえ部分の詳細が遠くからでは不鮮明であったとしても、逆に、それらの見方はどれも、全世界とその全ての部分に届きうるような望遠鏡的パースペクティヴによって、可能となるものである。ヨーロッパ例外主義、ないしは、他のあらゆる「例外主義」の観点からするパースペクティヴが全て、視力を失う定めであるばかりではない。ヨーロッパに基礎を置くような「世界システム」／「世界経済」（あるいは、それと類同の、あらゆる中華的、イスラム、アフリカ中心的世界システム）のパースペクティヴを用いるものも同様である。ヨーロッパだけを照らす光のもとで、「資本主義の発展」や「西洋の勃興」、あるいは「イスラムの黄金時代」を探し出そうとする試み自体が、それを眺めているものの視界を閉ざしてしまうばかりなのである。

したがって、歴史学と社会理論にとって、最も重要でありながら、最も無視されてきた課題とは、「横に」統合されたマクロ歴史とその分析を行なおうという、その死後に出たジョゼフ・フレッチャーの訴えをよく聞くことである。彼の訴えは、一五〇〇～一八〇〇年の近世期について、これまで無視されてきたことを回復するのに役立つような努力をしようという穏当なものであった。世界的に高名な歴史家であった、レオポルト・フォン・ランケが、「ほんとうにそうであったがままの」歴史の研究をよびかけたことを思い起こそう。しかしながら、ランケはまた、「普遍史以外の歴史は存在しない」とも言ったのである。歴史が本当にはどうであったのかということは、世界史によってしか示しえない。しかし、ヨーロッパ中心主義というトンネルに入ったような視野の狭さから抜け出なければ、世界史を――あるいは、そのどの部分でさえも――理解する道はないのである。しかも、そのヨーロッパ中心主義は、依然として我々を暗黒に閉じ込めている。なぜなら、そのトンネルの先には、いかなる光もありはしないからである。教訓をこめて冗談風に言えば、暗がりで失くした時計を探そうとしても、まさに光を投げかけている、その電灯の下に自分が入って影を作ってしまっていては、見つかるわけがないのである。しかしながら、ここでの問題の場合は、失くした時計が、実はどこかよそにあるというばかりでなく、それに頼って時計を探すべき、より明るい光の方もまた、よそにあるのである。しかも、これは冗談ごとではないのだ。

結論として、我々が必要としているのは、ずっとグローバルでホーリズム的な世界経済／世界システムのパースペクティヴとその理論である。それによって、まず「東洋の没落が西洋の勃興に先行した」こと、それから、両者がどのような関係にあったか、そして最後に、なぜそのような世界経済／世界システムのシフトが起こったか、ということが見えるようになると考えられる。この最後の点は、望遠鏡的に、世界規模の過程として見られるべきであるのに、顕微鏡的な視野から、西洋に「内的」であると主張されてきた過程として誤って認識されている。というわけで、比較的容易に引き出せる歴史記述上・理論上の八つの結論——それに関する一般に受け入れられた主張には史証における根拠がなかったわけであるが——を本節で一覧にした結果、今や、そのような史証と両立する、ないしは少なくとも両立しうる理論と分析の構築へ向けての示唆を引き出すという、ずっと困難な課題に取り組むべきところに至った。

理論的示唆——グローバルな鏡を通して

一般的に受け入れられた社会理論が、悪質なヨーロッパ中心主義的な歴史記述に立脚しているがために、満足できるものではないとすると、どうなるのであろうか。明らかな解答は、もっと良い——ヨーロッパ中心的でない——歴史から始めることである。しかし、そうするためにはまた、より良い——よりホーリズム的な——理論とはまではいかなくとも、パースペクティヴが必要であろうとも思われる。ブローデルやウォーラーステイン、およびかつての私(Frank 1978a)の「世界経済／世界システム」は、それ以前の「国民」や「社会」を単位とする歴史や理論よりは、全体のうちの、より大きな部分にかじりついて取ってこようとしていたことで、正しい方向に一歩進むものではあった。しかしながら、すでに見てきたように、それらは、十分徹底するところまで近づいてもいないし、今や、さらに進むためには障害にさえなっている。イスラムを中心とする世界システムについての、ジョン・ヴォルの論文（Voll 1994）は、正しい方向への一歩のように思われるかもしれないが、しかしながら、それは、極めて小さな一歩でしかなく、またそれ自体が過剰にイデオロギー的で、ムスリムのイデオロギーに制約されてしまっている。また残念なことに、アフリカ中心主義は、単にイデオロギーの域を出ていない。浜下武志の中華朝貢貿易システム（Hamashita 1988）は、正しい方向へのさらなる一歩のように思われる。インド洋世界経済についてチャウデュリらが言っていることや、東南アジア世界に関するリードの著作も同様のさらなる一歩であろう。それでもなお、ここまでの各章で示してきたように、これらのありがたい率先的な議論もみな、視野を限定するものである以上、依然として、その有効性は限定されすぎている。これら全ての断片は、全体を組み立てるために必要な部分である。しかしながら、どれ一つをとっても、それ一個では、ないしは、それを全部単に寄せ集めてさえ、全体を明らかにすることはできない。なぜなら、全体とは、部分の総和以上のもの――そして諸部分そのものを形作っているもの――であるからである。

ホーリズム的、普遍的、そしてグローバルな世界史――「真にあるがままの」――だけが、よりよい社会理論へ向けての、歴史記述上の基礎を提供しうる。おそらく、そのようなホーリズム的な歴史自体、社会理論の、よりホーリズム的なオルタナティヴの要素に、教えられなければならないだろう。両者はともに、数ある中でも特に論争が続いている、以下に展開する歴史記述上・理論上の諸問題に、よりよい取り組みを見せねばならないだろう。

全体論《ホーリズム》 対 部分論《パーシャリズム》

現在、流行している「グローバリゼーション」というテーゼは、一九九〇年代が、このような世界規模の過程の新たな出発点を画していると主張している。進んで主張しているわけではないが、一九四五年以来についてそれを認めるものもあるし、二十世紀全体をそうだというものさえあるし、ぎりぎり十九世紀からだというものもある。しかしながら、本書の証明するところでは、グローバル体制 globalism（グローバリゼーション以上のものであるが）は、少なくとも一五〇〇年以来、全世界にとっての生の実態であった。その例外は、人口希薄な太平洋諸島のみであった（それでさえ、その後ごくわずかの間だけの話である）。それ以前からずっと、少なくともアフロ - ユーラシア規模の「世界《エクメーネ》」ないしは、「中心的世界システム」は、単一のユニットとして、機能していたと論じているのは、マクニール（McNeill 1963, 1990）、ホジソン（Hodgson 1993）、ウィルキンソン（Wilkinson 1987, 1993）、私とギルズ（Frank and Gills 1993）、チェイス - ダンとホール（Chase-Dunn and Hall 1997）ら、少数の論者である。

すると、一五〇〇年より前にせよ後にせよ、このグローバルな全体を、ホーリズム的に見るにはどうしたらよいのだろうか。以前の著作（Frank and Gills 1993）で、私は、三脚椅子の類比を提案したことがある。それは、生態／経済／技術の脚と、政治的／軍事的パワーの脚と、社会／文化／イデオロギーの脚とに、均等に重みのかかったものということである。私の著作においてもそうなのだが、これらのうちで、最も無視されてきたのは、生態学的な部分である。その次に、最も無視されてきた基礎は、経済の部分である。「経済史」なるものがあるにもかかわらずである。世界経済／世界システムの政治経済学的な構造は、それがこれまで受けてきたよりも、ずっと多くの研究を必要としている。経済史家は、それを全くわかっていない。また経済学者たちはそれを、ありもしない諸「国民」経済間の「国際」経済関係のことだと誤解している。国際関係論（国際政治）の学者たちは、まあお題目の通りのことをやっているわけだが、それはつまり、彼らにとっての基本的な基礎単位である「国民」国家の間の関係を研究しているにすぎない。世界システム分析は、ヨーロッパに中心を置いてしまっていて、一七五〇年以前の本当の世界経済／世界システムのほんの小さな一部に、自ら制約されてしまっている。それで、ある程度のことはできているが、歴史家や政治経済学者たちがすでにやってきたことをそれほど越えるわけでもない。東アジア、東南アジア、南アジア、西アジア、および言うまでもなく中央アジアやアフリカについては、より大きな経済に、その地域が収まっているなどということはほとんど探究されていない。探究されている場合でも、その努力は大体において、ヨーロッパ中心的なものである。最近の例外としては、チャウデュリ（Chaudhuri 1991）とアブ‐ルゴッド（Abu-Lughod 1989）があるが、彼らの限界については、すでに指摘しておいたことである。つまり、追随して、その上に構築を目指すに足る先覚者を欠いているので、本書もまた、世界経済を、ひとつの全体として見ることへ向けて、予備的に、数歩を進めることができたにすぎない。はるかに多くの著作が必要とされている。ただし、それは、本当にグローバルでホーリズム的な世界システムのパースペクティヴからのものでなければならず、ヨーロッパを含めて、あれこれの地域に限定されたものであってはならないのである。さらに、ここでの議論自体、非常に限定されたものであり、生態／経済／技術の脚のうちの経済の部分についてしか論じておらず、他の二つの脚については、ほとんど言及もなく、まして、グローバルな分析において、それらの脚をどのように結びつけるかについては、まるで論じられていない。

共通性／同一性　対　特殊性／差異

特に歴史家、そして一般的に社会理論家は、全ての「文明」、「文化」、ないし「社会」、そしてそのそれぞれの歴史的過程と出来事の、特定・固有の特殊主義的な特徴を同定し、強調する傾向がある。それは、歴史家の常套であり、特に、「国家」のイデオロギー的・政治的理由から「国民」の歴史やある地方の歴史を書くことが、社会的・経済的に、支持・支援されているときはそうである。社会科学者は、一般化を行なうことに、より大きな努力を傾けるものだということになっているが、その専門分野《ディシプリン》間の分割はもとより、彼らの理念型や比較の実践の多くによって、彼らもまた、その研究の「対象《オブジェクト》」——研究の「主題《サブジェクト》」については、なおのこといっそう——の特殊性と差異の方を、共通性や同一性よりも強調することになってしまっている。強いて言わせれば、たいていの社会科学者は、建前上はそうとはいわずとも、事実上、共通性や同一性よりも、差異のほうが重要であり、前者よりも後者の方を研究するのが自分の仕事だと主張するであろう。さもなくば、彼らは、そのお気に入りの「比較」多変量要因分析に従事することもできないであろう。

本書による近世世界史の検討から示唆されることのひとつは、むしろその反対のことである。つまり、差異よりも共通性の方が、より一般的で、かつ、より重要であるということである。それは、その差異が現実のものであったとしてもやはりそうであるし、現実のものでさえない、多くの差異の主張については、言うまでもないことである。そのように主張されている多くの差異——「東は東、西は西、そしてこの二つは永久に出会わない」——は、せいぜいのところ、一つの同じ機能的な構造と過程の表面的な制度的および／あるいは「文化的」表出であるにすぎない。悪くすれば、右のラドヤード・キップリングの有名な引用にあるように、それは、あられもない政治経済上の植民地的利害関心の実際を隠す、純粋にイデオロギー的な「イチジクの葉」である。

しかしながら、さらに重要なことは、近世の世界経済史についての本書での検討からわかってきたように、多くの特殊な「差異」自体が、共通の世界経済／世界システムの構造化された相互作用によって産み出されているのである。すると、差異化というのは、そこここの、あれやこれやの特殊性を理解する上で、全く適切でも必要でもなく、むしろそれを説明し、包括的に考える上で障害となるものである。部分の総和以上のものである、グローバルな全体に即し、そこからの見通しを具えたホーリズム的なパースペクティヴのみが、どの部分を取ってくるにせよ、それと他の部分との差異の様態や理由について、なんらかの適切な理解を提起しうるのである。悲しいかな、このような現実世界の状況によって、これまで継続されてきている、それぞれの地方や国民の歴史の科学的有用性は——イデオロギー的有用性とははっきり区別されたものとしては——著しく制約されている。それはまた、時系列的・横断的比較分析にも、深刻な制限を押しつけており、その分析の枠が、恣意的に選ばれた、つまり恣意的に差異化された過程に限定されてしまっている。これらすべての多変量「要因」分析は、またあれこれの要因の特定の「特徴」として仮定されたものを同定しようという場合にはなおさらであるが、ホーリズムの科学的規準を侵犯しており、したがってグローバルな本当の世界を理解しそこなっている。しかしながら明らかに、歴史記述上の個別主義および／あるいは諸変数の科学的「制御」と、真のホーリズム的分析とを結びつけることは、言うは易いが、行なうは難いことである。悲しいかな、ほとんど誰一人として、それをやろうとも、そうすべきだと意識することさえもないのである。

連続 対 不連続

歴史的な「個別性」について特に主張されているのは、現在および／あるいは最近の過去は、それまでと断絶した新しい出発点を画しているという、広範に受け入れられた考え方である。すでに指摘した通り、そのようなもののうち、最も最近盛り上がっているのが、「グローバリゼーション」なる新しい時代が始まったという主張である。また最もよく言われるものを特に挙げれば、このような、それまでの時代との断絶という見方は、中世と近代とに、大きな歴史的不連続があるともしている。その断絶の年代については、一一〇〇年、一三〇〇年、一五〇〇年、ないしは一八〇〇年など諸説あるが、「西洋の勃興」——および資本主義——によって、世界史の過程が、根底的・質的に変化したという点では、広範な意見の一致がある。

本書の議論では、歴史的な連続性の方が、ありとあらゆる不連続性よりも、はるかに重要である。世界史に、不連続をもたらす断絶を伴うと主張されるような、大きな新しい出発点の認識は、相当程度、ヨーロッパ中心主義的な視点からする、（誤った）情報に基づいている。ひとたび、このようなヨーロッパ中心主義を放棄し、よりグローバルで、ホーリズム的で、世界的ないしは全ユーラシア的な、パースペクティヴを採用すれば、不連続性は、はるかに大きな連続性によって置きかえられることになる。それとも、順番が逆であろうか。ひとたび、世界全体を、よりホーリズム的に見るようになれば、歴史的連続性は、特にアジアにおいて、より大きく浮かび上がってくるのである。実際、ここまでの各章で主張してきたように、まさに「西洋の勃興」と、再興しつつある「東洋の勃興」とは、このグローバルな歴史的連続性から派生しているように思われる。

一般的に受け入れられた諸理論は、産業革命と「西洋の勃興」の原因を、彼らの主張する「例外性」や「優越性」に求めようとする。他方、このように主張される原因の源泉は、同じく彼らの主張では古くから続いていることになっている、ないしは太古からあるとされる、西洋の離陸《テイク・オフ》への「準備」に求められる。このような主張は、連続と変容がおこる場というものを取り違えており、その「具体的内容」を求めるべき場を誤って、ヨーロッパだけを探している。しかしながら、その変容の「原因」は、一つの全体としてのシステムにおいて、世界規模のグローバルな光によってではなく、ヨーロッパのみを照らす灯りの下で検討されている限り、決して理解されることはないのである。

というのも、先に検討した現実世界の史証の比較および関連付けから、一般に受け入れられた歴史記述や社会理論とは反対に、ヨーロッパが、一八〇〇年以降、離陸《テイク・オフ》の体勢に入ったのは、言われているような、それに先立つヨーロッパの「発展」のためではないということが示されているからである。すなわち、現実には、一八〇〇年以降の西洋の勃興は、ヨーロッパが、ルネサンス以来「連続」して、準備していた結果というわけではないということであり、ましてや、ギリシアやユダヤ教といったそのルーツから来ているわけでもない。実際、産業化も、ヨーロッパの「プロト工業化」が、連続的に成長して脱皮したものでさえない。プロト工業化がヨーロッパよりもさらに発展していたアジア、特に中国では、同じ過程が、同じ結果を生まなかった。これは、ポメランツ（Pomeranz 1997）やウォン（Wong 1997）が示している通りであり、彼らはそれによって、産業革命は、それとは違う要因を導入して説明されなければならない、新しい別個の出発点であるという、同様の議論を支持している。

産業革命は、予測できない事件であった。それは、ひとつの全体としての世界経済において、その不平等な構造と不均等な過程の連続の結果として、ヨーロッパの一部において、起こったものである。しかしながら、そのような世界発展の過程はまた、いくつかの地域や部門において、新しい出発点を包含しており、それは、不連続的に見えるかもしれない。実際それに先立つ農業革命と同様に、産業革命は、連続的な世界発展の屈折であり、それ以前のベクトルないしは方向とは異なる向きへの「出発点」を画すものであって――そのベクトルの終点にあると考えられる最終的大変動には至らないが――恐らく不可逆的であるとも考えられる。このように、西洋の勃興を産み出した、システムとしてのグローバルな構造とその連続性は、西洋における出発点を画している。それは、それ以前の西洋の周縁的地位からの連続ではない。むしろ、グローバル経済《エコノミー》が、より産業的な方向へ進み、ひとつの全体としての世界経済システムの内部で、西洋の地位がシフトするような、不連続性の出発点がそこにあるのである。

東アジアが世界経済で突出してきたことは、その過程を部分として含む、長い歴史的連続性に焦点を当てることを、よりいっそう強く求めるものである。今日、不連続性と仮定されているが、実のところは再開したものである、東洋の勃興もまた、世界発展の根本的な構造と連続性の不可分の一部として見られなければならない。この連続性を認識し、分析すれば、言われているような不連続性へ近視眼的に焦点を合わせるよりも、ずっと多くのことが明らかになるだろう。おそらく、同じひとつの世界経済および世界システムの内部における、本質的に連続した歴史的過程と動態における、近世期の「屈折」として、大きなものを二つここで挙げておく方がよいであろう。ひとつは、一五〇〇年以降の、新世界の旧世界への包摂の後の、コロンブス的交流であり、もうひとつは、一八〇〇年前後に産業革命を産み出した、アジア・ヨーロッパ間における、人口成長率と経済的な生産性の成長率、およびおそらく諸資源にかかる圧力の「交替」である。しかしながら、両者はともに、世界経済の発展の過程によって産み出された、屈折にすぎない。二つの場合両方において、ヨーロッパ人は、グローバルな発展の主導者としてよりはむしろ、その道具として行動したのである。

横の統合　対　縦の分割

また別の方法論上の二者択一は、さまざまな規模の特定の地域や、(たとえば政治、文化、女性といった)個別の問題における時間のトンネルを通して見たような、旧来の縦割りの歴史をとるか、そうではなく、ないしは少なくとも同時に、フレッチャー(Fletcher 1985, 1995)が勧めた、グローバルな横の歴史と分析をとるかの間にある。彼は失望しつつ、大半の歴史家は「縦の連続性(伝統の持続など)には敏いが、横の連続性には盲目である。……一五〇〇年になると、個別に分化した歴史しか見えなくなってしまう」(Fletcher 1985, 39, 40)と指摘している。このような方法論的パースペクティヴとその盲目性は、アメリカその他の国々の大学に「地域研究《エリア・スタディーズ》」という学科が導入され、そのため「ミクロ歴史的で、地方根性さえ」(Fletcher 1985: 39)見せ始めるようになって、ますますひどくなった。

このような実践に欠陥があるならば、それを理論的・方法論的指針に格上げするなどというのは、さらにひどいことであろう。私のかつての著書(Frank 1978a)では、「均一な時間的媒体などというものは存在しない。というのも、主要な絶対主義国のそれぞれの時代は……まさに、いかなる単一の時間性によっても覆い尽くされないほど……圧倒的に多様だからである。……年代は同じであっても、時代が別なのである」(Anderson 1974: 10)と書いている――そして、あたかも実際そうしているかのようである――としてペリー・アンダーソンを非難した。そのようなパースペクティヴや理論的方向付け、そしてアンダーソンの格言そのものが、絶対主義にせよ、その他「年代が同じ」いかなるものにせよ、何一つ理解できないだろうということを、方法論的に保証するものである。私はすでに警告を発して、「明らかに、歴史記述の価値を、経験的な必要性からひねりだそうとしている、アンダーソンの試み」(Frank 1978a) に反対していた。そうではなくむしろ、本書の第五章で繰り返した通り、「歴史が歴史理解に対してなす本質的貢献とは、歴史的過程における同じ時代の異なる物事や場所を関係づけるという作業を継続的に行なうということである」(Frank 1978a: 21) と、私は訴えたのである。それは、ホーリズム、共通性／同一性、そして連続性についての右で述べた、最初の三つの示唆における、私の格言と方法論的に類同のものであり、またそこから派生してくることである。

　フレッチャーは、第五章の題辞に引用したように、同じ説論を行なっている。そこでは彼は、世界のできるだけ多くの部分を「横に統合したマクロ歴史」を訴えていた。「その方法論は、実践するのは容易ではないとしても、概念的には単純である。すなわち、まず、歴史的な並行性を探し出し、……それから因果的に相互関係を持っているか否かを決定するのである」(Fletcher 1985: 38)。残念なことに、フレッチャーはそれを自ら行なうまで、生きていられなかった。しかしながら、テガートはすでに、彼が『ローマと中国――歴史的事件の相関関係の研究』(Teggart 1939) を書いたときに、それを行なっていた。それにもかかわらず、ブローデル (Braudel 1992) でさえ、「複合状況《コンジョンクチュール》」、「長期持続《ロング・デュレ》」、「世界というパースペクティヴ」に対して例外的なまでに理解を示しながらも、やはり第五章で指摘したように、一七六二年、一七七二年、一七八二年の諸事件については、それを行なえていないのである。それらの世界規模での同期性は眼前にあるというのに、彼はそれらを、縦割りで別々の章立てにしてしか論じていない。あるいは、彼がその「世界というパースペクティヴ」を、縦ではなく、むしろ横に、編成していさえすれば、少なくともそのような同期性が目に入ったであろうと思われるのである。

私は、テガートやフレッチャー、そしてブローデルが言ったり行なったりしたことから学ぶ前にすでに、これらの同じ「年代」(アンダーソンの用語法でいうところの)について、『世界資本蓄積 一四九二〜一七八九年』(Frank 1978a)において、そのような「横に統合されたマクロ歴史」を行なっていた。ブローデルによって提供された追加的なデータの助けを得て、彼の著作を批判した論文(Frank 1995)や、本書の第五章でもまた、私はそれをさらに前へおし進めた。ちゃんと見る気さえあれば、一七六二年、一七七二年、一七八二年というそれぞれの年は、ブローデル、ウォーラーステイン、そして私が観察した多くの経済的・政治的事件を産み出した、それを説明しうる世界規模の景気後退を画するものであることが示されているのである。しかしながら、数え切れないほどの本が、フランス革命、アメリカ独立革命、産業革命について出されていながら、これらおよびその他の同期的な諸事件の循環的な勃発についても、その世界規模での関係についても、全く何の説明もないのである。

第五章はまた、その他の「同時代性」、特に一六四〇年のそれについて、同様の準備的な試みを行なった。それはまた、「十七世紀に全般的な経済的後退はあったのだろうか。そこには、並行性があるように思われる」(Fletcher 1985: 54)というフレッチャーの問いかけに答えるものでもある。しかしながら、それに答えることは、この一見明らかな横の並行性を実際に検証してはじめて可能なことである。そして私の暫定的な答えは、「全般的な『十七世紀の危機』なるものは存在しなかった」というものである。それにもかかわらず、この場合における否定的な答えは、実際に起こったことについて必要な、横に統合されたマクロ歴史的な研究を行なうための基礎を置くものである。というのも、十七世紀に実際に起こったことというのは、世界規模で継続する経済的成長と拡大であったと思われるからである。もちろん、本書の第五章は、暗黒に突き立てられた、たった一本の取っ掛かりにすぎない。本当に必要なのは、同期的な諸事件についての、包括的で、横に構成された、グローバルな政治経済的マクロ歴史である。それらの諸事件は、そのような研究によって同定・分析されるべき循環的な上昇と下降によって導かれているのである。しかしながら、それを試みるにも先だって、まだ別にもっと「横の」探究を部分的にも行なうことは、有用であろう。

フレッチャー自身も、一五〇〇〜一八〇〇年の近世期の研究について、いくつか他に、そのような「並行性」を提起している。そこには、人口成長、変化のテンポの加速、「地域規模《リージョナル》」の都市の成長、都市の商業階級の台頭（ルネサンス）、宗教の復活、布教運動（宗教改革）、農民暴動、遊牧勢力の衰退が挙げられている。そして、彼は問いかけて「他にも並行性はあるだろうか。もうないであろうか。うれしくはないが、この辺でおしまいである。」(Fletcher 1985: 56) と述べている。

これらの並行性のうちのいくつかについては、部分的ながら、すでに取り組まれている。ゴールドストーン (Goldstone 1991a) は、人口増加の同期性について、「人口学的／構造的」危機の分析に基礎をおいて、大きな研究を行なっている。ウィルキンソン (Wilkinson 1992, 1993)、ボズワース (Bosworth 1995)、チェイス - ダンとウィラード (Chase-Dunn and Willard 1993) は、一五〇〇年よりずっと以前に遡る、約五〇〇年周期のサイクルがあるというギルズと私 (Gills and Frank 1992; Frank and Gills 1993) の仮説を検証するために、都市成長が、グローバルな横の同期性を持っているかを調べている。私とフエンテス (Frank and Fuentes 1990, 1994) の検討によって、十九世紀および二十世紀の間に、いくつかの西洋諸国で、同期的に、さまざまな社会運動（女性運動、平和運動、環境運動、反差別運動など）があったばかりでなく、世界規模で横の同期性を持つ農民暴動がおこっていることがわかった。これらの研究は全て、サイクルに明示的な焦点を当てている多くの研究がもちろんそうであるのと同様に、世界にまたがる循環的なパターンを明らかにするものであるように思われる。

循環《サイクル》 対 単線性

「西洋」の歴史記述は、少なくともその傾向において、生と歴史を循環的なものとみなすことから、「進歩の観念」を通して、単線的で指向性のあるものとして、歴史を認識するようになったとしばしば主張される。この観念は、十九世紀の初頭に、ヘーゲルによって表明され、最近になって、フランシス・フクヤマ（Fukuyama 1989, 1992）によって歴史の「終わり」に関する、彼の著書において繰り返されている。しかしながら、並行的な横の同期性についての知見と、近世世界経済についての本書の検討から示唆・主張されることは、近世の経済史、およびおそらく全ての歴史についての、より循環的なパースペクティヴにかえったほうがよいということである。

連続性が、単線的である必然性はなく、横の統合が、均一的である必然性もない。逆に、最近、物理学および自然科学において、カオス理論とその分析によっても普遍的に示されたように（Gleick 1987, Prigogine 1996）、システムの構造と動態の連続性は、非線形性と非均質性に依存しており、連続的にそれを再生産しているように思われる。我々の目には、非均質性が、中心 - 周辺間、ないしは階級間の差異や関係のように、非平等性として映るかもしれない。（単なる差異と、その間の関係としての原因や結果との区別については、チェイス - ダンとホール〔Chase-Dunn and Hall 1997〕が強調している。）類比的に言えば、連続的な過程は、加速、減速、一時的な安定といった期間を含みうる――明らかに、通常実際に含んでいるが――ものであり、平坦な直線で表されるのは、そのうち最後の一時的な安定期だけである。すなわち、カオス理論や、プリゴジンによる『確実性の終焉』（Prigogine 1996）における分析が強調しているように、連続的な過程もまた脈動をもつわけである。だが、脈動はシステムと過程の不連続性の指標ではない。そうではなくむしろ、システムを維持し、連続性そのものを推進させる、内的な構造と動態のメカニズムの表出でありうるのである。すると問いは、外見上の脈動が、本当に実際上、循環《サイクル》であるのか否かということになる。

循環的な動きは、存在、生命、生物が持つ普遍的な事実であるように思われる。それは、多くの、あるいは全ての現実の圏域に現れている。それは、物理学、宇宙論、生物学、進化論、そして実際、文化や観念の領域にも、見られることである。したがって、社会的世界および世界経済／世界システムにも、循環的な歴史があると考えるべきではないとする理由はないであろう――それを探究する気さえあれば、という話だが。少なくとも、それが見えるときには、きちんと認識するだけの準備ができているべきである。アリストテレスは、社会的生命は循環的であるように思われると述べているが、その循環《サイクル》の各局面を経験した人々は、そのような局面の長さが自分の人生の長さより長かったために、それに気がついていなかったかもしれないというわけである。

近世の経済史は（政治史・社会史とともに）、あらゆる種類の循環《サイクル》を示している。あるいは、少なくとも、かなり規則的な波動・脈動があるように見える。本研究では、そのうちのいくつかを同定したが、近世以前の循環《サイクル》についても、特に私とギルズの著作（Frank and Gills 1993）が、それを行なおうとしている。さらに、本書で挙げた史証と議論では、それらの循環《サイクル》は世界規模、少なくともアフロ‐ユーラシア規模であり、何千年間にもわたって存在してきたものである。

これらの循環《サイクル》およびその認識と分析の重要性は、それが社会的行動、経済、政治、文化、イデオロギー、その他に対する、可能性や制約ないしは限界をもたらすものであったことにある。「A」局面的な拡大の上げ潮は、全ての要素を持ち上げる傾向があり、それが届く範囲を高め、その制御・管理を容易にする。それはまた、それらの関係の統合を拡大・推進する。ただし、その最高潮にあっても、いくつかの要素が沈んでしまうことについて、そのようなことはないと保証するものではない。その最も深い点である危機にあってはもちろんのこと、「B」局面的な収縮の引き潮の時には、上のような諸々の可能性は制約され、社会行動には制限が押しつけられ、もっと多くの要素が下降を強いられる。またそれは、政治経済的および社会文化的な「ユニット」間、ないしは、そのそれぞれの内部での分裂を引き起こす傾向がある。そのような、それまでの関係の崩壊は、ひとつの全体としての世界経済／世界システムの崩壊のように見えることもあり、また、その最中にあっては、そのようなシステムが全く「存在しない」ことを示しているようであったり、「証明して」いたりすることもありえよう。

しかしながら、結果として引き起こされる内的進展——あるいは内的破壊でさえも——は、実は、より大きな世界経済／世界システムへの参加の機能なのであって、特定の場所や時代に限定された、より内向きのパースペクティヴからすると、そう見えてしまいかねないように、その不在によるものではないのである。したがってまた、分裂の内的進展を目の当たりにすると、社会的行動が、「B」局面にあっては、より「内向的」に生じて進んでいき、関係の深化と拡大をもたらす「A」局面にあっては、より「外的」な影響を受けているように見えるであろうが、しかし実際には、両者はともに、世界経済／世界システムそのものの構造と動態の機能なのである。どのようなものであれ、「A」局面・「B」局面それぞれの構造的な有利不利について意識することで、各社会的（および、特に政治的）主体は、その「社会」の中で、そのそれぞれの時期において、事態に対処する能力を高めうるだろうということは、（危機に煽られた、感情的な考え方よりも）理にかなったことである。

より長期的な循環《サイクル》に入れ子状に収まったものである範囲内では、より短期的な循環《サイクル》によって、世界経済／世界システムの構造と過程とは、さらに複雑なものとなる。シュンペーター（Schumpeter 1939）は、三〜四年、一〇年、五〇年というそれぞれの期間の経済的循環《サイクル》の間の関係を分析しようとした。しかしながら、彼は、実際に彼がやった範囲内では、あまりにも図式的に過ぎ、例えば、二〇年周期の循環《サイクル》の可能性（Kuznets 1930）は考慮されていないし、まして言うまでもなく、キャメロン（Cameron 1973）のいう二〇〇年周期の「ロジスティクス」曲線や、スヌークス（Snooks 1996）の三〇〇年周期の循環《サイクル》、またギルズと私（Gills and Frank 1992; Frank and Gills 1993）の五〇〇年周期の循環《サイクル》など考えられてはいない。より短期的な循環《サイクル》が入れ子状になっており、それが、より長期的な循環《サイクル》の内部で、またそれぞれ局面を持っているために、そのそれぞれの局面の影響は複雑であり、その同定はややこしくなっている。しかし、だからといって、そのような循環《サイクル》が存在しないとか、意味がないなどということにはならない。

全く逆であって、いかなるものにせよ、そのような循環《サイクル》の存在は、我々がみな、同一の世界経済の中に、同時に属しており、同一の諸力や事象に、同時に支配されているということを意味している。それら諸力自体が、上昇下降の波を持っており、同期的に、また明らかに周期的に、ある時には、全要素を上昇させる傾向をもち、別の場合には、下降させる傾向をもっている。したがって、大体において、上向的な「A」局面という「良い時代」には、それに続く下向的な「B」局面という「悪い時代」よりも、「諸経済」――本当は、単一の世界経済の諸部分であるわけだが――および、それと結びついている諸政体に開かれた可能性というものは、より大きく、より良く、より容易なものとなっているわけである。

しかしながら、中国語の「危機」が、危険の「危」と機会の「機」からできているように、特にそれまで世界経済／世界システムにおいて最も恵まれた地位にあったものにとっての危機の時代というものは、周辺的ないしは周縁的な地位にあった、いくつかのもの――全てではない――にとっては、ひとつの全体としてのシステムに内部において、その地位を向上させる機会の窓を開くものでもある（一般的な分析については、Frank and Gills 1993, Chase-Dunn and Hall 1997参照）。このことが、現代の東アジアＮＩＥｓに、二世紀前の西欧のケースと同様に、いかに当てはまることかということは、我々の目にしていることである。十九および二十世紀における、このような過程の分析は、近世のみを対象としてきた本書の射程の外である。

しかしながら、一四〇〇～一八〇〇年の時代について本書が右で行なってきた、通常行なわれるよりもホーリズム的な検討も、その時代の帰結としておこった「西洋の勃興」を説明し、理解しうるためには、それが実際にその中で起こった、世界経済／世界システムという視野の内に、それをおいて見るしかないことを示す上で役に立ってはいる。さらに、このような世界システムの過程は、その前提であったとまでは言わぬまでも、「西洋の勃興」のひとつの条件となる要因として「東洋の没落」を含むものであり、つまり、同一にして唯一の世界経済／世界システムの内部において、「西洋の勃興」が東洋を駆逐したのである。

本書は、このような「交替」に関する世界経済上の理由と分析について、三つ、きわめて予備的なものを提起し始めたに過ぎない。その第一は、西洋の一部に、一時的に現れた産業革命の説明に寄与するものとして、資本節約的および労働節約的・エネルギー発生的技術に対するミクロ経済的な需給についての仮説である。第二は、長期循環《サイクル》のマクロ経済的仮説であり、それに従えば、東洋は、世界経済／世界システム自体の構造、作用、変容の一部として「没落」したのである。第三の説明は、世界発展のグローバルおよびリージョナルな構造と過程についての、人口学的／経済的／生態学的分析において、前の二つを合わせたものであり、一八〇〇年前後に、ヨーロッパとアジアとの間で、起こった差異化を説明する上で役に立つものである。ポメランツ（Pomeranz 1997）は、それに関連する、より生態学的な説明についても研究している。

このような説明から示唆されることとして、十九世紀および、少なくとも二十世紀の前半は、アジアにとって「B」局面であったと考えられる。それ以前のアジアの圧倒的地位を考えると、それは、世界経済にとっても「B」局面であったのではないだろうか。もしそうだとすると、この時期に西洋で生じた、生産性、生産、交易、そして言うまでもなく人口の莫大な拡大と、どのように合わせて考えられるのだろうか。西洋の視点からすると、過去二世紀間は、長い「A」局面であったように思われる。それは、少なくとも西洋では、東洋での長期の「A」局面の後に続いてやってきたことになる。するとこれは、東洋の、それまで「中核《コア》」的であった地域における

「A」局面に続いて、西洋の、それまで周縁的であった地域に、別の「A」局面がやってきたということを意味するのであろうか。さらに言えば、その「A」局面に、現在東洋において起こってきているような、さらにもう一つ別の「A」局面の可能性が続いており、西洋の黄昏とともに、東洋へ中核《コア》のシフトが再び起こってきているということになるのであろうか。すると、我々の前には、二続き、三続きの、ないしはそれ以上の「A」局面の連鎖が残されることになり、世界規模の「B」局面などないことになる。その場合、我々が提起した「長期循環《サイクル》」には、何が起こったというのだろうか。単なる錯覚だったのだろうか。

「ミクロ」の需給関係についての仮説と、「マクロ」の長期循環《サイクル》についての仮説とは、ともに、まだまだ多くの検証が必要であるし、おそらく修正も必要であろう。さらにそれらは、お互いに、そしてまだ考慮ないしは提起もされていない、世界経済／世界システムについての仮説や分析とも、体系的に関係づけられなければならない。すなわち、経済学は、依然として、ミクロ経済学とマクロ経済学とを和合させて、動態的な構造的経済理論にする必要があり、社会「科学」も、依然として、本当の世界システム理論を構築しなければならないのである。この社会理論はまた、本当のミクロ歴史と（生態史を含む）マクロ歴史とを和合させ、ひとつの全体としての世界についての歴史と理論との間に等式をたてるための真の基礎を提供しなければならないのである。

これらの観察から、世界経済／世界システムの内部におけるきわめて不均等な循環的過程は、その世界経済／世界システムの構造的変容のメカニズムとして機能しているのではないかという仮定がまたひとつ付け加わることになる。類比で言えば、生物の変異が、進化の過程および自然の「システム」に、どのように影響を与えるかについて考えてもよいかもしれない。スヌークスは、その著『動態的社会』(Snooks 1996) において、過去二百万年間における自然的選択の経済的解釈の一部として、産業革命について、同様の労働・資本・資源の要素価格分析および循環的分析を、独立に提起している。第六章および私による同書の書評 (Frank 1998a) で指摘した通り、近代の発展に関する彼の要素価格分析は、西欧に限定されたものであるために、阻害されている。したがって、「変異」を起こしている新興工業経済に焦点をあてれば、喫緊の問題として莫大な関心に資するかもしれないし、他方それはまた、世界経済／世界システムそのものにとっても長期的な重要性があるがゆえに、その関心に――それが今受けているよりずっと多く――値するのである。また逆に、そのような循環的な「変異」は、「西洋の勃興」の場合のように、法外な、歴史的・社会科学的関心を受けることもある。しかしながら、そのような関心の多くは、場違いな具体性の帰結なのである。それは、この出来事が、実際には主として世界経済／世界システム全体の構造と過程の循環的な表出であるのに、固有に内発的であるようなみせかけだけを反映させているにすぎない。したがって、その世界経済／世界システム全体の構造と過程の循環的な表出の方が、ずっと多くの理解と関心に値するものであるのだが、一般的に受け入れられた、歴史記述や社会理論は、これまで、それを否定してきたのである。

循環《サイクル》についての、十分かつ適切な分析がない以上、正直に言って、循環《サイクル》については、語ることさえ危険なことである。というのも、観察された、いかなる波動や脈動も、必ずしも循環的なものとは限らないからである。それらは、偶然的なものでもありうるし、システムの「外部」の共通の力に対する反応でもありうる。脈動が循環的であるという確信を深めるためには――というか実際、ともかくもそのような確信を得るには――少なくとも、そのような脈動を示すカーヴの極大点・極小点ないしは屈折点が、システムに内生的であって、外生的なものばかりではないということを、さらにその理由を示す必要がある。すなわち、上がったものは下がらなければならず、逆もまたしかりというだけではなく、上昇自体が、それに続く下降をもたらし、下降がその帰結としての上昇をもたらすということである（コンドラチェフの循環《サイクル》における屈折《インフレクション》の内生性および／あるいは外生性に関する論争については、Frank, Gordon and Mandel 1994参照）。しかしながら、この点では我々は、まだ中途半端なところをうろうろしている。というのも、歴史家はほとんど誰も、脈動や循環《サイクル》を見ようともしないし、ブローデルのように、そのような「複合状況《コンジョンクチュール》」や「世界というパースペクティヴ」を専門とする者も、それを世界経済／世界システムという基礎において関連づけようとか、まして分析しようなどということは、差し控えているからである。人口学者たちも、まだまだ十分な貢献をしているとはいえない。彼らは、可能性としてある長期的な人口学的循環《サイクル》を同定するには至っていないし、ましてや、それを経済的な循環《サイクル》に関連づけるなどということもできていない。グローバルなマクロ歴史は、実に長い道程――それ自体も循環的なのだろうか？――をこれから歩んでいかねばならないのである。

主体《エージェンシー》対構造

構造／主体の問題系は、昔から続いているものであり、それをここで解決したり、それに前進をもたらすことさえ、ここではできそうもない。哲学者たちは、決定論と自由意志との間で、ながらく議論を戦わせてきたし、歴史家たちは、歴史の中の個人について論争を行なってきた。個人が歴史をつくるのか、それとも、歴史が個人を作るのかというわけである。マルクスは、人間は自分で自分の歴史を作るが、自分で勝手に選んだ状況のもとでそうするのではないと論じた。本書は、近世の、したがってまた近代・現代の世界経済の歴史の基底にある、経済的な構造と変容の、少なくともいくつかを概述しようと試みたものである。それらは、少なくとも、我々が過去に歴史をどのように作ってきたか、あるいは作ってこなかったか、そして未来にどのように歴史を作りうるのか、あるいは作りえないのか、その条件を成すものである。

このような歴史の見なおしと、本章においてそこから引き出された結論から出てくる教訓として、二つの大きなものがある。そのひとつは、多様性の中の統一というものがあるということである。けだし、それは、それ自体が多様性の源泉である世界経済／世界システムという統一性である。もうひとつは、その統一性は、連続的であるが、しかもなお循環的でもあるということである。これら二つの構造および過程上の条件は実際に、我々がいかに歴史を作るかということに影響を及ぼしている。正直に言って、本書は、依然としてその「記述」のなかに、全くとどまりすぎていて、その「分析」に至ることはできていない。まして、諸特徴の記述と諸事象の関係づけの基礎にある世界経済／世界システムの構造を、全く明るみに出すことなど、まるで手が届いていない。

これらの条件の構造について、知れば知るほど、それらの条件の内部における、我々の「主　体《エージェンシー》」性は、より良く統御することができる。実際、おそらく我々は、これらの条件に、よりうまく働きかけ、それを変えることさえできるだろう。ワン・グンウー（Wang 1979: 1）による、マルクスのフォイエルバハについての第一一のテーゼのパロディを引用すれば、「歴史家たちは、過去をいろいろに認識してきたにすぎない。たいせつなのは、それを用いることである」。そのとおり。たいせつなのは、それを用いることだ。しかし、「それを」とは、どれのことなのか。私にとってたいせつなことは、「それ」は、差異というものがその統一性の部分となるような、ひとつの世界史のことだということである。

世界経済のなかで要約されたヨーロッパ

さて、一四〇〇〜一八〇〇年の世界経済とヨーロッパについて、我々が見てきたことを、ここで要約してみよう。近世および近代（したがっておそらく未来の）の歴史は、全て、それ自体で長い歴史を有している。さらに、それは、少なくともアフロ‐ユーラシアを通じて、連続的に共有されてきた歴史であった。もし「新しい出発点」なるものがありとせば、それは、そのすでに進行中であった歴史的過程そして世界規模のシステムへの、アメリカ大陸の、また次いでオーストラリア・大洋州の包摂であった。この包摂の主導権だけでなく、その原因、その完成の形態も、そのアフロ - ユーラシア規模の歴史的過程そのものの構造と動態によって産み出されていたのである。

アフロ - ユーラシアの歴史はずっと、循環的、少なくとも脈動的であった。我々の属した第二千年紀は、このシステム規模での政治経済的拡大期で幕を開けた。明らかに、その拡大の中心は、極「東」の宋朝中国にあったが、「西」端のヨーロッパの顕著な再参入も、それによって加速した。ヨーロッパは、数次にわたる十字軍を繰り出すことで、その拡大期に応じ、周縁的であったその経済を、新しいアフロ - ユーラシアのダイナミックな経済に、より効果的に接続しようとした。十三世紀末から、特に十四世紀において、全アフロ - ユーラシア的な下降期および危機の時代が続いた。その次の長期の拡大期は、十五世紀のはじめに、再び東アジアおよび東南アジアにおいて、起こった。その拡大の波は、すぐに、中央アジア、南アジア、西アジアにもおよび、十五世紀中葉以降は、アフリカとヨーロッパをも含むようになった。アメリカ大陸の「発見」と、それに続く征服、そしてその結果としてのコロンブス的交流は、このような世界経済／世界システム規模の拡大の直接の結果であり、それと不可分のものであった。

したがって、「長期の十六世紀」の拡大は、実際には、十五世紀の初めに、始まっていたのである。そしてそれは、十七世紀を通じて、さらに十八世紀に入っても継続した。この拡大はまた、主としてアジアに基盤をおいて継続した。ただし、それはまた、ヨーロッパ人によって、アメリカ大陸からもたらされるようになった銀貨および金貨の、新しい供給によっても推進されていた。アジアにおけるこの拡大は、中国、日本、東南アジア、中央アジア、インド、ペルシア、オスマン帝国の各地で、人口、生産、輸出入を含む交易、そしておそらく、収入と消費の急速な増加という形態をとった。政治的には、中国の明朝／清朝、日本の徳川幕府、インドのムガール朝、ペルシアのサファヴィー朝、トルコのオスマン朝といった各体制の繁栄に、その拡大が表出および／あるいは管理されていた。ヨーロッパにおける人口と経済の成長は、上に列挙した最後の三つを除く全てのアジア諸地域よりも遅く、またその成長のあり方も、それぞれの間でかなり異なるものであった。同じことは、ヨーロッパの「国民」国家およびその他の全く多民族的な国家のそれぞれについても言えることであったが、それらは全て、アジアの諸国家よりも、ずっと規模の小さいものであった。貨幣供給および／あるいは人口の増大によって、アジアの大半の地域よりも、ヨーロッパにおいて、より激しいインフレが起こった。アジアでは、十七世紀の間を含めて、貨幣供給に見合うだけの生産の増加があったが、ヨーロッパの多くでは、経済的・政治的成長は制約されており、地域によっては、大きな「十七世紀の危機」に見まわれて、逆に衰退した。アジアの大半は、そのようなものの痛手を被らなかったのである。したがってまた、人口成長は、ヨーロッパよりもアジアにおいて、より急速であり、十八世紀に入っても、一七五〇年以降に屈折点を迎えるまで、その傾向は続いたのである。

すでに長らく存在していた「国際」分業および交易の「システム」は、この拡大的な「A」局面の間に、拡大・深化を遂げた。しかしながら、このような、事実上の「銀本位」制に立脚する、蓄積、生産、交換、消費の「システム」においても、異なるさまざまな諸生産部門および諸地域の位置付けが差異化されていることは、他とかわりがなかった。分業と交換の背後にある生産性および競争力の差異化は、貿易収支の不均衡に明らかに表れており、大部分は、銀正貨の長距離流通によって「埋め合わされて」いた。その銀の大半は、アメリカ大陸で産出されたものであり、またある程度は、日本その他の地域で産出されたものであった。

マクロ経済的な不均衡を反映し、またそれに対応しているミクロ経済的な、利益獲得の機会に応じて、銀は、圧倒的に、東回りに、大西洋を越え——ヨーロッパを経由して——インド洋を越えて、世界を巡ったが、また日本から、および太平洋を越えてアメリカ大陸から西回りでも流れていた。究極的には、最大の銀の「排水口《シンク》」は、中国であった。中国の相対的に強力な生産性と競争力は、きわめて大量の銀を引きつける磁場のように作用した。

しかしながら、他の地域と同様に、貨幣の流入は、有効需要の増大をもたらし、生産と消費の増加を刺激して、それによって人口増加が支持された。しかし、政治経済が十分柔軟ではなく、その貨幣供給の増加に見合うだけの生産の成長を可能にするほどの拡張可能性がない場合には、新しく供給された貨幣が、そのような効果を持つことはなかった。その場合は、有効需要の増大が、インフレ的に価格を押し上げることになるわけであるが、それがまさに、ヨーロッパで起こったことである。

世界経済におけるヨーロッパの立場は、不利なものであったが、それは、アメリカの貨幣に対する特権的なアクセスによって、部分的に埋め合わされることとなった。需要の側から言うと、アメリカ貨幣の使用によって──そして、それのみによって──ヨーロッパは、有力な中心が全てアジアにあった世界市場へ参入し、その後、その市場シェアを拡大することができた。供給側から言うと、アメリカ大陸における、安価な──ヨーロッパ人にとっては、ほとんどただ同然の──貨幣へのアクセスとその使用によって、世界規模での実体的な消費財や投資財の供給を獲得するための資力を得た。すなわち、まず銀を採掘するための、アメリカ大陸における奴隷労働と物財、アフリカからの奴隷労働力、そしてまたアメリカ大陸の、（ヨーロッパ人の目から見た）処女地と気候である。これらの資源は、砂糖、タバコ、造船用の材木、特に綿花などのその他の輸出作物を、ヨーロッパでの消費向けに低コストで生産するために用いられた。西欧による、東欧・北欧からバルト海経由での、穀物、材木、鉄の輸入も、アメリカの貨幣および、ある程度は織物によって支払われた。そしてもちろん、そのアメリカから供給される貨幣は、ヨーロッパが消費し、また両アメリカやアフリカへも再輸出された、名高いアジアの香料や、絹、綿織物、その他の実体財の全ての輸入を可能にする、唯一の支払手段であった。アジア人は、これらの財を生産し、アメリカから供給された銀との交換によってのみ、それをヨーロッパ人に売った。ということは、ヨーロッパ人は、アメリカで供給された貨幣で、その支払いをすることができたのである以上、非ヨーロッパ地域で生産されていた、これら全ての実体財は、ヨーロッパ人にとっては、安価に、というか実際ただに近いかたちで入手可能であったわけである。実のところ、この銀こそが——これもまた非ヨーロッパ地域の生産物であるが——ヨーロッパが世界市場にもたらすことのできた、唯一の輸出財であったのである。

さらに付け加えて言えば、このように、ヨーロッパの外部の労働と原材料によって生産された財の供給によって、ヨーロッパ内では、そのような財と代替可能な資源が他の用途へ転換させ得るようにもなった。たとえば、アメリカの砂糖と大西洋の魚類は、消費用のカロリーとたんぱく質を供給し、ヨーロッパ人は、その農地を、それらの生産に使用する必要がなくなった。アジアの綿織物が衣料を供給したので、ヨーロッパの消費者と生産者は、ヨーロッパの羊からとった羊毛を使用する必要がなくなり、その羊が食べていたヨーロッパの牧草も必要がなくなった。さもなければ、さらに多くの土地を囲い込んで牧草を生産しなければならなかっただろうし、そうなれば、さちに多くの羊毛の生産のために、さらに多くの羊が「人を食う」ことになったであろう。このように、アメリカの貨幣によるアジアの織物の輸入はまた、間接的に、ヨーロッパ人が、西欧自身のために、より多くの食糧と木材とを生産することを可能にした。かくして、西欧人は、世界経済における自らの地位を利用して、西のアメリカ大陸からと、東の東欧およびアジアから、直接財の供給および資源を引き出すことによって、それを補填することができたのである。外部からヨーロッパへの、これらの追加的な資源の供給はまた、ヨーロッパ内の自由に使用できる資源を増やして、ヨーロッパ自身の発展に用いられた。

その過程は、二十世紀後半との興味深い比較を行なうことによって、はっきりとよくわかるようになる。アメリカ人は今や、銀貨を掘り出させるための、小さな費用さえ負う必要はなくなった。彼らはただ、ドル紙幣（特に一〇〇ドル札）と財務省証券を、印刷費用だけで、作り出しているわけなのだから。かくして、アメリカは、一九四〇年代のヨーロッパにおける「ドル不足」に対応することができたし、また一九九〇年代の「第三世界」

や旧「第二世界」に対しても、その紙製の「銀貨《ドル》」によって、事実上ただで、旧ソ連、その他の世界中の諸地域で、実体財である原材料や工業製品――そして、核科学者も――を買い上げることができたのである。今日、アメリカ国内を流通するドルよりも、国外を流通するドルの方が、はるかに多い事実に留意されたい。アメリカの国家債務の大半は、他国とは違って、自国通貨建てである。したがって合衆国は、ドルの大半が海外で流通している限りにおいて、国内ではインフレを起こすことなく、自由にドルを刷ることができる。さらに一九八〇年代には、アメリカは、文字通り何トンもの財務省証券を西欧や日本に売りつけてもいる。したがって、付け加えて言えば、アメリカは、一九八〇年代に貸し付けた、ますます価値を失ってきているアメリカ・ドルと引き換えに、一九九〇年代の今日価値の上がった日本の円やドイツのマルクを受け取り続けていることになるわけである。そのようにして、西洋人口のある部分は、再び、本当に彼らが持つ手段をはるかに越えて、モノを買い、また自らが持つ――貨幣以外の――資源や生産を越えて消費することができ、その上、自国の生態系を守っておくための、よりやさしい「緑」の環境政策を推進することも可能となったのである。このような、「ただ同然の貨幣と実体的なモノとの交換」戦略は、本質的に、ヨーロッパが、一五〇〇～一八〇〇年の三世紀間に行なってきたのと同じことである。違いは、アメリカ・ドルは、少なくとも部分的に、アメリカの生産性に基礎を置いているが、ヨーロッパの銀は、アメリカの植民地から採ってこられただけであるという点である。もちろん、より最近になってからの西洋の生産性もまた、部分的には、それ以前の植民地主義から、引き出されたものである。

そうして、一八〇〇年に戻ってみると、ヨーロッパが依然として、その生産力の点で後発的であったことは、ガーシェンクロン（Gerschenkron 1962）が論じたような、キャッチ・アップのための「有利」性をもたらした。ヨーロッパは、その後発性に誘因を得、またアメリカからの銀供給に賄われて、ミクロおよびマクロ経済上の有利性を追求することができた。それは、一五〇〇～一八〇〇年のアジア経済の拡大への、ヨーロッパの参加度の増大から得られたものであった。もちろん、ヨーロッパ人はまた、アフリカおよびアメリカ大陸との政治経済的関係の昂進——特にそのうち、三者間の「三角貿易」——をも利用した。もちろん、これらすべての海外の政治経済関係から引き出された利益の国内での投資を含めて、これらはすべて、ヨーロッパにおける資本蓄積、より正確に言えば——私の以前の著作のタイトルを引けば——「世界資本蓄積　一四九二〜一七八九年」(Frank 1978a) に寄与したのである。

それにもかかわらず、ヨーロッパの「投資」や大西洋の「三角貿易」がいかに大きく、世界資本蓄積へのヨーロッパの参加に寄与したとしても、世界経済のパースペクティヴからすれば、アジアの貢献の方が、まだそれより大きい。それには、少なくとも、二つの理由がある。第一は、この、少なくとも一八〇〇年までの近世の期間を通じて、生産性、生産、蓄積は、世界の他のどの地域よりも、アジアにおいて大きかったということ。さらにいえば、それは、中国、インド、その他のアジアの諸地域で、世界の他の諸地域よりも大きかったということである。第二は、このようなヨーロッパの蓄積（への参加）の増大は、アジアによる蓄積があったればこそ可能だったものであるということ。第六章では（アダム・スミスの助けを借りて）、いかにヨーロッパがアメリカの貨幣を用いて、アジア経済の列車に乗るための切符を買ったかということを示した。もちろん、アジアのそのような経済ないしは動力がなければ、ヨーロッパは、どこへ行くことも、たどり着くこともなかった。つまりヨーロッパは、すでにそれがあった地点にとどまったままであったであろう。それは、世界経済の観点から見れば、そのような場所などあってなきがごときものである。ヨーロッパは、大西洋の「三角交易」を通じて初めて前進したわけであるが、アジアの諸経済と比べれば、ずっと小規模で、貧困なものであった。

アジアでビジネスを行なおうと努力し続けた三世紀間の後、やっと、ヨーロッパは、何がしかの（世界経済の）地点にまでたどり着いた。しかしながら、実際には、ヨーロッパがアジアでビジネスをしようという試みは、一五〇〇年よりさらに以前から続いていたものであった。すでに、十二世紀以降のヨーロッパの西アジアへの十字軍遠征や、十五世紀におけるヨーロッパ人の南アジア、東アジアへの探検旅行もまた、アジアの富によって引きつけられていたものであった。第六章は、ポスト一八〇〇年的「西洋の勃興」と「東洋の没落」のルーツを、世界経済および人口動態的な観点から説明しているが、その世界経済においては、アジアの諸経済が主要な役割を果たしていたのである。本書が提起した説明は三つの互いに連関した部分から成っていた。人口動態とミクロおよびマクロ経済的な分析を組み合わせることで、一七五〇年から一八五〇年の間に、世界経済／世界システムにおけるアジアとヨーロッパの地位の「交替」へとつながっていった、人口と経済的生産性の成長率の屈折点が同定された。世界規模での需給関係についてのミクロ経済的な分析では、いかに、その需給関係が、ヨーロッパで起こった、労働ないし資本節約的および動力発生的な技術の発明、それへの投資やその革新への誘因を産み出していたかを示した。他方、アジアおよび世界における、収入の循環的な分配と、そこから派生する有効需要と供給についてのマクロ経済的分析では、そのような技術への応対によって利益を産む機会が、いかに、グローバル経済《エコノミー》そのものによってもたらされたものであるかということが明らかになった。キップリングの有名なセリフである「東洋と西洋とは決して出会わない」というゴルディオスの結び目は、これらの過程と分析とを組み合わせることで両断にされた。

もちろん、「東洋／西洋」という結び目は、結び合わされていただけではなく、それをほどこうにも、アフロ－ユーラシアおよび世界の歴史の細分化によって、狭い囲いに押込められてしまっていたのである。本書扉の題辞の一つに引用したように、そのことについては、すでにヘロドトスが警告を発していたことである。西洋（ヨーロッパ？）と東洋（アジア？）の間の線は、純粋に想像的なものであり、西洋によって構成されたものである。本当の世界史は、たえず（そして循環的に？）この想像的な西洋／東洋学的分割線を飛び越えたり、入れ替わったりして織り成されてきた。それは、十九世紀に起こったことであり、二十一世紀にもまた起こる見込みのあることなのである。

文明の衝突のアナーキーの中における、ジハード　対　マックワールド

しかしながら、西洋の歴史学および社会科学は、依然として、このような多様性の中の統一という現実を全く否定してしまうか、それを壊乱および／あるいは歪曲してしまうかのどちらかへ進んでいる。お偉方の面々は、統一性を否定する世論を喚起し、出版や他のメディアを利用して、「われわれ」を「かれら」に対立させるべく動員しようとさえしている。最近の出版は、西洋のお偉方たちによる意図的に警告的な一連の意見表明の、世界規模での媒体および反響板の役目を買ってでている。歴史の「おわり」についてのフクヤマ (Fukuyama 1989, 1992) の議論を嚆矢に、バーナード・バーバー (Barber 1992, 1995) の聖戦《ジハード》対「マクドナルド的世界《マックワールド》」、近づいてくる「アナーキー」についてのロバート・カプラン (Kaplan 1994, 1996) の議論、そしてハンチントン (Huntington 1993, 1996) による、文明の「衝突」などが続いた。それらの議論は、「悪の帝国」たるソ連の終焉に続いて、新たな悩みの種として、イスラム——そして中国——の脅威に対する、西洋的な警報ベルを鳴らしている。それらはすべて、歴史に対する、細分化されたパースペクティヴから説き起こすことで、そのような警告に至っており、結局のところ、「東は東、西は西」と言っているわけである。しかしながら、彼らの見方では、今日その二つは、「西洋 the West」が、一般に（ハンチントン流に言えば）「その他 the rest」から、特に言えばイスラムのジハードから、守られなければならないような、イデオロギー的な地雷原の上で出会いつつあるというのである。フクヤマは、我々は、西洋の「自由主義《リベラリズム》」を通して、「歴史の終わり」に達するのに、悲しいことに、「東」や「南」は依然として、嘆かわしくもさまざまな「伝統的」「東洋的専制《オリエンタル・デスポティズム》」の体を示していると主張している。これらの議論の切れ目をいい

加減につないでいくと、カプランが触れまわっているような「世界に訪れつつあるアナーキー」と称するものが出てくる。

バーバーは、グローバル化を推進する求心力としての「マックワールド」的傾向を探知しているが、彼はまた、それとは反対かつ敵対的な、逃走を通して解放をめざす遠心力としてのジハード的傾向を恐れてもいる。バーバーは、長い目で見れば、マックワールドが勝利を収めるだろうと予想しているが、短期的には、ジハード的展望がかなり厄介なことになるだろうとしている。バーバーの頭には、分裂的なジハード自体が、グローバル化を進めるマックワールドによって産み出されているなどということは、思いもよらないのである。しかしそのようなことは、記憶を越えた過去から続いてきたことである。聖書には、「持っている人は、さらに与えられて豊かになるが、持っていない人は、持っているものまで取り上げられる」とある。さらに、聖書とコーランはともに、このような政治経済および社会の構造にも批判的で、その犠牲になり、不利な立場に置かれた人々に対して、同じその構造に対して抵抗し、是正するよう勧めている。したがって、バーバーが言うように、マックワールドが、自身の生み出している多くの形態のジハードをすぐに排除するだろうというような展望は、むしろくらいのである。

ハンチントンは、さらに話を進めて、マックワールドそのものの存在を否定している。かわりに彼は、互いに対立しあっていると称する、悠久なる「文明」（「ラテン・アメリカ文明」と「ロシア文明」とが含まれている）を見出している。彼は、南北間の経済的分割を見ておらず、また東西冷戦ももはや終わってしまったとして、むしろ未来は、「文明の衝突」によって定義されるだろうとしている。それが、彼によるボスニアの「民族浄化《エスニック・クレンジング》」に対する「説明」であり、そればかりか、世界中のもっといろいろの紛争の「説明」でもあるのである。つまり、このような紛争が、「西洋 the West とその他 the rest との戦い」に、西洋を追い込むというのであるが、ハンチントン自身は、最大の脅威はイスラム、続いて中国——黄禍の再来！——からくると断言している。

このような分割的思考に基づくイデオロギー的な悪口雑言——これ以上寛容には呼びがたい——はすべて、単一のグローバルな歴史を無視ないしは否定するというところに、その知的な淵源を持っている。それらは、内在的で歴史以前的に存在する、統一性に反する多様性を前提としており、「西洋 the West」を「その他 the rest」から区別すると称する、例外的な——さらに言えば例外主義的な——多様性という、自由至上主義的《リバタリアン》な口実と普遍主義的な野望を、公然と触れて回っているのである。本書で検討したヨーロッパ中心主義的な社会理論は、このような分割的思考の宣伝と行動をイテオロギー的に「正統化」する役目を担っていた。しかしながら、本書にとり上げた史証が示している通り、そのような社会理論は、歴史的現実における基礎を全く欠いており、ヨーロッパ中心主義的なイデオロギー以外のなにものにも根拠を持っていないのである。

世界経済の危機によって、再びこのひとつの世界中で、人々の生計が制約され、それほど豊かでもない生計を求めてさえ競争が悪化するようになった今日、このイデオロギーは、右のような新しい装いで用いられている。その直接の帰結として、歴史家、考古学者、ポストモダニストらは、「その土地は——昔からずっと——我々のもの」であり、したがって、他の全ての権利主張者をそこから「民族浄化」するか、少なくとも「多文化的に」防衛することを可能にする証拠の発掘に、ますます駆り出されている。悲しいかな、歴史家やいわゆる「科学者」を含めて、より多くの人々が、その理解と制御を越えた世界規模の諸力に影響を受け、それに制約されるようになればなるほど、彼らはますます、それについて知りたいとは思わなくなってしまうのである。世界が彼らの周りをより早く回転すればするほど、あるいは、世界が彼らをより早く回らせれば回らせるほど、彼らはますます、世界に「止まってくれ」と言ってきかなくなるのである。「俺はもう降りたいよ——それで、自分のことをするんだ」というわけである。「我が道《マイウェイ》」をいく「シナトラ・ドクトリン」が、まだぞろ顔を出しているのだ。

本書の目的は、そうならないように、統一性のなかの多様性を受け入れ、多様性のなかの統一を賛美する、知的な基礎の構築に寄与することにある。残念なことに、それを最も必要としている人々は、一番関心の薄い人々であろう。また、「文明の衝突」に備えて腕まくりをしている人々は、たとえ本書を認めたとしても、さらに文化論的・文明論的議論に訴えて戦おうとするだろう。だからこそ、本書に挙げた史証が、ヨーロッパ中心主義的な支配イデオロギーの仮面とほとんどかわらないような社会「科学」を歴史によって転覆させる上で役に立つのである。そのようなイデオロギーは、世界史の過程によって、すでに掘り崩されつつある——我々は、そのことには感謝して良いであろう。

訳者あとがき

本書は、Andre Gunder Frank, *ReORIENT: Global Economy in the Asian Age* (1998, University of California Press) の全訳である。邦訳に際して、原著者のフランク氏より、「日本語版のための序文」を寄稿していただき、あわせて訳出した。

本書の客観的な内容および評価については、すでに『相関社会科学』第八号(一九九九)所収の拙論「世界史的普遍としての近世」において原著の書評を発表してある。また本訳書に先んじて藤原書店より刊行された『環』第一号(二〇〇〇年四月)に、私が再構成した本書の抄訳も掲載された上、『リオリエント』から世界システム分析の第三局面へ」として、そこに解題もほどこしてあるので、ここでそれらを繰り返すことは避けようと思う。かわりに、といっては差し障りがあるかもしれないが、私が本書を翻訳するにいたった経緯をたどることで、その意義について、敢えて若干の私見を述べることにしたい。

冷戦が終わってから大学に入った私が、いわゆる世界システム論に関心を持ったのは、当然一九九〇年代のことである。文字通り勉強を始めたばかりの当時の私にとって、フランクの名は、やはり従属論と結び付けられたものでしかなかったが、本書の文献目録を見てもわかるように、実際には、そのころすでにフランクは、「五〇〇〇年世界システム」の議論に踏み出しており、一九九〇年に『レヴュー』誌に掲載された「世界システム五〇〇〇年史への理論的序論」(“A Theoretical Introduction to 5000 Years of World System History,” *Review* vol.13 No.2) を皮切りに、本書につながる理論的背景となる諸論考を、矢継ぎばやに発表していた。したがって私が、そのような新しいフランクを「発見」したのは、やや遅れてのこと、すなわち卒業論文を書く頃に、フランクがギルズとの共編著で出した『世界システム——五〇〇年か五〇〇〇年か』(*The World System: Five Hundred Years or Five Thousand?*,

Routledge, 1993) が大学の図書館に入ったのを見つけたときであった。しかし、とにかくまず、ウォーラーステイン理論を咀嚼することで精一杯であったその頃の私には、フランクの提起するラディカルな批判の可能性を多少とも主体的に考えてみるというような余裕がなく、ウォーラーステインが『脱=社会科学』において整理したように、法則定立的な「比較世界システム分析」と個性記述的な単一のユニットとしての人類史たる「五〇〇〇年世界システム論」との水平的な対立――すなわち「世界システム分析の第二局面」――の片方の極にフランクの議論を還元して、そのときはそれ以上の追究を試みることはなかった。

私がフランクの議論を多少ともまともに考えるようになったのは、大学院に進んですぐに、ウォーラーステインに師事すべく、米国へ赴いた後のことである。私がニューヨーク州立大学ビンガムトン校に留学していたのは、一九九五～九七年の時期であるが、あとから思えば、ちょうどその二年間は、ビンガムトンに地域《リージョン》論ブームが盛り上がっていた時期に相当していた。近代世界システム概念の西洋中心主義性を批判する論調――上の「第二局面」も本質的にその論調の上に展開した――を背景に、世界史および現代世界の空間を分節する地理的なユニットのオルタナティヴな概念化の必要性の認識が、地域《リージョン》という概念への関心へと流れていったわけである。言いかえれば、地域《リージョン》という言葉に触発されながら、各人各様に、空間分節の様式としての世界システム概念について再考していたのである。そしてそれは、まったく私自身の課題でもあった。

もっとも、実際のところ、私が地域《リージョン》という概念に関心を持った背景には、日本における知的達成がすでにあってのことでもあった。世界システム論に対する反西欧中心主義的批判によって、「日本」なる「前近代」的な実体がまずあり、それが近代=資本主義的な世界システムに包摂されていく、というような一方的な「組み込み《インコーポレーション》」の概念に「日本近代」の歴史を流し込むような理解は、もはや受け入れられないものであることは、すでにはっきりしている。十九世紀的な意味での資本主義のグローバル化とそのなかでの日本の「近代化」は、もっと多元的な地理的・社会的文脈の相互作用によるものである。特に日本を含むアジアにおいては、近世起源のアジア域内システムという文脈の基底性が、そのような相互作用を理解する枠組の基礎にあるべきだ――。このような考えは、川勝平太氏の日本文明論、浜下武志氏の中華朝貢システム論、杉原薫氏のアジア域内貿易論など、論壇・

学界をリードする研究が導くところであった。

　ともあれ、ビンガムトンで、このような地域《リージョン》への問題関心をより切実なものとした私は、そこでフランクの議論を読みなおし、フランクの五〇〇〇年世界システムが、のっぺりとした人類史構想であるというよりは、むしろ諸地域《リージョン》の連接によって構成された、いわばシステム間関係の重層的総和として捉えるべきなのではないかという考えにたどりつき始めていた。しかしそれは依然として、私にとって曖昧な着想にすぎず、帰国直前に、フランクがついに単著を書き下ろすらしいといううわさを聞きつけたときも、私は、五〇〇〇年の世界システム史を書き切るつもりなのだろうかと、ぼんやり想像するのみであった。

　帰国後、私は修士論文を書いた。「近世地域システムの理論と東アジアの中の日本」と題したその論文で、私は留学中に考えたことを、近世という時代のグローバルな文脈において並行的に展開する（諸）地域システムという概念でもって表現した。上に挙げたようなわが国の先達の諸研究の成果に支えられてとはいえ、「近世地域システム」という新概念を提起するところまで、ともかくも考えをまとめあげたことで、私にはそれなりの達成感があった。が、その半年後、予約していたフランクの新著、すなわち本書『リオリエント』の原著が自宅に届けられたとき、その達成感はただちに新たな課題意識へと変成した。

　なによりも印象づけられたのは、フランクと私が、近世をグローバリティの次元で再問題化することによって、従来型の近代世界システム論を批判しようとしている点で一致していることであった。無論、フランクが近世における世界システムのグローバルな一体性を強調するのに対し、私はグローバルな文脈の共有性を前提としつつ、地域システムごとの凝集のあり方のほうに重心をかけているという点で違いがないわけではない。しかし、それよりも、私としては、最初に彼の「五〇〇〇年世界システム」論に触れてから四年ほどの歳月を経て、彼我が同じ地平へと向かう思考の道筋をたどっていたことを知った衝撃が大きかったのである。

　だが、感心してばかりもいられなかった。私の修士論文が日本の多くの先達に支えられていたように、フランクの議論も、アジア史の叙述の部分部分としては、決して新奇なものではない。彼の議論が活きるのは、近世のグローバリティをはっきりと言いきった理論的徹底とスケールの大きさを見るときである。しかしながら、そのような理論的射程を測るべく『リオリエント』を読むとき、他方で、五〇〇〇年世界システムが孕むのっぺりさの残滓とでもいうべきものがあることは否めない。原著を再読、三読して、私は、五〇〇年か五〇〇〇年か、法則定立か個性記述か、といったような平板な論争を越えて、もっと分析的な視角を彫琢する必要を、はじめて具体的課題として感じたのである。

その意味で、誤解を恐れずに言えば、本書は、各方面からの批判にさらされることで、初めてその価値を実現するものである。ビンガムトンの中国研究の泰斗で、フランクの友人でもあるマーク・セルデンは本書を評して、「偶像破壊に徹した、彼の学問人生の極北」と語った。けだし、本書は論争のなかから生まれ、さらなる論争を喚起し、その前線《フロント》を広げ、そのことによってまた次の論争の苗床となる知的次元を用意しようとする書である。それは、もちろん、日本の知的文脈においても追究されてよいことであろう――。

以上が、私が本書の翻訳を決断した経緯である。しかしながら、その決断が実行に移ったのは、ひとえに藤原書店の藤原良雄社長が、私の提案に耳を傾けてくださり、その意義を認め、力強く励ましてくださったからにほかならない。また、編集を担当してくださった刈屋琢氏は、私の、ひとつならぬ無理な頼みを快く聞いてくださったばかりか、かえって万事に行き届いた配慮を示していただき、頭のあがらぬ思いである。さらに、未熟な私がともかくも一冊の書物を翻訳することができた背後には、本当に多くの方々の支えがあった。その全ての方に深い感謝の気持ちを記して、このあとがきの筆をおきたい。

西暦二〇〇〇年　春

山下範久

and London: Garland.

Wittfogel, Karl. 1957. *Oriental Despotism: A Comparative Study of Total Power.* New Haven: Yale University Press.

〔K・A・ウィットフォーゲル『オリエンタル・デスポティズム——専制官僚国家の生成と崩壊』湯浅赳男訳，新評論，1995年〕

Wolf, Eric. 1982. *Europe and the People Without History.* Berkeley and Los Angeles: University of California Press.

Wong, R. Bin. 1997. *China Transformed: Historical Change and the Limits of European Experience.* Ithaca: Cornell University Press.

Wrigley, E. A. 1994. "The Classical Economists, the Stationary State, and the Industrial Revolution." In *Was the Industrial Revolution Necessary?* edited by Graeme Donald Snooks, 27–42. London and New York: Routledge.

Yamamura, Kozo, and Tetsuo Kamiki. 1983. "Silver Mines and Sung Coins—A Monetary History of Medieval and Modern Japan in International Perspective." In *Precious Metals in the Late Medieval and Early Modern Worlds,* edited by J. F. Richards. Durham, N.C.: Carolina Academic Press.

Yan Chen. 1991. "The Cultural Relations Between China, the Philippines and Spanish America Through the Maritime Silk Route." Paris and Bangkok: UNESCO Integral Study of the Silk Roads: Roads of Dialogue. Unpublished manuscript.

Yang Lien-sheng. 1952. *Money and Credit in China. A Short History.* Cambridge: Harvard University Press.

Zeitlin, Irving M. 1994. *Ideology and the Development of Sociological Theory.* 5th ed. Englewood Cliffs, N.J.: Prentice Hall.

〔I・M・ツァイトリン『社会学思想史——イデオロギーと社会学理論の発展』山田隆夫訳，青山社，1993年〕

Chew and Robert Denemark, 355–64. Thousand Oaks, Calif.: Sage.
———. 1996b. *Open the Social Sciences*. Report of the Gulbenkian Commission on the Restructuring of the Social Sciences. Stanford: Stanford University Press.
〔I・ウォーラーステイン，グルベンキアン委員会編『社会科学をひらく』山田鋭夫訳，藤原書店，1996年〕
———. 1997. "Merchant, Dutch, or Historical Capitalism?" *Review* 20, no. 2 (Spring):243–54.
Wang Gungwu. 1979. "Introduction: The Study of the Southeast Asian Past." In *Perceptions of the Past in Southeast Asia,* edited by Anthony Reid and David Narr. Singapore: Heinemann.
———. 1990. "Merchants without Empire: The Hokkien Sjourning Communities." In *The Rise of the Merchant Empires. Long-Distance Trade in the Early Modern World, 1350–1750,* edited by James D. Tracy, 400–422. Cambridge: Cambridge University Press.
Weber, Max. 1950. *General Economic History*. Glencoe, Ill.: The Free Press.
———. 1958. *The Protestant Ethic and the Spirit of Capitalism*. New York: Charles Scribner's Sons.
〔M・ヴェーバー『プロテスタンティズムの倫理と資本主義の精神』大塚久雄訳，岩波書店，1989年（岩波文庫）〕
Weinerman, Eli. 1993. "The Polemics between Moscow and Central Asians on the Decline of Central Asia and Tsarist Russia's Role in the History of the Region." *The Slavonic and East European Review,* 71, no. 3 (July): 428–81.
White, Lynn, Jr. 1962. *Medieval Technology and Social Change*. New York: Oxford University Press.
〔L・ホワイト，Jr.『中世の技術と社会変動』内田星美訳，思索社，1985年〕
Whitmore, John K. 1983. "Vietnam and the Monetary Flow of Eastern Asia, Thirteenth to Eighteenth Centuries." In *Precious Metals in the Late Medieval and Early Modern Worlds,* edited by J. F. Richards. Durham, N.C.: Carolina Academic Press.
Willcox, Walter F. 1931. *International Migrations*. Vol. 2. New York: National Bureau of Economic Research.
———. 1940. *Studies in American Demography*. Ithaca: Cornell University Press.
Wills, John E., Jr. 1993. "Maritime Asia, 1500–1800: The Interactive Emergence of European Domination." *American Historical Review* February: 83–105.
Wilkinson, David. 1987. "Central Civilization." *Comparative Civilizations Review* (Fall): 31–59.
———. 1993. "Civilizations, Cores, World Economies, and Oikumenes." In *The World System: Five Hundred Years or Five Thousand?* edited by A. G. Frank and B. K. Gills. London and New York: Routledge.
Wilkinson, Endymion Porter. 1980. *Studies in Chinese Price History*. New York

Economic History. Proceedings of the Tenth International Economic History Congress. Leuven: Leuven University Press.
van Leur, J. C. 1955. *Indonesian Trade and Society: Essays in Asian Social and Economic History*. The Hague and Bandung: W. van Hoeve.
van Zanden, Jan Luiten. 1997. "Do We Need a Theory of Merchant Capitalism?" *Review* 20, no. 2 (Spring): 255–68.
Viraphol, Sarasin. 1977. *Tribute and Profit: Sino-Siamese Trade 1652–1853*. Harvard East Asian Monograph 76. Cambridge: Harvard University Press.
Voll, John I. 1994. "Islam as a Special World-System." *Journal of World History* 5, no. 2: 213–26.
von Glahn, Richard. 1996a. "Myth and Reality of China's Seventeenth Century Monetary Crisis." *The Journal of Economic History* 56, no. 2 (June): 429–54.
———. 1996b. *Fountain of Fortune: Money and Monetary Policy in China, 1000 to 1700*. Berkeley and Los Angeles: University of California Press.
Wakeman, Frederic E. 1986. "China and the Seventeenth-Century Crisis." *Late Imperial China* 7, no. 1 (June): 1–23.
Wallerstein, Immanuel. 1974. *The Modern World-System*. Vol. 1, *Capitalist Agriculture and the Origins of the European World-Economy in the Sixteenth Century*. New York: Academic Books.
〔I・ウォーラーステイン『近代世界システム――農業資本主義と「ヨーロッパ世界経済」の成立 (1)(2)』川北稔訳，岩波書店，1981年（岩波現代選書）〕
———. 1980. *The Modern World-System*. Vol. 2, *Mercantilism and the Consolidation of the European World-Economy, 1600–1750*. New York: Academic Press.
〔I・ウォーラーステイン『重商主義と「ヨーロッパ世界経済」の凝集』川北稔訳，名古屋大学出版会，1993年〕
———. 1989. *The Modern World-System*. Vol. 3, *The Second Era of Great Expansion of the Capitalist World-Economy 1730–1840s*. New York: Academic Press.
〔I・ウォーラーステイン『大西洋革命の時代』川北稔訳，名古屋大学出版会，1997年〕
———. 1991. "World System versus World-Systems: A Critique." *Critique of Anthropology* 11, no. 2.
———. 1992. "The West, Capitalism, and the Modern World-System." *Review* 15, no. 4 (Fall): 561–619.
———. 1993. "World System versus World-Systems. A Critique." In *The World System:Five Hundred Years or Five Thousand?* edited by A. G. Frank and Barry K. Gills,292–96. London and New York: Routledge.
———. 1995. "Hold the Tiller Firm: On Method and the Unit of Analysis." In *Civilizations and World Systems. Studying World-Historical Change,* edited by Stephen K. Sanderson, 239–47. Walnut Creek, Calif.: Altamira.
———. 1996a. "Underdevelopment and Its Remedies." In *The Underdevelopment of Development: Essays in Honor of Andre Gunder Frank,* edited by Sing

Industry in Northern Vietnam." Ann Arbor: University of Michigan Department of History. Unpublished manuscript.
Sunar, Ilkay. 1987. "State and Economy in the Ottoman Empire." In *The Ottoman Empire and the World-Economy,* edited by Huri Islamoglu-Inan. Cambridge: Cambridge University Press.
Tarling, Nicolas, ed. 1992. *The Cambridge History of Southeast Asia.* Vol. 1, *From Early Times to c. 1800.* Cambridge: Cambridge University Press.
Tawney, R. H. 1926. *Religion and the Rise of Capitalism.* New York: Harcourt Brace.
〔R・H・トーニー『宗教と資本主義の興隆——歴史的研究』(上・下) 出口勇蔵・越智武臣訳, 岩波書店, 1956-1959年 (岩波文庫)〕
Teggart, Frederick. 1939. *Rome and China: A Study of Correlations in Historical Events.* Berkeley and Los Angeles: University of California Press.
〔F・テッガアト『ロオマと支那』山崎昇訳, 山一書房, 1944年〕
TePaske, J. J. 1983. "New World Silver, Castile, and the Philippines, 1590–1800." In *Precious Metals in the Late Medieval and Early Modern Worlds,* edited by J. F. Richards. Durham, N.C.: Carolina Academic Press.
Tibebu, Teshale. 1990. "On the Question of Feudalism, Absolutism, and the Bourgeois Revolution." *Review* 13, no. 1 (Winter): 49–152.
The Times Illustrated History of the World. 1995. Edited by Geoffrey Parker. New York: Harper Collins.
Togan, Isenbike. 1990. "Inner Asian Muslim Merchants and the Closing of the Silk Route (17th and 18th Centuries)." Paper presented at UNESCO Urumqui seminar, August.
Toynbee, Arnold. 1946. *A Study of History.* (Somervell Abridgment). Oxford: Oxford University Press.
〔A・J・トインビー『歴史の研究 (1)-(3)』長谷川松治訳, 社会思想社, 1975年〕
Tracy, James D., ed. 1990. *The Rise of the Merchant Empires. Long-Distance Trade in the Early Modern World, 1350–1750.* Cambridge: Cambridge University Press.
———. 1991. *The Political Economy of Merchant Empires.* Cambridge: Cambridge University Press.
Turner, Brian. 1986. *Marx and the End of Orientalism.* London: Croom Helm.
Udovitch, Abraham L. 1970. "Commercial Techniques in Early Medieval Islamic Trade." In *Islam and the Trade of Asia,* edited by D. S. Richards, 37–62. Oxford: Bruno Cassirer.
United Nations Population Division. 1951. *Population Bulletin* 1.
———. 1953. *The Determinants and Consequences of Population Trends.* New York: United Nations.
———. 1954. *The Past and Future Population of the World and its Continents.* World Population Conference Paper No. 243. New York: United Nations.
Van der Wee, Herman, and Erik Aerts, eds. 1990. *Debates and Controversies in*

sis in the European-Asian Trade in the Early 17th Century. Copenhagen: Studentlitteratur.
———. 1987. "The Indian Ocean Network and the Emerging World-Economy (c. 1550 to 1750)." In *The Indian Ocean: Explorations in History, Commerce, and Politics,* edited by S. Chandra, 125–50. New Delhi: Sage.
———. 1990a. "Before the World Grew Small. The Quest for Patterns in Early Modern World History." In *Agrarian Society in History. Essays in Honour of Magnus Morner,* edited by Mats Lundhal and Thommy Svensson. London and New York: Routledge.
———. 1990b. "The Seventeenth-Century Crisis and the Unity of Eurasian History." *Modern Asian Studies* 24, no. 4: 683–97.
———. 1990c. "Commodities, Bullion and Services in Intercontinental Transactions Before 1750." In *The European Discovery of the World and its Economic Effects on Pre-Industrial Society, 1500–1800,* edited by Hans Pohl. Papers of the Tenth International Economic History Congress. Stuttgart: Franz Steiner Verlag.
———. 1990d. "The Growth and Composition of the Long-Distance Trade of England and the Dutch Republic before 1750." In *The Rise of the Merchant Empires. Long-Distance Trade in the Early Modern World, 1350–1750,* edited by James D. Tracy, 102–52. Cambridge: Cambridge University Press.
Stein, Burton. 1989. "Eighteenth Century India: Another View." *Studies in History* (new series) 5, no. 1: 1–26.
Stein, Burton, and Sanjay Subrahmanyam. 1996. *Institutions and Economic Change in South Asia*. Delhi: Oxford University Press.
Subrahmanyam, Sanjay. 1990. *The Political Economy of Commerce. Southern India 1500–1650*. Cambridge: Cambridge University Press.
———. 1994. "Precious Metal Flows and Prices in Western and Southern Asia, 1500–1750: Some Comparative and Conjunctural Aspects." In *Money and the Market in India 1100–1700,* edited by Sanjay Subrahmanyam. Delhi: Oxford University Press.
Subrahmanyam, Sanjay, ed. 1990. *Merchants, Markets and the State in Early Modern India*. Delhi: Oxford University Press.
———. 1994. *Money and the Market in India 1100–1700*. Delhi: Oxford University Press.
Subrahmanyam, Sanjay, and C. A. Bayly. 1990. "Portfolio Capitalists and Political Economy of Early Modern India." In *Merchants, Markets and the State in Early Modern India,* edited by Sanjay Subrahmanyam, 242–65. Delhi: Oxford University Press.
Sun Laichen. 1994a. "Burmese Tributary and Trade Relations with China Between the Late Thirteenth and Eighteenth Centuries." Ann Arbor: University of Michigan Departmentof History. Unpublished manuscript.
———. 1994b. "The 18th Century Sino-Vietnam Overland Trade and Mining

Shapin, Steve 1996. *Scientific Revolution*. Chicago: University of Chicago Press.
〔S・シェイピン『「科学革命」とは何だったのか――新しい歴史観の試み』川田勝訳，白水社，1998年〕
Sideri, Sandro. 1970. *Trade and Power. Informal Colonialism in Anglo-Portuguese Relations*. Rotterdam: Rotterdam University Press.
Simmel, Georg. 1955. *Conflict and the Web of Group Affiliations*. New York: The Free Press.
———. 1980. *Essays on Interpretation in Social Science*. Translated and edited by Guy Oakes. Totowa, N.J.: Roman & Littlefield.
Singer, Charles, et al., eds. 1957. *A History of Technology*. Vols. 2 and 3. Oxford: The Clarendon Press.
〔Ch・シンガーほか編『技術の歴史』（全14巻）筑摩書房，1978-1981年〕
Sivin, N. 1982. "Why the Scientific Revolution Did Not Take Place in China—Or Didn't It?" *Explorations in the History of Science and Technology in China. Compiled in Honour of the 80th Birthday of Dr. J. Needham*. Shanghai. Also in *Chinese Science* 5: 45–66; *Transformation and Tradition in the Sciences*, edited by Everett Mendlesohn, 531–54 (Cambridge: Cambridge University Press, 1984); and *Science in Ancient China. Researches and Reflections* (Aldershot, U.K.: Variorum, 1995).
Skocpol, Theda. 1985. "Bringing the State Back In: Strategies of Analysis in Current Research." In *Bringing the State Back In*, edited by P. Evans, D. Rueschmeyer, and T. Skocpol. Cambridge: Cambridge University Press.
Sombart, Werner. 1967. *Luxury and Capitalism*. Ann Arbor: University of Michigan Press.
〔W・ゾンバルト『奢侈と資本主義』田中九一譯，而立社，1925年〕
———. 1969. *The Jews and Modern Capitalism*. New York: B. Franklin.
〔W・ゾムバルト『ユダヤ人と資本主義』長野敏一譯，国際日本協會，1943年〕
Smith, Adam [1776] 1937. *The Wealth of Nations*. New York: Random House.
〔A・スミス『国富論（1）-（3）』大河内一男監訳，中央公論社，1978年（中公文庫）〕
Smith, Alan K. 1991. *Creating a World Economy. Merchant Capital, Colonialism, and World Trade 1400–1825*. Boulder: Westview Press.
Snooks, Graeme Donald. 1996. *The Dynamic Society. Exploring the Sources of Global Change*. London and New York: Routledge.
Snooks, Graeme Donald, ed. 1994. *Was the Industrial Revolution Necessary?* London and New York: Routledge.
Stavarianos, L. S. 1966. *The World Since 1500. A Global History*. Englewood Cliffs, N.J.: Prentice-Hall.
Stearns, Peter N. 1993. *The Industrial Revolution in World History*. Boulder: Westview Press.
Steensgaard, Niels. 1972. *Carracks, Caravans and Companies: The Structural Cri-*

———. 1989. *Hankow: Conflict and Community in a Chinese City, 1796–1895.* Stanford: Stanford University Press.

Roy, Aniruddha, and S. K. Bagchi. 1986. *Technology in Ancient and Medieval India.* Delhi: Sundeep Prakashan.

Rozman, Gilbert, ed. 1981. *The Modernization of China.* New York: The Free Press.

Sahillioglu, Halial. 1983. "The Role of International Monetary and Metal Movements in Ottoman Monetary History 1300–1750." In *Precious Metals in the Late Medieval and Early Modern Worlds,* edited by J. F. Richards. Durham, N.C.: Carolina Academic Press.

Said, Edward. 1978. *Orientalism.* New York: Random House.

〔E・W・サイード『オリエンタリズム(上・下)』今沢紀子訳, 平凡社, 1993年(平凡社ライブラリー)〕

Saliba, George. 1996. "Arab Influences on the Renaissance." Paper at the Fifth Annual Conference of the World Historical Association, Pomona, Calif., June 21.

Salvatore, Dominick, ed. 1988. *World Population Trends and Their Impact on Economic Development.* New York: Greenwood Press.

Sanderson, Stephen K. 1995. *Social Transformations: A General Theory of Historical Development.* Oxford: Blackwell.

Sanderson, Stephen K., ed. 1995. *Civilizations and World Systems. Studying World-Historical Change.* Walnut Creek, Calif.: Altamira.

Sangwan, Satpal. 1995. "The Sinking Ships: Colonial Policy and the Decline of Indian Shipping, 1735–1835." In *Technology and the Raj. Western Technology and Technical Transfers to India, 1700–1947,* edited by Roy MacLeod and Deepak Kumar. New Delhi: Sage.

Schneider, Jane. 1977. "Was There a Pre-capitalist World System?" *Peasant Studies* 6, no. 1: 30–39.

Schrieke, B. 1955. *Indonesian Sociological Studies: Selected Writings of B. Schrieke.* The Hague: van Hoewe.

Schumpeter, Joseph Alois. 1939. *Business Cycles.* New York: McGraw Hill.

〔J・A・シュムペーター『景気循環論——資本主義過程の理論的・歴史的・統計的分析(1)-(5)』金融経済研究所訳，有斐閣，1985年〕

Schurmann, Franz, and Orville Schell. 1967. *The China Reader.* Vol. 1: *Imperial China.* New York: Vintage.

Seider, Gerald. 1995. "Social Differentiation in Rural Regions: A Political Anthropology of Accumulation and Inequality in the African Sahel." Paper presented at the American Anthropological Association meeting, Washington, D.C., November.

Shaffer, Lynda Noreen. 1989. "The Rise of the West: From Gupta India to Renaissance Europe." New York: Columbia University East Asia Institute. Unpublished manuscript.

Reilly, Kevin. 1989. *The West and the World. A History of Civilization,* 2 vols. New York: Harper & Row.
Rich, E. E., and C. H. Wilson. 1967. *The Economy of Expanding Europe in the Sixteenth and Seventeenth Cenruries.* Vol. 4 of *The Cambridge Economic History of Europe.* Cambridge: Cambridge University Press.
Richards, John F. 1983. "Outflows of Precious Metals from Early India." In *Precious Metals in the Late Medieval and Early Modern Worlds,* edited by J. F. Richards. Durham, N.C.: Carolina Academic Press.
———. 1990. "The Seventeenth-Century Crisis in South Asia." *Modern Asian Studies* 24, no. 4: 625–38.
———. 1997. "Early Modern India and World History." *Journal of World History* 8, no. 2 (fall): 197–210.
Richards, John F., ed. 1987. *The Imperial Monetary System of Mughal India.* Delhi: Oxford University Press.
———. 1993. *Southeast Asia in the Early Modern Era. Trade, Power, and Belief.* Ithaca: Cornell University Press.
Rodinson, Maxime. 1970. "Le Marchand Musulman." In *Islam and the Trade of Asia,* edited by D. S. Richards, 21–36. Oxford: Bruno Cassirer.
———. 1972. *Islam et Capitalisme.* Paris: Editions du Seuil.
〔M・ロダンソン『イスラームと資本主義』山内昶訳，岩波書店，1998年（岩波現代選書)〕
Ronan, Colin A. 1986. *The Shorter Science and Civilization in China. An Abridgment of Joseph Needham's Original Text.* Vol. 3. Cambridge: Cambridge University Press.
Rosenberg, Nathan, and L. E. Bridzell, Jr. 1986. *How the West Grew Rich. The Economic Transformation of the Industrial World.* New York: Basic Books.
Rossabi, Morris. 1975. *China and Inner Asia. From 1368 to the Present Day.* London: Thames and Hudson.
———. 1990. "The 'Decline' of the Central Asian Caravan Trade." In *The Rise of the Merchant Empires. Long-Distance Trade in the Early Modern World, 1350–1750,* edited by James D.Tracy. Cambridge: Cambridge University Press. Also in *Ecology and Empire. Nomads in the Cultural Evolution of the Old World,* vol. 1, edited by Gary Seaman. Los Angeles: ETHNOGRAPHICS/USC, Center for Visual Anthropology, University of Southern California Press.
Rostow, W. W. 1962. *The Stages of Economic Growth. A Non-Communist Manifesto* Cambridge: Cambridge University Press.
〔W・W・ロストウ『経済成長の諸段階——一つの非共産主義宣言』木村健康ほか訳，ダイヤモンド社，1974年〕
———. 1975. *How It All Began: Origins of the Modern Economy.* New York: McGraw-Hill.
Rowe, William T. 1984. *Hankow: Commerce and Society in a Chinese City, 1769–1889.* Stanford: Stanford University Press.

Porter, Tony. 1995. "Innovation in Global Finance: Impact on Hegemony and Growth since 1000 AD." *Review* 18, no. 3 (Summer): 387–430.

Prakash, Om. 1983. "The Dutch East India Company in the Trade of the Indian Ocean." In *Precious Metals in the Late Medieval and Early Modern Worlds,* edited by J. F. Richards. Durham, N.C.: Carolina Academic Press.

———. 1994. *Precious Metals and Commerce.* Aldershot, U.K.: Variorum.

———. 1995. *Asia and the Pre-modern World Economy.* Leiden: International Institute for Asian Studies.

Prigogine, Ilya. 1996. *The End of Certainty: Time, Chaos, and the New Laws of Nature.* New York: The Free Press/Simon & Schuster.

〔I・プリゴジン『確実性の終焉——時間と量子論，二つのパラドクスの解決』安孫子誠也・谷口佳津宏訳，みすず書房，1997年〕

Pryor, F. L., and S. B. Maurer. 1983. "On Induced Change in Precapitalist Societies."*Journal of Development Economics* 10: 325–53.

Qaisar, Ahsan Jan. 1982. *The Indian Response to European Technology and Culture (A.D. 1498–1707).* Delhi: Oxford University Press.

〔A・J・カイサル『インドの伝統技術と西欧文明』多田博一・篠田隆・片岡弘次訳，平凡社，1998年〕

Quiason, Serafin D. 1991. "The South China Trade with Spanish Philippine Colony up to 1762." Paris and Bangkok: UNESCO Integral Study of the Silk Roads: Roads of Dialogue. Unpublished manuscript.

Rahman, Abdur, ed. 1984. *Science and Technology in Indian Culture—A Historical Perspective.* New Delhi: National Institute of Science, Technology and Development Studies.

Ramaswamy, Vijaya. 1980. "Notes on the Textile Technology in Medieval India with Special Reference to the South." *The Indian Economic and Social History Review* 17, no. 2: 227–42.

———. 1985. *Textiles and Weavers in Medieval South India.* Delhi: Oxford University Press.

Raychaudhuri, Tapan, and Irfan Habib, eds. 1982. *The Cambridge Economic History of India.* Vol. 1: *c. 1220–c.1750.* Cambridge: Cambridge University Press.

Reid, Anthony. 1990. "The Seventeenth-Century Crisis in Southeast Asia." *Modern Asian Studies* 24, no. 4: 639–59.

———. 1993. *Southeast Asia in the Age of Commerce 1450–1680.* Vol. 2: *Expansion and Crisis.* New Haven: Yale University Press.

〔A・リード『大航海時代の東南アジア　1450-1680年　1貿易風の下で』平野秀秋・田中優子訳，法政大学出版局，1997年（叢書・ウニベルシタス）〕

———. 1997. "A New Phase of Commercial Expansion in Southeast Asia, 1760–1850." In *The Last Stand of Autonomous States in Southeast Asia and Korea,* edited by Anthony Reid. London: Macmillan. Cited from Manuscript.

Reid, Anthony, ed. 1983. *Slavery, Bondage and Dependency in Southeast Asia.* St. Lucia, N.Y.: University of Queensland Press.

Pavlov, V. I. 1964. *The Indian Capitalist Class. A Historical Study.* New Delhi: Peoples Publishing House.
Pearson, M. N. 1987. *The Portuguese in India.* Cambridge: Cambridge University Press.
———. 1989. *Before Colonialism. Theories on Asian-European Relations 1500–1750.* Delhi: Oxford University Press.
Pearson, M. N., ed. 1996. *Spices in the Indian Ocean World.* Aldershot, U.K., and Brookfield, Vt.: Variorum.
Perlin, Frank. 1983. "Proto-Industrialization and Pre-Colonial South Asia." *Past and Present,* no. 98: 30–95. Also in Perlin 1994.
———. 1987. "Money-Use in Late Pre-Colonial India and the International Trade in Currency Media." In *The Imperial Monetary System of Mughal India,* edited by J. F. Richards. Delhi: Oxford University Press.
———. 1990. "Financial Institutions and Business Practices across the Euro-Asian Interface: Comparative and Structural Considerations." In *The European Discovery of the World and Its Economic Effects on Pre-Industrial Society, 1500–1800,* edited by Hans Pohl, 257–303. Papers of the Tenth International Economic History Congress. Stuttgart: Franz Steiner Verlag.
———. 1993. *'The Invisible City'. Monetary, Administrative and Popular Infrastructure in Asia and Europe 1500–1900.* Aldershot, U.K.: Variorum.
———. 1994. *Unbroken Landscape. Commodity, Category, Sign and Identity; Their Production as Myth and Knowledge from 1500.* Aldershot, U.K.: Variorum.
Pirenne, Henri. 1992. *Mohammed and Charlemagne.* New York: Barnes and Noble.
〔H・ピレンヌ『ヨーロッパ世界の誕生――マホメットとシャルルマーニュ』中村宏・佐々木克己訳，創文社，1960年（名著翻訳叢書）〕
Pires, Tomas. [1517?] 1942/44. *Suma Oriental.* London: Hakluyit Society.
〔T・ピレス『東方諸国記』生田滋ほか訳，岩波書店，1966年（大航海時代叢書　第1期5）〕
Pohl, Hans, ed. 1990. *The European Discovery of the World and Its Economic Effects on Pre-Industrial Society, 1500–1800.* Papers of the Tenth International Economic History Congress. Stuttgart: Franz Steiner Verlag.
Polanyi, Karl. 1957. *The Great Transformation—The Political and Economic Origins of Our Time.* Boston: Beacon Press.
〔K・ポラニー『大転換――市場社会の形成と崩壊』吉沢英成ほか訳，東洋経済新報社，1975年〕
Polanyi, K., C. Arensberg, and H. W. Pearson. 1957. *Trade and Markets in the Early Empires.* Glencoe, Ill.: The Free Press.
〔K・ポランニー『経済の文明史――ポランニー経済学のエッセンス』玉野井芳郎・平野健一郎編訳，日本経済新聞社，1975年〕
Pomeranz, Kenneth. 1997. "A New World of Growth: Markets, Ecology, Coercion, and Industrialization in Global Perspective" Unpublished manuscript.

O'Brien, Patrick. 1982. "European Economic Development: The Contribution by the Periphery." *Economic History Review* (2nd series) 35:1–18.

———. 1990. "European Industrialization: From the Voyages of Discovery to the Industrial Revolution." In *The European Discovery of the World and Its Economic Effects on Pre-Industrial Society, 1500–1800,* edited by Hans Pohl. Papers of the Tenth International Economic History Congress. Stuttgart: Franz Steiner Verlag.

———. 1997. "Intercontinental Trade and the Development of the Third World since the Industrial Revolution." *Journal of World History* 8, no. 1 (Spring): 75–134.

Oliva, L. Jay. 1969. *Russia in the Era of Peter the Great.* Englewood Cliffs, N.J.: Prentice Hall.

Pacey, Arnold. 1990. *Technology in World Civilization.* Oxford: Basil Blackwell.

Palat, Ravi Arvind, and Immanuel Wallerstein. 1990. "Of What World System Was Pre-1500 'India' a Part?" Paper presented at the International Colloquium on Merchants, Companies and Trade, Maison des Sciences de l'Homme, Paris, 30 May–2 June, 1990. Revision to be published in *Merchants, Companies and Trade,* edited by S. Chaudhuri and M. Morineau. Forthcoming.

Pamuk, Sevket. 1994. "Money in the Ottoman Empire, 1326 to 1914." In *An Economic and Social History of the Ottoman Empire 1300–1914,* edited by Halil Inalcik with Donald Quataert, 947–80. Cambridge: Cambridge University Press.

Panikkar, K. M. 1959. *Asia and Western Dominance.* London: George Allen & Unwin.

Parker, Geoffrey. 1974. "The Emergence of Modern Finance in Europe, 1500–1730." In *The Sixteenth and Seventeenth Centuries.* Vol. 2 of *The Fontana History of Europe,* edited by Carlo M. Cipolla, 527–94. Glasgow: Collins/Fontana

———. 1991. "Europe and the Wider World, 1500–1750: The Military Balance." In *The Political Economy of Merchant Empires,* edited by James D. Tracy, 161–95. Cambridge: Cambridge University Press.

Parsons, Talcott. [1937] 1949. *The Structure of Social Action.* Glencoe, Ill.: The Free Press.

〔T・パーソンズ『社会的行為の構造』稲上毅・厚東洋輔訳，木鐸社，1976-1989年〕

———. 1951. *The Social System.* Glencoe, Ill.: The Free Press.

〔T・パーソンズ『社会体系論』佐藤勉訳，青木書店，1974年（現代社会学大系14)〕

Pasinetti, L. 1981. *Structural Change and Economic Growth.* Cambridge: Cambridge University Press.

〔L・パシネッティ『構造変化と経済成長――諸国民の富の動学に関する理論的エッセイ』大塚勇一郎・渡会勝義訳，日本評論社，1983年〕

Moseley, K. P. 1992. "Caravel and Caravan. West Africa and the World-Economies, ca. 900–1900 A.D." *Review* 15, no. 3: 523–55.

Mukherjee, Rila. 1990/91. "The French East India Company's Trade in East Bengal from 1750 to 1753: A Look at the Chandernagore Letters to Jugdia." *Indian Historical Review* 17, nos. 1–2: 122–35.

———. 1994. "The Story of Kasimbazar: Silk Merchants and Commerce in Eighteenth-Century India." *Review* 17, no. 4: 499–554.

Mukund, Kanakalatha. 1992. "Indian Textile Industry in the 17th and 18th Centuries. Structure, Organisation, Responses." *Economic and Political Weekly,* 19 September: 2057–65.

Murphey, Rhoades. 1977. *The Outsiders. Western Experience in India and China.* Ann Arbor: University of Michigan Press.

Musson, A. E. 1972. *Science, Technology and Economic Growth in the Eighteenth Century.* London: Methuen.

Nam, Charles B., and Susan O. Gustavus. 1976. *Population. The Dynamics of Demographic Change.* Boston: Houghton Mifflin.

Nasr, S. H. 1976. *Islamic Science.* World of Islam Festival.

National Research Council Working Group on Population Growth and Economic Development. 1986. *Population Growth and Economic Development: Policy Questions.* Washington, D.C.: National Academy Press.

Naylor, R. T. 1987. *Canada in the European Age.* Vancouver: Star Books.

Needham, Joseph. 1954–. *Science and Civilization in China.* Cambridge: Cambridge University Press.

〔J・ニーダム『中國の科學と文明』(全11巻) 思索社, 1974-81年〕

———. 1964. "Science and China's Influence on the World." In *The Legacy of China,* edited by Raymond Dawson. Oxford: Clarendon Press.

———. 1981. *Science in Traditional China. A Comparative Perspective.* Hong Kong: The Chinese University Press.

〔J・ニーダム『中国科学の流れ』牛山輝代訳, 思索社, 1984年〕

Nef, John U. 1934. "The Progress of Technology and the Growth of Large-Scale Industry in Great Britain, 1540–1640." *The Economic History Review* 5, no. 1: 3–24.

Nehru, Jawaharlal. 1960. *The Discovery of India.* Edited by Robert I. Crane. New York: Doubleday, Anchor Press.

〔J・ネルー『インドの發見 (上・下)』辻直四郎ほか訳, 岩波書店, 1953-1956年〕

Ng Chin-Keong. 1983. *Trade and Society. The Amoy Network on the China Coast 1683–1735.* Singapore: Singapore University Press.

North, Douglass C., and Robert Paul Thomas. 1973. *The Rise of the Western World: A New Economic History.* Cambridge: Cambridge University Press.

〔D・C・ノース, R・P・トマス『西欧世界の勃興——新しい経済史の試み』速水融・穐本洋哉訳, ミネルヴァ書房, 1980年〕

———. 1977. *Plagues and Peoples*. New York: Doubleday, Anchor Press.
〔W・H・マクニール『疫病と世界史』佐々木昭夫訳，新潮社，1985年〕
———. 1983. *The Pursuit of Power: Technology, Armed Force and Society since AD 1000*. Oxford: Blackwell.
———. 1989. *The Age of Gunpowder Empires 1450–1800*. Washington, D.C.: American Historical Association.
———. 1990. "*The Rise of the West* After Twenty Five Years." *Journal of World History* 1, no. 1: 1–22.
———. 1996. "Acknowledgement." In *Praemium Erasmianum*. Amsterdam: Stichting Praemium Erasmianum.
Meilink-Roelofsz, M. A. P. 1962. *Asian Trade and European Influence in the Indonesian Archipelago between 1500 and about 1630*. The Hague: Martinus Nijhoff.
Menard, Russel. 1991. "Transport Costs and Long-Range Trade, 1300–1800: Was There a European 'Transport Revolution' in the Early Modern Era?" In *Political Economy of Merchant Empires*, edited by James D. Tracy, 228–75. Cambridge: Cambridge University Press.
Merton, Robert. [1938] 1970. *Science, Technology, and Society in Seventeenth Century England*. New York: Howard Fertig.
Metu Studies in Development. 1995. "New Approaches to European History." 22, no. 3.
Metzler, Mark. 1994. "Capitalist Boom, Feudal Bust: Long Waves in Economics and Politics in Pre-Industrial Japan." *Review* 17, no. 1 (winter): 57–119.
Modelski, George. 1993. "Sung China and the Rise of the Global Economy." Seattle: University of Washington Department of Political Science. Unpublished manuscript.
Modelski, George, and William Thompson. 1988. *Sea Power in Global Politics, 1494–1993*. London: Macmillan Press.
———. 1992. "Kondratieff Waves, The Evolving Global Economy, and World Politics: The Problem of Coordination." Paper presented at the N. D. Kondratieff conference, Moscow, March 17, 1992, and at the International Studies Association meeting, Atlanta, April 1–5, 1992.
———. 1996. *Leading Sectors and World Powers: The Co-Evolution of Global Economics and Politics*. Columbia: University of South Carolina Press.
Modern Asian Studies. 1990. "A Seventeenth-Century 'General Crisis' in East Asia?" 24, no. 4.
Mokyr, Joel. 1990. *The Lever of Riches. Technological Creativity and Economic Progress*. New York: Oxford University Press.
Moloughency, Brian, and Xia Weizhong. 1989. "Silver and the Fall of the Ming: A Reassessment." *Papers on Far Eastern History* 40: 51–78.
Moreland, W. H. 1936. *A Short History of India*. London: Longmans, Green.

Vol. 1 of *The Sources of Social Power.* Cambridge: Cambridge University Press.
———. 1993. *The Rise of Classes and Nation-States, 1760–1914.* Vol. 2 of *The Sources of Social Power.* Cambridge: Cambridge University Press.
Manz, Beatrice Forbes, ed. 1995. *Studies on Chinese and Islamic Inner Asia.* Aldershot, U.K.: Variorum.
Marks, Robert B. 1996. "Commercialization Without Capitalism. Processes of Environmental Change in South China, 1550–1850." *Environmental History* 1, no. 1 (January): 56–82.
———. 1997a. *Tigers, Rice, Silk and Silt. Environment and Economy in Late Imperial South China.* New York: Cambridge University Press. Cited from manuscript.
———. 1997b. " 'It Never Used to Snow': Climatic Variability and Harvest Yields in Late Imperial South China, 1650–1850." In *Sediments of Time: Environment and Society in China,* edited by Mark Elvin and Liu Ts'ui-jung. New York: Cambridge University Press.
Marks, Robert B., and Chen Chunsheng 1995. "Price Inflation and its Social, Economic and Climatic Context in Guangdong Province, 1707–1800." *T'oung Pao,* 81: 109–52.
Marshall, P. J. 1987. "Private British Trade in the Indian Ocean before 1800." In *India and the Indian Ocean 1500–1800,* edited by Ashin Das Gupta and M. N. Pearson. Calcutta: Oxford University Press.
Masters, Bruce. 1988. *The Origins of Western Economic Dominance in the Middle East. Mercantilism and the Islamic Economy in Aleppo, 1600–1750.* New York: New York University Press.
Marx, Karl, and Friedrich Engels. 1848. *The Communist Manifesto.*
〔K・マルクス，F・エンゲルス『共産党宣言』大内兵衛・向坂逸郎訳，岩波書店，1951年〕
Mauro, F. 1961. "Towards an 'Intercontinental Model': European Overseas Expansion between 1500 and 1800." *The Economic History Review* (Second series) 14, no. 1: 1–17.
McClelland, David. 1961. *The Achieving Society.* Princeton: Van Nostrand.
〔D・C・マクレランド『達成動機——企業と経済発展におよぼす影響』林保監訳，産業能率短期大学出版部，1971年〕
McGowan, Bruce. 1994. "Part III. The Age of the Ayans 1699–1812." In *An Economic and Social History of the Ottoman Empire 1300–1914,* edited by Halil Inalcik with Donald Quataert, 637–758. Cambridge: Cambridge University Press.
McNeill, William. 1963. *The Rise of the West: A History of the Human Community.* Chicago: University of Chicago Press.
———. 1964. *Europe's Steppe Frontier, 1500–1800.* Chicago: University of Chicago Press.

Lewis, Martin, W., and Karen W. Wigen. 1997. *The Myth of Continents*. Berkeley: University of California Press.
Lieberman, Victor. 1995. "An Age of Commerce in Southeast Asia? Problems of Regional Coherence—A Review Article." *Journal of Asian Studies* 54, no. 3 (August): 796–807.
Lin Man-houng. 1990. "From Sweet Potato to Silver." In *The European Discovery of the World and Its Economic Effects on Pre-Industrial Society, 1500–1800*, edited by Hans Pohl, 304–20. Papers of the Tenth International Economic History Congress. Stuttgart: Franz Steiner Verlag.
Lippit, Victor. 1980. "The Development of Underdevelopment in China." In *The Development of Underdevelopment in China*, edited by C. C. Huang, 1–78, 125–35. White Plains, N.Y.: M. E. Sharpe.
———. 1987. *The Economic Development of China*. Armonk, N.Y.: M. E. Sharpe.
Lis, Catharine, and Hugo Soly. 1997. "Different Paths of Development: Capitalism in Northern and Southern Netherlands during the Late Middle Ages and Early Modern Period." *Review* 20, no. 2 (Spring): 211–42.
Livi-Bacci, Massimo. 1992. *A Concise History of World Population*. Cambridge, Mass., and Oxford: Blackwell.
Lourido, Rui D'Avila. 1996a. "European Trade between Macao and Siam, from its Beginnings to 1663." Florence: European University Institute. Unpublished manuscript.
———. 1996b. *The Impact of the Silk Trade: Macao–Manila, from the Beginning to 1640*. Paris: UNESCO.
Ludden, David. 1990. "Agrarian Commercialism in Eighteenth Century South India." In *Merchants, Markets and the State in Early Modern India*, edited by Sanjay Subrahmanyam, 213–41. Delhi: Oxford University Press.
Ma, Laurence. 1971. "Commercial Development and Urban Change in Sung China." Ann Arbor: University of Michigan Department of Geography. Unpublished manuscript.
Mackensen, Rainer, and Heinze Wewer, eds. 1973. *Dynamik der Bevölkerungsentwicklung* (Dynamic of Population Development). München: Hanser Verlag.
MacLeod, Roy, and Deepak Kumar, eds. 1995. *Technology and the Raj. Western Technology and Technical Transfers to India, 1700–1947*. New Delhi: Sage.
Maddison, Angus. 1983. "A Comparison of Levels of GDP Per Capita in Developed and Developing Countries, 1700–1980." *Journal of Economic History* 43, no. 1 (March): 27–41.
———. 1991. *Dynamic Forces in Capitalist Development. Long-run Comparative View*. Oxford: Oxford University Press.
———. 1993. "Explaining the Economic Performance of Nations 1820–1989." Australian National University Working Papers in Economic History No. 174.
Mann, Michael. 1986. *A History of Power from the Beginning to A.D. 1760*.

Klein, Peter W. 1989. "The China Seas and the World Economy between the Sixteenth and Nineteenth Centuries: The Changing Structures of World Trade." In *Interaction in the World Economy. Perspectives from International Economic History,* edited by Carl-Ludwig Holtfrerich, 61–89. London: Harvester.

Kobata, A. 1965. "The Production and Uses of Gold and Silver in Sixteenth- and Seventeenth-Century Japan." *Economic History Review:* 245–66.

Kollman, Wolfgang. 1965. *Bevölkerung und Raum in Neuerer and Neuester Zeit* (Population and Space in Recent and Contemporary Time). Würzburg.

Krasner, S., ed. 1983. *International Regimes.* Ithaca: Cornell University Press.

Kuhn, Thomas S. 1969. "Comment." *Comparative Studies in Society and History* 11: 426–30.

———. 1970. *The Structure of Scientific Revolution.* 2d ed. Chicago: University of Chicago Press.

〔Th・クーン『科学革命の構造』中山茂訳，みすず書房，1971年〕

Kuppuram, G., and K. Kumudamani. 1990. *History of Science and Technology in India.* Delhi: Sundeep Prakashan.

Kuznets, Simon. 1930. *Secular Movements in Production and Prices.* New York: Houghton & Mifflin.

Lach, Donald F., and Edwin J. van Kley. 1965–. *Asia in the Making of Europe.* Chicago: University of Chicago Press.

Landes, David S. 1969. *The Unbound Prometheus. Technological Change and Industrial Development in Western Europe from 1750 to the Present.* Cambridge: Cambridge University Press.

〔D・S・ランデス『西ヨーロッパ工業史（1）（2）　産業革命とその後1750-1968』石坂昭雄・富岡庄一訳，みすず書房，1980-1982年〕

Langer, William K. 1985. "Population Growth and Increasing Means of Subsistence." In *Readings on Population,* edited by David M. Herr, 2–15. Englewood Cliffs, N.J.: Prentice Hall.

Lattimore, Owen. 1962a. *Inner Asian Frontiers of China.* Boston: Beacon Press.

———. 1962b. *Studies in Frontier History: Collected Papers 1928–1958.* Oxford: Oxford University Press.

Lee, Ronald Demos. 1986. "Malthus and Boserup: A Dynamic Synthesis." In *The State of Population Theory. Forward from Malthus,* edited by David Coleman and Roger Schofield. Oxford and New York: Basil Blackwell.

Leibnitz. [1859–75] 1969. Collected Works, vol. 5. Reprint, Hildesheim, N.Y.: G. Olms.

Lenski, Gerhard, and Jean Lenski. 1982. *Human Societies.* 4th ed. New York: McGraw-Hill.

Lerner, Daniel. 1958. *The Passing of Traditional Society.* Glencoe, Ill.: The Free Press.

Huntington, Samuel. 1993. "The Clash of Civilizations?" *Foreign Affairs* 72 (Summer).
———. 1996. *The Clash of Civilizations and Remaking the World Order.* New York: Simon & Schuster.
〔S・ハンチントン『文明の衝突』鈴木主税訳，集英社，1998年〕
Ibn Khaldun. 1969. *The Muqaddimah. An Introduction to History.* Translated from the Arabic by Franz Rosenthal, edited and abridged by N. J. Dawood. Princeton: Princeton University Press, Bollingen Series.
〔イブン＝ハルドゥーン『歴史序説（1）-（3）』森本公誠訳・解説，岩波書店，1979-1987年（イスラーム古典叢書)〕
Ikeda, Satoshi. 1996. "The History of the Capitalist World-System vs. the History of East-Southeast Asia." *Review* 19, no. 1 (Winter): 49–78.
Inalcik, Halil. 1994. "Part I. The Ottoman State: Economy and Society, 1300–1600." In *An Economic and Social History of the Ottoman Empire 1300–1914,* edited by Halil Inalcik with Donald Quataert, 9–410. Cambridge: Cambridge University Press.
Inalcik, Halil, with Donald Quataert, eds. 1994. *An Economic and Social History of the Ottoman Empire 1300–1914.* Cambridge: Cambridge University Press.
Inkster, Ian. 1991. *Science and Technology in History. An Approach to Industrial Development.* London: Macmillan Press.
Islamoglu-Inan, Huri, ed. 1987. *The Ottoman Empire and the World-Economy.* Cambridge: Cambridge University Press.
Issawi, Charles, ed. 1966. *The Economic History of the Middle East 1800–1914. A Book of Readings.* Chicago: University of Chicago Press.
Jackson, Peter, and Laurence Lockhart, eds. 1986. *The Timurid and Safavid Periods.* Vol. 6 of *The Cambridge History of Iran.* Cambridge: Cambridge University Press.
Jones, E. L. 1981. *The European Miracle: Environments, Economies and Geopolitics in the History of Europe and Asia.* Cambridge: Cambridge University Press.
———. 1988. *Growth Recurring. Economic Change in World History.* Oxford: Clarendon Press.
Jones, Eric, Lionel Frost, and Colin White. 1993. *Coming Full Circle. An Economic History of the Pacific Rim.* Boulder: Westview Press.
Kaplan, Robert. 1994. "The Coming Anarchy." *The Atlantic Monthly,* February.
———. 1996. *The Ends of the Earth.* New York: Random House.
Keohene, R. O. 1984. *After Hegemony: Cooperation and Discord in the World Political Economy.* Princeton: Princeton University Press.
〔R・コヘイン『覇権後の国際政治経済学』石黒馨・小林誠訳，晃洋書房，1998年〕
Kindleberger, Charles. 1989. *Spenders and Hoarders.* Singapore: ASEAN Economic Research Unit, Institute of Southeast Asian Studies.

Oxford University Press.
al-Hassan, Ahmand Y., and Donald R. Hill. 1986. *Islamic Technology. An Illustrated History.* Cambridge and Paris: Cambridge University Press and UNESCO.
Hess, Andrew C. 1970. "The Evolution of the Ottoman Seaborne Empire in the Age of the Oceanic Discoveries, 1453–1525." *American Historical Review* 75, no. 7 (April): 1892–1919.
Higgins, Benjamin. 1991. *The Frontier as an Element in National and Regional Development.* Research Report No. 10. Moncton, Canada: Université de Moncton Institute Canadien de Récherche sur le Développement Regional.
Hill, Christopher. 1967. *Reformation to Industrial Revolution. British Economy and Society 1530/1780.* London: Weidenfeld & Nicholson.
Hilton, R. H., ed. 1976. *The Transition from Feudalism to Capitalism.* London: New Left Books.
Himmelfarb, Gertrude. 1987. *The New History and the Old.* Cambridge: Harvard University Press.
Ho Chuimei. 1994. "The Ceramic Trade in Asia, 1602–82." In *Japanese Industrialization and the Asian Economy,* edited by A. J. H. Latham and Heita Kawakatsu. London and New York: Routledge.
Ho Ping-ti. 1959. *Studies on the Population of China, 1368–1953.* Cambridge: Harvard University Press.
Hobsbawm, Eric I. 1954. "The Crisis of the Seventeenth Century." *Past and Present,* nos. 5, 6.
———. 1960. "The Seventeenth Century in the Development of Capitalism." *Science and Society* 24, no. 2.
Hodgson, Marshall G. S. 1954. "Hemispheric Interregional History as an Approach to World History." UNESCO *Journal of World History/Cahiers d'Histoire Mondiale* 1, no. 3: 715–23.
———. 1958. "The Unity of Later Islamic History." UNESCO *Journal of World History/Cahiers d'Histoire Mondiale* 5, no. 4: 879–914.
———. 1974. *The Venture of Islam.* 3 vols. Chicago: University of Chicago Press.
———. 1993. *Rethinking World History.* Edited by Edmund Burke III. Cambridge: Cambridge University Press.
Holt, P. M., Ann K. S. Lambton, and Bernard Lewis, eds. 1970. *The Cambridge History of Islam.* Cambridge: Cambridge University Press.
Holtfrerich, Carl-Ludwig, ed. 1989. *Interaction in the World Economy. Perspectives from International Economic History.* London: Harvester.
Howe, Christopher. 1996. *The Origins of Japanese Trade Supremacy. Development and Technology in Asia from 1540 to the Pacific War.* London: Hurst.
Huang, C. C., ed. 1980. *The Development of Underdevelopment in China.* White Plains, N.Y.: M. E. Sharpe.

University Press.

———. 1990. "The Merchant Communities in Pre-Colonial India." In *The Rise of the Merchant Empires. Long-Distance Trade in the Early Modern World, 1350–1750,* edited by James D. Tracy, 371–99. Cambridge: Cambridge University Press.

Hagendorn, Jan, and Marion Johnson. 1986. *The Shell Money of the Slave Trade.* Cambridge: Cambridge University Press.

Hall, John A. 1985. *Powers and Liberties: The Causes and Consequences of the Rise of the West.* London and Oxford: Penguin with Basil Blackwell.

———. 1995. "A Theory of the Rise of the West." *Metu Studies in Development,* 22, no. 3: 231–58.

Hall, John R. 1984. "World System Holism and Colonial Brazilian Agriculture: A Critical Case Analysis." *Latin American Research Review* 19, no. 2: 43–69.

———. 1991. "The Patrimonial Dynamic in Colonial Brazil." In *Brazil and the World System,* edited by Richard Grahm, 57–88. Austin: University of Texas Press.

Hall, John Whitney, ed. 1991. *The Cambridge History of Japan.* Vol. 4, *Early Modern Japan.* Cambridge: Cambridge University Press.

Hamashita, Takeshi. 1988. "The Tribute Trade System and Modern Asia." *The Toyo Bunko,* no. 46: 7–24. Tokyo: Memoirs of the Research Department of the Toyo Bunko.

———. 1994a. "The Tribute Trade System and Modern Asia." Revised and reprinted in *Japanese Industrialization and the Asian Economy,* edited by A. J. H. Latham and Heita Kawakatsu. London and New York: Routledge.

———. 1994b. "Japan and China in the 19th and 20th Centuries." Paper presented at Ithaca, Cornell University, Summer.

Hamilton, Earl J. 1934. *American Treasure and the Price Revolution in Spain.* Cambridge: Harvard University Press.

Hanley, Susan B., and Kozo Yamamura. 1977. *Economic and Demographic Change in Preindustrial Japan 1600–1868.* Princeton: Princeton University Press.

〔S・B・ハンレー, K・ヤマムラ『前工業化期日本の経済と人口』速水融・穐本洋哉訳，ミネルヴァ書房，1982年〕

Harlow, Vincent. 1926. *A History of Barbados: 1625–1685.* London: Clarendon Press.

Harte, N. B., ed. 1971. *The Study of Economic History: Collected Inaugural Lectures 1893–1970.* London: Frank Cass.

Hartwell, R. M. 1971. *The Industrial Revolution and Economic Growth.* London: Methuen.

Hasan, Aziza. 1994. "The Silver Currency Output of the Mughal Empire and Prices in Asia During the Sixteenth and Seventeenth Centuries." In *Money and the Market in India 1100–1700,* edited by Sanjay Subrahmanyam. Delhi:

Department of Politics. Unpublished manuscript.
Gleick, James. 1977. *Chaos. Making a New Science*. London and New York: Penguin Books.
〔J・グリック『カオス――新しい科学をつくる』大貫昌子訳，新潮社，1991年（新潮文庫）〕
Glover, Ian C. 1990. *Early Trade between India and South-East Asia. A Link in the Development of a World Trading System*. 2d rev. ed. London: University of Hull Centre for South-East Asian Studies.
———. 1991. "The Southern Silk Road: Archaeological Evidence for Early Trade between India and Southeast Asia." UNESCO Silk Roads Maritime Route Seminar, Bangkok.
Goldstein, Joshua S. 1988. *Long Cycles. Prosperity and War in the Modern Age*. New Haven: Yale University Press.
〔J・S・ゴールドスティン『世界システムと長期波動論争』岡田光正訳，世界書院，1997年〕
Goldstone, Jack A. 1991a. *Revolutions and Rebellions in the Early Modern World*. Berkeley and Los Angeles: University of California Press.
———. 1991b. "The Cause of Long-Waves in Early Modern Economic History." In *Research in Economic History*, edited by Joel Mokyr, Supplement 6. Greenwich, Conn.: JAI Press.
———. 1996. "Gender, Work, and Culture: Why the Industrial Revolution Came Early to England But Late to China." *Sociological Perspectives* 39, 1: 1–21.
Goody, Jack. 1996. *The East in the West*. Cambridge: Cambridge University Press.
Grant, Jonathan. 1996. "Rethinking the Ottoman 'Decline': Military Technology Diffusion in the Ottoman Empire 15th–18th Centuries." Paper presented at the World History Association meeting in Pomona, Calif., June 20–22.
Grover, B. R. 1994. "An Integrated Pattern of Commercial Life in Rural Society of North India during the Seventeenth and Eighteenth Centuries." In *Money and the Market in India 1100–1700*, edited by Sanjay Subrahmanyam. Delhi: Oxford University Press.
Habib, Irfan. 1963a. *The Agrarian System of Mughal India*. Bombay: Asia Publishing House.
———. 1963b. "The Agrarian Causes of the Fall of the Mughal Empire." *Enquiry* no. 1: 81–98; no. 2: 68–77.
———. 1969. "Potentialities of Capitalistic Development in the Economy of Mughal India." *Journal of Economic History* 29, no. 1 (March): 13–31.
———. 1980. "The Technology and Economy of Mughal India." *The Indian Economic and Social History Review* 17, no. 1 (January–March): 1–34.
———. 1987. "A System of Tri-metalism in the Age of the 'Price Revolution': Effects of the Silver Influx on the Mughal Monetary System." In *The Imperial Monetary System of Mughal India*, edited by J. F. Richards. Delhi: Oxford

ski, and I. Wallimann, vol. 17: 173–96. Greenwich, Conn.: JAI Press.

Frank, A. G., and B. K. Gills, 1992. "The Five Thousand Year World System: An Introduction." *Humboldt Journal of Social Relations* 18, no. 1 (Spring): 1–79.

Frank, A. G., and B. K. Gills, eds. 1993. *The World System: Five Hundred Years or Five Thousand?* London and New York: Routledge.

Frank, A. G., David Gordon, and Ernest Mandel. 1994. "Inside Out or Outside In (The Exogeneity/Endogeneity Debate)." *Review* 17, no. 1 (Winter): 1–5.

Fukuyama, Francis. 1989. "The End of History." *National Interest* 16 (Summer): 1–18.

———. 1992. *The End of History and the Last Man*. New York: The Free Press.
〔F・フクヤマ『歴史の終わり（上・中・下）』渡部昇一訳・特別解説，三笠書房，1992年（知的生きかた文庫）〕

Ganguli, B. N., ed. 1964. *Readings in Indian Economic History*. Bombay: Asia Publishing House.

Garcia-Baquero Gonzales, A. 1994. "Andalusia and the Crisis of the Indies Trade, 1610–1720." In *The Castilian Crisis of the Seventeenth Century,* edited by I. A. A. Thompson and Bartolome Yn Casalilla, 115–35. Cambridge: Cambridge University Press.

Gates, Hill. 1996. *China's Motor. A Thousand Years of Petty Capitalism*. Ithaca: Cornell University Press.

Genc, Mehmet. 1987. "A Study of the Feasibility of Using Eighteenth-Century Ottoman Financial Records as an Indicator of Economic Activity." In *The Ottoman Empire and the World-Economy,* edited by Huri Islamoglu-Inan, 345–73. Cambridge:Cambridge University Press.

———. 1990. "Manufacturing in the 18th Century." Paper presented at the Conference on the Ottoman Empire and the World-Economy, State University of New York, Binghamton, November 16–17.

Gernet, Jacques. 1985. *A History of China*. Cambridge: Cambridge University Press.

Gerschenkron, Alexander. 1962. *Economic Backwardness in Historical Perspective. A Book of Essays*. Cambridge: Harvard University Press, Belknap Press.

Gills, Barry K., and A. G. Frank. 1990/91. "The Cumulation of Accumulation: Theses and Research Agenda for 5000 Years of World System History." *Dialectical Anthropology* 15, no. 1 (July 1990): 19–42. Expanded version published as "5000 Years of World System History: The Cumulation of Accumulation," in *Precapitalist Core-Periphery Relations,* edited by C. Chase-Dunn and T. Hall, 67–111. Boulder: Westview Press, 1991.

———. 1992. "World System Cycles, Crises, and Hegemonial Shifts 1700 BC to 1700 AD." *Review* 15, no. 4 (Fall): 621–87.

———. 1994. "The Modern World System under Asian Hegemony. The Silver Standard World Economy 1450–1750." Newcastle: University of Newcastle

———. 1987. Comment on Janet Abu-Lughod's "The Shape of the World System in the Thirteenth Century." *Studies in Comparative International Development* 22, no. 4:35–37.
———. 1990a. "A Theoretical Introduction to 5,000 Years of World System History." *Review* 13, no. 2 (Spring): 155–248.
———. 1990b. "The Thirteenth Century World System: A Review Essay." *Journal of World History* 1, no. 2 (Autumn): 249–56.
———. 1991a. "A Plea for World System History." *Journal of World History* 2, no. 1 (Spring): 1–28.
———. 1991b. "Transitional Ideological Modes: Feudalism, Capitalism, Socialism." *Critique of Anthropology* 11, no. 2 (Summer): 171–88.
———. 1991c. "The Underdevelopment of Development." *Scandinavian Journal of Development Alternatives* (Special Issue) 10, no. 3 (September): 5–72.
———. 1992. *The Centrality of Central Asia.* Comparative Asian Studies No. 8. Amsterdam: VU University Press for Centre for Asian Studies Amsterdam.
———. 1993a. "Bronze Age World System Cycles." *Current Anthropology* 34, no. 4 (August–October): 383–430.
———. 1993b. The World Is Round and Wavy: Demographic Cycles & Structural Analysis in the World System. A Review Essay of Jack A. Goldstone's *Revolutions and Rebellions in the Early Modern World.*" *Contention* 2 (winter): 107–124. Reprinted in *Debating Revolutions,* edited by Nikki Keddie, 200–20. New York: New York University Press, 1995.
———. 1994. "The World Economic System in Asia before European Hegemony." *The Historian* 56, no. 4 (winter): 259–76.
———. 1995. "The Modern World System Revisited: Re-reading Braudel and Wallerstein." In *Civilizations and World Systems. Studying World-Historical Change,* edited by Stephen S. Sanderson, 206–28. Walnut Creek, Calif.: Altamira.
———. 1996. "The Underdevelopment of Development." In *The Underdevelopment of Development. Essays in Honor of Andre Gunder Frank,* edited by Sing Chew and Robert Denemark, 17–56. Thousand Oaks, Calif.: Sage.
———. 1998a. "Materialistically Yours. The Dynamic Society of Graeme Snooks." *Journal of World History* 9, no. 1 (March).
———. 1998b. Review of Richard von Glahn, *Fountain of Fortune. Money and Monetary Policy in China, 1000–1700. Journal of World History* 9, no. 1 (March). Forthcoming.
Frank, A. G., and Marta Fuentes. 1990. "Civil Democracy: Social Movements in Recent World History." In *Transforming the Revolution: Social Movements and the World-System,* S. Amin, G. Arrighi, A. G. Frank, and I. Wallerstein, 139–80. New York: Monthly Review Press.
———. 1994. "On Studying the Cycles in Social Movements." In *Research in Social Movements, Conflict and Change,* edited by L. Kriesberg, M. Dobrkow-

tham and Heita Kawakatsu, 71–90. London: Routledge.
———. 1995a. "Born with a 'Silver Spoon': The Origin of World Trade." *Journal of World History* 6, no. 2 (Fall): 201–22.
———. 1995b. "China and the Spanish Empire." Paper presented at the 55th Annual Meeting of the Economic History Association, Chicago, September 8–10.
———. 1995c. "Arbitrage, China, and World Trade in the Early Modern Period." *Journal of the Economic and Social History of the Orient* 38, no. 4: 429–48.
———. 1996. "Silk for Silver: Manila-Macao Trade in the 17th Century." *Philippine Studies,* 44 (First quarter): 52–68.
Foltz, Richard. 1996. "Central Asian Naqshbandi Connections of the Mughal Emperors." *Journal of Islamic Studies* 7, no. 2: 229–239.
———. 1997. "Central Asian in the Administration of Mughal India." *Journal of Asian History* 31, no. 2: 1–16.
Foss, Theodore Nicholas. 1986. "Chinese Silk Manufacture in Jean-Baptiste Du Halde *Description de la Chine (1735)*." In *Asia and the West. Encounters and Exchanges from the Age of Explorations. Essays in Honor of Donald F. Lach,* edited by C. K. Pullapilly and E. J. Van Kley. Notre Dame, Ind.: Cross Roads Books.
Francis, Peter, Jr. 1989. *Beads and the Bead Trade in Southeast Asia.* Lake Placid, N.Y.: Center for Bead Research.
———. 1991. "Beadmaking at Arikamedu and Beyond." *World Archaeology* 23, 1 (June): 28–43.
Frank, Andre Gunder. 1966. "The Development of Underdevelopment." *Monthly Review* 18, no. 4 (September). Reprinted in Frank 1969: 3–20.
———. 1967. *Capitalism and Underdevelopment in Latin America.* New York: Monthly Review Press.
———. 1969. *Latin America: Underdevelopment or Revolution.* New York: Monthly Review Press.
———. 1975. *On Capitalist Underdevelopment.* Bombay: Oxford University Press.
———. 1978a. *World Accumulation, 1492–1789,* New York and London: Monthly Review Press and Macmillan Press.
———. 1978b. *Dependent Accumulation and Underdevelopment.* New York and London: Monthly Review Press and Macmillan Press.
〔A・G・フランク『従属的蓄積と低開発』吾郷健二訳，岩波書店，1980年（岩波現代選書53)〕
———. 1979. *Mexican Agriculture 1520–1630: Transformation of Mode of Production.* Cambridge: Cambridge University Press.
——— 1980. "Development of Underdevelopment or Underdevelopment of Development in China." In *The Development of Underdevelopment in China,* edited by C. C. Huang, 90–99. White Plains, N.Y.: M. E. Sharpe.

(Spring): 29–58.
———. 1994. "Part II Crisis and Change, 1590–1699." In *An Economic and Social History of the Ottoman Empire 1300–1914*, edited by Halil Inalcik with Donald Quataert, 411–636. Cambridge: Cambridge University Press.
Fernandez-Armesto, Felipe. 1995. *Millennium*. London: Bantam Press.
〔F・フェルナンデス＝アルメスト『ミレニアム　文明の興亡——この1000年の世界（上）（下）』別宮貞徳監訳，日本放送出版協会，1996年〕
Fischer, Wolfram, R. M. McInnis, and J. Schneider, eds. 1986. *The Emergence of a World Economy 1500–1914*. Papers of the Ninth International Congress of Economic History, Part I: 1500–1850. Wiesbaden: Steiner Verlag.
Fitzpatrick, John. 1992. "The Middle Kingdom, The Middle Sea, and the Geographical Pivot of History." *Review* 15, no. 2 (Summer): 477–533.
Fletcher, Joseph. 1968. "China and Central Asia 1368–1884." In *The Chinese World Order. Traditional China's Foreign Relations*, edited by John King Fairbank. Cambridge: Harvard University Press.
———. 1985. "Integrative History: Parallels and Interconnections in the Early Modern Period, 1500–1800." *Journal of Turkish Studies* 9: (1985) 37–58. Reprinted 1995 in *Studies on Chinese and Islamic Inner Asia*, edited by Beatrice Forbes Manz. Aldershot, U.K.: Variorum.
Floor, W. W. 1988. *Commercial Conflict between Persia and the Netherlands 1712–1718*. Durham, U.K.: University of Durham Centre for Middle Eastern & Islamic Studies.
Flynn, Dennis O. 1982. "Fiscal Crisis and the Decline of Spain (Castile)." *Journal of Economic History* 42: 139–47.
———. 1984. "The 'Population Thesis' View of Inflation Versus Economics and History" and "Use and Misuse of the Quantity Theory of Money in Early Modern Historiography." In *Trierer Historische Forschungen*, edited by Hans-Hubert Anton et al., Vol. 7: 363–82, 383–417. Trier: Verlag Trierer Historische Forschungen.
———. 1986. "The Microeconomics of Silver and East-West Trade in the Early Modern Period." In *The Emergence of a World Economy 1500–1914*. Papers of the Ninth International Congress of Economic History, Part I: 1500–1850, edited by Wolfram Fischer, R. M. McInnis, and J. Schneider, 37–60. Wiesbaden: Steiner Verlag.
———. 1991. "Comparing the Tokugawa Shogunate with Hapsburg Spain: Two Silver-based Empires in a Global Setting." In *The Political Economy of Merchant Empires*, edited by James D. Tracy, 332–59. Cambridge: Cambridge University Press.
———. 1996. *World Silver and Monetary History in the 16th and 17th Centuries*. Aldershot, U.K.: Variorum.
Flynn, Dennis O., and Arturo Giraldez. 1994. "China and the Manila Galleons." In *Japanese Industrialization and the Asian Economy*, edited by A. J. H. La-

Dickson, P. G. M. 1967. *The Financial Revolution in England. A Study in the Development of Public Credit 1688–1756*. London: Macmillan.

Djait, Hichen. 1985. *Europe and Islam*. Berkeley and Los Angeles: University of California Press.

Dobb, Maurice. [1946] 1963. *Studies in the Development of Capitalism*. London: Routledge & Keagan Paul.

〔M・ドッブ『資本主義發展の研究（1）（2）』京大近代史研究會譯，岩波書店，1954-1955年（岩波現代叢書）〕

Dorn, Walter D. 1963. *Competition for Empire, 1740–1763*. New York: Harper & Row.

Durand, John D. 1967. "The Modern Expansion of World Population." *Proceedings of the American Philosophical Society* 3, no. 3: 140–2.

———. 1974. *Historical Estimates of World Population: An Evaluation*. Philadelphia: University of Pennsylvania Population Studies Center.

Durkheim, Émile. 1965. *The Division of Labor in Society*. New York: The Free Press.

〔E・デュルケム『社会的分業論』（世界大思想全集　社会・宗教・科学思想篇16　ジンメル，デュルケム）阿閉吉男ほか訳，河出書房新社，1959年〕

Dussel, Enrique. 1966. "Hipotesis para el Estudio de Latinoamérica en la Historia Universal." Resistencia, Chaco, Argentina. Manuscript.

Eaton, Richard N. 1993. *The Rise of Islam and the Bengal Frontier 1204–1760*. Berkeley and Los Angeles: University of California Press.

Eberhard, Wolfram. 1977. *A History of China*. Rev. ed. London: Routledge & Keagan Paul.

〔W・エーバーハルト『中国文明史』大室幹雄・松平いを子訳，筑摩書房，1991年〕

Elvin, Mark. 1973. *The Pattern of the Chinese Past*. Stanford: Stanford University Press.

Fairbank, John King. 1969. *Trade and Diplomacy on the China Coast*. Stanford: Stanford University Press.

Fairbank, J. K., Edwin Reischauer, and Albert M. Craig, eds. 1978. *East Asia, Tradition, and Transformation*. Boston: Houghton Mifflin.

Faroqhi, Suraiya. 1984. *Town and Townsmen of Ottoman Anatolia. Trade, Crafts and Food Production in an Urban Setting, 1520–1650*. Cambridge: Cambridge University Press.

———. 1986. *Peasants, Dervishes and Traders in the Ottoman Empire*. Aldershot, U.K.: Variorum.

———. 1987. "The Venetian Presence in the Ottoman Empire, 1600–30." In *The Ottoman Empire and the World-Economy*, edited by Huri Islamoglu-Inan. Cambridge: Cambridge University Press.

———. 1991. "The Fieldglass and the Magnifying Lens: Studies of Ottoman Crafts and Craftsmen." *The Journal of European Economic History* 20, no. 1

———. 1996. "The Potato Connection." *World History Bulletin* 12, no. 1 (Winter-Spring): 1–5.

Curtin, Philip D. 1983. "Africa and the Wider Monetary World, 1250–1850." In *Precious Metals in the Late Medieval and Early Modern Worlds,* edited by J. F. Richards, 231–68. Durham, N.C.: Carolina Academic Press.

———. 1984. *Cross-Cultural Trade in World History.* Cambridge: Cambridge University Press.

Cushman, Jennifer Wayne. 1993. *Fields from the Sea. Chinese Junk Trade with Siam during the Late Eighteenth and Early Nineteenth Centuries.* Ithaca: Southeast Asia Program, Cornell University.

Darling, Linda 1992. "Revising the Ottoman Decline Paradigm." Tucson: University of Arizona. Unpublished manuscript.

———. 1994. "Ottoman Politics through British Eyes: Paul Rycaut's *The Present State of the Ottoman Empire.*" *Journal of World History* 5, no. 1: 71–96.

Das Gupta, Ashin. 1979. *Indian Merchants and the Decline of Surat: c. 1700–1750.* Wiesbaden: Steiner.

———. 1987. "The Maritime Trade of Indonesia: 1500–1800" In *India and the Indian Ocean 1500–1800,* edited by Ashin Das Gupta and M. N. Pearson, 240–75. Calcutta: Oxford University Press.

———. 1990. "Trade and Politics in 18th Century India." In *Islam and the Trade of Asia,* edited by D. S. Richards, 181–214. Oxford: Bruno Cassirer.

Das Gupta, Ashin, and M. N. Pearson, eds. 1987. *India and the Indian Ocean 1500–1800.* Calcutta: Oxford University Press.

Dawson, Raymond. 1967. *The Chinese Chameleon. An Analysis of European Conceptions of Chinese Civilization.* London: Oxford University Press.
〔R・ドーソン『ヨーロッパの中国文明観』田中正美・三石善吉・末永国明訳, 大修館書店, 1971年〕

Day, John. 1987. *The Medieval Market Economy.* Oxford: Basil Blackwell.

Deane, Phyllis. 1965. *The First Industrial Revolution.* Cambridge: Cambridge University Press.
〔P・ディーン『イギリス産業革命分析』石井摩耶子・宮川淑訳, 社会思想社, 1973年〕

de Ste. Croix, G. E. M. 1981. *The Class Struggle in the Ancient Greek World.* London: Duckworth.

De Vries, Jan. 1976. *The Economy of Europe in an Age of Crisis, 1600–1750.* Cambridge: Cambridge University Press.

Deyell, John. 1983. "The China Connection: Problems of Silver Supply in Medieval Bengal." In *Precious Metals in the Late Medieval and Early Modern Worlds,* edited by J. F. Richards, 207–30. Durham, N.C.: Carolina Academic Press.

Dharampal. 1971. *Indian Science and Technology in the Eighteenth Century. Some Contemporary European Accounts.* Delhi: Impex India.

ment. Essays in Honor of Andre Gunder Frank. Thousand Oaks, Calif.: Sage.
Chuan, Han-Sheng. 1969. "The Inflow of American Silver into China from the Late Ming to the Mid-Ch'ing Period." *The Journal of the Institute of Chinese Studies of the Chinese University of Hong Kong*, 2: 61–75.
———. 1981. "The Inflow of American Silver into China during the 16th–18th Centuries." In Proceedings of the Academic Sciences International Conference on Sinology, 849–53. Taipei.
———. 1995. "Estimate of Silver Imports into China from the Americas in the Ming and Ch'ing Dynasties." *Bulletin of the Institute of History and Philology*, 66, no. 3: 679–93.
Cipolla, Carlo M. 1967. *Cañones y Velas. La Primera Fase de la Expansión Europea 1400–1700*. Barcelona: Ariel.
———. 1976. *Before the Industrial Revolution. European Society and Economy, 1000–1700*. London: Methuen.
Cipolla, Carlo M., ed. 1974. *The Sixteenth and Seventeenth Centuries*. Vol. 2 of *The Fontana History of Europe*. Glasgow: Collins/Fontana.
Cizakca, Murat. 1987. "Price History and the Bursa Silk Industry: A Study in Ottoman Industrial Decline, 1550–1650." In *The Ottoman Empire and the World Economy*, edited by Huri Islamoglu-Inan. Cambridge: Cambridge University Press.
Clark, Colin. 1977. *Population Growth and Land Use*. London: Macmillan.
〔C・クラーク『人口増加と土地利用』杉崎真一訳，大明堂（発売），1969年〕
Coedes, G. 1968. *The Indianized States of Southeast Asia*. Edited by Walter F. Vella. Honolulu: University of Hawaii Press.
Cohen, H. Floris. 1994. *The Scientific Revolution. A Historiographic Inquiry*. Chicago: University of Chicago Press.
Costello, Paul. 1994. *World Historians and their Goals. Twentieth-Century Answers to Modernism*. De Kalb: Northern Illinois University Press.
Crombie, A. C. 1959. *Science in the Later Middle Ages and Early Modern Times: XIII–XVII Centuries*. Vol. 2 of *Medieval and Early Modern Science*. New York: Doubleday.
〔A・C・クロムビー『中世から近代への科学史（上・下）』渡辺正雄・青木靖三訳，コロナ社，1962–1968年〕
Crosby, Alfred W. 1972. *The Columbian Exchange. Biological and Cultural Consequences of 1492*. Westport, Conn.: Greenwood Press.
———. 1986. *Ecological Imperialism. The Biological Expansion of Europe, 900–1900*. Cambridge: Cambridge University Press.
〔A・W・クロスビー『ヨーロッパ帝国主義の謎――エコロジーから見た10〜20世紀』佐々木昭夫訳，岩波書店，1998年〕
———. 1994. *Germs, Seed and Animals. Studies in Ecological History*. Armonk, N.Y.: M. E. Sharpe.

Cartier, Michel. 1981. “Les importations de métaux monétaires en Chine: Essay sur la conjoncture chinoise.” *Annales* 36, no. 3 (May–June): 454–66.
Chakrabarti, Phanindra Nath. 1990. *Trans-Himalayan Trade. A Retrospect (1774–1914)*. Delhi: Classics India Publications.
Chandra, Bipan. 1966. *The Rise and Growth of Economic Nationalism in India*. New Delhi: Peoples Publishing House.
Chapman, S. D. 1972. *The Cotton Industry in the Industrial Revolution*. London: Macmillan.
〔S・D・チャップマン『産業革命のなかの綿工業』佐村明知訳，晃洋書房，1990年〕
Chase-Dunn, Christopher, and Thomas Hall. 1997. *Rise and Demise: Comparing World-Systems*. Boulder: Westview.
Chase-Dunn, Christopher, and Alice Willard. 1993. “Systems of Cities and World-Systems: Settlement Size Hierarchies and Cycles of Political Centralization, 2000 BC–1988 AD.” Paper presented at annual meeting of the International Studies Association, Acapulco, March.
Chaudhuri, K.–N. 1978. *The Trading World of Asia and the East India Company 1660–1760*. Cambridge: Cambridge University Press.
———. 1985. *Trade and Civilisation in the Indian Ocean. An Economic History from the Rise of Islam to 1750*. Cambridge: Cambridge University Press.
———. 1990a. *Asia before Europe. Economy and Civilisation of the Indian Ocean from the Rise of Islam to 1750*. Cambridge: Cambridge University Press.
———. 1990b. “Politics, Trade and the World Economy in the Age of European Expansion: Themes for Debate.” In *The European Discovery of the World and Its Economic Effects on Pre-Industrial Society, 1500–1800*, edited by Hans Pohl. Papers of the Tenth International Economic History Congress. Stuttgart: Franz Steiner Verlag.
———. 1991. “Reflections on the Organizing Principle of Premodern Trade.” In *The Political Economy of Merchant Empires*, edited by James D. Tracy, 421–42. Cambridge: Cambridge University Press.
———. 1994. “Markets and Traders in India during the Seventeenth and Eighteenth Centuries.” In *Money and the Market in India 1100–1700*, edited by Sanjay Subrahmanyam. Delhi: Oxford University Press.
Chaudhuri, S. 1995. *From Prosperity to Decline—Eighteenth Century Bengal*. New Delhi:Manohar.
Chaunu, Pierre. 1959. *Seville et l'Atlantique (1504–1650)*. Paris: S.E.V.P.E.N.
Chew, Sing. 1997. “Accumulation, Deforestation, and World Ecological Degradation 2500 B.C. to A. D. 1990.” In *Advances in Human Ecology*, edited by Lee Freese. Westport,Conn.: JAI Press.
———. Forthcoming. *World Ecological Degradation 2500* BC *to* AD *1990*. Walnut Creek, Calif.: Altamira/Sage.
Chew, Sing, and Robert Denemark, eds. 1996. *The Underdevelopment of Develop-*

zations and World Systems. Studying World-Historical Change, edited by Stephen S. Sanderson, 206–28. Walnut Creek, Calif.: Altamira.
Boxer, C. R. 1990. *Portuguese Conquest and Commerce in Southern Asia 1500–1750.* Aldershot, U.K.: Variorum.
Braudel, Fernand. 1982. *The Wheels of Commerce.* Vol. 2 of *Civilization and Capitalism 15th–18th Century.* London: Fontana.
〔F・ブローデル『交換のはたらき』山本淳一訳, みすず書房, 1986-1988年(F・ブローデル『物質文明・経済・資本主義 15-18世紀』2-1, 2-2)〕

———. 1992. *The Perspective of the World.* Vol. 3 of *Civilization and Capitalism 15th–18th Century.* Berkeley and Los Angeles: University of California Press.
〔F・ブローデル『世界時間』村上光彦訳, みすず書房, 1996-1999年(F・ブローデル『物質文明・経済・資本主義 15-18世紀』3-1, 3-2)〕

———. 1993. *A History of Civilizations.* New York: Penguin Books.
〔F・ブローデル『文明の文法――世界史講義』松本雅弘訳, みすず書房, 1995-1996年〕

Braudel, Fernand, and Frank Spooner. 1967. "Prices in Europe from 1450 to 1750." In *The Economy of Expanding Europe in the Sixteenth and Seventeenth Centuries.* Vol. 4 of *Cambridge Economic History of Europe,* edited by E. E. Rich and C. H. Wilson,374–480. Cambridge: Cambridge University Press.
Brenning, Joseph A. 1983. "Silver in Seventeenth-Century Surat: Monetary Circulation and the Price Revolution in Mughal India." In *Precious Metals in the Late Medieval and Early Modern Worlds,* edited by J. F. Richards, 477–93. Durham, N.C.: Carolina Academic Press.
———. 1990. "Textile Producers and Production in Late Seventeenth Century Coromandel." In *Merchants, Markets and the State in Early Modern India,* edited by Sanjay Subrahmanyam, 66–89. Delhi: Oxford University Press.
Breuer, Hans. 1972. *Columbus Was Chinese. Discoveries and Inventions of the Far East.* New York: Herder and Herder.
Brook, Timothy, ed. 1989. *The Asiatic Mode of Production in China.* Armonk, N.Y.: M. E. Sharpe.
———. 1998. *The Confusions of Pleasure. A History of Ming China (1368–1644).* Berkeley and Los Angeles: University of California Press.
Brown, Michael Barratt. 1963. *After Imperialism.* London: Heineman.
Brummett, Palmira. 1994. *Ottoman Seapower and Levantine Diplomacy in the Age of Discovery.* Albany: State University of New York Press.
Burton, Audrey. 1993. *Bukharan Trade 1558–1718.* Papers on Inner Asia No. 23. Bloomington: Indiana University Institute for Inner Asian Studies.
Cameron, Rondo. 1973. "The Logistics of European Economic Growth: A Note on Historical Periodization." *Journal of European Economic History* 2, no. 1: 145–8.
Carr-Saunders A. M. 1936. *World Population. Past Growth and Present Trends.* Oxford: Clarendon Press.

———. 1990. *The Raj: India and the British, 1600–1947.* London: National Portrait Gallery Publications.
Bellah, Robert. 1957. *Tokugawa Religion.* Glencoe, Ill.: The Free Press.
〔R・N・ベラー『徳川時代の宗教』池田昭訳，岩波書店，1996年（岩波文庫）〕

Benedict, Ruth. 1954. *The Chrysanthemum and the Sword.* Tokyo: Charles E. Tuttle.
〔R・ベネディクト『菊と刀――日本文化の型』長谷川松治訳，社会思想社，1967年〕

Bennett, M. K. 1954. *The World's Food. A Study of the Interrelations of World Populations, National Diets, and Food Potentials.* New York: Harper.
Bentley, Jerry H. 1996. "Periodization in World History." *The American Historical Review* 101, no. 3 (June): 749–70.
Bergesen, Albert. 1982. "The Emerging Science of the World-System." *International Social Science Journal* 34: 23–36.
———. 1995. "Let's Be Frank about World History." In *Civilizations and World Systems. Studying World-Historical Change,* edited by Stephen Sanderson, 195–205. Walnut Creek, Calif.: Altamira.
Bernal, J. D. 1969. *Science in History.* Harmondsworth, England: Penguin.
〔J・D・バナール『歴史における科学』鎮目恭夫・長野敬訳，みすず書房，1956年〕

Bernal, Martin. 1987. *Black Athena. The Afroasiatic Roots of Classical Civilization.* New Brunswick, N.J.: Rutgers University Press.
Blaut, J. M. 1977. "Where Was Capitalism Born?" In *Radical Geography,* edited by R. Peet, 95–110. Chicago: Maasoufa Press.
———. 1992. "Fourteen Ninety-Two." *Political Geography Quarterly* 11, no. 4 (July). Reprinted in J. M. Blaut et al., *1492. The Debate on Colonialism, Eurocentrism and History.* Trenton, N.J.: Africa World Press.
———. 1993a. *The Colonizer's Model of the World: Geographical Diffusionism and Eurocentric History.* New York and London: Guilford Press.
———. 1993b. "Mapping the March of History." Paper read at the annual meeting of the American Association of Geographers, Atlanta, Georgia, April 8.
———. 1997. "Eight Eurocentric Historians." Chap. 2 in "Decolonizing the Past: Historians and the Myth of European Superiority." Unpublished manuscript.
Boserup, Esther. 1981. *Population and Technological Change. A Study of Long-Term Trends.* Chicago: University of Chicago Press.
〔E・ボーズラップ『人口と技術移転』尾崎忠二郎・鈴木敏央訳，大明堂，1991年〕

Boswell, Terry, and Joya Misra. 1995. "Cycles and Trends in the Early Capitalist World-Economy: An Analysis of Leading Sector Commodity Trades 1500–1600/50–1750." *Review* 18, no. 3: 459–86.
Bosworth, Andrew. 1995. "World Cities and World Economic Cycles." In *Civili-*

Austen, Ralph A. 1987. *Africa in Economic History*. Portsmouth: Heinemann.
———. 1990. "Marginalization, Stagnation, and Growth: The Trans-Saharan Caravan Trade in the Era of European Expansion, 1500–1800." In *The Rise of the Merchant Empires. Long-Distance Trade in the Early Modern World, 1350–1750,* edited by James D. Tracy, 311–50. Cambridge: Cambridge University Press.
Baechler, Jean, John A. Hall, and Michael Mann, eds. 1988. *Europe and the Rise of Capitalism*. Oxford: Basil Blackwell.
Bagchi, Amiya. 1986. "Comment." In *Technology in Ancient and Medieval India,* edited by Aniruddha Roy and S. K. Bagchi. Delhi: Sundeep Prakashan.
Bairoch, Paul. 1969. *Revolución Industrial y Subdesarrollo*. La Habana: Instituto del Libro.
———. 1974. "Geographical Structure and Trade Balance of European Foreign Trade from 1800 to 1970." *Journal of European Economic History* 3, no. 3 (Winter).
———. 1975. *The Economic Development of the Third World since 1900*. London: Methuen.
———. 1976. *Commerce exterieur et développement économique de l'Europe aux XIXeme siècle*. Paris: Mouton.
———. 1981. "The Main Trends in National Economic Disparities since the Industrial Revolution." In *Disparities in Economic Development since the Industrial Revolution,* edited by Paul Bairoch and Maurice Levy-Leboyer, 3–17. London: Macmillan.
———. 1993. *Economics and World History. Myths and Paradoxes*. Hempel Heampstead, U.K.: Harvester/Wheatsheaf.
———. 1997. *Victoires et déboires II. Histoire économique et sociale du monde du XVIe siècle à nos jours*. Paris: Gallimard.
Bairoch, Paul, and Maurice Levy-Leboyer, eds. 1981. *Disparities in Economic Development since the Industrial Revolution*. London: Macmillan.
Barber, Bernard. 1992. "Jihad vs. McWorld." *Atlantic,* no. 269: 53–63.
———. 1995. *Jihad vs. McWorld*. New York: Random House.
Barendse, Rene. 1997. "The Arabian Seas 1640–1700." Unpublished manuscript.
Barfield, Thomas. 1989. *The Perilous Frontier. Nomadic Empires and China*. Oxford: Basil Blackwell.
Barrett, Ward. 1990. "World Bullion Flows, 1450–1800." In *The Rise of the Merchant Empires. Long-Distance Trade in the Early Modern World, 1350–1750,* edited by James D. Tracy, 224–54. Cambridge: Cambridge University Press.
Bayly, C. A. 1983. *Rulers, Townsmen and Bazaars: North Indian Society in the Age of British Expansion, 1770–1870*. Cambridge: Cambridge University Press.
———. 1987. *Indian Society and the Making of the British Empire*. Cambridge: Cambridge University Press.

Asia, 1600–1800. Aldershot, U.K.: Variorum.
Arnold, David. 1983. *The Age of Discovery 1400–1600*. London: Methuen.
Arrighi, Giovanni. 1994. *The Long Twentieth Century. Money, Power, and the Origins of Our Time*. London and New York: Verso.
———. 1996. "The Rise of East Asia: World Systemic and Regional Aspects." *International Journal of Sociology and Social Policy* 16, no. 7/8: 6–44.
Arrighi, Giovanni, Takeshi Hamashita, and Mark Selden. 1996. "The Rise of East Asia in World Historical Perspective." Paper presented at the Planning Workshop, Fernand Braudel Center, State University of New York, Binghamton, December 6–7.
Arruda, José Jobson de Andrade. 1991. "Colonies as Mercantile Investments: The Luso-Brazilian Empire, 1500–1808." In *The Political Economy of Merchant Empires*, edited by James D. Tracy, 360–420. Cambridge: Cambridge University Press.
Asante, Molefi Kete. 1987. *The Afrocentric Idea*. Philadelphia: Temple University Press.
Aston, Trevor, ed. 1970. *Crisis in Europe, 1560–1660. Essays from Past and Present*. London: Routledge & Keagan Paul.
Aston, Trevor, and C. Philpin, eds. 1985. *The Brenner Debate. Agrarian Class Structure and Economic Development in Pre-Industrial Europe*. Cambridge: Cambridge University Press.
Attman, Artur 1981. *The Bullion Flow between Europe and the East 1000–1750*. Goteborg: Kungl. Vetenskaps- och Vitterhets-Samhallet.
———. 1986a. *American Bullion in the European World Trade 1600–1800*. Goteborg: Kungl. Vetenskaps- och Vitterhets-Samhallet.
———. 1986b. "Precious Metals and the Balance of Payments in International Trade 1500–1800." In *The Emergence of a World Economy 1500–1914*. Papers of the Ninth International Congress of Economic History, Part I: 1500–1850, edited by Wolfram Fischer, R. M. McInnis, and J. Schneider, 113–22. Wiesbaden: Steiner Verlag.
Atwell, William S. 1977. "Notes on Silver, Foreign Trade, and the Late Ming Economy."*Ch'ing-shih wen-t'i* 8, Bo. 3: 1–33.
———. 1982. "International Bullion Flows and the Chinese Economy circa 1530–1650." *Past and Present* 95: 68–90.
———. 1986. "Some Observations on the 'Seventeenth-Century Crisis' in China and Japan." *Journal of Asian Studies* 45, 2: 223–43.
———. 1988. "The T'ai-ch'ang, T'ien-ch'i, and Ch'ung-chen Reigns, 1620–1640." In *The Cambridge History of China*. Vol. 7, *The Ming Dynasty, 1368–1644*, edited by Frederick W. Mote and Denis Twitchett, 585–640. Cambridge: Cambridge University Press.
———. 1990. "A Seventeenth-Century 'General Crisis' in EastAsia?" *Modern Asian Studies* 24, no. 4: 661–82.

参考文献一覧

Abbeglen, James. 1958. *The Japanese Factory*. Glencoe, Ill.: The Free Press.

Abu-Lughod, Janet. 1989. *Before European Hegemony. The World System* A.D. *1250–1350*. New York: Oxford University Press.

Adams, Robert McC. 1996. *Paths of Fire: An Anthropologist's Inquiry into Western Technology*. Princeton: Princeton University Press.

Adshead, S. A. M. 1973. "The Seventeenth Century General Crisis in China." *Asian Profile* 1, no. 2 (October): 271–80.

———. 1988. *China in World History*. London: Macmillan.

———. 1993. *Central Asia in World History*. London: Macmillan.

Ali, M. Athar. 1975. "The Passing of Empire: The Mughal Case." *Modern Asian Studies* 9, 3: 385–96.

Ames, G. J. 1991. "The Carreira da India, 1668–1682: Maritime Enterprise and the Quest for Stability in Portugal's Asian Empire." *The Journal of European Economic History* 20,1 (Spring): 7–28.

Amin, Samir. 1989. *Eurocentrism*. London: Zed.

———. 1991. "The Ancient World-Systems versus the Modern World-System." *Review* 14, 3 (Summer): 349–85.

———. 1993. "The Ancient World-Systems versus the Modern Capitalist World-System." In *The World System: Five Hundred Years or Five Thousand?* edited by A. G. Frank and Barry K. Gills, 292–6. London and New York: Routledge.

———. 1996. "On Development: For Gunder Frank." In *The Underdevelopment of Development: Essays in Honor of Andre Gunder Frank,* edited by S. Chew and R.Denemark, 57–86. Thousand Oaks, Calif.: Sage.

Amin, S., G. Arrighi, A. G. Frank, and I. Wallerstein. 1982. *Dynamics of the World Economy*. New York and London: Monthly Review Press and Macmillan.

———. 1990. *Transforming the Revolution: Social Movements and the World-System*. New York: Monthly Review Press.

Anderson, Perry. 1974. *Lineages of the Absolutist State*. London: New Left Books.

Anisimov, Evegenii V. 1993. *The Reforms of Peter the Great. Prosperity through Coercion in Russia*. Armonk, N.Y.: M. E. Sharpe.

Arasaratnam, Sinnappah. 1986. *Merchants, Companies and the Commerce of the Coromandel Coast 1650–1740*. Delhi: Oxford University Press.

———. 1995. *Maritime Trade, Society and the European Influence in Southern*

ら　行

わ　行

ま 行

や 行

は　行

た　行

な　行

さ 行

か　行

地名索引

漢字の地名は原則として音読みだが，通例の読みに従ったものもある。参照項目は→で示した。

あ 行

わ　行

ま 行

や 行

ら 行

た 行

な 行

は 行

さ　行

人名索引

姓→名の五〇音順で配列した。

あ 行

か 行

〈編集部付記〉

本書はＡ・Ｇ・フランク（山下範久訳）『リオリエント――アジア時代のグローバル・エコノミー』（藤原書店、二〇〇〇年）を底本とした。新版にあたって、新たな序を付し、本文の軽微な誤字や表記不統一を修正した。

著者紹介

アンドレ・グンダー・フランク（Andre Gunder Frank）
1929–2005 年。経済史家・社会学者。アムステルダム大学名誉教授。
ベルリンに生まれる。幼少時，家族がナチスの迫害を逃れてスイス，アメリカへと移住。1957 年，シカゴ大学にて経済学博士号を取得。62 年にはラテンアメリカに渡り，チリ大学教授時代にはアジェンデ政権の社会主義改革にも関与した。同政権がクーデタで倒れたのちヨーロッパに移り，以後 70～80 年代，ラテンアメリカをフィールドにした新マルクス主義的な従属論の論客として名を馳せる。90 年代に入って 5000 年周期の地球全体を覆う世界システム論を提唱し，B・K・ギルズとの共著 *The World System: Five Hundred Years or Five Thousand?*（1993）を発表。98 年には後期の代表作となる本書『リオリエント』を発表し，ウォーラーステイン理論の「西洋中心主義」を批判するなど，話題を呼んだ。他の著書に『世界資本主義と低開発』（大村書店，1979）『従属的蓄積と低開発』（岩波書店，1980）『世界経済危機の構造』（TBS ブリタニカ，1982）など多数。

訳者紹介

山下範久（やました・のりひさ）
1971年大阪府生。ビンガムトン大学社会学部大学院にてウォーラーステインに師事，東京大学大学院総合文化研究科博士課程単位取得退学。北海道大学大学院文学研究科助教授を経て，現在，立命館大学グローバル教養学部教授。専攻は，歴史社会学，社会理論，世界システム論。
著書に『世界システム論で読む日本』（講談社選書メチエ，2003）『現代帝国論』（NHKブックス，2008）『教養としてのワインの世界史』（ちくま文庫，2018），編著に『帝国論』（講談社選書メチエ，2006）『教養としての世界史の学び方』（東洋経済新報社，2019），訳書にウォーラーステイン『新しい学』（2001）『時代の転換点に立つ』（2002）『世界を読み解く 2002-3』（2003）『イラクの未来』『脱商品化の時代』（2004）『入門・世界システム分析』（2006）『知の不確実性』（監・共訳 2015），ミラン『資本主義の起源と「西洋の勃興」』（2011，以上藤原書店），ウォーラーステイン『ヨーロッパ的普遍主義』（明石書店，2008），ムーア『生命の網のなかの資本主義』（監・共訳，東洋経済新報社，2021）など。

リオリエント――アジア時代《じだい》のグローバル・エコノミー〈新版〉

2000年5月30日　初版第1刷発行
2024年12月30日　新版第1刷発行©

訳　者　山下範久
発行者　藤原良雄
発行所　株式会社 藤原書店

〒162-0041　東京都新宿区早稲田鶴巻町523
電　話　03（5272）0301
FAX　03（5272）0450
振　替　00160-4-17013
info@fujiwara-shoten.co.jp

印刷・製本　精文堂印刷

ISBN978-4-86578-444-2

陸中心史観から海洋史観への『歴史観革命』！

増補新版
海から見た歴史
〔ブローデル『地中海』を読む〕

川勝平太編
網野善彦／石井米雄／鈴木董／二宮宏之／浜下武志／家島彦一／山内昌之／I・ウォーラーステイン

二十世紀歴史学の金字塔『地中海』への最高の手引き！ 第一級の歴史家が一堂に会し、海洋ネットワークが形成した世界史のダイナミズムを徹底的に論じた、刺激的な熱論の全記録。「『地中海』とは何か」「海洋アジアと近代世界システム」他を大幅増補！

四六上製 三六八頁 三三〇〇円
（一九九六年三月／二〇二〇年一〇月刊）
◇978-4-86578-289-9

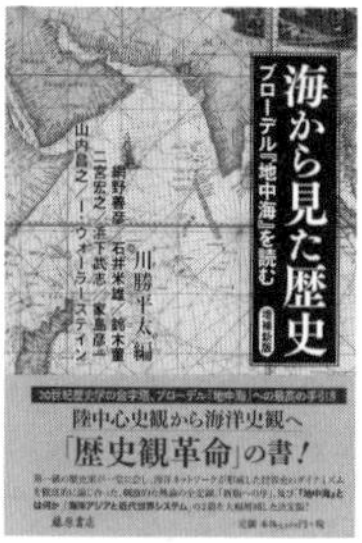

五十人の識者による多面的読解

『地中海』を読む

I・ウォーラーステイン、P・ブルデュー、網野善彦、川勝平太、川田順造、榊原英資、山内昌之ほか

各分野の第一線でいま活躍する五十人の多彩な執筆陣が、二十世紀最高の歴史書『地中海』の魅力を余すところなく浮き彫りにする。アカデミズムにとどまらず、各界の「現場」で新時代を切り開くための知恵に満ちた、『地中海』の全体像が見渡せる待望の一書。

A5並製 二四〇頁 二八〇〇円
（一九九九年一二月刊）
◇978-4-89434-159-3

世界初の『地中海』案内

ブローデル『地中海』入門

浜名優美

現実を見ぬく確かな眼を与えてくれる最高の書『地中海』をやさしく解説。引用を随所に示し解説を加え、大著の読解を道案内。全巻完訳を果した訳者でこそ書きえた『地中海』入門書の決定版。〈付録〉『地中海』関連書誌、初版・第二版目次対照表ほか。

四六上製 三〇四頁 二八〇〇円
（二〇〇〇年一月刊）
◇978-4-89434-162-3

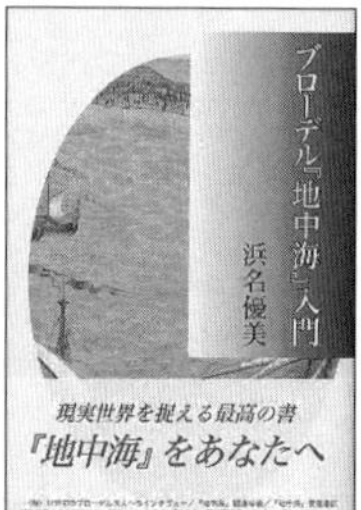

ブローデルの"三つの時間"とは？

ブローデル帝国

F・ドス編
浜名優美監訳

構造／変動局面／出来事というブローデル的「三つの時間」の問題性の核心に迫る本格作。フェロー、ル＝ゴフ、アグリエッタ、ウォーラーステイン、リピエッツ他、歴史、経済、地理学者がブローデル理論の全貌を明かす。

A5上製 二九六頁 三八〇〇円
（二〇〇〇年五月刊）
◇978-4-89434-176-0

BRAUDEL DANS TOUS SES ÉTATS
EspaceTemps 34/35

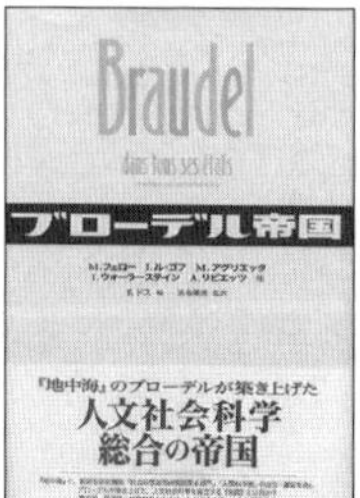

新社会科学宣言

社会科学をひらく

I・ウォーラーステイン＋グルベンキアン委員会
山田鋭夫訳／武者小路公秀解説

大学制度と知のあり方の大転換を緊急提言。自然・社会・人文科学の分断をこえて、脱冷戦の世界史的現実に応えうる社会科学の構造変革の方向を、ウォーラーステイン、プリゴジンらが大胆かつ明快に示す話題作。

B6上製　二一六頁　**一八〇〇円**
（一九九六年一一月刊）
品切◇978-4-89434-051-0

OPEN THE SOCIAL SCIENCES
Immanuel WALLERSTEIN

世界システム論で見る戦後世界

転移する時代

（世界システムの軌道 1945–2025）

T・K・ホプキンズ、I・ウォーラーステイン編　丸山勝訳

近代世界システムの基本六領域（国家間システム、生産、労働力、福祉、ナショナリズム、知の構造）において、一九六七／七三年という折り返し点の前後に生じた変動を分析、システム自体の終焉と来るべきシステムへの「転移」を鮮明に浮上させる画期作。

A5上製　三八四頁　**四八〇〇円**
（一九九九年六月刊）
◇978-4-89434-140-1

THE AGE OF TRANSITION
Terence K. HOPKINS, Immanuel WALLERSTEIN et al.

二十一世紀の知の樹立宣言

ユートピスティクス

（21世紀の歴史的選択）

I・ウォーラーステイン
松岡利道訳

近代世界システムが終焉を迎えつつある今、地球環境、エスニシティ、ジェンダーなど近代資本主義の構造的諸問題の探究を足がかりに、単なる理想論を徹底批判し、来るべき社会像の具体化へ向けた知のあり方としてウォーラーステインが提示した野心作。

B6上製　一六八頁　**一八〇〇円**
（一九九九年一一月刊）
◇978-4-89434-153-1

UTOPISTICS
Immanuel WALLERSTEIN

新たな史的システムの創造

新版
アフター・リベラリズム

（近代世界システムを支えたイデオロギーの終焉）

I・ウォーラーステイン
松岡利道訳

ソ連解体はリベラリズムの勝利ではない。その崩壊の始まりなのだ――仏革命以来のリベラリズムの歴史を緻密に跡づけ、その崩壊と新時代への展望を大胆に提示。新たな史的システムの創造に向け全世界を鼓舞する野心作。

四六上製　四四八頁　**四八〇〇円**
（一九九七年一〇月／二〇〇〇年五月刊）
◇978-4-89434-177-7

AFTER LIBERALISM
Immanuel WALLERSTEIN

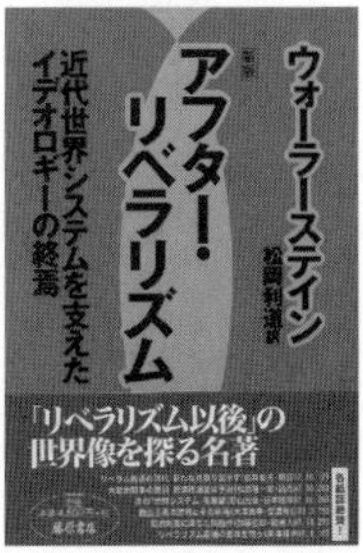

われわれはどこへ向かっているのか？

脱商品化の時代

〔アメリカン・パワーの衰退と来るべき世界〕

I・ウォーラーステイン
山下範久訳

"9・11"以後の狂乱は、アメリカの〈帝国〉化ではなく、その崩壊の象徴である――アメリカ中心の世界＝〈近代世界システム〉の終焉を看破し、新たなシステムの構築に向けた行動へと我々をいざなう、待望の書。

四六上製　四四八頁　**三六〇〇円**
（二〇〇四年九月刊）
◇978-4-89434-404-4

THE DECLINE OF AMERICAN POWER
Immanuel WALLERSTEIN

提唱者自身による平明な解説書

入門・世界システム分析

I・ウォーラーステイン
山下範久訳

自然科学／人文科学、保守／リベラル／急進主義など、我々が前提する認識枠組みをその成立から問い直し、新たな知を開拓してきた「世界システム論」。その誕生から、分析ツール、そして可能性を、初めて総体として描く。**〈用語解説〉**と**〈ブックガイド〉**を収録。

四六上製　二六四頁　**二五〇〇円**
（二〇〇六年一〇月刊）
◇978-4-89434-538-6

WORLD-SYSTEMS ANALYSIS
Immanuel WALLERSTEIN

歴史の重要性を強調する新しい社会科学論

知の不確実性

〔「史的社会科学」への誘い〕

I・ウォーラーステイン
山下範久監訳　**滝口良・山下範久訳**

「人文学」と「科学」への知の分割が限界を迎えた中で、社会科学が果たしうる役割とは何か。近代世界システムの知の刷新を提起した大著『脱＝社会科学』『新しい学』等の著作の最先端に位置し、それらを読み解く手引きとしても最良の一冊。「世界システム論」の提唱者ウォーラーステインの最新作！

四六上製　二八八頁　**二八〇〇円**
（二〇一五年一〇月刊）
◇978-4-86578-046-8

THE UNCERTAINTIES OF KNOWLEDGE
Immanuel WALLERSTEIN

なぜヨーロッパに「資本主義」は誕生したか？

資本主義の起源と「西洋の勃興」

E・ミラン
山下範久訳

中世における中国、インド、北アフリカを比較の視野に収め、「ヨーロッパ中心主義」を周到にしりぞけつつ「資本主義」発生の条件に迫る。ウォーラーステイン、フランク等を批判的に乗り越える野心作。

A5上製　三二八頁　**四六〇〇円**
（二〇一一年三月刊）
品切◇978-4-89434-788-5

THE ORIGINS OF CAPITALISM AND THE "RISE OF THE WEST"
Eric MIELANT

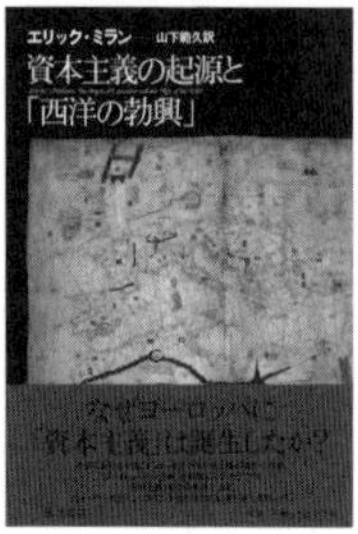